INFORMÁTICA

Diretor Presidente	Evandro Guedes
Diretor Editorial	Javert Falco
Gerente Editorial	Mariana Passos
Equipe Editorial	Fábio Oliveira
	Paula Craveiro
	Patricia Quero
Diretor de Marketing	Jadson Siqueira
Coordenação Editoração	Alexandre Rossa
Arte e Produção	Daniela Pavan
	Nara Azevedo
Capa	Nara Azevedo

076inf

ORSO, João Paulo Colet. Informática. Série Provas & Concursos.
Cascavel/PR: AlfaCon, 2021.

664 p. 16 x 23 cm
ISBN: 978-65-5918-049-3

Redes. Banco de Dados. Segurança de Informação. Sistemas Operacionais. Editores de Texto. Editores de Planilha. Editores de Apresentação. Hardwares. Teclas de Atalhos. Principais Comandos Linux. Dicionário de Informática. Concursos Públicos. AlfaCon.

CDU: 004

Atualizações e erratas
Esta obra é vendida como se apresenta. Atualizações - definidas a critério exclusivo da Editora AlfaCon, mediante análise pedagógica - e erratas serão disponibilizadas no site www.alfaconcursos.com.br/codigo, por meio do código disponível no final do material didático Ressaltamos que há a preocupação de oferecer ao leitor uma obra com a melhor qualidade possível, sem a incidência de erros técnicos e/ou de conteúdo. Caso ocorra alguma incorreção, solicitamos que o leitor, atenciosamente, colabore com sugestões, por meio do setor de atendimento do AlfaCon Concursos Públicos.

Dúvidas?
Acesse: www.alfaconcursos.com.br/atendimento
Núcleo Editorial:
Rua: Paraná, nº 3193, Centro – Cascavel/PR
CEP: 85810-010
Núcleo Comercial/Centro de Distribuição:
Rua: Dias Leme, nº 489, Mooca – São Paulo/SP
CEP: 03118-040

SAC: (45) 3037-8888

Data de fechamento 1ª impressão: 02/03/2021

Apresentação

Ao atualizar a obra para a 4ª edição, busquei ampliar o número de questões e, deste modo, a obra passou a ter 36% mais conteúdo que a edição anterior.

Foram incluídos comentários mais aprofundados em cada item para facilitar a compreensão, além de manter os comentários clássicos da obra, que abrangem os itens de modo direto e objetivo, apontando os erros das questões e possíveis assuntos relacionados que tendem a vir nas provas.

Outras grandes vantagens desta obra são as tabelas de teclas de atalho. Providenciamos uma listagem dos principais comandos Linux e o Dicionário de Informática para auxiliá-lo no entendimento dos conceitos base presentes no universo da matéria.

Os grandes assuntos dentro da Informática são:

- Redes;
- Banco de Dados;
  - BI (Bussiness Integence);
  - Big Data;
- Segurança da Informação;
  - Princípios Básicos;
  - Malwares;
  - Ferramentas de Segurança;
  - Ataques;
- Sistemas Operacionais;
  - Windows;
  - Linux;
- Suítes de Escritório;
  - Microsoft Office;
  - LibreOffice;
- Hardware;
- Programação Python e R;
- Sistemas de Informação;
  - Teoria Geral dos Sistemas;

Com o aumento da presença de assuntos ligados a Inteligência Artificial, foram acrescidas questões desses itens dada a sua importância cada vez maior ao universo dos concursos. Alem disso, acompanha a obra o curso on-line "Começando do Zero Informática", que traz em seu conteúdo itens como: Noção de Software e seus tipos, Hardware, Sistemas Operacionais, Internet e Suítes de Escritório.

Como professor gosto das dúvidas, pois com ela tanto aluno quanto professor aprendem a melhorar. Como autor, as dúvidas são formas de evoluir o processo de redação, mesmo que por vezes o melhor seja o mais simples, assim deixo meu endereço de e-mail para contato professor@joaopaulo.pro.br.

Siga-me nas redes sociais Instagram e Facebook @JPOrso.

Bons estudos!

João Paulo Colet Orso é graduado em Ciência da Computação pela Universidade Estadual do Oeste do Paraná (Unioeste). É professor de Informática no curso preparatório para concurso AlfaCon Somos Educação desde seu início.

COMO ESTUDAR PARA UM CONCURSO PÚBLICO!

Para se preparar para um concurso público, não basta somente estudar o conteúdo. É preciso adotar metodologias e ferramentas, como plano de estudo, que ajudem o concurseiro em sua organização.

As informações disponibilizadas são resultado de anos de experiência nesta área e apontam que estudar de forma direcionada traz ótimos resultados ao aluno.

CURSO ON-LINE GRATUITO

- Como montar caderno
- Como estudar
- Como e quando fazer simulados
- O que fazer antes, durante e depois de uma prova!

Ou pelo link: alfaconcursos.com.br/cursos/material-didatico-como-estudar

ORGANIZAÇÃO

Organização é o primeiro passo para quem deseja se preparar para um concurso público.

Conhecer o conteúdo programático é fundamental para um estudo eficiente, pois os concursos seguem uma tendência e as matérias são previsíveis. Usar o edital anterior - que apresenta pouca variação de um para outro - como base é uma boa opção.

Quem estuda a partir desse núcleo comum precisa somente ajustar os estudos quando os editais são publicados.

PLANO DE ESTUDO

Depois de verificar as disciplinas apresentadas no edital, as regras determinadas para o concurso e as características da banca examinadora, é hora de construir uma tabela com seus horários de estudo, na qual todas as matérias e atividades desenvolvidas na fase preparatória estejam dispostas.

PASSO A PASSO

VEJA AS ETAPAS FUNDAMENTAIS PARA ORGANIZAR SEUS ESTUDOS

PASSO 1	PASSO 2	PASSO 3	PASSO 4	PASSO 5
Selecionar as disciplinas que serão estudadas.	Organizar sua rotina diária: marcar pontualmente tudo o que é feito durante 24 horas, inclusive o tempo que é destinado para dormir, por exemplo.	Organizar a tabela semanal: dividir o horário para que você estude 2 matérias por dia e também destine um tempo para a resolução de exercícios e/ou revisão de conteúdos.	Seguir rigorosamente o que está na tabela, ou seja, destinar o mesmo tempo de estudo para cada matéria. Por exemplo: 2h/dia para cada disciplina.	Reservar um dia por semana para fazer exercícios, redação e também simulados.

App AlfaCon Notes

O **AlfaCon Notes** é um aplicativo perfeito para registrar suas **anotações de leitura**, deixando seu estudo **mais prático**. Viva a experiência Alfacon Notes. Para instalar, acesse o Google Play ou a Apple Store.

Se liga no **vídeo!**

Cada tópico de seu livro contém **um Código QR** ao lado.

Escolha o tópico e faça a leitura do Código QR utilizando o aplicativo AlfaCon Notes para registrar sua anotação.

Pronto para essa **nova experiência?** Então, baixe o App **AlfaCon Notes** e crie suas anotações.

Acesse seu material complementar:

1. Acesso o site **www.alfaconcursos.com.br** para se cadastrar **gratuitamente** ou para efetuar seu login.

2. Na aba **Resgatar código**, digite o código abaixo, que estará disponível por 120 dias a partir do primeiro acesso.

3. Após a validação do código, você será redirecionado para a página em que constam seus materiais (atualizações, material complementar e erratas). Todo esse conteúdo está disponível gratuitamente.

Mais que um livro, é uma experiência!

Sumário

1.507

QUESTÕES COMENTADAS

Sumário

Redes

Ambientes de Redes

Uma empresa tem unidades físicas localizadas em diferentes capitais do Brasil, cada uma delas com uma rede local, além de uma rede que integra a comunicação entre as unidades. Essa rede de integração facilita a centralização do serviço de e-mail, que é compartilhado para todas as unidades da empresa e outros sistemas de informação.

Tendo como referência inicial as informações apresentadas, julgue o item subsecutivo.

1. **(CESPE – 2018 – POLÍCIA FEDERAL – ESCRIVÃO DE POLÍCIA FEDERAL)** Se as redes locais das unidades da empresa estiverem interligadas por redes de operadoras de telecomunicação, então elas formarão a WAN (***wide area network***) da empresa.

Certo ( ) Errado ( )

Para responder essa questão, é necessário que se leia atentamente o texto de apoio que menciona uma empresa com diferentes unidades físicas localizadas em diferentes capitais do país, levando justamente à interpretação de que são sedes distantes umas das outras, portanto, não é viável classificar como uma rede MAN (metropolitana) que tem alcance de uma cidade, quando muito, de uma região metropolitana, nem classificar como uma rede local. Deste modo, sobra apenas a rede de largo alcance (WAN). Por ser um investimento de alto custo, é muito comum que as empresas que necessitem realizar essa conexão utilizem links privados (links dedicados para uso exclusivo) contratados de provedores de serviços de internet (ISPs) que já possuem cabeamento em grande extensão territorial.

GABARITO: CERTO.

Acerca das características de internet, intranet e rede de computadores, julgue o próximo item.

2. **(CESPE – 2018 – POLÍCIA FEDERAL – ESCRIVÃO DE POLÍCIA FEDERAL)** A internet e a intranet, devido às suas características específicas, operam com protocolos diferentes, adequados a cada situação.

Certo ( ) Errado ( )

Tanto a internet como a intranet utilizam os mesmos padrões de tecnologia e protocolos, em ambas o que muda é o seu uso, se de modo aberto ao público, no caso a internet, ou de maneira mais restrita ao ambiente empresarial, como no caso da intranet.

GABARITO: ERRADO.

Acerca das características de internet, intranet e rede de computadores, julgue o próximo item.

3. **(CESPE – 2018 – POLÍCIA FEDERAL – ESCRIVÃO DE POLÍCIA FEDERAL)** A internet pode ser dividida em intranet, restrita aos serviços disponibilizados na rede interna de uma organização, e extranet, com os demais serviços (exemplo: redes sociais e sítios de outras organizações).

Certo ( ) Errado ( )

Atualmente, podemos dizer que a internet pode ser dividida em web que possui o conteúdo navegável, ou seja, aquele que os motores de busca tradicionais apresentam nos navegadores tradicionais; deepweb que corresponde à maior parte da própria internet, consideramos deepweb a infraestrutura base de todos os serviços necessários para que a web possa funcionar, tais como servidores de e-mail, servidores de banco de dados, de processamento e armazenamento, entre inúmeros outros. De modo geral, não olhamos para o conteúdo da deepweb, porém ele faz parte da rede e algumas das suas estruturas foram disponibilizadas por meio dela, utilizando protocolos não convencionais. Ao utilizar o navegador TOR (The Onion Rings) é possível acessar parte do conteúdo da deepweb disponibilizado pela "rede" TOR. Existem outras ferramentas, contextos e protocolos que também são utilizados nesse segmento da internet, cujo objetivo principal é justamente obscurecer as informações da maioria dos usuários e, deste modo, não chamar tanta atenção assim. Outra parte que podemos observar é a dark web parte na qual são escondidos os conteúdos mais profundos dentro da internet. Com isso observa-se que a intranet não é uma parte da internet, mas uma rede paralela que pode ou não estar conectada à rede mundial.

GABARITO: ERRADO.

Julgue o item subsequente, relativo a redes de computadores.

4. **(CESPE – 2018 – POLÍCIA FEDERAL – AGENTE DE POLÍCIA FEDERAL)** As redes de computadores podem ser classificadas, pela sua abrangência, em LAN (*local area network*), MAN (m*etropolitan area network),* e WAN (*wide area network*).

Certo ( ) Errado ( )

De modo geral, devemos considerar apenas essas três classificações de abrangência de uma rede. Para considerar uma CAN ou uma RAN, devemos encontrar os termos citados na questão. De igual modo, temos a PAN que normalmente é apresentada em que ações de cunho direto. Assim, em termos de dimensão, partindo da menor até a maior podemos listar: PAN, LAN, CAN, MAN, RAN, WAN.

GABARITO: CERTO.

5. **(CESPE – CEBRASPE – 2018 – EBSERH – TÉCNICO EM INFORMÁTICA)** Julgue o próximo item, em relação aos conceitos da arquitetura cliente- servidor e de internet e intranet.

A intranet é uma rede de equipamentos que permite acesso externo controlado, para negócios específicos ou propósitos educacionais, sendo uma extensão da rede local de uma organização, disponibilizada para usuários externos à organização.

Certo ( ) Errado ( )

Intranet é uma rede privada, portanto com acesso que se restringe aos usuários autorizados e circunscrita fisicamente aos limites internos da empresa, ou residência. A extranet é uma extensão da intranet, mas que também possui acesso restrito, mas de forma que pode permitir um grupo maior de usuários como clientes e fornecedores.

GABARITO: ERRADO.

6. **(IAUPE – 2018 – CMBPE – BOMBEIRO)** Algumas empresas interconectam todas as suas redes internas, frequentemente usando a mesma tecnologia da internet. Essas _____I______ em geral só estão acessíveis dentro da empresa, mas, em todos os outros aspectos, funcionam do mesmo modo que a _____II____.

As lacunas I e II são, CORRETAS e respectivamente, preenchidas pelos termos indicados na alternativa:

a) intranets – internet.

b) MAN (Metropolitan Area Network) – intranet.

c) WAN (wide area network) – Extranet.

d) Extranets – internet.

e) intranets – Extranet.

Intranets são redes limitadas fisicamente ao ambiente da empresa e, portanto, tem acesso restrito. Extranet é quando parte de uma intranet é disponibilizada pela/na internet. internet é a rede mundial de computadores, logo é pública. Tanto internet, como intranet e extranet usam as mesmas tecnologias e padrões.

GABARITO: A.

Julgue o próximo item, em relação aos conceitos da arquitetura cliente– servidor e de internet e intranet.

7. **(CESPE – 2018 – EBSERH – TÉCNICO EM INFORMÁTICA)** A internet foi projetada para ser altamente tolerante a falhas, continuando a transmitir o tráfego, mesmo no caso de ocorrer ataques nucleares em várias partes da rede de computadores.

Certo ( ) Errado ( )

A internet é uma rede concebida por comutação de pacotes e preza pela velocidade da entrega e qualidade, diferentemente das redes ATM. Os principais nós de comunicação da rede que formam os grandes backbones estão conectados em topologia do tipo mesh (malha) para que, caso algum nó caia (pare de operar), a comunicação possa fluir por outros caminhos. Ao criar a infraestrutura básica da internet, o projeto levou em consideração a necessidade de a rede continuar operante, mesmo se houver ataques nucleares. Contudo, a maior ameaça a sua integridade não é humana, mas as grandes tempestades solares, como a de 1859 que inutilizou os equipamentos eletrônicos da época. Um evento similar quase ocorreu em 2012, mas por sorte a Terra "desviou"; em 2020 o Sol iniciou um novo ciclo solar (agora de mais alta atividade) o que deixa todos mais apreensivos.

GABARITO: CERTO.

O próximo item, que abordam procedimentos de informática e conceitos de internet e intranet, apresenta uma situação hipotética, seguida de uma assertiva a ser julgada.

8. **(CESPE – 2016 – INSS – ANALISTA DO SEGURO SOCIAL – SERVIÇO SOCIAL)** A área administrativa do INSS informou a todos os servidores públicos lotados nesse órgão que o acesso a determinado sistema de consulta de dados cadastrais seria disponibilizado por meio da internet, em substituição ao acesso realizado somente por meio da intranet do órgão. Nessa situação, não haverá similaridade entre os sistemas de consulta, porque sistemas voltados para intranet, diferentemente dos voltados para internet, não são compatíveis com o ambiente web.

Certo ( ) Errado ( )

Tanto internet como intranet usam os mesmos padrões e tecnologias, assim há compatibilidade entre os ambientes de rede.

GABARITO: ERRADO.

9. **(NC/UFPR – 2019 – PREFEITURA DE CURITIBA/PR – AGENTE ADMINISTRATIVO)** Sobre Redes Internas, considere as seguintes afirmativas:

1. Em uma rede com cabos, é indispensável o roteador de wireless.
2. A capacidade de processamento do servidor que é medida em Gb determina a velocidade de acesso dos computares ligados na rede.
3. Pode-se conectar uma impressora multifuncional, para uso geral, através da rede sem fio.
4. Documentos que devem ser impressos de um notebook devem ser colocados no desktop ligado à rede e configurado para acessar a impressora.

Assinale a alternativa correta:

a) Somente a afirmativa 2 é verdadeira.

b) Somente a afirmativa 3 é verdadeira.

c) Somente as afirmativas 1 e 3 são verdadeiras.

d) Somente as afirmativas 2 e 4 são verdadeiras.

e) As afirmativas 1, 2, 3 e 4 são verdadeiras.

Roteadores wireless são necessários para redes sem fio, já as redes cabeadas usam roteadores cabeados. Grandes servidores têm sua capacidade de processamento medida em flops por segundo. Usa-se volume de dados por tempo para determinar sua capacidade de comunicação de dados. Atualmente, as impressoras podem ser conectadas tanto à rede cabeada como a redes sem fio. Ainda em casos em que a impressora não tenha conexão com a rede, é possível ligá-la a um computador por cabo USB e usar serviços de impressão como o Google Cloud Print. Neste caso, o computador ao qual a impressora está conectada deverá permanecer ligado para poder usá-la como impressora de rede por outros equipamentos.

GABARITO: B.

10. **(NC/UFPR – 2017 – ITAIPU BINACIONAL – PROFISSIONAL NÍVEL SUPORTE I – ATIVIDADE ADMINISTRATIVA)** Há soluções tecnológicas que visam reduzir os custos de aquisição e manutenção de computadores. Qual é o nome atribuído a computadores de rede, sem disco rígido, que acessam programas de um servidor ao invés de armazená-los?

a) Uplink.

b) Viewer.

c) VRML.

d) Thin client.

e) Path-to-Profitability (P2P).

Hoje a computação na nuvem é a alternativa mais barata ao investimento em infraestrutura local. Antes dela, o investimento em grandes mainframes era comum pelo custo-benefício, assim os mainframes até podem ter custo mais elevado, mas este é compensado pelo custo dos terminais burros (*THIN CLIENTS*) que são mais acessíveis, uma vez que não são dotados de muitos componentes.

GABARITO: D.

11. **(NC/UFPR – 2015 – ITAIPU BINACIONAL – ALMOXARIFADO)** ASSINALE a alternativa que corresponde ao nome dado a um conjunto de computadores que compartilham informações e softwares em uma rede local, em uma área delimitada, como, por exemplo, escritórios e edifícios.

a) MAN – Metropolitan Area Network.

b) WORD – Word Area Network.

c) DNS – Domain Name System.

d) VPN – Virtual Private Network.

e) LAN – Local Area Network.

Uma LAN é uma rede de curto alcance, não há metragem ou quantidade de computadores exata para definir como algo maior que uma LAN, mas uma noção. Assim a rede de uma universidade com campus grande pode ser classificada, tranquilamente, como uma LAN até porque não possui dimensão considerável para determinar como uma MAN que abrange dimensões de cidades e regiões metropolitanas. Quando a distância ultrapassa a ideia de uma região metropolitana podemos classificar como WAN. Portanto a internet (rede mundial de computadores) é tomada como uma WAN. O DNS pode ser apresentado como protocolo, serviço, infraestrutura ou, até mesmo, servidor. Já VPN é uma técnica, protocolo e tecnologia para acessar uma intranet estando fisicamente fora dela.

GABARITO: E.

12. **(NC/UFPR – 2015 – COPEL – TÉCNICO ADMINISTRATIVO I)** Em um edital para aquisição de uma impressora laser, consta que ela deve possuir interface compatível com os padrões 802.11b/g/n. Essa interface refere-se a:

a) conexão wireless.

b) conexão de rede ethernet com fio.

c) conexão com o computador por cabo USB.

d) conexão com o computador por cabo paralelo.

e) conexão por meio bluetooth.

802.11 é a numeração técnica da IEEE para designar redes sem fio, portanto wireless; 802.3 define rede cabeada e 802.15 é relativo ao bluetooth. Atualmente, a 802.11 pode ser apresentada como b/g/n/ac/ax, tendo ainda novas tecnologias já definidas, mas ainda não implantadas.

GABARITO: A.

13. **(NC/UFPR – 2014 – TJ/PR – TÉCNICO JUDICIÁRIO)** É uma funcionalidade de um firewall pessoal.

a) Separar os e-mails desejados dos indesejados (spams).

b) Analisar continuamente o conteúdo das conexões, filtrando diversos tipos de códigos maliciosos e barrando a comunicação entre um invasor e um código malicioso já instalado.

c) Verificar vulnerabilidades nos programas instalados no computador e determinar quais devem ser atualizados.

d) Alertar o usuário quando uma página suspeita de ser falsa é acessada.

Um firewall pessoal também pode ser apresentado como firewall de host, ou firewall do sistema operacional. No Windows temos o Windows Defender Firewall. A função básica de um firewall é monitorar o tráfego de rede e, a partir de suas regras e configurações, permitir ou negar que determinada informação passe do computador para a rede e vice-versa. Um firewall não substitui o antivírus, mas se complementam, pois cada um tem sua "área" de atuação (firewall → comunicação de rede; antivírus → arquivos locais e de dispositivos removíveis). Um firewall não tem condições, ou mesmo finalidade, de identificar uma página ou e-mail como phishing, assim como não serve para identificar spams.

GABARITO: B.

14. **(NC–UFPR – 2014 – TJ/PR – TÉCNICO JUDICIÁRIO)** É uma parte da hierarquia de nomes da internet – DNS – que permite identificar as instituições ou conjunto de instituições na rede.

a) Domínio.

b) FTP.

c) Host.

d) TCP/IP.

O Domínio é o nome com o qual um site é registrado na internet para facilitar aos usuários a sua localização e identificação. No Brasil, a instituição responsável pelos registros de domínio é o Registro.br. FTP é um protocolo de transferência de arquivos, embora exista um cabo de rede FTP (blindado), é raramente mencionado em provas. Host é o nome dado a um dispositivo a partir do momento que ele é conectado à rede. TCP/IP é a sigla que faz menção ao conjunto de protocolos usados nas redes.

GABARITO: A.

15. **(AOCP – 2018 – TRT/RJ – ANALISTA JUDICIÁRIO – INFORMÁTICA)** Um sistema de uma empresa está acessível aos seus colaboradores através da sua intranet. Isso significa que:

a) o sistema pode ser acessado somente por colaboradores internos ou usuários previamente autorizados, e somente através da rede local da organização (o usuário deve estar fisicamente nas instalações da empresa).

b) qualquer usuário na internet pode acessar o sistema.

c) faz parte da Deep Web.

d) o sistema pode ser acessado somente por usuários previamente autorizados, mas também pode ser possível o acesso através da internet, dependendo de como a intranet foi configurada.

e) as tecnologias utilizadas pela rede que armazena o sistema são diferentes das utilizadas na internet.

Uma vez disponibilizado na intranet, o acesso é restrito fisicamente aos usuários que estiverem na rede da empresa; todavia há possibilidade de estabelecer uma conexão VPN para se conectar à rede virtualmente, estando fisicamente fora dela, para tanto, usando a conexão física da internet. Vale lembrar que por padrão, por questões de segurança, as VPNs são bloqueadas em redes corporativas e, para que seja possível seu uso, há necessidade de a administração da rede configurar tal recurso.

GABARITO: D.

Considerando que, em uma empresa, um computador seja usado por várias pessoas para acesso intranet, julgue os itens que se seguem.

16. **(CESPE – 2010 – BANCO DA AMAZÔNIA – TÉCNICO BANCÁRIO)** TCP/IP é o protocolo padrão para o acesso à internet. No caso da intranet, o acesso é realizado, por padrão, com o uso do protocolo IPv6.

Certo ( ) Errado ( )

Errado até a data da prova, pois o padrão usado era o IPv4, a partir do 1º Trimestre de 2012, o protocolo IPv6 passou a ser utilizado em paralelo ao IPv4.

GABARITO: ERRADO.

17. **(CESPE – 2010 – BANCO DA AMAZÔNIA – TÉCNICO BANCÁRIO)** Em uma situação normal, caso um usuário deseje acessar a internet e a intranet da empresa ao mesmo tempo, ele deve usar duas versões diferentes de navegador, por questão de incompatibilidade de tecnologia entre a internet e a intranet.

Certo ( ) Errado ( )

Pode ser usado o mesmo navegador, inclusive pode-se acessar ao mesmo instante as duas. Vale lembrar que os protocolos usados são os mesmos.

GABARITO: ERRADO.

Quanto ao uso seguro das tecnologias de informação e comunicação, julgue os itens que se seguem.

18. **(CESPE – 2010 – TER/BA – TÉCNICO JUDICIÁRIO)** As intranets são estruturadas de maneira que as organizações possam disponibilizar suas informações internas de forma segura, irrestrita e pública, sem que os usuários necessitem de autenticação, ou seja, de fornecimento de nome, de login e senha.

Certo ( ) Errado ( )

Intranet é uma rede restrita e privada. Uma intranet é limitada (a princípio) fisicamente ao ambiente (prédio) da empresa. Vale lembrar que tudo o que existe na internet pode ser concebido também em uma intranet, claro que mantendo as suas devidas proporções, uma vez que ambos os ambientes de rede utilizam os mesmos padrões e tecnologias.

GABARITO: ERRADO

No que se refere a tecnologias da informação, internet e intranet, julgue os seguintes itens.

19. **(CESPE – 2009 – MMA – AGENTE ADMINISTRATIVO)** Intranets são redes que utilizam os mesmos recursos e protocolos da internet, mas são restritas a um grupo predefinido de usuários de uma instituição específica.

Certo ( ) Errado ( )

Uma intranet tem por finalidade o compartilhamento de recursos e manter a restrição de acesso aos sistemas de forma mais segura.

GABARITO: CERTO.

A respeito da internet e de intranets, julgue os itens subsequentes.

20. **(CESPE – 2009 – ANATEL – TÉCNICO ADMINISTRATIVO)** As intranets possuem as características e fundamentos semelhantes aos da internet e baseiam-se no mesmo conjunto de protocolos utilizados na internet. Entre outros, são exemplos de protocolos para intranets: *transmission control protocol* (TCP) e *internet protocol* (IP).

Certo ( ) Errado ( )

A principal diferença é que a internet é uma rede pública e a intranet é uma rede Privada.

GABARITO: CERTO.

A respeito da internet e de intranets, julgue os itens subsequentes.

21. **(CESPE – ANATEL – 2009 – TÉCNICO ADMINISTRATIVO)** As máquinas na internet comunicam-se entre si por meio do conjunto de protocolos TCP/IP, o qual permite que sistemas heterogêneos operem por meio de redes inteiramente diversas.

Certo ( ) Errado ( )

Protocolo é uma regra de comunicação, independente da forma como os sistemas utilizam a informação, a comunicação em rede é padronizada.

GABARITO: CERTO.

Com relação aos ambientes Windows, internet e intranet, julgue os itens a seguir.

22. **(CESPE – 2009– PREFEITURA DE IPOJUCA/ PE– TODOS OS CARGOS)** Intranet é uma rede, restrita a um grupo de usuários, que utiliza os mesmos recursos e protocolos que a internet, como o TCP/IP, o FTP, o SMTP, entre outros.

Certo ( ) Errado ( )

A banca utiliza como principal diferença o fato da internet ser uma rede Pública e a intranet ser uma rede Privada.

GABARITO: CERTO.

Acerca de conceitos e tecnologias relacionados à internet, julgue os itens subsequentes.

23. **(CESPE – 2009 – TCU – TÉCNICO DE CONTROLE EXTERNO)** A internet é controlada no Brasil pela ANATEL, órgão governamental regulamentador de telecomunicação no país.

Certo ( ) Errado ( )

A internet no Brasil não é controlada, ao contrário da China. O Marco Civil da Internet reforça que os provedores de acesso à internet não podem limitar ou mesmo alterar a banda de rede por conteúdo. A responsabilidade pelo conteúdo acessado é do usuário.

GABARITO: ERRADO.

Acerca de conceitos e tecnologias relacionados à internet, julgue os itens subsequentes.

24. **(CESPE – 2009 – TCU – TÉCNICO DE CONTROLE EXTERNO – ÁREA ADMINISTRATIVA)** Intranet e extranet são redes de computadores em que se utiliza a tecnologia da internet para o fornecimento de serviços.

Certo ( ) Errado ( )

A questão fala no uso da tecnologia empregada na internet que é usada pela intranet também, por exemplo, a pilha de protocolos TCP/IP, e não de fazer uso da internet.

GABARITO: CERTO.

Com relação às tecnologias utilizadas na internet e na intranet, julgue os itens a seguir.

25. **(CESPE – 2011 – FUNDAÇÃO UNIVERSIDADE DE BRASÍLIA)** Intranet designa basicamente o sítio interno de uma corporação, distinguindo-se da internet por ser uma rede isolada e segura, que não requer o uso de senhas para acesso de usuários.

Certo ( ) Errado ( )

Uma intranet é uma rede interna utilizada para compartilhamento de recursos como impressoras, compartilhamento de arquivos para a rede interna e utilização de sistemas internos, não apenas um site interno e, também, não é 100% segura.

GABARITO: ERRADO.

Em relação aos conceitos de internet, julgue os itens a seguir.

26. **(CESPE – 2011 – CORREIOS – CARGO DE NÍVEL SUPERIOR)** Redes de acesso situadas na borda da internet são conectadas ao restante da rede segundo uma hierarquia de níveis de ISPs (*internet service providers*). Os ISPs de nível 1 estão no nível mais alto dessa hierarquia.

Certo ( ) Errado ( )

Internet Service Provider (ISP) são os provedores de acesso à internet, os de nível 1 são os ISPs internacionais, que são o Backbone da internet, e os de nível mais baixo são os que conectam os usuários.

GABARITO: CERTO.

A respeito de fundamentos de computação, julgue os itens seguintes.

27. **(CESPE – 2009 – ANAC– TÉCNICO ADMINISTRATIVO)** A intranet é uma rede de computadores interna à organização e mantida com a finalidade de possibilitar o compartilhamento de dados e informações, agilizando o trabalho e reduzindo custos.

Certo ( ) Errado ( )

A intranet é uma rede privada com finalidade de compartilhar recursos internos e é mais rápida, considerando-se que os links de internet disponíveis atualmente permeiam no máximo os 100 MBps enquanto as intranets podem estar ligadas à velocidade de GBps.

GABARITO: CERTO.

Considerando os conceitos básicos de tecnologias e ferramentas associadas à internet e à intranet, julgue os próximos itens.

28. **(CESPE – 2010 – TRE/MT– ANALISTA JUDICIÁRIO)** Para se acessar a internet ou uma intranet, é suficiente que o usuário tenha o Internet Explorer instalado em seu computador.

Certo ( ) Errado ( )

Para acessar a internet, é necessário que o usuário tenha pelo menos algum dispositivo que o permita conectar-se (computador, celular, tablete etc.) e que possua um provedor de acesso que o conecte com a internet. Para acessar uma intranet, é necessário possuir permissão de acesso a ela.

GABARITO: ERRADO.

29. **(CESPE – 2010 – TRE/MT – ANALISTA JUDICIÁRIO – ÁREA ADMINISTRATIVA – ADAPTADA)** A intranet disponibiliza serviços semelhantes aos da internet dentro de uma rede local, mas não permite que esses serviços sejam acessados de outros locais.

Certo ( ) Errado ( )

Para acessar a internet, é necessário que o usuário tenha pelo menos algum dispositivo que o permita conectar-se (computador, celular, tablete etc.) e que possua um provedor de acesso que o conecte com a internet. Para acessar uma intranet, é necessário possuir permissão de acesso a ela.

GABARITO: ERRADO.

Acerca de internet e de intranet, julgue os itens subsequentes.

30. **(CESPE – 2011 – FUB – MÉDICO – CLÍNICA MÉDICA)** Se a página da intranet estiver inacessível, significa que o computador em uso não tem permissão de acesso aos recursos da rede, devido à ausência do protocolo IP.

Certo ( ) Errado ( )

A ausência de protocolo IP não está, necessariamente, relacionada com permissão de acesso. A ausência do protocolo IP pode estar relacionada à algum erro de configuração ou mesmo falha de conexão.

GABARITO: ERRADO

Acerca de informática, julgue o item a seguir.

31. **(CESPE – 2010 – TRE/PR– ANALISTA JUDICIÁRIO)** A internet se caracteriza por ser uma rede do tipo cliente/servidor, na qual cada computador é independente um do outro e compartilha os dados sem uma centralização, e qualquer computador do tipo cliente é um servidor independente de informações ou serviços.

Certo ( ) Errado ( )

Os usuários são os clientes em um modelo de comunicação Cliente/Servidor que acessam conteúdo disponibilizado por servidores na internet.

GABARITO: ERRADO.

No que se refere à internet e à intranet, julgue os itens subsecutivos.

32. **(CESPE – 2011 – CNPQ – ANALISTA EM CIÊNCIA E TECNOLOGIA JÚNIOR – GERAL)** A intranet utiliza os protocolos da internet, mas no âmbito interno de empresas, para que os empregados possam acessar remotamente dados e informações corporativas a partir de suas residências. O protocolo específico para transferência de arquivos na internet, que deve ser configurado de forma diferenciada quando utilizado na intranet, é o IN-FTP (*file transfer protocol-intranet*).

Certo ( ) Errado ( )

Por padrão uma intranet utiliza os mesmos protocolos que a internet e não existe o protocolo IN-FTP.

GABARITO: ERRADO

Acerca dos conceitos de internet e intranet, bem como de suas tecnologias e seus serviços, julgue o item a seguir.

33. **(CESPE – 2011 – TER/ES – CARGOS DE NÍVEL MÉDIO)** Não é possível disponibilizar o serviço de correio eletrônico em redes intranet, em razão de essas redes serem privadas.

Certo ( ) Errado ( )

É possível inclusive configurar o serviço de e-mail de forma que funcione apenas internamente, o que é pouco utilizado porque inviabiliza o envio de e-mail para pessoas fora da intranet.

GABARITO: ERRADO.

34. **(AUTOR – 2013)** A Secretaria de Segurança Pública do DF necessitou criar uma ferramenta de compartilhamento de chamados e instruções, como também de comunicação interna para os agentes de polícia. Contudo não ela pode criar tal ferramenta em sua intranet, apesar de ser mais seguro, pois os protocolos desse ambiente não condizem com a aplicação, assim a ferramenta terá de ser criada na internet, o que a torna acessível por todos, mesmo que não possuam usuário e senha.

Certo ( ) Errado ( )

Podemos criar as mesmas ferramentas tanto para internet como para intranet uma vez que por princípio as duas possuem as mesmas características, diferenciando-se apenas pelo nível de acesso. Assim a ferramenta poderia ser criada para a intranet sem problemas de protocolos.

GABARITO: ERRADO.

35. **(AUTOR – 2013)** Em um ambiente de rede, qualquer usuário pode criar uma VPN com outra rede privada, independente de esta opção ser desbloqueada no firewall da rede.

Certo ( ) Errado ( )

Por padrão, os administradores de rede bloqueiam as conexões do tipo VPN para maior segurança do ambiente da intranet. Se necessário, são abertas as exceções, porém de maneira controlada e limitada.

GABARITO: ERRADO.

Sobre os conceitos de internet e redes de computadores, julgue os próximos itens.

36. **(AUTOR – 2013)** A internet é composta por várias intranets que compartilham informações entre si, a fim de tornar mais rápida a comunicação entre os usuários da rede mundial de computadores.

Certo ( ) Errado ( )

Texto contraditório acerca dos conceitos, uma vez que a internet é a rede mundial de computadores, cujo conteúdo é disponibilizado publicamente, ou seja, acessível pelos demais dispositivos ligados a esta rede, enquanto que uma intranet é uma rede privada, em que há necessidade de se proteger informações e limitar o acesso aos dados, aos serviços e aos recursos.

GABARITO: ERRADO.

Sobre os conceitos de internet e redes de computadores, julgue os próximos itens.

37. **(AUTOR – 2013)** Uma VPN pode ser constituída sem o uso de criptografia, uma vez que é utilizada para ligar duas redes, possibilitando o tráfego de informações entre elas.

Certo ( ) Errado ( )

Uma VPN é uma Virtual Private Network, ou seja, uma rede privada constituída de maneira virtual, uma medida mais prática e barata de interligar uma intranet por meio da internet. Contudo deve ser mantido o princípio de restrição de acesso ao ambiente, logo se faz necessário utilizar criptografia.

GABARITO: ERRADO.

38. **(AUTOR – 2013)** Uma intranet é uma rede privada, assim sendo, deve ser mantida a restrição de acesso a este ambiente exclusivamente aos funcionários da empresa por meio de usuário e senha, não sendo possível compartilhar informações para mais de uma pessoa por meio dessa infraestrutura.

Certo ( ) Errado ( )

Uma intranet é uma rede similar à internet, porém restrita a um grupo de usuários, cujo objetivo é compartilhar um ambiente e outros recursos, como arquivos, sistemas, impressoras, por exemplo.

GABARITO: ERRADO.

A respeito dos conceitos fundamentais de informática, julgue os itens a seguir.

39. **(AUTOR – 2013)** A única diferença entre navegação na internet e navegação na intranet é a necessidade de se configurar, na intranet, o endereço interno padrão no navegador, uma vez que os dados serão acessados internamente.

Certo ( ) Errado ( )

a principal diferença entre a internet e a intranet é que a internet é uma rede pública, enquanto a intranet é uma rede privada. Algumas intranets, dependendo de sua configuração, podem necessitar de configurações e endereços específicos, mas de modo geral não necessitam.

GABARITO: ERRADO.

40. **(AUTOR – 2013)** Residências tipicamente empregam uma LAN para se conectar à internet WAN através de um *internet Service Provider* (ISP), utilizando um modem de banda larga. O ISP fornece um endereço IP da WAN para o modem e, geralmente, todos os computadores da rede LAN usam endereços IP privados. Todos os computadores da LAN podem se comunicar diretamente uns com os outros, mas devem passar por um nó central, chamado gateway de rede, tipicamente um modem- roteador de banda larga, para conectar-se ao ISP.

Certo ( ) Errado ( )

A questão descreve o uso da LAN como forma de compartilhar o recurso: acesso à internet.

GABARITO: CERTO.

41. **(AUTOR – 2013)** Uma VPN fornece conectividade de rede através de uma distância física normalmente longa. A este respeito, uma VPN permite o compartilhamento de arquivos, videoconferências e serviços de rede semelhantes. As redes privadas virtuais em geral não fornecem novas funcionalidades em comparação com os mecanismos alternativos, mas uma VPN implementa os serviços de forma mais eficiente e barata que na maioria dos casos. Tecnologias VPN incluem diversos mecanismos de segurança para proteger as conexões virtuais privadas.

Certo ( ) Errado ( )

A alternativa para a VPN é fazer um enlace (link) privado ou realizar o cabeamento direto, o que gera um custo muito elevado para oferecer o mesmo que a VPN.

GABARITO: CERTO.

42. **(AUTOR – 2013)** As Redes Locais de Computadores – LAN são construídas, em sua grande maioria, utilizando cabos de pares trançados, padrão Ethernet e o equipamento denominado switch, que tem a função de gerenciar as conexões lógicas dos cabos utilizando, para isso, o endereço MAC.

Certo ( ) Errado ( )

Também é possível utilizar um roteador no lugar do switch. Apesar de ser possível, não é recomendado usar um hub por questões de segurança.

GABARITO: CERTO.

43. **(IBFC – 2015 – CEP 28 – ASSISTENTE ADMINISTRATIVO)** A intranet possui características técnicas próprias que a diferenciam quanto a internet. Uma dessas características técnicas que a distingue é o fato da intranet ser:

a) desenvolvida com base no protocolo TCP/IP.

b) a única que possui grupos de discussão.

c) a única que possui banda larga.

d) privada e não pública

Tanto a internet como a intranet são redes, portanto, são baseadas e construídas com as mesmas tecnologias; a diferença essencial entre elas é o fato de a intranet possuir acesso restrito (privada), enquanto a internet é para todos (pública).

GABARITO: D.

44. **(CS–UFG–2015–UFG–ASSISTENTE EM ADMINISTRAÇÃO)** Várias empresas utilizam a intranet por diversas razões. A principal delas é a necessidade de:

a) oferecer treinamento on-line.

b) reduzir custos.

c) autorizar processos empresariais.

d) permitir que funcionários obtenham informações.

Essa questão abre precedentes para recursos, pois atualmente a principal motivação para o uso de Computação em Nuvem é a redução de custos e operacionalização. Em um primeiro momento, o acesso à internet foi usado para fins de globalização e acesso à informação. Mas atualmente é comum a busca por profissionalização e aperfeiçoamento por meio de cursos on-line.

GABARITO: D.

45. **(AUTOR – 2018)** Cada interface em uma LAN tem um endereço IP e um endereço MAC.

Certo ( ) Errado ( )

O endereço IP pertence ao nível de rede enquanto o endereço MAC é um endereço físico usado pelo enlace.

GABARITO: CERTO.

Com base nos conceitos e definições de internet, intranet, Extranet e VPN julgue se corretas as questões 46 a 49.

46. **(AUTOR – 2018)** Para acessar externamente uma intranet corporativa, há necessidade de usar recursos de segurança, uma vez que a intranet é um ambiente de acesso restrito e protegido por vários recursos de segurança como o firewall.

Certo ( ) Errado ( )

Para estabelecer uma VPN, é usado um túnel de criptografia, ou seja, um recurso de segurança para manter a segurança da rede que está sendo acessada por meio da internet (que é considerada uma rede não segura).

GABARITO: CERTO.

47. Tanto a internet como a intranet usam as mesmas tecnologias e para finalidades similares, como compartilhar conteúdo entre aqueles que possuem acesso, embora tenham níveis de acesso diferentes.

Certo ( ) Errado ( )

As tecnologias empregadas na internet e na intranet são as mesmas, desde os padrões até os protocolos de comunicação, principalmente os protocolos das camadas de baixo nível.

GABARITO: CERTO.

48. **(AUTOR – 2018)** A intranet é uma rede de computadores aberta que pode ser usada por qualquer pessoa, desde que tenha acesso à internet.

Certo ( ) Errado ( )

Uma intranet é o ambiente físico de conexão de dispositivos de uma empresa, ao qual somente pessoas autorizadas têm acesso, normalmente seus funcionários.

GABARITO: ERRADO.

49. **(AUTOR – 2018)** Por questões de segurança, um ambiente de rede interno de uma instituição não pode ser acessado por usuários que se encontrem fisicamente fora desta instituição.

Certo ( ) Errado ( )

É possível que seja criada uma VPN (*Virtual Private Network*) para que o usuário acesse a rede da instituição mesmo que esteja fora das dependências da empresa.

GABARITO: ERRADO.

50. **(AUTOR – 2018)** Um usuário deseja acessar a rede da empresa a partir de outra cidade, para tanto foi recomendado que realizasse o acesso via link dedicado, uma vez que utilizar uma VPN não seria uma opção financeiramente acessível.

Certo ( ) Errado ( )

A VPN é a opção mais "barata" (praticamente sem custos) para acessar a rede privada estando fisicamente fora dela. Um link dedicado é o uso de um cabo direto, muitas vezes alugado de um terceiro (ISP).

GABARITO: ERRADO.

51. **(AUTOR – 2018)** A intranet é uma rede de computadores privada mantida dentro de uma organização.

Certo ( ) Errado ( )

A intranet é a infraestrutura de rede privada limitada fisicamente ao ambiente de uma instituição. Vale observar que as redes domésticas também são intranets.

GABARITO: CERTO.

52. **(AUTOR – 2018)** O backbone de uma intranet é uma estrutura de rede cabeada de alta velocidade.

Certo ( ) Errado ( )

Backbone, ou espinha dorsal, é o nome dado ao cabeamento vertical de uma intranet responsável por ser o tronco principal da rede, de tal modo que, se for desligado, a rede como um todo é desligada ou, no mínimo, criam-se redes isoladas.

GABARITO: CERTO.

Com base nos conceitos e definições de internet, intranet, extranet e VPN, julgue se estão corretas as questões 53 a 60.

53. **(AUTOR – 2018)** Para acessar externamente uma intranet corporativa, não há necessidade de usar recursos de segurança, uma vez que a intranet é um ambiente de acesso restrito e protegido por vários recursos de segurança como o firewall.

Certo ( ) Errado ( )

Para estabelecer uma VPN é usado um túnel de criptografia, ou seja, um recurso de segurança para manter a segurança da rede que está sendo acessada por meio da internet (que é considerada uma rede não segura).

GABARITO: ERRADO.

54. **(AUTOR – 2018)** Um agente de Polícia Rodoviária Federal estando em um posto avançado do órgão necessitava acessar o sistema de consultas de placas de trânsito, porém, todos os computadores do posto encontravam-se em uso por outros agentes. Então, para poder acessar o sistema, o agente usou seu notebook, porém, mesmo conectando-o ao cabo de rede, ele não conseguiu acessar o sistema. Outro agente, então, comentou que era necessário que ele se conectasse ao mesmo domínio de rede.

Certo ( ) Errado ( )

Em redes corporativas de grande porte, é comum o uso das configurações de domínio de rede para determinar um ambiente de intranet, de modo que em uma mesma rede física possam existir grupos separados, de forma lógica, de computadores. Por padrão, os computadores com Windows, ao serem conectados em uma rede, se conectam ao grupo chamado Workgroup (grupo de trabalho). Os grupos são estruturas mais simples que os domínios. Em um domínio, as políticas de segurança, como o login, são centralizadas, ao contrário do que ocorre no Workgroup.

GABARITO: CERTO.

55. **(AUTOR – 2018)** Tanto a internet como a intranet, embora usem tecnologias diferentes, são usadas para finalidades similares, como compartilhar conteúdo entre aqueles que possuem acesso.

Certo ( ) Errado ( )

As tecnologias empregadas na internet e na intranet são as mesmas, desde os padrões até os protocolos de comunicação, principalmente os protocolos das camadas de baixo nível.

GABARITO: ERRADO.

56. **(AUTOR – 2018)** A intranet de uma empresa é uma rede de computadores de uso exclusivo desta, que só pode ser acessada internamente pelos seus funcionários.

Certo ( ) Errado ( )

Por definição está é a finalidade de uma intranet, ser o ambiente físico de conexão de dispositivos de uma empresa, no qual somente pessoas autorizadas tem acesso, normalmente seus funcionários.

GABARITO: CERTO.

57. **(AUTOR – 2018)** Uma extranet é uma rede proprietária que interliga toda uma rede interna de uma empresa a outra empresa, de forma controlada, permitindo acesso apenas a pessoas autorizadas.

Certo ( ) Errado ( )

A extranet é a ligação de apenas parte de uma rede, pois ligar a rede interna inteira significaria que as duas empresas estão na mesma intranet.

GABARITO: ERRADO.

58. **(AUTOR – 2018)** Em uma VPN (Virtual Private Network) o tráfego de dados é levado pela rede pública utilizando protocolos padrão, não necessariamente seguros. Para que a conexão seja segura, as VPNs usam protocolos de criptografia por tunelamento, os quais fornecem a confidencialidade, a autenticação e a integridade necessárias para garantir a privacidade das comunicações requeridas.

Certo ( ) Errado ( )

Alguns desses protocolos que são normalmente aplicados em uma VPN são: Layer 2 Tunneling Protocol (L2TP), L2F, Point-to-Point Tunneling Protocol (PPTP) e o IP Security Protocol (IPsec). Quando adequadamente implementados, esses protocolos podem assegurar comunicações seguras através de redes inseguras.

GABARITO: CERTO.

59. **(AUTOR – 2018)** Para conectar uma rede privada a uma rede pública, é comum o emprego de um servidor proxy, que tem por função armazenar uma cópia do conteúdo solicitado pelo dispositivo da rede privada.

Certo ( ) Errado ( )

O proxy é um servidor que tem por principal finalidade realizar cache de rede, ou seja, armazena uma cópia do conteúdo mais buscado pelos usuários (dispositivos) da rede local (privada).

GABARITO: CERTO

60. **(AUTOR – 2018)** Para criar ambientes virtuais com servidores de páginas; para manter sites, servidores de e-mail; para permitir a comunicação via correio eletrônico e até servidores de arquivos; para uma comunicação mais rápida e centralizada entre os funcionários da empresa é necessário usar apenas a internet.

Certo ( ) Errado ( )

Se o ambiente tem por finalidade atender apenas aos funcionários da empresa ele pode ser construído na intranet e não precisa da internet.

GABARITO: ERRADO.

A respeito de redes de computadores e seus dispositivos, julgue a afirmação que se segue.

61. **(AUTOR – 2018)** Para que uma rede de computadores possa ser dividida em grupos menores que podem ou não se "enxergar" na rede, é necessário que seja usado pelo menos um roteador.

Certo ( ) Errado ( )

Os roteadores podem ser vistos como o coração de uma rede, porque são os responsáveis por gerenciá-las. Em grandes redes (como a internet) há muitos roteadores para conectar os dispositivos (hosts), de modo que podem existir diversas rotas para que uma informação percorra de um dispositivo A para um dispositivo B nesta rede. Assim, compete também aos roteadores escolher a melhor rota para que a informação seja transmitida.

GABARITO: CERTO.

62. **(NC-UFPR – 2019 – PREFEITURA DE MATINHOS /PR – FISCAL DE TRIBUTOS)** Sobre tipos de Grupo do Google "Fórum de Perguntas e Respostas", nas configurações predefinidas, considere as seguintes afirmativas:

1. Os tópicos podem ser marcados como resolvidos ou classificados pelos usuários.
2. As pessoas devem postar usando a interface da web, mas ainda podem receber atualizações por e-mail.
3. Os tópicos podem ser atribuídos a outros membros e tratados como tarefas que podem ser resolvidas ou reatribuídas.

Assinale a alternativa correta:

a) Somente a afirmativa 1 é verdadeira.

b) Somente as afirmativas 1 e 2 são verdadeiras.

c) Somente a afirmativa 3 é verdadeira.

d) Somente as afirmativas 2 e 3 são verdadeiras.

e) As afirmativas 1, 2 e 3 são verdadeiras.

Embora a questão levante como exemplo o Google Grupos, ela elenca conceitos característicos de qualquer serviço de fórum; um fórum é uma lista de discussão em que o usuário cria um tópico, normalmente uma dúvida, para que a comunidade que souber e tiver interesse em ajudar possa responder. É comum vários usuários partilharem as mesmas dúvidas.

GABARITO: B.

63. **(CESPE – 2012 – PC/AL – ESCRIVÃO DE POLÍCIA)** As VPNs (*virtual private network*) são túneis criados em redes públicas para que essas redes apresentem nível de segurança equivalente ao das redes privadas. Na criação desses túneis, utilizam-se algoritmos criptográficos, devendo o gerenciamento de chaves criptográficas ser eficiente, para garantir-se segurança.

Certo ( ) Errado ( )

Primeiramente se a criptografia não for eficiente ela pode ser falha ou, simplesmente, quebrada. Uma VPN é uma forma de se conectar a uma intranet garantindo o princípio de acesso restrito.

GABARITO: CERTO.

64. **(CESPE – 2012 – PC/AL – AGENTE DE POLÍCIA)** A rede privada virtual (VPN) do tipo *site-to-site* constitui-se, entre outros elementos, de um canal de comunicação criptografado entre dois gateways de rede.

Certo ( ) Errado ( )

A função de uma VPN é conectar dois ou mais dispositivos em uma intranet, mesmo que estejam geograficamente distantes, logo tem que garantir o acesso restrito ao ambiente da rede.

GABARITO: CERTO.

65. **(INSTITUTO UNIFIL – 2019 – PREFEITURA DE CAMBÉ/PR – PSICÓLOGO)** Considerando as definições de internet e intranet, analise as assertivas e assinale a alternativa correta.

I. A intranet é uma rede de computadores privada que assenta sobre a suíte de protocolos da internet, porém de uso exclusivo de um determinado local como, por exemplo, a rede de uma empresa, que só pode ser acessada pelos seus utilizadores ou colaboradores internos.

II. A internet é um sistema global de redes de computadores interligadas que utilizam um conjunto próprio de protocolos (*internet Protocol Suite* ou TCP/IP) com o propósito de servir progressivamente usuários no mundo inteiro. É uma rede de várias outras redes, que consiste em milhões de empresas privadas, públicas, acadêmicas e de governo, com alcance local e global e que está ligada por uma ampla variedade de tecnologias de rede eletrônica, sem fio e ópticas.

III. A intranet por ser uma rede de computadores privada, nunca poderá ser acessada através de uma conexão de internet. Esta restrição é importante para garantir a segurança de acesso da intranet.

a) Apenas I está correta.

b) Apenas II está correta.

c) Apenas III está correta.

d) Apenas I e II estão corretas.

e) Apenas I, II e III estão corretas.

internet é a rede mundial de computadores e tem natureza pública, enquanto a intranet é uma rede privada e com acesso restrito. Ambas as redes existem separadamente uma da outra, estando, ou não, estar interligadas. Ambas utilizam, por padrão, os mesmos protocolos e tecnologias. É possível acessar uma intranet através da internet, usando VPN.

GABARITO: D.

66. **(CESPE – 2010 – TRT/21ª REGIÃO – TÉCNICO JUDICIÁRIO – TECNOLOGIA DA INFORMAÇÃO)** O backbone, ou espinha dorsal, da internet no Brasil é administrado por empresas privadas que detêm o poder de exploração do acesso à internet. Essas empresas, também conhecidas como provedores de acesso, cobram uma taxa a pessoas físicas ou jurídicas, as quais podem, também, armazenar seus dados na rede.

Certo ( ) Errado ( )

O backbone brasileiro é administrado pela Embratel. Backbone é a principal estrutura de uma rede, ou seja, a parte física que sustenta a rede como um todo, de modo que se falhar praticamente toda a comunicação em rede cai.

GABARITO: ERRADO.

Meios de Transmissão e Tecnologias

A respeito da utilização de tecnologias, ferramentas, aplicativos e procedimentos associados a internet/intranet, julgue o item seguinte.

67. **(CESPE – 2018 – POLÍCIA FEDERAL – AGENTE DE POLÍCIA FEDERAL)**Nas aplicações de transferência de arquivos por fluxo contínuo, os dados são transferidos como uma série de blocos precedidos por um cabeçalho especial de controle.

Certo ( ) Errado ( )

No processo de fluxo contínuo, abre-se uma conexão e transmitem-se constantemente os dados, as técnicas mais recentes inclusive utilizam-se dos metadados da abertura da conexão para já enviar parte do conteúdo a ser transmitido.

GABARITO: ERRADO.

A respeito da utilização de tecnologias, ferramentas, aplicativos e procedimentos associados a internet/intranet, julgue o item seguinte.

68. **(CESPE – 2018 – POLÍCIA FEDERAL – AGENTE DE POLÍCIA FEDERAL)** Nas aplicações multimídia, os fluxos de dados podem conter áudio, vídeo e metadados que viabilizam a sincronização de áudio e vídeo. Cada um desses três fluxos pode ser manipulado por diferentes programas, processos ou hardwares, mas, para que os fluxos de dados de determinada aplicação multimídia sejam qualitativamente otimizados na transmissão ou no armazenamento, eles devem ser encapsulados juntos, em um formato de contêiner.

Certo ( ) Errado ( )

Arquivos multimídia principalmente de vídeo, como AVI, MKV e MP4 são na verdade contêineres, isto é, são estruturas compostas por mais de uma base. No caso dos formatos citados, além da estrutura de vídeo, há também a estrutura de áudio, a estrutura de legenda incorporadas dentro do mesmo arquivo, de modo similar a um arquivo compactado. Dentro de um arquivo MP3 há embutidos trilhas de áudio e um SRT para cada legenda.

GABARITO: CERTO.

69. **(CESPE – 2019 – PRF – POLICIAL RODOVIÁRIO FEDERAL)** Por meio de uma aplicação de acesso remoto, um computador é capaz de acessar e controlar outro computador,

independentemente da distância física entre eles, desde que ambos os computadores estejam conectados à internet.

Certo ( ) Errado ( )

A questão gera um pouco de confusão por utilizar a expressão "independente da distância física", o que pode levar a pensar em uma rede de curto alcance que não necessitaria da internet. Por outro lado, "uso independente" também pode considerar uma rede de grande distância em que a internet seria a alternativa mais viável. A melhor forma de realizar um acesso remoto independente da distância física é utilizar a internet. Esta permite tanto o acesso remoto, quanto o acesso por computadores próximos, um ao lado do outro, por exemplo.

GABARITO: CERTO.

Com relação a redes de computadores, julgue o item a seguir.

70. **(CESPE – 2019 – PRF – POLICIAL RODOVIÁRIO FEDERAL)** No fluxo de pacotes em uma rede de computadores, a qualidade de serviço é determinada pelos parâmetros relacionados a propagação, recuperação, interferência e perda de dados.

Certo ( ) Errado ( )

Primeiramente, entender o fluxo de pacotes é importante para outras questões futuras, pois estamos tratando da necessidade da aplicação, desta forma na perspectiva de camadas de rede estamos observando as necessidades das camadas de mais alto nível, considerando a forma como as de baixo nível se comportam. O fluxo de pacotes é estabelecido dentro de uma conexão TCP, que envia uma série de pacotes enumerados para garantir a entrega em ordem, dentro da conexão.

Agora a Qualidade de Serviço (QoS) dever ser analisada, ela pode ser considerada na perspectiva de baixo nível (na camada de enlace) ao criar canais de comunicação com garantia de velocidade, ou ser observada acima da camada de rede, uma vez que a tecnologia empregada inicialmente na concepção da internet não visou a qualidade, mas a velocidade (esta é uma importante característica para se comparar os modelos de rede datagrama e comutação de circuitos).

Os quatro parâmetros principais para determinar a qualidade de serviço: largura de banda, atraso, flutuação e perda, embora seja um universo ainda em estudo.

GABARITO: ERRADO.

No que se refere a tecnologias de internet e intranet e à segurança da informação, julgue os itens subsequentes.

71. **(CESPE – 2010 – BANCO DA AMAZÔNIA – TÉCNICO CIENTÍFICO – ADMINISTRAÇÃO)** A internet por rádio, no Brasil, ainda é um serviço de baixa velocidade, sujeito a intempéries e inoperante no caso de dias nublados, porque utiliza infraestrutura por satélite.

Certo ( ) Errado ( )

A internet via rádio não utiliza necessariamente infraestrutura por satélites, mas sim por torres e antenas, a internet nominal via rádio passa dos 350 KBps, ou seja, não é de tão baixa velocidade. Por mais que esteja chovendo, o sinal não é interrompido, todavia pode sofrer atenuação.

GABARITO: ERRADO.

72. **(CESPE – 2010 – TRE/MT – ANALISTA JUDICIÁRIO – ÁREA ADMINISTRATIVA – ADAPTADA)** A tecnologia 3G disponibiliza serviços de telefonia e transmissão de dados a longas distâncias, em um ambiente móvel, incluindo o acesso à internet.

Certo ( ) Errado ( )

3G é uma tecnologia conexão com a internet, muito utilizada por oferecer uma maior mobilidade, ADSL é a tecnologia de conexão com a internet vinculada, em geral, com uma Linha telefônica fixa.

GABARITO: CERTO.

73. **(CESPE – 2010 – TRE/MT – ANALISTA JUDICIÁRIO – ÁREA ADMINISTRATIVA – ADAPTADA)** ADSL é um serviço implementado pelo Internet Explorer que permite aumentar a velocidade de acesso à internet.

Certo ( ) Errado ( )

ADSL – Assymmetric Digital Subscriber Line ou Linha Digital Assimétrica para Assinante, é a tecnologia que permite o tráfego simultâneo de sinais de dados (rede) e voz (telefone) por uma linha telefônica. É assimétrica, porque a velocidade de upload é relativamente inferior à velocidade de download para a mesma linha.

GABARITO: ERRADO.

Sobre os conceitos de internet e redes de computadores, julgue os próximos itens.

74. **(AUTOR – 2013)** Através de uma conexão 3G, é possível se atingir taxas superiores a 1 megabit por segundo.

Certo ( ) Errado ( )

A tecnologia 3G no Brasil ainda não está disponível em todo território, mesmo nas grandes cidades onde o serviço é ofertado. Só se tem acesso utilizando a velocidade 3G nas regiões centrais, nas demais, a conexão é mais lenta (EDGE).

GABARITO: CERTO.

75. **(AUTOR – 2013)** No modelo cliente/servidor é chamado de cliente o host que inicia a comunicação, ou seja, a partir do qual o usuário executa o comando de teste de disponibilidade. Servidor é o alvo do teste, pois este deve possuir um serviço habilitado para ser capaz de receber o pacote do cliente e respondê-lo.

Certo ( ) Errado ( )

Este modelo também pode ser atribuído como modelo de comunicação de perguntas e respostas.

GABARITO: CERTO.

76. **(CESPE – 2009 – CEHAP/PB – ANALISTA DE SISTEMAS)** Em uma rede ponto a ponto (*peer-to-peer*), o usuário controla seus próprios recursos por meio de um ponto central de controle ou de administração da rede.

Certo ( ) Errado ( )

Em P2P não existe ponto central, pois é um modelo baseado no fato de todos os dispositivos da rede terem o mesmo papel.

GABARITO: ERRADO.

77. **(AUTOR – 2013)** O modelo de rede onde o computador atua como cliente e servidor é relativamente simples e que não possuem hierarquia, esse modelo possui, tipicamente, menos de 10 computadores. Nesse modelo também inexistem servidores dedicados.

Certo ( ) Errado ( )

O modelo em questão é o modelo P2P (Peer to Peer) em que não existe a figura do servidor, porque cada dispositivo tem capacidade tanto para receber dados solicitados como para atender a solicitações. Uma vez que exista o elemento de um servidor, passa-se a ser o modelo de comunicação cliente/servidor.

GABARITO: CERTO.

78. **(AUTOR – 2013)** Um cabeamento estruturado de rede constitui-se de cabeamento horizontal, também chamado backbone, e o cabeamento vertical que interliga os armários principais às tomadas em que serão ligados os computadores.

Certo ( ) Errado ( )

O Cabeamento vertical que interliga os armários é chamado de Backbone, enquanto o cabeamento horizontal é o que interliga o armário aos computadores ou, como no caso da questão, até as tomadas nas quais serão ligados os computadores.

GABARITO: ERRADO

79. **(AUTOR – 2013)** ADSL é a forma mais conhecida para acesso banda larga via internet. No ADSL, os dados são transmitidos de forma simétrica. A taxa de transmissão na direção do assinante é a mesma que no sentido contrário até 24 Mbps no ADSL2+.

Certo ( ) Errado ( )

A conexão banda larga ADSL é um sinal assimétrico, ou seja, a velocidade de download é diferente da velocidade de upload, no serviço SDSL é que o sinal é simétrico.

GABARITO: ERRADO.

80. **(CESPE – 2013 – TELEBRAS – NÍVEL MÉDIO – CONHECIMENTOS BÁSICOS)** A tecnologia ADSL é utilizada para sistemas de acesso por meio de banda larga e geralmente é oferecida por empresas de telefonia fixa.

Certo ( ) Errado ( )

hoje já se fala em banda extra larga ofertada pelas empresas de telecomunicações, usando a fibra óptica para a comunicação.

GABARITO: CERTO.

81. **(AUTOR – 2013)** Em redes de computadores, um servidor é um computador projetado para processar pedidos e fornecer dados a outros computadores em uma rede local ou pela internet.

Certo ( ) Errado ( )

O modelo padrão de comunicação em redes é o cliente/servidor, em que o cliente solicita e o servidor atende. Já o P2P é um modelo em que ambos os dispositivos têm o mesmo papel.

GABARITO: CERTO.

82. **(AUTOR – 2013)** *Peer to peer* é uma abordagem para redes de computadores onde todos os computadores compartilham a responsabilidade equivalente para processamento de dados. Difere da rede cliente-servidor, em que certos dispositivos têm a responsabilidade de servir dados e outros dispositivos de consumir.

Certo ( ) Errado ( )

O modelo P2P é defino por: "Sistemas Peer-to-peer (P2P) são sistemas distribuídos sem algum controle centralizado ou organização hierárquica, onde o software que é executado em cada ponto (peer) é equivalente em funcionalidade."

GABARITO: CERTO.

83. **(AUTOR – 2013)** No que tange aos conceitos de redes de computadores, SAN e NAS são modelos de armazenamento de dados em rede, que podem ser acessadas através de VPN.

Certo ( ) Errado ( )

Geralmente estruturas como SAN e NAS utilizam sistemas de RAID de HDs para melhorar seu desempenho e segurança. As NASs são mais comuns em rede menores, inclusive domésticas; já as SANs são mais robustas e usam fibra óptica. NAS é quando há um storage na rede (com sistema operacional). A NAS é uma área da rede, ou seja, gerencia um conjunto de storages.

GABARITO: CERTO.

84. **(CONSULPLAN – 2015 – PREFEITURA DE DUQUE DE CAXIAS/RJ – AUXILIAR ADMINISTRATIVO)** A internet pode ser considerada uma rede de várias redes, por serem interligadas por vários roteadores que fazem com que computadores, em qualquer parte do mundo, sejam conectados à grande rede. Várias formas de conexão à internet são possíveis; analise-as.

I. Por linha telefônica discada é também chamada de conexão ADSL (*Asymmetric Subscriber Digital Line*), com velocidades mais lentas, porém mais estáveis.

II. A Banda Larga é amplamente utilizada em diversas localidades em que a empresa telefônica exerce o papel de provedor de acesso e é conhecida como PLC (*Power Line Communication*).

III. Por conexão de dados, utilizadas nos smartphones, conhecida por GPRS (General Packet Radio Service) e EDGE (*Enhanced Data GSM Environment*).

IV. Via satélite é uma alternativa para as localidades que não possuem outro tipo de acesso, mas esse sistema é normalmente muito caro e sua velocidade é muito boa. O grande problema é sua instabilidade.

Estão corretas apenas as afirmativas:

a) I e II.

b) I e III.

c) II e IV.

d) III e IV.

A conexão conhecida como discada é a dial-up, já a banda larga muito mais rápida que a dial-up é conhecida como ADSL. Os provedores de acesso são conhecidos como ISP (Internet Service Provider) e são organizados de modo hierárquico, sendo o ISP de mais alto nível no Brasil o da

Embratel. A telefonia móvel conta com as tecnologias GSM e WCDMA para conexão com a internet e algumas das variantes dessas tecnologias são: GRPS, 2G, Edge, 3G, 3G+ e 4G. Atualmente há grandes projetos do Google e Facebook para levar conexão de internet aos pontos mais remotos do planeta, nos quais só é possível a conexão por satélite. As propostas consistem em aviões e/ ou dirigíveis que sobrevoariam por longos períodos essas áreas.

GABARITO: D.

A respeito dos conceitos de redes e conexão de computadores e outros dispositivos, julgue.

85. **(AUTOR – 2018)** A Internet das Coisas (IoT), é uma rede de objetos físicos, veículos, prédios e outros que possuem tecnologia embarcada, sensores e conexão e é com rede capaz de coletar e transmitir dados.

Certo ( ) Errado ( )

A internet das coisas possibilita interligar e registrar os dados sobre cada uma das coisas. A identificação por rádio frequência conhecida como RFID é um exemplo de tecnologia que oferece esta funcionalidade.

GABARITO: CERTO.

86. **(AUTOR – 2018)** RFID é um método de identificação automática através de sinais de rádio, recuperando e armazenando dados remotamente através de dispositivos denominados etiquetas RFID.

Certo ( ) Errado ( )

Uma etiqueta ou tag RFID é um transponder, pequeno objeto que pode ser colocado em uma pessoa, animal, equipamento, embalagem ou produto, dentre outros. Contém chips de silício e antenas que lhe permite responder aos sinais de rádio enviados por uma base transmissora. Além das etiquetas passivas, que respondem ao sinal enviado pela base transmissora, existem ainda as etiquetas semipassivas e as ativas, dotadas de bateria, que podem enviar o próprio sinal. São bem mais caras que as etiquetas passivas.

GABARITO: CERTO.

Protocolos

Julgue o item que se segue, a respeito de DNS (*domain name service*).

87. **(CESPE – 2018 – POLÍCIA FEDERAL – PERITO CRIMINAL FEDERAL – ÁREA 3)** As atualizações entre servidores DNS utilizam o UDP, enquanto as consultas feitas a servidores DNS utilizam o TCP (ou, opcionalmente, o SCTP).

Certo ( ) Errado ( )

A comunicação entre servidores de DNS é realizada utilizando o protocolo TCP, enquanto as consultas realizadas pelos clientes aos servidores são realizadas utilizando o protocolo UDP.

GABARITO: ERRADO.

Em cada item a seguir, é apresentada uma situação hipotética, seguida de uma assertiva a ser julgada, a respeito de sistemas operacionais, intranet e internet.

88. **(CESPE – 2018 – POLÍCIA FEDERAL – PERITO CRIMINAL FEDERAL – CONHECIMENTOS BÁSICOS – TODAS AS ÁREAS)** Em determinado computador, no histórico de navegação de um usuário do Google Chrome, observou-se que havia, na lista de endereços acessados, mais sítios com endereços iniciados com https:// do que com http://. Nessa situação, com base somente nessa informação, conclui-se que esse usuário acessa mais sítios de intranet do que de internet, uma vez que uma das prerrogativas da intranet é o caráter limitado ao seu acesso.

Certo ( ) Errado ( )

O fato de o usuário ter acessado mais páginas com o protocolo HTTPS indica que a maioria dos conteúdos foi disponibilizado com criptografia. Não é possível identificar a partir do protocolo se é uma página da internet ou da intranet.

GABARITO: ERRADO.

Uma empresa tem unidades físicas localizadas em diferentes capitais do Brasil, cada uma delas com uma rede local, além de uma rede que integra a comunicação entre as unidades. Essa rede de integração facilita a centralização do serviço de e-mail, que é compartilhado para todas as unidades da empresa e outros sistemas de informação.

Tendo como referência inicial as informações apresentadas, julgue o item subsecutivo.

89. **(CESPE – 2018 – POLÍCIA FEDERAL – ESCRIVÃO DE POLÍCIA FEDERAL)** Definir os processos de acesso ao meio físico e fornecer endereçamento para a camada de aplicação são funções do controle de acesso ao meio físico (MAC).

Certo ( ) Errado ( )

Primeiro erro da questão é em misturar as camadas de rede, apresentando a camada de aplicação conversando diretamente com a camada de enlace. Alguns protocolos de controle de acesso ao meio físico são CSMA/CD, CSMA/CA e ALOHA. MAC é o endereço físico de um dispositivo, existe também o protocolo de endereçamento MAC.

GABARITO: ERRADO.

Acerca das características de internet, intranet e rede de computadores, julgue o próximo item.

90. **(CESPE – 2018 – POLÍCIA FEDERAL – ESCRIVÃO DE POLÍCIA FEDERAL)** As informações do DNS (*domain name system*) estão distribuídas em várias máquinas e o tamanho de sua base de dados é ilimitado.

Certo ( ) Errado ( )

Questão capciosa pelo uso da palavra "ilimitada".A maioria das pessoas deve pensar que assim como a capacidade física de armazenamento de dados é limitada, o serviço também é limitado. Contudo, não é essa a perspectiva segundo a qual a banca observou o serviço. O DNS é um serviço distribuído, hierárquico e extensível, logo ele pode ser ampliado conforme a necessidade, o que lhe confere uma capacidade "ilimitada".

GABARITO: CERTO.

91. **(NC–UFPR – 2017 – ITAIPU BINACIONAL – PROFISSIONAL NÍVEL SUPORTE I – ATIVIDADE ADMINISTRATIVA)** Na internet, há a possibilidade de se fazer a encriptação dos dados

trocados entre computadores. Para tanto, esse protocolo é apresentado antes do endereço eletrônico do site que o usuário deseja acessar. Qual é o nome desse protocolo?

a) FTP.

b) IDC.

c) HTTPS.

d) HTTP.

e) HTML ou HTM.

O protocolo FTP é usado na transferência de arquivos e, para tanto, são usadas as portas 20 e 21 do TCP. HTTPS é um protocolo de transmissão de conteúdo multimídia com criptografia, que usa a porta 443 do TCP. Assim como o HTTPS, o protocolo HTTP é usado na transmissão de conteúdo multimídia, porém sem criptografia. HTML e HTM são formatos de arquivos de conteúdo multimídia, ou seja, são os formatos de arquivo interpretados pelos navegadores, a fim de exibir as páginas web.

GABARITO: C.

92. **(NC–UFPR – 2017 – UFPR – AUXILIAR EM ADMINISTRAÇÃO)** Ao digitar um novo e válido endereço da internet no browser em um equipamento devidamente configurado e conectado na internet, o serviço que traduz o nome do site para o respectivo endereço IP denomina-se:

a) HTTP.

b) NTP.

c) SMTP.

d) DNS.

e) POP3.

HTTP é o protocolo de transferência de conteúdo multimídia, usado para acesso a páginas web sem segurança, ou outros serviços. SMTP é o protocolo de e-mail usado na operação de envio de e-mails. DNS é o protocolo de resolução de nomes de domínio, ou seja, associa o domínio de um site ao seu endereço IP. POP é um protocolo de e-mail usado para requisitar as mensagens de e-mail do servidor. O HTTP usa por padrão a porta 80 do TCP e tem como porta opcional a de número 8080. SMTP é orginalmente definido para uso com a porta TCP 25 ou como porta alternativa a 465, porém no Brasil aplica-se a gerência da porta 25, de modo que usuário não pode usá-la, porque encontra-se bloqueada. Em substituição, recomenda-se o uso da porta 587 que, além do login (provido também pela porta 465), usa criptografia. Já o DNS usa a porta UDP 53. Enquanto POP3 usa a porta TCP 110 (sem criptografia), ou a mais recomendada porta TCP 995 (com criptografia).

GABARITO: D.

93. **(INSTITUTO AOCP – 2020 – PREFEITURA DE CARIACICA/ES – ASSISTENTE DE CMEI I)** Preencha a lacuna e assinale a alternativa correta.

O ______ é uma aplicação que funciona sobre o protocolo TCP e pode ser utilizada para copiar arquivos entre máquinas ligadas à internet.

a) NTP.

b) FTP.

c) DHCP.

d) FSP.

FTP usa a porta 20 para transferir os arquivos e a 21 para controle e autenticação. O protocolo, ou serviço DHCP (Dinamic Host Control Protocol) é responsável por atribuir um endereço IP aos novos equipamentos da rede, isto é, ao conectar um dispositivo na rede ele dispara um aviso que está conectado e o DCHP responde indicando qual IP o equipamento irá usar.

GABARITO: B.

Julgue o item subsequente, relativo a redes de computadores.

94. **(CESPE – 2018 – POLÍCIA FEDERAL – AGENTE DE POLÍCIA FEDERAL)** DNS é um protocolo da camada de aplicação que usa o UDP — com o UDP há apresentação entre as entidades remetente e destinatária da camada de transporte antes do envio de um segmento.

Certo ( ) Errado ( )

Certo, protocolo DNS é um protocolo da camada de aplicação e utiliza na camada de transporte o protocolo UDP, contudo o protocolo UDP, por sua vez, não estabelece conexão, logo não realiza o processo chamado apresentação entre as entidades comunicantes.

GABARITO: ERRADO.

Julgue o item subsequente, relativo a redes de computadores.

95. **(CESPE – 2018 – POLÍCIA FEDERAL – AGENTE DE POLÍCIA FEDERAL)** Um protocolo da camada de transporte é implementado no sistema final e fornece comunicação lógica entre processos de aplicação que rodam em hospedeiros diferentes.

Certo ( ) Errado ( )

Os protocolos da camada de transporte são implementados no sistema operacional, portanto, estão implementados nos sistemas finais, ou seja, no equipamento final da comunicação. Enquanto os protocolos da camada de aplicação são implementados pelos aplicativos também no hospedeiro final.

GABARITO: CERTO.

Julgue o item subsecutivo a respeito de redes de computadores e conceitos de proteção e segurança.

96. **(CESPE – 2018 – POLÍCIA FEDERAL – PERITO CRIMINAL FEDERAL)** Por meio de uma LAN sem fio embasada na tecnologia IEEE 802.11, é possível que os usuários transmitam (e recebam) pacotes para (e de) um ponto de acesso conectado a uma rede de computadores com fio conectada à internet.

Certo ( ) Errado ( )

Questão chega a parecer estranha de um simples e direta em relação à ideia básica de ter uma rede sem fio pela qual o usuário poderá acessar conteúdos pela internet. Basicamente, a questão descreve o cenário que a maioria das pessoas têm em casa.

GABARITO: CERTO.

97. **(FGV – 2020 – IBGE – AGENTE CENSITÁRIO OPERACIONAL – REAPLICAÇÃO)** Os programas de transferência de arquivos usualmente utilizam um protocolo padrão para essa tarefa, conhecido pela sigla:

a) FTP.

b) HTTP.

c) POP.

d) SMTP.

e) VPN.

O protocolo FTP é de transferência de arquivos, ele usa simultaneamente 2 portas TCP, uma para os dados (porta 20) e outra para controle e autenticação (porta 21). o protocolo HTTP é um protocolo para transferência de conteúdo multimídia e utiliza a porta 80 do TCP. O protocolo POP é de recebimento de e-mail, cuja característica é baixar as mensagens do servidor para o computador do usuário, por padrão utiliza-se a porta 110 ou 995 (como criptografia). O protocolo SMTP é o protocolo de envio de e-mails, ele é originalmente definido para a porta 25, porém a mesma foi fechada pela gerência da porta 25, de tal modo que se recomenda o uso da porta 587. É possível usar ainda a porta 465, porém sem a criptografia do conteúdo.

GABARITO: A.

98. **(IAUPE – 2018 – CMBPE – BOMBEIRO)** A camada de aplicação do TCP-IP contém protocolos de nível mais alto. Entre eles, inclui-se o:

a) SMTP para transferência de arquivos.

b) FTP para e-mail.

c) TCP para as aplicações enviarem datagramas IP encapsulados, sem que seja necessário se estabelecer uma conexão.

d) UDP para cuidar do controle de fluxo.

e) HTTP para navegar na internet.

Na camada de aplicação, estão presentes os protocolos usados pelos aplicativos, dentre eles os principais são: HTTP, HTTPS, FTP, POP, IMAP, SMTP, SSH, Telnet, VoIP e DNS. Os protocolos TCP e UDP pertencem à camada de transporte.

Quanto à finalidade, temos: HTTP – conteúdo multimídia (navegação na web); FTP – transferência de arquivos; SMTP – envio de e-mails.

GABARITO: E.

99. **(CESGRANRIO – 2018 – BANCO DA AMAZÔNIA – TÉCNICO BANCÁRIO)** O protocolo que permite a navegação na internet segura através de criptografia de informações é o:

a) HTTPS.

b) HTTP.

c) HTML.

d) XHTML.

e) XML.

O protocolo HTTPS é a implementação do protocolo HTTP em conjunto com o protocolo TLS ou SSL (quem determina qual será usado é o servidor). HTML (Linguagem de Marcação de Hipertexto) é formato de arquivo hipertexto, enquanto XML (Linguagem de Marcação Estendida) é um formato para complementar o HTML, usando TAGs que o navegador não reconhece, mas que outras ferramentas e recursos possam utilizar.

GABARITO: A.

A respeito de redes de computadores, julgue o que se segue.

100. **(AUTOR – 2018)** Sistemas finais são conectados entre si por enlaces de comunicação e comutadores de pacotes.

Certo ( ) Errado ( )

Existem diversos tipos de enlaces (links) de comunicação, que são constituídos de diferentes meios físicos, cabeados ou não. Os comutadores de pacotes mais comuns são roteadores e comutadores da camada de enlace que encaminham pacotes aos destinos.

GABARITO: CERTO.

101. **(FUNRIO – 2014 – INSS – ANALISTA – LETRAS)** Todos os recursos presentes na internet são localizados por meio de um endereço único conhecido como:

a) DNS.

b) FTP.

c) HTML.

d) HTTP.

e) URL.

DNS é om serviço que entrega o endereço IP dos domínios solicitados para que seja possível acessar o servidor que possui a informação/serviço desejado. FTP é um protocolo de transferência de arquivos. HTML é um formato de arquivo hipertexto usado para criar sites. HTTP é um protocolo multimídia amplamente empregado para navegação web, porém não exclusivo deste fim. URL é um endereço de arquivo, site, e-mails, serviço ou conteúdo. Ele identifica de forma direta e única um determinado objeto.

GABARITO: E.

102. **(NUCEPE – 2018 – PC/PI – INFORMÁTICA)** Com relação aos conceitos sobre intranet, internet e os protocolos envolvidos nessas tecnologias, assinale a única alternativa INCORRETA.

a) O protocolo FTP permite realizar transferência de arquivos entre diferentes computadores.

b) HTTPS é um protocolo de comunicação seguro, utilizado para entregar mensagens de correio eletrônico na internet.

c) A intranet é uma rede de computadores privada dentro de uma organização.

d) O padrão TCP/IP é um conjunto de protocolos de comunicação utilizados na internet.

e) O protocolo IP é responsável por endereçar e encaminhar pacotes que trafegam pela rede mundial de computadores.

O Protocolo FTP é o protocolo de transferência de arquivos (download e upload), enquanto o HTTP é o protocolo para transferência de conteúdo multimídia sem criptografia. O HTTPS é o mesmo protocolo, porém com segurança, ou seja, só realiza transferências de arquivos de multimídia mediante uso de criptografia. Logo não são protocolos de e-mail. A intranet é a rede privada, ou seja, pertence a uma empresa/instituição, desse modo, o acesso à sua estrutura é restrito. Já a internet é a rede mundial de computadores, ou seja, é uma rede pública.

TCP/IP é o nome do conjunto de protocolos padrão usado em redes (internet e intranet). Enquanto o protocolo IP um dos mais importantes do conjunto é o responsável pelo endereçamento dos dispositivos na rede.

GABARITO: B.

A respeito de redes de computadores, julgue o que se segue.

103. **(AUTOR– 2018)** Na internet, todas as comunicações entre dois dispositivos conectados são governadas por um ou mais protocolos.

Certo ( ) Errado ( )

Um protocolo define o formato e a ordem das mensagens trocadas entre dois ou mais comunicantes, assim como as operações executadas na transmissão e/ou recebimento de uma mensagem. Assim, temos desde os protocolos da camada de enlace utilizados na comunicação entre os links de enlace aos demais presentes nas demais camadas que podem ou não ser acessados (depende do equipamento).

GABARITO: CERTO.

Com relação a informática, julgue o item que se segue.

104. **(CESPE – 2016 – INSS – TÉCNICO DO SEGURO SOCIAL)** Na internet, os endereços IP (*Internet Protocol*) constituem recursos que podem ser utilizados para identificação de microcomputadores que acessam a rede.

Certo ( ) Errado ( )

Cada dispositivo possui um endereço IP único em uma rede, que pode ser adquirido de forma automática ao usar IP dinâmico ou ter este valor predefinido manualmente nas configurações de rede do computador (IP Fixo). Por meio do endereço IP da internet, é possível identificar a cidade e até o bairro em que o equipamento está conectado. Em casos de violação de diretos e invasões, é possível requerer judicialmente ao provedor de internet (ISP) dados específicos de identificação do usuário de determinado endereço IP do momento que foi constatado a infração. Pelo Marco Civil os provedores se tornam obrigados a manter o registro destas informações de acesso pelo prazo mínimo de 1 ano.

GABARITO: CERTO

A respeito dos conceitos relacionados à internet, julgue o item que se segue.

105. **(CESPE – 2010 – BRB – AUXILIAR DE ENFERMAGEM DO TRABALHO)** Com o surgimento da www (*world wide web*), o acesso a arquivos de conteúdo apenas textual evoluiu para arquivos que agregam diversos formatos, com destaque para os documentos hipermídia, que são a união de hipertexto com multimídia, ou seja, textos com links, imagens, sons, vídeos, entre outros recursos.

Certo ( ) Errado ( )

O conteúdo dos sites, de forma geral é do tipo multimídia, para acessar esse conteúdo utiliza-se o protocolo HTTP

GABARITO: CERTO.

106. **(FUNCAB – 2016 – PC/PA – ESCRIVÃO DE POLÍCIA CIVIL)** O websites dos Correios (www.correios.com.br) está instalado em uma máquina cujo endereço IP é 200.252.60.24 . Ele usa a porta padrão do protocolo http.
Qual URL permite acessar corretamente a página inicial desse website?

a) http://200.252.60.24/100

b) http://200.252.60.24:80

c) http://200.252.60.24:100

d) http://200.252.60.24/100.html

e) http://200.252.60.24/80

A identificação de uma porta é realizada após o sinal de dois-pontos (:) ao fim do endereço. A porta padrão do protocolo HTTP é a de número 80, portanto colocar o número 80 como porta não altera o endereço.

GABARITO: B.

107. **(CESPE – 2009 – POLÍCIA FEDERAL – AGENTE DE POLÍCIA FEDERAL)** Na tecnologia TCP/IP, usada na internet, um arquivo, ao ser transferido, é transferido inteiro (sem ser dividido em vários pedaços), e transita sempre por uma única rota entre os computadores de origem e de destino, sempre que ocorre uma transmissão.

Certo ( ) Errado ( )

Uma mensagem é dividida em camada de transporte e camada de rede, o protocolo TCP segrega a mensagem em pacotes, enquanto a camada de rede divide em datagramas. Os pacotes podem seguir por rotas distintas até o destino, mas cabe ao TCP controlar para que todos os pacotes cheguem e em ordem.

GABARITO: ERRADO.

A respeito das ferramentas utilizadas na internet, julgue o item seguinte.

108. **(CESPE – 2009 – SEJUS/ES – AGENTE PENITENCIÁRIO)** Os sítios da internet acessíveis por meio de protocolo FTP são usados para a transferência de arquivos em diversos formatos, permitindo tanto a cópia quanto a gravação de arquivos no sítio.

Certo ( ) Errado ( )

A cópia de arquivos do sitio é o Download e a gravação de arquivos no sitio é o Upload. FTP protocolo de transferência de arquivos. É possível acessar sites por este protocolo.

GABARITO: CERTO

A respeito da internet e de intranets, julgue os itens subsequentes.

109. **(CESPE – 2009 – ANATEL – TÉCNICO ADMINISTRATIVO)** O *domain name system* (DNS) pode ser compreendido como um esquema de atribuição de nomes que possui estrutura hierárquica e natureza distribuída.

Certo ( ) Errado ( )

Distribuído, pois é composto por vários servidores e hierárquico pois trabalha em níveis.

GABARITO: CERTO.

110. **(IAUPE – 2018 – PM/PE – ASPIRANTE DA POLÍCIA MILITAR)** Analise as afirmações com relação a instalações físicas de redes de computadores, utilizando a tecnologia Ethernet com cabos de pares trançados.

I. O conector utilizado nas terminações dos cabos é denominado de UTP.

II. A topologia de rede mais comumente implementada é do tipo Estrela/HUB.

III. Na topologia Estrela, um defeito em um dos computadores conectados não afeta o funcionamento da rede.

Está(ão) CORRETA(S) apenas:

a) I e II.

b) I e III.

c) II e III.

d) I.

e) II.

O conector usado nos cabos de rede é denominado RJ45, enquanto o conector do cabo telefônico é o RJ11. UTP é o nome do tipo de cabo. entre as topologias de rede, as mais empregadas em intranet são estrela e estrela estendida, a internet usa a topologia de malha. a topologia de estrela acaba sendo mais usada em comparação as topologias de anel e barramento por oferecerem maior segurança e facilidade de identificar problemas. na topologia de estrela para a rede parar é necessário que o nó central pare, assim é fácil identificar o problema quando toda a rede "cai".

GABARITO: C.

111. **(CESPE – 2011 – FUB – TÉCNICO DE TECNOLOGIA DA INFORMAÇÃO – ESPECÍFICOS)** Os protocolos FTP e HTTP possibilitam a transferência de arquivos do computador de uma faculdade para o computador do aluno.

Certo ( ) Errado ( )

Ao acessar o site de uma universidade de casa podemos fazer download de arquivos do site, ou seja, utilizou-se o protocolo HTTP para navegar no site e o FTP para efetuar o download.

GABARITO: CERTO.

112. **(CESPE – 2011 – CORREIOS – CARGOS DE NÍVEL SUPERIOR)** Julgue os próximos itens, relativos aos modos de utilização de tecnologias, ferramentas, aplicativos e procedimentos associados à internet.

A ferramenta denominada Telnet foi desenvolvida com as características de uma aplicação cliente/servidor.

Certo ( ) Errado ( )

Telnet é um Serviço de conexão remota em uma rede, pode ser chamado também de protocolo Telnet, devido a pouca segurança ele vem sendo substituído pelo SSH do Linux.

GABARITO: CERTO.

113. **(CESPE – 2011 – CORREIOS – CARGOS DE NÍVEL SUPERIOR)** O FTP difere de outras aplicações cliente/servidor na internet por estabelecer duas conexões entre os nós. Uma delas é usada para a transferência de dados, e a outra, para a troca de informações de controle.

Certo ( ) Errado ( )

O Protocolo FTP trabalha sobre as portas 20 e 21, sendo a porta 20 para dados e a porta 21 para controle e autenticação.

GABARITO: CERTO.

Julgue os itens seguintes, a respeito de ferramentas e aplicativos.

114. **(CESPE - 2011 - CORREIOS - CARGOS DE NÍVEL SUPERIOR)** O protocolo UDP é usado por mecanismos de pesquisa disponibilizados por determinadas empresas da internet, tal como a empresa Google, para garantir o rápido acesso a um grande volume de dados disponibilizados na internet.

Certo ( ) Errado ( )

O protocolo usado é o protocolo TCP por garantir entrega de dados. O UDP não garante um rápido acesso a um grande volume de dados, porque é um protocolo de transporte, assim como TCP só é mais rápido do que o TCP.

GABARITO: ERRADO.

115. **(CESPE – 2011 – CORREIOS – CARGOS DE NÍVEL SUPERIOR)** Caso o acesso à intranet ocorra através de firewall, o protocolo HTTP não funcionará em conjunto com o endereço IP, porque o firewall não aceita IP nem HTTP.

Certo ( ) Errado ( )

O Firewall é o monitor das portas da rede, que verifica se o conteúdo que está tentando passar por uma porta condiz com o conteúdo aceito pelo protocolo.

GABARITO: ERRADO.

No que se refere à internet e intranet, julgue o item a seguir.

116. **(CESPE – 2011 – CNPQ – ANALISTA EM CIÊNCIA E TECNOLOGIA JÚNIOR – GERAL)** Para acessar a internet, utiliza-se o protocolo TCP/IP em conjunto com o protocolo POP3, que possibilita a transferência de arquivos, autenticação de usuários e o gerenciamento de arquivos e diretórios.

Certo ( ) Errado ( )

O protocolo POP só se faz necessário quando se quer utilizar um cliente de e-mail, pois este é protocolo de recebimento de e-mail.

GABARITO: ERRADO.

Acerca das tecnologias e ferramentas utilizadas em ambientes de intranet e internet, julgue o item a seguir.

117. **(CESPE – 2011 – FUB – CARGOS DE NÍVEL MÉDIO)** O protocolo HTTP permite o acesso a páginas em uma intranet com o uso de um navegador.

Certo ( ) Errado ( )

O Protocolo HTTP é o protocolo hipertexto, ou seja, responsável por viabilizar acesso ao conteúdo multimídia em um navegador.

GABARITO: CERTO.

Considere que um computador já está em sua operação diária e que já tem instalados os programas e periféricos necessários a execução dessas tarefas. Julgue o item seguinte, a respeito do uso dos periféricos e dos programas necessários ao bom uso do computador.

118. **(CESPE – 2011 – PC/ES – CARGOS DE NÍVEL SUPERIOR)** Para se transferir arquivos entre computadores conectados na internet pode ser usado o protocolo FTP (*file transfer protocol*). Para o usuário fazer uso desse recurso, é imprescindível que ele possua conta e senha no computador que vai oferecer o arquivo.

Certo ( ) Errado ( )

Não é necessário o usuário possuir uma conta no computador hospedeiro do arquivo, porque arquivos baixados da internet são provenientes de computadores do tipo servidor.

GABARITO: ERRADO.

119. **(CESPE – 2010 – ANEEL – TODOS OS CARGOS – NÍVEL SUPERIOR)** FTP é um protocolo de comunicação que permite o envio de arquivos anexos a mensagens de correio eletrônico, sem a necessidade de compactar esses arquivos.

Certo ( ) Errado ( )

Mensagens de correio eletrônico são enviadas através do protocolo SMTP, mesmo possuindo arquivo em anexo.

GABARITO: ERRADO.

120. **(CESPE – 2011)** O uso do protocolo HTTPS no acesso a um conteúdo indica que este conteúdo é disponibilizado de forma restrita, logo implica que se trata de um conteúdo em uma intranet.

Certo ( ) Errado ( )

O protocolo HTTPS é usado no acesso às páginas tanto da internet como da intranet. Diferencia-se do protocolo HTTP porque oferece segurança por meio de criptografia.

GABARITO: ERRADO

Diversos protocolos são utilizados em uma comunicação pela internet, mas apenas alguns deles contribuem para a segurança da comunicação. A esse respeito, julgue os itens seguintes.

121. **(CESPE – 2013 – PC/DF- AGENTE DE POLÍCIA)** Os protocolos TLS (*Transport Layer Security*) e SSL (*Secure Sockets Layer*) possuem propriedades criptográficas que permitem assegurar a confidencialidade e a integridade da comunicação.

Certo ( ) Errado ( )

Os protocolos de segurança também trabalham com a criptografia dos certificados digitais, logo dão suporte à confidencialidade, à autenticidade e à integridade.

GABARITO: CERTO

Diversos protocolos são utilizados em uma comunicação pela internet, mas apenas alguns deles contribuem para a segurança da comunicação. A esse respeito, julgue o item seguinte.

122. **(CESPE – 2013 – PC/DF – AGENTE DE POLÍCIA)**O protocolo DNS é usado para traduzir um nome em um endereço IP e vice-versa, ao passo que o FTP é um protocolo de transferência de arquivos que possui como requisito o protocolo de transporte UDP.

Certo ( ) Errado ( )

O protocolo de transporte usado pelo FTP é o TCP, uma vez que há necessidade de se garantir a entrega dos dados e o uso de segurança no login via FTP.

GABARITO: ERRADO.

123. **(CESPE – 2009 – ANAC – ANALISTA ADMINISTRATIVO)** As funções de entrega confiável fim-a-fim e controle de fluxo estão associadas à camada de rede.

Certo ( ) Errado ( )

Na camada de rede não há controle de entrega, quem realiza esse controle é o protocolo TCP, na camada de transporte.

GABARITO: ERRADO.

124. **(CESPE – 2009 – ANAC – ANALISTA ADMINISTRATIVO)** No modelo OSI, há a provisão de camadas hierarquicamente organizadas, nas quais cada camada oferece serviços às camadas superiores, se houver, e chama os serviços das camadas inferiores, se houver.

Certo ( ) Errado ( )

Uma camada oferece serviços apenas para a camada acima dela; não se expande o conceito para as demais, ou seja, o erro está no emprego do plural.

GABARITO: ERRADO.

125. **(AUTOR – 2013)** Uma das responsabilidades do protocolo TCP na camada de transporte é o envio de Datagramas, para isso são realizados uma série de controles de transporte de dados, pois eles são trafegados de modo desorientado à conexão, cabendo ao destino reordená-los, seu funcionamento se dá, deste modo, para atingir maiores velocidades na transmissão de informações.

Certo ( ) Errado ( )

O TCP trabalha com o envio de pacotes no formato de segmentos. O TCP é orientado à conexão e os dados podem fluir por caminhos diferentes dentro da rede, o destino é o que os organiza.

GABARITO: ERRADO.

126. **(AUTOR – 2013)** Se o endereço de página inicia com HTTPS, então os dados serão transmitidos por meio de uma conexão cifrada, será provida a confidencialidade dos dados do usuário enviados ao servidor.

Certo ( ) Errado ( )

Mesmo que uma conexão HTTPS utilize Certificado Digital autoassinado, em vez do Certificado Digital assinado pela AC, ele garante a confidencialidade da comunicação dos dados entre usuário e servidor.

GABARITO: CERTO.

127. **(CESPE – 2013 – TELEBRAS – CARGOS DE NÍVEL MÉDIO)** Os pacotes são unidades maiores de informação que contêm uma mensagem inteira encapsulada, que é transmitida entre computadores de uma rede, os quais alocam integralmente os recursos de transmissão enquanto as mensagens estão sendo transmitidas.

Certo ( ) Errado ( )

os pacotes são as unidades nas quais uma mensagem da camada de aplicação é dividida na camada de transporte. Logo, um pacote é apenas um fragmento de uma mensagem, não uma mensagem na íntegra.

GABARITO: ERRADO.

128. **(CESPE – 2013 – POLÍCIA FERDERAL – ESCRIVÃO DA POLÍCIA FEDERAL)** Se, em uma intranet, for disponibilizado um portal de informações acessível por meio de um navegador, será possível acessar esse portal fazendo-se uso dos protocolos HTTP ou HTTPS, ou de ambos, dependendo de como esteja configurado o servidor do portal.

Certo ( ) Errado ( )

É o servidor que determina qual o protocolo será utilizado na comunicação. Alguns serviços oferecem opção para o usuário indicar qual protocolo desejaria que fosse utilizado na próxima sessão, como o Gmail.

GABARITO: CERTO

129. **(AUTOR – 2013)** Streaming é a tecnologia de compartilhamento de arquivos de texto em tempo real, que dada sua necessidade de velocidade utiliza-se do protocolo UDP na camada de aplicação.

Certo ( ) Errado ( )

Streaming é a tecnologia que atende o fluxo de mídia (áudio e vídeo), não é usada para arquivos de texto.

GABARITO: ERRADO.

130. **(AUTOR – 2013)** Via internet, é possível conectar-se a um computador distante de onde o usuário esteja por meio da ferramenta de internet dominada Telnet. O Telnet segue um modelo cliente/servidor para usar recursos de um computador-servidor distante.

Certo ( ) Errado ( )

O Telnet é um protocolo de acesso remoto bidirecional muito usado por terminais burros para transmitir e acessar dados de um servidor/mainframe de uma rede. Atualmente ele vem sendo substituído pelo ssh, pois o Telnet não é seguro.

GABARITO: CERTO.

131. **(IADES – 2015 – ELETROBRAS – ARQUIVISTA)** O método de busca de computadores na internet é fundamentado em um sistema de gerenciamento de nomes, hierárquico e distribuído, que possui a função básica de converter nomes em "endereço IP", que é a forma como a rede consegue localizar qualquer computador a ela conectado. Acerca desse assunto, assinale a alternativa que indica a sigla correspondente a esse sistema de gerenciamento de nomes.

a) E-mail.
b) HTTP.
c) POP.
d) SPAM.
e) DNS.

o Sistema de Nomes de Domínio (DNS, em inglês) resolve domínio no respectivo endereço IP.

GABARITO: E.

132. **(QUADRIX – 2015 – CFA – ANALISTA DE SISTEMAS)** Considere as características dos protocolos que suportam serviços de correio eletrônico através da internet.

I. É o protocolo padrão que permite transferir o correio de um servidor a outro em conexão ponto a ponto. As especificações de base deste protocolo exigem que todos os caracteres transmitidos sejam codificados em código ASCII de 7 bits e que o oitavo bit esteja explicitamente em zero.

II. É um protocolo (na versão 3) padrão e popularmente usado para recuperação de e-mail. Controla a conexão entre um cliente de e-mail e um servidor no qual o e-mail fica armazenado. Este protocolo tem três estados de processos para tratar a conexão entre o servidor de e-mail e o cliente de e-mail: o estado de autenticação, o estado de transação e o estado de atualização.

III. É um protocolo de gerenciamento de correio eletrônico superior em recursos ao mais popularmente utilizado, que a maioria dos provedores oferece aos seus assinantes. Permite gerir vários acessos simultâneos, várias caixas de correio e ainda oferece mais critérios para consultar as mensagens do correio.

Os protocolos I, II e III correspondem, correta e respectivamente, a:

a) SMTP; POP3; POP2.
b) IMAP; HTTP; POP2.
c) SMTP; POP3; IMAP.
d) HTTP; IMAP3; POP3.
e) HTTP; Telnet; IMAP.

os servidores de e-mail comunicam-se enviando as mensagens utilizando o protocolo SMTP. Já para o recebimento o usuário pode utilizar o POP3 ou o IMAP4, sendo que o POP baixa as mensagens e o IMAP oferece sincronia dupla.

GABARITO: C.

133. **(VUNESP – 2015 – CÂMARA MUNICIPAL DE ITATIBA/SP – ASSISTENTE DE GABINETE)** Considere a URL http://www.google.com.br. Para acessar o mesmo endereço utilizando um protocolo seguro de comunicação, o usuário deve substituir o prefixo http:// por :

a) ftp://
b) url://
c) smtp://

d) https://

e) udp://

os protocolos para acesso ao conteúdo web na forma multimídia são HTTP e HTTPS, diferenciando-se apenas pelo fato de o HTTPS oferecer segurança por meio de criptografia, usando para tanto ou o protocolo SSL ou TLS. O protocolo FTP é usado na transferência de arquivos, caso usado na forma apresentada (e se o site aceitar tal uso) serão exibidos os arquivos presentes na pasta indicada na URL em forma de lista. Uma URL é um endereço, logo não pode ser usado como indicação de protocolo como citado na alternativa B. Já o protocolo SMTP é usado no envio de e-mails por clientes de e-mail. O protocolo UDP assim como o TCP são protocolos da camada de transporte do modelo TCP/IP logo não são usados diretamente pelo usuário, são usados pelos protocolos da camada de aplicação.

GABARITO: D.

134. **(AUTOR – 2018)** Com base nos conceitos e definições sobre protocolos, navegação e uso de redes julgue as assertivas a seguir.

O protocolo HTTP utiliza certificado digital para assegurar a identidade, tanto do site de destino quanto da origem, caso possua.

Certo ( ) Errado ( )

O protocolo HTTP não utiliza certificado; o protocolo HTTPS o utiliza e o implementa com uma camada extra de ssl ou tls.

GABARITO: ERRADO.

135. **(AUTOR – 2018)** A respeito do conjunto TCP/IP, julgue o que se segue.

O protocolo UDP é um protocolo da camada de transporte que presta serviços à camada de aplicação, um de seus destaques é o fato de verificar se os pacotes alcançaram seu destino.

Certo ( ) Errado ( )

O protocolo UCP não garante a entrega, pois não verifica se os dados foram entregues ao destino, diferentemente do TCP que controla a entrega dos dados.

GABARITO: ERRADO.

136. **(AUTOR – 2018)** A tecnologia VoIP realiza conexão de comunicação apenas entre computadores que estejam conectados pela rede, seja pela internet ou intranet.

Certo ( ) Errado ( )

A tecnologia VoIP também pode ser usada em telefones IPs, além de viabilizar a ligação para dispositivos de telefonia.

GABARITO: ERRADO.

137. **(AUTOR – 2018)** A respeito do conjunto TCP/IP, julgue o que se segue.

O protocolo FTP pode ser usado para realizar transferências de arquivos entre hosts, independentemente do sistema operacional utilizado.

Certo ( ) Errado ( )

O protocolo FTP é um protocolo da camada de aplicação usado para transferência de arquivos. Esse protocolo possui como diferencial usar duas portas simultâneas (20 e 21).

GABARITO: CERTO.

138. **(AUTOR – 2018)** A respeito do conjunto TCP/IP, julgue o que se segue

O protocolo UDP tem aplicações bastante específicas, uma vez que tolera a perda de pacotes.

Certo ( ) Errado ( )

O protocolo UDP não é orientado à conexão e não garante a entrega, por consequência, seu cabeçalho é menor, permitindo que seja possível enviar mais dados por vez.

GABARITO: CERTO.

139. **(AUTOR – 2018)** O protocolo SNMP (Simple Network Management Protocol) é um protocolo de gerenciamento de rede, na organização das camadas TCP-IP ele é encontrado na camada de Rede.

Certo ( ) Errado ( )

O protocolo SNMP pertence à camada de Aplicação. Este protocolo não segue a arquitetura Cliente-Servidor, pois sua forma de ação é no estilo Gerente-Agente, o roteador é o gerente que envia comandos aos computadores da rede (Agentes).

GABARITO: ERRADO.

140. **(AUTOR – 2018)** O protocolo SMB tem por finalidade permitir o compartilhamento de arquivos entre máquinas com sistema operacional Linux e Windows.

Server Message Block (SMB) é um protocolo de compartilhamento de arquivos em rede que permite que os aplicativos de um computador leiam e gravem em arquivos e solicitem serviços dos programas do servidor em uma rede de computadores. O protocolo SMB pode ser usado sobre seu protocolo TCP/IP ou outros protocolos de rede. Utilizando o protocolo SMB, um aplicativo (ou o usuário de um aplicativo) pode acessar arquivos ou outros recursos em um servidor remoto. Isso permite que os aplicativos leiam, criem e atualizem arquivos no servidor remoto. Ele também pode se comunicar com qualquer programa do servidor que esteja configurado para receber uma solicitação de um cliente SMB.

GABARITO: CERTO.

141. **(AUTOR – 2018)** DNSSEC adiciona um sistema de resolução de nomes mais seguro, reduzindo o risco de manipulação de dados e informações, pois garante autenticidade e integridade ao sistema DNS.

Certo ( ) Errado ( )

DNSSEC é um padrão internacional que estende a tecnologia DNS. O mecanismo utilizado pelo DNSSEC é baseado na tecnologia de criptografia de chaves públicas. O objetivo da extensão DNSSEC é assegurar o conteúdo do DNS e impedir estes ataques validando os dados e garantindo a origem das informações.

GABARITO: CERTO.

142. **(AUTOR – 2018)** HTTPS é um protocolo de comunicação seguro, utilizado para entregar mensagens de correio eletrônico na internet.

Certo ( ) Errado ( )

O protocolo HTTPS é protocolo de transferência de conteúdo multimídia, para envio (entregar) e-mail o protocolo usado é o SMTP.

GABARITO: ERRADO.

143. **(AUTOR – 2018)** O protocolo IP é responsável por endereçar e encaminhar pacotes que trafegam pela rede mundial de computadores.

Certo ( ) Errado ( )

O protocolo IP é o responsável pelo endereçamento lógico usado em redes. Ele atua na camada de rede.

GABARITO: CERTO.

144. **(AUTOR – 2018)** Com base nos conceitos e definições sobre protocolos, navegação e uso de redes julgue as assertivas a seguir.

O protocolo HTTPS utiliza certificados digitais para assegurar a identidade, tanto do site de destino quanto da origem, caso possua.

Certo ( ) Errado ( )

Caso a outra ponta da conexão não possua certificado, exemplo usuário doméstico, o navegador gera uma chave se sessão e criptografa com a chave pública do site, e manda para o site esse conteúdo cifrado para que a comunicação seja realizada usando criptografia simétrica com a chave de sessão criada pelo navegador.

GABARITO: CERTO.

145. **(AUTOR – 2018)** Para oferecer maior comodidade e facilitar a vida do usuário ao navegar pelo conteúdo multimídia da internet e encontrar o conteúdo desejado vários recursos foram criados, dentre eles o protocolo SDN que, quando o usuário digita um endereço válido do conteúdo da internet no browser, traduz o nome do site para o respectivo endereço IP.

Certo ( ) Errado ( )

O protocolo responsável pela tradução de nomes de domínio é o DNS. Ele usa a porta 53 do protocolo UDP para tal serviço.

GABARITO: ERRADO.

146. **(AUTOR – 2018)** O protocolo VoIP permite a realização de ligações telefônicas de um computador pela internet para telefones fixos, celulares ou mesmo outro computador.

Certo ( ) Errado ( )

O protocolo de Voz sobre IP possibilita o uso da rede para transmissão de voz. Exemplos de serviços e aplicativos que usam esse protocolo: Skype, Hangouts, Duo, viber, Google Voice, entre outros.

GABARITO: CERTO.

147. **(AUTOR – 2018)** O protocolo FTP permite realizar transferência de arquivos entre diferentes computadores, independente do sistema operacional utilizado.

Certo ( ) Errado ( )

No que tange a redes de computadores e os protocolos TCP/IP, são independentes dos sistemas operacionais, para que a comunicação em rede possa ocorrer mesmo entre dispositivos com sistemas operacionais diferentes.

GABARITO: CERTO.

148. **(AUTOR – 2018)** Ao acessar um site um usuário identificou que na barra de endereços do navegador o protocolo em uso era o HTTPS, por consequência passou suas informações pessoais com tranquilidade, uma vez que a indicação do protocolo em uso é suficiente para afirmar que o site é autêntico.

Certo ( ) Errado ( )

A presença do protocolo HTTPS indica apenas que há criptografia entre o cliente (usuário) e o servidor (site), se há uso de certificado digital cabe ao usuário identificar.

GABARITO: ERRADO.

149. **(AUTOR – 2018)** O protocolo FTPS consiste no uso do protocolo FTP em conjunto com o protocolo SSH.

Certo ( ) Errado ( )

O protocolo FTP pode ser usado em conjunto com o protocolo SSH para fins de criptografia e consequentemente segurança na comunicação, como pode ser usado em conjunto com o protocolo SSL para tal. Contudo ao usar o SSH cita-se SFTP, enquanto ao usar SSL denomina-se FTPS.

GABARITO: ERRADO.

150. **(AUTOR – 2017)** Existem duas versões do protocolo IP: o IPv4 que é formado por 32 bits, divididos em 4 grupos de 8 bits e representado em decimal; e o IPv6 que é formado por 128 bits, divididos em 8 grupos de 16 bits e possui representação em hexadecimal.

Certo ( ) Errado ( )

Uma rede de computadores é criada para o compartilhamento de informações. Para que uma rede de computadores seja formada, é necessário que as máquinas a ela conectadas possuam endereços de identificação. O nome desses endereços que cada máquina recebe a ser conectada em uma rede é IP. O protocolo IP (internet Protocol), traduzido como protocolo de internet, é o protocolo responsável por conectar um computador em uma rede de computadores, com ou sem conexão com a internet.

Existem dois modelos de Protocolo IP, o IPv4 e o IPv6, e o que precisamos conhecer sobre esses tipos de protocolos é que o endereço IPv4 é formado por 32 bits, divididos em 4 grupos de 8 bits, representado em decimal - de 0 a 9 - e o endereço IPv6 é formado por 128 bits, divididos em 8 grupos de 16 bits, representado em hexadecimal - de 0 a F.

Existe um cálculo lógico para definir o endereço IPv4 de uma máquina na rede de computadores, pois o IPv4 possui 256 endereços disponíveis em cada grupo de sua faixa que começa do 0 e vai até 255. Como é possível conectar aproximadamente mais de 4,29 bilhões de máquina em uma rede, então são criadas sub-redes para facilitar o gerenciamento dessas máquinas.

GABARITO: CERTO.

Dispositivos de Redes

151. **(CESPE – 2018 – POLÍCIA FEDERAL – ESCRIVÃO DE POLÍCIA FEDERAL)** Uma empresa tem unidades físicas localizadas em diferentes capitais do Brasil, cada uma delas com uma rede local, além de uma rede que integra a comunicação entre as unidades. Essa rede de integração facilita a centralização do serviço de e-mail, que é compartilhado para todas as unidades da empresa e outros sistemas de informação.

Tendo como referência inicial as informações apresentadas, julgue o item subsecutivo.

O padrão IEEE 802.11g permite que as redes locais das unidades da empresa operem sem cabeamento estruturado nos ambientes físicos e com velocidade mínima de 200 Mbps.

Certo ( ) Errado ( )

A tabela a seguir ilustra parte das propriedades que precisam ser conhecidas sobre os padrões WiFi da IEEE.

Padrão IEEE	802.11a	802.11b	802.11g	802.11n	802.11ac	802.11ax
Lançamento	1999	1999	2003	2009	2013	2019
Frequência	5 GHz	2.4 GHz	2.4 GHz	2.4 - 5 .. GHz	5 GHz	2.4 - 5 GHz
Bandwidth (largura de banda por canal)	22 MHz	20 MHz	20 MHz	20/40 MHz	20/40/80/160 MHz	20/40/80/160 MHz
Taxa máxima de transmissão	54 Mbps	11 Mbps	54 Mbps	450 Mbps	6,9 Gbps	9,6 Gbps
Alcance (interno)	35m	35m	70m	70m	35m	

GABARITO: ERRADO.

152. **(CESPE – 2018 – POLÍCIA FEDERAL – AGENTE DE POLÍCIA FEDERAL)** Acerca de redes de comunicação, julgue o item a seguir.

Situação hipotética: Múltiplos hospedeiros devem ser conectados a LANs sem fio, a redes por satélite e a redes de fibra (HFC). Para isso, deve-se escolher entre dois tipos de canais distintos, em função das características da camada de enlace: difusão (broadcast) ou ponto a ponto. Assertiva: Nessa situação, deve-se fazer a conexão dos hospedeiros por meio de difusão.

Certo ( ) Errado ( )

A questão apresenta três formas de conexão de rede das quais duas são sem fio (lan sem fio e a por satélite), neste caso, utilizando como referência de transmissão um modo broadcast, de tal forma que quem estiver no alcance de sinal irá recebê-lo mesmo que não seja o destino do sinal. E apresenta um modo de conexão cabeado de forma híbrida com fibra em cabo coaxial (HFC); a rede cabeada por sua vez utilizaria o modo ponto a ponto.

GABARITO: CERTO.

153. **(CESPE – 2018 – POLÍCIA FEDERAL – AGENTE DE POLÍCIA FEDERAL)** Acerca de redes de comunicação, julgue o item a seguir.

A conexão de sistemas como TVs, laptops e telefones celulares à internet, e também entre si, pode ser realizada com o uso de comutadores (switches) de pacotes, os quais têm como função encaminhar a um de seus enlaces de saída o pacote que está chegando a um de seus enlaces de entrada.

Certo ( )   Errado ( )

A principal função dos suítes é trabalhar com o encaminhamento de pacotes de enlace, embora tenham funções mais ampla os roteadores também realizam encaminhamento de pacotes.

GABARITO: CERTO

154. **(NC–UFPR – 2017 – ITAIPU BINACIONAL – PROFISSIONAL NÍVEL SUPORTE I – ATIVIDADE ADMINISTRATIVA)** Para conectar um novo dispositivo a uma rede corporativa, é necessário informar o número de identificação do hardware. Esse número é informado por meio do:

a) MAC ADDRESS..

b) IP

c) SMTP.

d) JSP.

e) CGI.

O endereço MAC identifica placas de rede de modo físico, este número é único no mundo e é composto por 48 bits representados em hexadecimal, veja um exemplo: FE:DE:F0:DA:15:50 em que os três primeiros grupos (FE:DE:F0) representam o fabricante e os demais, o número da peça fabricada. O endereço IP é um endereço lógico usado pela REDE. Já o SMTP é um protocolo de envio de e-mail. A sigla CGI significa computação gráfica.

GABARITO: A.

155. **(CESPE/CEBRASPE – 2010 -MPU – ANALISTA DE INFORMÁTICA)** Com relação aos equipamentos de conectividade utilizados em redes de comunicação, julgue o item.

Gateway, por ser um repetidor, permite a conexão entre redes que possuem protocolos de comunicação diferentes.

Certo ( )   Errado ( )

Gateway é a designação usada para identificar o dispositivo que será a porta de saída de uma rede para outra. Os seguintes equipamentos podem atuar como gateways em redes: roteadores, firewalls, modems (e variantes) e até um computador.

GABARITO: ERRADO.

156. **(CESPE – 2009 – ANAC- ANALISTA ADMINISTRATIVO)** Os switches montam dinamicamente uma tabela de encaminhamento na qual são associados às portas os endereços físicos dos nós a ela conectados.

Certo ( )   Errado ( )

Quando um dispositivo é ligado a um switch, ele se identifica pelo seu endereço MAC para o switch, por facilidade de comunicação o switch associa a qual das portas (conexões) está cada endereço MAC, assim quando uma informação é destinada a determinado MAC o switch busca a porta em que aquele dispositivo se encontra para encaminhar o dado.

GABARITO: CERTO.

157. **(AUTOR – 2013)** Em uma intranet um Switch de borda é o dispositivo responsável por conectar a intranet à internet atribuindo os devidos endereços IPs aos Hosts conectados a ele.

Certo ( ) Errado ( )

Na borda de rede usualmente encontramos um roteador. Switchs não interligam redes distintas, além de não atribuírem endereços IPs aos dispositivos.

GABARITO: ERRADO.

158. **(CESPE – 2013 -CNJ- TECNICO JUDICIÁRIO)** A infraestrutura da internet é composta por dispositivos físicos, como roteadores, concentradores, modems, sistemas telefônicos e meios de transmissão, ISPs, e também por um conjunto de protocolos, como o TCP/IP.

Certo ( ) Errado ( )

A questão cita alguns dos dispositivos encontrados em redes. Roteador: responsável por conectar diferentes redes e por definir as melhores rotas para o tráfego de informações; Modem: responsável pela conversão dos sinais elétricos; ISP: provedores de acesso à internet; TCP/IP conjunto, ou também chamada de família de protocolos.

GABARITO: CERTO.

159. **(AUTOR – 2013)** Para conectar-se uma pequena rede de computadores (três computadores, por exemplo) a um provedor de banda larga é necessário utilizar um roteador.

Certo ( ) Errado ( )

para conectar redes diferentes é necessário, obrigatoriamente, a existência de um roteador, pois com o IPv4 é necessária a função da Tabela NAT bem como muitas vezes a funcionalidade de identificar os dispositivos que se conectem na rede, ou seja, exercendo a função de servidor DHCP.

GABARITO: CERTO.

160. **(AUTOR – 2013)** Comutador é um dispositivo utilizado em redes de computadores para reencaminhar pacotes entre os diversos nós. Possuem portas, assim como os concentradores a principal diferença é, o concentrador segmenta a rede internamente, sendo que a cada porta corresponde um domínio de colisão diferente, isto é, não haverá colisões entre pacotes de segmentos diferentes. Outra importante diferença está ligada à gestão da rede, com um concentrador podemos criar VLANS, deste modo a rede gerida será dividida em menores segmentos, onde identifica cada porta e envia os pacotes somente para a porta destino, evitando assim que outros nós recebam os pacotes.

Certo ( ) Errado ( )

Comutador é outro nome dado ao switch, enquanto concentrador é o nome dado a um hub, fácil de lembrar pelo seu funcionamento: O comutador é que trabalha com domínios de colisão diferentes, já o concentrador concentra os pacotes trafegados em um único domínio de colisão.

GABARITO: ERRADO.

161. **(AUTOR – 2013)** Um hub inteligente é capa de detectar e, se necessário, desconectar da rede as estações de trabalho com problemas.

Certo ( ) Errado ( )

Existem alguns tipos de hubs que permitem ao administrador da rede maior controle sobre a ação do hub: são os hubs inteligentes. Eles vão além das funções desempenhadas pelos hubs comuns.

GABARITO: CERTO.

162. **(AUTOR – 2018)** Com base na figura a seguir, julgue as questões a seguir.

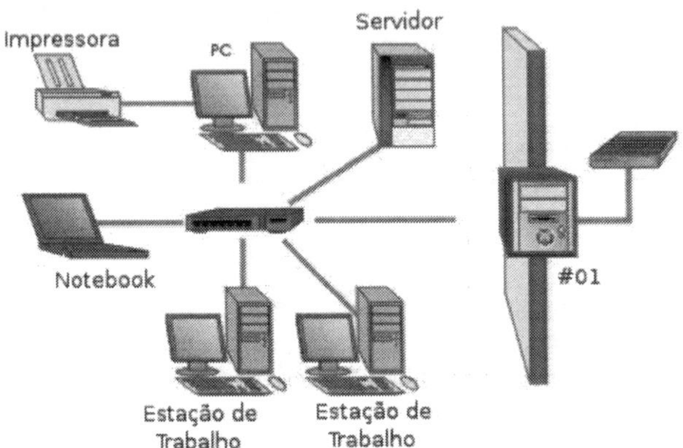

A figura acima é o exemplo de uma rede local na qual o hardware indicado por #01 representa um Modem, que por padrão fica entre a conexão com a internet e a rede interna.

Certo ( ) Errado ( )

O equipamento indicado por #01 é um firewall de rede que tem como uma de suas finalidades proteger a rede interna de ataques.

GABARITO: ERRADO.

163. **(AUTOR – 2018)** O Hub ilustrado na figura como o centro da rede é o dispositivo mais indicado para conectar outros dispositivos em rede, pois ele é um dos equipamentos de rede mais seguros com essa finalidade.

Certo ( ) Errado ( )

O equipamento apresentado ao centro da rede pode ser um switch ou até reator, uma vez que não há indicações de sua estrutura, entre o hub e o switch o mais recomendado é o switch, pois o hub não é seguro (considerando a conceituação típica).

GABARITO: ERRADO.

164. **(AUTOR – 2018)** Um hub guarda na memória os endereços dos destinatários em uma tabela, decodificando o cabeçalho do pacote para localizar o endereço MAC do destinatário.

Certo ( ) Errado ( )

O hub é um equipamento que atua na camada física, basicamente, repetindo os dados que chegam até ele. É o Switch que realiza o citado pela questão.

GABARITO: ERRADO.

165. **(AUTOR – 2018)** A respeito de redes de computadores e ambientes Windows e Linux, julgue o texto a seguir.

Os switches são equipamentos especializados fundamentais para o funcionamento da internet. São eles que decidem qual caminho o tráfego de informações deve seguir, facilitando bastante a configuração de uma rede.

Certo ( ) Errado ( )

São os roteadores que fazem grande parte do trabalho de enviar uma mensagem de um computador a outro, e são peças essenciais para que a mensagem trafegue entre redes em vez de dentro delas. Para estabelecer uma rota a ser seguida, o roteador consulta uma tabela interna de rotas, que pode ser estática ou dinâmica, onde contém as informações sobre a rede.

GABARITO: ERRADO.

166. **(AUTOR – 2018)** A respeito de redes de computadores e ambientes Windows e Linux, julgue o texto a seguir.

Os roteadores são equipamentos especializados fundamentais para o funcionamento da internet. São eles que decidem qual caminho o tráfego de informações deve seguir, facilitando bastante a configuração de uma rede.

Certo ( ) Errado ( )

São os roteadores que fazem grande parte do trabalho de enviar uma mensagem de um computador a outro, e são peças essenciais para que a mensagem trafegue entre redes em vez de dentro delas. Para estabelecer uma rota a ser seguida, o roteador consulta uma tabela interna de rotas, que pode ser estática ou dinâmica, que contém as informações sobre a rede.

GABARITO: CERTO.

Segurança de Redes

167. **(CESPE – 2018 – POLÍCIA FEDERAL – PERITO CRIMINAL FEDERAL)** Julgue o item subsecutivo a respeito de redes de computadores e conceitos de proteção e segurança.

Um firewall é uma combinação de hardware e software que isola da internet a rede interna de uma organização, permitindo o gerenciamento do fluxo de tráfego e dos recursos da rede e o controle, pelo administrador de rede, do acesso ao mundo externo.

Certo ( ) Errado ( )

O firewall pode ser apresentado apenas como software, ou apenas como hardware, como uma coisa ou outra ou, ainda, como as duas coisas ao mesmo tempo. Sua finalidade é monitorar o perímetro de uma rede, ou seja, aquilo que entra e aquilo que sai de uma rede em um contexto de firewall de rede; se analisarmos um firewall de host (como o firewall Windows), a sua finalidade é monitorar aquilo que entra e sai do computador pela comunicação de rede. É possível utilizar o firewall para delimitar que tipo de conteúdo pode ou não ser acessado, bem como serviços em protocolos.

GABARITO: CERTO.

168. **(CESPE – 2018 – POLÍCIA FEDERAL – ESCRIVÃO DE POLÍCIA FEDERAL)** Acerca de redes de computadores e segurança, julgue o item que segue.

Um firewall implementa uma política de controle de comportamento para determinar que tipos de serviços de internet podem ser acessados na rede.

Certo ( ) Errado ( )

Tradicionalmente, o firewall não implementa políticas de padrão de comportamento; ele pode ser utilizado para detectar, identificar e analisar estes elementos, mas não opera diretamente com restrições baseadas no comportamento esperado. De modo geral, é simples um firewall possui regras preestabelecidas, como acesso a determinado conteúdo, serviço ou protocolo.

GABARITO: ERRADO.

169. **(CESPE – 2018 – POLÍCIA FEDERAL – AGENTE DE POLÍCIA FEDERAL)** Marta utiliza uma estação de trabalho que executa o sistema operacional Windows 10 e está conectada à rede local da empresa em que ela trabalha. Ela acessa usualmente os sítios da intranet da empresa e também sítios da internet pública. Após navegar por vários sítios, Marta verificou o histórico de navegação e identificou que um dos sítios acessados com sucesso por meio do protocolo HTTP tinha o endereço 172.20.1.1.

Tendo como referência essa situação hipotética, julgue o item a seguir.

Por meio do serviço de proxy para rede local, Marta poderá acessar, a partir da sua estação de trabalho, tanto os sítios da intranet quanto os sítios da internet pública.

Certo ( ) Errado ( )

Primeiramente a questão apresenta que existem acesso a conteúdos da internet, assim como a conteúdos da intranet. Para que isso seja possível em um cenário em que existe um servidor de proxy, é necessário que ele esteja com as conexões direcionados às portas 80, 8080, 443 e 8443 estejam liberadas, uma vez que o conteúdo passa por ele. Um servidor de proxy tem por finalidade principal fazer cache de rede, contudo como a maioria dos conteúdos atualmente é transmitido de forma criptografada, esse recurso tem deixado de ser funcional, passando o proxy a ser utilizado para as suas outras atividades, como autenticação e firewall de conteúdo.

GABARITO: CERTO.

170. **(CESPE – 2010 – ABIN – OFICIAL TÉCNICO DE INTELIGÊNCIA – ÁREA DE TECNOLOGIA DA INFORMAÇÃO)** A detecção de intrusão pode ser realizada por meio do uso de honeypots, técnica que atrai o atacante para um ambiente não crítico, onde há informações falsas e aparentemente valiosas, encorajando-o a permanecer nesse ambiente o tempo suficiente para que os administradores possam registrar e rastrear seu comportamento.

Certo ( ) Errado ( )

Os honeypots (pote de mel) são uma forma de armadilha para invasores de redes que os distraem por um tempo. Além de proteger o ambiente real, um honeypot permite induzir o invasor a baixar dados imaginando estar roubando dados importantes, mas é levado a baixar vírus ou aplicativos que facilitem o seu rastreamento.

GABARITO: CERTO.

171. **(CESPE – 2018 – POLÍCIA FEDERAL – AGENTE DE POLÍCIA FEDERAL)** Marta utiliza uma estação de trabalho que executa o sistema operacional Windows 10 e está conectada à rede local da empresa em que ela trabalha. Ela acessa usualmente os sítios da intranet da empresa e também sítios da internet pública. Após navegar por vários sítios, Marta verificou o histórico de navegação e identificou que um dos sítios acessados com sucesso por meio do protocolo HTTP tinha o endereço 172.20.1.1.

A despeito das configurações dos ativos de segurança corporativos e do serviço de firewall instalado na estação de trabalho, Marta poderá acessar remotamente sua estação de trabalho usando a Conexão de Área de Trabalho Remota, a partir de outra estação conectada à internet.

Certo ( ) Errado ( )

A questão já começa com a maldade do emprego da palavra "despeito" que representa a ideia de contrário às configurações. Por padrão, em ambientes de redes domésticas, a conexão de área de trabalho remota é liberada no firewall; já em ambientes corporativos, é comum que tal funcionalidade seja gerenciada, isto é, existe a possibilidade de configurar em nível de gerência de rede. Por padrão, as configurações do firewall do Windows, conhecido como firewall de host, permite a conexão de área de trabalho remota.

GABARITO: ERRADO.

172. **(CESPE – 2018 – POLÍCIA FEDERAL – AGENTE DE POLÍCIA FEDERAL)** Marta utiliza uma estação de trabalho que executa o sistema operacional Windows 10 e está conectada à rede local da empresa em que ela trabalha. Ela acessa usualmente os sítios da intranet da empresa e também sítios da internet pública. Após navegar por vários sítios, Marta verificou o histórico de navegação e identificou que um dos sítios acessados com sucesso por meio do protocolo HTTP tinha o endereço 172.20.1.1.

Tendo como referência essa situação hipotética, julgue o item a seguir.

O sistema operacional utilizado na estação de trabalho de Marta inclui nativamente a plataforma Windows Defender, composta por ferramentas antivírus e de firewall pessoal, entre outras.

Certo ( ) Errado ( )

Uma das novidades apresentadas pelo Windows 10 em relação ao Windows 7 é a presença do Windows Defender. Na versão do Windows 7, o Windows Defender era apenas um antispyware, e era possível instalar o Microsoft Security Essentials como antivírus. Já no Windows 10, o Windows Defender incorporou o Microsoft Security Essentials, passando, assim, a se tornar um antivírus e um antispyware. Atualmente na versão do Windows 10, é possível também estar dentro da central de segurança do Windows ou Windows Defender firewall.

GABARITO: CERTO.

173. **(IBFC – 2020 – EBSERH – TÉCNICO EM CONTABILIDADE)** Assinale, das alternativas abaixo, a única que identifica corretamente a definição básica e conceitual de um firewall.

a) É um poderoso recurso para proteger uma rede de antivírus.

b) Recurso que permite criptografar tanto uma rede pan como lan.

c) É um dispositivo de hardware que converte sinais analógicos em digitais.

d) É a primeira linha de defesa tanto em uma rede pessoal como corporativa.

e) Transforma uma rede geral do tipo WAN em uma rede tipicamente PAN.

A: Embora um firewall colabore na proteção contra vírus e outros malwares, ele não se limita a isso, atendendo a outras demandas de segurança. É importante frisar que firewall e antivírus (antimalwares) se complementam, isto é, cada um em seu nicho de atuação em prol da segurança.

B: Firewall usa criptografia, por exemplo, para conceber VPNs.

C: Um dispositivo responsável por converter sinais elétricos digitais em analógicos e vice-versa é o modem.

E: Rede PAN é uma rede pessoal de curto alcance e que usa, tipicamente, conexões bluetooth de até 10 m.

GABARITO: D.

174. **(CESPE – 2013 – MPU – TÉCNICO ADMINISTRATIVO)** A respeito de segurança, organização e gerenciamento de informações, arquivos, pastas e programas, julgue os itens que se seguem.

O firewall atua interceptando conexões não autorizadas e(ou) nocivas em uma rede, impedindo, assim, que elas se propaguem.

Certo ( ) Errado ( )

O firewall é um mecanismo de segurança utilizado no ambiente de redes de computadores para monitorar o tráfego que entra e que sai da rede, assim como o fluxo interno da rede, isto é, entre os computadores que compõem a rede local. os sistemas operacionais também contam com um software de firewall para monitorar o que entra e sai pela comunicação de rede do computador.

GABARITO: CERTO.

175. **(CESPE – 2017 – PM/AL – SOLDADO)** Julgue o item subsequente, acerca do sítio de busca Google; dos conceitos de organização e de gerenciamento de arquivos; e dos aplicativos para segurança da informação.

Firewalls são dispositivos com capacidade ilimitada de verificação da integridade de dados em uma rede, pois conseguem controlar todos os dados que nela trafegam.

Certo ( ) Errado ( )

O firewall não garante sempre a integridade, uma vez que trabalha com protocolos como o UDP que não oferece recursos para verificar a integridade como o TCP e não oferecem capacidade ilimitada.

GABARITO: ERRADO.

176. **(CESPE – 2010 – ABIN – OFICIAL TÉCNICO DE INTELIGÊNCIA – ÁREA DE SUPORTE A REDE DE DADOS)** O conteúdo web acessado pelos funcionários de uma empresa a partir da rede corporativa pode ser filtrado por meio da configuração de um servidor proxy, com base em listas de liberação e listas de bloqueio de acesso.

Certo ( ) Errado ( )

A principal função do Proxy é fazer cache de rede, mas pode ser usado para controle de acesso como autenticação.

GABARITO: CERTO.

177. **(CESPE – 2013 – STF – ANALISTA JUDICIÁRIO – ÁREA ADMINISTRATIVA)** Considerando que, em uma rede, o computador de um usuário tenha sido infectado por um worm que consegue se replicar em sistemas falhos pelas portas 137 e 138, julgue o item subsequente.

Se o firewall do Windows 7 for habilitado para bloquear as referidas portas para qualquer origem e destino, o serviço HTTP deixará de funcionar.

A política de configuração do firewall normalmente segue o princípio de bloquear tudo e conforme necessário as comunicações são liberadas. Já com relação às portas citadas, é preciso lembrar que o protocolo HTTP utiliza por padrão a porta 80, ou seja, o fechamento das portas citadas não irá afetar o outro protocolo.

GABARITO: ERRADO.

178. **(CESPE – 2010 – BANCO DA AMAZÔNIA – TÉCNICO BANCÁRIO)** Considerando que, em uma empresa, um computador seja usado por várias pessoas para acesso à intranet, julgue o item que se segue.

Se o acesso à internet for feito mediante um servidor proxy, pode ser impedido o acesso a determinadas páginas e tipos de software, em função de configurações de restrição que podem ser realizadas.

Certo ( ) Errado ( )

A principal função do servidor Proxy é ser um cache, ele também pode ser usado para restringir ou permitir acesso a determinados websites, assim como protocolos além de servir como serviço de autenticação.

GABARITO: CERTO.

179. **(CESPE – 2010 – BANCO DA AMAZÔNIA – TÉCNICO BANCÁRIO)** Considerando que, em uma empresa, um computador seja usado por várias pessoas para acesso à intranet, julgue o item que se segue.

Para melhorar o nível de controle de acesso dos usuários à internet, é possível o uso de mecanismos de segurança como firewalls e antivírus.

Certo ( ) Errado ( )

Por intermédio do firewall, é possível bloquear o acesso a determinados serviços como, por exemplo, a porta do MSN. Na maioria dos antivírus é encontrado um firewall. Com o antivírus, é possível verificar se arquivos baixados possuem vírus.

GABARITO: CERTO.

180. **(CESPE – 2011 – FUB- MÉDICO CLÍNICO)** Acerca de internet e de intranet, julgue o item a seguir.

Se o acesso à internet ocorrer por meio de um servidor proxy, é possível que seja necessária uma autenticação por parte do usuário, que deve fornecer nome e senha de acesso.

O servidor proxy pode ser usado para autenticar usuários, como também como uma barreira de acesso a determinados conteúdos ou sites, mas sua principal função é fazer cache para a rede.

GABARITO: CERTO.

181. **(AUTOR – 2013)** Sobre os conceitos de internet e redes de computadores julgue os próximos itens.

Um firewall pode ajudar a impedir que hackers ou softwares mal-intencionados (como worms) obtenham acesso ao seu computador através de uma rede ou da internet. Um firewall também pode ajudar a impedir o computador de enviar software mal-intencionado para outros computadores.

Certo ( ) Errado ( )

A função do firewall é monitorar a rede e tudo o que passa por ela tanto na entrada como na saída, embora o firewall seja mais rigoroso com aquilo que tenta entrar na rede.

GABARITO: CERTO.

182. **(AUTOR – 2013)** Na infraestrutura de redes, uma DMZ deve estar protegida por um sistema de firewall, restringindo o acesso aos usuários externos a intranet.

Certo ( ) Errado ( )

Uma DMZ é um Demilitarized Zone, ou seja, uma zona desmilitarizada, o que significa que é uma zona sem muitas proteções, pois nela ficam os servidores que oferecem serviços que interagem diretamente com a internet, ou dos quais os usuários da internet podem usufruir de seus recursos.

GABARITO: ERRADO.

183. **(AUTOR – 2013)** O firewall ao analisar o tráfego de rede, por vezes, necessita criptografar e decriptografar os dados para verificar sua integridade e autenticidade.

Certo ( ) Errado ( )

o firewall tem por objetivo primário analisar se o conteúdo (dado) trafegado; possui o mesmo formato que o protocolo responsável pela porta à qual o dado está endereçado.

GABARITO: ERRADO.

184. **(AUTOR – 2013)** Firewall é uma barreira de proteção que impede comunicações não autorizadas entre as seções de uma rede de computadores. Pode ser definido como um dispositivo que combina tanto hardware como software para segmentar e controlar o fluxo de informações que trafegam entre as redes. Os firewalls de hardware são dispositivos com interfaces de rede, como roteadores ou proxy, enquanto que os de software têm seus sistemas operacionais e software de firewall, incluindo o filtro de pacotes ou proxy.

Certo ( ) Errado ( )

O firewall tem por responsabilidade analisar os dados e verificar se estão de acordo com o protocolo da porta à qual estão endereçados.

GABARITO: CERTO.

185. (CESPE – 2013 – MJ- ANALISTA TÉCNICO-ADMINISTARTIVO) Julgue os itens seguintes, relativos a procedimentos de segurança da informação e à utilização do firewall.

Um firewall é um software que realiza análises do fluxo de pacotes de dados, filtragens e registros dentro de uma estrutura de rede e executa comando de filtragem previamente especificado com base nas necessidades de compartilhamento, acesso e proteção requeridas pela rede e pelas informações nela disponíveis.

Certo ( ) Errado ( )

Em uma rede, determinadas informações necessitam ser armazenadas em locais nos quais há maior limitação no acesso, enquanto outras precisam estar disponíveis. Assim como finalidade do firewall é monitorar a rede, também é possível definir limites e "níveis" de acesso.

GABARITO: CERTO.

186. (CESPE – 2013- TCE/RO/ CONTADOR) Por meio do firewall, um dispositivo de uma rede de computadores, aplica-se uma política de segurança a um determinado ponto da rede, estabelecendo-se regras de acesso. Manter o firewall ativado evita a ocorrência de invasões ou acessos indevidos à rede.

Certo ( ) Errado ( )

O firewall, assim como as demais ferramentas e métodos de segurança, visam evitar e diminuir as invasões, contudo não podem garantir 100% de segurança.

GABARITO: CERTO.

187. (CESPE – 2013 – MPU – TECNICO ADMINISTRATIVO) O firewall atua interceptando conexões não autorizadas e(ou) nocivas em uma rede, impedindo, assim, que elas se propaguem.

Certo ( ) Errado ( )

O firewall monitora a rede analisado os dados por ela trafegados, cuidado, pois ele não analisa os programas e documentos do computador.

GABARITO: CERTO.

188. (AUTOR – 2013) Um servidor proxy atua como intermediário entre uma rede interna e a rede pública, ele normalmente é usado como uma interface com as aplicações de rede, mais comumente browsers e servidores. Um servidor proxy devidamente configurado tende melhorar a segurança da rede e o desempenho para determinados recursos.

Certo ( ) Errado ( )

Um servidor proxy pode ser usado como servidor de autenticação, como servidor de cache de rede e como firewall, de modo complementar ao servidor de firewall de rede. Como cache de rede ele torna mais rápido o acesso a dados recentemente acessados, pois os armazena, com isso também é reduzida a necessidade de usar a banda de internet, uma vez que a informação encontra-se no proxy, ou seja, dentro da intranet.

GABARITO: CERTO.

189. (CEPERJ – 2015 – PREFEITURA DE SAQUAREMA/RJ – ASSISTENTE ADMINISTRATIVO) No que diz respeito à segurança de equipamentos, de sistemas, em redes e na internet, o termo firewall possui o seguinte significado:

a) software de ataque às redes de computadores, empregado por hackers e crackers.

b) sistema alternativo de energia para proteção de equipamentos de informática na internet.

c) recurso empregado em redes de computadores que tem por objetivo evitar acessos não autorizados.

d) método empregado na execução de cópias de segurança para garantir a integridade da informação.

e) serviço virtual de computação em nuvem para armazenamento de pastas e arquivos.

o firewall é um recurso de segurança, que pode possuir forma física (hardware) e/ou abstrata (software), sua função é monitorar o tráfego de rede identificando possíveis anomalias ou invasões e as bloqueando, também é pode ser usado para bloquear acesso a determinados sites ou execução de determinados serviços.

GABARITO: C.

190. (AUTOR – 2018) O firewall pode ser usado para ajudar a impedir que uma rede ou computador seja acessado sem autorização. Deste modo, é possível evitar que informações sejam capturadas ou que sistemas tenham seu funcionamento prejudicado pela ação de hackers.

Certo ( ) Errado ( )

O firewall monitora o tráfego de rede e pode ser configurado com regras e exceções para permitir ou não determinadas informações de trafegarem, além de identificar anomalias na rede.

GABARITO: CERTO.

191. (AUTOR – 2018) Em redes corporativas, é possível evitar que os usuários acessem serviços ou sistemas indevidos, além de ter o controle sobre as ações realizadas na rede, sendo possível até mesmo descobrir quais usuários as efetuaram.

Certo ( ) Errado ( )

Além do Firewall, outras ferramentas e softwares podem ser usadas na rede para controlar o que os usuários estão fazendo e as demandas e necessidades da rede para buscar melhorias.

GABARITO: CERTO.

192. (AUTOR – 2018) A respeito de segurança de redes em ambientes Windows e Linux, julgue o que se segue.

É uma funcionalidade de um firewall avaliar se a comunicação está de acordo com as regras e protocolos de rede.

Certo ( ) Errado ( )

O usuário pode adicionar regras e exceções às configurações do firewall de host.

GABARITO: CERTO.

193. (FCC – 2017 – INFORMÁTICA – REDES – ADAPTADA) Considere a imagem abaixo, da rede interna de uma empresa, conectada à internet.

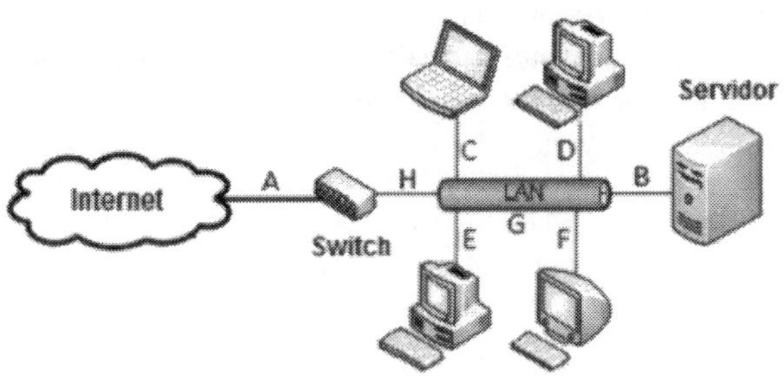

O ponto mais indicado par a instalação de um Proxy é o indicado pela letra B.

Certo ( ) Errado ( )

O mais recomendado é o ponto A. Um firewall pode ser incluído antes ou depois do proxy.

GABARITO: ERRADO.

194. **(AUTOR – 2018)** A instalação de um servidor de firewall em uma rede garante que esteja segura contra invasores, podendo ser a única defesa.

Certo ( ) Errado ( )

O Firewall é apenas uma das diversas ferramentas existentes para compor um IPS (Sistema de Prevenção de Intrusão).

GABARITO: ERRADO

195. **(AUTOR – 2018)** O firewall protege apenas contra ataques internos a rede, nada podendo fazer contra ataques que partem de fora da rede por ele protegida.

Certo ( ) Errado ( )

O firewall monitora tanto o tráfego de entrada como de saída de uma rede. Sendo mais restritivo com o que tenta entrar do que em relação ao que tenta sair da rede.

GABARITO: ERRADO.

196. **(AUTOR – 2018)** A topologia em estrela utiliza um nó central (comutador ou switch) para chavear e gerenciar a comunicação entre as estações. É esta unidade central que vai determinar a velocidade de transmissão, como também converter sinais transmitidos por protocolos diferentes.

Certo ( ) Errado ( )

Em ambientes de rede privadas, as topologias de estrela e estrela estendida são as mais comuns, por serem mais simples de gerenciar. A internet usa a topologia de malha.

GABARITO: CERTO.

197. **(AUTOR – 2018)** A respeito de segurança de redes em ambientes Windows e Linux, julgue o que se segue.

O firewall do Windows ajuda a impedir que hackers ou softwares mal-intencionados obtenham acesso ao PC do usuário através da internet ou de uma rede local e por isso deve estar sempre ativo.

Certo ( ) Errado ( )

Esse é o texto do próprio firewall do Windows. A recomendação de segurança é sempre manter os firewalls ativos, embora constantemente sejam descobertas falhas que são usadas para burlá-los. Por isso, é importante manter o computador sempre atualizado.

GABARITO: CERTO.

198. **(AUTOR – 2018)** São funcionalidades específicas e intrínsecas ao firewall: controle de acesso, controle do tráfego, proteção de portas, eliminação de malwares e filtragem de pacotes.

Certo ( ) Errado ( )

Embora existam no mercado alguns firewalls com capacidade de identificar os tipos de ataques e malwares, a fim de oferecer maior segurança ao ambiente de redes, não é sua função "conceitual" e intrínseca eliminar malwares.

GABARITO: ERRADO.

199. **(AUTOR – 2018)** É uma funcionalidade de um firewall pessoal alertar ao usuário quando este está acessando uma página suspeita de ser falsa.

Certo ( ) Errado ( )

Não compete ao firewall avaliar a veracidade do conteúdo ou do site acessado. A princípio, o firewall avalia se a comunicação está de acordo com as regras e protocolos de rede.

GABARITO: ERRADO.

200. **(AUTOR – 2018)** A função básica de um firewall é controlar o tráfego de entrada ou de saída de um computador ou rede.

Certo ( ) Errado ( )

O firewall do Windows é um exemplo de firewall que monitora as comunicações de rede do computador; IPTables é um exemplo de firewall de rede que monitora a comunicação da rede.

GABARITO: CERTO.

201. **(AUTOR – 2018)** Um firewall é responsável de monitorar as portas de comunicação do computador, de tal modo que se um malware tentar passar pela porta USB o firewall deve bloqueá-lo e alertar o usuário.

Certo ( ) Errado ( )

O firewall monitora a rede, a conexão USB. Embora use a expressão "porta USB", não é um meio de rede de comunicação. As portas que o firewall monitora são as dos protocolos TCP e UDP.

GABARITO: ERRADO

202. **(AUTOR – 2016)** O WEP de 64 bits, usado em redes wireless pouco protegidas, pode ser quebrado em pouco tempo, caso seja capturado um volume considerável de transmissões usando um sniffer.

Certo ( ) Errado ( )

O "pouco tempo" é questão de segundos. O WEP é um algoritmo de criptografia ainda usado em conexões wi-fi. É indicada sua substituição pelos algoritmos WPA ou WPA2, consideravelmente mais robustos e difíceis de serem quebrados. Um sniffer pode ser definido como um software ou pessoa que escuta a rede, ou seja, que captura todos os dados que trafegam por ela.

GABARITO: CERTO.

Topologia de Redes

203. **(CESPE – 2018 – POLÍCIA FEDERAL – ESCRIVÃO DE POLÍCIA FEDERAL)** Uma empresa tem unidades físicas localizadas em diferentes capitais do Brasil, cada uma delas com uma rede local, além de uma rede que integra a comunicação entre as unidades. Essa rede de integração facilita a centralização do serviço de e-mail, que é compartilhado para todas as unidades da empresa e outros sistemas de informação.

Tendo como referência inicial as informações apresentadas, julgue o item subsecutivo.

Em uma rede local que possui a topologia estrela, podem ser utilizados switches para integrar a comunicação entre os computadores.

Certo ( ) Errado ( )

Observe que a ideia da topologia estrela pauta-se em ter um nó central de rede que irá distribuir a comunicação entre outros equipamentos finais. É importante observar que um hub (na sua concepção original) promove uma topologia física em estrela, porém em termos de topologia lógica, trata-se de um barramento.

GABARITO: CERTO.

204. **(CESPE – 2018 – POLÍCIA FEDERAL – ESCRIVÃO DE POLÍCIA FEDERAL)** Uma empresa tem unidades físicas localizadas em diferentes capitais do Brasil, cada uma delas com uma rede local, além de uma rede que integra a comunicação entre as unidades. Essa rede de integração facilita a centralização do serviço de e-mail, que é compartilhado para todas as unidades da empresa e outros sistemas de informação.

Tendo como referência inicial as informações apresentadas, julgue o item subsecutivo.

Para viabilizar a comunicação de dados entre as unidades da empresa, podem ser utilizados serviços de interconexão com roteadores providos por operadoras de telecomunicação.

Certo ( ) Errado ( )

É uma prática bastante comum o uso de serviços terceirizados de provedores de internet para conectar filiais de empresas, por meio do chamado link dedicado, basicamente é pago um aluguel pelo uso do casamento com um provedor de internet.

GABARITO: CERTO.

205. **(CESPE – 2013 – TELEBRAS – CARGOS DE NIVEL MÉDIO)** Na topologia de rede, conhecida como barramento, ocorre interrupção no funcionamento da rede quando há falha de comunicação com uma estação de trabalho.

Certo ( ) Errado ( )

A topologia de rede de barramento tem como fragilidade a própria rede, pois independe de os hosts estarem todos ligados, basta apenas os envolvidos no processo. No entanto, a topologia de anel tem como fragilidade os nós, uma vez que ela necessita de que todos os dispositivos permaneçam ligados, para possibilitar a comunicação com os demais da rede.

GABARITO: ERRADO.

206. **(AUTOR – 2018)** REPETIDA? Na rede pública, as topologias de estrela e estrela estendida são as mais comuns por serem mais simples de gerenciar. Já em redes privadas, a topologia de malha é mais indicada, por ser mais fácil de gerenciar.

Certo ( ) Errado ( )

Em ambientes de rede privadas, as topologias de estrela e estrela estendida são as mais comuns por serem mais simples de gerenciar. A internet usa a topologia de malha.

GABARITO: ERRADO

207. **(AUTOR – 2018)** A topologia em malha utiliza um nó central para gerenciar a comunicação entre as estações. É esta unidade central que vai determinar a velocidade de transmissão, como também converter sinais transmitidos por protocolos diferentes.

Certo ( ) Errado ( )

A topologia de estrela é que possui um nó central; em ambientes de rede privadas, as topologias de estrela e estrela estendida são as mais comuns por serem mais simples de gerenciar. A internet usa a topologia de malha.

GABARITO: ERRADO.

208. **(AUTOR – 2018)** A topologia em anel é a mais recomendada para grandes redes locais, uma vez que agiliza o transporte dos dados e utiliza menos cabos que a topologia em barramento.

Certo ( ) Errado ( )

Em grandes redes, é mais recomendável e viável utilizar a topologia de estrela e estrela estendida nas redes maiores, pois seu gerenciamento é mais fácil, embora utilize mais cabeamento que as outras topologias. A topologia de anel precisa que todos os dispositivos da rede permaneçam ligados para manter a rede ativa. Outro problema comum em usar redes com topologia em barramento ou anel é a segurança.

GABARITO: ERRADO.

Navegadores

209. **(CESPE – 2018 – POLÍCIA FEDERAL – PERITO CRIMINAL FEDERAL)** Em cada item a seguir, é apresentada uma situação hipotética, seguida de uma assertiva a ser julgada, a respeito de sistemas operacionais, intranet e internet.

Por meio do Google Chrome mais recente, André necessita acessar, a partir do seu dispositivo móvel, os dados armazenados na sua estação de trabalho, referentes à navegação que ele realizou também usando o Google Chrome mais recente. Nessa situação, André terá sucesso se efetuar login no Google Chrome com o mesmo usuário na estação de trabalho e no dispositivo móvel, o que lhe permite ter acesso às senhas, ao histórico e aos favoritos em todos os dispositivos configurados.

Certo ( ) Errado ( )

o Google Chrome permite a utilização de perfis usando contas do Google para sincronizar os navegadores presentes em dispositivos diferentes, recurso similar existe no Mozilla Firefox, chamado Firefox Sync. Para sincronizar os navegadores, basta que usuário faça login com a mesma conta nos aplicativos dos diferentes dispositivos; este recurso permite sincronizar o histórico

de navegação, histórico de busca no Google, cookies, cache, senhas armazenadas (memorizar senha), além de dados de cartão de crédito salvos pelo programa.

GABARITO: CERTO.

210. **(NC/UFPR – 2019 – PREFEITURA DE CURITIBA/PR – AGENTE ADMINISTRATIVO)** Utilizando o internet Explorer, clicar CTRL+J, permite:

a) navegar na última página visitada.

b) acessar o menu de pesquisa que será aberto.

c) exibir todas as páginas visitadas, conforme histórico.

d) exibir e acompanhar seus downloads.

e) atualizar a sua página favorita (homepage).

O atalho CTRL +J não é exclusivo do internet Explorer, os demais navegadores usam para a mesma funcionalidade de abrir o gerenciador de downloads. Para atualizar (solicitar novamente o conteúdo do site aberto) o atalho F5 pode ser usar ou CTRL + R. já atalho para acessar ao histórico é CTRL + H.

GABARITO: D.

211. **(CESPE – 2019 – PRF – POLICIAL RODOVIÁRIO FEDERAL)** Julgue o item subsequente, a respeito de conceitos e modos de utilização de tecnologias, ferramentas, aplicativos e procedimentos associados à internet.

As versões mais modernas dos navegadores Chrome, Firefox e Edge reconhecem e suportam, em instalação padrão, os protocolos de internet FTP, SMTP e NNTP, os quais implementam, respectivamente, aplicações de transferência de arquivos, correio eletrônico e compartilhamento de notícias.

Certo ( ) Errado ( )

O protocolo SMTP é um protocolo usado para envio de e-mail por clientes de e-mail; os navegadores internet não implementam este protocolo. O protocolo NNTP (Network News Tranfer Protocol) "especifica o modo de distribuição, busca, recuperação e postagem de artigos usando um sistema de transmissão confiável baseado em fluxo. Para clientes de leitura de notícias, o NNTP habilita a recuperação de artigos armazenados em um banco de dados centralizado, permitindo aos assinantes a opção de selecionar somente os artigos nos quais estão interessados" (RFC 3977).

GABARITO: ERRADO.

212. **(FUNRIO – 2014 – INSS – ANALISTA – DIREITO)** Google é uma empresa multinacional de serviços on-line e software dos Estados Unidos, que hospeda e desenvolve uma série de serviços e produtos baseados na internet. Muito conhecido pela sua ferramenta de pesquisa na Web, o Google possui um navegador de internet denominado

a) Android.

b) Browser.

c) Chrome.

d) Google+.

e) Safari.

A:Android é um sistema operacional para dispositivos mobile.

B: Browser é o termo em inglês para navegador web.

C: Chrome é o navegador do Google criado a partir do código fonte do Mozilla Firefox e, portanto, é um software livre.

D: Google+ era uma rede social do Google que foi descontinuada.

E: Safari é o navegador web padrão do MacOS e iOS.

GABARITO: C.

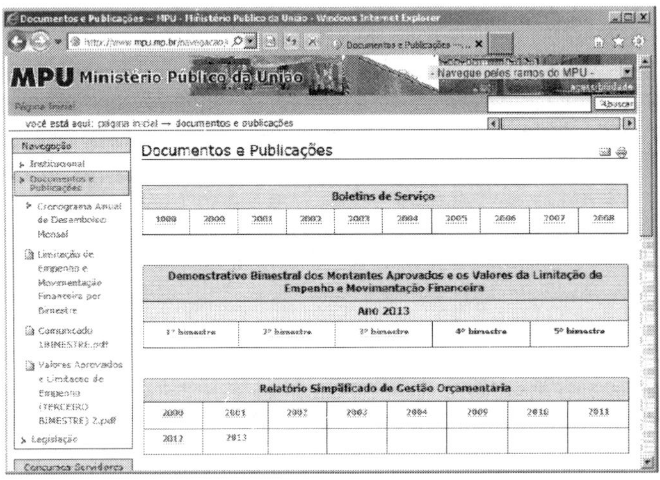

213. (CESPE – 2013 – MPU – CONHECIMENTOS BÁSICOS PARA OS CARGOS 34 E 35) A partir da figura acima, que ilustra uma janela do navegador internet Explorer, julgue o próximo item.

A principal vantagem do formato pdf é a consistência obtida em todos os tipos de computadores, ou seja, o documento aparecerá de maneira idêntica independentemente da plataforma em que ele estiver sendo lido.

Certo ( ) Errado ( )

O formato do arquivo pdf foi criado com a intenção de ser um arquivo comum de fácil utilização e voltada apenas a exibição de seu conteúdo, tanto que sua sigla significa formato de documento portátil. Para abrir arquivos pdf não é necessário adquirir algum programa de forma paga, pois a própria Adobe oferece o leitor de pdf gratuitamente, embora no mercado existam outras ferramentas para o mesmo fim. No entanto, para editar ou explorar recursos mais robustos da estrutura de arquivo PDF, é necessário possuir ferramentas apropriadas, neste caso a maioria delas é de propriedade da Adobe e é paga. Graças a essa característica, o formato pdf ganhou uma importante ascensão no universo de documentos públicos, justamente por não exigir pagamento para seu uso. Hoje, o governo por determinação legal utiliza o formato de arquivo PDF–A.

GABARITO: CERTO.

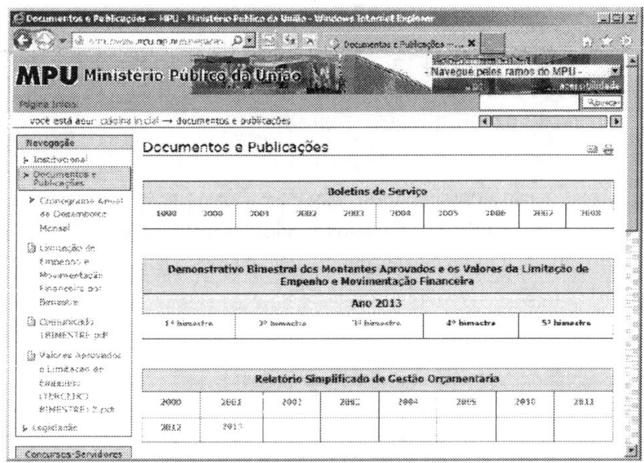

214. **(CESPE – 2013 – MPU – CONHECIMENTOS BÁSICOS PARA OS CARGOS 34 E 35)** A partir da figura acima, que ilustra uma janela do navegador internet Explorer, julgue o próximo item.

A opção de criar página com os tópicos favoritos é vantagem do Google Chrome em relação ao internet Explorer.

Certo ( ) Errado ( )

Questão um pouco dúbia quanto a "criar páginas com tópicos favoritos", pois deveria questionar quanto a adicionar a página aos favoritos, funcionalidade que está presente em todos os navegadores. Muito cuidado, pois o navegador Internet Explorer não é um editor de páginas web, embora a maioria dos navegadores possua o modo desenvolvedor com recursos para auxiliar no desenvolvimento e na verificação de elementos de uma página web. Ainda assim, o navegador não é um editor.

GABARITO: ERRADO.

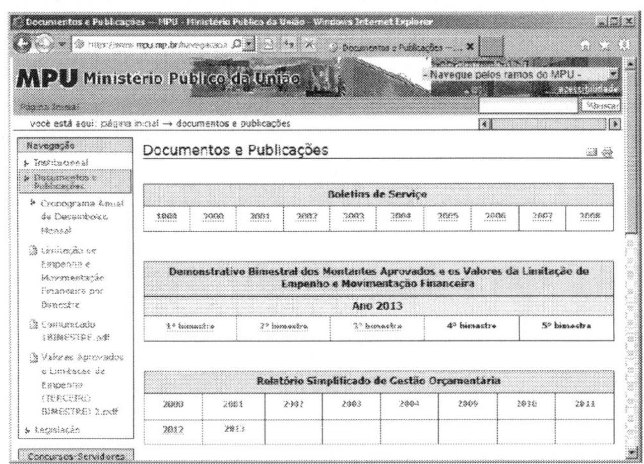

215. **(CESPE – 2013 – MPU – CONHECIMENTOS BÁSICOS PARA OS CARGOS 34 E 35)** A partir da figura acima, que ilustra uma janela do navegador Internet Explorer, julgue o próximo item.

A planilha Boletins de Serviço pode ser copiada, sem que se percam os dados e a formatação, tanto para o Excel quanto para o aplicativo LibreOffice.

Certo ( ) Errado ( )

Embora em muitos editores exista a possibilidade de manter a formatação original do conteúdo copiado, esta formatação pode sofrer alterações sutis notificadas ou grandes, conforme o editor. Assim, os dados serão mantidos, tanto no Excel quanto para o LibreOffice, porém a formatação pode não ficar exatamente como a apresentada pelo site.

GABARITO: ERRADO.

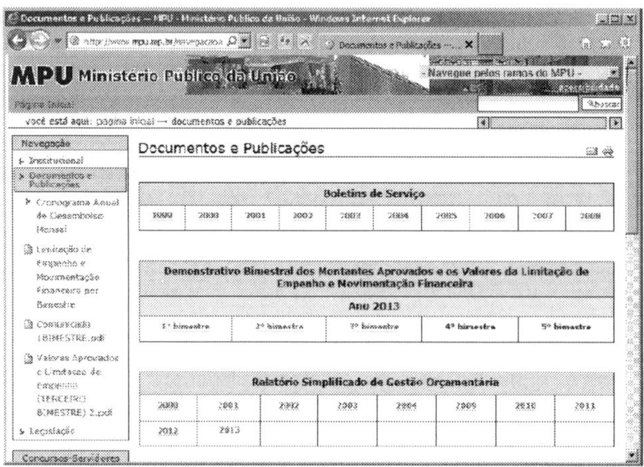

216. **(CESPE – 2013 – MPU – CONHECIMENTOS BÁSICOS PARA OS CARGOS 34 E 35)** A partir da figura acima, que ilustra uma janela do navegador Internet Explorer, julgue o próximo item.

A página apresentada poderá ser impressa, desde que seja copiada e transferida para o editor de textos Word.

Certo ( ) Errado ( )

Atualmente, todos os navegadores de internet possuem a funcionalidade para imprimir diretamente o conteúdo do site, utilizando-se o atalho CTRL + P, comum a muitos programas.

GABARITO: ERRADO.

217. **(CESPE – 2013 – MPU – TÉCNICO ADMINISTRATIVO)** Considerando a situação mostrada na figura acima, que reproduz parte de uma janela do MPU no Internet Explorer, julgue os itens seguintes.

Ao se clicar a opção ☆ Favoritos, é possível adicionar a página do MPU à lista de endereços favoritos.

Certo ( ) Errado ( )

Além da opção estrela presente na maioria dos navegadores, é possível utilizar o atalho CTRL + D para adicionar a página atual favoritos.

GABARITO: CERTO.

218. **(NC–UFPR – 2019 – PREFEITURA DE MATINHOS/PR – FISCAL DE TRIBUTOS)** Qual funcionalidade, utilizando-se o Internet Explorer 11 com Buscador BING, impede que imagens, textos e vídeos para adultos sejam exibidos nos resultados de pesquisa?

a) SmartScreen.

b) Navegação InPrivate.

c) Cookies.

d) Pesquisa Segura.

e) Modo Protegido Avançado.

No buscador Bing no Google há o safesearch (pesquisa segura) como forma de controle dos pais e para bloquear a apresentação de conteúdo impróprio como resultado das buscas.

GABARITO: D.

219. **(CESPE – 2013 – MPU – CONHECIMENTOS BÁSICOS PARA OS CARGOS 34 E 35)** Acerca de segurança e gerenciamento de informações, arquivos, pastas e programas, julgue o item a seguir.

Uma página da internet pode ser salva em uma pasta no drive C, independentemente da origem da página.

Certo ( ) Errado ( )

De modo geral, os navegadores possuem a opção "salvar como", o que permite ao usuário salvar os arquivos HTML referentes a um site e às suas imagens, para que assim possa abrir essas informações mesmo se não estiver conectado à internet.

GABARITO: CERTO.

220. **(CESPE – 2017 – PM/AL – SOLDADO)** Julgue o próximo item, relativo ao sistema operacional Linux, ao programa Microsoft Excel 2013 e ao programa de navegação Google Chrome.

Ainda que o usuário exclua o histórico de downloads do Google Chrome, os arquivos contidos nesse histórico não são removidos do computados.

Certo ( ) Errado ( )

Questão repetida da banca, excluir os dados de navegação como a lista de downloads não apaga os arquivos do computador. Vale lembrar que os favoritos também são dados de usuários.

GABARITO: CERTO.

221. **(CESPE–2018–PC/MA–ESCRIVÃO)** Ao se clicar com o botão direito do mouse sobre uma guia do programa de navegação Google Chrome, em sua versão mais recente, contendo determinada página da internet, e selecionar a opção *Fixar Guia*, na lista exibida, será possível:

a) duplicar a guia aberta, criando-se, assim, uma cópia da página exibida.

b) criar um ícone no canto superior esquerdo do navegador, o qual permitirá o acesso direto à página exibida.

c) criar na área de trabalho do computador um ícone de atalho, o qual, ao ser selecionado, abrirá a página exibida.

d) transformar a guia do navegador em uma nova janela.

e) adicionar a página exibida pela guia à lista de páginas favoritas.

Não seria propriamente um ícone, mas uma aba que, diferente das demais, não exibirá o título da página fixada, ficando visível apenas o seu favico. As abas fixadas são exibidas antes das demais abas abertas, podendo essas também serem reorganizadas entre si.

GABARITO: B.

222. **(FUNDATEC – 2018 – PC/RS – ESCRIVÃO E INVESTIGADOR DE POLÍCIA)** A questão baseia-se nas Figuras 7(a), 7(b) e 7(c). A Figura 7(a) mostra a janela principal do Firefox Quantum, versão 58.0.1 (64-bits), acima da qual se ampliaram e se destacaram alguns ícones, para facilitar a resolução da questão. A Figura 7(b) mostra uma caixa de diálogo desse navegador, ativada a partir da Figura 7(a). A Figura 7(c) exibe, intencionalmente, apenas parte de uma aba do Firefox, ativada a partir da Figura 7(b). Nos locais apontados pelas setas nº 6 e 7, inseriram-se retângulos para ocultar qualquer detalhe existente nesses locais.

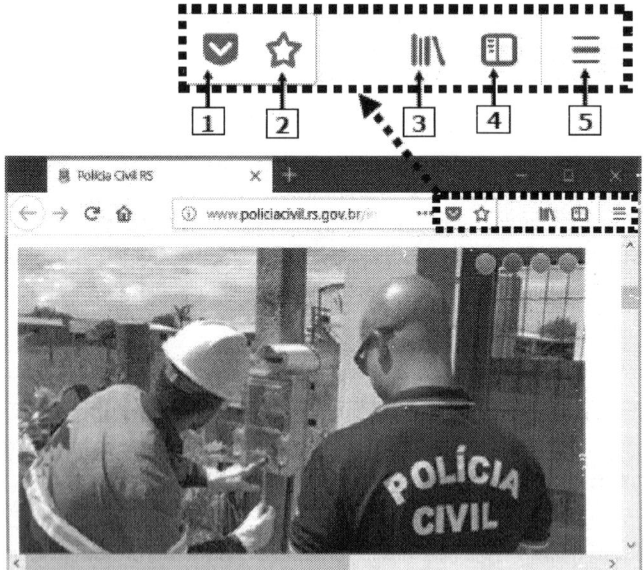

Figura 7(a) – Janela principal do Firefox 58.0.1 (64-bits)

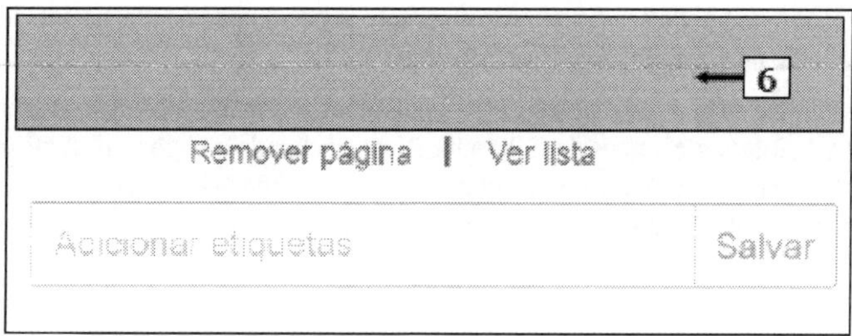

Figura 7(b) – Caixa de diálogo do Firefox

Figura 7(c) – Aba do Firefox

Um usuário do navegador Firefox resolveu armazenar o link da página eletrônica mostrada na Figura 7(a). Para isso, ele deu apenas um clique, com o botão esquerdo do mouse, sobre um ícone da Figura 7(a) e, ao surgir a caixa de diálogo mostrada na Figura 7(b), salvou o link desejado, cujo resultado pode ser observado na Figura 7(c). Nesse caso, pode-se afirmar que o ícone da Figura 7(a), pressionado por esse usuário, foi o apontado pela seta de nº:

a) 1

b) 2

c) 3

d) 4

e) 5

A questão aborda a nova funcionalidade do Mozilla Firefox, o Pocket. O Pocket foi fundado por Nate Weiner, em 2007, com a finalidade de ajudar as pessoas a salvarem artigos, vídeos e outros itens interessantes extraídos da internet para serem utilizados em outros momentos. Uma vez salva no Pocket, a lista de conteúdo fica visível em qualquer dispositivo — de telefone, tablet ou

computador. O conteúdo pode ser visualizado enquanto você aguarda na fila, no sofá, durante o trajeto do trabalho ou viajando, — mesmo off-line.

O serviço líder mundial do tipo "salvar para curtir depois" tem hoje mais de 22 milhões de usuários cadastrados e está integrado a mais de 1500 aplicativos, incluindo o Flipboard, Twitter e Zite. Está disponível nos principais dispositivos e plataformas, incluindo iPad, iPhone, Android, Mac, Kindle Fire, Kobo, Google Chrome, Safari, Firefox, Opera e Windows.

GABARITO: A.

223. **(NUCEPE – 2018 – PC/PI – INFORMÁTICA)** Com base nos navegadores de internet, marque a alternativa CORRETA em relação às afirmativas abaixo.

I. O ícone de uma estrela que aparece do lado direito, no interior da linha de endereço dos navegadores Google Chrome e Mozilla Firefox, serve para adicionar a página corrente aos favoritos.

II. Os navegadores Google Chrome e o Internet Explorer possuem opção para apagar o histórico de navegação, a qual faz com que as páginas visitadas sejam bloqueadas e não mais sejam acessíveis pelo usuário.

III. No navegador Mozilla Firefox, a tecla de atalho Ctrl+H permite ao usuário pesquisar as páginas acessadas recentemente.

a) Somente as afirmativas I e III estão corretas.

b) Somente a afirmativa I está correta.

c) Somente a afirmativa II está correta.

d) Somente as afirmativas I e II estão corretas.

e) Todas as afirmativas estão corretas.

Nos navegadores de internet atuais, o ícone de uma estrela é tipicamente empregado com a função de adicionar o site aos favoritos; também é possível usar o atalho CTRL + D. Ao limpar o histórico ou outros dados de navegação, os sites não são bloqueados. Para tanto, é necessário criar regras no firewall. Na maioria dos navegadores atuais, o atalho CTRL + H exibe o histórico de navegação.

GABARITO: A.

224. **(AOCP – 2018 – TRT/RJ – ANALISTA JUDICIÁRIO – INFORMÁTICA)** No Mozilla Firefox versão 57.x, com as configurações que são padrão de instalação, toda vez que o usuário realiza um download de um arquivo, este é salvo automaticamente no diretório "Download", que está dentro do diretório padrão do usuário. Para que o usuário possa escolher o diretório onde quer salvar os arquivos baixados, qual das opções do menu ele deve escolher?

a) Personalizar.

b) Preferências.

c) Web Developer.

d) Editar.

e) Extensões.

Outra forma de o usuário acessar as preferências (configurações) do Firefox é digitar na barra de endereços do navegador a expressão about:preferences, similar ao Google Chrome, em que o usuário pode digitar chrome://settings.

GABARITO: B.

225. **(AOCP – 2018 – TRT/RJ – TÉCNICO JUDICIÁRIO – INFORMÁTICA)** Considerando o navegador Mozilla Firefox (Versão 57), se você deseja salvar um site que visita com frequência nos seus favoritos, qual dos ícones a seguir deve ser utilizado?

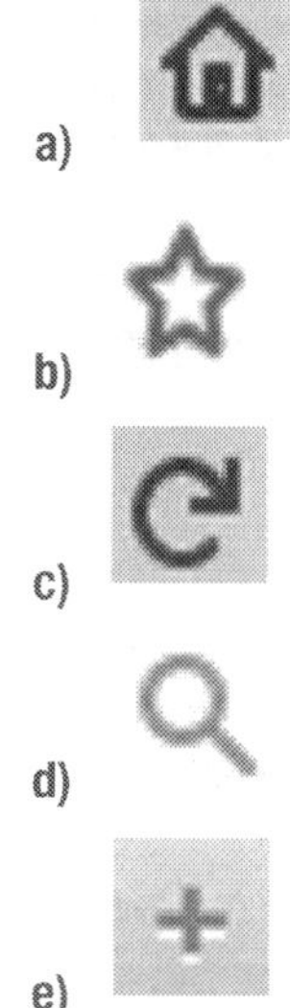

a)

b)

c)

d)

e)

A:A casinha indica o botão HOME, que abre a(s) página(s) definida como inicial. B: A maioria dos navegadores utiliza o ícone de uma estrela para relacionar os favoritos, inclusive o Windows 8 (no file explorer) usa essa iconografia.

C: A seta curva em sentido horário é a opção atualizar (F5).

D: A lupa é apresentada tanto na barra de endereço, como no campo pesquisar.

E: O + é o ícone para abrir nova aba/guia (CTRL + T).

GABARITO: B.

226. **(CESPE – 2016 – PC/PE – CONHECIMENTOS GERAIS)** Dois analistas, que compartilharam a mesma estação de trabalho ao longo do dia – um no turno matutino e outro no turno vespertino –, utilizam a versão mais recente do Google Chrome e desejam que esse navegador memorize os dados de formulários dos sistemas web do órgão em que atuam, sem que as senhas desses formulários sejam memorizadas.

Considerando essa situação hipotética, assinale a opção correta.

a) Não é possível realizar quaisquer configurações adicionais no navegador, uma vez que este, necessariamente, armazena dados e senhas de formulários.

b) É possível configurar o browser para memorizar dados dos formulários e não armazenar senhas de modo independente para cada analista.

c) É possível configurar o browser para memorizar dados dos formulários, entretanto isso implica necessariamente o armazenamento das respectivas senhas, ainda que de modo independente para cada analista.

d) Não é possível memorizar nomes de usuários e senhas para cada analista individualmente, visto que o navegador em questão armazena os dados de formulários no mesmo local, independentemente do perfil do usuário na estação de trabalho.

e) Cada analista deve, ao fim de seu turno, limpar os dados de navegação e de privacidade para evitar sobreposição e compartilhamento de dados dos formulários no navegador, pois independentemente da configuração os dados do browser são únicos para todos os usuários que acessem a estação.

De um modo geral, cada usuário teria seu login no sistema, por consequência as sessões e dados dos navegadores são diferentes em para cada usuário. Outro ponto é o recurso de memorizar dados de formulário ser diferente do recurso de memorizar senhas.

GABARITO: B.

227. **(CESPE – 2010 – BANCO DA AMAZÔNIA – TÉCNICO CIENTÍFICO)** No que se refere a tecnologias de internet e intranet e à segurança da informação, julgue os itens subsequentes.

Cliente web ou WWW, a exemplo do Internet Explorer e do Mozilla Firefox, é um programa utilizado para acessar os servidores que armazenam, na internet, as páginas de usuários ou organizações.

Certo ( ) Errado ( )

Cliente Web é o navegador de internet também chamado browser.

GABARITO: CERTO.

228. **(CESPE – 2009 – MMA – AGENTE ADMINISTRATIVO)** No que se refere a tecnologias da informação, internet e intranet, julgue os seguintes itens.

As ferramentas de navegação na internet, também conhecidas como *browsers*, servem para acessar páginas e fazer downloads de arquivos contendo textos e(ou) imagens para o computador e permitem a interação entre usuários, por meio de programas de chat e e-mail via Web.

Certo ( ) Errado ( )

Os browsers mais usados atualmente são o Internet Explorer, Mozilla Firefox e Google Chrome, mas existem outros como o Opera e o Safari.

GABARITO: CERTO.

229. **(CESPE 2011 TJ/ES – TECNICO DE INFORMÁTICA)** Com relação à instalação, à configuração e ao suporte de aplicativos, julgue os itens a seguir.

Um dos recursos do Internet Explorer 8 é o SmartScreen, que auxilia na detecção de sítios de phishing e sítios que distribuem software mal-intencionados, também denominados malwares.

Certo ( ) Errado ( )

O Internet Explorer 8 possui o filtro SmartScreen que é uma evolução do filtro AntiPhishing encontrado no Internet Explorer 7.

GABARITO: CERTO.

230. **(CESPE – 2013 – MPU – TÉCNICO ADMINISTRATIVO)** Considerando a situação mostrada na figura acima, que reproduz parte de uma janela do MPU no Internet Explorer, julgue os itens seguintes.

Os textos, mas não as imagens publicadas do sítio em questão, podem ser inseridos no editor de texto do ambiente LibreOffice.

Certo ( ) Errado ( )

É possível copiar tanto o texto como as figuras da página web apresentada e colar este conteúdo nos editores de texto.

GABARITO: ERRADO.

231. **(CESPE – 2011 – SUPERIOR TRIBUNAL MILITAR)** Julgue os itens seguintes, acerca de correio eletrônico, do Outlook 2003 e do Internet Explorer 7.

O Internet Explorer 7 não permite que o usuário se inscreva em um RSS feeds, procure notícias ou filtre a sua exibição.

Certo ( ) Errado ( )

A partir da versão 7 do Internet Explorer, o navegador oferece o recurso de RSS. Este recurso é muito utilizado por sites de notícias, de forma que quando o site é atualizado, os usuários são informados, não precisando assim ficar acessando a todo instante o site para ver se houve atualização.

GABARITO: ERRADO.

232. **(CESPE – 2011 – STM – ANALISTA JUDICIÁRIO – ECONOMIA)** O navegador IE não permite aumentar ou reduzir o tamanho dos textos visualizados em uma página acessada na internet.

Certo ( ) Errado ( )

O zoom nas páginas pode ser realizado no Internet Explorer através das teclas de atalho CTRL + +, CTRL + – e CTRL + 0 que, respectivamente, aumenta, diminui e restaura o zoom da página, como também manter pressionada a tecla CTRL enquanto utiliza o scrool do mouse.

GABARITO: ERRADO.

233. **(CESPE – 2011 – CORREIOS – CARGOS DE NÍVEL SUPERIOR)** A navegação por abas caracteriza-se pela possibilidade de abrir várias páginas na mesma janela do navegador da internet.

Certo ( ) Errado ( )

A navegação por abas só começou a ser utilizada no Internet Explorer a partir da versão 7, mas já era utilizada por outros navegadores.

GABARITO: CERTO.

234. **(INCAB – 2019 – PM/SC – POLICIAL MILITAR)** A ferramenta utilizada para realizar a busca de informações na internet é o:

a) Gerenciador de Tarefas
b) Google
c) Microsoft Outlook
d) Windows Explorer
e) Microsoft Office PowerPoint

O Google é o motor de buscas mais conhecido e usado, porém existem outros como o Bing da Microsoft que sucedeu o MSN busca e o Yahoo, além do Baidu da China.

GABARITO: B.

235. **(CESPE – 2009 – ADAGRI/CE – AGENTE ESTADUAL AGROPECUÁRIO)** Com relação à informática e internet, julgue os itens a seguir.

Para realizar pesquisas na internet por meio do Internet Explorer, um usuário pode digitar livremente termos no campo de endereços web desse browser e obter uma lista de sítios cujo endereço contém os termos digitados.

Certo ( ) Errado ( )

Questão capciosa e errada quanto a obtenção dessa lista referente aos sites já acessados. Se não houve acesso a determinado site, então não irá aparecer na lista.

GABARITO: ERRADO.

236. **(CESPE – 2010 – ANEEL – TÉCNICO ADMINISTRATIVO)** Considerando a figura acima, que mostra uma tela do internet Explorer 8.0, os conceitos básicos e os modos de utilização de tecnologias, ferramentas, aplicativos e procedimentos associados à internet e intranet, julgue os itens a seguir.

Ao se clicar a opção Segurança, será acionado um sistema de segurança que garante a proteção contra vírus e trojans.

Certo ( ) Errado ( )

É necessário selecionar a opção filtro SmartScreen e, então, a opção Verificar o Site para utilizar a ferramenta Filtro SmartScreen, que analisa se a página é uma página do tipo Phishing ou se contém algum link que leve para esse tipo de página, como também verifica se existem malwares na página.

GABARITO: ERRADO.

237. **(CESPE – 2010 – ANEEL – TÉCNICO ADMINISTRATIVO)** Ao clicar a opção Google, o usuário tem acesso a uma ferramenta de busca que permite localizar, por exemplo, imagens relacionadas à palavra ANEEL.

Certo ( ) Errado ( )

Ao clicar sobre o campo busca do navegador, o usuário já está fazendo uso do motor de busca ali configurado; basta ao usuário digitar o termo buscado e teclar Enter que irá abrir a página com os resultados.

GABARITO: CERTO.

238. **(CESPE – 2010 – ANEEL – TÉCNICO ADMINISTRATIVO)** Para se enviar a página apresentada por e-mail, é suficiente clicar a ferramenta , digitar o e-mail do destinatário e clicar a opção Enviar.

Certo ( ) Errado ( )

Ao clicar o botão indicado (Ler e-mail), será aberto o Cliente de e-mail padrão na caixa de entrada, isso se houver um instalado.

GABARITO: ERRADO.

239. **(CESPE – 2010 – ANEEL – TÉCNICO ADMINISTRATIVO)** Ao se clicar a ferramenta 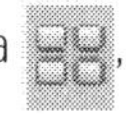, as páginas da ANEEL e do Google serão exibidas em miniatura.

Certo ( ) Errado ( )

Ao clicar o botão indicado (Guias Rápidas), o IE abre uma tela do tipo Expose, exibindo as miniaturas das páginas abertas.

GABARITO: CERTO.

240. **(CESPE – 2006 – TJ/PA – ANALISTA JUDICIÁRIO)** Julgue os itens a seguir com relação a conceitos de internet, correio eletrônico e aplicativos desenvolvidos para uso em redes de computadores.

Mozilla é uma organização que desenvolve aplicativos voltados para a internet que podem ser utilizados gratuitamente. Entre eles está o Firefox, o qual é uma família de aplicativos que inclui browser, correio eletrônico e editor de HTML, que é a linguagem de criação de páginas web na internet.

Certo ( ) Errado ( )

A Mozilla realmente produz navegadores e clientes de e-mail, mas o Firefox é apenas um navegador, o cliente de e-mail da Mozilla é o Thunderbird.

GABARITO: ERRADO.

241. **(CESPE – 2006 – DETRAN/PA – PROCURADOR)** Considere que a janela Opções da internet, que está ilustrada em parte na figura a seguir, tenha sido visualizada após Maria ter realizado determinado procedimento.

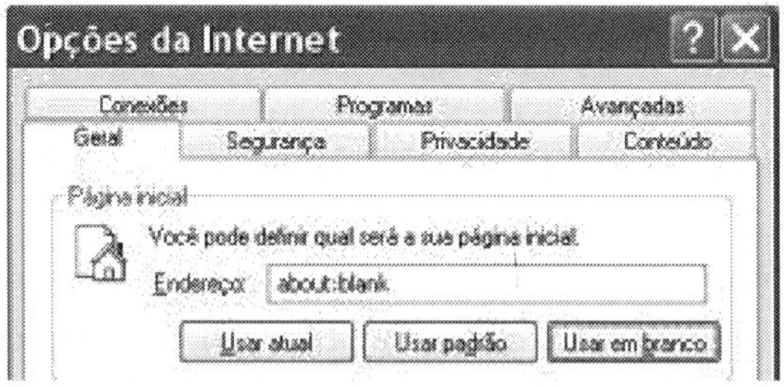

Nessa situação, é correto afirmar que Maria pode ter tido acesso à janela mencionada por meio do Painel de controle do Windows ou do navegador Internet Explorer e que recursos disponíveis nessa janela permitem excluir arquivos de internet temporários.

Certo ( ) Errado ( )

A questão aponta a janela Opções da internet, através da qual é possível também definir a(s) página(s) inicial(is) do Internet Explorer, dentre inúmeras outras opções.

GABARITO: CERTO.

242. **(CESPE – 2013 – PC/DF – ESCRIVÃO DE POLÍCIA)** Com relação ao sistema operacional Windows, à edição de texto e à navegação na internet, julgue os itens seguintes.

O modo de navegação anônimo, disponibilizado no navegador Google Chrome, possibilita que o usuário navegue na internet sem que as páginas por ele visitadas sejam gravadas no histórico de navegação.

Certo ( ) Errado ( )

A janela anônima, que pode ser aberta por meio da combinação de teclas de atalho CTRL + SHIFT + N, não armazena os dados de navegação: histórico, lista de sites acessados e dados de formulário, bem como ao ser fechada apaga os dados da cache e dos cookies.

GABARITO: CERTO.

243. (CESPE – 2013 – PC/DF – AGENTE DE POLÍCIA) Com relação ao navegador Google Chrome e à situação apresentada na figura acima, que mostra uma janela desse software, julgue o seguinte item.

Ao se clicar o botão ☰, será exibida uma lista de opções, entre as quais uma que permitirá imprimir a página em exibição.

Certo ( ) Errado ( )

A figura a seguir ilustra as opções presentes no botão "personalizar e configurar o Google Chrome" dentre elas a opção imprimir citada na questão, também acessível pela combinação de atalho CTRL + P, bem como a opção de busca na própria página que pode ser acessada por meio da combinação CTRL + F.

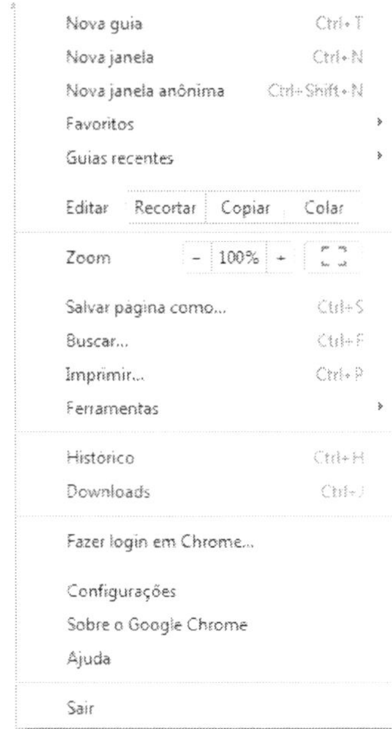

GABARITO: CERTO.

244. **(CESPE – 2013 – PC/DF – AGENTE DE POLÍCIA)** Navegadores Web podem ser configurados para não manter os registros (logs) de navegação ou para excluí-los automaticamente. Esse tipo de ação dificulta o exame de informações acerca de sítios web visitados a partir de determinado sistema.

Certo ( ) Errado ( )

Os logs referidos na questão são os registros de páginas acessadas como o histórico, bem como a cache e os cookies, ou seja, a opção para limpar os dados de navegação presente nos navegadores (cada qual com uma nomenclatura). Também citam-se as opções de navegação privativa (Firefox), navegação InPrivate (IE) e janela anônima (Chrome).

GABARITO: CERTO.

245. **(AUTOR – 2013)** O navegador de internet Mozilla Firefox permite abrir uma janela de navegação de forma que não memoriza o histórico, dados fornecidos a páginas e à barra de pesquisa, lista de downloads, cookies e arquivos temporários. No entanto preserva arquivos salvos por downloads e novos favoritos.

Certo ( ) Errado ( )

A janela citada pela questão é a Privativa, este recurso também existe no Internet Explorer, no qual é chamada Navegação InPrivate e no Google Chrome, Janela Anônima.

GABARITO: CERTO.

246. **(AUTOR – 2013)** No Windows 7, a ferramenta Internet Explorer (Sem Complementos) faz parte do conjunto de ferramentas de sistema. Ela abre o Internet Explorer, porém com todos os complementos desabilitados. No entanto o uso desta ferramenta faz com que algumas páginas da Web talvez não sejam exibidas corretamente.

Certo ( ) Errado ( )

Dentre os complementos desabilitados, estão às barras de ferramentas e controles do ActiveX.

GABARITO: CERTO.

247. **(CESPE – 2013 – SERPRO – CONHECIMENTOS BÁSICOS – CARGO 5)** A respeito de internet Explorer, Outlook Express, Webmail e sítios de buscas, julgue os itens seguintes.

Para que sejam restauradas todas as abas e janelas do Internet Explorer, é suficiente selecionar, na aba Ferramentas, a opção Reabrir a última sessão de navegação. Essa ação pode ser realizada a qualquer momento da navegação, e não apenas no início de uma sessão.

Certo ( ) Errado ( )

Esse recurso existe apenas no Internet Explorer, na forma citada: como opção para ser utilizada a qualquer momento. Já nos demais navegadores, inclusive no próprio IE, é possível configurar nas referidas opções o que será carregado quando o navegador for iniciado. Neste caso, apenas tome cuidado para não misturar as características.

GABARITO: CERTO.

248. **(CESPE – 2013 – TELEBRAS – NÍVEL MÉDIO – CONHECIMENTOS BÁSICOS)** A restrição de acesso a sítios da internet deve ser configurada no sistema operacional do computador,

pois os navegadores ou browsers como o Internet Explorer e o Mozzila Firefox não possuem funcionalidades de restrição de acesso a determinados sítios.

Certo ( ) Errado ( )

Além de encontrarmos os recursos de proteção de controle dos pais pelo Painel de Controle do Windows, também podemos limitar, ou bloquear, os sites que desejamos que sejam abertos.

GABARITO: ERRADO.

249. **(CESPE – 2013 – TJ-DFT – TÉCNICO JUDICIÁRIO – ÁREA ADMINISTRATIVA)** No Internet Explorer, a opção de armazenamento de histórico de navegação na Web permite o armazenamento de informações dos sítios visitados e selecionados pelo usuário, de modo que, em acesso futuro, elas sejam encontradas diretamente a partir do menu Favoritos.

Certo ( ) Errado ( )

Uma coisa é o histórico de navegação e outra são os favoritos; o histórico é um registro automático de quais páginas foram acessadas e quando, enquanto os favoritos são armazenados diretamente pelo usuário.

GABARITO: ERRADO.

250. **(CESPE / CEBRASPE – 2013 – PC/BA – INVESTIGADOR DE POLÍCIA)** Nos navegadores Microsoft Internet Explorer, Mozilla Firefox e Google Chrome, o uso de bookmarks permite definir a atualização automática, pelo navegador, de novas informações geradas pelos sítios da web marcados pelo usuário.

Certo ( ) Errado ( )

Bookmarks = favoritos, são definidos pelo usuário e nada mais são do que links para se lembrar. Já o recurso que prevê atualização de informação gerada pelos sites é o RSS ou central de notícias.

GABARITO: ERRADO.

251. **(FCC – 2013 – PGE/BA – ANALISTA DE PROCURADORIA – ÁREA DE APOIO ADMINISTRATIVO)** Para navegar na internet é necessário utilizar algum dos diversos navegadores (Browser) disponíveis para os diferentes ambientes e dispositivos. Nesses navegadores, por padrão, os endereços dos sites visitados são automaticamente armazenados em uma lista denominada.

a) Atuais.

b) Favoritos.

c) Histórico.

d) Preferenciais.

e) Habilitado.

Os favoritos são páginas que o usuário marca para, de certa forma, lembrar-se dos endereços das páginas preferidas. Ao acessar um site, o endereço acessado também é armazenado na lista de sites, que é ao clicar na flecha ao lado da barra de endereços dos navegadores.

GABARITO: C.

252. **(AUTOR – 2013)** Através da janela de diálogo "Opções da internet", é possível configurar o número de dias durante os quais as páginas visitadas permanecem no histórico do internet Explorer.

Certo ( ) Errado ( )

Por padrão, um site é mantido por 20 dias no histórico do Internet Explorer. Já no Firefox o histórico é mantido por mais de 6 meses.

GABARITO: CERTO.

253. **(IADES – 2015 – ELETROBRAS – MÉDICO DO TRABALHO)** A internet é hoje um recurso amplamente utilizado para comunicação e busca de informações, tanto no uso residencial como em ambientes empresariais. Considerando esse assunto, quanto a nomes de aplicativos de computador destinados ao acesso à informação na internet, assinale a alternativa correta.

a) internet Explorer, Google Chrome, Firefox.

b) Windows 7, Google Drive, Excel.

c) Microsoft Word, Microsoft PowerPoint, Excel.

d) OpenOffice, Libre Office, BrOffice.

e) Google, Yahoo, Facebook.

Os browsers (navegadores) mais populares são, o Google Chrome, Mozilla Firefox, Internet Explorer, Opera, Safari, Shiira, Netscape Navigator, ainda podem ser citados os nomes Netscape, Mozilla, Mozaic e Flock. A alternativa C descreve aplicativos da suíte de escritório Microsoft Office, enquanto a alternativa D apresenta nomes da suíte de escritório software livre que também pode ser chamada de Apache Open Office. E a alternativa E apresenta nomes de grandes sites (empresas) da internet.

GABARITO: A.

254. **(IMA – 2015 – PREFEITURA DE CANAVIEIRA/PI – PROFESSOR – MATEMÁTICA)** Ícone que refere-se a FAVORITOS do Internet Explorer:

a) Estrela.

b) Carta.

c) Casa.

d) Asterisco.

o ícone da carta (envelope) abre o cliente de e-mail padrão para o. O ícone da casa é o de página inicial, fazendo com que o browser abra na página definida como inicial.

GABARITO: A.

255. **(IMA – 2015 – PREFEITURA DE CANAVIEIRA /PI – PROFESSOR – MATEMÁTICA)** No Internet Explorer, é possível armazenar os sites visitados com frequência como "favoritos". Para definir uma página como Favoritos no Internet Explorer 8, deve-se:

a) Clicar em Ferramentas -> Arquivo -> Favoritos -> Adicionar.

b) Abrir o site desejado, clique na guia "Favoritos", opção "Adicionar a Favorito".

c) Clique em "Página", em seguida "Salvar como Favoritos".

d) No site desejado, clicar com o botão direito do mouse em Abrir Favoritos e em seguida "Adicionar".

O Internet Explorer (IE) é navegador mais cobrado nas provas por suas versões serem mais pontuais, ou seja, as características e ferramentas de cada versão são bem definidas, por outro lado os demais navegadores como Google Chrome e Mozilla Firefox são atualizados constantemente. Por isso estudar o IE é mais fácil, porém é necessário acompanhar as novidades dos demais navegadores.

Nas versões mais recentes do Internet Explorer, a barra de Menu não é exibida por padrão, assim como a barra de Comandos, mas é possível exibi-las, no caso da barra de Menus, ao simples toque na tecla ALT. Para adicionar um site ao menu ou barra de Favoritos, o usuário ainda pode contar com o atalho CTRL+ D, funcional nos principais navegadores para tal finalidade.

GABARITO: B.

256. **(FUNIVERSA – 2015 – PC/DF – PAPILOSCOPISTA POLICIAL)** Uma das características que podem ser observadas no programa de navegação Mozilla Firefox, em sua versão mais recente, é a navegação dentro de uma página sem a utilização do mouse. Esse recurso é conhecido como Caret Browsing (navegação por cursor) e utiliza as teclas de setas ←↑↓→ para percorrer a página e as demais teclas para selecionar um texto. Este recurso pode ser habilitado ou desabilitado utilizando a(s) tecla(s)

a) CTRL + D

b) CTRL + T

c) ALT + D

d) F7

e) F10

A: O atalho CTRL + D permite adicionar o site aberto aos Favoritos.

B:CTRL + T abre uma nova aba no navegador.

C: ALT +D é mesmo que CTRL + L ou F6 e seleciona o conteúdo da barra de endereços.

E:Teclar F10 é o mesmo que acionar Alt, exibe a barra de menus.

GABARITO: D.

257. **(FGV – 2015 – TCE/SE – MÉDICO)** No Google Chrome é possível abrir uma "nova janela anônima". Isso significa que, quando nessas guias:

a) as páginas visualizadas não serão armazenadas no histórico do navegador;

b) os websites visitados não serão capazes de identificar o visitante;

c) a navegação ficará totalmente oculta para os provedores de serviço de internet;

d) não será possível logar em sites que requerem senhas de acesso;

e) todo tráfego de dados será realizado sob criptografia.

A navegação privativa recebe o nome de Janela Anônima no Google Chrome, de Janela Privativa no Mozilla Firefox e Navegação InPrivate no Internet Explorer. Uma vez aberta a janela privada, não são armazenados os dados de navegação: histórico, a lista de sites acessados e os dados de campos de pesquisa e formulários; enquanto está aberta, a janela privativa guarda os cookies e a cache, pois são essenciais para a navegação, mas ao fechá-la esses dados são apagados.

GABARITO: A.

258. **(FGV – 2015 – DPE/RO – TÉCNICO ADMINISTRATIVO)** Em seu computador de mesa (desktop), Thiago abriu a página inicial de um site de notícias e gostaria de salvá-la de alguma forma, já que esse tipo de página muda constantemente. A página contém textos e fotos. Thiago gostaria de poder abrir essa página mesmo quando desconectado da internet. No Google Chrome, a maneira correta de fazer isso é:

a) clicar no ícone na forma de uma estrela que aparece na parte superior da tela, adicionando-a aos favoritos;

b) clicar o botão direito do mouse na barra de endereços e acionar a opção "Copiar";

c) clicar o botão direito do mouse na área da página e acionar a opção "Salvar como...";

d) clicar o botão direito do mouse na área da página e acionar a opção "Exibir código fonte da página";

e) clicar o botão direito do mouse na barra de endereços e acionar a opção "Selecionar tudo".

A opção Favoritos apenas salva o link para o site, quando aberto irá exibir o conteúdo atual do site.

A opção para Salvar o Site no computador é encontrada em todos os principais navegadores. Ao utilizar essa opção é criado, por padrão, uma pasta e um arquivo HTML no local em que o usuário selecionar como destino.

Para exibir o código fonte de um site, basta usar o atalho CTRL + U que será aberta uma janela com ele.

GABARITO: C.

259. **(VUNESP – 2015 – PREFEITURA DE SÃO JOSÉ DOS CAMPOS/SP – ANALISTA TÉCNICO)** Diversas empresas criaram vários navegadores de internet, por exemplo: a Microsoft desenvolveu o navegador______, já a Google desenvolveu o navegador _______, e a Mozilla desenvolveu o ______.

Assinale a alternativa que preenche, correta e respectivamente, as lacunas.

a) Windows Explorer ... Chrome ... Thunderbird.

b) Windows Explorer ... Safari ... Thunderbird.

c) Internet Explorer ... Safari ... Firefox.

d) Internet Explorer ... Chrome ... Thunderbird.

e) Internet Explorer ... Chrome ... Firefox.

Outro navegador antigo, porém ainda atualizado e principal responsável pelas novas ferramentas dos browsers é o Opera. O Firefox foi desenvolvido a partir do Código Fonte do Netscape

Navigator, transformado em software livre. Já o Google Chrome foi desenvolvido a partir do código fonte do Firefox. O programa Mozilla Thunderbird é um cliente de e-mail.

GABARITO: E.

260. **(QUADRIX – 2015 – CRP/MG – ASSISTENTE ADMINISTRATIVO)** Considere as situações que envolvem programas de navegação na internet nas suas versões em português.

I. Ao se clicar no botão "Estou com sorte", o usuário é automaticamente conduzido à primeira página web que o navegador devolveu para a sua pesquisa e ele não verá quaisquer outros resultados de pesquisa.

II. Ao se tentar fazer o download, é exibida a mensagem: "O navegador não é compatível com seu sistema operacional. Atualize para a versão 8.1 para navegar na internet com mais rapidez e segurança."

III. Na página de download do navegador, ao se clicar em "O que há de novo", são listadas novidades da versão 37.0.

Os navegadores envolvidos nas situações I, II e III, ocorridas em 2015, correspondem, correta e respectivamente, a:

a) Safari, Mozilla Firefox, Opera.

b) Safari, Opera, Google Chrome.

c) Google Chrome, Internet Explorer 11, Mozilla Firefox.

d) Google Chrome, Internet Explorer 15, Opera.

e) Mozilla Firefox, Safari, Google Chrome.

Todos os navegadores executam a ação transcrita no item I. Até a data da prova não havia uma versão 15 do Internet Explorer. Mesmo no Windows 10 o IE está na versão 11, além do sistema cotar com o navegador Edge. O Mozilla Firefox e Google Chrome possuem dezenas de versões.

GABARITO: C.

261. **(UFMT – 2015 – DETRAN/MT – ADMINISTRADOR)** A coluna da esquerda apresenta funcionalidades do Firefox 34.0.5 e a da direita, o que cada uma permite realizar. Numere a coluna da direita de acordo com a da esquerda.

1 – Barra de pesquisa	( )	Personalizar o Firefox com estilos e recursos extras.
2 – Modo privativo	( )	Navegar na internet sem guardar informações sobre sites e páginas visitados.
3 – Complemento	( )	Sincronizar os favoritos, históricos e preferências do Firefox entre diferentes computadores e/ou dispositivos.
4 – Firefox Sync	( )	Buscar rapidamente na internet, por meio do mecanismo de pesquisa.

Marque a sequência correta.

a) 2, 1, 3, 4.

b) 3, 2, 4, 1.

c) 1, 3, 2, 4.

d) 4, 3, 1, 2.

O Firefox foi um dos primeiros browsers a adicionar a característica de complementos que ele nomeia como add-ons, esses recursos acrescentam funcionalidades ao navegador, bem como permitem personalizar com temas diferentes a sua janela. Atualmente a possibilidade de se instalar complementos é comum aos principais navegadores, bem como a navegação privativa. No Firefox a navegação privativa pode ser acionada com a combinação de atalhos CTRL + SHIFT + P; no Google Chrome, o nome usado é Janela Anônima e para acessá-la a combinação é CTRL+ SHIFT + N; já no Internet Explorer, a nomenclatura usada é Navegação InPrivate, o atalho é o mesmo que o do Firefox.

Outra funcionalidade recente e presente tanto no Firefox como no Google Chrome é a sua ligação com a nuvem, de forma que o usuário cria uma conta Mozilla ou Google, respectivamente, por meio da qual alguns dados são sincronizados, como: senhas memorizadas, favoritos, histórico de navegação entre outros. Para isso, basta o usuário logar sua conta no navegador. A nuvem da Mozilla é o Firefox Sync, enquanto do Chrome é o Google Cloud.

GABARITO: B.

262. **(UFMT – 2015 – DETRAN/MT – AUXILIAR DE SERVIÇOS)** A coluna da esquerda apresenta ícones de botões do menu do Mozilla Firefox 34.0.5 e a da direita, a função de cada botão. Numere a coluna da direita de acordo com a da esquerda.

Marque a sequência correta.

a) 1, 3, 2, 4.

b) 2, 4, 1, 3.

c) 4, 2, 3, 1.

d) 3, 1, 4, 2.

No Mozilla Firefox, o relógio representa o histórico, tal recurso lista os endereços de sites acessados e em que data ocorreu tal acesso. É possível limpar esse histórico de navegação, bem como sincronizá-lo em outros computadores, usando a conta do Firefox Sync. Também é possível usar a combinação de atalhos CTRL + H para visualizar a lista de histórico, porém com uma pequena diferença, o atalho abre um painel à esquerda, enquanto o botão ilustrado é apresentado dentro do próprio menu de opções.

O ícone de engrenagem é bastante utilizado na informática para indicar configurações ou opções configuráveis, ao exemplo do Windows 8 e 8.1 na barra Charms. Já a opção Nova janela também pode ser acionada usando o atalho CTRL + N.

O Firefox é um dos navegadores que mais possui complementos disponíveis, eles também podem ser chamados de add-ons. Os complementos são ferramentas e recursos que agregam mais funcionalidade ao navegador, como recurso para fazer download de vídeos entre outros.

GABARITO: D.

263. **(CEPERJ – 2015 – PREFEITURA DE SAQUAREMA/RJ – ASSISTENTE ADMINISTRATIVO)** Ao utilizar o browser Google Chrome em um microcomputador com sistema operacional Windows 8.1 BR, um internauta acessa o site da Prefeitura Municipal de Saquarema e deseja imprimir a página visualizada. Para isso, executou um atalho de teclado que mostrou a janela abaixo, ou semelhante a esta, na tela.

Nessa janela, clicou no botão **Imprimir**. O atalho de teclado que mostrou a janela acima é:

a) Ctrl + P.

b) Alt + P.

c) Shift + P.

d) Alt + I.

e) Ctrl + I.

na grande maioria dos programas o atalho para imprimir é CTRL + P, logo essa não é uma característica exclusiva do Google Chrome.

GABARITO: A.

264. (FUNCAB – 2015 – CRC/RO – ASSISTENTE ADMINISTRATIVO) Um usuário do Mozilla Firefox, em português, V 37.0, ao encontrar uma página que procurava, deseja salvar essa página no seu computador usando o próprio Mozilla. Para isso, ele deve acessar o ícone:

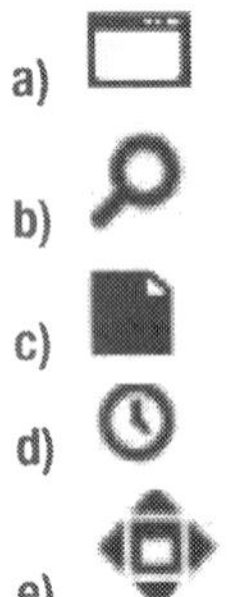

alguns ícones do Firefox são ilustrados pela figura a seguir juntamente com seus devidos nomes.

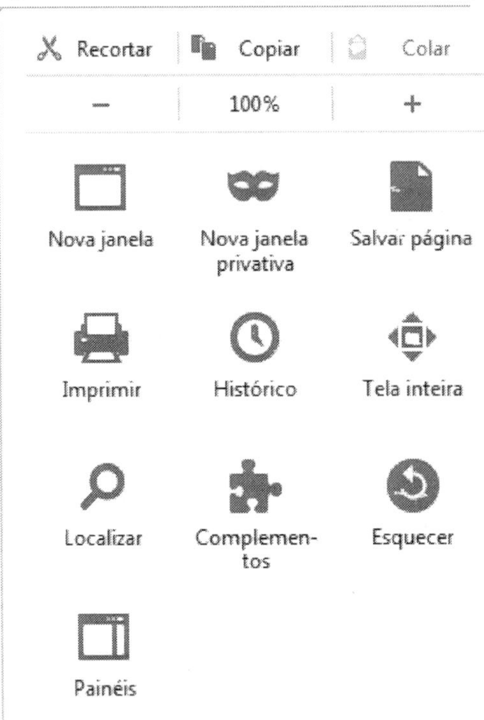

GABARITO: C.

265. (BIO–RIO – 2015 – SPDM – ENFERMEIRO) No que diz respeito aos conceitos e navegação na internet por meio de browsers, no Firefox Mozilla o acionamento da tecla de função F11 tem por finalidade:

a) acessar a janela de opções da internet.

b) adicionar site corrente à barra de favoritos.

c) visualizar o conteúdo de uma página em tela cheia.

d) exibir a página do site configurado como homepage inicial.

e) Imprimir site que está sendo visualizado na tela do monitor.

Nos principais navegadores, o atalho F11 exibe em tela cheia. Em outros programas, como leitores de PDF, também realizam essa mesma operação. Para adicionar um site ao menu ou barra de favoritos é CTRL+D. Já para imprimir o atalho é o CTRL+P.

GABARITO: C.

266. **(FUNCAB – 2015 – CRC/RO – CONTADOR)** Se um usuário do Mozilla Firefox V 37.0, em português, quiser limpar todos os dados de navegação, usando o teclado, deve acessar essa função através das teclas de atalho:

a) Ctrl + Shift + B.

b) Ctrl + Shift + S.

c) Ctrl+ Shift +Del.

d) Ctrl + Shift + End.

e) Ctrl + Shift + Esc.

Tal atalho também pode ser usado nos navegadores Google Chrome, internet Explorer e Opera. Outros atalhos com mesma função são CTRL + T que abre nova aba e CTRL + Tab que alterna entre as abas abertas.

GABARITO: C.

267. **(VUNESP – 2015 – PM/SP – SOLDADO DA POLÍCIA MILITAR)** DURANTE a navegação na internet, no Internet Explorer 9, em sua configuração padrão, o usuário pode utilizar o atalho de teclado________, que permite atualizar a página da Web atual e os arquivos temporários da internet, mesmo que os carimbos de data/hora da versão da Web e da versão armazenada localmente sejam iguais.

Assinale a alternativa que preenche, corretamente, a lacuna do enunciado.

a) Ctrl + F5.

b) Ctrl + Alt + Del.

c) F5.

d) Crtl + F4.

e) F4.

O atalho CTRL + F5 atualiza a página limpando a cache do navegador, assim como o atalho CTRL + SHIFT+ R. Tal atalho funciona nos principais browsers com Google Chrome, Internet Explorer, Mozilla Firefox e Opera.

CTRL + ALT + Del é um atalho do Sistema Operacional.

CTRL + R ou F5 são atalhos que apenas atualizam a visualização do site, porém, na maioria das vezes, não requisita novamente ao servidor os dados já armazenados em cache.

GABARITO: A.

268. (PRJ – 2015 – PREFEITURA DE RIO DE JANEIRO/RJ – ASSISTENTE ADMINISTRATIVO) Um funcionário da Rio Saúde está acessando o site da Secretaria Municipal de Saúde do Rio de Janeiro, por meio do browser internet Explorer 11 BR. Para imprimir a página mostrada na tela, ele executou um atalho de teclado que fez com que fosse mostrada a janela abaixo.

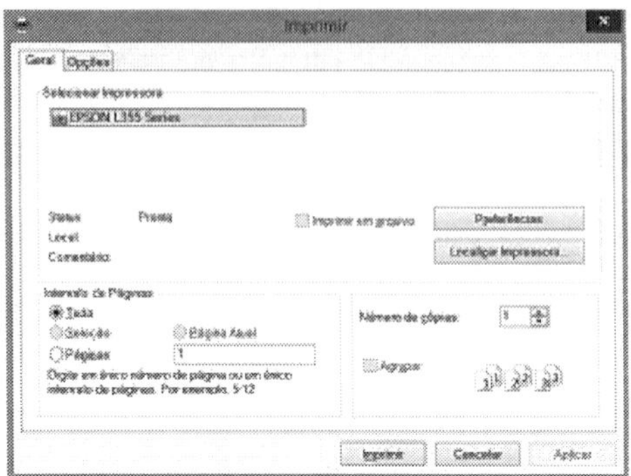

O atalho de teclado é:

a) Ctrl + F11.

b) Alt + F11.

c) Ctrl + P.

d) Alt + P.

Por mais estranho que pareça, essa é uma questão de concurso, usada justamente para lembrar que questões simples, básicas e triviais também são cobradas nas provas, e se você não estive atento e concentrado pode errá-las.

A tecla de atalho usada é a CTR + P.

GABARITO: C.

269. (REIS & REIS – 2015 – PREFEITURA DE SANTANA DO JACARÉ/MG – PSICÓLOGO) Permite que você impeça a maioria das janelas pop-up que alguns sites exibem no navegador sem a sua permissão, dando mais controle à navegação.

a) Bloqueador de pop-up;

b) Phishing;

c) Windows;

d) Antijanelas.

As janelas que se abrem automaticamente ao acessar um site ou realizar uma ação são definidas como pop-ups, para amenizar a quantidade os navegadores possuem habilitado por padrão o bloqueador de pop-ups. Phishing são sites e/ou e-mails falsos.

GABARITO: A.

270. (FUNCAB – 2016 – PC/PA – ESCRIVÃO DE POLÍCIA CIVIL) Alguns bancos comerciais obrigam que se instale módulos de segurança nos navegadores web visando proteger as operações bancárias que seus clientes realizam cotidianamente.

No navegador Firefox, o diálogo que permite ativar e desativar esses plug-ins pode ser alcançado com exatos três cliques do mouse. O primeiro clique deve ser feito sobre o menu Ferramentas, o terceiro clique sobre a opção Plug-ins e o segundo clique sobre o item de Menu:

a) Informações da página.

b) Opções.

c) Donwloads.

d) Configurar página.

e) Complementos.

Vale observar que a barra de menus é oculta, por padrão. Para visualizar a barra de menus, o usuário pode teclar ALT ou configurar para que a mesma permaneça visível. Os plug-ins são recursos que complementam o navegador em termos de funcionalidades.

GABARITO: E.

271. (AUTOR – 2018) A respeito dos conceitos de internet e navegação julgue o item a seguir.

Os plug-ins são programas de computador que estendem a funcionalidade dos navegadores web.

Certo ( ) Errado ( )

Os plug-ins são elementos instalados nos navegadores para ampliar sua capacidade de interpretar conteúdos.

GABARITO: CERTO.

272. (CESPE – 2018 – STM – CARGOS DE NÍVEL SUPERIOR) Julgue o seguinte item, relativo a noções de informática.

No Google Chrome, o menu de Configurações oferece a opção de importar os arquivos de favoritos e configurações, no caso de se aproveitar a lista de sítios favoritos e a lista de senhas de acesso salvas, para uso em outros browsers ou outros dispositivos e computadores.

Certo ( ) Errado ( )

Nas versões atuais da maioria dos navegadores, após realizar a instalação, durante o primeiro uso do programa é exibida a janela que solicita se o usuário deseja importar os dados de outro navegador.

No caso do Google Chrome, por meio de suas configurações, o usuário tem acesso à opção citada pela questão e ilustrada a seguir.

GABARITO: CERTO.

273. **(AUTOR – 2018)** Com base nos principais programas de navegação e suas ferramentas julgue o que se segue.
Plug-in é um programa de computador usado para adicionar funções a outros programas maiores, provendo alguma funcionalidade especial ou muito específica.

Certo ( ) Errado ( )

Um plug-in é um complemento as funções de um programa, muitas vezes, desenvolvido por terceiros. Geralmente pequeno e leve, é usado somente sob demanda.

GABARITO: CERTO.

274. **(AUTOR – 2018)** Com base no navegador Google Chrome versão 67.0.3396.99 julgue os itens a seguir.

No Google Chrome a combinação de teclas de atalho CTRL + SHIFT + DEL excutam o gerenciador de tarefas do navegador.

Certo ( ) Errado ( )

O atalho CTRL + SHIFT + ESC abre a janela para limpar os dados de navegação, já para abrir o gerenciador de tarefas do Chrome o atalho é SHIFT + ESC.

GABARITO: ERRADO.

275. **(AUTOR – 2018)** Com base no navegador Google Chrome versão 67.0.3396.99 julgue os itens a seguir.
Ao abrir uma janela privativa uma nova sessão do navegador é iniciada, de modo a permitir que um login com nome de usuário diferente seja usado em um mesmo site que se encontra aberto na janela normal do navegador com outra conta.

Certo ( ) Errado ( )

As janelas privativas e as janelas normais possuem sessões diferentes, ou seja, tratam seus cookies de forma separada, para que seja viável excluir os cookies da janela anônima (privada) ao fechá-la.

GABARITO: CERTO.

276. **(CESPE – 2014 – TC/DF – TODOS OS CARGOS)** A versão mais recente do Mozilla Firefox (em 2014) possibilita reabrir uma janela que tenha sido fechada acidentalmente. Para tanto, o usuário deverá adotar o seguinte procedimento: clicar o menu Histórico, clicar a opção Reabrir Janela e, em seguida, selecionar a janela que deseja reabrir.

Certo ( ) Errado ( )

Desde que não seja uma janela privativa. Caso seja uma aba de uma janela privativa e a janela não for fechada, é possível utilizar a combinação CTRL + SHIFT + T para reabrir a aba fechada.

GABARITO: CERTO.

277. **(AUTOR – 2018)** A respeito dos programas, ferramentas e conceitos de navegação julgue as questões a seguir.
Plug-ins são softwares que, uma vez instalados no servidor da internet, aumentam suas funcionalidades ou recursos.

Certo ( ) Errado ( )

Plug-ins são recursos instalados no aplicativo do computador do usuário, em vez de no servidor.

GABARITO: ERRADO.

278. **(AUTOR – 2018)** O Microsoft Edge é o novo navegador da Microsoft, este navegador vem junto com o Windows 10 em substituição ao Internet Explorer 11 que foi removido do Windows.

Certo ( ) Errado ( )

Tanto o MS Edge como o IE 11 fazem parte do Windows 10, porém o IE não é mais o navegador padrão, esse espaço agora é ocupado pelo Edge.

GABARITO: ERRADO.

279. **(AUTOR – 2018)** No Mozilla Firefox a navegação privativa ao ser utilizada não permite que seja armazenado o endereço do site visitado ao histórico, nem a lista de sites acessados, bem como não guarda os dados de formulários e não permite a utilização de cookies.

Certo ( ) Errado ( )

A navegação privativa (ao final do processo de uso) não guarda dados de navegação: histórico, lista de sites acessados, dados de formulários, cookies e cache. Contudo, enquanto aberta, utiliza cookies e cache, pois do contrário a navegação seria dificultada, além do fato de muitos sites não funcionarem caso os cookies estejam bloqueados.

GABARITO: ERRADO.

280. **(AUTOR – 2018)** O Firefox Sync funciona armazenando os dados do usuário em servidores da Mozilla e sincronizando-os com os seus computadores e dispositivos. Quando a sincronização é configurada, o usuário digita um endereço de e-mail e senha, a fim de evitar que outras pessoas acessem sua conta.

Certo ( ) Errado ( )

O Firefox usa o recurso Firefox Sync que é similar ao perfil do Google Chrome, a finalidade é sincronizar os dados do navegador, desde o histórico e favoritos até as senhas salvas no navegador. Para tanto, a nuvem da Mozilla é utilizada.

GABARITO: CERTO.

281. **(AUTOR – 2018)** No Google Chrome caso o usuário clique sobre a guia de uma aba aberta com o botão do meio do mouse (scroll) a aba em questão é aberta em uma janela anônima.

Certo ( ) Errado ( )

Em todos os navegadores ao clicar com o scroll (rodinha do mouse) sobre uma aba esta é fechada. O mesmo acontece se for clicado sobre uma janela de um programa na visualização de sua miniatura sobre a barra de tarefas do Windows ou no task view.

GABARITO: ERRADO.

282. **(AUTOR – 2018)** Para abrir uma janela anônima no Internet Explorer 11 o usuário pode utilizar a combinação de teclas de atalho CTRL + SHIFT + N.

Certo ( ) Errado ( )

O atalho indicado e a nomenclatura usada referem-se ao Google Chrome; no Internet Explorer o nome é Navegação InPrivate (pode ser chamada de privativa) e o atalho é CTRL + SHFT + P.

GABARITO: ERRADO.

283. **(AUTOR – 2018)** O Google Chrome contempla um mecanismo que permite reabrir a guia mais recentemente fechada ao selecionar o botão direito do "mouse" em qualquer espaço vazio da barra de abas e, na sequência, reabrir a guia fechada a partir do menu de pop-up.

Certo ( ) Errado ( )

Também é possível usar a combinação de teclas de atalho CTRL + SHIFT + T, na verdade o atalho funciona para a mesma tarefa na maioria dos navegadores.

GABARITO: CERTO.

284. **(CESPE – 2014 – POLÍCIA FEDERAL – AGENTE DE POLÍCIA)** Uma importante funcionalidade do navegador Google Chrome é a capacidade de manter o histórico de páginas visitadas pelo usuário como, por exemplo, páginas de sítios eletrônicos seguros por um período de tempo superior ao disponibilizado pelos demais navegadores.

Certo ( ) Errado ( )

A questão enfatiza um programa perante outro, o que na maioria dos casos de questão caracteriza uma questão errada, como esta. Além de atribuir ao histórico uma importante funcionalidade, pelo contrário atualmente os internautas buscam cada vez menos deixar o histórico armazenado, ao utilizar recursos como a navegação privativa.

GABARITO: ERRADO.

285. **(CESPE – 2012 – PC/AL – ESCRIVÃO DE POLÍCIA)** Os phishings, usados para aplicar golpes contra usuários de computadores, são enviados exclusivamente por meio de e-mails. Os navegadores, contudo, têm ferramentas que, algumas vezes, identificam esses golpes.

Certo ( ) Errado ( )

Um phishing é um e-mail ou página falsa que busca capturar dados do usuário e enviar a terceiros. Um phishing não é um malware por não ser um software. Atualmente, os browsers possuem filtros antiphishing.

GABARITO: ERRADO.

Conceitos de Navegação

286. **(CESPE – 2018 – POLÍCIA FEDERAL – ESCRIVÃO DE POLÍCIA FEDERAL)** Acerca das características de internet, intranet e rede de computadores, julgue o próximo item.

URL (*uniform resource locator*) é um endereço virtual utilizado na Web que pode estar associado a um sítio, um computador ou um arquivo.

Certo ( ) Errado ( )

É o endereço exato de uma página, conteúdo (arquivo), e-mail ou, até mesmo, um IP. É importante destacar é que é algo exato, caso esteja escrito errado pode levar a lugar algum ou há um lugar diferente daquele que se esperava chegar.

GABARITO: CERTO.

287. (CESPE/CEBRASPE – 2020 – MINISTÉRIO DA ECONOMIA – TECNOLOGIA DA INFORMAÇÃO – USUÁRIO UX) Julgue o item a seguir, a respeito de e-Mag e padrões web, sob o ponto de vista das necessidades de acessibilidade e usabilidade.

As URLs não devem funcionar sem o www, como no exemplo a seguir, para evitar erro de identificação do conteúdo do sítio (doctype): http://site.com.br/contato

Certo ( ) Errado ( )

A sigla www presente em muitas URLs de páginas web nada mais é do que o endereço de uma pasta dentro do servidor que armazena a página e com uma simples configuração é possível suprimir tal indicação de tal modo que ela possa ser usada ou não e ainda assim levar para o mesmo conteúdo. é importante destacar que alguns sites não fizeram essa configuração e ainda é necessário digitar o www para poder acessá-lo.

GABARITO: ERRADO.

288. (IBFC – 2020 – EBSERH – TÉCNICO EM CONTABILIDADE) O endereço eletrônico de um site ou página que permite a sua localização na internet é também conhecido tecnicamente pela sigla (em inglês).

a) SWITCH.

b) FTP.

c) SMTP.

d) URL.

e) HUB.

A: Switch é um equipamento de rede usado para conectar outros dispositivos na mesma rede.

B: FTP (File Transfer Protocol – Protocolo de Transferência de Arquivos) é usado em operações como download e upload, entre cliente e servidor de arquivos.

C: SMTP (Simple Mail Transfer Protocol – Protocolo de Transferência de Mensagens Simples) é o protocolo usado no envio de mensagens de e-mail.

D: URL (Uniform Resource Locator – Recurso Uniforme de Localização) é o endereço exato que, se digitado errado, pode levar a local/arquivo diferente ou a lugar algum (apresentando erro 404 – conteúdo não encontrado).

E: HUB é um equipamento similar ao Switch, porém mais simples, atualmente não se recomenda seu uso por razões de desempenho e, principalmente, segurança.

GABARITO: D.

289. (IDIB – 2020 – PREFEITURA DE ARAGUAÍNA/TO – GUARDA MUNICIPAL) O comando "Inspecionar", no Google Chrome, e o comando "Inspecionar elemento", no Firefox, fazem, respectivamente,

a) mostrar o código fonte da página aberta e mostrar as configurações de impressão do navegador.

b) mostrar as configurações de impressão do navegador e abrir uma nova aba.

c) ambos mostram o código fonte da página aberta.

d) ambos abrem uma nova aba.

O comando inspecionar fica visível ao apertar a tecla F12, isto é, acessar o modo desenvolvedor, ou clicar com o botão direito do mouse sobre a área desejada no site. Embora a questão sugira que ele exiba o código fonte, na verdade permite verificar o código fonte de partes do site, conforme passamos o mouse sobre elas.

GABARITO: C.

290. **(CESPE – 2009 – MMA – AGENTE ADMINISTRATIVO)** No que se refere a tecnologias da informação, internet e intranet, julgue os seguintes itens.

Os sistemas de informação são soluções que permitem manipular as informações utilizadas pelas organizações, por meio de tecnologias de armazenamento, acesso e recuperação de dados relevantes, de forma confiável.

Certo ( ) Errado ( )

O mínimo que se espera de um sistema de informação é poder confiar nele, através da garantia de sigilo e estabilidade das informações; um sistema não confiável está fadado ao abandono ou pode ser tratado como um malware.

GABARITO: CERTO

291. **(CESPE – 2014 – ANATEL – TÉCNICO ADMINISTRATIVO)** As redes sociais têm o tamanho padrão de medidas para imagens, o que facilita a criação, pois um único arquivo de imagem pode ser utilizado para ser postado em diferentes mídias sem comprometer a aparência.

Certo ( ) Errado ( )

As imagens para a web possuem formatos variados, inclusive há algumas técnicas de css que exibem apenas parte de uma única imagem, pois ao ser apenas uma imagem a sua transferência do Servidor para o computador é mais rápida e a imagem fica na cache por mais tempo sem ser recarregada.

GABARITO: ERRADO

292. **(CESPE – 2009- MDS – AGENTE ADMINISTRATIVO)** Com relação a conceitos e aplicações para internet e intranet, bem como a organização e o gerenciamento de informações, arquivos, pastas e programas, julgue os itens que se seguem.
A URL é um identificador de endereços utilizado pelos diversos hospedeiros de páginas na internet. Vários hospedeiros de páginas podem ter a mesma URL, o que facilita a dedução e, portanto, o acesso do usuário a um sítio.

Certo ( ) Errado ( )

Uma URL endereça apenas a um site, mas é possível fazer com que duas URLs diferentes enderecem o mesmo site. Exemplo: www.fb.com/jporso e www.facebook.com/jproso são URLs diferentes, mas levam para o mesmo site/serviço.

GABARITO: ERRADO.

293. **(NC/UFPR – 2019 – PREFEITURA DE MATINHOS /PR – TÉCNICO EM INFORMÁTICA)** Nos browsers que possuem o recurso, navegação no modo anônimo ou privado significa que:

a) o IP do usuário não é conhecido pelos servidores acessados na web.

b) o canal de comunicação entre o cliente e o servidor estará criptografado.

c) o browser não permitirá a criação de sessão do usuário.

d) os sites acessados não recebem informações de localização ou identificação.

e) o browser não mantém registro no histórico de atividades, downloads, cookies e credenciais de login.

A navegação privativa permite ao usuário navegar sem deixar rastros aos demais usuários (normais) da máquina, assim enquanto aberta a janela não guarda histórico, lista de sites acessados e dados de formulário, ao fechar a janela são apagados os cookies, a cache e a lista de downloads.

GABARITO: E.

294. (UFPR – 2018 – UFPR – ASSISTENTE EM ADMINISTRAÇÃO) Caso não tenha sido alterado o local de download padrão, o diretório padrão de download de arquivos do navegador Chrome, para o Linux, é:

a) /Users//Downloads

b) /home/<nome de usuario>/Downloads

c) \Arquivo de Programas\Chrome\Downloads

d) \Windows\Downloads

e) \Usuários\<nome de usuario>\Downloads

Tanto no Windows como no Linux, os navegadores de internet utilizam como destino padrão a pasta Downloads dentro da pasta do usuário. É importante observar que o caminho de pastas no Windows é representado com a barra \ , usa- se para sistemas específicos do pc.

GABARITO: B.

295. (NC/UFPR – 2015 – COPEL – TÉCNICO ADMINISTRATIVO I) Qual atalho de teclado é utilizado, no Firefox, para abrir uma nova guia?

a) Ctrl+Tab.

b) Ctrl+Shift+P.

c) Ctrl+W.

d) Ctrl+T.

e) Ctrl+D.

A: Nos navegadores web o atalho CTRL + TAB alterna entre as abas (seguindo à direita);

B: No Firefox, Edge e Internet Explorer o atalho CTRL + SHIFT + P abre uma janela privativa.

C: CTRL + W fecha a aba atual;

D: CTRL + T abre nova aba;

E: CTRL + D adiciona a página atual aos favoritos;

GABARITO: D.

296. (IBADE – 2020 – IDAF/AC – ENGENHEIRO AGRÔNOMO) São pequenos arquivos que são gravados em seu computador quando você acessa sites na internet e que são reenviados a estes mesmos sites quando novamente visitados. São usados para manter informações

sobre você, como carrinho de compras, lista de produtos e preferências de navegação. Como são chamados estes arquivos?

a) Rootkit.

b) Boot.

c) Keylogger.

d) Cookies.

e) Cavalo de troia.

Os cookies guardam informações necessárias para manter a sessão do usuário no site, sem ter que ficar digitando usuário e senha a cada interação com o site, também é usado para guardar os carrinhos de compra antes de logar na conta, pois do contrário ao trocar de página (um produto para outro) as informações do carrinho se perderiam. Atualmente muitos sites têm abusado do uso dos cookies para monitorar perfil de preferências do usuário.

GABARITO: D.

297. (FGV – 2020 – TJ/RS – OFICIAL DE JUSTIÇA) No contexto da utilização da internet por meio de browsers (navegadores), analise a definição a seguir.

"... é um pequeno arquivo de computador, ou pacote de dados, enviado por um sítio de internet para o navegador do usuário, quando o usuário visita o site. Cada vez que o usuário visita o site novamente, o navegador pode enviá-lo de volta para o servidor para notificar atividades prévias do usuário..."

Essa definição aplica-se a:

a) um vírus de computador;

b) um cookie;

c) um token para identificação segura;

d) uma senha memorizada;

e) uma URL.

Os cookies guardam informações pequenas, como códigos de produtos, não conseguem guardar imagens, muito menos vídeos. Quem escolhe guardar dados nos cookies do navegador é o site (servidor), não o usuário. O que podemos fazer é configurar o navegador para não aceitar cookies, porém ao fazê-lo, muitos sites deixarão de funcionar, uma vez que eles são dados de navegação essenciais em páginas que solicitam login.

GABARITO: B.

298. (INSTITUTO AOCP – 2020 – PREFEITURA DE CARIACICA/ES – PROFESSOR – LÍNGUA INGLESA) Considerando o navegador Google Chrome, versão 78 em português, para abrir as opções de "Limpar dados de navegação", basta executar qual tecla de atalho?

a) Ctrl + Shift + Delete.

b) Ctrl + F7.

c) Shift + Esc.

d) Ctrl + Alt + h.

Nos navegadores atuais, o atalho CTRL + SHIFT + Delete abre uma tela na qual o usuário pode indicar quais dados deseja remover e de qual período, conforme ilustrado a seguir a janela do Google Chrome e Mozilla Firefox.

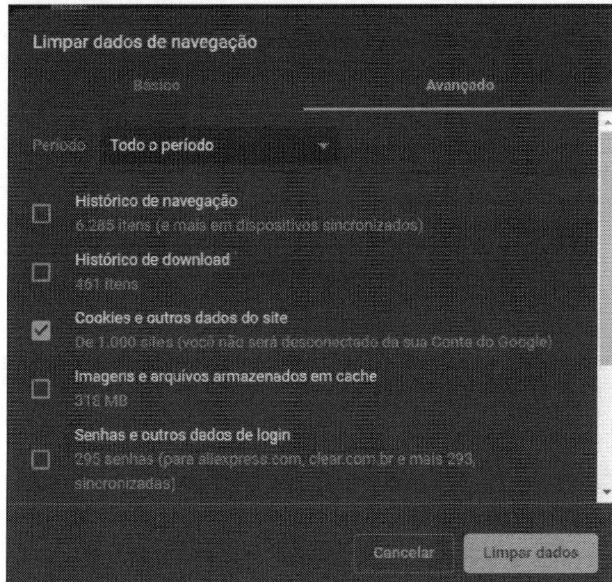

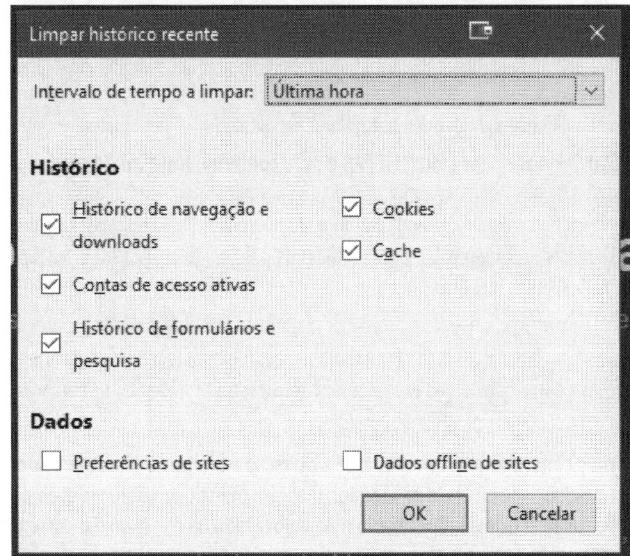

GABARITO: A.

299. **(CESPE – 2009– PREFEITURA DE IPOJUCA/PE – TODOS OS CARGOS)** A WWW (*world wide web*), ou teia de alcance mundial, pela qual se acessam os arquivos em HTML ou outros

formatos para visualização de hipertextos, também é usada para acessar aplicativos que possuem outras finalidades, como e-mail, transferência de arquivos e acesso a bases de dados.

Certo ( ) Errado ( )

Na internet, é possível encontrar diversos tipos de conteúdo multimídia, bem como sistemas não só de e-mail, mas também sistemas que permitem manipular a conta bancária (Internet Banking).

GABARITO: CERTO.

300. **(CESPE – 2006 – DATAPREV – ANALISTA DE TECNOLOGIA DA INFORMAÇÃO)** Considerando a URL acima, julgue o item a seguir.

É correto afirmar que default.html é um arquivo escrito no formato HTML 2.0, em função da extensão de quatro letras do arquivo.

Certo ( ) Errado ( )

Atualmente utiliza-se na internet o padrão HTML5 que não influencia sobre a extensão do arquivo, mas sim sobre seu conteúdo possuir mais tags html.

GABARITO: ERRADO.

301. **(CESPE – 2011 – CNPQ – ANALISTA EM CIEÊNCIA E TECNOLOGIA JR.)** No que se refere a internet e intranet, julgue o item a seguir.

Para navegar nas páginas da internet, é necessário um browser, como, por exemplo, o Samba Navigator, disponível para Windows, ou o Internet Explorer. Ambos se comunicam com servidores web, e o Samba Navigator, por ser um navegador mais recente, tem a capacidade de trabalhar também com outros protocolos de transferência de arquivos como o FTP e o HTTPS.

Certo ( ) Errado ( )

Samba é um aplicativo Servidor para Linux, HTTPS é para conteúdo multimídia com segurança.

GABARITO: ERRADO.

302. **(CESPE – 2013- BACEN – TÉCNICO)** Acerca de redes de computadores e segurança da informação, julgue os itens que se seguem.

Entre os elementos que afetam a velocidade de acesso dos navegadores disponíveis no mercado incluem-se a configuração empregada da máquina, o sistema operacional instalado, a quantidade de aplicativos abertos simultaneamente e a velocidade da conexão.

Certo ( ) Errado ( )

GABARITO: CERTO, mas com ressalvas uma vez que a questão é um tanto quanto perigosa, pois não pede uma característica específica do navegador, mas sim questiona sobre o desempenho do computador de modo geral. O que é influenciado pela velocidade da conexão é o carregamento do site e não a velocidade de acesso do navegador. Já a quantidade de abas abertas influencia diretamente no desempenho do computador, os navegadores tendem a travar caso muitas abas sejam abertas.

GABARITO: CERTO.

303. **(AUTOR – 2013)** Os cookies são informações que os navegadores armazenam sobre características e preferências de sites que o usuário acessa, tais informações são utilizadas para tornar a navegação mais dinâmica e rápida, pois evita a necessidade de requisitar novamente o conteúdo já recebido.

Certo ( ) Errado ( )

Os cookies são pequenas informações que alguns sites armazenam no computador do usuário, ou seja, não são armazenadas pelos navegadores, mas sim nos navegadores, são dados como senhas de acesso (criptografadas), perfis de usuário e suas preferências. No entanto, quem tem por princípio evitar que o conteúdo recebido seja novamente requisitado é a cache.

GABARITO: ERRADO.

304. **(AUTOR – 2013)** Nas navegações em páginas da internet o uso do protocolo é facultativo ao usuário, sendo cada vez mais comum o não uso deste protocolo, que pode ser notado pela ausência do protocolo no início da barra de endereços.

Certo ( ) Errado ( )

O protocolo é definido pelo servidor que fornece o serviço, quando o navegador oculta o protocolo do início da barra de endereços significa que necessariamente está sendo feito acesso por meio do protocolo HTTP, uma vez que o protocolo HTTPS dever estar explicito.

GABARITO: ERRADO.

305. **(CESPE – 2013 – TRT 10ª REGIÃO (DF/TO) – ANALISTA JURÍDICO)** Com relação a sistema operacional (ambientes Linux e Windows) e redes de computadores, julgue os itens seguintes.

Os grupos de discussão são um tipo de rede social utilizada exclusivamente por usuários conectados à internet.

Certo ( ) Errado ( )

Por princípio temos a regra de que tudo o que existe na internet também pode ser criado para a intranet, assim sendo, é possível criar uma rede social em uma intranet.

GABARITO: ERRADO.

306. **(CESPE – 2013 – TJ-DFT – TÉCNICO JUDICIÁRIO)** Uma URL contém o nome do protocolo utilizado para transmitir a informação ou arquivo e informações de localização da máquina onde esteja armazenada uma página web.

Certo ( ) Errado ( )

Uma URL é um endereço que pode indicar além do protocolo em uso, a pasta do servidor em que ficam os conteúdos disponíveis para a internet, o domínio com que o site foi registrado, a pasta e o arquivo acessado, como também o número da porta a ser usada.

GABARITO: CERTO.

307. **(FCC – PGE/BA- ASSISTENTE DE PROCURADORIA)** Em uma repartição pública os funcionários necessitam conhecer as ferramentas disponíveis para realizar tarefas e ajustes em seus computadores pessoais.

Dentre estes trabalhos, tarefas e ajustes estão:

I. Utilizar ferramentas de colaboração on-line para melhoria do clima interno da repartição e disseminação do conhecimento.

II. Aplicar os conceitos de organização e de gerenciamento de informações, arquivos, pastas e programas a fim de possibilitar a rápida e precisa obtenção das informações, quando necessário.

III. Conhecer e realizar operações de inserção de elementos nos slides do PowerPoint, dentre outras.

IV. Conhecer as formas utilizadas pelo Excel para realizar cálculos e também operações de arrastar valores de uma célula para a outra.

V. Realizar pesquisas na internet usando os sites de busca mais conhecidos.

Uma das formas de disseminação do conhecimento, conforme referido no item I, é um sítio (site) na web para o trabalho coletivo. É resultado do trabalho de um grupo de autores com a funcionalidade de que qualquer um pode juntar, editar e apagar conteúdos ainda que estes tenham sido criados por outros autores. Trata-se de:

a) Chat.

b) Wiki.

c) Blog.

d) E-mail.

e) Fórum.

Um chat é um bate papo em tempo real, uma Wiki é uma ferramenta colaborativa, um blog é um diário on-line, e-mail e fórum são formas de comunicação assíncrona, lembrando que os fóruns também são citados como listas de discussão.

GABARITO: B.

308. **(AUTOR – 2013)** Um usuário utilizando o Google Chrome em uma janela anônima acessou a página do Google e realizou login, após realizou algumas buscas usando o motor de buscas padrão do Chrome, ao fechar a janela do Google Chrome os dados de navegação do usuário serão apagados inclusive o histórico de busca do Google.

Certo ( ) Errado ( )

Uma vez logado o Google armazena, por padrão, o histórico de buscas, tal histórico pode ser acessado pelo usuário pelo endereço https://history.google.com/history/?hl=pt.

GABARITO: ERRADO.

309. **(AUTOR – 2013)** Nos navegadores mais recentes da internet, existe um recurso que alerta o usuário se uma determinada página oferecerá riscos ao computador. Esse recurso é conhecido como antiphishing.

Certo ( ) Errado ( )

No Internet Explorer tal filtro faz parte do Filtro do SmartScreen que também é um filtro antimalware.

GABARITO: CERTO.

310. **(COMVEST/UEPB – 2015 – PREFEITURA DE CATOLÉ DO ROCHA/PB – MONITOR DE CRECHE)** O envio e o recebimento de dados na internet, entre duas máquinas, constituem, respectivamente, em:

a) downgrade e upgrade.

b) upload e download.

c) downfile e upfile.

d) upgrade e downgrade.

e) download e upload.

O procedimento de enviar um arquivo para outro dispositivo na rede é denominado de upload, já o processo de copiar/mover um arquivo de um dispositivo remoto para o dispositivo local é designado como download.

GABARITO: B.

311. **(CAIP/IMES – 2015 – CONSÓRCIO INTERMUNICIPAL GRANDE ABC – PROCURADOR)** Sobre o uso da internet é (V) verdadeiro ou (F) falso afirmar.

( ) Link é um recurso que permite o deslocamento entre páginas da web sem necessidade de digitar um endereço.

( ) A navegação com guias é um recurso da maioria dos navegadores que permite a abertura de vários sites na mesma janela do navegador, possibilitando alternar entre elas clicando nas que desejar exibir.

( ) Webmail é um serviço de e-mail que permite ao usuário, usando um navegador conectado à internet, enviar e receber e ler mensagens no próprio servidor, sem necessidade de baixá-las no computador.

Atendendo ao enunciado a sequência correta é:

a) V, V, F.

b) V, V, V.

c) V, F, V.

d) F, V, V.

Um link é uma ligação, ou também conhecido como caminho, que permite a navegação entre as páginas na internet, embora também seja possível utilizar links para oferecer navegabilidade a arquivos do Word. A navegação por abas está presente em todos os principais browsers, podendo-se utilizar o atalho CTRL+Tab para alternar entre as guias abertas. O Webmail é uma interface de acesso via navegador, em que as mensagens de e-mail residem no servidor, nesse serviço apesar de o usuário clicar em Enviar, o responsável por realizar o envio, e de onde a mensagem parte, é o servidor de e-mail.

GABARITO: B.

312. **(PM-MG - PM/MG – 2015 – SOLDADO DA POLÍCIA MILITAR)** A internet tornou-se ferramenta muito importante no mundo atual, na disponibilização de serviços e informações, criando facilidades para o desenvolvimento do conhecimento, entretenimento, sociabilização e trabalho. Porém, diante dessas facilidades e das vulnerabilidades, armadilhas são criadas visando a subtração e/ou acesso não autorizado às informações. Para se prevenir das "armadilhas" da internet o usuário deve:

a) clicar em todos os links das mensagens eletrônicas (e-mail) recebidas aceitando os arquivos de downloads que forem encaminhados.

b) utilizar sites com o protocolo HTTPS para prevenir que as informações sejam conhecidas por outros quando da transmissão de dados entre os sites e o usuário.

c) utilizar as mesmas senhas de acessos para os serviços de redes sociais, e-mails e sistemas corporativos, com a finalidade de facilitar a memorização e evitando anotá-las em papel ou arquivos de computador, onde outra pessoa poderia ter acesso e conhecer as suas senhas.

d) atender aos chamados de recadastramento, por meio dos links nas mensagens de e-mail, das instituições bancárias, da qual possui conta corrente ou poupança, fornecendo senhas eletrônicas do banco como garantia de segurança. tal procedimento é largamente utilizado pelos bancos, sendo totalmente seguros.

O usuário deve evitar links estranhos e suspeitos como "Clique aqui e ganhe um prêmio!", bem como não responder e-mails que solicitem dados pessoais ou mesmo atualização de senhas. Como professor, recomendo aos alunos que utilizem no mínimo 5 padrões de senhas diferentes, pois os usuários inevitavelmente reusam as mesmas senhas. Apesar de atualmente existirem sites fraudulentos que capturam dados do usuário (*phishings*) que usam o protocolo HTTPS com certificado digital do tipo DV (validação de domínio) ainda é recomendado que, quando houver necessidade de informar dados sigilosos, o usuário verifique se está sendo utilizado o HTTPS, do contrário ele não deve fornecê-los.

GABARITO: B.

313. **(AUTOR – 2018)** O Google Cloud Print pode usar tanto impressoras autônomas com acesso à internet, como aquelas conectadas a computadores, permitindo assim o compartilhamento de uma impressora pela internet para a realização de impressões.

Certo ( ) Errado ( )

Google Cloud Print é um serviço beta do Google. Ele permite que qualquer aplicação (web, desktop, móvel) em qualquer dispositivo na nuvem da rede para imprimir em qualquer impressora. Google Cloud Print introduzido em abril de 2010. A HP possui serviço similar para suas impressoras com placas de rede o HP e-print que permite ao usuário enviar os documentos para um e-mail da impressora que ao receber imprime automaticamente se o usuário estiver autorizado.

GABARITO: CERTO

314. **(AUTOR – 2018)** Os cookies são a forma que os navegadores de internet armazenam todo o histórico de navegação do usuário.

Certo ( ) Errado ( )

Cookies são pequenas informações que alguns sites armazenam no computador do usuário (navegador). Essas informações normalmente têm a forma de textos e códigos. São usados para que o site mantenha a sessão de conexão ativa.

GABARITO: ERRADO

315. **(AUTOR – 2018)** Cookies são informações que precisam ser armazenadas no navegador para que a sessão seja estabelecida e mantida com o servidor.

Certo ( ) Errado ( )

Uma das informações armazenas nos cookies são as senhas de usuário, porém de modo criptografado, para que de tempos em tempos o site (servidor) verifique se está conversando com um usuário autorizado.

GABARITO: CERTO

316. **(AUTOR – 2018)** No Google Chrome a barra de endereço pode apresentar uma cor diferente, para tanto basta que a conexão seja realizada com protocolo HTTPS.

Certo ( ) Errado ( )

Somente páginas que utilizem certificado digital do tipo EV SSL fazem a barra de endereços do navegador apresentar a cor verde.

GABARITO: ERRADO.

317. **(AUTOR – 2018)** No Google Chrome 59.0.3071.115 o atalho CTRL + SHIFT + Delete abre uma nova aba contendo as configurações do programa.

Certo ( ) Errado ( )

A mesma janela é aberta ao inserir chrome://settings/ na barra de endereços do navegador. Também é exibida a janela para limpar os dados de navegação.

GABARITO: CERTO.

318. **(AUTOR – 2018)** Ao realizar login em um site pela primeira vez o navegador solicita ao usuário se ele deseja memorizar a senha para facilitar futuros acessos, caso o usuário opte por salvar a senha é salva nos cookies do navegador, de tal modo que em um acesso futuro o usuário não necessitará inserir novamente a senha.

Certo ( ) Errado ( )

As senhas memorizadas pelos navegadores não são armazenadas nos cookies. Os cookies localizados no navegador são usados pelos sites para identificar o perfil do usuário, conteúdo acessado, preferências, carrinho de compras dentre outras informações. Já as senhas memorizadas ficam em uma seção específica de cada navegador.

GABARITO: ERRADO.

Correio Eletrônico

319. **(CESPE – 2018 – POLÍCIA FEDERAL – ESCRIVÃO DE POLÍCIA FEDERAL)** Uma empresa tem unidades físicas localizadas em diferentes capitais do Brasil, cada uma delas com uma rede local, além de uma rede que integra a comunicação entre as unidades. Essa rede de integração facilita a centralização do serviço de e-mail, que é compartilhado para todas as unidades da empresa e outros sistemas de informação.

Tendo como referência inicial as informações apresentadas, julgue o item subsecutivo.

SMTP é o protocolo utilizado para envio e recebimento de e-mail e opera na camada de aplicação do modelo TCP/IP.

Certo ( ) Errado ( )

Uma das questões mais controversas da prova, uma vez que a banca mudou o gabarito para correto. É importante observar que nem sempre o fato de uma questão sei dada como correta

no gabarito de concurso significa que ela esteja certa ou vice-versa. Você pode observar essa característica da banca além da resposta ao recurso impetrado, enviar **CESPE** afirmava que de fato o protocolo SMTP é um protocolo da camada de aplicação, que nada foi mencionado referentes ao processo em que era utilizado – se envio ou recebimento –, processo esse que, sem dúvida é o que você leva em conta ao julgar esse tipo de questão.

Diante de problemas como esse e dos precedentes abertos por essa questão vamos entender de fato como funciona a mecânica dos protocolos de e-mail, para isso veja a imagem a seguir.

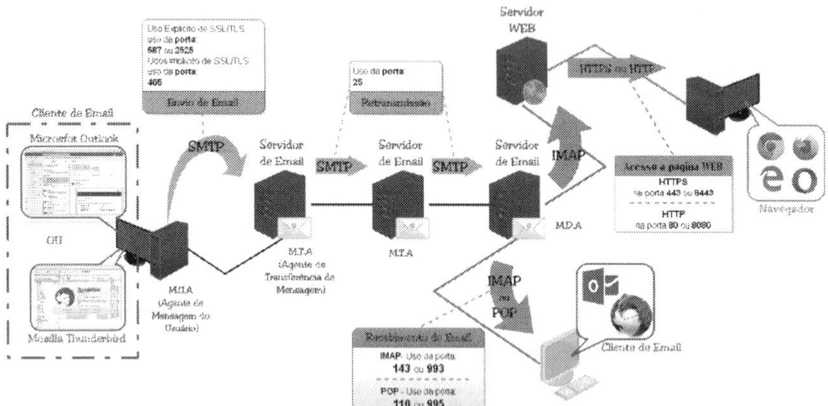

Agora, analise a questão de protocolos conforme a seguinte perspectiva: o protocolo é um padrão, isto é, uma regra de comunicação. É utilizado na troca de informações entre o emissor e o receptor. Assim, ao mesmo tempo que alguém executa a ação de enviar de forma ativa, como receptor usará de forma passiva esse mesmo protocolo, tratando-o no processo de comunicação emissor-receptor. Por outro lado, ao julgar o protocolo de e-mail, estamos analisando a ação executada por uma parte e é neste momento que observamos o SMTP como o protocolo utilizado para realizar o envio das mensagens de e-mail, uma vez que quem executa é quem envia a mensagem. Já no caso dos protocolos de recebimento, o usuário deverá escolher qual atende às necessidades, com base nas características delas. Nesta circunstância, a ação executada será de buscar as mensagens de e-mail, por isso classificamos como protocolos de recebimento POP e IMAP.

GABARITO: CERTO.

320. **(FUNRIO – 2014 – INSS – ANALISTA – ENGENHARIA DE TELECOMUNICAÇÕES)** Analise as seguintes afirmações sobre os campos de destinatários de mensagens de um aplicativo de correio eletrônico:

I. Para: é um campo obrigatório com um único endereço de e-mail do destinatário principal da mensagem.

II. Cc: é um campo opcional com uma lista de endereços de e-mail de destinatários para quem a mensagem será enviada como uma cópia.

III. Cco: é um campo opcional com uma lista de endereços de e-mail de destinatários que ficarão ocultos para os demais destinatários.

Quantas dessas afirmações estão corretas?

a) Nenhuma delas está correta.

b) Somente as duas primeiras estão corretas.

c) Somente a primeira e a terceira estão corretas.

d) Somente as duas últimas estão corretas.

e) Todas estão corretas.

Os campos PARA e CC (cópia carbono) não possuem diferença na prática, sua distinção é conceitual, de modo que no campo PARA devem ser descritos os destinatários efetivos da mensagem, ou seja, aqueles que você espera que respondam; já no campo CC inserem-se os destinatários que serão copiados na mensagem, para que estejam cientes da comunicação entre remetente e destinatário(s). Os destinatários listados no campo Cco (Cópia Carbono Oculta) são aqueles que devem ser mantidos em sigilo dos demais destinatários, ou seja, eles não saberão que os destinatários deste campo também receberão cópia da mensagem, inclusive os outros listados no campo Cco. Para enviar e-mails, é necessário ao menos um destinatário, que pode ser incluído em qualquer um dos três campos, logo não é obrigatório listar um destinatário no campo PARA.

GABARITO: D.

321. **(NC/UFPR – 2017 – ITAIPU BINACIONAL – PROFISSIONAL NÍVEL SUPORTE I – ATIVIDADE ADMINISTRATIVA)** Ao enviar uma mensagem eletrônica por meio do cliente de e-mail, você também indicou um e-mail em Cco. Nessa situação, identifique como verdadeiras (V) ou falsas (F) as seguintes afirmativas:

( ) Todas as pessoas informadas pelo remetente receberão a mensagem.

( ) O destinatário do e-mail "Cco:" poderá visualizar o e-mail contido em "Para:"

( ) O remetente não poderá visualizar os endereços de e-mail de todos que receberam a mensagem.

( ) Cada destinatário saberá para quem a mensagem foi enviada.

Assinale a alternativa que apresenta a sequência correta, de cima para baixo.

a) V - V - F - F.

b) F - V - F - V.

c) F - F - V - V.

d) V - F - V - F.

e) V - V - F - V.

A finalidade do campo Cco (Cópia Carbono Oculta, do inglês Bcc – Blind Carbon Copy) é utilizado para enviar mensagens aos destinatários listados neste campo, de modo que outros destinatários da mensagem, inclusive que estejam no mesmo campo, não vejam os endereços de e-mail dos listados no campo Cco. Os e-mails listados nos campos Para e Cc são vistos por todos os destinatários, inclusive aqueles listados em Cco.

GABARITO: A.

322. **(NC/UFPR – 2014 – ITAIPU BINACIONAL – ATUAÇÃO – ADMINISTRATIVA)** Ao se utilizar o espaço Cco de um e-mail com uma lista de destinatários:

a) todos receberão a lista de todos os destinatários.

b) somente os destinatários de Cco receberão a lista de todos os destinatários.

c) os destinatários de Cco receberão a lista somente dos destinatários constantes em Cco.

d) o destinatário principal receberá a lista de todos os destinatários em Cco.

e) destinatário de Cco não saberá quem são os outros destinatários em Cco.

Os endereços de e-mail listados no campo Cco não serão vistos pelos demais usuários que receberem a mensagem, incluindo os demais que estiverem no mesmo campo. Quem está no campo Cco, saberá que os destinatários listados em Cc e Para receberem a mensagem, mas eles não saberão que o destinatário em Cco a recebeu.

GABARITO: E.

323. **(UEPA – 2013 – PC/PA – DELEGADO DE POLÍCIA)** Em um serviço de correio eletrônico, os protocolos para envio e recebimento de mensagens são respectivamente:

a) DHCP e POP3.

b) SMTP e POP3.

c) SMTP e DNS.

d) POP3 e DHCP.

e) POP3 e SMTP.

DHCP é um protocolo responsável por atribuir enderenço IP aos novos dispositivos na rede; POP é um protocolo usado na ação de receber mensagens de e-mail, assim com o protocolo IMAP; o protocolo SMTP é empregado na ação de enviar e-mails; e DNS são os servidores responsáveis por localizar e traduzir para números IP os sites.

GABARITO: B.

324. **(VUNESP – 2019 – SEMAE DE PIRACICABA/SP – ESCRITURÁRIO)** Um usuário do serviço de correio eletrônico de uma empresa deseja que as mensagens recebidas em sua conta sejam mantidas no servidor, mesmo depois de ter sido realizada a primeira leitura dessas mensagens. Para tanto, ele deverá configurar o programa de correio eletrônico para utilizar o protocolo:

a) HTTP.

b) IMAP.

c) POP.

d) SMTP.

e) V25.

Uma vez que a questão não menciona que configurações adicionais tenham sido feitas, devemos tomar os protocolos de recebimento (POP e IMAP) em suas configurações padrão, ou seja, o protocolo POP deixa as mensagens no servidor apenas até que o usuário as resgate, isto é, as baixe para seu computador removendo-as do servidor. Já o protocolo IMAP mantém as mensagens no servidor.

GABARITO: B.

325. (CESGRANRIO – 2018 – BANCO DA AMAZÔNIA – TÉCNICO BANCÁRIO) Está sintaticamente correto o seguinte endereço de e-mail:

a) vendas?Consultas.example.com.@.br

b) vendas@consultas.example.com.br

c) @vendas@consultas@example.com.br

d) vendas.consultas.example.com.br

e) vendas@online@consultas.example.com.br

Um endereço de e-mail é composto pela estrutura base: usuário@host, todavia as regras de definição de nome de usuário dependem do serviço de e-mail. Entre as regras comuns, estão não pode haver espaços entre as componentes do endereço, a parte do host pode ser o endereço IP do servidor de e-mail ou, de forma mais comum, o domínio do serviço de e-mail.

GABARITO: B.

326. (VUNESP – 2018 – PC/BA – INVESTIGADOR) O programa de correio eletrônico Mozilla Thunderbird oferece, na Barra de Filtragem, diversas opções para filtrar as mensagens da Caixa de Entrada. Na configuração padrão do Thunderbird, três das opções presentes nessa Barra de Filtragem têm as denominações de:

a) Lidas, Contatos e Com imagem.

b) Com imagem, XML e Lidas.

c) Não lidas, Com estrela e Anexos.

d) Anexos, Favoritas e Com estrela.

e) Longas, Curtas e Tags.

Questão embora simples não pode ser dita fácil para o contexto das provas de concursos, pois não é comum questão sobre a ferramenta de cliente de e-mail, e mesmo os usuários assíduos não lembram de imediato dessas opções, porque a barra de filtragem fica ativa por padrão.

Para exibir a barra de filtragem, o usuário pode usar a tecla ALT para visualizar a barra de Menus; no Menu Exibir, posicionar o mouse sobre Barras de Ferramentas e selecionar a Barra de Filtragem.

As opções presentes na Barra de Filtragem, além do espaço para pesquisa, são: ilustradas na

GABARITO: C.

327. (NUCEPE – 2018 – PC/PI – INFORMÁTICA) Considerando o cabeçalho da mensagem de correio eletrônico a seguir, marque a única alternativa CORRETA.

Para: Pedro <pedro@e-mail.com.br>

Cc: Maria <maria@e-mail.com.br>

Cco: Antônia <antonia@e-mail.com.br>, José <jose@e-mail.com.br>

De: João <joao@e-mail.com.br>

a) O destinatário do e-mail pedro@e-mail.com.br não poderá visualizar o e-mail do destinatário maria@e-mail.com.br.

b) Cada destinatário saberá para quem a mensagem foi enviada.

c) Todos os destinatários informados no cabeçalho do e-mail pelo remetente receberão a mensagem.

d) O destinatário do e-mail antonia@e-mail.com.br poderá visualizar o e-mail do destinatário jose@e-mail.com.br.

e) O destinatário do e-mail pedro@e-mail.com.br poderá visualizar o e-mail dos destinatários antonia@e-mail.com.br e jose@e-mail.com.br.

Os destinatários listados nos campos PARA e CC veem todos que estão nestes campos; já os destinatários listados no campo Cco não são vistos pelos demais, inclusive os que estão no mesmo campo. Deste modo, os destinatários Antônia e José não são vistos um pelo outro nem por Pedro ou Maria. Contudo, José e Antônia veem Maria e Pedro, além do remetente da mensagem (João).

Se os endereços de e-mail estiverem corretos e as caixas de entrada dos destinatários possuírem espaço, todos eles receberão a mensagem.

GABARITO: C.

328. **(CESPE – 2006 – DETRAN/PA – PROCURADOR)** Considerando-se que Maria esteja realizando procedimentos em um computador cujo sistema operacional é o Windows XP e que tenha acesso à internet, assinale a opção correta acerca de conceitos de internet, navegadores e correio eletrônico.

Ao utilizar determinado aplicativo do Windows, considere que Maria tenha visualizado a mensagem a seguir.

> Algumas imagens foram bloqueadas para evitar que o remetente identifique seu computador. Clique aqui para fazer download das imagens.

Nessa situação, é correto afirmar que Maria está realizando acesso a uma página web, e que o navegador em uso está configurado para bloquear as imagens contidas na página acessada.

Certo ( ) Errado ( )

Essa é uma mensagem exibida pelo Microsoft Outlook um cliente de e-mail.

GABARITO: ERRADO.

329. **(CESPE – 2010 – BANCO DA AMAZÔNIA – TÉCNICO BANCÁRIO)** Considerando que, em uma empresa, um computador seja usado por várias pessoas para acesso à intranet, julgue os itens que se seguem.

Na situação em questão, o uso de correio eletrônico pode ser feito por meio de um cliente de correio, como o Microsoft Outlook, ou com o uso de uma interface web. Em ambos os casos, é possível que as mensagens de correio do usuário fiquem armazenadas no servidor de e-mail da empresa.

Certo ( ) Errado ( )

No webmail as mensagens estão obrigatoriamente no servidor, já no Cliente de e-mail se o protocolo usado for o POP as mensagens são copiadas para o computador do usuário, caso seja o protocolo IMAP as mensagens ficam no servidor.

GABARITO: CERTO.

330. **(CESPE – 2010 – TER/BA – TÉCNICO JUDICIÁRIO)** Acerca de navegação, correio eletrônico, grupos de discussão e ferramentas de busca e pesquisa na internet, julgue os itens que se seguem.

Ao verificar a caixa postal de correio eletrônico, na realidade, o usuário acessa o servidor central de e-mail da internet, chamado de cliente de e-mail, o qual direciona as mensagens que possuem o endereço do usuário reconhecido por sua senha pessoal e intransferível.

Certo ( ) Errado ( )

Não existe um servidor central de e-mails na internet e o software cliente de e-mail é uma aplicação de usuário, não do servidor.

GABARITO: ERRADO

331. **(CESPE – 2009 – ADAGRI/CE- FISCAL ESTADUAL AGROPECUÁRIO)** Com relação à informática e internet, julgue os itens a seguir.

Os aplicativos de correio eletrônico instalados no computador dos usuários permitem acessar e armazenar localmente as mensagens do servidor de e-mail, com a opção de manter ou não uma cópia no servidor. Dessa forma, as mensagens podem ser novamente acessadas a partir do computador local, que não precisa estar conectado à internet.

Certo ( ) Errado ( )

A questão descreve a característica e as possibilidades de configuração do protocolo POP.

GABARITO: CERTO.

332. **(CESPE – 2009 – TRE/BA- NIVEL SUPERIOR – ADAPTADA)** A respeito de correio eletrônico, julgue o que se segue.

Ao se enviar um e-mail, é possível encaminhar cópia dele para, no máximo, três usuários simultaneamente, sem prejuízo para a velocidade de transmissão.

Certo ( ) Errado ( )

É possível enviar para mais de três destinatários, o limite varia em cada servidor, alguns limitam em no máximo 30, outros, 50.

GABARITO: ERRADO.

333. **(CESPE – 2009 – TCE/AC – ANALISTA DE CONTROLE EXTERNO – CIÊNCIAS CONTÁBEIS)** Para se encaminhar por e-mail uma planilha eletrônica com dados sigilosos, é suficiente habilitar a opção Segurança, do software cliente de e-mail.

Certo ( ) Errado ( )

Cuidado com o termo "suficiente". A redação da questão é vaga, percebe-se que não bastaria apenas selecionar esta opção. Uma forma de tornar os dados de uma planilha sigilosos é utilizar criptografia no documento.

GABARITO: ERRADO.

334. **(CESPE – 2009 – TCE/AC – ANALISTA DE CONTROLE EXTERNO – CIÊNCIAS CONTÁBEIS)** É preferível encaminhar e-mails com arquivos .PDF anexos a fazê-lo com arquivos .DOC, para garantir a segurança dos dados.

Certo ( ) Errado ( )

O fato de um arquivo estar no formato PDF não garante segurança dos dados.

GABARITO: ERRADO.

335. **(CESPE – 2009 – TCE/AC – ANALISTA DE CONTROLE EXTERNO – CIÊNCIAS CONTÁBEIS)** O cliente de e-mail deve ser configurado com informações do usuário e informações do servidor, como servidor de entrada POP3 e saída SMTP.

Certo ( ) Errado ( )

A desvantagem do cliente de e-mail em relação ao webmail deve-se à menor praticidade, por este necessitar de configurações para cada conta de e-mail.

GABARITO: CERTO.

336. **(CESPE – 2009 – TCE/AC – ANALISTA DE CONTROLE EXTERNO – CIÊNCIAS CONTÁBEIS)** Para qualquer tipo de transmissão de e-mail, é necessária a instalação de software cliente de e-mail e sua respectiva configuração.

Certo ( ) Errado ( )

Uma alternativa para quem não deseja utilizar um cliente de e-mail é usar um webmail.

GABARITO: ERRADO.

A figura acima apresenta uma janela do Internet Explorer 6 (IE6) que está sendo usado para acesso à Internet.

337. **(CESPE – 2009 – TRE/BA- NIVEL SUPERIOR – ADAPTADA)** Considerando a figura mostrada, julgue os próximos itens.

Webmail é uma interface da World Wide Web que permite ler e escrever e-mail usando-se um navegador como o IE6 mostrado na figura.

Certo ( ) Errado ( )

Neste caso, as mensagens permanecem no servidor de e-mails.

GABARITO: CERTO.

338. **(CESPE – 2009 – TER/GO – TÉCNICO JUDICIÁRIO – ÁREA ADMINISTRATIVA)** Microsoft Outlook Express é um programa cliente de e-mail e de notícias da Microsoft que permite administrar mais de uma conta de e-mail.

Certo ( ) Errado ( )

O Microsoft Outlook é um programa de e-mail que possui agenda, calendário e gerenciador de tarefas, enquanto o Outlook Express é um programa de e-mail e notícias.

GABARITO: CERTO.

339. **(CESPE – 2009 – TER/GO – TÉCNICO JUDICIÁRIO – ÁREA ADMINISTRATIVA)** Microsoft Outlook é integrante do pacote Office e, diferentemente do Outlook Express que é usado basicamente para receber e enviar e-mails, possui funções de e-mail, e é um calendário completo, para agendar compromissos.

Certo ( ) Errado ( )

O Microsoft Outlook integra o Microsoft Office portanto é pago, logo consiste em uma versão mais completa que o Outlook Express que é gratuito.

GABARITO: CERTO.

340. **(CESPE – 2009 – TER/GO – TÉCNICO JUDICIÁRIO – ÁREA ADMINISTRATIVA)** O link Gmail apresentado na janela do IE6 é utilizado para receber e enviar e-mails desde que o computador em uso tenha instalado pelo menos o Outlook Express.

Certo ( ) Errado ( )

Não há necessidade de possuir o Outlook Express pois o link leva ao webmail do Gmail.

GABARITO: ERRADO.

341. **(CESPE – 2008 – STF – TÉCNICO JUDICIÁRIO – ÁREA ADMINISTRATIVA - ADAPTADA)** Com relação a correio eletrônico, julgue as próximas questões.

Todos os endereços de correio eletrônico devem ter os caracteres .com em sua estrutura

Certo ( ) Errado ( )

Não é obrigatório, por exemplo, professor@joaopaulo.pro.br

GABARITO: ERRADO.

342. **(CESPE – 2008 – TRT – 1ª REGIÃO/RJ – ANALISTA JUDICIÁRIO – ÁREA JUDICIÁRIA – ADAPTADA)** O termo spam é o nome usado para denominar programas executáveis que são enviados como anexos de mensagens de e-mail.

Certo ( ) Errado ( )

Spam não é um programa, mas um e-mail chato, com conteúdo que de propaganda, por exemplo.

GABARITO: ERRADO.

343. **(CESPE – 2008 – TRT – 1ª REGIÃO (RJ) – ANALISTA JUDICIÁRIO – ÁREA JUDICIÁRIA – ADAPTADA)** O programa Outlook Express 6 permite a criação de um grupo com endereços de correio eletrônico, o que pode facilitar o envio de mensagens de e-mail para os endereços contidos nesse grupo.

Certo ( ) Errado ( )

Esta mesma funcionalidade também é encontrada em webmails.

GABARITO: CERTO.

344. **(CESPE – 2008 – TRT – 1ª REGIÃO/ RJ – ANALISTA JUDICIÁRIO – ÁREA JUDICIÁRIA – ADAPTADA)** Enquanto o programa Outlook Express funciona apenas no sistema operacional Windows, todas as versões do programa Eudora somente podem ser executadas no sistema operacional Linux.

Certo ( ) Errado ( )

O cliente de e-mail Eudora possui versões para Windows, Mac e Linux.

GABARITO: ERRADO.

345. **(CESPE – 2008 – TRT – 1ª REGIÃO/RJ – ANALISTA JUDICIÁRIO – ÁREA JUDICIÁRIA – ADAPTADA)** Embora o símbolo @ seja sempre usado em endereços de páginas da Web, ele não deve ser usado em endereços de correio eletrônico.

Certo ( ) Errado ( )

A sintaxe de um e-mail consiste em usuário@dominio.do.servidor.

GABARITO: ERRADO.

346. **(CESPE – 2008 – TRT – 1ª REGIÃO/RJ – TÉCNICO JUDICIÁRIO – ÁREA ADMINISTRATIVA –ADAPTADA)** Com relação a correio eletrônico, julgue as assertivas corretas.

A estrutura típica de um endereço de correio eletrônico comercial tem a forma br.empresatal.com@fulano, em que fulano é o nome de um usuário que trabalha em uma empresa brasileira denominada "empresatal".

Certo ( ) Errado ( )

Um endereço de e-mail comercial possui a mesma estrutura de um endereço pessoal, o que pode mudar é o domínio. O padrão de formatação de nome de usuário varia de empresa para empresa.

GABARITO: ERRADO.

347. **(CESPE – 2008 – TRT – 1ª REGIÃO /RJ – TÉCNICO JUDICIÁRIO – ÁREA ADMINISTRATIVA –ADAPTADA)** O aplicativo Microsoft Office Outlook 2003 é um exemplo de programa que pode permitir a recepção e o envio de mensagens de correio eletrônico.

Certo ( ) Errado ( )

O Outlook é um programa Cliente de e-mail instalado no computador do usuário, junto ao pacote MS Office, que utiliza os protocolos POP ou IMAP e SMTP.

GABARITO: CERTO.

348. **(CESPE – 2008 – TRT – 1ª REGIÃO/RJ – TÉCNICO JUDICIÁRIO – ÁREA ADMINISTRATIVA –ADAPTADA)** Ao incluir um endereço de correio eletrônico no campo Cc de um aplicativo para manipulação de correio eletrônico, o usuário configura esse aplicativo para não receber mensagens vindas do referido endereço.

Certo ( ) Errado ( )

O campo Cc serve para descrever o endereço dos contatos para os quais se deseja enviar uma cópia da mensagem.

GABARITO: ERRADO.

349. **(CESPE – 2008 – TRT – 1ª REGIÃO/RJ – TÉCNICO JUDICIÁRIO – ÁREA ADMINISTRATIVA –ADAPTADA)** Ao incluir um endereço de correio eletrônico no campo Cco de um aplicativo para manipulação de correio eletrônico, o usuário indica a esse aplicativo que, quando for recebida mensagem vinda do referido endereço, o programa deve apresentar, na tela, texto em que se pergunta ao usuário se deseja ou não receber a mensagem em questão.

Certo ( ) Errado ( )

O campo Cco serve para descrever o endereço dos contatos para os quais se deseja enviar uma cópia, de maneira que os demais destinos não saibam.

GABARITO: ERRADO.

350. **(CESPE – 2008 – TRT – 1ª REGIÃO/RJ – TÉCNICO JUDICIÁRIO – ÁREA ADMINISTRATIVA –ADAPTADA)** Atualmente, todos os programas de e-mail realizam, automaticamente e sem necessidade de configuração pelo usuário, operações de criptografia nos arquivos a serem enviados, de forma que não existe a possibilidade de uma mensagem de e-mail ser interceptada, lida e entendida por um usuário para o qual ela não foi destinada.

Certo ( ) Errado ( )

As mensagens não são criptografadas de forma automática. É necessário indicar a intenção bem como o tipo de criptografia.

GABARITO: ERRADO.

351. **(CESPE – 2011 – TJ/ES – TÉCNICO DE INFORMÁTICA)** Com relação à instalação, à configuração e ao suporte de aplicativos, julgue os itens a seguir.

Entre os recursos do Outlook Express, inclui-se o que define regras de recebimento de mensagens, possibilitando informar condições e ações.

Certo ( ) Errado ( )

Tanto nos clientes de e-mail quanto no webmail é possível criar regras, como por exemplo, se a mensagem for de determinado remetente mover para a pasta fulano.

GABARITO: CERTO.

352. **(CESPE – 2011 – TJ/ES – TÉCNICO DE INFORMÁTICA)** Julgue o item seguinte, acerca de correio eletrônico, do Outlook 2003 e do internet Explorer 7.

O Outlook tem a capacidade de gerar arquivos de catálogo de endereços no formato .pab.

Certo ( ) Errado ( )

O Outlook Express armazena contatos em um arquivo de Catálogo de Endereços do Microsoft Windows® com uma extensão .wab. O Outlook não pode usar um arquivo de Catálogo de Endereços Windows (.wab), mas pode importar contatos desse arquivo. A maneira mais comum de os contatos do Outlook serem armazenados é na caixa de correio do servidor de e-mail, em um arquivo de Pastas Particulares (.pst) ou em um Catálogo Particular de Endereços (.pab).

GABARITO: CERTO.

353. **(CESPE – 2011 – CORREIOS – CARGOS DE NÍVEL SUPERIOR – CONHECIMENTOS BÁSICOS)** Julgue o próximo item, relativo aos modos de utilização de tecnologias, ferramentas, aplicativos e procedimentos associados à internet.

O e-mail, tal como o serviço de correio convencional, é uma forma de comunicação síncrona.

Certo ( ) Errado ( )

Em uma comunicação síncrona, ambos os usuários devem estar conectados simultaneamente, ao contrário do que ocorre em um e-mail, que é uma forma de comunicação assíncrona.

GABARITO: ERRADO.

354. **(CESPE – 2011 – CORREIOS – CARGOS DE NÍVEL SUPERIOR – CONHECIMENTOS BÁSICOS)** No serviço de e-mails por meio de browsers web, o protocolo HTTP é usado para acessar uma mensagem na caixa postal, e o protocolo SMTP, necessariamente, para enviar uma mensagem para a caixa postal.

Certo ( ) Errado ( )

Webmail é uma interface de acesso à caixa de entrada, no webmail são utilizados os protocolos HTTP ou HTTPS. O envio de uma mensagem é feito pelo servidor.

GABARITO: ERRADO.

355. **(CESPE – 2009 – ADAGRI/CE-AGNTE ESTADUAL AGROPECUÁRIO)** Do ponto de vista prático, quanto à facilidade de acesso, as ferramentas de webmail disponíveis podem ser consideradas melhores que os softwares instalados localmente, pois as caixas postais de mensagens pessoais nos servidores de correio eletrônico podem ser acessadas pelos respectivos usuários em qualquer máquina com acesso à internet.

Certo ( ) Errado ( )

Essa praticidade está relaciona à necessidade de configurações específicas para cada servidor de e-mail diferente no cliente de e-mail.

GABARITO: CERTO.

356. **(AUTOR – 2013)** A respeito dos conceitos de Redes e correio eletrônico, julgue o item a seguir.

O webmail Mozilla Thunderbird oferece mais recursos que o utilizado pelo Outlook Express, uma vez que o segundo é uma amostra grátis da Microsoft.

Certo ( ) Errado ( )

Mozilla Thunderbird e Outlook Express são clientes de e-mail, não webmail como descreve a questão.

GABARITO: ERRADO.

357. (CESPE –2013 – CNJ- TÉCNICO JUDICIÁRIO) O serviço de webmail permite a um usuário acessar as mensagens em sua caixa postal no provedor, sem a necessidade de configurar o computador em uso com os nomes dos servidores de SMTP e POP.

Certo ( ) Errado ( )

O Webmail é uma interface de acesso via browser, assim para acessá-la, basta possuir um computador conectado à internet com um navegador instalado, tornando muito mais prático o acesso ao serviço. Os protocolos SMTP e POP são utilizados em programas de e-mail conhecidos como clientes de e-mail, a exemplo: Outlook e Mozilla Thunderbird.

GABARITO: CERTO.

358. (AUTOR – 2013) O envio e recebimento de e-mails, via clientes de e-mail, podem ser realizado por meio do protocolo SMTP, que atualmente opera na porta 587.

Certo ( ) Errado ( )

O protocolo SMTP é usado apenas para envio, enquanto que o recebimento poder ser definido para ser realizado ou pelo POP ou pelo IMAP.

GABARITO: ERRADO.

359. (AUTOR – 2013) Os e-mails recebidos pelos usuários são recebidos por meio do protocolo HTTP no caso de uso de webmail, enquanto que o protocolo SMTP é usado para envio pelos clientes de e-mail.

Certo ( ) Errado ( )

No acesso via webmail, é utilizado ou o protocolo HTTP ou o protocolo HTTPS, já nos clientes de e-mail são utilizados os protocolos SMTP, para envio e POP ou IMAP para recebimento.

GABARITO: ERRADO.

360. (CESPE – 2013 – MJ – ANALISTA TÉCNICO- ADMINISTRATIVO) Julgue os próximos itens, acerca de redes de computadores, do programa de correio eletrônico Outlook Express e do Microsoft Office 2013.

No Outlook Express, existem algumas pastas padrão, como, por exemplo, a pasta Caixa de saída, que é destinada a armazenar os e-mails que foram criados e que ainda não foram enviados aos destinatários. É possível, por meio dessa pasta, agendar um horário para o envio dos e-mails.

Certo ( ) Errado ( )

O Outlook Express é uma ferramenta gratuita, logo se presume que seja mais simples que o Microsoft Outlook, que é pago. De tal modo, temos no Outlook Express um recurso para adiar a entrega da mensagem, no qual podemos definir quantas horas após a solicitação de envio desejamos que o programa espere para enviar a mensagem, enquanto, no Outlook, temos a ferramenta Atrasar a Entrega que permite definir data e hora específicas.

GABARITO: ERRADO.

361. (CESPE – 2013-SERPRO- ANALISTA) O Outlook Express é um aplicativo que funciona de forma semelhante ao Webmail, por meio do qual se acessa, via navegador, e-mails usando-se qualquer computador que esteja conectado à internet.

Certo ( ) Errado ( )

O Outlook Express é um cliente de e-mail, ou seja, um programa específico para enviar e receber e-mails, enquanto o webmail é uma interface de acesso via browser. Um cliente de e-mail precisa estar instalado no computador e não usa o navegador.

GABARITO: ERRADO

362. **(CESPE – 2013-SERPRO- ANALISTA)** No Outlook Express, por meio da opção Salvar Como, as mensagens recebidas podem ser armazenadas em pastas de arquivamento localizadas na estrutura de diretórios do Windows.

Certo ( ) Errado ( )

Assim como em um documento de texto, é possível salvar um e-mail como um arquivo no computador, o formato padrão do Outlook é o .MSG, contudo também é possível salvar o arquivo no formato TXT.

GABARITO: CERTO.

363. **(AUTOR – 2013)** Os clientes de e-mail como o Outlook.com possibilitam ao usuário optar entre usar os protocolos típicos de e-mail (SMTP, POP/IMAP) como também utilizar os protocolos HTTP ou HTTPS.

Certo ( ) Errado ( )

Outlook.com é um site, que permite acesso ao e-mail, assim é um webmail. É possível ter uma conta @outlook.com e acessar o e-mail via cliente de e-mail, que possibilitam optar entre os protocolos tradicionais e os protocolos HTTP/HTTPS.

GABARITO: ERRADO.

364. **(AUTOR – 2020)** Assinale a alternativa que indica o recurso de informática necessário para que um usuário possa enviar um e-mail com assinatura digital.

a) E-mail do Google.

b) Assinatura escaneada e salva no computador.

c) Anexar a assinatura escaneada ao corpo do e-mail.

d) Certificado Digital.

e) Assinatura Digitalizada.

Para realizar uma assinatura digital, é necessário possuir um Certificado Digital emitido por alguma autoridade Certificadora como o ICP Brasil.

GABARITO: D.

365. **(AUTOR – 2020)** Sobre webmail é INCORRETO afirmar:

a) É a forma de acessar o correio eletrônico através da Web, usando um navegador e um computador conectado à internet.

b) Exige autenticação de acesso, portanto, requer nome de usuário e senha.

c) Via de regra, uma de suas limitações é o espaço reservado para a caixa de correio, que é gerenciado pelo provedor de acesso.

d) HTTP (Hypertext Transfer Protocol) é o protocolo normalmente utilizado no webmail.

e) É a forma de acessar o correio eletrônico através da Web, desde que haja um programa de e-mail instalado no computador.

Para utilizar o webmail não é preciso de um cliente de e-mail instalado no computador.

GABARITO: E.

366. (AUTOR – 2020) O serviço de e-mail conhecido como webmail é atualmente o mais utilizado para acessar aos e-mails recebidos, por ser mais prático que os clientes de e-mail no aspecto mobilidade, no entanto uma de suas limitações é o espaço reservado para a caixa de correio, que é gerenciado pelo provedor de acesso.

Certo ( ) Errado ( )

Os clientes de e-mail podem ser configurados com o protocolo POP, assim as mensagens são movidas para o computador do usuário, com isso liberando espaço da caixa de entrada do servidor. No caso do webmail, as mensagens residem no servidor, logo ocupam espaço ofertado pelo serviço.

GABARITO: CERTO.

367. (AUTOR – 2020) O e-mail spoofing, é uma técnica que consiste em alterar campos do cabeçalho de um e-mail, de forma a aparentar que ele foi enviado de uma determinada origem quando, na verdade, foi enviado de outra.

Certo ( ) Errado ( )

Ataques deste tipo são bastante usados para propagação de códigos maliciosos, envio de *spam* e em golpes de *phishing*. Atacantes utilizam-se de endereços de *e-mail* coletados de computadores infectados para enviar mensagens e tentar fazer com que os seus destinatários acreditem que elas partiram de pessoas conhecidas.

GABARITO: CERTO.

368. (CESPE – 2014 – MTE – AGENTE ADMINISTRATIVO) Com relação ao programa de correio eletrônico Mozilla Thunderbird, julgue o item seguinte.

O Mozilla Thunderbird fornece, entre os recursos de segurança, a integração com software de antivírus.

Certo ( ) Errado ( )

A interação é oferecida em situações como verificar arquivos em anexo em busca de vírus.

GABARITO: CERTO.

369. (AUTOR – 2020) Por padrão, durante a inicialização do aplicativo, ocorre uma verificação automática junto ao servidor de e-mails a fim de que sejam apresentadas ao usuário as novas mensagens recebidas.

Certo ( ) Errado ( )

Tal característica é comum aos clientes de e-mail, mas ela pode ser configurada para que seja feita a verificação apenas quando desejar.

GABARITO: CERTO.

370. **(FUNCAB -2014 – PRODAM/AM- ENGENHARIA ELÉTRICA)** Sobre manipulação de mensagens em aplicativos de correio eletrônico, é correto afirmar que:

a) somente mensagens lidas podem ser movidas para outras pastas.

b) ao excluir uma mensagem, ela é removida definitivamente da Caixa de Correio Eletrônico.

c) mensagens enviadas com sucesso são armazenadas na Caixa de Saída

d) mensagens, quando recebidas, são armazenadas em sua Caixa de Entrada como não lidas.

e) para se criar pastas em sua Caixa de Correio Eletrônico é preciso solicitar autorização do administrador de sistema.

Apesar de possuir brechas a alternativa D é a menos errada, pois nem todas as mensagens que nos são destinadas serão mantidas na caixa de entrada. Algumas são classificadas como spams, outras excluídas automaticamente. Contudo, observe atentamente que a questão disserta sobre cientes de e-mail, em vez do serviço como um todo. Assim as características apresentadas pelas demais alternativas são aplicáveis aos diversos clientes de e-mail do mercado, como Outlook, Outlook Express e Mozilla Thunderbird.

GABARITO: D.

371. **(FUNCAB -2014 – PRODAM/AM- ENGENHARIA ELÉTRICA)** Considerando a configuração padrão das aplicações de correio eletrônico, a forma comumente utilizada para diferenciar e--mails não lidos de e-mails lidos é o recurso:

a) mensagem Caixa Alta.

b) mensagem em negrito.

c) !

d)

e)

A: Mensagens cujo assunto aparece em caixa alta estão nesta forma porque o remetente assim escreveu.

C: O sinal de exclamação presente nos clientes de e-mail indica que se trata de uma mensagem de alta prioridade.

D: O símbolo do clip indica que o e-mail contém um ou mais arquivos em anexo.

E: A bandeirinha é usada pelo Outlook no gerenciamento de tarefas como itens pendentes.

GABARITO: B.

372. **(FUNRIO – 2014- INSS- ANALISTA)** Analise as seguintes afirmações sobre os campos de destinatários de mensagens de um aplicativo de correio eletrônico:

I. Para: é um campo obrigatório com um único endereço de e-mail do destinatário principal da mensagem.

II. Cc: é um campo opcional com uma lista de endereços de e-mail de destinatários para quem a mensagem será enviada como uma cópia.

III. Cco: é um campo opcional com uma lista de endereços de e-mail de destinatários que ficarão ocultos para os demais destinatários.

Quantas dessas afirmações estão corretas?

a) Nenhuma delas está correta.

b) Somente as duas primeiras estão corretas.

c) Somente a primeira e a terceira estão corretas.

d) Somente as duas últimas estão corretas

e) Todas estão corretas.

Além do campo Para permitir mais de um endereço de e-mail, ele não é de natureza obrigatória, ou seja, é possível enviar um e-mail listando os destinos apenas no campo cc ou Cco.

GABARITO: D.

373. (CESPE – 2013 – DEPEN – AGENTE PENITENCIÁRIO) Diferentemente do Outlook Express, o Webmail pode ser acessado de qualquer computador, independentemente de configurações prévias.

Certo ( ) Errado ( )

Ao usar um cliente de e-mail, são necessárias configurações prévias, tais como conta de e-mail, escolha dos protocolos usados e dos respectivos endereços dos servidores de envio e recebimento. Tantas configurações são o motivo pelo qual os clientes de e-mail são pouco utilizados nos dias de hoje, dada a sua falta de praticidade em comparação com o webmail. O webmail consiste em uma interface que permite acessar o e-mail por intermédio de browser (navegador de internet) sem frescuras de configurações, garantindo maior praticidade. Lembre-se de que as questões são, em regra, baseadas nas configurações padrão do computador, o que se presume estar conectado à internet.

GABARITO: CERTO.

374. (IBFC – 2013 IDECI – ADVOGADO) Quanto ao Correio Eletrônico, assinalar (F) Falso ou (V) Verdadeiro nas afirmações abaixo:

( ) A sigla 'Cco', em português, é utilizada para identificar 'cópia oculta'.

( ) Abrir arquivos 'EXE' anexados num e-mail não exige maiores cuidados de segurança.

a) V - V.

b) V - F.

c) F - V.

d) F - F .

A sigla Cco pode ser usada como Com Cópia Oculta para fins de memorização, ou Cópia Carbono Oculta para fins literais, contudo a forma que a questão utiliza é a simples ideia de que o campo Cco serve para ocultar os destinatários, o que torna a afirmativa Verdadeira.

Quando recebemos um e-mail com um arquivo no formato .EXE (Executável), devemos redobrar os cuidados, como verificar a sua origem, confirmanr com o rementente se realmente fez o envio ou é algum malware. Embora independa de o arquivo ser do tipo .EXE, é recomendável verifica-lo com um antivírus antes de ser aberto (executado).

GABARITO: B.

375. **(CESPE – 2013- TJ/PB – JUIZ LEIGO)** No que se refere a ferramentas e aplicativos de navegação, correio eletrônico, grupos de discussão e busca e pesquisa, assinale a opção correta.

a) Os acessos a e-mail e a grupos de notícias via web ou via software do cliente geralmente oferecem os mesmos tipos de opções de uso e permitem que as contas de e-mail sejam acessadas a qualquer momento, de qualquer lugar, desde que as mensagens estejam armazenadas com cópia no servidor de e-mail.

b) Os clientes de e-mail existentes no mercado permitem envio e recebimento de mensagens com restrições, como ocorre, por exemplo, com uma mensagem criptografada ou com certificado de envio e recebimento; tais funcionalidades, no entanto, estão presentes na rede de comunicação de dados, e não no cliente de e-mail.

c) O catálogo de endereços de e-mail é uma ferramenta que, entre outras funcionalidades, realiza busca de endereços na internet referentes aos destinatários para os quais já tenham sido enviadas mensagens de e-mail.

d) Em um grupo de discussão, são cadastrados os e-mails dos participantes para que haja troca de mensagens entre eles, e o que se envia a esses grupos é recebido por todos, sem moderação.

e) As ferramentas de busca possibilitam que se encontrem páginas indexadas, ou não, em qualquer sítio da internet, sendo suficiente que a página a ser listada em uma busca por palavra-chave esteja disponível publicamente.

A: Os grupos de notícias são as centrais RSS, recurso esse presente tanto nos clientes de e-mail como nos browsers.

B: No que diz respeito a bloqueios ou permissão de determinadas informações fica a cargo das aplicações, apesar de muitas intranets adotarem uma política mais rigorosa. As restrições quanto ao uso de criptografia ficam a cargo das aplicações não da infraestrutura.

C: A lista de contatos de um cliente de e-mail apenas registra os contatos do usuário, não permite pesquisá-los na internet.

D: Além dos fóruns é comum listas de discussão por e-mail. Normalmente as listas são geridas para evitar disseminação de spams ou outros conteúdos inóspitos.

E: Os sites podem indicar para os motores de busca que não querem a indexação de determinado conteúdo ou página, evitando que elas sejam encontradas através de buscas diretas.

GABARITO: A.

376. **(FCC – 2013- DPE/SP- AGENTE DE DEFENSORIA – CONTADOR)** O servidor de e-mail do destinatário ao receber uma mensagem para um dos seus usuários simplesmente a coloca na caixa postal deste usuário. A transferência de mensagens recebidas entre o servidor e o cliente de e-mail requer a utilização de outros programas e protocolos. Usualmente é utilizado para este fim o protocolo ......, que guarda as mensagens dos usuários em caixas postais e aguarda que estes venham buscar suas mensagens. Outro protocolo que pode ser utilizado para este mesmo fim é o ...... que implementa, além das funcionalidades fornecidas pelo anterior, muitos outros recursos. Estes dois são protocolos para recebimentos de mensagens, ao contrário do protocolo ...... que serve para enviar mensagens.

Os protocolos referenciados no texto são, respectivamente, denominados:

a) POP - IMAP - SMTP.

b) TCP - IP - HTTP.

c) MUA - MTA - SMTP.

d) HTTP - HTTPS - TCP/IP.

e) IMAP - SMTP - POP.

O protocolo POP tem por característica baixar as mensagens para o computador do usuário, logo a expressão "aguarda que estes venham buscar" enfatiza a conexão via POP para baixar as mensagens. Já o IMAP é o Protocolo de Acesso Instantâneo às Mensagens, alguns clientes de e-mail possibilitam salvar essas mensagens localmente. Contudo o IMAP é superior ao protocolo POP por manter sincronia entre as mensagens locais e presentes no Servidor.

A sigla MTA (Mail Transfer Agent) é o termo que pode ser usado para identificar os servidores de Correio Eletrônico, enquanto MUA (Mail USer Agent) se refere a ponta do usuário, ou seja, aos clientes de e-mail.

GABARITO: A.

377. **(FUNCAB – 2013 – CODATA – TÉCNICO DE ADMINISTRAÇÃO)** Considerando os padrões de funcionamento adotados pelos principais aplicativos de correio eletrônico existentes no mercado, é correto afirmar que:

a) mensagens não lidas são destacadas na lista de mensagens com a cor de fonte azul.

b) um ou mais arquivos podem ser anexados a um e-mail, ainda que o formato da mensagem seja "texto sem formatação".

c) o duplo-clique exclui a mensagem selecionada.

d) destinatários em cópia oculta são conhecidos somente por quem o enviou e pelo destinatário principal.

e) destinatários em cópia oculta não possuem privilégio para reencaminhar uma mensagem.

As mensagens não lidas ficam em negrito assim como na maioria dos webmails.

O formato do e-mail não interfere nos anexos, logo um e-mail pode ser somente texto, como ser no formato HTML, o qual permite outros recursos, como links.

O uso do clique duplo abre a mensagem em uma janela específica.

Os destinos indicados no campo Cco somente são conhecidos pelo remetente.

GABARITO: B.

378. **(FUNIVERSA – 2013 – MINC- TÉCNICO DE CONTABILIDADE)** O uso do correio eletrônico passou a ser comum para a comunicação entre as pessoas, em substituição às cartas e aos telegramas convencionais. Vários aplicativos permitem a escrita e a leitura de mensagens eletrônicas em computadores com sistema operacional Windows. Assinale a alternativa que apresenta o nome de um aplicativo de correio eletrônico.

a) Internet Explorer.

b) Windows Explorer.

c) Microsoft Word.

d) Mozilla Thunderbird .

e) WordPad.

Dentre os principais programas do tipo cliente de e-mail, temos: Mozilla Thunderbird, Microsoft Outlook, Outlook Express e Eudora. Internet Explorer, Mozilla Firefox, Google Chrome e Opera são exemplos de navegadores de internet. Windows Explorer é um gerenciador de arquivos. Wordpad e Word são editores de texto sendo o Word do Microsoft Office e o WordPad um acessório do Microsoft Windows.

GABARITO: D.

379. **(FUNIVERSA – 2013 – MINC- TÉCNICO DE CONTABILIDADE)** A ferramenta de correio eletrônico Outlook Express permite o reencaminhamento de mensagens recebidas para outros destinatários. Para reencaminhar mais de uma mensagem de uma só vez, em uma única mensagem nova, para um ou mais destinatários, pode-se proceder da seguinte forma:

a) abrir as mensagens que deseja reencaminhar, em janelas separadas, selecionar todo o texto em cada uma e copiar seus conteúdos pressionando CTRL + C.

b) criar uma nova mensagem, escolhendo os destinatários, e, utilizando a opção Inserir anexo, adicionar as mensagens que se deseja reencaminhar.

c) salvar todas as mensagens a serem encaminhadas em um único arquivo e anexar esse arquivo em uma nova mensagem, endereçada aos destinatários desejados.

d) mantendo pressionada a tecla CTRL clicar cada uma das mensagens que deseja incluir e depois clicar Encaminhar.

e) marcar como Não lidas todas as mensagens a serem encaminhadas e clicar Encaminhar e Não lidas depois de escolher os destinatários.

A: apenas é descrito que o conteúdo das mensagens foi copiado, o que se fez com eles não foi concluído, além de ter o detalhe do anexo que é encaminhado junto a mensagem diferentemente da operação de copiar citada que só copiou o texto da mensagem.

B:é possível ação muito similar no Microsoft Outlook, não no Outlook Express. Para tanto no MS Outlook durante a escrita da nova mensagem existe a opção Item do Outlook presente na Aba Inserir, ao ser acionada abre uma janela na qual é possível escolher várias estruturas usadas no Outlook como uma mensagem recebida ou enviada, ainda por intermédio desta opção é possível optar por anexar somente o texto da mensagem ou a mensagem completa, incluído anexos.

C: descreve ação para uma nova mensagem, enquanto que a questão pede forma de encaminhar.

GABARITO: D.

380. **(FUNIVERSA – 2013 – MINC- TÉCNICO DE CONTABILIDADE)** Correio eletrônico é uma das formas mais utilizadas para a disseminação de vírus de computador. Ao receber uma mensagem que contém vírus, tanto o computador que abri-la quanto os demais computadores da rede podem ser contaminados. Assinale a alternativa que apresenta um procedimento recomendado para evitar a contaminação por vírus via e-mail.

a) Não abrir anexos recebidos em mensagens não solicitadas ou de remetentes desconhecidos.

b) Encaminhar para um endereço de e-mail particular as mensagens consideradas Spam.

c) Abrir mensagens particulares somente em horários fora do expediente de trabalho.

d) Utilizar computadores livres de vírus para o recebimento e o envio de e-mails.

e) Desconectar o computador da rede sempre que for abrir mensagens eletrônicas suspeitas.

Quando receber uma mensagem de um remetente de desconhecido é recomendado maior cautela sobre seu conteúdo, principalmente arquivos em anexo, contudo tal cuidado também deve ser tomado com mensagens de remetentes conhecidos, pois é fácil enviar mensagens falsas, bem como o computador de seu contato possa ter sido contaminado por algum malware que realizou o envio.

GABARITO: A

381. **(VUNESP – 2013- PC/SP – ESCRIVÃO DA POLÍCIA CIVIL)** Observe a tela de um *webmail* (correio eletrônico da internet), apresentada parcialmente na figura a seguir.

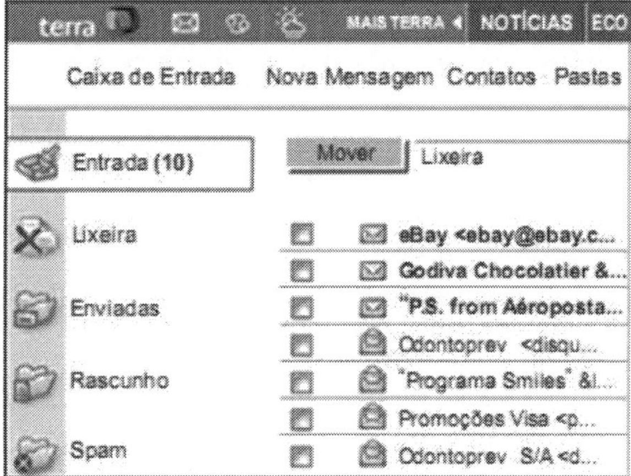

É correto afirmar que na caixa de entrada existem:

a) 10 mensagens não lidas.

b) 10 mensagens no total.

c) 7 mensagens no total.

d) 3 mensagens não lidas.

e) 4 mensagens lidas.

O número de mensagens não lidas normalmente é expresso entre os parênteses da caixa de entrada. Caso uma mensagem seja movida para alguma pasta sem ser lida, ao lado da pasta destino também poderá aparecer a indicação de quantas mensagens não foram lidas.

GABARITO: A.

382. **(CESPE – 2013- TRT – 10ª REGIÃO (DF/TO) – ANALISTA JUDICIÁRIO)** Uma mensagem enviada através do Outlook Express pode ser lida pelo destinatário final no Mozilla Thunderbird.

Certo ( ) Errado ( )

O meio usado para enviar a mensagem não influência o recebimento e vice-versa. A mensagem também poderia ter sido enviada por intermédio de um webmail.

GABARITO: CERTO.

383. **(CESPE – TRE/MS – ANALISTA JUDICIÁRIO)** Assinale a opção correta com referência a programas de correio eletrônico.

a) No Outlook Express, a opção de envio de cópia oculta — Cco — indica que o(s) destinatário(s) indicado(s) nesse campo será(ão) ocultado(s) dos demais destinatários.

b) O Mozilla Thunderbird é um serviço disponível na Web capaz de armazenar arquivos em cloud storage.

c) O Outlook Express possui sistema de checape de dados próprio que garante a integridade dos dados enviados e recebidos.

d) O Mozilla Thunderbird possui antivírus cuja função é checar a qualidade dos dados de determinado e-mail antes de este ser enviado.

e) Os serviços de webmail podem ser acessados de qualquer lugar, mas não permitem a anexação de arquivos às mensagens.

A: O campo Cco faz parte do cabeçalho de um e-mail, logo independente do serviço usado, a sua finalidade é sempre a mesma: ocultar os destinos listados neste campo dos demais destinatários, isso inclui os destinatários presentes no campo Cco.

B: O Mozilla Thunderbird não é um serviço, mas sim um aplicativo cliente de e-mail.

C: O Outlook Express é um aplicativo simples e básico para envio e recebimento de e-mails, não possui capacidade de verificação de Integridade. Salve exceção a Assinatura Digital, uma vez que ela é quem garante a Integridade não o programa.

D: Os Clientes de e-mail não possuem antivírus, mas realizam integração com eles desde que você possua o antivírus instalado.

E: Muito provavelmente você usa diariamente seu e-mail através de um webmail e anexa mensagens sem problemas, claro que alguns formatos de arquivo são removidos por alguns serviços para conferir maior segurança aos usuários.

GABARITO: A.

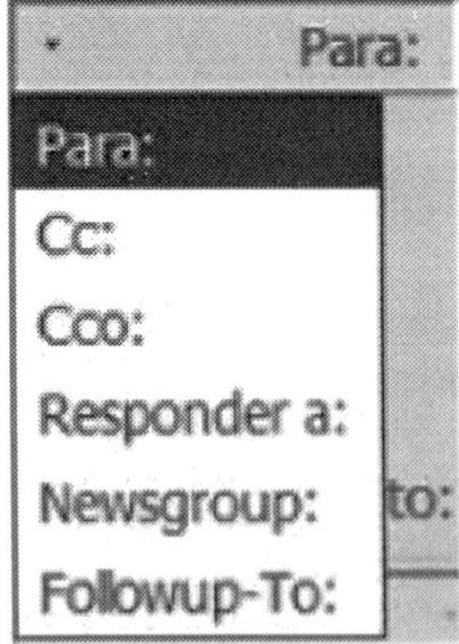

384. (CESPE CESPE – TRE/MS – ANALISTA JUDICIÁRIO) A figura acima ilustra uma lista que é exibida, no aplicativo para uso de correio eletrônico Mozzilla Thunderbird, no processo de edição e envio de mensagens de e-mail. Com relação ao funcionamento da opção Cco para a transmissão de uma mensagem no citado aplicativo, assinale a opção correta.

a) A mensagem será recebida por todos os detentores de endereços de e-mail listados no campo correspondente a essa opção; entretanto, somente os destinatários cujos endereços eletrônicos estejam listados no campo correspondente à opção Cc: poderão ver os e-mails de cada destinatário incluído no campo correspondente à opção Cco:.

b) A mensagem deverá ser recebida por todos os detentores de endereços de e-mail listados no campo correspondente a essa opção; entretanto, somente os destinatários cujos endereços estejam listados nos campos correspondentes às opções Cc: e Cco: poderão ver os e-mails de cada destinatário incluído no campo correspondente à opção Cco:. O destinatário principal, incluído no campo correspondente à opção Para:, não terá esse mesmo acesso.

c) A mensagem deverá ser recebida por todos os detentores de endereços de e-mail listados no campo correspondente a essa opção e os destinatários da mensagem poderão ter acesso à lista de todos os outros e-mails incluídos na mesma lista.

d) A mensagem deverá ser recebida por todos os detentores de endereços de e-mail listados no campo correspondente a essa opção, e os destinatários da mensagem poderão ter acesso à lista de todos os outros e-mails incluídos na mesma lista; entretanto, o destinatário principal, listado no campo correspondente à opção Para:, poderá ver os e-mails de cada recipiente incluído na opção Cc: .

e) A mensagem será enviada a todos os detentores de endereços de e-mail listados no campo correspondente a essa opção, mas nenhum destinatário terá conhecimento dos e-mails dos demais destinatários dessa lista.

Os campos Para: e Cc: são iguais na prática, ou seja, todos os destinos listados nesses campos serão vistos pelos demais destinos. Sua diferença é conceitual: o campo Para: deveria ser o real destino da mensagem, o campo Cc: tem por finalidade copiar alguém na mensagem como forma de tornar essa pessoa ciente da troca de e-mails ou assunto debatido. Os destinos do campo Cc: também podem ser usados como provas de que a mensagem foi enviada para os demais.

Caso um e-mail seja enviado para a seguinte distribuição de contatos:

Para: Destino1; Destino2

Cc: Destino3; Destino4

Cco: Destino5; Destino6; Destino7

Todos os destinatários saberão que a mensagem foi enviada para os destinatários 1, 2, 3, 4 e para eles mesmos. Já os destinatários 5, 6 e 7 não serão vistos pelos demais. Logo, o destinatário 5 não saberá que o destinatário 6 recebeu a mensagem e vice-versa.

GABARITO: E.

385. (CESPE CESPE – TRE/MS – ANALISTA JUDICIÁRIO) O Mozilla Thunderbird 16 possui arquivamento de mensagem sem retirá-la da sua caixa de entrada e salvá-la em uma pasta específica.

Certo ( ) Errado ( )

O Mozilla Thunderbird ao contrário do Outlook possui o recurso Arquivar, assim como muitos serviços de webmail.

GABARITO: CERTO.

386. (IADES – 2015 – ELETROBRAS – MÉDICO DO TRABALHO) O pacote de escritório Office da Microsoft possui vários aplicativos úteis para elaboração de documentos, banco de dados, comunicação etc. Nesse pacote, está incluído o aplicativo Outlook, que se destina à (ao):

a) criação e edição de documentos de texto.

b) elaboração de planilhas eletrônicas.

c) armazenamento de dados (banco de dados).

d) busca e apresentação de informações da internet.

e) envio e recebimento de mensagens eletrônicas.

o Microsoft Outlook, assim como o Mozilla Thunderbird, é um cliente de e-mail, ou seja, um programa instalado no computador do usuário para enviar e receber mensagens de e-mail. Outros clientes de e-mail são Outlook Express, Evolution, Eudora e Windows Mail.

GABARITO: E.

387. (ASSCONPP – 2015 – PREFEITURA DE XAXIM/SC – AGENTE ADMINISTRATIVO) A internet atualmente facilita e muito o andamento das atividades numa repartição pública. O e-mail tem proporcionado uma agilidade nos encaminhamentos e baixado o custo operacional, principalmente no que se refere a despesas de deslocamento. Das alternativas abaixo, aponte a que corresponde a um endereço de e-mail:

a) http://www.xaxim.sc.gov.br

b) www.xaxim.sc.gov.br

c) xaxim@xaxim.sc.gov.br

d) www.prefeituraxaxim.com.br

A sintaxe de um endereço de e-mail consiste em <usuário_sem_espaço>@<domínio>. Por outro lado, também é importante observar que um endereço de um site não precisa obrigatoriamente do www.

GABARITO: C.

388. (COMVEST–UEPB – 2015 – PREFEITURA DE CATOLÉ DO ROCHA/PB – MONITOR DE CRECHE) Nas alternativas abaixo, o formato que corresponde ao de um endereço de e-mail é:

a) nome@provedor.com.br

b) http://nome@provedor.com,br

c) nome.provedor.com.br

d) www.provedor.nome.com.br

e) http://www.nome.provedor.com.br

B e E: O protocolo HTTP é um protocolo de transferência de conteúdo multimídia.

C e D: Apesar de não identificarem o protocolo, tratam de um endereço de acesso multimídia pelo navegador (sites). Outro cuidado importante é com relação aos domínios .br que eles podem utilizar caracteres com acento ou cedilha.

GABARITO: A.

389. **(IBFC – 2015 – CEP 28 – ASSISTENTE ADMINISTRATIVO)** Quanto aos programas de correio eletrônico, analise as afirmativas abaixo, dê valores Verdadeiro (V) ou Falso (F) e assinale a alternativa que apresenta a sequência correta (de cima para baixo):

( ) Outlook Express armazena os e-mails dos usuários em *Cloud storage*.

( ) Mozilla Thunderbird é integrado ao programa de navegação Mozilla Firefox.

a) F-F.

b) V-F.

c) F-V.

d) V-V.

Ao configurar o cliente de e-mail, seja o Outlook ou o Thunderbird, o usuário pode definir em que pasta deseja que o programa salve as mensagens. Essa pasta pode ser sincronizada com a nuvem, no entanto, não é uma configuração padrão, por isso a afirmativa é falsa. Apesar de serem desenvolvidos pela mesma empresa não são integrados, muito menos dependentes um do outro.

GABARITO: A.

390. **(FGV – 2015 – TCE-SE – MÉDICO)** Joana quer enviar um e-mail para um numeroso grupo de pessoas, mas não quer que seus destinatários saibam para quem esse e-mail está sendo enviado. Uma opção rápida e prática para Joana nesse caso é:

a) colocar todos os destinatários como Cco.

b) colocar todos os destinatários como Cc.

c) enviar os e-mails um a um.

d) usar pseudônimos de e-mail;

e) criptografar as mensagens de e-mail.

Atualmente o uso dos campos Cc: e Cco: pelos usuários diminuiu, fato esse que levou ao aumento da difusão de spams. Na prática os campos Para: e Cc: não apresentam diferença, ela mais relevante conceitualmente, uma vez que a finalidade do campo Para: é designar os destinatários da mensagem de e-mail, enquanto o campo Cc: serve para indicar os destinatários que também irão receber a mensagem como forma de torná-los ciente da comunicação, pois os destinatários listados no campo Para: e Cc: ficam cientes de que os demais receberam a mensagem. Por outro lado, os destinatários listados no campo Cco: não são vistos pelos demais destinatários, inclusive os listados no mesmo campo.

GABARITO: A.

391. **(VUNESP – 2015 – PREFEITURA DE SÃO JOSÉ DOS CAMPOS/SP – ASSISTENTE TÉCNICO – TÉCNICO EM SEGURANÇA DO TRABALHO)**

Com relação à preparação de um e-mail, conforme figura, assinale a alternativa correta que informa qual campo apresenta algum erro e a justificativa correta que explique o motivo do erro.

Para...	suporte.rj@globo.com;sergio.sp@yahoo.com.br
Cc...	contato.empresa @vunesp.com.br
Cco...	fernanda.silva$terra.com.br
Assunto	

a) O campo "Assunto" apresenta erro, pois o seu preenchimento é obrigatório.

b) O campo "Cco" apresenta erro, pois esse campo só poderá ser usado se o outro campo "Cc" estiver vazio.

c) O campo "Para" apresenta erro, pois só pode conter um endereço eletrônico.

d) O campo "Cc" apresenta erro, pois esse campo só poderá ser usado se o campo "Para" estiver vazio.

e) O campo "Cco" apresenta erro, pois o endereço eletrônico contido está errado.

Apenas E está correta, uma vez que o caractere que separa o nome do usuário do domínio é o @. Porém, além do endereço do campo Cco:, o endereço do campo Cc: também está errado, pois apresenta espaço. Não há necessidade de preencher o campo Para:, a fim de que o campo Cc: ou Cco: sejam preenchidos; o campo Assunto também pode estar vazio, no entanto, o serviço ou programa de e-mail irá questionar se o usuário realmente deseja enviar a mensagem sem assunto.

GABARITO: E.

392. **(CEPERJ – 2015 – PREFEITURA DE SAQUAREMA /RJ – ASSISTENTE ADMINISTRATIVO)** Mensagens de correio eletrônico recebidas da internet são armazenadas no software Thunderbird Mozilla em um recurso conhecido por Caixa de:

a) Saída.

b) Entrada.

c) Mensagens.

d) Enviados.

e) Lidos.

Apesar de simples, a questão permite pensar na diferença entre a pasta de saída e entrada comuns nos clientes de e-mail. Ao redigir uma mensagem em um cliente de e-mail e clicar na opção Enviar da janela de redação de mensagem, a mensagem não é enviada imediatamente, ela primeiro vai para a pasta de saída e aguarda o programa executar a rotina de envio e recebimento. O intervalo de tempo desta rotina é definido ao configurar a conta de e-mail junto ao programa, assim o programa conecta-se à conta de e-mail cadastrada no período estipulado e então verifica se há novas mensagens na Caixa de entrada e envia as mensagens que estão na Caixa de Saída. Após o envio, as mensagens serão listadas na Caixa de enviados. É possível forçar o envio e recebimento das mensagens sem ter de aguardar o período configurado, para isso basta clicar o botão (opção) Enviar/Receber presente na janela principal dos clientes de e-mail.

GABARITO: B.

393. **(CONSULPLAN – 2015 – PREFEITURA DE DUQUE DE CAXIAS/RJ – AUXILIAR ADMINISTRATIVO)** Cliente de e-mail ou cliente de correio eletrônico é o nome que se dá ao programa que utiliza os serviços dos servidores e entrada e saída de e-mails, ou seja, é um programa que o usuário utiliza para enviar ou receber seus e-mails. Os navegadores de internet também são utilizados para acessar a versão Web do e-mail ou webmail. Nem todos os provedores desses serviços têm a versão web, geralmente são as grandes empresas de tecnologia, como Microsoft, Google, Yahoo, entre várias outras. No correio eletrônico, um servidor de envio é o responsável por enviar para a internet todas as mensagens de e-mail que os usuários desejam. Esse servidor também recebe o nome de:

a) POP.

b) Web.

c) SMTP.

d) Proxy.

É comum na Informática nomear os servidores com o nome do protocolo principal com o qual eles trabalham, assim um servidor multimídia, ou servidor web, pode ser chamado de servidor HTTP ou HTTPS, os servidores de recebimento de e-mail são POP ou o IMAP. Já um servidor Proxy assim como um servidor Firewall são servidores normalmente encontrados em redes internas (intranets) para gerenciar, monitorar e controlar o tráfego de rede.

GABARITO: C.

394. **(VUNESP – 2015 – CÂMARA MUNICIPAL DE ITATIBA/SP – ASSISTENTE DE GABINETE)** No MS-Outlook 2010, em sua configuração padrão, os e-mails armazenados na pasta Rascunhos:

a) já foram enviados.

b) foram recebidos e não lidos.

c) não foram enviadas ainda.

d) foram recebidos e lidos.

e) são mensagens indesejadas recebidas.

Os rascunhos são e-mails que foram salvos e que sequer tiveram seu envio solicitado.

GABARITO: C.

395. **(AUTOR – 2018)** Um escrivão possui várias contas de e-mail, entre contas pessoais e funcionais, algumas dessas contas pertencem ao mesmo serviço de e-mail. Além disso, o escrivão precisa trabalhar com estes e-mails simultaneamente abertos, para conseguir gerir seus e-mails o escrivão pode usar a interface web dos serviços de e-mail que possui, porém terá que configurar os protocolos de recebimento e envio de e-mails.

Certo ( ) Errado ( )

Uma vez usando o webmail, não há necessidade de configurar os protocolos de e-mail. Além disso, para acessar diferentes contas de um mesmo serviço pode ser necessário abrir janelas com seções distintas. Atualmente os webmails do Gmail e Outlook possibilitam alternar entre duas ou mais contas de e-mail de seus serviços.

GABARITO: ERRADO

396. **(AUTOR – 2018)** Com relação a mensagens de correio eletrônico e a conceitos relacionados a internet e intranet, julgue o item seguinte.

Para se enviar uma mensagem confidencial de correio eletrônico, cujo conteúdo não deva ser decifrado caso essa mensagem seja interceptada antes de chegar ao destinatário, é suficiente que o remetente criptografe a mensagem com sua chave privada.

Certo ( ) Errado ( )

A fim de garantir a confidencialidade com o uso de criptografia de chaves assimétricas, é necessário que o remetente criptografe a mensagem que está para enviar com a chave pública do destinatário da mensagem. Deste modo, somente o detentor da chave privada correspondente à pública utilizada terá acesso ao conteúdo do e-mail.

GABARITO: ERRADO.

397. **(AUTOR – 2018)** A respeito dos conceitos de correio eletrônico e envio de mensagens, julgue o que se segue.

A gerência de porta 25 é o nome dado ao conjunto de políticas e tecnologias, implantadas em redes de usuários finais ou de caráter residencial, que procura separar as funcionalidades de submissão de mensagens, daquelas de transporte de mensagens entre servidores.

Certo ( ) Errado ( )

A gerência da porta 25 bloqueia comunicações de saída para a porta 25 dos MSAs, no entanto, ela ainda é utilizada entre MTAs.

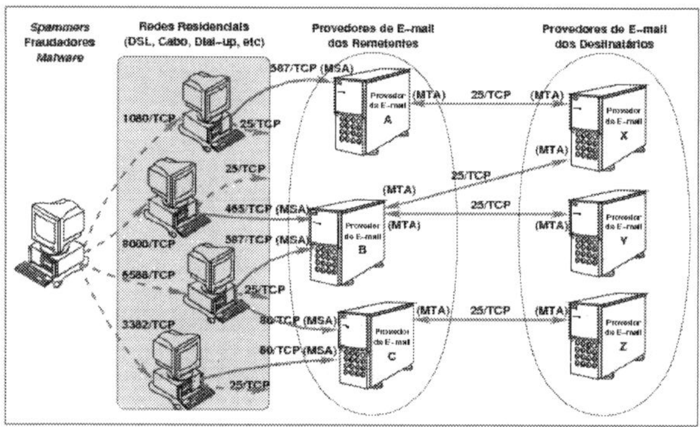

GABARITO: CERTO.

398. **(AUTOR – 2018)** A respeito dos conceitos de correio eletrônico e envio de mensagens, julgue o que se segue.

Ao redigir um e-mail para os demais funcionários do setor um escrivão inseriu destinos no campo Cco: e Cc:, e ao enviar obteve um erro no processo, pois esqueceu de inserir pelo menos um destino no campo Para:.

Certo ( ) Errado ( )

Para enviar um e-mail, é necessário que haja pelo menos um destino, que pode ser listado em qualquer um dos três campos, não sendo necessário que seja listado no campo Para:.

GABARITO: ERRADO.

399. **(AUTOR – 2018)** No Mozilla Thunderbird a opção Filtrar, presente na caixa de entrada de e-mails, permite filtrar para exibir apenas mensagens que contenham anexos.

Certo ( ) Errado ( )

Assim como é possível filtrar as mensagens Não Lidas, Com Estrela, Contatos e Tags, além dos termos presentes na mensagem.

GABARITO: CERTO

400. **(AUTOR – 2018)** No Mozilla Thunderbird na janela Catálogo é possível redigir uma mensagem para o contato selecionado dentro da mesma janela.

Certo ( ) Errado ( )

É necessário escolher o contato e abrir a janela nova mensagem.

GABARITO: ERRADO.

401. **(AUTOR – 2018)** A respeito dos conceitos de correio eletrônico e envio de mensagens julgue o que se segue.
Spam são mensagens não indesejadas e enviadas em massa para múltiplas pessoas que, normalmente, possui propagandas desejadas, códigos maliciosos e vírus diversos.

Certo ( ) Errado ( )

Spams podem ser e-mails ou qualquer outro tipo de mensagens não solicitadas enviadas em massa, que trazem conteúdo não desejado. Atualmente é bastante comum encontrar spams em redes sociais.

GABARITO: ERRADO.

402. **(AUTOR – 2018)** Ao redigir um e-mail para os demais funcionários do setor um escrivão inseriu destinos no campo Cco: e Cc:, porém notou que o número de destinatários em cópia oculta não pode ser superior ao número de destinatários em cópia aberta.

Certo ( ) Errado ( )

A quantidade de destinatários de uma mensagem de e-mail varia de serviço, alguns são inteligentes como o Gmail, que identifica quando um usuário tem uma demanda maior e possibilita que este envie mensagens a mais destinos em comparação a outros usuários do mesmo serviço.

GABARITO: ERRADO.

403. **(AUTOR – 2018)** Um escrivão possui várias contas de e-mail, entre contas pessoais e funcionais, algumas dessas contas pertencem ao mesmo serviço de e-mail. Além disso, o escrivão precisa trabalhar com estes e-mails simultaneamente abertos, além de agendar envios para horários específicos, com isso o uso de uma ferramenta para gerenciamento dos e-mails é indispensável. Junto com a instalação dessas ferramentas vem a necessidade da configuração dos protocolos de recebimento e envio de mails.

Certo ( ) Errado ( )

Normalmente os serviços de e-mail utilizam o protocolo SMTP para envio e IMAP para recebimento, o protocolo POP é cada vez menos utilizado. Há também serviços baseados em soluções da Microsoft que utilizam o protocolo Exchange.

GABARITO: CERTO

404. **(AUTOR – 2018)** No Mozilla Thunderbird 45.7.1 para assinar digitalmente uma mensagem de e-mail é preciso definir pelo menos um certificado pessoal para ser possível usar os recursos de segurança.

Certo ( ) Errado ( )

O Thunderbird pede que o usuário cadastre os dados do seu certificado digital para que possa assinar uma mensagem de e-mail.

GABARITO: CERTO

405. **(AUTOR – 2018)** O Mozilla Thunderbird 45.7.1, além de possuir o recurso de criar assinaturas personalizadas para uma mensagem de e-mail, permite configurá-las para que sejam adicionadas, automaticamente, a todas as mensagens de saída.

Certo ( ) Errado ( )

É possível criar várias assinaturas de e-mail diferentes, e configurar qual será a padrão para cada e-mail usado para envio. Cuidado para não confundir assinatura de e-mail com assinatura digital, a assinatura de e-mail é o texto que vai no rodapé da mensagem de e-mail, normalmente com o att e os dados do remetente, enquanto a assinatura digital é um recurso de segurança que também pode ser usado em mensagens de e-mail.

GABARITO: CERTO.

406. **(AUTOR – 2018)** No MS Outlook 2016 é possível configurar para que mensagens que tenham sido enviadas por um remetente específico sejam movidas para uma pasta ou ser automaticamente excluídos, por meio do recurso denominado Filtros.

Certo ( ) Errado ( )

O MS Outlook utiliza regras, enquanto o Thunderbird utiliza filtros para automatizar a organização/separação das mensagens.

GABARITO: ERRADO.

407. **(AUTOR – 2018)** Ao utilizar o Outlook 2016 um agente redigiu uma mensagem de e-mail e a marcou como confidencial junto as opções de propriedade de marcação, assim a mensagem foi enviada ao destino de forma criptografada pelo programa.

Certo ( ) Errado ( )

Ao marcar uma mensagem como confidencial, se o destinatário usar o Outlook, ao abrir a mensagem ele verá uma notificação logo abaixo dos dados do cabeçalho da mensagem indicando para que o e-mail seja tratado como Confidencial. Contudo é possível configurar na opção Configurações de segurança da janela de propriedades, para que a mensagem seja criptografada, mas de modo separado às marcações.

GABARITO: ERRADO.

408. **(AUTOR – 2018)** No MS Outlook 2016, as novas mensagens de e-mail são formatadas, por padrão, utilizando HTML.

Certo ( ) Errado ( )

A maioria dos serviços e programas de e-mail utiliza por padrão o HTML no conteúdo das mensagens de e-mail.

GABARITO: CERTO.

409. **(AUTOR – 2018)** No Mozilla Thunderbird é possível configurar uma nova conta de e-mail utilizando o protocolo HTTP para acesso a caixa de entrada no servidor de e-mail, assim utilizando o programa para acessar a versão web do serviço de e-mail.

Certo ( ) Errado ( )

Não é possível usar os protocolos HTTP ou HTTPS como métodos de envio ou mesmo recebimento de mensagens de e-mail nos clientes de e-mail.

GABARITO: ERRADO.

410. **(AUTOR – 2018)** Ao enviar um e-mail usando o MS Outlook 2016 configurado com o protocolo SMTP, a mensagem é enviada diretamente para o destino sem passar por servidores de e-mail, uma vez que o cliente de e-mail possui a capacidade de manipular e-mail com o protocolo específico ao contrário do webmail.

Certo ( ) Errado ( )

As mensagens de e-mail passam pelo servidor do remetente e do serviço de destinatário, podendo ainda serem o mesmo caso o remetente e o destinatário usem o mesmo serviço.

GABARITO: ERRADO.

411. **(AUTOR – 2018)**Uma das vantagens no uso do webmail é que as mensagens de e-mail ao serem lidas são salvas no computador usado como forma de backup, oferecendo maior segurança ao usuário.

Certo ( ) Errado ( )

Ao usar o webmail, as mensagens de e-mail estão e permanecem no servidor, elas não são copiadas para o computador.

GABARITO: ERRADO.

412. **(AUTOR – 2018)** O protocolo IMAP4 permite que mensagens armazenadas em um servidor de correio eletrônico sejam acessadas a partir várias máquinas simultaneamente de modo que as mensagens sejam percebidas pelo usuário de forma idêntica.

Certo ( ) Errado ( )

O protocolo IMAP é um protocolo de acesso às mensagens de e-mail que estão no servidor, possibilitando que vários clientes e e-mail configurados com o protocolo IMAP acessem a caixa de entrada simultaneamente, inclusive possibilita o acesso via webmail. Como o protocolo realiza dupla sincronia o conteúdo visualizado em um computador será o mesmo visualizado por outro.

GABARITO: CERTO.

413. **(CESPE – 2013 – STF – ANALISTA JUDICIÁRIO – ÁREA ADMINISTRATIVA)** Se o usuário da organização desejar configurar o cliente de correio eletrônico Microsoft Outlook para acessar o servidor de e-mails da organização, ele deverá escolher uma senha de até doze caracteres, devido às restrições de políticas de segurança de senhas do Microsoft Outlook.

Certo ( ) Errado ( )

Quanto maior a senha, mais segura ela é. A questão apresenta um tamanho máximo para a senha, já se fosse o mínimo, a história seria outra, pois uma vez configurado junto ao servidor Exchange, a política de segurança mais alta irá solicitar senha de no mínimo 10 caracteres.

GABARITO: ERRADO.

Motores de Busca

414. **(CESPE – 2018 – POLÍCIA FEDERAL – AGENTE DE POLÍCIA FEDERAL)** A respeito da utilização de tecnologias, ferramentas, aplicativos e procedimentos associados a internet/intranet, julgue o item seguinte.

Nas ferramentas de busca, o indexador é o programa que navega autonomamente pela internet, localizando e varrendo os documentos em busca de palavras-chaves para compor a base de dados da pesquisa.

Certo ( ) Errado ( )

Em relação ao Google e outros motores de buscas similares: ao publicar um conteúdo no site, é possível criar arquivos que indicam se os motores de busca poderão ou não listar o conteúdo daquelas páginas adicionadas. O Google encontra as páginas recém-publicadas, porque os motores de busca contam com robozinhos também chamados bots de pesquisa que acessam os servidores disponíveis na internet, varrendo suas pastas compartilhadas em busca de conteúdo a ser indexado. Deste modo, temos três nomes importantes: o bote ou Robot que é o responsável por encontrar as páginas; o farejador também conhecido como crawler que irá olhar dentro do arquivo referente ao site e rastrear todas as suas ligações; ainda temos o indexador, que será responsável por identificar quais são as palavras-chave dentro do conteúdo e colocá-las junto aos índices de referência para futuras buscas. A busca incessante pelo marketing web é fazer com que o Google liste a sua página entre as primeiras, com base na relevância de suas palavras-chave, por essa razão, constantemente o Google muda o algoritmo base dos seus indexadores e os mantém sob segredo.

GABARITO: ERRADO.

415. **(CESPE – 2017 – PM/AL – SOLDADO)** Julgue o item subsequente, acerca do sítio de busca Google; dos conceitos de organização e de gerenciamento de arquivos; e dos aplicativos para segurança da informação.

Na utilização do sítio de busca do Google, é possível definir que a busca seja feita apenas em sítios que tenham sido atualizados nas últimas 24 horas.

Certo ( ) Errado ( )

O Google avançou a ponto de permitir a realização da pesquisa sem usar a base direta do Google, além de permitir a busca por intervalos de datas.

GABARITO: CERTO.

416. **(CESPE – 2017 – PM/AL – SOLDADO)** Julgue os itens subsequentes, acerca do sítio de busca Google; dos conceitos de organização e de gerenciamento de arquivos; e dos aplicativos para a segurança da informação.

Embora possua uma enorme quantidade de recursos, o Google não permite a realização de pesquisa de imagens por meio da especificação de um formato de arquivo, impossibilitando, por exemplo, que se pesquisem exclusivamente arquivos com a extensão JPG.

Certo ( ) Errado ( )

Para realizar uma busca por arquivos específicos que possuam o termo desejado, exemplo: palavra-chave filetype:jpg.

GABARITO: ERRADO.

417. **(FUNCAB – 2015 – CRC/RO – ASSISTENTE ADMINISTRATIVO)** Para realizar uma pesquisa, utilizando-se do buscador Google, em que se deseje encontrar somente páginas no formato PDF, associados à expressão Porto Velho, deve-se utilizar qual sintaxe?

a) "PortoVelho" filetype:pdf

b) "Porto Velho" inurhpdf

c) "Porto Velho" pdf

d) "PortoVelho.pdf

e) intitle:"Porto Velho" pdf

Ao utilizar os motores de busca, como o Google ou Bing, o usuário pode lançar mão das opções de busca avançada, sendo as mais importantes as listadas a seguir.

busca por frase exata: **esta opção é a forma mais comumente usada, ao escrever uma palavra ou frase entre aspas duplas os motores de busca exibem apenas sites que contenham exatamente a expressão entre aspas. No Bing, ainda, é possível usar os parênteses ao invés das aspas duplas;**

busca exclusiva: **é possível filtrar páginas que contenham expressões ou palavras indesejadas, por exemplo, ao procurar no Google por cookies você provavelmente encontrará resultados de receitas de biscoitos, a fim de evitar tais links como resultado e focar mais a busca para cookies relacionados aos navegadores você pode digitar cookies –receita –biscoito;**

busca por intervalo de valores: **se ao realizar uma pesquisa o usuário estiver em dúvida sobre uma data ou valor, é possível realizar a busca por intervalo. Também é possível procurar por situações em um espaço de tempo, por exemplo, buscar por filmes 2010..2015 irá trazer como resultado a busca por filmes de 2010 até 2015;**

busca por formatos de arquivos: **nesta busca é possível refinar os resultados a somente links para páginas ou arquivos que estejam relacionados ao formato especificado pela expressão filetype: de modo que a busca por cookies filetype:docx irá listar links que apontam para arquivos DOCX que possuam a palavra-chave cookies;**

busca pelo título do site: **ao usar a busca por intitle:cookies serão listados sites que tenham a palavra cookies no seu título, lembrando que o título de um site é o texto que é exibido na aba ou barra de títulos do navegador quando o site é acessado;**

busca por URL: **é possível procurar por URLs que possuam uma palavra-chave desejada, assim buscar por inurl:cookies trará como resultado links que possuam a palavra cookies na URL, ou seja, em seu endereço;**

busca em domínio/site: também podemos usar o Google para procurar um conteúdo dentro de um site específico, para isso basta procurar cookies inurl:cert.br.

GABARITO: A.

418. **(CESPE – 2016 – PC/PE – CONHECIMENTOS GERAIS)** Assinale a opção que apresenta corretamente o texto que, ao ver digitado no sítio de buscas Google, permite localizar, na web, arquivos no formato pdf que contenham a frase "valorização do policial civil", mas não contenham o vocábulo "concurso".

a) "Valorização do Policial Civil". -concurso filetype:pdf

b) valorização and do and policial and civil exclude(concurso) in:pdf

c) "valorização do policial civil" without 'concurso'type(pdf)

d) "valorização do policial civil"no:concurso archive(pdf)

e) "valorização do policial civil".not(concurso) in:pdf

A busca por frase exata deve ser feita pela expressão da frase entre aspas duplas, para busca exclusiva deve-se usar o sinaL de menos (-) antes da palavra que se deseja excluir e para filtrar por um formato específico, deve-se usar o comando filetype:

GABARITO: A.

419. **(CESPE – 2010 – TRE/BA – TÉCNICO JUDICIÁRIO – ÁREA ADMINISTRATIVA)** Acerca de navegação, correio eletrônico, grupos de discussão e ferramentas de busca e pesquisa na internet, julgue o item que se segue.

Uma das formas de busca de informações na internet utilizando os sítios de busca, como o Google, é por meio da utilização de operadores booleanos, os quais podem variar dependendo da ferramenta de busca utilizada.

Certo ( ) Errado ( )

Os motores de busca como Google, Yahoo, Bing entre outros menores, utilizam opções de busca avançadas, assim como operadores, para facilitar a busca e para limitar aos resultados de interesse mais facilmente. Exemplos:

Busca por frase Exata: "termo1 termo2"

Busca exclusiva: termo1 -termo2

Busca por intervalo de valores: 40..60

GABARITO: CERTO.

420. **(AUTOR – 2020)** Por meio dos recursos de busca avançada do Google é possível filtrar os resultados para que sejam exibidas apenas páginas que foram atualizadas recentemente.

Certo ( ) Errado ( )

É possível definir inclusive o intervalo de tempo e a região. Também é possível buscar por valores em intervalos específicos.

GABARITO: CERTO.

421. **(AUTOR -2020)** Os sítios de buscas disponibilizam, como primeiros resultados de uma pesquisa, as informações armazenadas em arquivos com a extensão doc.

Certo ( ) Errado ( )

Sempre tome por princípio para a resolução das questões o cenário mais comum, nesse caso a busca por um termo qualquer, sem utilizar as opções de pesquisa avançada. Com isso, temos que os resultados .DOC não serão necessariamente os primeiros. No entanto, é possível utilizar o recurso de pesquisa avançada que permite filtrar os resultados a um determinado tipo de arquivo.

GABARITO: ERRADO.

422. **(AUTOR- 2020)** Os sítios de busca, como o Google, nem sempre retornam ao usuário as páginas mais significativas disponíveis na internet em relação ao que ele deseja realmente encontrar.

Certo ( ) Errado ( )

Caso palavras-chave muito genéricas sejam utilizadas, é possível que o usuário não encontre o que esperava, exemplo, pesquisar por cookies, provavelmente muitas páginas de receitas serão exibidas, para tornar mais objetiva a pesquisa podemos pesquisar por cookies -receitas.

GABARITO: CERTO.

423. **(UFPR – 2019 – UFPR – ASSISTENTE EM ADMINISTRAÇÃO)** Considere o buscador BING. Assinale a alternativa que apresenta a pesquisa que retorna páginas sobre doenças cardíacas dos sites da UFPR (ufpr.br) ou da Secretaria de Saúde do Paraná (saude.pr.gov.br).

a) doenças cardíacas ufpr.br saude.pr.gov.br

b) "doenças cardíacas" (site:ufpr.br OR saude.pr.gov.br)

c) doenças cardíacas (url:ufpr.br saude.pr.gov.br)

d) doenças AND cardíacas IN (ufpr.br OR saude.pr.gov.br)

e) doenças cardíacas (ufpr.br OR saude.pr.gov.br)

O Bing da Microsoft utiliza os parênteses com a mesma funcionalidade que as aspas duplas, já no Google o sinal de parênteses não tem uso para a busca. Assim para a busca por frase exata usamos as aspas duplas e para a busca dentro de um site o comando site: no caso o Bing, como o Google permite o uso dos operadores Booleanos na busca, e no caso em específico a busca no Google seria diferente da apresentada, para efeito similar usaríamos a expressão "doenças cardíacas" site:ufpr.br OR site:saude.pr.gov.br . Os operadores Booleanos OR e AND são case sensitive no Google.

GABARITO: B.

424. **(NC/UFPR – 2019 – FPMA/PR – AUXILIAR ADMINISTRATIVO)** Mecanismos de busca como Google ou BING possuem operadores que permitem refinar a pesquisa. Qual é a sintaxe correta, no BING, para localizar páginas da Web que contenham alguma das seguintes palavras: maratona, corrida?

a) maratona corrida.

b) maratona AND corrida.

c) maratona & corrida.

d) "maratona corrida".

e) maratona OR corrida.

Esta é mais uma questão de Raciocínio Lógico que de informática, os operadores Booleanos usados, tanto pelo Google como pelo Bing são AND e OR (em maiúsculo), de tal modo, ao usar o AND só aparecem na lista de resultado páginas que tenham a ocorrência das duas palavras-chave usadas, enquanto com OR só não aparece na lista de resultados sites que não possuam as duas palavras chaves, pois se uma existir o site constaria nos resultados.

GABARITO: E.

425. (UFPR – 2018 – COREN/PR – AUXILIAR ADMINISTRATIVO) Sobre refinamento de pesquisa no BING, identifique como verdadeiras (V) ou falsas (F) as seguintes afirmativas:

( ) Por padrão, todas as buscas utilizam o operador OR entre os termos.
( ) Apenas os 10 primeiros termos são usados para obter resultados de pesquisa.
( ) Para pesquisa de uma correspondência exata, os termos devem ser usados entre aspas duplas.
( ) Para encontrar documentos criados em formato PDF, o assunto deve ser digitado seguido por filetype:pdf.

Assinale a alternativa que apresenta a sequência correta, de cima para baixo.

a) V – V – V – V.

b) V – F – V – F.

c) F – V – V – V.

d) F – V – F – F.

e) V – F – F – F.

O Bing utiliza o operador AND por padrão entre os termos pesquisados, embora (teoricamente) o Google faça o mesmo, ele também mostra resultados que apresentem apenas um dos termos inseridos. Se uma busca utilizar muitas palavras-chave soltas, os motores de busca não consideram todas, apenas as 10 primeiras serão usadas. As aspas duplas são para restringir a exibição nos resultados de somente páginas que contenham o exato conteúdo expresso entre as aspas. Cuidado para não confundir filetype: com typefile:, uma vez que a segunda expressão não tem efeito.

GABARITO: C.

426. (IBADE – 2020 – PREFEITURA DE VILA VELHA/ES – PROFESSOR – SÉRIES INICIAIS) Para otimizar uma pesquisa no Google na qual desejamos procurar por expressões, por exemplo: textos clássicos com as duas palavras obrigatoriamente juntas, devemos digitar na área de pesquisa da seguinte forma:

a) textos-clássicos.

b) (textos clássicos).

c) "textos clássicos".

d) [textos clássicos].

e) textos clássicos.

Para busca por frase exata usamos as aspas duplas, no Bing podemos empregar também os parênteses. O hífen tem por finalidade a busca exclusiva, isto é, não exibir nos resultados as páginas que contenham a palavra grudada (sem espaço) a direita do hífen.

GABARITO: C.

427. (INSTITUTO AOCP – 2019 – PREFEITURA DE VITÓRIA/ES – AGENTE DE COMBATE A ENDEMIAS) Usando a ferramenta Google de busca na internet, ao pesquisar uma frase delimitada por aspas, por exemplo, "como utilizar o software x", ocorrerá uma pesquisa:

a) de citações em livros.

b) de autores da frase.

c) de cada palavra da frase separadamente.

d) por correspondência exata.

Para que cada palavra seja analisada separadamente elas devem ser escritas sem o emprego das aspas duplas, embora o Google sempre use mais elementos para a busca. Uma das coisas que interfere nos resultados exibidos pelo Google é o histórico de pesquisas já realizadas no Google, ele usa este recurso para oferecer ao usuário resultados mais significativos aos assuntos de interesse do usuário.

GABARITO: D.

428. **(VUNESP – 2019 – ESEF/SP – ASSISTENTE ADMINISTRATIVO)** Um usuário da internet deseja utilizar um site de pesquisa, como o Google ou o Bing, para realizar a busca dos sites que contenham a palavra "Troia". No entanto, deseja receber apenas os resultados que não contenham a palavra "guerra" e que contenham a expressão "software malicioso". A expressão a ser digitada no local adequado do site é:

a) Troia #guerra #software malicioso#.

b) Troia $guerra (software malicioso).

c) Troia !guerra [software malicioso].

d) Troia %guerra {software malicioso}.

e) Troia -guerra "software malicioso".

Neste caso, a busca segue o mesmo padrão no Google como no Bing e devemos usar o hífen para indicar qual termo não desejamos ver nas páginas de resultado. Cuidado, se o - for colocado junto a uma expressão entre aspas duplas, apenas serão exibidas as páginas que não contenham o texto entre aspas duplas, caso um site tenha apenas uma das palavras ele poderá ser exibido na lista de resultados relacionados ao termo buscado.

GABARITO: E.

429. **(IBFC – 2019 – PREFEITURA DE CANDEIAS/BA FARMACÊUTICO)** A ferramenta de busca, ou motor de pesquisa, da Microsoft e, concorrente direto do Google, é denominado, com o nome em inglês, de:

a) Bing.

b) Lotto.

c) Keno.

d) Beano.

Outros motores de busca são: ASK, DuckDuckGo, Yahoo, Baidu, WolframAlpha especializado em áreas do saber, boradreader (busca em fóruns), StartPage (mais voltado a privacidade como DuckDuckGo), entre outros.

GABARITO: A.

430. **(FCC – 2013 – PGE/BA – ASSISTENTE DE PROCURADORIA)** Em uma repartição pública os funcionários necessitam conhecer as ferramentas disponíveis para realizar tarefas e ajustes em seus computadores pessoais.

I. Dentre estes trabalhos, tarefas e ajustes estão:

II. Utilizar ferramentas de colaboração on-line para melhoria do clima interno da repartição e disseminação do conhecimento.

III. Aplicar os conceitos de organização e de gerenciamento de informações, arquivos, pastas e programas a fim de possibilitar a rápida e precisa obtenção das informações, quando necessário.

IV. Conhecer e realizar operações de inserção de elementos nos slides do PowerPoint, dentre outras.

V. Conhecer as formas utilizadas pelo Excel para realizar cálculos e também operações de arrastar valores de uma célula para a outra.

VI. Realizar pesquisas na Internet usando os sites de busca mais conhecidos.

A tarefa V pode ser realizada utilizando-se o Google. Se o funcionário necessitar fazer uma busca especial usando uma frase exata (ex.: "concursos públicos em 2013"), um idioma específico (ex.: "português") e, ainda, que a busca traga como resultado somente links de um determinado tipo de arquivo (ex.: "PDF"), ele deve clicar no ícone específico de opções e, na janela que abrir, deverá escolher:

a) Busca configurada.

b) Configurações da pesquisa.

c) Histórico da internet.

d) Ajuda avançada.

e) Pesquisa avançada.

Em 2013, a opção era Pesquisa Avançada que se apresentava de forma evidente. Atualmente, a opção mais evidente é Ferramentas de pesquisa, mas a Pesquisa Avançada ainda existe e pode ser acessada, clicando no botão da engrenagem localizada abaixo do campo nome de usuário.

GABARITO: E.

431. **(FCC – 2013 – PGE/BA)** O site de busca Google é um dos mais utilizados atualmente para a pesquisa na Internet devido à qualidade e à extensa base de informações disponibilizada. Nesse site, é possível filtrar a quantidade de resultados por meio de uma busca exata de uma frase. Assim, caso queira buscar os sites que mencionem a História Brasileira, deve-se digitar a frase no seguinte formato:

a) (História Brasileira).

b) "História Brasileira".

c) [História Brasileira].

d) 'História Brasileira'.

e) História OU Brasileira.

No Google, a busca por frase exata é realizada ao escrever a frase entre aspas duplas; no Bing, além de usar as aspas duplas, é possível também escrever a frase entre parênteses.

GABARITO: B.

432. **(CESPE – 2016 – PC/PE – AGENTE DE POLÍCIA)** Assinale a opção que apresenta corretamente o texto que, ao ser digitado no sítio de buscas Google, permite localizar, na web, arquivos no formato pdf que contenham a frase "valorização do policial civil", mas não contenham o vocábulo "concurso".

a) "Valorização do Policial Civil" - concurso filetype:pdf

b) valorização and do and policial and civil exclude(concurso) in:pdf

c) "valorização do policial civil" without 'concurso'type(pdf)

d) "valorização do policial civil"no:concurso archive(pdf)

e) "valorização do policial civil".not(concurso) in:pdf

A busca por frase exata deve ser feita pela expressão da frase entre aspas duplas; para busca exclusiva deve-se usar o sinal de menos (-) antes da palavra que se deseja excluir e para filtrar por um formato específico deve-se usar o comando filetype: pdf.

GABARITO: A.

433. **(SPDM – 2015 – BIO/RIO – ENFERMEIRO)** Na internet existem sites que pertencem ao segmento de buscas, cujo objetivo principal é possibilitar a realização de pesquisas e que retornam informações relacionadas a uma palavra ou frase. Dois exemplos desses sites são:

Os principais motores de busca são: Google, Bing e Yahoo, mas existem vários outros. Vale ressaltar que o Google domine o mercado com mais de 80% dos usuários de internet. O Dropbox, Copy, 4Shred e Minhateca são serviços de Cloud Storage.

GABARITO: B.

434. **(FUNCAB – 2015 – CRC/RO – CONTADOR)** Para realizar uma pesquisa, utilizando-se do buscador Google, em que deseja encontrar páginas com a palavra Contabilidade, mas que elimina páginas que contenham a palavra Patrimônio, deve-se utilizar qual sintaxe?

a) Contabilidade /Patrimônio.

b) Contabilidade -Patrimônio.

c) Contabilidade *Patrimônio.

d) Contabilidade +Patrimônio.

e) Contabilidade ~Patrimônio.

O sinal de menos (-) precedendo a palavra ou expressão é usado quando não se deseja encontrar na lista de resultados. O sinal de asterisco (*) é usado para completar expressões que não se recorda a forma completa; então, ao redigir "termo1* termo2", o Google trará resultados links que possuam os termos1 e termo2 com qualquer palavra entre eles, porém como foi realizada uma busca entre aspas, a ordem será respeitada.

GABARITO: B.

A respeito de ferramentas de pesquisa na Internet, julgue:

435. **(AUTOR – 2018)** Ao pesquisar usando o Google é possível limitar uma faixa de valores dentro da qual se deseja obter os resultados?

Certo ( ) Errado ( )

Para pesquisar dentro de um intervalo de números, coloque dois pontos (..) entre dois números. Exemplo: câmera R$250...R$400.

GABARITO: CERTO.

436. **(AUTOR – 2018)** Ao realizar uma busca no Google, usando a expressão: cookies -receita filetype:pdf, serão apresentadas como resultados links para páginas web que apresentem a palavra cookies em seu conteúdo, mas que não possuam a palavra receita e que possuam link para um arquivo pdf.

Certo ( ) Errado ( )

Ao realizar a busca indicada, o Google lista links que levam a arquivos no formato pdf e não páginas web, que contenham a palavra cookies em seu conteúdo ou nome e que não possuam a palavra receita.

GABARITO: ERRADO.

437. **(AUTOR – 2018)** Os motores de busca estão cada vez mais "inteligentes" e apresentando resultados mais diretos de tal modo que os usuários não precisam clicar nos links de resultado para obter a informação buscada, como horários de sessões de filmes e biografias de atores. O Google oferece ainda o uso do motor de buscas para realizar cálculos matemáticos.

Certo ( ) Errado ( )

O Google possibilita a realização de cálculos básicos e complexos. Para acessar a calculadora do Google, realize uma busca usando um cálculo simples, como 2+2, e o resultado é exibido junto (dentro) da calculadora, que apresenta as opções tradicionais de uma calculadora científica.

GABARITO: CERTO.

ARQUITETURA DE REDES E ENDEREÇAMENTO

438. **(CESPE – 2018 – POLÍCIA FEDERAL – ESCRIVÃO DE POLÍCIA FEDERAL)** Acerca das características de Internet, intranet e rede de computadores, julgue o próximo item.

O modelo de referência de rede TCP/IP, se comparado ao modelo OSI, não contempla a implementação das camadas física, de sessão e de apresentação.

Certo ( ) Errado ( )

A questão não explicita qual modelo TCP/IP está sendo utilizado: de 4 ou 5 camadas. O padrão utilizado, nas últimas provas da Cespe, foi o modelo de referência de rede TCP/IP com 4 camadas. Desse modo, ao analisar as 4 camadas do TCP/IP comparado ao modelo OSI de 7 camadas, não encontraremos as denominações de camada física, enlace, apresentação ou sessão.

	OSI		TCP/IP híbrido		TCP/IP
7	Aplicação				
6	Apresentação	5	**Aplicação**		Aplicação
5	Sessão				
4	Transporte	4	**Transporte**		Transporte
3	Rede	3	**Rede**		Internet/Rede
2	Enlace	2	**Enlace**		Interface de Rede
1	Física	1	**Física**		

GABARITO: CERTO.

439. **(CESPE – 2018 – POLÍCIA FEDERAL – AGENTE DE POLÍCIA FEDERAL)** Marta utiliza uma estação de trabalho que executa o sistema operacional Windows 10 e está conectada à rede local da empresa em que ela trabalha. Ela acessa usualmente os sítios da intranet da empresa e também sítios da Internet pública. Após navegar por vários sítios, Marta verificou o histórico de navegação e identificou que um dos sítios acessados com sucesso por meio do protocolo HTTP tinha o endereço 172.20.1.1.

Tendo como referência essa situação hipotética, julgue o item a seguir:

O endereço 172.20.1.1 identificado por Marta é o endereço IPv4 de um servidor web na Internet pública.

Certo ( ) Errado ( )

Essa questão lista uma faixa de endereços IPv4 privada pouco utilizada. É necessário conhecer as faixas de endereços IPs privados, ou seja, que não estão disponíveis para uso na internet:

10.0.0.0 a 10.255.255.255 » Intranet

127.0.0.0 a 127.255.255.255 » Localhost

172.16.0.0 a 172.31.255.255 » Intranet

192.168.0.0 a 192.168.255.255 » Intranet

GABARITO: ERRADO.

440. **(CESPE – 2018 – POLÍCIA FEDERAL – AGENTE DE POLÍCIA FEDERAL)** Marta utiliza uma estação de trabalho que executa o sistema operacional Windows 10 e está conectada à rede local da empresa em que ela trabalha. Ela acessa usualmente os sítios da intranet da empresa e também sítios da Internet pública. Após navegar por vários sítios, Marta verificou o histórico de navegação e identificou que um dos sítios acessados com sucesso por meio do protocolo HTTP tinha o endereço 172.20.1.1.

Tendo como referência essa situação hipotética, julgue o item a seguir:

WHOIS é o serviço que permite a consulta direta dos endereços IPv4 dos sítios visitados por Marta, a partir das URLs contidas no seu histórico de navegação.

Certo ( )　　　　Errado ( )

Whois é um serviço que permite identificar a quem pertence um site, é possível utilizar o serviço do próprio Registro.br pelo endereço <https://registro.br/tecnologia/ferramentas/whois/>. Ao digitar o endereço do site serão apresentados os seguintes dados, observe abaixo o exemplo do site alfaconcursos.com.br. O serviço responsável por identificar qual é o endereço IP do servidor que contém um site informado em uma URL é o serviço de DNS. Contudo, tanto o Whois como o DNS não observarão o histórico do navegador.

Domínio **alfaconcursos.com.br**

TITULAR	JAFAR SISTEMA DE ENSINO E CURSOS LIVRES S/A
DOCUMENTO	15.794.426/0001-31
RESPONSÁVEL	JAVERT GUIMARÃES FALCO
PAÍS	BR
CONTATO DO TITULAR	JSECL
CONTATO TÉCNICO	TEACO16
SERVIDOR DNS	ns-1469.awsdns-55.org
SERVIDOR DNS	ns-171.awsdns-21.com
SERVIDOR DNS	ns-1897.awsdns-45.co.uk
SERVIDOR DNS	ns-530.awsdns-02.net
SACI	Sim
CRIADO	23/10/2011 #8939735
EXPIRAÇÃO	23/10/2028
ALTERADO	03/10/2018
STATUS	Publicado

GABARITO: ERRADO.

441. **(AUTOR – 2013)** Com base na figura abaixo, julgue o que se segue:

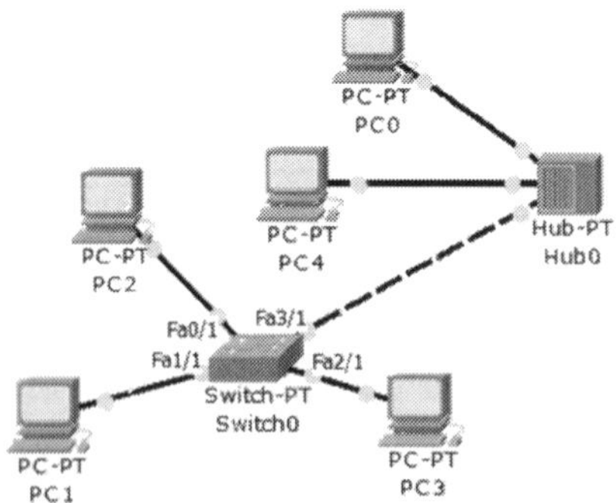

Na rede representada acima existem 4 domínios de colisão e 4 domínios de broadcast.

Certo ( ) Errado ( )

O Switch é um dispositivo que suporta vários domínios de colisão. O Hub suporta apenas um; então, a ligação do Switch com o PC1, PC2 e PC3 constitui 3 domínios de colisão, sendo a ligação do Switch com o Hub o quarto domínio, pois PC0 e PC4 estão no mesmo domínio de colisão.

GABARITO: ERRADO.

442. **(AUTOR – 2013)** Dado o endereço IP 10.0.10.0/20 é possível inferir que existem 4096 redes diferentes sendo ainda 4096 endereços IPs por rede.

Certo ( ) Errado ( )

O endereço 10.0.10.0 pertence à classe A, ou seja, uma classfull com CIDR/8, calcula-se 20-8 = 12 e 212 = 4.096 redes. Calculando o número de IPs por rede temos 32-20 = 12, portanto, cada rede pode possuir 4.094 hosts, sendo que cada rede suporta 4.096 endereços.

GABARITO: CERTO.

443. **(AUTOR – 2013)** Um técnico de redes deseja configurar um ambiente de rede, portanto, precisa definir a máscara para que a rede suporte 4.096 computadores, sendo que a máscara pode ser 255.255.240.0.

Certo ( ) Errado ( )

Lembre-se que quando definimos a quantidade de IPs por rede descontamos 2 endereços, pois um é o endereço que identifica a rede e o último endereço do range é reservado para uso de mensagens em Broadcast.

GABARITO: ERRADO.

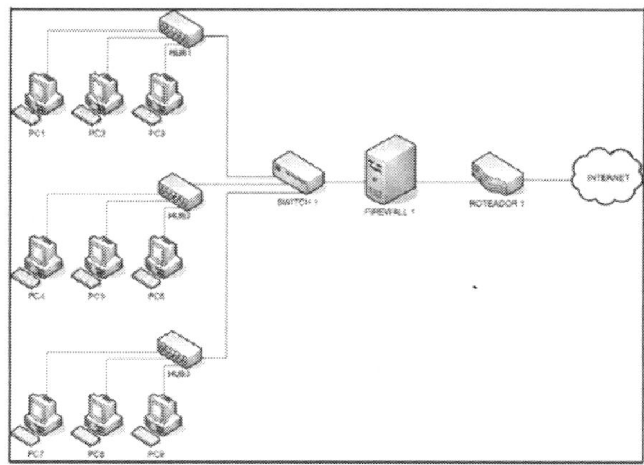

444. **(CESPE – 2006 - ANATEL – ESPECIALISTA EM REGULAÇÃO)** Considere que a topologia de rede apresentada acima pertença a determinada organização. Em cada departamento dessa organização, há PCs interligados por um hub. A rede da intranet é Ethernet 100BASET e a família de protocolos é TCP/IP. A arquitetura do firewall é embasada em proxies e as máquinas usam endereços na rede privada 10.0.0.0. Uma switch é usada para interligar as redes dos departamentos, enquanto um roteador é usado para interligar a intranet à Internet.

Acerca da rede apresentada acima, julgue o seguinte item:

É correto afirmar que são usados pares de fios de cobre trançados para interligar os PCs aos hubs; os dados enviados por PC1 são propagados para PC2 mesmo que não se destinem ao PC2; os dados enviados por PC4 só são propagados para o PC7 se forem destinados ao PC7; os hubs usam endereços MAC para segmentar o tráfego; o firewall entre a intranet e a Internet não entende os protocolos das aplicações; ambas as placas de rede do roteador têm endereços na rede 10.0.0.0.

Certo ( ) Errado ( )

O Hub não segmenta tráfego, o roteador conecta redes distintas: rede 10 e Internet; logo, não possui apenas endereços da rede 10.

GABARITO: ERRADO.

445. **(AUTOR – 2013)** Julgue a afirmativa a seguir com base nos conceitos de redes de computadores:

As placas de redes mais utilizadas são as placas Ethernet. Elas adotam o endereçamento MAC para identificar os dispositivos na rede local Ethernet, contudo o endereço MAC não identifica a rede, apenas o equipamento.

Certo ( ) Errado ( )

Cada placa de rede possui um endereço único chamado de endereço MAC, este endereço possui 48 bits, é armazenado em uma memória ROM na placa e é conhecido como endereço físico usado na camada de Acesso à rede ou Interface com a rede.

GABARITO: CERTO.

446. **(AUTOR – 2013)** Os endereços IPs públicos possuem unicidade global e só podem ser atribuídos para uma organização por uma instituição autorizada da Internet. Assim, qualquer organização que necessite aparecer na internet deve obter endereços públicos de uma instituição autorizada.

Certo ( ) Errado ( )

A entidade citada é a ICANN (Corporação da Internet para Atribuição de Nomes e Números). É uma instituição sem fins lucrativas subordinada aos Estados Unidos que tem por função administrar o DNS e possui a responsabilidade da alocação de endereços IPs.

GABARITO: CERTO.

447. **(AUTOR – 2013)** Um segmento de rede possui o endereçamento 200.181.5.176/29 e tem capacidade para atuar, simultaneamente, com até 29 computadores.

Certo ( ) Errado ( )

Uma rede /29 oferece 8 endereços por rede, portanto, é possível se conectar, no máximo, 6 dispositivos por rede.

GABARITO: ERRADO.

448. **(AUTOR – 2013)** Estações privadas podem se comunicar com outras estações (públicas ou privadas) dentro da Inter-rede privada, mas não possuem conectividade IP com qualquer estação fora da Inter-rede privada. Embora não possuam conectividade direta, estações privadas

podem acessar serviços externos por meio de tradutores de endereços, comumente implementados por soluções NAT (Network Address Translation).

Certo ( ) Errado ( )

Entende-se por conectividade IP a conversa direta entre dois dispositivos, utilizando os IPs reais de cada dispositivo de forma direta, ou seja, sem intermediários que façam conversões de redes, como os roteadores. No contexto da questão, um computador em uma Intranet pode acessar a um serviço na Internet normalmente, mesmo que o servidor que hospeda o serviço não saiba exatamente o IP que o cliente está utilizando na Intranet. O roteador por meio da tabela NAT faz as transposições de rede.

GABARITO: CERTO.

449. **(AUTOR – 2013)** O comando ping é utilizado para testar se determinado destino está operacional e pode ser alcançado através da rede, para isso utiliza o protocolo ICMP. Este comando pode ser utilizado mesmo se os dispositivos estiverem em redes distintas, além disso o ping calcula o tempo de resposta.

Certo ( ) Errado ( )

O ICMP (Internet Control Message Protocol) é o protocolo para verificação de funcionamento do serviço de Rede. A figura a seguir ilustra o resultado da execução do comando ping para a URL do Google, na primeira linha tem o IP do servidor que respondeu e na sequência o tempo do recebimento de 32 bytes.

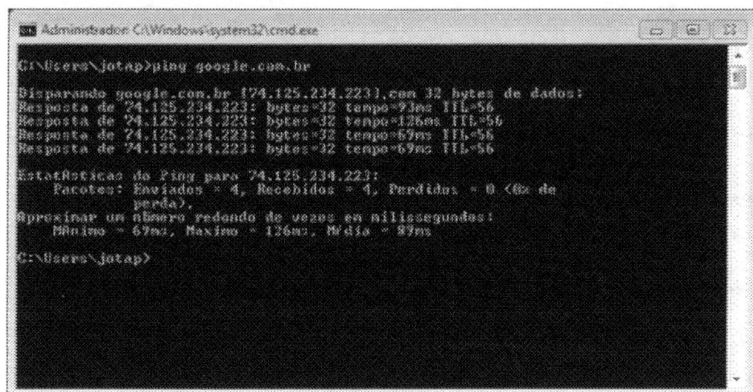

GABARITO: CERTO.

450. **(AUTOR – 2013)** As camadas de transporte, rede e interface de rede da suíte TCP/IP são diretamente implementadas no kernel do sistema operacional, enquanto que a camada de aplicação é implementada através de processos.

Certo ( ) Errado ( )

Os processos do Sistema Operacional são as aplicações sendo tratadas. Cuidado com as camadas do TCP/IP, pois dependendo do autor pesquisado pode citar com 4 ou 5 camadas.

GABARITO: CERTO.

451. **(AUTOR – 2013)** Dado o endereço de rede 192.168.50.128/27 é possível concluir que a máscara dessa rede é 255.255.255.224 e que ela possui 31 endereços de hosts.

Certo ( ) Errado ( )

Não, pois a rede /27 oferece 8 subredes em que cada uma possui 32-27 = 2^5 = 32 endereços menos 2 sobram 30 endereços para dispositivos e não 31.

GABARITO: ERRADO.

452. **(CESPE – 2013 – TJ-DFT - TÉCNICO JUDICIÁRIO)** Nas empresas, um mesmo endereço IP é, geralmente, compartilhado por um conjunto de computadores, sendo recomendável, por segurança, que dez computadores, no máximo, tenham o mesmo endereço IP.

Certo ( ) Errado ( )

Cada dispositivo conectado na rede é atribuído de um endereço IP que o identifica, então esse dado não é de uso compartilhado.

GABARITO: ERRADO.

453. **(AUTOR – 2013)** Uma rede local virtual, normalmente denominada de VLAN, é uma rede logicamente independente. Várias VLANs podem coexistir em um mesmo switch gerenciável, de forma a dividir uma rede local (física) em mais de uma rede (virtual), criando domínios de broadcast separados.

Certo ( ) Errado ( )

Observe que o switch possibilita a criação de rede, mas na forma virtual, pois o dispositivo que tem a real capacidade de articular redes é o roteador.

GABARITO: CERTO.

454. **(AUTOR – 2018)** Com base na figura a seguir julgue o que se segue.

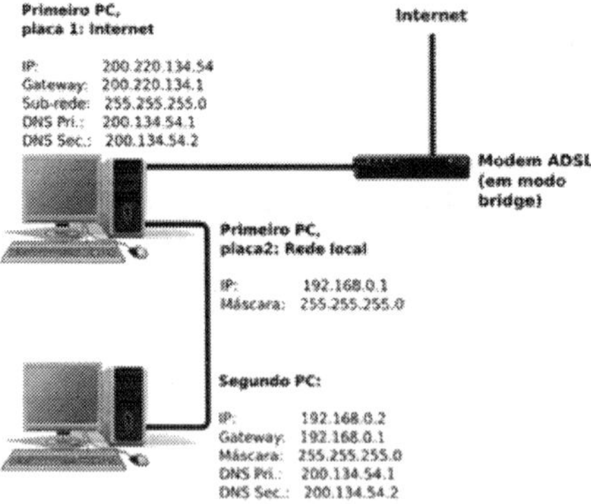

O endereço IP do segundo PC 192.168.0.2 é o endereço que um computador na Internet pode utilizar para acessar diretamente o segundo PC.

Certo ( ) Errado ( )

Endereços IP na faixa 192.168.0.0 até 192.168.255.255 e 10.0.0.0 até 10.255.255.255 são endereços privados, ou seja, só tem uso em redes privadas, de tal modo que não são endereçáveis na Internet.

GABARITO: ERRADO.

455. **(AUTOR – 2018)** Um computador situado em uma rede possui o endereço IP 10.0.10.200 /24 e outro computador possui endereço 10.0.11.10 /24. Esses dois computadores encontram-se na mesma sub-rede e podem acessar conteúdos disponibilizados pelo outro, basta inserir o endereço IP do computador destino na barra de endereços do Navegador.

Certo ( ) Errado ( )

Como o CIDR é /24, se qualquer número dos 3 primeiros grupos mudar, significa que é uma rede distinta.

GABARITO: ERRADO.

456. **(AUTOR – 2018)** A respeito do conjunto TCP/IP julgue o que se segue:

A camada de aplicação é a camada que a maioria dos programas de rede usa de forma a se comunicar através de uma rede com outros programas.

Certo ( ) Errado ( )

"A camada de aplicação é onde residem aplicações e seus protocolos." (Kurose e Ross 2013). É a camada usada pelos aplicativos, nela são citados os protocolos HTTP, HTTPS, FTP, POP, IMAP, SMTP, entre outros.

GABARITO: CERTO.

457. **(AUTOR – 2018)** No endereçamento IPv4, uma rede configurada com IP Classe B pode possuir mais que 60 mil hosts conectados.

Certo ( ) Errado ( )

Uma rede classe B suporta 65.534 hosts. Lembre-se que a máscara de uma rede classe B é 255.255.0.0, assim os dois últimos octetos podem ser usados para identificar endereços de rede, portanto, são 256 x 256 possibilidades (28 x 28 = 216 = 65.536 endereços por rede). Como 2 endereços são reservados, sobram 65.534.

GABARITO: CERTO.

458. **(AUTOR – 2018)** Uma conexão TCP provê um serviço half-duplex, ou seja, enquanto um host A envia dados para um host B na camada de aplicação, o host B não pode enviar dados para o host A, quando houver uma janela, então o host B pode enviar dados para o A.

Certo ( ) Errado ( )

O TCP prevê uma conexão full-duplex, isto é, dois hosts A e B podem trocar, simultaneamente, informações na camada de aplicação.

GABARITO: ERRADO.

459. **(AUTOR – 2018)** A respeito de redes de computadores e ambientes Windows e Linux julgue os itens a seguir.

Uma rede Ethernet utiliza cabos do tipo UTP. Existem várias categorias de cabo UTP, como cores, comprimento, se blindados ou não, contudo essas diferentes categorias não influenciam na velocidade de transmissão.

Certo ( ) Errado ( )

Os tipos de cabo UTP influenciam na velocidade de transmissão, e a sigla UTP (Unshielded Twisted Pair) significa cabo de par trançado sem blindagem. Os cabos blindados são das categorias: FTP, STP e SSTP.

GABARITO: ERRADO.

460. **(AUTOR – 2018)** O suporte foi acionado para realizar uma manutenção preventiva em diversos equipamentos, da rede da Polícia Federal. Para sua execução, a equipe técnica deve obter o número IP de cada equipamento, para efeito de registro e posterior monitoramento. Porém em um dos postos avançados foi necessária intervenção no local. Para evitar o deslocamento do técnico até esse posto, o técnico instruiu o agente de plantão que executasse no prompt de comando do Windows o comando ifconfig, para obter o endereço IP e o nome da máquina na rede.

Certo ( ) Errado ( )

No prompt de comandos do Windows, o comando é IPCONFIG. IFCONFIG é o comando usado no terminal do Linux para a mesma finalidade. Para obter o endereço IP e o nome da máquina na rede é necessário usar o comando IPCONFIG /ALL.

GABARITO: ERRADO.

461. **(AUTOR – 2018)** Toda rede de computadores possui um backbone de conexão, cuja função é sustentar a parte principal da rede de comunicações.

Certo ( ) Errado ( )

Backbone = espinha dorsal é a parte principal de uma rede de computadores. Se o backbone "cai", a rede inteira cai ou as sub-redes ficam separadas, dependendo da estrutura da rede e do controle de acesso, por mais que a sub-rede continue funcional, os computadores perdem a comunicação com os servidores, como servidores de autenticação.

GABARITO: CERTO.

462. **(AUTOR – 2018)** Um gateway de rede é uma máquina intermediária destinada, geralmente, a interligar redes, separar domínios de colisão, ou mesmo traduzir protocolos. Apenas os roteadores podem ser gateways de rede devido à sua função de conectar redes distintas.

Certo ( ) Errado ( )

Além dos roteadores é comum o uso de Firewalls, como gateways de rede. Também é possível usar os servidores de proxy, como gateways, na camada de aplicação.

GABARITO: ERRADO.

463. **(AUTOR – 2018)** O Endereço MAC é um endereço único, com 12 dígitos hexadecimais, que identifica a placa de rede em uma rede.

Certo ( ) Errado ( )

MAC (Media Access Control) é o endereço físico de uma placa de rede, seja cabeada ou sem fio. Esse endereço é usado pelos dispositivos em uma mesma rede (na camada de Interface de Rede).

GABARITO: CERTO.

464. **(AUTOR – 2018)** Um agente de polícia necessita compartilhar uma pasta de seu PC (A) com um computador (B) dentro de uma mesma rede, porém após compartilhar a pasta notou que pelo outro computador (B) não era possível encontrar o computador (A) no qual a pasta está. Ao verificar as configurações de rede dos dois computadores, ele identificou que o seu computador (A) estava usando o endereço IP: 192.168.50.36 e máscara 255.255.255.0, enquanto o computador (B) estava usando o IP: 192.168.50.210 e máscara de rede 255.255.255.0. Diante disso, concluiu que o problema estava no endereçamento de rede, pois os dois dispositivos encontram-se em redes diferentes.

Certo ( ) Errado ( )

Pelas informações dos endereços IP e máscaras, os dois dispositivos encontram-se na mesma rede lógica. Uma vez que a máscara é classe C, os endereços de 192.168.50.0 até 192.168.50.255 fazem parte da mesma rede.

GABARITO: ERRADO.

465. **(AUTOR – 2018)** A respeito de redes de computadores e seus protocolos julgue o que se segue.

Atualmente, utilizar IPv6 em redes locais é possível identificar um maior número de computadores em cada rede, além de tornar desnecessário o uso de NAT.

Certo ( ) Errado ( )

O protocolo IPv4 oferece um número pequeno de endereços possíveis para cada rede, comparado as atuais necessidades e volume de dispositivos que são cada vez mais conectados à rede. Desse modo, ao longo dos anos, várias estratégias foram adotadas para prolongar sua vida útil, dando tempo para que o protocolo IPv6 pudesse ser implantado. Uma das estratégias foi a criação das classes (primeiramente, class full, posteriormente, class less); outra estratégia foi o uso de endereços privados, ou seja, que não são vistos pela Internet, para essa estratégia ser utilizada é necessário um tradutor de endereços locais para endereço da Internet esse é o papel do NAT (network address translation). Como o endereçamento IPv6 possui uma grande quantidade de endereços, não existe o NAT na sua concepção.

GABARITO: CERTO.

CLOUD

466. **(CESPE – 2018 – POLÍCIA FEDERAL – ESCRIVÃO DE POLÍCIA FEDERAL)** Julgue o seguinte item, a respeito da computação em nuvem e da teoria geral de sistemas (TGS).

Em função da necessidade de acionamento de fornecedores, a computação em nuvem demora mais que a computação tradicional para colocar novas aplicações em execução.

Pelo contrário, a computação em nuvem é mais dinâmica, elástica e simples de série citada que a implantação física local de sistemas; em um ambiente corporativo no qual seria necessário instalar em vários computadores uma solução, em comparação na computação na nuvem, bastaria subir o serviço do servidor, e as estações de trabalho local acessariam o serviço, tornando mais simples o processo de implantação.

GABARITO: ERRADO.

467. (NC-UFPR – 2019 – PREFEITURA DE CURITIBA/PR – GESTOR DA INFORMAÇÃO) Uma característica da computação em nuvem ou cloud computing é:

a) ser funcional somente à organização que possui um Data Center bem projetado, dimensionado e construído.

b) intensificar a possibilidade de uso abaixo ou acima da carga de processamento estimada.

c) aumentar a necessidade de aquisição de ativos de TI.

d) ser um serviço oferecido no modelo pague-pelo-uso.

e) elevar os custos em energia elétrica e climatização para acomodar a nuvem.

Dentre as características da computação na nuvem podemos destacar: que é um serviço acessível por meio de navegadores web e, portanto, não necessitam de instalação local (embora possa ocorrer) e, também, se tornam independente de sistema operacional (plataforma), podendo ser acessada por equipamentos com diferentes sistemas operacionais, como Windows, Linux, Mac OS, Android e iOS. A computação na nuvem é uma alternativa mais barata que o investimento em soluções locais, em que pagamos de acordo com a necessidade e uso, característica vinculada a elasticidade e dinâmica da computação em nuvem que pode automaticamente alterar suas configurações de recursos para usar maior poder computacional.

GABARITO: D.

468. (CESPE – 2019 – PRF – POLICIAL RODOVIÁRIO FEDERAL) A respeito de computação em nuvem, julgue o próximo item.

A computação em nuvem do tipo software as a service (SaaS) possibilita que o usuário acesse aplicativos e serviços de qualquer local usando um computador conectado à Internet.

Certo ( ) Errado ( )

As características da computação na nuvem na forma de software é basicamente pagar e utilizar, sem a necessidade de desenvolver qualquer solução. Dentre as características de computação na nuvem está a necessidade de conexão à internet, outra característica importante é a sua Independência de sistema operacional ou plataforma.

GABARITO: CERTO.

469. (CESPE – 2018 – POLÍCIA FEDERAL – PERITO CRIMINAL FEDERAL) Julgue o item subsequente, relativo à característica da computação em nuvem (cloud computing).

O modelo PaaS (platform as a service) oferece menos recursos e funcionalidades integradas de segurança, necessitando que o cliente projete e gerencie os sistemas operacionais, aplicativos e dados.

Certo ( ) Errado ( )

Quando se trata de computação em nuvem, temos 3 modelos básicos: infraestrutura como serviço (IaaS), plataforma como serviço (PaaS) e software como serviço (SaaS). Esses conceitos podem ser ampliados como Banco de dados com o serviço (BaaS) entre outros que possam aparecer, mas em sua essência estamos apoiados nos 3 primeiros citados. Ao contratar um serviço de plataforma, o contratante espera pagar por um ambiente que já esteja pronto, ou seja, um ambiente que já possua sistema operacional instalado, devidamente configurado, atualizado e presume que o contratado irá manter um ambiente seguro. Deste modo, contrário aquilo que é apresentado na

questão, esses recursos e funcionalidades são integrados ao serviço contratado de modo que o cliente não precisa ficar gerenciando o sistema operacional do ambiente.

GABARITO: ERRADO.

470. **(CESPE – 2018 – POLÍCIA FEDERAL – PERITO CRIMINAL FEDERAL)** Julgue o próximo item, a respeito de computação na nuvem, sistemas de informações e teoria da informação.

Atualmente, as empresas de comércio na Internet podem disponibilizar suas aplicações na nuvem, como, por exemplo, na plataforma Azure da Microsoft; da mesma forma, as organizações podem fazer migrar suas aplicações de email para a nuvem. Essas nuvens oferecem ambientes de computação e armazenamento escaláveis, mas, por questões afetas à segurança, impedem o acesso implícito às suas redes privativas de alto desempenho.

Certo ( ) Errado ( )

Ao utilizar, implicitamente, um serviço de computação na nuvem, o usuário do serviço acessará recursos que não estão fisicamente em sua empresa, mas estão na rede física do provedor de serviço.

GABARITO: ERRADO.

471. **(CESPE – 2018 – POLÍCIA FEDERAL – ESCRIVÃO DE POLÍCIA FEDERAL)** Julgue o seguinte item, a respeito da computação em nuvem e da teoria geral de sistemas (TGS).

Na computação em nuvem, elasticidade é a capacidade de um sistema de se adaptar a uma variação na carga de trabalho quase instantaneamente e de forma automática.

Certo ( ) Errado ( )

A computação na nuvem é vista como dinâmica elástica, porque é possível ampliar as condições e os recursos dos serviços ofertados para atender uma alta demanda, e é possível reduzir, caso esteja superdimensionado.

GABARITO: CERTO.

472. **(CESPE – 2018 – POLÍCIA FEDERAL – AGENTE DE POLÍCIA FEDERAL)** Os gestores de determinado órgão público decidiram adotar a computação em nuvem como solução para algumas dificuldades de gerenciamento dos recursos de tecnologia da informação. Assim, para cada contexto, análises devem ser realizadas a fim de compatibilizar os recursos de gerenciamento e segurança com os modelos técnicos de contratação.

Considerando essas informações, julgue o seguinte item.

Se, para enviar e receber e-mails sem precisar gerenciar recursos adicionais voltados ao software de e-mail e sem precisar manter os servidores e sistemas operacionais nos quais o software de e-mail estiver sendo executado, os gestores optarem por um serviço de e-mail em nuvem embasado em webmail, eles deverão contratar, para esse serviço, um modelo de computação em nuvem do tipo plataforma como um serviço (PaaS).

Certo ( ) Errado ( )

A questão propõe a implantação de um serviço, que não apresenta trabalho na sua implantação, ou seja, bastaria criar as contas dos usuários e o serviço estaria apto para uso e devidamente configurado. O perigo da questão encontra-se nos termos utilizados, como não precisar manter os servidores sistemas operacionais, essa expressão diz justamente que a contratação de IaaS não

é viável, uma vez que o contratante teria de instalar o sistema e configurá-lo, também é indicado que a solução PaaS não é viável, por essa razão deseja-se algo que não seja necessário gerenciar seus recursos adicionais, como configurações de serviço em outros elementos. Portanto, resta apenas o SaaS, em que o contratante basicamente apenas utiliza o serviço pronto.

GABARITO: ERRADO.

473. **(CESPE – 2018 – POLÍCIA FEDERAL – AGENTE DE POLÍCIA FEDERAL)** Os gestores de determinado órgão público decidiram adotar a computação em nuvem como solução para algumas dificuldades de gerenciamento dos recursos de tecnologia da informação. Assim, para cada contexto, análises devem ser realizadas a fim de compatibilizar os recursos de gerenciamento e segurança com os modelos técnicos de contratação.

Considerando essas informações, julgue o seguinte item.

Para o armazenamento de dados de trabalho dos colaboradores desse órgão público, incluindo-se documentos, imagens e planilhas, e para o uso de recursos de rede compartilhados, como impressoras e computadores, seria adequado contratar o modelo de computação em nuvem denominado infraestrutura como um serviço (IaaS).

Certo ( ) Errado ( )

Outra questão que apresenta uma certa falha na maneira como apresenta os termos, note o que há uma ênfase no hardware, em destaque impressoras, que teve por intervenção na questão induzir, justamente, a necessidade de contratar uma infraestrutura, porém impressoras não são exatamente a melhor estrutura para representar isso, uma vez que ao contratar uma infraestrutura como serviço, ela não fica na instituição e sim fora dela, o que não faria muito sentido para impressoras utilizadas para a impressão de documentos dentro da instituição.

GABARITO: CERTO.

474. **(CESPE – 2018 – POLÍCIA FEDERAL – AGENTE DE POLÍCIA FEDERAL)** Os gestores de determinado órgão público decidiram adotar a computação em nuvem como solução para algumas dificuldades de gerenciamento dos recursos de tecnologia da informação. Assim, para cada contexto, análises devem ser realizadas a fim de compatibilizar os recursos de gerenciamento e segurança com os modelos técnicos de contratação.

Considerando essas informações, julgue o seguinte item.

Um estudo técnico de viabilidade e um projeto de re-hosting em computação em nuvem IaaS é indicado para as aplicações legadas do órgão que tenham sido originalmente desenvolvidas para mainframe.

Certo ( ) Errado ( )

É natural da tecnologia se tornar defasada com o passar do tempo, ih é uma preocupação constante do universo tecnológico, a obsolescência tanto de hardware como o software ou mesmo técnicas, para isso é importante realizar a migração de uma tecnologia antiga para uma nova tecnologia de tal modo que as funções continue sendo ofertadas de igual modo, acrescida, ainda, dos seguintes benefícios: aumentar os ganhos em desempenhos; aquisição de novos recursos e ferramentas; simplificar a operação e manutenção.

GABARITO: CERTO.

475. (CESPE - 2013 - MPU - CONHECIMENTOS BÁSICOS PARA OS CARGOS 34 E 35) Acerca de segurança e gerenciamento de informações, arquivos, pastas e programas, julgue o item a seguir.

Com a cloud computing, não há mais necessidade de instalar ou armazenar aplicativos, arquivos e outros dados afins no computador ou em um servidor próximo, dada a disponibilidade desse conteúdo na Internet.

Certo ( ) Errado ( )

Uma das vantagens da computação na nuvem é a possibilidade de usar serviços que consomem um grande desempenho de equipamentos sem possuir um equipamento com grande desempenho, uma vez que a partir da computação em nuvem, o hardware que irá processar os dados mais pesados é do servidor, enviando ao computador do usuário apenas os resultados, podendo este ser um equipamento mais simples. Um exemplo da exploração do poder computacional a níveis mais extremos é a plataforma STADIA do Google, desenvolvida para jogos de alta performance, de modo que o usuário pode abrir um jogo a partir do seu celular, pausar o jogo e continuar exatamente do mesmo ponto em um outro computador, que não precisa ser aquele de melhor hardware ou mesmo um PC Gamer.

GABARITO: CERTO.

476. (CESPE/CEBRASPE – 2013 – MPU – ANALISTA – DIREITO) Julgue os itens subsequentes, relativos a conceitos de segurança da informação.

O armazenamento em nuvem, ou em disco virtual, possibilita o armazenamento e o compartilhamento de arquivos e pastas de modo seguro, ou seja, sem que o usuário corra o risco de perder dados.

Certo ( ) Errado ( )

O armazenamento na nuvem é visto como uma forma mais segura de armazenar os dados, principalmente, contra tentativas de ataques físicos que buscam acessar a esses dados.

GABARITO: CERTO.

477. (IAUPE – 2018 – CMBPE – BOMBEIRO) Sobre computação em nuvem (cloud computing), assinale a alternativa INCORRETA.

a) O conceito de computação em nuvem faz referência ao fornecimento de serviços de computação – servidores, armazenamento, bancos de dados, rede, software, análise entre outros – pela Internet.

b) O armazenamento de dados em nuvens (cloud storage) apresenta-se como um benefício tanto para o acesso a informações a partir de qualquer lugar onde se tenha acesso à Internet quanto para a sua segurança, uma vez que possibilita que cópia de segurança dessas informações seja mantida em outra área de armazenamento.

c) As empresas que oferecem esses serviços de computação são denominadas provedoras de nuvem e não podem cobrar pelos serviços de computação em nuvem.

d) São modalidades de serviços oferecidos em cloud computing: SaaS – (software como serviço ou aplicativo como serviço), IaaS (infraestrutura como serviço) e PaaS (plataforma como serviço).

e) São modelos de implementação em cloud computing: Pública, Privada e Híbrida.

São características da computação em nuvem (Cloud computing): usuário acessar um serviço (site na maioria das vezes) que parece com um software; independência de Sistema Operacional do usuário; independência de instalação, embora possa ser realizada como opcional; acesso a partir de qualquer lugar (com conexão com a Internet); compartilhamento de recursos (virtualização); Pay Per Use (pago pelo uso), que também confere a Cloud as características de ser dinâmica e elástica. A nuvem possui 3 modalidades (PIS) Plataforma como Serviço (PaaS), Infraestrutura como Serviço (IaaS) e Software como um Serviço (SaaS). Podemos ainda observar o modelo mais tradicional (baseado na Internet) Nuvem Pública, como o modelo de acesso restrito a uma Intranet, isto é, a Nuvem Privada. Bem como a proposta híbrida entres esses dois modelos.

GABARITO: C.

478. **(CESPE – 2012 – POLÍCIA FEDERAL – PAPILOSCOPISTA)** O conceito de cloud storage está associado diretamente ao modelo de implantação de nuvem privada, na qual a infraestrutura é direcionada exclusivamente para uma empresa e são implantadas políticas de acesso aos serviços; já nas nuvens públicas isso não ocorre, visto que não há necessidade de autenticação nem autorização de acessos, sendo, portanto, impossível o armazenamento de arquivos em nuvens públicas.

Certo ( ) Errado ( )

Quanto à nuvem privada o que a questão afirma está correta, já no que diz respeito à nuvem pública também se faz necessário o controle de acesso. O fato de o serviço ser acessado por usuário e senha não o define como uma rede ou recurso privado.

GABARITO: ERRADO.

479. **(AUTOR – 2013)** A cerca das tecnologias, ferramentas e conceitos de Internet julgue o que se segue.

O aplicativo Dropbox é um exemplo de aplicação da nuvem e que oferece o opcional de instalação de um programa local no computador que cria uma pasta na qual o usuário pode colocar seus arquivos. Assim o programa mantém sincronizados os arquivos presentes na pasta com o serviço na Nuvem de tal modo que o usuário tem acesso a estes arquivos de qualquer dispositivo que possua acesso à Internet e um Browser, mesmo que o aplicativo Dropbox esteja instalado no dispositivo usado para o acesso.

Certo ( ) Errado ( )

A questão descreve parte do funcionamento da ferramenta Dropbox. Outra observação típica é relacionada ao procedimento de Backup deste e outros serviços de Cloud Storage, por princípio é de responsabilidade do serviço realizar o backup dos dados, porém também é relevante que o usuário realize periodicamente cópias de segurança dos dados.

GABARITO: CERTO.

480. **(AUTOR – 2013)** Um agente de polícia recebeu via e-mail uma pasta de trabalho no formato XLS, porém ele não possui instalado em seu computador o programa padrão deste formato ou mesmo outro programa equivalente, assim é impossível para o usuário abrir e editar tal documento sem instalar programas específicos.

Certo ( ) Errado ( )

O usuário pode fazer uso de ferramentas de computação na nuvem, como Google Docs ou Microsoft WebApps, que não necessitam ser instaladas.

GABARITO: ERRADO.

481. **(AUTOR – 2013)** O Dropbox um sistema instalado no computador do usuário que permite que o mesmo faça uso da computação na nuvem independente de conta de usuário.

Certo ( ) Errado ( )

O Dropbox é um serviço de Cloud Storage (Armazenamento na Nuvem) que oferece como opcional para que o usuário instale um aplicativo que oferece mais funcionalidades para o usuário. Assim por ser um serviço e não uma aplicação não necessita de instalação, pois basta o usuário criar uma conta no site (serviço) e fazer o upload/download de seus arquivos para a nuvem. E uma vez que se fala em nuvem, cada usuário tem o seu espaço (sua conta) por meio do qual pode compartilhar informações com outros usuários

GABARITO: ERRADO.

482. **(CESPE - 2013 - BACEN - TÉCNICO - CONHECIMENTOS BÁSICOS - ÁREAS 1 E 2)** O usuário pode acessar, seus dados armazenados na nuvem, independentemente do sistema operacional e do hardware que esteja usando em seu computador pessoal.

Certo ( ) Errado ( )

A computação na nuvem independe de qual plataforma esteja em uso, como também não necessita de instalação de programas específicos, basta possuir um navegador e acesso à Internet. Como também possuímos os requisitos de navegador com acesso à Internet nos tablets, celulares e smartphones (hardwares diferentes), também podemos utilizar os serviços da nuvem.

GABARITO: CERTO.

483. **(CESPE - 2013 - BACEN - TÉCNICO - CONHECIMENTOS BÁSICOS - ÁREAS 1 E 2)** No SkyDrive, arquivos criados no pacote Microsoft Office podem ser diretamente manipulados em qualquer plataforma, sem a necessidade de instalação de aplicativos adicionais.

Certo ( ) Errado ( )

O SkyDrive é um recurso de computação na nuvem vinculado ao Microsoft WebApps, também na nuvem, implica que a questão seria correta, pois no que tange aos conceitos da nuvem não há necessidade de instalação de aplicações no computador. Exemplo: posso receber por e-mail um arquivo criado no Word em DOCX, salvá-lo no SkyDrive e abrir via WebApps, como também posso receber o arquivo compartilhado pelo SkyDrive de outra pessoa e salvar o arquivo no GoogleDocs e abri-lo sem se quer possuir o Microsoft Office.

GABARITO: ERRADO.

484. **(CESPE - 2013 - BACEN - TÉCNICO - CONHECIMENTOS BÁSICOS - ÁREAS 1 E 2)** Na computação em nuvem é possível ter acesso a informações, arquivos e programas em um sistema único, independentemente de plataforma, embora se exija do hardware em uso requisito mínimo semelhante ao dos servidores para se ter acesso aos dados.

Certo ( ) Errado ( )

A questão está afirmando que você só pode usar um serviço da nuvem se o seu computador possuir as mesmas configurações de um servidor, mas se fosse assim não precisaria estar usando o serviço externo. Entretanto, fazemos uso de serviços como Google Docs e Microsoft Web Apps sem ter de instalar nada a mais, ou mesmo possuir um supercomputador.

GABARITO: ERRADO.

485. **(CESPE - 2012 – TJ/AC - TÉCNICO JUDICIÁRIO - INFORMÁTICA)** O DropBox permite que os dados colocados na pasta Public (pública) sejam acessados livremente por todos que tenham o seu link.

Certo ( ) Errado ( )

O Dropbox, assim como o Google Drive e o Microsoft Skydrive, é uma aplicação em Cloud Storage. Por meio deles, é possível compartilhar arquivos com outros usuários. No caso do Google Drive e Skydrive são vinculados, respectivamente, o Google Docs e o MicrosoftWebApps.

GABARITO: CERTO.

486. **(AUTOR – 2013)** Com a cloud computing, muitos aplicativos, assim como arquivos e outros dados relacionados, não precisam mais estar instalados ou armazenados no computador do usuário ou em um servidor próximo. Este conteúdo passa a ficar disponível nas nuvens, isto é, na internet. Ao fornecedor da aplicação cabem as tarefas de desenvolvimento, armazenamento, manutenção e atualização do serviço, cabendo ao usuário à realização dos backups dos dados, pois é possível que em decorrência de manutenções pelo fornecedor algum dado possa vir a ser perdido, ou caso o usuário venha apagar acidentalmente algum arquivo.

Certo ( ) Errado ( )

O backup dos dados é responsabilidade de ambas as partes de maneira geral, no entanto, cabe ao fornecedor a realização de backups para a recuperação de arquivos corrompidos ou apagados acidentalmente.

GABARITO: ERRADO.

487. **(CESPE - 2013 - TRT - 10ª REGIÃO (DF E TO) - ANALISTA JUDICIÁRIO - CONHECIMENTOS BÁSICOS)** A infraestrutura utilizada no armazenamento de dados em nuvem privada é própria e atende, exclusivamente, a uma única organização.

Certo ( ) Errado ( )

Uma nuvem privada é a implantação da ideia e usabilidade da nuvem em uma Intranet.

GABARITO: CERTO.

488. **(CESPE - 2013 - TRT - 10ª REGIÃO (DF E TO) - ANALISTA JUDICIÁRIO - CONHECIMENTOS BÁSICOS)** Se uma solução de armazenamento embasada em hard drive externo de estado sólido usando USB 2.0 for substituída por uma solução embasada em cloud storage, ocorrerá melhoria na tolerância a falhas, na redundância e na acessibilidade, além de conferir independência frente aos provedores de serviços contratados

Certo ( ) Errado ( )

Hard Drive Externo de Estado Sólido é a descrição para HD SSD Externo. A computação na nuvem é baseada na Internet, logo é imprescindível o acesso à Internet (uma dependência) para utilizar seus recursos.

GABARITO: ERRADO.

489. **(CESPE – 2016 – PC/PE – CONHECIMENTOS GERAIS)** Um usuário instalou e configurou, em uma estação de trabalho do órgão onde atua, um aplicativo de disco virtual, que permite armazenamento de dados em nuvem (Cloud storage), e sincronizou uma pasta que continha apenas um arquivo nomeado com xyz.doc. Em seguida, ele inseriu três arquivos nessa pasta e modificou o conteúdo do arquivo xyz.doc. Posteriormente, esse usuário configurou, em um computador na sua residência, o mesmo aplicativo com a mesma conta utilizada no seu trabalho, mas não realizou quaisquer edições ou inserção de arquivos na referida pasta.

Com base nas informações apresentadas nessa situação hipotética, é correto afirmar que, no computador na residência do usuário, a pasta utilizada para sincronizar os dados conterá:

a) três arquivos, uma vez que cloud storage sincroniza apenas arquivos inseridos após a instalação e a configuração do programa.

b) quatro arquivos, porém o arquivo xyz.doc não conterá as modificações realizadas no órgão, uma vez que cloud storage sincroniza inserções, e não atualizações.

c) somente o arquivo xyz.doc sem as modificações realizadas no órgão, uma vez que cloud storage sincroniza apenas arquivos que já existiam antes da instalação e da configuração do programa.

d) somente o arquivo xyz.doc com as modificações realizadas no órgão, uma vez que cloud storage sincroniza apenas arquivos que já existiam antes da instalação e da configuração do programa com suas devidas atualizações.

e) quatro arquivos, incluindo o arquivo xyz.doc, com as modificações realizadas no órgão em que o usuário atua.

Questão aborda o comportamento do recurso de sincronização de arquivos usando o aplicativo desktop, que sincroniza os dados presentes na pasta com a conta do usuário com a nuvem e, por consequência, com todos os computadores e dispositivos que contêm o mesmo recurso.

GABARITO: E.

490. **(IADES - 2014 – SEAP/DF - TÉCNICO EM CONTABILIDADE)** A computação em nuvem permite o fornecimento de serviços de fácil acesso e de baixo custo, com a garantia de disponibilidade e uso em larga escala. A esse respeito, assinale a alternativa incorreta.

a) Quando se fala em computação nas nuvens, fala-se na possibilidade de acessar arquivos e executar diferentes tarefas pela internet.

b) O Dropbox, assim como os demais serviços de sincronização de arquivos, são bons exemplos de computação em nuvens.

c) Por ser pública, a infraestrutura de nuvem e os aplicativos hoje disponíveis na internet estão disponíveis para a população em geral, de forma gratuita.

d) Os recursos são disponibilizados pela rede e acessados através de formatos padrões por plataformas clientes heterogêneas mediante acesso por banda larga.

e) Entre os serviços de computação em nuvem disponíveis, estão o iCloud (Apple) e o SkyDrive (Microsoft).

A: O termo Computação na Nuvem na forma genérica, ou seja, não fala especificamente do processamento de dados nas nuvens, mas também em armazenamento.

C: A Nuvem é a própria Internet, até podemos aceitar que a infraestrutura da nuvem seja pública, mas uma coisa é o meio pelo qual trafegam os dados ser público e outra são os serviços ofertados, normalmente por empresas com fins lucrativos. Apesar de existirem muitos serviços que oferecem uma amostra grátis, eles têm por finalidade a adesão do usuário em planos pagos.

D: Refere-se à praticidade da nuvem em não depender de plataformas específicas (tanto no sentido de sistemas operacionais quanto no sentido de dispositivos). A expressão «formatos padrões» remete aos protocolos de comunicação em rede.

E: Os principais prestadores de serviço na nuvem são: Google Docs e Drive (Disco), Microsoft Web Apps e OneDrive (antigo SkyDrive, podendo ser ainda mencionado nas provas com esse nome), iCloud da Apple e o Dropbox, apesar de já existirem grandes concorrentes, como Copy, Mega, 4Shared, entre outros.

GABARITO: C.

491. **(AUTOR – 2020)** Assinale a alternativa que corresponda a um serviço de armazenamento de dados na nuvem.

a) Google Docs.

b) Microsoft WebApps.

c) OneDrive.

d) Prezi.

Google Docs e MS WebApps são serviços de computação na nuvem. Prezi é um editor de apresentações on-line e colaborativo, podendo ser considerado Computação na Nuvem. Atualmente, o Google Docs está integrado ao Google Drive/Disco.

GABARITO: C.

492. **(AUTOR – 2020)** Assinale a alternativa que não corresponde a uma característica da computação na nuvem:

a) Necessidade de Instalação de aplicativos no computador;

b) Dependência do acesso à Internet.

c) Serviço mensurado.

d) Aplicativos opcionais.

e) Software como serviço.

A computação na nuvem é o princípio de uso do browser (navegador de páginas da Internet) para acessar aos serviços pela Internet, por natureza os serviços são pagos e mensurados, ou seja, oferecem pacotes de quantidade de uso e preços diferenciados, alguns serviços oferecem uma amostra gratuita de parte de seus recursos. Há também aqueles serviços, como o Dropbox,

Google Drive Microsoft Skydrive, que possuem a opção de baixar e instalar um aplicativo localmente para estender as opções de uso da ferramenta.

GABARITO: A.

493. (CESPE - ADAPTADA) A computação em nuvem é um conceito revolucionário no emprego de recursos de rede, pois seu usuário não precisa da Internet para realizar o armazenamento dados e informações.

Certo ( ) Errado ( )

A computação em nuvem depende de conexão com a Internet para que o usuário possa acessar os serviços na nuvem. Cuidado! A questão é no contexto do uso de serviços de computação em nuvem.

Embora seja possível armazenar arquivos localmente mesmo estando desconectados da Internet, para que eles sejam colocados na nuvem é necessário conectar com a mesma.

Os serviços Dropbox, Google Drive (Disco), MS OneDrive e Copy possuem aplicativos que o usuário pode instalar (lembrando que a instalação é opcional), com isso cada programa cria uma pasta para si de modo que ela fica sincronizada com a conta do usuário na nuvem.

GABARITO: ERRADO.

494. (CESPE – ADAPTADA) Acerca da computação em nuvem, tecnologia definida como um conjunto de servidores que compartilham recursos como processamento, armazenamento, conectividade, aplicações e serviços disponibilizados na Internet, assinale a opção correta.

a) A computação na nuvem permite ao usuário alocar recursos de forma dinâmica e em tempo real, o que possibilita o ajuste entre a necessidade e os recursos.

b) Uma característica marcante da tecnologia em apreço refere-se à sua transparência, ou seja, ao executar um aplicativo ou programa, o usuário recebe uma identificação, via sistema, e sabe exatamente qual servidor está acessando.

c) A grande vantagem para as empresas e órgãos, no uso da tecnologia em questão, está relacionada ao suporte fornecido para qualquer sistema operacional.

d) Uma restrição da computação em nuvem está relacionada à quantidade de servidores que poderão fazer parte de cada nuvem, uma vez que, com a finalidade de manter uma topologia de rede padronizada, essa quantidade não pode exceder a 100 servidores.

e) Na computação em nuvem, a alocação de recursos é proporcional à demanda de transações com exceção do aumento de espaço para armazenamento, pois essa é uma forma de garantir o desempenho do sistema; assim, o aumento dessa demanda acarreta aumento na destinação de recursos.

O serviço da nuvem de processamento pode ser pago por capacidade de processamento e memória como pelo volume de dados processados. Assim como o serviço de armazenamento pode ser mensurado pelo volume de armazenamento.

De modo geral, um serviço transparente é aquele em que o usuário não precisa se preocupar em configurar detalhes, ou mesmo em como a coisa funciona, podendo assim se concentrar apenas em usar o recurso. A ideia de transparência também é aplicada ao Proxy. Logo se o serviço é transparente, o usuário não sabe quais são os servidores usados.

Uma das características da nuvem é a sua independência frente aos diferentes sistemas operacionais, com isso não há necessidade de suporte para sistemas operacionais.

O que limita a quantidade de servidores é a capacidade de gerenciamento e o custo para investir.

Tanto no armazenamento quanto no processamento os recursos são alocados de acordo com contratado com o cliente, podendo ser escalável automaticamente ou não.

GABARITO: A.

495. **(CESPE - 2014 - ICMBIO - NÍVEL SUPERIOR - CONHECIMENTOS BÁSICOS - TODOS OS CARGOS)** A computação em nuvem é uma forma atual e segura de armazenar dados em servidores remotos que não dependem da Internet para se comunicar.

Certo ( ) Errado ( )

Uma das poucas dependências da computação na nuvem é de conexão com a Internet.

GABARITO: ERRADO.

496. **(CESPE - 2014 - ICMBIO - NÍVEL SUPERIOR - CONHECIMENTOS BÁSICOS - TODOS OS CARGOS)** Embora a atual arquitetura de nuvem possua grande capacidade de armazenamento, os dados gerados por redes sociais e por mecanismos de busca não podem ser armazenados e gerenciados em nuvem, devido ao fato de eles serem produzidos, diariamente, em quantidade que extrapola a capacidade de armazenamento da referida arquitetura.

Certo ( ) Errado ( )

Lembre-se a nuvem é a própria Internet, onde ficam armazenados os dados das redes sociais, em servidores espalhados pela Internet.

GABARITO: ERRADO.

497. **(ESAF - 2014 - MF - ASSISTENTE TÉCNICO ADMINISTRATIVO)** É FUNÇÃO da computação em nuvem:

a) cortar custos operacionais

b) permitir que departamentos de TI se concentrem em projetos operacionais em vez de manter provedores funcionando.

c) cortar custos situacionais, associados a instabilidades.

d) desvincular a TI de esforços estratégicos de interesse da cúpula da organização.

e) otimizar acessos indexados.

Atualmente, manter uma infraestrutura interna de servidores além de caro, necessita de mão de obra especializada, como também é comum encontrar infraestruturas mal dimensionadas ou sobrando recursos, gerando um custo por ociosidade ou subdimensionados tornando o sistema lento. Com a computação na nuvem, as empresas têm acesso a serviços mais mensurados, contratando o que lhes é preciso mitigando gastos desnecessários.

GABARITO: A.

498. **(CESPE - 2014 - CÂMARA DOS DEPUTADOS - TÉCNICO LEGISLATIVO - AGENTE DE POLÍCIA LEGISLATIVA)** O armazenamento de arquivos no modelo de computação em

nuvem (cloud computing) é um recurso moderno que permite ao usuário acessar conteúdos diversos a partir de qualquer computador com acesso à Internet.

Certo ( ) Errado ( )

Os pré-requisitos para usar os serviços da nuvem são: computador com acesso à Internet e um Browser instalado. Como os sistemas operacionais modernos já possuem navegadores, não é necessário citar a sua necessidade.

GABARITO: CERTO.

499. **((CESPE - 2014 - CÂMARA DOS DEPUTADOS - TÉCNICO LEGISLATIVO - AGENTE DE POLÍCIA LEGISLATIVA)** Windows Azure, Microsoft Office 365 e SkyDrive são exemplos, respectivamente, de IaaS, SaaS e PaaS na computação em nuvem.

Certo ( ) Errado ( )

IaaS (Infrastructure as a Service) é a infraestrutura, como armazenamento e hospedagem de serviços. É a parte que substitui o Hardware.

PaaS (Platform as a Service): o termo plataforma faz alusão a estrutura básica para o funcionamento de outros recursos, ou seja, uma plataforma é um sistema operacional. Ex.: Windows Azure.

SaaS (Software as a Service): quando trata-se de um serviço que atende uma finalidade mais específica, como editor de texto, planilha, entre outros. Ex.: Google Docs, Microsoft WebApps e Office 365.

GABARITO: ERRADO.

500. **(CESPE - 2014 - CÂMARA DOS DEPUTADOS - TÉCNICO LEGISLATIVO - AGENTE DE POLÍCIA LEGISLATIVA))** A computação em nuvem, mecanismo muito utilizado atualmente, dispensa o hardware para armazenamento de dados, que ficam armazenados em softwares.

Certo ( ) Errado ( )

Mesmo na nuvem, os dados são armazenados em dispositivos físicos, os softwares apenas manipulam os dados.

GABARITO: ERRADO.

501. **((CESPE - 2014 - CÂMARA DOS DEPUTADOS - TÉCNICO LEGISLATIVO - AGENTE DE POLÍCIA LEGISLATIVA)** Na computação em nuvem, é possível acessar dados armazenados em diversos servidores de arquivos localizados em diferentes locais do mundo, contudo, a plataforma utilizada para o acesso deve ser idêntica à dos servidores da nuvem.

Certo ( ) Errado ( )

A computação em nuvem independe de sistema operacional específico.

GABARITO: ERRADO.

502. **(CESPE - 2014 - CÂMARA DOS DEPUTADOS - TÉCNICO LEGISLATIVO - AGENTE DE POLÍCIA LEGISLATIVA)** Um dos meios de se armazenarem dados na nuvem consiste na utilização do modelo de serviços denominado SaaS (software as a service). Nesse modelo, o cliente utiliza-se de aplicações, como browser, para acessar os servidores, e todo o controle e gerenciamento do armazenamento é realizado pelo provedor de serviço.

Certo ( ) Errado ( )

Embora alguns serviços na nuvem possam oferecer a opção de instalação de aplicativos para melhorar a experiência do usuário, o serviço na sua definição é todo gerido pelo servidor.

GABARITO: CERTO.

503. **(CESPE - 2014 - CÂMARA DOS DEPUTADOS - TÉCNICO LEGISLATIVO - AGENTE DE POLÍCIA LEGISLATIVA)** A computação em nuvem permite que clientes e empresas utilizem serviços providos por terceiros e executados nos datacenters na rede, visto que ainda não há tecnologia disponível para que uma organização implante sua própria nuvem e mantenha dados e aplicações em seu próprio datacenter.

Certo ( ) Errado ( )

Pode-se dizer que a computação em nuvem é uma evolução natural do uso de datacenters do tipo mainframe. Contudo, os mainframes são mais usados em situações mais específicas dado seu custo. Embora, pouco comum, é possível que uma empresa invista em servidores do tipo Intel para hospedar em sua Intranet serviços baseados em plataformas web, criando sua Nuvem Privada.

GABARITO: ERRADO.

504. **(AUTOR -2021)** Na computação na nuvem a comunicação entre os hosts só é possível se o sistema operacional dos dois hosts for o mesmo.

Certo ( ) Errado ( )

A computação na nuvem independe de plataformas de software, então não é necessário utilizar os mesmo sistemas ou recursos.

GABARITO: ERRADO.

505. **(AUTOR -2021)** SaaS (Software as a Service) trata-se de uma forma de trabalho onde o software é oferecido como serviço, assim, o usuário não precisa adquirir licenças de uso para instalação ou mesmo comprar computadores ou servidores para executá-lo.

Certo ( ) Errado ( )

Similarmente, existe o PasS (plataforma como serviço) e IaaS (infraestrutura como serviço), que são modalidades de serviço baseados na computação em nuvem.

GABARITO: CERTO.

506. **(AUTOR -2021)** Na computação na nuvem apesar dos dados serem armazenados na própria nuvem se faz necessário que o usuário instale as aplicações específicas do serviço desejado para poder utilizá-lo minimamente.

Certo ( ) Errado ( )

A instalação é opcional nos serviços baseados nas nuvens, logo não é necessária. Ocorre que, na maioria dos serviços, ao instalar suas aplicações, os usuários têm acesso a recursos que não teriam na forma mínima.

GABARITO: ERRADO.

507. **(AUTOR-2021)** O Microsoft One Drive é um editor de bloco de notas com inúmeros recursos como sincronização de áudio com texto, também possui grupos de conteúdos, assim configurando uma excelente ferramenta para ser utilizada por estudantes.

Certo ( ) Errado ( )

One Drive é o novo nome para o SkyDrive, ou seja, um serviço de armazenamento na nuvem, enquanto que o One Note é a ferramenta que condiz com as características descritas.

GABARITO: ERRADO.

508. **(CESPE - 2013 - TRT - 17ª REGIÃO/ES - TÉCNICO JUDICIÁRIO - ÁREA ADMINISTRATIVA)** O cloud computing permite a utilização de diversas aplicações por meio da Internet, com a mesma facilidade obtida com a instalação dessas aplicações em computadores pessoais.

Certo ( ) Errado ( )

A questão se refere às aplicações como sendo um site, ou seja, Software como Serviço, denominado de SaaS.

GABARITO: CERTO.

509. **(CESPE - 2013 - TRT - 17ª REGIÃO/ES - TÉCNICO JUDICIÁRIO - ÁREA ADMINISTRATIVA)** A velocidade de acesso aos dados é a principal vantagem do armazenamento de dados na nuvem (cloud storage).

Certo ( ) Errado ( )

A principal vantagem do armazenamento em nuvem dos dados é o seu acesso que pode ser feito de qualquer dispositivo que possua um browser e esteja conectado à Internet.

GABARITO: ERRADO.

510. **(CESPE - 2013 - TRT - 17ª REGIÃO/ES - TÉCNICO JUDICIÁRIO - ÁREA ADMINISTRATIVA)** O armazenamento do arquivo de dados no computador e na nuvem é considerado um procedimento de backup.

Certo ( ) Errado ( )

Um backup consiste na ideia básica de manter o mesmo arquivo em dois locais ao mesmo tempo, para o caso de um falhar o arquivo não será perdido completamente. A questão aponta a nuvem como sendo outro lugar e uma vez que ela aponta o armazenamento simultâneo se torna correta.

GABARITO: CERTO.

511. **(CESPE - 2013 - TRT - 17ª REGIÃO/ES - TÉCNICO JUDICIÁRIO - ÁREA ADMINISTRATIVA)** Arquivos com mapas e análises espaciais não podem ser publicados em nuvem, dada a limitação de armazenamento desse suporte

Certo ( ) Errado ( )

O armazenamento na nuvem conta com inúmeros servidores de armazenamento trabalhando na casa dos Petabytes de armazenamento, o que pode acontecer é o cliente contratar pouco espaço, mas o serviço normalmente possui alta capacidade.

GABARITO: ERRADO.

512. **(IBFC – 2015 – CEP 28 – ASSISTENTE ADMINISTRATIVO)** A versão do Microsoft Office que inclui o Word, PowerPoint e o Excel no formato de serviço na nuvem (Cloud Computing) é denominada, pela própria Microsoft, como:

a) Microsoft Office Real-Time

b) Microsoft Cloud

c) Microsoft Office 365

d) Office Cloud

A Microsoft possui diversos produtos, dentre eles o MS Office 365 que se trata de um SaaS (Software as a Service – Software como um Serviço), ao adquirir esse produto o usuário contrata o serviço por um ano (renovável), por isso o nome 365 (dias do ano), a fim de fazer alusão ao fato do programa estar disponível para o usuário todo dia e que para usá-lo é necessário apenas um computador conectado à Internet, mesmo que o sistema operacional do mesmo seja o Linux. Outra alternativa que pode ser tomada como correta para o enunciado é o Microsoft WebApp, que existe vinculado ao OneDrive.

GABARITO: C.

513. **(CS –2015 – UFG – ASSISTENTE EM ADMINISTRAÇÃO)** No contexto da Internet, quando é citado tecnicamente 'Computação na Nuvem' (Cloud Computing), o termo utilizado genericamente como "nuvem" representa, simbolicamente:

a) a rede local.

b) a internet.

c) as bases de dados.

d) os servidores.

A Nuvem em si é a rede mundial de computadores. Apesar dos dados serem processados e/ou armazenados em servidores, a abstração da nuvem é própria Internet. Contudo, lembre-se que é possível usar essa mesma "tecnologia/ideologia" em redes privadas (Intranet) recebendo o nome de Nuvem Privada.

GABARITO: B.

514. **(QUADRIX – 2015 – CRP/MG – ASSISTENTE ADMINISTRATIVO)** Entre as vantagens da Cloud computing listadas a seguir, uma está incorreta. Assinale-a.

a) O usuário pode acessar as aplicações independentemente do seu sistema operacional, sem se preocupar com a estrutura para executá-las, como hardware, controle de segurança, manutenção etc.

b) Compartilhamento de informações e trabalho colaborativo se tornam mais fáceis, pois todos os usuários acessam as aplicações e os dados da nuvem.

c) O usuário pode contar com alta disponibilidade. Se um servidor parar de funcionar, por exemplo, outros da estrutura continuam a oferecer o serviço.

d) O usuário sempre economiza, embora não existam aplicações gratuitas na nuvem. Ele paga somente pelos recursos que usar ou pelo tempo de utilização. Não há o modelo de se pagar por uma licença integral de uso.

e) O usuário pode precisar instalar um programa cliente em seu computador ou dispositivo móvel. Mas, nesse caso, todo ou a maior parte do processamento (e até mesmo do armazenamento de dados) fica na nuvem.

O Microsoft Office 365 é um exemplo de SaaS em Cloud Computing em que o usuário paga uma licença de uso anual, independentemente, do uso do serviço. Por outro lado, existem vários serviços na nuvem que oferecem uma amostra grátis de suas ferramentas.

GABARITO: D.

515. **(AUTOR – 2018)** A respeito dos conceitos de computação na nuvem julgue a seguir.

O Microsoft Office 365 e o Google Drive são exemplos de soluções de computação na nuvem do tipo IaaS.

Certo ( ) Errado ( )

Office 365 e Google Drive são exemplos de SaaS, ou seja, Software como Serviço. Windows Azure, Chrome OS e EyeOs são exemplos de PaaS, ou seja, plataforma (sistema operacional) como serviço.

GABARITO: ERRADO.

516. **(AUTOR – 2018)** A respeito dos conceitos de computação na nuvem julgue a seguir.

Uma nuvem privada é similar a nuvem tradicional, com a diferença que fica limitada (fisicamente) ao ambiente da Intranet da empresa.

Certo ( ) Errado ( )

A nuvem privada é uma forma de usar os serviços com as mesmas bases e ferramentas dos disponíveis na Internet, porém limitando esses ao ambiente da empresa, assim só pode ser acessada pelos usuários autorizados e que estejam conectados à rede da empresa.

GABARITO: CERTO.

517. **(AUTOR – 2018)** A respeito dos conceitos de computação na nuvem julgue a seguir.

Um dos fatores que levaram ao grande aumento do uso de soluções na nuvem é a facilidade em compartilhar documentos com outros usuários.

Certo ( ) Errado ( )

Os serviços na nuvem ganham adesão principalmente pela capacidade de edição simultânea dos arquivos, e possibilitam o acesso ao mesmo tempo por mais de um usuário.

GABARITO: CERTO.

518. **(AUTOR – 2018)** A respeito dos conceitos de computação na nuvem julgue os itens a seguir.

Os recursos computacionais do provedor de nuvem são organizados em um pool para servir múltiplos usuários, usando um modelo multiinquilino, com diferentes recursos físicos e virtuais, dinamicamente atribuídos e ajustados de acordo com a demanda dos usuários.

Certo ( ) Errado ( )

Pool = conjunto com características e/ou finalidades similares. Na computação em nuvem é comum o uso de servidores virtuais, pois muitas vezes o cliente não demanda de tanto poder computacional para necessitar de um servido físico dedicado.

GABARITO: CERTO.

519. **(AUTOR – 2018)** Uma nuvem privada consiste na destinação dos recursos de uma infraestrutura de nuvem da Internet para atender as necessidades de uma empresa específica, de tal

modo que pode ser acessada, apenas por seus funcionários autorizados, de qualquer computador com acesso à Internet, desde que o usuário possua login válido.

Certo ( ) Errado ( )

Uma nuvem privada é similar a nuvem tradicional, com a diferença que fica limitada (fisicamente) ao ambiente da Intranet da empresa e, assim, só pode ser acessada pelos usuários autorizados e que estejam conectados à rede da empresa.

GABARITO: ERRADO.

520. **(AUTOR – 2018)** Google, Amazon e Microsoft são exemplos de empresas líderes na prestação de serviços em nuvem.

Certo ( ) Errado ( )

Hoje, a Amazon é uma das dominantes no mercado no que tange a hospedagem de serviços em cloud.

GABARITO: CERTO.

521. **(AUTOR – 2018)** O Microsoft Office 365 e o Google Drive são exemplos de soluções de computação na nuvem do tipo PaaS.

Certo ( ) Errado ( )

Office 365 e Google Drive são exemplos de SaaS, ou seja, Software como Serviço. Windows Azure, Chrome OS e EyeOs são exemplos de PaaS, ou seja, plataforma (sistema operacional) como serviço.

GABARITO: ERRADO.

522. **(AUTOR – 2018)** Uma vez que os serviços de nuvem privada se encontram em uma rede protegida e segura não utilizam o protocolo HTTPS quando acessadas por meio de navegadores web, por questões de desempenho.

Certo ( ) Errado ( )

Mesmo estando em uma rede privada recomenda-se o uso do HTTPS, por questões de segurança, principalmente para a realização de login.

GABARITO: ERRADO.

523. **(AUTOR – 2018)** Um agente penitenciário possui um computador com apenas 3GB de memória RAM e 500GB de armazenamento, decide expandir a capacidade do dispositivo usando a computação em nuvem, assim aumentando o poder computacional do seu computador.

Certo ( ) Errado ( )

Até certo ponto pode-se dizer que aumenta a capacidade computacional para realizar uma tarefa, pois em vez de usar os recursos do computador local para processamento passa-se a usar a estrutura da nuvem. Em todo caso, a capacidade computacional do computador do usuário não é alterada.

GABARITO: ERRADO.

524. **(AUTOR – 2018)** Um dos fatores que levaram ao grande aumento do uso de soluções na nuvem é a facilidade em compartilhar documentos com outros usuários, mesmo que o acesso a estes ainda não possa ocorrer simultaneamente por mais de um usuário.

Certo ( ) Errado ( )

Os serviços na nuvem ganham adesão principalmente pela capacidade de edição simultânea dos arquivos, e portanto, possibilitam o acesso ao mesmo tempo por mais de um usuário.

GABARITO: ERRADO.

525. **(AUTOR – 2018)** Uma grande inovação trazida pela constante evolução da computação é a Computação em Nuvem ou Cloud Computing. Essa tendência vem se popularizando porque uma de suas características é o fato de o usuário não precisar se preocupar com medidas de segurança, uma vez que a nuvem não é suscetível a vírus.

Certo ( ) Errado ( )

A nuvem é um serviço em computadores (servidores) na Internet, portanto, também é suscetível a ataques e contaminação, embora seja muitas vezes mais segura que o computador do usuário.

GABARITO: ERRADO.

BANCO DE DADOS

526. **(CESPE –2021– TCE/RJ – ANALISTA DE CONTROLE EXTERNO - ESPECIALIDADE: TECNOLOGIA DA INFORMAÇÃO)** Com relação a Big Data, julgue o item seguinte.

Volume, variedade e visualização são as três características, conhecidas como 3 Vs, utilizadas para definir Big Data.

Certo ( ) Errado ( )

Big data é uma tecnologia que surge em decorrência da necessidade de processar um grande Volume de dados que possuem uma grande Variedade de formas e formatos e que são criados em alta Velocidade. Atualmente a tecnologia se consolida pela busca de informações que apresentem Veracidade e Valor.

GABARITO: ERRADO.

527. **(CESPE - 2019 – TJ/AM - ASSISTENTE JUDICIÁRIO – PROGRAMADOR)** Com relação a arquitetura e tecnologias de sistemas de informação, julgue o próximo item.

Data warehouse, o principal dispositivo de armazenamento de um computador, é formado pelo processador, pela entrada e pela saída de dados.

Certo ( ) Errado ( )

Data warehouse é uma grande base de dados não volátil, enquanto um Banco de Dados tradicional é volátil, que serve de base para mineração de dados e BI. O principal dispositivo de armazenamento do computador é sua memória secundária, que pode ser um HD magnético ou elétrico (Sata, mSata ou NVME).

GABARITO: ERRADO.

528. **(CESPE - 2019 – TJ/AM - ASSISTENTE JUDICIÁRIO - SUPORTE AO USUÁRIO DE INFORMÁTICA)** A respeito de data warehouse e data mining, julgue o item que se segue.

Chamados de data mart, os servidores de apresentação de data warehouse permitem consultas.

Certo ( ) Errado ( )

Data marts se diferenciam dos data warehouses por serem mais específicos e atenderem a problemas locais ou departamentais, que são mais voláteis, ao contrário dos data warehouses. Em termos de tamanho são menores tanto em tamanho como em escopo.

GABARITO: CERTO.

529. **(CESPE – 2019– TJ/AM - ASSISTENTE JUDICIÁRIO - SUPORTE AO USUÁRIO DE INFORMÁTICA)** A respeito de data warehouse e data mining, julgue o item que se segue.

A técnica machine learning pode ser utilizada para apoiar um processo de data mining.

Certo ( ) Errado ( )

Embora a mineração de dados, assim como o big data, sejam usadas para o machine learning, o próprio recurso pode ser criado com o intuito de auxiliar os processos de mineração. Uma vez que o aprendizado de máquina consiste em fazer o sistema computacional ter maior assertividade em suas predições.

GABARITO: CERTO.

530. **(CESPE - 2020 – TJ/PA - ANALISTA JUDICIÁRIO – PROGRAMADOR)** Assinale a opção que indica um processo de extração e transformação de dados em um data warehouse.

a) Big Data
b) OLAP
c) OLTP
d) ETL
e) machine learning

ETL é o processo de Extração, Transformação e Carga (Load) dos dados para o data warehouse. É nesta etapa que os dados são limpos e tratados. OLAP (Online Analytical Processing) é o processamento online analítico e é usado para processar grandes volumes de dados online, tanto de data warehouses como para BI. OLTP trata dos sistemas transacionais. Machine Learn é o aprendizado de máquina. Big Data é o conjunto de ferramentas e técnicas para processamento de um grande volume de dados, de grande variedade e com velocidade de criação de novos dados.

GABARITO: D.

531. **(CESPE – 2018 – POLÍCIA FEDERAL – PERITO CRIMINAL FEDERAL)** Julgue o próximo item, a respeito de computação na nuvem, sistemas de informações e teoria da informação.

A informação se caracteriza pela compreensão e internalização do conteúdo recebido, por meio do seu uso em nossas ações; o dado, por sua vez, é um elemento bruto dotado apenas de significado e relevância que visem fornecer uma solução para determinada.

Certo ( ) Errado ( )

Dado é o registro bruto de um fato, sem significado embutido. A informação é agregado de sentido ao conjunto de dados e leva em conta o contexto.

GABARITO: ERRADO.

532. **(CESPE – 2018 – POLÍCIA FEDERAL – ESCRIVÃO DE POLÍCIA FEDERAL)** Julgue o item a seguir, a respeito da teoria da informação e de metadados de arquivos.

Na gestão de documentos digitalizados, os arquivos são criados em formato de imagens, e seus atributos são armazenados em metadados para facilitar a pesquisa e a localização desses arquivos.

Certo ( ) Errado ( )

Questão que também pode ser aplicada ao universo da arquivística, uma vez que trata da digitalização de documentos. Ao escanear um documento cria a sua versão digital, é importante utilizar elementos que facilitem a sua localização, desde o uso de elementos descritivos adicionado as propriedades dos documentos, ou seja, nos seus metadados – aplicação de técnicas de reconhecimento de caracteres para facilitar a busca dentro do próprio conteúdo do arquivo.

GABARITO: CERTO.

533. **(CESPE – 2018 – POLÍCIA FEDERAL – ESCRIVÃO DE POLÍCIA FEDERAL)** Julgue o item a seguir, a respeito da teoria da informação e de metadados de arquivos.

Em arquivos no formato XML, as tags não são consideradas metadados.

Certo ( ) Errado ( )

Arquivo XML (linguagem de marcação estendida) é um arquivo que segue a mesma linha de raciocínio de um arquivo HTML, a diferença é que um arquivo HTML utiliza-se de TAGs que são reconhecidas pelo navegador, então transformadas no conteúdo multimídia que visualizamos ao acessar o site e as TAGs são predefinidas. No caso de arquivos XML, ele explora TAGs não definidas pelo navegador ou pela linguagem HTML, permitindo estender a linguagem de marcação. Portanto, na sua essência, arquivos XML são compostos por inúmeras TAGs. O próprio arquivo XML é visto como um arquivo de metadados.

GABARITO: ERRADO.

534. **(CESPE – 2018 – POLÍCIA FEDERAL – AGENTE DE POLÍCIA FEDERAL)**

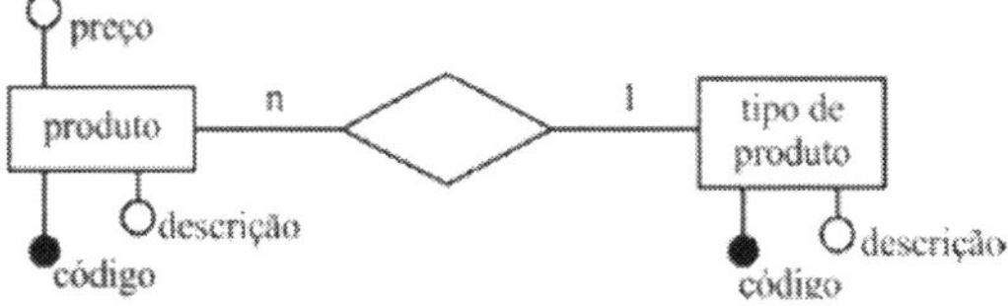

Considerando o modelo entidade-relacionamento (ER) precedente, julgue o seguinte item, relativo a banco de dados.

Conforme o modelo ER em questão, um tipo de produto pode estar associado a somente 1 produto e cada produto possui um preço e uma descrição.

Certo ( ) Errado ( )

É importante observar que a cardinalidade de análise é feita de forma cruzada, a leitura do diagrama deve ser assim: cada tipo de produto pode estar relacionado a n produtos, ou seja, cada produto pode estar associado há apenas um tipo de produto.

GABARITO: ERRADO.

535. **(CESPE – 2018 – POLÍCIA FEDERAL – AGENTE DE POLÍCIA FEDERAL)**

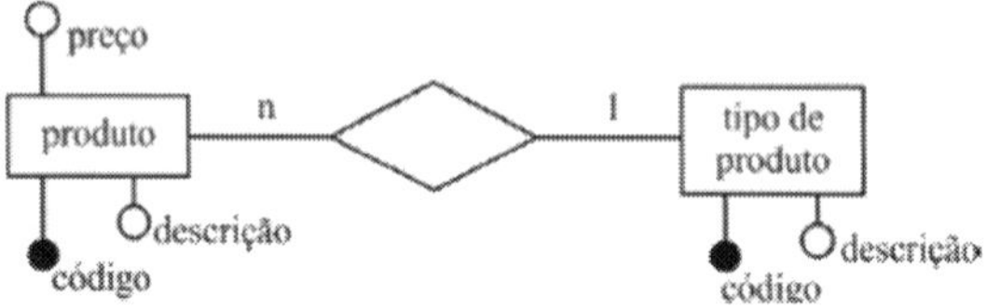

Considerando o modelo entidade-relacionamento (ER) precedente, julgue o seguinte item, relativo a banco de dados.

Considerando-se apenas o diagrama apresentado, infere-se que, na aplicação das regras para a transformação do modelo ER em um modelo relacional, é necessário realizar a fusão das tabelas referentes às entidades envolvidas no relacionamento.

Certo ( ) Errado ( )

Embora seja possível a realização da fusão das 2 entidades, ela não é necessária, além do fato de que o modelo não atende as formas normais.

GABARITO: ERRADO.

536. **(CESPE – 2018 – POLÍCIA FEDERAL – AGENTE DE POLÍCIA FEDERAL)**

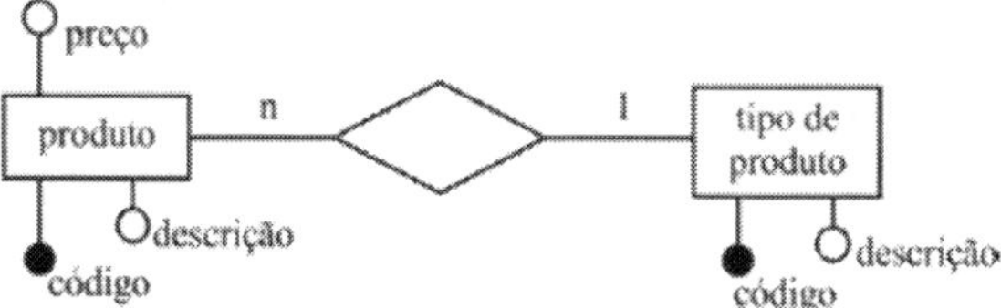

Considerando o modelo entidade-relacionamento (ER) precedente, julgue o seguinte item, relativo a banco de dados.

Situação hipotética: Ao analisar o modelo ER em questão, Paulo verificou que há duas chaves identificadas com o mesmo nome: código — em tipo de produto e em produto. Paulo sabe que o conceito de chaves é básico para estabelecer relações entre linhas de tabelas de um banco de dados relacional e que as chaves primárias devem ser únicas. Assertiva: Nessa situação, Paulo deve invalidar o modelo ER em questão, pois ele está semanticamente errado, já que não pode haver chaves primárias com nomes iguais, ainda que em entidades distintas.

Certo ( ) Errado ( )

Os nomes usados nos atributos em entidades diferentes podem ser reutilizados, porém ao realizar consultas envolvendo as 2 entidades é necessário identificar qual entidade pertence ou atributo indicado.

GABARITO: ERRADO.

537. **(CESPE – 2013 – SERPRO – ANALISTA)** A respeito de banco de dados, julgue os itens subsequentes.

O modelo entidade-relacionamento e o diagrama de entidade e relacionamento são representações gráficas da estrutura lógica do banco de dados.

Certo ( ) Errado ( )

O MER é textual enquanto o DER é gráfico, pode-se dizer que o DER é a representação gráfica de um MER, MR (Modelo Relacional) também é gráfico. Outro ponto é observar que MER e DER são modelos conceituais, enquanto MR é o chamado modelo físico.

GABARITO: ERRADO.

538. **(CAIP-IMES – 2015 – CONSÓRCIO INTERMUNICIPAL GRANDE ABC – PROCURADOR)** Identifique as figuras abaixo que representam botões do Access 2010, preenchendo os parênteses com os números correspondentes.

( ) Formulário.
( ) Relatório.
( ) Assistente de consulta.

O preenchimento correto está na sequência:

a) 2, 1, 3.

b) 1, 3, 2.

c) 3, 2, 1.

d) 2, 3, 1.

Normalmente, os ícones com uma "varinha mágica" ilustram algum assistente, ou seja, uma ferramenta que auxiliará na execução da tarefa. Já para diferenciar o Formulário do Relatório, basta pensar que o formulário é para um cadastro apenas, enquanto um relatório exibirá uma lista ou tabela.

GABARITO: D.

539. **(AUTOR – 2018)** Com base nos conceitos de banco de dados e modelagem de dados julgue o que se segue:

Um Banco de Dados é um aplicativo que manipula dados inter-relacionados?

Certo ( ) Errado ( )

Um banco de dados é uma coleção de dados inter-relacionados, representando informações sobre um domínio específico. Navathe (2005) também define um banco de dados como uma coleção de dados relacionados. O aplicativo que manipula o banco de dados é um SGBD (Sistema Gerenciador de Banco de Dados).

GABARITO: ERRADO.

540. **(AUTOR – 2018)** Chave primária pode ser representada por apenas um único atributo para identificar uma tupla de uma entidade.

Certo ( ) Errado ( )

Uma chave primária pode ser composta por mais de um atributo, ou seja, uma chave primária pode ser composta.

GABARITO: CERTO.

541. **(AUTOR – 2018)** Nível conceitual define quais os dados que estão armazenados e qual o relacionamento entre eles.

Certo ( ) Errado ( )

A modelagem conceitual é comumente representada pelo Modelo Entidade Relacionamento (MER) ou pelo Diagrama Entidade Relacionamento (DER).

GABARITO: CERTO.

542. **(AUTOR – 2018)** Nível físico, também chamado de nível externo, é o nível mais baixo de abstração.

Certo ( ) Errado ( )

No nível físico, também conhecido como interno, é onde se define efetivamente de que maneira os dados estão armazenados.

GABARITO: ERRADO.

543. **(AUTOR – 2018)** Uma transação é um conjunto de procedimentos, executados num banco de dados, que o usuário percebe como uma única ação.

Certo ( ) Errado ( )

Uma transação tem integridade quando possui: atomicidade, consistência, isolamento e durabilidade.

GABARITO: CERTO.

544. **(AUTOR – 2018)** Com referência a Big Data, julgue o que se segue:

A definição mais ampla de big data restringe o termo a duas partes — o volume absoluto e a velocidade —, o que facilita a extração das informações e dos insights de negócios.

Certo ( ) Errado ( )

O Big Data é baseado em 3 V's, embora possam ser citados mais dois. 3V: Volume, Velocidade e Variedade são os pilares para o Big Data. Os outros Vs agregados são Veracidade e Valor.

GABARITO: ERRADO.

545. **(AUTOR – 2018)** Os Sistemas de Gerenciamento de Banco de Dados Relacionais - SGBDR também utilizam metadados que são armazenados diretamente nas tabelas no banco de dados.

Certo ( ) Errado ( )

Em banco de dados, informações a respeito dos dados são tão importantes quanto os dados. Os Sistemas de Gerenciamento de Banco de Dados Relacionais (SGBDR) também utilizam

metadados. As tabelas no banco de dados são usadas para armazenar informações. De forma similar, um SGBDR tem várias meta-tabelas que armazenam descrições das tabelas.

GABARITO: ERRADO.

546. **(CESPE – 2018 – POLÍCIA FEDERAL – PERITO CRIMINAL FEDERAL)** Acerca de banco de dados, julgue o item seguinte.

NoSQL são bancos de dados que não aceitam expressões SQL e devem ser armazenados na nuvem.

Certo ( ) Errado ( )

O nome NoSQL induz a pensar em Não SQL, quando na verdade o significado é Not Only SQL (não apenas SQL), são estruturas que permitem o uso de gráficos, principalmente, para trabalhar com dados não estruturados.

GABARITO: ERRADO.

547. **(AUTOR – 2018)** Os metadados têm um papel importante na gestão de dados, pois a partir deles as informações são processadas, atualizadas e consultadas. As informações de como os dados foram criados/derivados, ambiente em que reside e/ou residiu, alterações feitas, entre outras são obtidas de metadados.

Certo ( ) Errado ( )

Os metadados fornecem os recursos necessários para entender os dados através do tempo.

GABARITO: CERTO.

548. **(CESPE - 2010 - MS - BIBLIOTECÁRIO DOCUMENTALISTA)** Julgue os itens a seguir, a respeito de metadados.

Os metadados descritivos incluem aqueles usados para indexação, recuperação e identificação dos recursos digitais, enquanto os administrativos servem para gestão desses recursos.

Certo ( ) Errado ( )

Temos 3 tipos básicos de metadados: descritivos que descrevem um dado. Um exemplo são as propriedades de arquivos e pastas que envolvem metadados como: autor, data de criação, tamanho, tipo, entre outros de acordo com cada arquivo. Metadados estruturais descrevem a estrutura de um dado, o que significam suas partes e como usá-las, exemplo o próprio manual de correspondências e redação oficial, para identificar os tipos documentais como atas e ofícios. Já os metadados administrativos são aqueles que apresentam características do uso de um documento e sua tramitação, como prazos de guarda, destinação final, autuação entre outros, de acordo com a norma usada. No Brasil o NOBRADE é a referência para descrever os metadados.

GABARITO: CERTO.

549. **(CESPE - 2020 - MINISTÉRIO DA ECONOMIA - TECNOLOGIA DA INFORMAÇÃO - CIÊNCIA DE DADOS)** Julgue o item a seguir, a respeito de banco de dados relacionais.

Em um sistema de banco de dados relacional, o dado do tipo CHAR é usado para armazenar um conjunto de caracteres de tamanho variável, ocupando o tamanho da cadeia de caracteres do texto armazenado.

Certo ( ) Errado ( )

Na definição de tipos de dados podemos usar o CHAR ou VARCHAR na maioria dos SGBDs, ambos podem ser declarados da seguinte forma → nome = varchar(200) e nome = char(200), a diferença é que o char é delimitado o espaço físico ocupado como sendo sempre 200, mesmo que o nome ocupe 50 caracteres, já o varchar reserva 200, mas se o dado inserido ocupar apenas 50 ele não ocupa os 150 restantes.

GABARITO: ERRADO.

BIG DATA, MINERAÇÃO, BI E APRENDIZADO DE MÁQUINA

550. **(CESPE – 2018 – POLÍCIA FEDERAL – PERITO CRIMINAL FEDERAL)** Acerca de banco de dados, julgue o seguinte item.

A mineração de dados se caracteriza especialmente pela busca de informações em grandes volumes de dados, tanto estruturados quanto não estruturados, alicerçados no conceito dos 4V's: volume de mineração, variedade de algoritmos, velocidade de aprendizado e veracidade dos padrões.

Certo ( ) Errado ( )

Big data é baseado no conceito de 5 Vs, pode até ser apresentado como 3 Vs, caso pegue a sua origem, atualmente a concepção mais empregada é a com 5 Vs: Volume, Variedade, Velocidade, Veracidade e Valor.

GABARITO: ERRADO.

551. **(CESPE – 2018 – POLÍCIA FEDERAL – ESCRIVÃO DE POLÍCIA FEDERAL)** Em um big data, alimentado com os dados de um sítio de comércio eletrônico, são armazenadas informações diversificadas, que consideram a navegação dos usuários, os produtos comprados e outras preferências que o usuário demonstre nos seus acessos.

Tendo como referência as informações apresentadas, julgue o item seguinte.

Pelo monitoramento do tráfego de rede no acesso ao sítio em questão, uma aplicação que utiliza machine learning é capaz de identificar, por exemplo, que os acessos diminuíram 20% em relação ao padrão de acesso em horário específico do dia da semana.

Certo ( ) Errado ( )

As características do aprendizado de máquina dentro do contexto da mineração de dados é identificar padrões de comportamento dos usuários de forma automatizada. Assim como identificar é padrões de compras de produto, produtos que tenham relação entre os clientes, aquela velha lista de que quem comprou isto também comprou aquilo.

GABARITO: CERTO.

552. **(CESPE – 2018 – POLÍCIA FEDERAL – AGENTE DE POLÍCIA FEDERAL)** Julgue o item que segue, relativo a noções de mineração de dados, big data e aprendizado de máquina.

Situação hipotética: Na ação de obtenção de informações por meio de aprendizado de máquina, verificou-se que o processo que estava sendo realizado consistia em examinar as características de determinado objeto e atribuir-lhe uma ou mais classes; verificou-se também que os algoritmos utilizados eram embasados em algoritmos de aprendizagem supervisionados. Assertiva: Nessa situação, a ação em realização está relacionada ao processo de classificação.

Certo ( ) Errado ( )

Dentro do contexto de aprendizado de máquina, temos o aprendizado supervisionado e não supervisionado, além da classificação quanto à forma de aprendizado obtido por associação, classificação, padrões sequenciais ou séries temporais, entre outros. Note o apontamento da questão em relação a usar aprendizado supervisionado para validar a classificação realizada pela inteligência artificial. Ex.: ferramentas como Captcha do Google, ou seja, imagens em que o usuário deve selecionar para atender determinado critério. O aprendizado supervisionado na inteligência artificial do Google refere-se ao reconhecimento de elementos ou fotos capturadas pelo Google no trânsito da cidade.

GABARITO: CERTO.

553. **(CESPE – 2018 – POLÍCIA FEDERAL – AGENTE DE POLÍCIA FEDERAL)** Julgue o item que segue, relativo a noções de mineração de dados, big data e aprendizado de máquina.

Pode-se definir mineração de dados como o processo de identificar, em dados, padrões válidos, novos, potencialmente úteis e, ao final, compreensíveis.

Certo ( ) Errado ( )

A mineração de dados é um processo pela qual se busca a descoberta de conhecimento que pode ser feita de formas distintas de acordo com aquilo que se busca, como associações, sequenciamentos ou classificações.

GABARITO: CERTO.

554. **(CESPE – 2018 – POLÍCIA FEDERAL – AGENTE DE POLÍCIA FEDERAL)** Julgue o item que segue, relativo a noções de mineração de dados, big data e aprendizado de máquina.

Big data refere-se a uma nova geração de tecnologias e arquiteturas projetadas para processar volumes muito grandes e com grande variedade de dados, permitindo alta velocidade de captura, descoberta e análise.

Certo ( ) Errado ( )

Inicialmente, o mundo de big data pensou nos 3Vs: velocidade, volume e variedade, depois de um tempo sentiram a necessidade de adicionar mais 2Vs: veracidade e valor. Para conseguir trabalhar com um grande volume de dados, atender à necessidade de alta velocidade, compreender que existe uma gama muito grande de valores e tipos de dados, que variam como dados estruturados e não estruturados, o uso da computação na nuvem e grandes servidores tornou-se bastante enfático para este universo.

GABARITO: CERTO.

TEORIA GERAL DOS SISTEMAS (TGS) E TEORIA DA INFORMAÇÃO

555. **(CESPE – 2018 – POLÍCIA FEDERAL – ESCRIVÃO DE POLÍCIA FEDERAL)** Julgue o seguinte item, a respeito da computação em nuvem e da teoria geral de sistemas (TGS).

De acordo com a TGS, na realimentação de um sistema, a saída de um processo torna-se a entrada do processo seguinte.

Certo ( ) Errado ( )

A retroalimentação do sistema consiste em alimentar o próprio sistema com o feedback obtido a partir da sua execução. Portanto, não será adicionado ao próximo, mas ao mesmo processo.

GABARITO: ERRADO.

556. **(CESPE – 2018 – POLÍCIA FEDERAL – AGENTE DE POLÍCIA FEDERAL)** Julgue o próximo item, a respeito da teoria da informação e de sistemas de informação.

O conceito de conhecimento é mais complexo que o de informação, pois conhecimento pressupõe um processo de compreensão e internalização das informações recebidas, possivelmente combinando-as.

Certo ( ) Errado ( )

Um dado é o registro do mundo real que sozinho não apresenta um significado, ao contrário da informação que proporciona o significado ao dado, normalmente, para que isso seja possível é necessário algum contexto, conhecimento é saber o que fazer a partir da constatação de uma informação ou mesmo um conjunto de informações e dados. Ele pode ser tácito, ou seja, conhecimento adquirido de maneira não expressa.

GABARITO: CERTO.

557. **(CESPE – 2018 – POLÍCIA FEDERAL – ESCRIVÃO DE POLÍCIA FEDERAL)** Julgue o seguinte item, a respeito da computação em nuvem e da teoria geral de sistemas (TGS).

Um sistema com entropia interna não funciona corretamente.

Certo ( ) Errado ( )

Entropia é entendido como desordem, embora tenha sua origem no universo de grandezas físicas. O entendimento é um pouco mais complexo, de modo contrário buscamos cada vez mais dentro dos sistemas de informação a sinergia.

GABARITO: CERTO.

558. **(CESPE – 2018 – POLÍCIA FEDERAL – ESCRIVÃO DE POLÍCIA FEDERAL)** Julgue o item a seguir, a respeito da teoria da informação e de metadados de arquivos.

O conhecimento é embasado na inteligência das informações que são coletadas e analisadas para uma organização.

Certo ( ) Errado ( )

Conhecimento embasado no entendimento das informações e como utilizá-las em uma organização.

GABARITO: ERRADO.

559. **(CESPE – 2018 – POLÍCIA FEDERAL – AGENTE DE POLÍCIA FEDERAL)** Acerca da teoria geral dos sistemas, julgue o item subsequente.

Essa teoria contribui para a unidade da ciência, ao desenvolver princípios unificadores que atravessam verticalmente os universos particulares das diversas ciências envolvidas.

Certo ( ) Errado ( )

A teoria geral dos sistemas (TGS), amplamente utilizada pelo ramo da administração, foi proposta por um biólogo Ludwing. Em sua teoria, ele apresenta a ideia de que os sistemas estão todos

interligados e que ações realizadas em um sistema possuem consequências em outro. Ele foi ampliou a sua teoria mostrando que ela transcende permeando verticalmente cenários, que aparentam não serem relacionados.

GABARITO: CERTO.

560. **(CESPE – 2018 – POLÍCIA FEDERAL – AGENTE DE POLÍCIA FEDERAL)** Julgue o próximo item, a respeito da teoria da informação e de sistemas de informação.

No desenvolvimento de um sistema de informação, a fase de levantamento de requisitos consiste em compreender o problema, dando aos desenvolvedores e usuários a mesma visão do que deve ser construído para resolvê-lo, e a fase de projeto consiste na realização da descrição computacional, incluindo a arquitetura do sistema, a linguagem de programação utilizada e o sistema gerenciador de banco de dados (SGBD) utilizado.

Certo ( ) Errado ( )

O desenvolvimento do software consiste em várias etapas que começam pelo levantamento de requisitos em que são coletadas as necessidades dos usuários e que solução se deseja resolver com a implantação do software. A partir do levantamento de requisitos são feitos vários estudos, como o estudo de viabilidade em que são aplicadas análises para verificar se as tecnologias disponíveis são compatíveis, qual será o custo do desenvolvimento e tempo necessário para o desenvolvimento do projeto. Uma vez definido o que será implantado e com quais tecnologias serão utilizadas, começa a fase do projeto: desenha o sistema em termos de fluxo, entra o papel do engenheiro de software para desenvolver os diagramas de caso de uso, encaminhar também para o projetista de banco de dados para que projete o banco, então passa-se para fase de implantação: implementado pelos desenvolvedores e o banco pelo DBA.

GABARITO: CERTO.

PROGRAMAÇÃO E LINGUAGENS PYTHON E R

561. **(CESPE – 2018 – POLÍCIA FEDERAL – AGENTE DE POLÍCIA FEDERAL)** Julgue o próximo item, relativo a noções de programação Python e R.

Considere o programa a seguir, escrito em R.

```
x <- TRUE
y <- FALSE
print (xy)
```

Após a execução do programa, será obtido o seguinte resultado.

```
[1] FALSE
```

Certo ( ) Errado ( )

Na linguagem, o código apresentado realiza basicamente os seguintes procedimentos: atribui o valor lógico TRUE a variável x e o valor lógico FALSE a variável y, após os resultados destas operações ao comando print; o objeto que está sendo impresso é objeto xy, que não foi declarado no código, ou seja, é como se não existisse, nesse caso, o resultado será um erro. Para que o código funcione, a linha deveria ser escrita da seguinte forma print(x, y), mesmo que o sinal do espaço não for inserido entre as 2 variáveis, o programa irá entender que se deseja imprimir

apenas uma. Outro ponto importante é que na linguagem R, o comando print não aceita mais de um parâmetro como ocorre na linguagem Python. Caso seja impresso mais de uma variável, é necessário usar a instrução paste(x, y).

GABARITO: ERRADO.

562. **(CESPE – 2018 – POLÍCIA FEDERAL – AGENTE DE POLÍCIA FEDERAL)** Julgue o próximo item, relativo a noções de programação Python e R.

Considere o programa a seguir, na linguagem Python.

```
letras == ["P", "F"]
for x in letras
{
print(x)
}
```

A sintaxe do programa está correta e, quando executado, ele apresentará o seguinte resultado.

PF

Certo ( ) Errado ( )

A questão menciona que se trata de um código na linguagem Python, porém a linguagem não utiliza chaves para abertura e fechamento de blocos, que é uma característica da linguagem R.

GABARITO: ERRADO.

563. **(CESPE – 2018 – POLÍCIA FEDERAL – AGENTE DE POLÍCIA FEDERAL)** Julgue o próximo item, relativo a noções de programação Python e R.

Considere o programa a seguir, escrito em R.

```
x <- c (3, 5, 7)
y <- c (1, 9, 11)
print (x + y)
```

Após a execução do programa, será obtido o seguinte resultado.

[1] 36

Certo ( ) Errado ( )

A linguagem é uma linguagem orientada a estatística, possui algumas manipulações particulares para conjuntos de dados, desse modo ao realizar a operação de adição dentro do comando print, será realizada a adição de elemento ao elemento de cada um dos setores. O primeiro elemento do conjunto x será adicionado ao primeiro elemento do conjunto y, segundo conjunto x será adicionado ao segundo conjunto y, terceiro do conjunto x será adicionado ao terceiro do conjunto y, tendo como resultado final impresso no ecrã a seguinte linha:

[1] 4 14 18

GABARITO: ERRADO.

564. **(CESPE – 2018 – POLÍCIA FEDERAL – AGENTE DE POLÍCIA FEDERAL)** Julgue o próximo item, relativo a noções de programação Python e R.

Considere o programa a seguir, na linguagem Python.

```
if 5 > 2
{
print("True!")
}
```

A sintaxe do programa está correta e, quando executado, ele apresentará o seguinte resultado.

True!

Certo ( ) Errado ( )

O código exibido na questão não é um código de linguagem Python, pois apresenta chaves na abertura e fechamento de blocos.

GABARITO: ERRADO.

565. (CESPE – 2018 – EBSERH – TÉCNICO EM INFORMÁTICA) Acerca das características das principais linguagens de programação, julgue o item seguinte.

Um computador executa, como instrução, uma sequência de baites, que consiste de comandos, como, por exemplo, um algoritmo, a serem executados pelo processador.

Certo ( ) Errado ( )

Uma sequência de bytes não é necessariamente um algoritmo. Uma instrução é um conjunto de comandos em linguagem de programação (seja de alto ou baixo nível) que possui uma série comandos. Um algoritmo é um conjunto de instruções para a resolução de um problema. A diferença entre um algoritmo e um programa é que um algoritmo tem início e fim, apresentando um resultado ou erro, enquanto um programa é contínuo e, normalmente, é composto por um ou mais algoritmos. O processador executa instruções de máquina, ou seja, código Assembler, que indicam que ações (cálculos) devem ser executadas com os dados e de quais registradores os dados devem ser pegos.

GABARITO: ERRADO.

566. (CESPE – 2018 – EBSERH – TÉCNICO EM INFORMÁTICA) Acerca das características das principais linguagens de programação, julgue o item seguinte.

Linguagem de programação de alto nível consiste de um conjunto de símbolos, palavras e regras próximo da linguagem humana, e que é fácil de escrever, depurar e manter.

Certo ( ) Errado ( )

A Informática define como baixo nível as operações e forma de comunicação mais próximas ao hardware, isto é, em bits (0 e 1, ou seja, Falso e Verdadeiro), a linguagem mais baixo nível é a linguagem Assembly. É possível escrever um programa diretamente nesta linguagem, porém este processo se torna complexo para os seres humanos. Um código Assembly ao ser compilado gera o assembler que são as instruções em nível de máquina.

Quanto mais próxima a comunicação com a máquina for da linguagem humana de se expressar mais alto é o nível, atualmente podemos considerar a linguagem natural como a de mais alto nível.

GABARITO: CERTO.

567. **(CESPE – 2018 – ABIN – OFICIAL TÉCNICO DE INTELIGÊNCIA)** Julgue o item subsequente, relativo à lógica de programação.

Na passagem de parâmetro por referência, é possível alterar o valor da variável que é apontada por referência.

Certo ( ) Errado ( )

Ao criar um código, principalmente, quando usar funções e métodos é possível passar valores como parâmetros, usar variáveis globais (a variável é única no código), ou passar a variável por referência, nesse último caso a variável é criada fora da função. A função recebe seu endereço de memória.

GABARITO: CERTO.

568. **(CESPE – 2018 – ABIN – OFICIAL TÉCNICO DE INTELIGÊNCIA)** Com relação a linguagens de programação e compiladores, julgue o item subsequente.

Um algoritmo computacional escrito em linguagem de programação pode ser completamente executado sem gerar nenhuma saída.

Certo ( ) Errado ( )

Ao executar um algoritmo ele terá início e término, com uma saída sendo o resultado da resolução do problema ou um erro gerado na execução.

GABARITO: ERRADO.

569. **(CESPE –2017 – TRE/PE – ANALISTA JUDICIÁRIO)** Acerca do clean code, assinale a opção correta.

a) Para se evitar a proliferação de funções curtas, recomenda-se o uso de uma função longa com muitas variáveis globais, cada qual com variáveis locais de pouco uso.

b) O uso de um código que contenha as letras l e O como variáveis é mais recomendado que o uso de um código cujas variáveis sejam contador e resultado, por exemplo.

c) Os atuais ambientes de programação permitem que um único arquivo de código-fonte seja desenvolvido em diferentes linguagens, embora o ideal seja que um código-fonte contenha apenas uma linguagem.

d) A fim de facilitar o entendimento do código pelos desenvolvedores, recomenda-se utilizar gírias locais para nomear funções, sempre que possível.

e) Na análise léxica, o uso de uma mesma palavra para dois ou mais propósitos facilita a compilação de código, diminui o código e aumenta a velocidade dos objetos binários compilados.

Ao escrever um algoritmo recomenda-se evitar o uso de variáveis globais e buscar mais o uso de variáveis locais (dentro das funções e métodos apenas). Funções muito longas também podem se tornar confusas e difíceis de ler e entender.

As letras l e O são facilmente confundíveis com os valores 1 e 0, principalmente em algumas fontes de texto, por isso não são recomendadas, embora a letra i seja tipicamente usada em laços de repetição como variável de controle.

Atualmente, linguagens como Ruby e Lua se tornaram bastante populares, mas linguagens mais tradicionais como HTML já apresentavam a característica de mesclar em um mesmo código e até mesmo arquivo de programação mais de uma linguagem, como no caso da linguagem PHP muito usada na web que intercala facilmente com o uso de JavaScript, CSS e HTML.

GABARITO: C.

570. **(CESPE – 2013 – FUB – ANALISTA DE TECNOLOGIA DA INFORMAÇÃO)** Julgue o item que se segue, acerca de linguagens de programação.
Na linguagem Phyton, uma função lambda atribui à nova função o nome que está no cabeçalho, em vez de retorná-la como resultado.

Certo ( ) Errado ( )

A "função" lambda é usada em Python justamente quando não se deseja criar uma função com nome específico, isto é, deseja-se usar uma função simples para resolver um problema pontual, muitas vezes as funções lambda são escritas em uma única linha de código.

GABARITO: ERRADO.

571. **(CESPE – 2013 – MPOG – Tecnologia da Informação)** A expressividade do código é uma característica importante no desenvolvimento e manutenção de um software. Python e Ruby são exemplos de linguagens que apresentam essa qualidade. Acerca dessas linguagens, julgue os itens subsequentes.
Em Python, o comando int("1") cria um objeto do tipo int, que recebe 1 como parâmetro no seu construtor.

Certo ( ) Errado ( )

Embora a linguagem Python permita criar códigos procedurais além dos códigos orientados à objetos, toda variável é tratada como objeto para a linguagem, por isso ao fazer uma declaração como na questão trata como objeto e o número 1 é o parâmetro informado.

GABARITO: CERTO.

572. **(CESPE – 2013 – MS – ANALISTA ADMINISTRATIVO)** No que diz respeito à linguagem de programação e às linguagens de script, julgue os itens a seguir.

```
a,b = 0,1
while b < 10:
print (b)
a, b = b, a+b
```

Considerando-se o código acima, escrito na linguagem Python, é correto afirmar que

1
1
2
3
5
8

é o resultado do referido código.

Certo ( ) Errado ( )

O código inicia atribuindo zero para a variável a e 1 para b (a=0, b=1), em seguida entra em um laço de repetição (Enquanto) que tem como controle a variável b que vale 1 inicialmente e enquanto ela permanecer menor que 10 o laço deverá ser repetido. Dentro do laço a variável b é impressa antes de qualquer cálculo depois a linha (a, b=b, a+b) pode ser escrita para simplificar a compreensão em 3 linhas com uma variável auxiliar x:

x = a

a = b

b = x+b

note que a irá receber o valor de b antes que seja atualizado e b recebe a soma de a (antes de ser atualizado) com b. Deste modo ao final da 1ª iteração b = 0+1, logo como b vale 1 e a condição b<10 continua sendo satisfeita, o laço é novamente executado, agora o resultado de b após a soma é b = 1+1, na próxima execução temos b = 1 + 2, na seguinte b= 2 + 3, na sequência b=3+5, como b= 8 é menor que 10, o valor 8 é impresso e a linha do cálculo é executada, já nessa iteração temos b = 5 + 8, como o resultado é 13 b passa a ter valor maior que 10, assim a condição do laço não é mais satisfeita logo é mais impresso o valor b.

GABARITO: CERTO.

573. **(CESPE – 2013 – SERPRO – ANALISTA)** As linguagens de script podem ser utilizadas para estender funcionalidades de um programa. Acerca da linguagem Python, julgue os itens seguintes.
O Python, no modo interpretador, aborta a execução do código com o status de erro, imprime a pilha dos erros na console e gera o log correspondente, quando o erro ocorre dentro do bloco try.

Certo ( ) Errado ( )

A finalidade de usar o bloco try é tratar um erro previsto justamente para que o programa não pare por conta dele.

GABARITO: ERRADO.

574. **(CESPE – 2011 – CORREIOS – ANALISTA DE CORREIOS)** Com relação aos sistemas de suporte a decisão e gestão de conteúdo, julgue os seguintes itens.

A linguagem Python e seu interpretador estão disponíveis para as mais diversas plataformas. Para que seja usado em determinado sistema operacional não suportado, é possível gerar o Python a partir do programa fonte utilizando um compilador C. Nesse caso, o código fonte é traduzido para o formato bytecode, que é multiplataforma e pode ser distribuído de forma independente.

Certo ( ) Errado ( )

Python é uma linguagem tida como multiplataforma de modo que o mesmo código pode ser interpretado em computadores como Windows e Linux graças ao seu interpretador em C.

GABARITO: CERTO.

575. (CESPE – 2010 – INMETRO – PESQUISADOR)

```
>>> a, b = 0, 2
>>> while b < 20:
...     a, b = b , a+b+1
...     print b
...
```

Assinale a opção que apresenta a sequência correta de números impressos no console de um interpretador Python durante a execução dos comandos acima.

a) a) 1, 1, 2, 3, 5, 8

b) b) 2, 2, 4, 6

c) 2, 3, 6

d) 3, 3, 6, 10, 17, 28

e) 3, 6, 10, 17, 28

Para facilitar a compreensão da 3ª linha de código substitua-a por estas 3 linhas:

x = a

a = b

b = a+b+1

contudo observe com cuidado que diferente do caso anterior a impressão é realizada após os cálculos da linha 3 do código, o que faz o valor inicial de b não ser impresso e o último valor de b ser, observe que o último valor é o que faz a execução sair do laço de repetição por ser maior que 20. Com essa simples análise lógica não é necessário fazer o teste de mesa para chegar ao resultado, basta analisar as alternativas e ver que a alternativa D imprime o valor inicial de b (lembre-se a começa com 0, por isso b = 0 +2 + 1 é o valor de b que será impresso na primeira vez e b = 2 + 3 + 1 o valor de b impresso na segunda iteração.

GABARITO: E.

576. (CESPE – 2010 – SERPRO – ANALISTA) Julgue os itens que se seguem, a respeito da linguagem Python, versão 3.1.

Se, em qualquer linha do script Python, a expressão regular coding [=:] \s*([-\w.]+) corresponder a um comentário, este será processado como uma declaração de codificação.

Certo ( ) Errado ( )

As linhas de código comentadas ou simplesmente os comentários não são executados ao rodar um algoritmo.

GABARITO: ERRADO.

577. (IF-CE –2017 – IF/CE – TÉCNICO DE LABORATÓRIO) Considere o trecho do programa Python abaixo.

```
1 def func():
2     x = 1
3     print(x)
4
5 x = 10
6 func()
7 print(x)
```

Os valores impressos, ao se executar o programa, são, respectivamente,

a) 1 e 1.

b) 10.

c) 1 e 10.

d) 10 e 1.

e) 10 e 10.

As linhas 1, 2 e 3 do código correspondem a uma função denominada func, o código começa a ser executado mesmo a partir da linha 5, em que x = 10, porém a função func é executada e dentro dela a variável x é outra diferente da usada na linha x. A função imprime o valor 1 depois retoma-se a linha 7 que imprime x que vale 10.

GABARITO: C.

578. **(IFB – 2017 – IFB – PROFESSOR DE INFORMÁTICA)** Analise o trecho de código escrito em Python versão 3 a seguir:

dados = [["maria",18], ["carlos",16], ["alex",17], ["sandra",15]]
for i in dados:
print(i[1])
Marque a alternativa que apresenta a saída impressa no console.

a) 15
16
17
18

b) 18
16
17
15

c) maria
carlos
alex
Sandra

d) alex
carlos

maria
sandra

e) maria 18
carlos 16
alex 17
sandra 15

A variável dados foi declarada como uma lista de listas, para visualizar mais fácil escreva dados = [
["maria",18],
["carlos",16],
["alex",17],
["sandra",15]]

Assim a primeira informação (dados[0]) da variável dados é ["maria",18] que é outra lista, ao escrever i[1] deseja se acessar a segunda posição de i como i varia de 0 a 3 deseja-se o segundo dado de cada lista da variável dados, ou seja, os valores que representam, aparentemente, a idade.

GABARITO: B.

579. **(CESPE – 2008 – SERPRO – ANALISTA DE SISTEMAS)** Com relação às linguagens, julgue os itens a seguir.

Python é uma linguagem livre de alto nível, orientada a objetos e de difícil leitura, pois não permite identação de linhas de código.

Certo ( ) Errado ( )

Python é uma linguagem orientada a identação, e com base nela que a linguagem "sabe" que uma instrução está dentro de outra no caso dos laços de repetição.

GABARITO: ERRADO.

580. **(CESPE – 2010 – SERPRO – ANALISTA)** As linguagens Perl e Python são dinamicamente tipadas, ou seja, o tipo da variável é definido em tempo de execução.

Python é uma linguagem fortemente tipada, o que significa que em tempo de execução não é possível alterar o tipo de uma variável.

GABARITO: CERTO.

SEGURANÇA DA INFORMAÇÃO

581. **(CESPE – 2018 – POLÍCIA FEDERAL – AGENTE DE POLÍCIA FEDERAL)** Julgue o próximo item, a respeito de proteção e segurança, e noções de vírus, worms e pragas virtuais.

A superexposição de dados pessoais nas redes sociais facilita o furto de identidade ou a criação de identidade falsa com dados da vítima, identidades essas que podem ser usadas para atividades maliciosas tais como a realização de transações financeiras fraudulentas, a disseminação de códigos maliciosos e o envio de mensagens eletrônicas falsas por email ou redes sociais.

Certo ( ) Errado ( )

Um dos elementos de segurança da informação a serem considerados é justamente a quantidade de dados exposta nas redes sociais, o que reforça ainda mais a importância de não utilizar dados de caráter pessoal, como senhas.

GABARITO: CERTO.

582. **(IAUPE – 2018 – PMPE– ASPIRANTE DA POLÍCIA MILITAR)**Com relação à segurança das informações, analise as afirmações abaixo:

I. A periodicidade da realização de um backup deve ser definida por meio de uma política de segurança da informação, devendo-se observar as normas de classificação da informação, o gerenciamento de mídias removíveis e de tabelas de temporalidade.

II. Três gerações, ou ciclos, de cópias de segurança das aplicações críticas é a quantidade mínima recomendada, que deve ser mantida em ambiente de backup com os mesmos controles adotados para as mídias no ambiente principal.

III. Em um ambiente computacional, a perda de informações por estragos causados por vírus, invasões indevidas ou intempéries podem ser amenizadas por meio da realização de backups periódicos das informações, as quais podem ser feitas da máquina do usuário, de servidores e de todos os demais dispositivos de armazenamento, local ou remoto, de dados.

Está(ão) CORRETA(S)

a) I e II, apenas.

b) I e III, apenas.

c) II e III, apenas.

d) I, II e III.

e) I, apenas.

A periodicidade para a realização de um backup depende de vários fatores, como importância dos dados, frequência de alteração dos dados e espaço para armazenar os backups. Assim a periodicidade deve ser analisada e definida na política de segurança, assim são estabelecidas as rotinas de backup. Um backup não impede que os dados originais, nem mesmo do backup, sejam afetados por malwares. Sua finalidade é apenas amenizar o estrago caso os dados originais venham a ser perdidos ou alterados indevidamente.

GABARITO: D.

583. **(FUNDATEC – 2018 – PC/RS – ESCRIVÃO E INVESTIGADOR DE POLÍCIA)** Segundo a Lei Nº 12.527/2011, a informação em poder dos órgãos e entidades públicas, dependendo do seu teor e em razão de sua Imprescindibilidade à segurança da sociedade ou do Estado, poderá ser classificada como:

I. Secreta, sendo 15 anos o prazo máximo de restrição de acesso a esse tipo de InformaçãoII - Reservada, sendo 10 anos o prazo máximo de restrição de acesso a esse tipo de informação, a partir da data de sua produção.

II. Confidencial, sendo 5 anos o prazo máximo de restrição de acesso a esse tipo de informação, a partir da data de sua produção.

Quais estão corretas?

a) Apenas I.
b) Apenas II.
c) Apenas III.
d) Apenas II e III.
e) I, II e III.

A LAI (Lei de acesso à Informação 12.527/2011) é comum de ser encontrada nas provas de Arquivologia e Administração Pública, como novidade a banca trouxe no conteúdo de informática. Os prazos são 25 anos (prorrogáveis por mais 25) para Ultrassecretos, 15 anos para Secretos e 5 anos para reservados, não existe mais a classificação de confidencial (que constava na Lei nº 8.159/91).

GABARITO: A.

584. **(CESPE – 2009)** No que se refere a tecnologias da informação, Internet e intranet, julgue os seguintes itens.
A responsabilidade pela segurança de um ambiente eletrônico é dos usuários. Para impedir a invasão das máquinas por vírus e demais ameaças à segurança, basta que os usuários não divulguem as suas senhas para terceiros.

Certo ( ) Errado ( )

Manter as senhas em segredo não é o suficiente para garantir a segurança, mas sim um conjunto de vários cuidados no acesso a conteúdo apoiado por uma série de sistemas de segurança.

GABARITO: ERRADO.

585. **(CESPE - 2009 - ANATEL - TÉCNICO EM REGULAÇÃO – TELECOMUNICAÇÕES)** Em uma organização, a segurança da informação é responsabilidade corporativa do gerente e deve ser mantida no âmbito particular desse gerente.

Certo ( ) Errado ( )

A responsabilidade pela segurança é de todos os envolvidos não somente do gerente.

GABARITO: ERRADO.

586. **(CESPE - 2009 - PREFEITURA DE IPOJUCA/PE - TODOS OS CARGOS - NÍVEL SUPERIOR)** O controle de acesso lógico em uma empresa garante que apenas pessoas autorizadas tenham acesso ao ambiente físico da empresa, impedindo que episódios de roubo ou vandalismo ocorram contra o patrimônio.

Certo ( ) Errado ( )

O controle de acesso lógico está relacionado ao controle de permissões de usuário, este controle não garante impedimento de roubo ou vandalismo.

GABARITO: ERRADO.

587. **(CESPE - 2013 - MJ - ANALISTA TÉCNICO - ADMINISTRATIVO - CONHECIMENTOS BÁSICOS)** Uma das formas de um servidor público proteger as informações confidenciais de uma organização é impedir que pessoas não autorizadas acessem seu ambiente de trabalho e utilizem seu computador.

Certo ( ) Errado ( )

Note que a questão aponta uma das formas e não uma obrigatoriedade a ser seguida. Vale sempre lembrar que o usuário é o principal fator responsável pela segurança do computador, usando-se de políticas de segurança como citada na questão.

GABARITO: CERTO.

588. **(CESPE - 2013 - POLÍCIA FEDERAL - ESCRIVÃO DA POLÍCIA FEDERAL)** A política de mesa limpa e de tela limpa é medida essencial para a melhoria do controle de acesso lógico e físico em um ambiente corporativo seguro. Uma política alternativa seria a instalação de um sistema de single-sign-on no ambiente de sistemas de informações corporativo.

Certo ( ) Errado ( )

A política de tela limpa tem por característica manter aberto na tela do computado apenas o necessário e não tudo, ela vincula a parte lógica da segurança. A política de mesa limpa baseia-se em evitar deixar a mão (sobre a mesa) mídias de armazenamento, "post-it" com dados pessoais, ou mesmo senhas de acesso, a fim de manter uma maior segurança no âmbito físico. O Single-Sign-On é um serviço de autenticação unificada que facilita a vida do usuário, pois como um login único o usuário tem acesso a vários sistemas (autorizados) que antes eram feitos por logins e senhas diferentes. Porém uma coisa não substitui a outra, mas corroboram para a melhor segurança do ambiente, nesse ponto é que encontramos o erro.

GABARITO: ERRADO.

589. **(FGV – 2015 – TCE/SE – MÉDICO)** Considere as seguintes escolhas que Maria fez para sua senha pessoal:

+ + TeleFoNe + +

10121978

Segredo # $ & %

Telefone = Mudo

= SeGREdo !

Dessas senhas, a mais fraca é a:

a) primeira;

b) segunda;

c) terceira;

d) quarta;

e) quinta.

A força de uma senha é calculada pela quantidade de senhas diferentes que seria necessário testar até encontrar a correta. Com isso quanto mais caracteres e mais tipos diferentes possuir uma senha mais forte ela será. Ex.: imagine uma senha com 6 dígitos apenas numéricos, cada dígito pode possuir um número de 0 a 9, logo temos 10 possibilidades para cada dígito, assim existem 106 = 1.000.000 possíveis combinações de senha, se acrescentarmos além dos números letras maiúsculas (26) e minúsculas (26), lembrando que para senhas maiúsculas e minúsculas são diferentes, a senha de 6 caracteres passa para 626 = 56.800.253.584 possibilidades de combinações.

GABARITO: B.

PRINCÍPIOS BÁSICOS

590. (IAUPE – 2018 – CMBPE – BOMBEIRO) A segurança da informação deve considerar três princípios básicos. Ações que comprometam um desses princípios atentam contra a segurança da informação.

Dentre esses princípios, estão a garantia:

I. de que os usuários autorizados obtenham acesso à informação e aos ativos correspondentes, sempre que necessário.

II. da exatidão e completeza da informação e dos métodos de processamento; permitir que a informação não seja modificada, alterada ou destruída sem autorização e que ela seja legítima e permaneça consistente.

III. de que a informação seja acessível apenas por pessoas autorizadas. A informação não deve ser acessada por pessoa não autorizada, intencionalmente ou não.

Os princípios definidos em I, II e III visam assegurar:

a) confidencialidade, integridade e disponibilidade.

b) acessibilidade, consistência e autorização.

c) integridade, disponibilidade e confidencialidade.

d) disponibilidade, integridade e confidencialidade

e) ininterruptibilidade, consistência e autenticidade.

Os princípios da segurança da Informação são: (DICA) Disponibilidade, Integridade, Confidencialidade e Autenticidade, também podendo considerar o não repúdio (irrefutabilidade), embora os essenciais sejam os 3 primeiros. Assim, as terminologias diferentes destas não são princípios. Quanto as características: Disponibilidade garante que uma informação esteja disponível para quem e quando precisar; Integridade garante a não alteração da informação; Confidencialidade garante o sigilo da informação (uso de criptografia) e a Autenticidade garante a autoria de uma informação (uso de certificado digital).

GABARITO: D.

591. (CESPE - 2011 – PC/ES - CARGOS DE NÍVEL SUPERIOR - DELEGADO DE POLÍCIA, MÉDICO LEGISTA, PERITO CRIMINAL) A confidencialidade, um dos princípios básicos da segurança da informação em ambiente eletrônico, está relacionada à necessidade de não alteração do conteúdo de uma mensagem ou arquivo; o qual deve ser garantido por meio de uma política de cópia de segurança e redundância de dados.

Certo ( ) Errado ( )

Confidencialidade está relacionada ao sigilo da informação, a não alteração está liga à Integridade.

GABARITO: ERRADO.

592. (CESPE – 2009 – ANATEL – TÉCNICO EM REGULAÇÃO) Com o desenvolvimento da Internet e a migração de um grande número de sistemas especializados de informação de grandes organizações para sistemas de propósito geral acessíveis universalmente, surgiu a preocupação com a segurança das informações no ambiente da Internet. Acerca da segurança e da tecnologia da informação, julgue os itens a seguir.

A disponibilidade e a integridade são itens que caracterizam a segurança da informação. A primeira representa a garantia de que usuários autorizados tenham acesso a informações e ativos associados quando necessário, e a segunda corresponde à garantia de que sistemas de informações sejam acessíveis apenas àqueles autorizados a acessá-los.

Certo ( ) Errado ( )

Disponibilidade está relacionada a uma informação estar disponível para quem necessitar dela. Integridade garante a não alteração da informação.

GABARITO: ERRADO.

593. **(IAUPE – 2018 – PMPE - SOLDADO)** O princípio em que as informações e os dados são guardados em sua forma original é denominado de:

a) disponibilidade.

b) confidencialidade.

c) auditoria.

d) autenticidade.

e) integridade.

Os princípios da segurança da Informação são: (DICA) Disponibilidade, Integridade, Confidencialidade e Autenticidade, também podendo considerar o nãorepúdio (irrefutabilidade), embora os essenciais sejam os 3 primeiros. Assim, as terminologias diferentes destas não são princípios. Quanto as características: Disponibilidade garante que uma informação esteja disponível para quem e quando precisar; Integridade garante a não alteração da informação; Confidencialidade garante o sigilo da informação (uso de criptografia) e a Autenticidade garante a autoria de uma informação (uso de certificado digital).

GABARITO: E.

594. **(AUTOR – 2013)** O princípio da irrefutabilidade é garantido quando um usuário utiliza certificado digital para assinar uma mensagem eletrônica.

Certo ( ) Errado ( )

O princípio da irrefutabilidade, também conhecido por não repúdio, é o princípio que garante que um usuário que utilize um certificado digital não possa negar que tenha gerado o dado assinado por ele.

GABARITO: CERTO.

595. **(AUTOR – 2013)** Sobre segurança da informação julgue os itens que se seguem. Para garantir a autenticidade de uma informação é necessário utilizar a criptografia de chave simétrica, uma vez que se possui o controle de quem é que possui a chave de criptografia usada.

Certo ( ) Errado ( )

O princípio da autenticidade é garantido por meio do uso de certificado digital, logo se usa criptografia de chaves assimétricas.

GABARITO: ERRADO.

596. **(CESPE / CEBRASPE - 2013 - CNJ - TÉCNICO JUDICIÁRIO - PROGRAMAÇÃO DE SISTEMAS)** O princípio da autenticidade é garantido quando o acesso à informação é concedido apenas a pessoas explicitamente autorizadas.

Certo ( ) Errado ( )

A banca troca os termos e conceitos dos princípios básicos da segurança da informação. A autenticidade é o princípio que garante a autoria, em outras palavras, garante que o autor é realmente quem diz ser, enquanto que a cabe a confidencialidade o princípio do sigilo, ou seja, tornar uma informação disponível para algum grupo ou usuário em específico.

GABARITO: ERRADO.

597. **(CESPE - 2013 - TRT - 10ª REGIÃO (DF e TO)** - Analista Judiciário - Conhecimentos Básicos) As características básicas da segurança da informação — confidencialidade, integridade e disponibilidade — não são atributos exclusivos dos sistemas computacionais.

Certo ( ) Errado ( )

A informática atende apenas a parte da segurança da informação digital, quando falamos em princípios básicos da segurança da informação não podemos nos limitar a informática.

GABARITO: CERTO.

598. **(MS CONCURSOS - 2016 - CRECI - 1° REGIÃO (RJ)** - AUXILIAR ADMINISTRATIVO) De acordo com o princípio da disponibilidade, a informação só pode estar disponível para os usuários aos quais ela é destinada, ou seja, não pode haver acesso ou alteração dos dados por parte de outros usuários que não sejam os destinatários da informação.

Certo ( ) Errado ( )

Ao criptografar uma mensagem com a chave pública do destino, tem por objetivo que somente o destino poderá abrir a mensagem, assim temos o princípio que busca o sigilo, conhecido como Confidencialidade. Já o princípio da disponibilidade atesta que um dado esteja disponível para quem precisar dele, não para um grupo específico. Como também se observa a característica de não alteração que é garantida pelo princípio da Integridade.

GABARITO: ERRADO.

599. **(CESPE - 2013 - TJ-DFT - TÉCNICO JUDICIÁRIO - ÁREA ADMINISTRATIVA)** Autenticidade é um critério de segurança para a garantia do reconhecimento da identidade do usuário que envia e recebe uma informação por meio de recursos computacionais.

Certo ( ) Errado ( )

A autenticidade é o princípio da segurança da informação que garante que o autor é realmente quem diz ser. Todavia o destino não é verificado por este princípio.

GABARITO: ERRADO.

600. **(FCC – 2014 SEFAZ/RJ)** A política de segurança da informação da Receita Estadual inclui um conjunto de diretrizes que determinam as linhas mestras que devem ser seguidas pela instituição para que sejam assegurados seus recursos computacionais e suas informações. Dentre estas diretrizes encontram-se normas que garantem:

I. a fidedignidade de informações, sinalizando a conformidade dos dados armazenados com relação às inserções, alterações e processamentos autorizados efetuados. Sinalizam, ainda, a conformidade dos dados transmitidos pelo emissor com os recebidos pelo destinatário, garantindo a não violação dos dados com intuito de alteração, gravação ou exclusão, seja ela acidental ou proposital.

II. que as informações estejam acessíveis às pessoas e aos processos autorizados, a qualquer momento requerido, assegurando a prestação contínua do serviço, sem interrupções no fornecimento de informações para quem é de direito.

III. que somente pessoas autorizadas tenham acesso às informações armazenadas ou transmitidas por meio das redes de comunicação, assegurando que as pessoas não tomem conhecimento de informações, de forma acidental ou proposital, sem que possuam autorização para tal procedimento.

Em relação às informações, as normas definidas em I, II e III visam garantir:

a) confidencialidade, integridade e disponibilidade.

b) fidedignidade, acessibilidade e disponibilidade.

c) integridade, disponibilidade e confidencialidade.

d) confidencialidade, integridade e autenticidade.

e) integridade, ininterruptibilidade e autenticidade.

Os Princípios Básicos da Segurança da Informação são: Disponibilidade, Integridade, Confidencialidade, Autenticidade e Não Repúdio. Logo não existe princípio da fidedignidade, acessibilidade e ininterruptibilidade. A integridade garante a não alteração, ou seja, que o que chega ao destino é o que saiu do remetente. Disponibilidade garante que a informação esteja disponível para quem precisar, já a confidencialidade é a busca pelo sigilo permitindo acesso apenas aos autorizados.

GABARITO: C.

601. (AUTOR – 2018) Com base nos conceitos e princípios de segurança da informação julgue os próximos itens.

Dentre os princípios básicos da segurança da informação encontra-se o princípio da Disponibilidade que garante que uma informação ou recurso de segurança estará disponível para qualquer usuário.

Certo ( ) Errado ( )

A disponibilidade é a garantia de acesso, embora a palavra seja estranha à segurança, ela é extremamente importante, pois para que um processo de segurança seja verificado é necessário que usuário tenha acesso ao recurso de segurança para usá-lo.

GABARITO: CERTO.

602. (AUTOR – 2018) Um documento é considerado autêntico quando é possível verificar que sua origem é da fonte real, mesmo que sua integridade esteja comprometida.

Certo ( ) Errado ( )

Para verificar a autenticidade é necessário que também haja integridade, pois se parte do processo já falhou não há como verificar o resto.

GABARITO: ERRADO.

603. **(AUTOR – 2018)** O princípio da confidencialidade diz respeito a uma informação estar disponível para apenas um usuário ou grupo específico, utilizando mecanismos de proteção contra acesso por usuários não autorizados.

Certo ( ) Errado ( )

Os mecanismos de proteção citados são criptografias.

GABARITO: CERTO.

604. **(CESPE/CEBRASPE – 2020 – MINISTÉRIO DA ECONOMIA – TECNOLOGIA DA INFORMAÇÃO)** A respeito de dados, informação, conhecimento e inteligência, julgue o próximo item.
Integridade é a característica que garante o acesso à informação somente para quem estiver autorizado.

Certo ( ) Errado ( )

O princípio da integridade garante a não alteração da informação, ou seja, que a informação não sofreu alteração por pessoas indevidas. É importante frisar que o princípio não impede a alteração, mas acusa caso ela ocorra. O princípio que garante que a informação somente será acessada pelas pessoas a quem ela é de destino é o princípio da confidencialidade.

GABARITO: ERRADO.

CRIPTOGRAFIA

605. **(CESPE – 2018 – POLÍCIA FEDERAL – PERITO CRIMINAL FEDERAL)** Existem diversas técnicas para descompilar programas maliciosos. Conforme a característica de um malware, essas técnicas podem ou não ser utilizadas. A respeito desse assunto, julgue o seguinte item.
Existem três técnicas chaves para a análise de malware: análise binária, análise de entropia e análise de strings.

Certo ( ) Errado ( )

Basicamente existem 2 técnicas para análise de malwares: análise estática e análise dinâmica; análise estática realiza o processo de análise de código ou também conhecido como análise da estrutura do programa para determinar a sua função; enquanto análise dinâmica é realizada a partir da execução do programa, em um ambiente controlado.

GABARITO: ERRADO.

606. **(CESPE – 2018 – POLÍCIA FEDERAL – PERITO CRIMINAL FEDERAL)** Julgue o seguinte item, a respeito dos algoritmos RSA e AES e de noções de criptografia.
O AES e o RSA são sistemas assimétricos e simétricos, respectivamente; o RSA suporta chaves de no máximo 4.096 bites, enquanto o AES trabalha com chaves de no máximo 256 bites.

Certo ( ) Errado ( )

O algoritmo RSA é um algoritmo de criptografia assimétrica, enquanto o algoritmo AES é um algoritmo de criptografia simétrica.

GABARITO: ERRADO.

607. **(CESPE – 2009 – TCE/RN - ASSESSOR TÉCNICO JURÍDICO)** Acerca de conceitos de informática e de segurança da informação, julgue os itens a seguir.
Chave criptográfica é um termo que se refere a um parâmetro (ou conjunto de parâmetros) variável do algoritmo criptográfico que interfere diretamente no processo criptográfico. Para cada chave distinta (valor de chave), o algoritmo gera um criptograma diferente para uma mesma mensagem, que só poderá ser decifrado pelo usuário que conheça o valor em uso. Dessa forma, a segurança lógica é garantida, mesmo que o processo criptográfico se torne público, desde que a chave seja mantida secreta.

Certo ( ) Errado ( )

Cada chave de criptografia gera uma mensagem criptografada diferente para uma mesma mensagem. Similar à ideia de uma Chave de uma porta pra cada porta existe uma chave diferente.

GABARITO: CERTO.

608. **(CESPE – 2009 – PREFEITURA DE IPOJUCA/PE – ADMINISTRADOR HOSPITALAR)** Com relação aos conceitos e às tecnologias de segurança da informação em ambientes eletrônicos, julgue os itens que se seguem.
Para o acesso seguro a um computador conectado a uma rede interna, o administrador deve oferecer uma senha única, composta por, no mínimo, 12 caracteres, para cada grupo de 10 usuários.

Certo ( ) Errado ( )

Usuário e Senha devem ser de caráter individual para que seja possível controlar as ações dos usuários e permissões de acesso de forma mais segura.

GABARITO: ERRADO.

609. **(CESPE - 2009 - PREFEITURA DE IPOJUCA/PE - TODOS OS CARGOS - NÍVEL SUPERIOR)** A criptografia é uma solução indicada para evitar que um arquivo seja decifrado, no caso de ele ser interceptado indevidamente, garantindo-se, assim, o sigilo das informações nele contidas.

Certo ( ) Errado ( )

A criptografia tem por finalidade o garantir o sigilo das informações, é uma forma de impedir o entendimento de informações por terceiros. Ler é diferente de entender.

GABARITO: CERTO.

610. **(AUTOR – 2013)** O uso de criptografia provém do surgimento do à informática e da necessidade de esconder informações digitais dos usuários mal intencionados presentes nas redes de computadores.

Certo ( ) Errado ( )

A criptografia é uma arte que existe desde muito antes da criação dos computadores, foi muito usada nas guerras para o envio de mensagens que caso interceptadas pelo inimigo não fossem compreendidas.

GABARITO: ERRADO.

611. **(AUTOR – 2013)** O uso de chaves assimétricas é obrigatório para utilizar os serviços da nuvem, uma vez que é um serviço disponível na rede mundial de computadores.

Certo ( ) Errado ( )

O uso de chaves assimétricas só é necessário quando se deseja garantir ou a Autenticidade ou a Confidencialidade.

GABARITO: ERRADO.

612. **(AUTOR – 2013)** Dentre os procedimentos de segurança em navegação de páginas da Internet está o uso de criptografias que podem ser utilizadas com diferentes níveis de segurança, usando chaves de variados tamanhos. Tanto para promover a Autenticidade como a Confidencialidade dos dados transmitidos, no entanto, para garantir a autenticidade é necessário possui um certificado digital.

Certo ( ) Errado ( )

As criptografias de Chave assimétricas são métodos de codificação dos dados para o transporte de dados sigilosos como também para indicar o autor de uma informação de maneira confiável, para tanto, é necessária a aquisição de um par de chaves diante a uma Autoridade Certificadora.

GABARITO: CERTO.

613. **(AUTOR – 2013)** Atualmente, para se obter um bom nível de segurança na utilização do método de criptografia de chave única, é aconselhável utilizar chaves de 32 bits, pois por não serem muito grandes favorecem a velocidade da comunicação mantendo a segurança em níveis aceitáveis.

Certo ( ) Errado ( )

Atualmente, para se obter um bom nível de segurança na utilização do método de criptografia de chave única, é aconselhável utilizar chaves de no mínimo 128 bits. E para o método de criptografia de chaves pública e privada é aconselhável utilizar chaves de 2048 bits, sendo o mínimo aceitável de 1024 bits. Dependendo dos fins para os quais os métodos criptográficos serão utilizados, deve-se considerar a utilização de chaves maiores: 256 ou 512 bits para chave única e 4096 ou 8192 bits para chaves pública e privada.

GABARITO: ERRADO.

614. **(IESES – 2012 – CRF/SC – OPERADOR DE COMPUTADOR - ADAPTADA)** Criptografia de chave simétrica é também chamada de criptografia de chave secreta ou única, utiliza uma mesma chave tanto para codificar como para decodificar informações, sendo usada principalmente para garantir a confidencialidade dos dados.

Certo ( ) Errado ( )

O uso de chave simétrica é mais rápido do que o de chaves assimétricas, contudo possui o problema do uso deste método está em como trocar as chaves com os interlocutores de modo seguro, por isso é comum o uso das chaves assimétricas para trocar a chave simétrica. Exemplos de métodos criptográficos que usam chave simétrica são: AES, Blowfish, RC4, 3DES e IDEA. Destes exemplos o mais frequente em provas é o AES.

GABARITO: CERTO.

615. **(CESPE – 2010 – ABIN – OFICIAL TÉCNICO DE INTELIGÊNCIA)** Julgue os itens abaixo, a respeito de mecanismos de segurança da informação, considerando que uma mensagem tenha sido criptografada com a chave pública de determinado destino e enviada por meio de um canal de comunicação.

A mensagem criptografada com a chave pública do destinatário garante que somente quem gerou a informação criptografada e o destinatário sejam capazes de abri-la.

Certo ( ) Errado ( )

Somente o destinatário irá conseguir abrir a mensagem, quem criptografou tem acesso a mensagem original, mas mesmo sendo o responsável pela criptografia ao usar a chave pública do destino apenas usando a chave correspondente (Privada do destino) é que se pode abrir a mensagem cifrada.

GABARITO: ERRADO.

616. **(CESPE – 2013 – TJ-DFT- TÉCNICO JUDICIÁRIO)** A criptografia, mecanismo de segurança auxiliar na preservação da confidencialidade de um documento, transforma, por meio de uma chave de codificação, o texto que se pretende proteger.

Certo ( ) Errado ( )

Quando o processo de criptografia é abordado de modo genérico sem apontar algum princípio da segurança da informação ou tipo de chave usada, entende-se que é a simples busca pelo sigilo dos dados.

GABARITO: CERTO.

617. **(CESPE - 2013 – PC/BA - DELEGADO DE POLÍCIA)** O gerenciamento das chaves criptográficas tem grande influência sobre o uso adequado de procedimentos de criptografia, como ocorre no caso da criptografia assimétrica, que depende da preservação do estrito sigilo das chaves criptográficas privadas.

Certo ( ) Errado ( )

No processo de certificação digital ou apenas no uso da criptografia de chaves assimétricas somente o dono pode ter acesso a chave privada, para que os processos de criptografia apresentem o resultado satisfatório.

GABARITO: CERTO.

618. **(AUTOR – 2018)** A respeito de segurança da informação e métodos de proteção e criptografia de dados julgue os itens a seguir.

A criptografia de chave assimétrica pode ser usada para garantir a autenticidade de um documento em meio a uma comunicação onde não há contato prévio entre os interlocutores.

Certo ( ) Errado ( )

Só é possível garantir autenticidade por meio de criptografia de chaves assimétricas, observa-se ainda a necessidade de possuir certificado digital.

GABARITO: CERTO.

619. **(AUTOR – 2018)** A respeito de segurança da informação e métodos de proteção e criptografia de dados julgue os itens a seguir.

Uma mensagem cifrada com a chave pública do usuário destinatário de uma comunicação não pode ser aberta por outros usuários, a menos que possuam a chave necessária para isso.

Certo ( ) Errado ( )

Uma vez que a mensagem foi criptografada com a chave pública de um usuário ela só pode ser decifrada pela chave privada do mesmo usuário, deste modo como a chave privada é pessoal e intransferível somente o destino poderá abri-la, assim garantindo a confidencialidade da comunicação.

GABARITO: CERTO.

620. **(AUTOR – 2018)** A respeito de segurança da informação e métodos de proteção e criptografia de dados julgue os itens a seguir.

A criptografia de chave simétrica pode ser usada para garantir a autenticidade de um documento em meio a uma comunicação onde não há contato prévio entre os interlocutores.

Certo ( ) Errado ( )

Para garantir autenticidade é necessário usar a criptografia de chave assimétricas e mediante uso de certificado digital.

GABARITO: ERRADO.

621. **(AUTOR – 2018)** Uma mensagem cifrada com a chave privada do usuário destinatário de uma comunicação não pode ser aberta por outros usuários, a menos que possuam a chave necessária para isso.

Certo ( ) Errado ( )

Se for usar a chave privada ela tem de ser do remetente e não do destino.

GABARITO: ERRADO.

622. **(AUTOR – 2018)** Pedro cifrou uma mensagem com sua chave privada e em seguida cifrou o arquivo obtido com a chave pública de Fabrício. Após realizar as criptografias indicadas Pedro enviou o arquivo cifrado pelas duas chaves para Fabrício, que ao receber usou a chave pública do Pedro para realizar a primeira decriptografia e em seguida usou sua chave privada para decifrar o arquivo resultante.

Certo ( ) Errado ( )

O erro está na ordem em que o documento foi decifrado, pois para abrir era necessário primeiro usar a chave privada de Fabrício e depois usar a Pública do Pedro.

GABARITO: ERRADO.

623. **(AUTOR – 2018)** Uma mensagem cifrada com uma chave privada pode ser aberta por qualquer usuário, desde que tenha acesso a chave pública equivalente.

Certo ( ) Errado ( )

Como o nome sugere a chave pública não é um segredo que precise ser guardado, logo ao cifrar com a chave privada uma mensagem o usuário já deve ter isso em mente.

GABARITO: CERTO.

CERTIFICADO DIGITAL

624. **(CESPE – 2018 – POLÍCIA FEDERAL – PERITO CRIMINAL FEDERAL)** Certificação digital é amplamente utilizada na Internet e em diversos sistemas. No Brasil, a ICP-Brasil, sob a

responsabilidade do ITI, é quem regulamenta e mantém a autoridade certificadora brasileira. A respeito da certificação digital e suas características, julgue o item subsequente.

Assinatura digital é uma técnica que utiliza um certificado digital para assinar determinada informação, sendo possível apenas ao detentor da chave privada a verificação da assinatura.

Certo ( ) Errado ( )

Assinatura digital utiliza a chave privada do remetente para criptografar um resumo da mensagem enviada, deste modo somente uma pessoa pode ser autora de tal ação, já no caso de verificação é necessário utilizar a chave pública do remetente, com isso qualquer um pode receber esta mensagem e acessar os seus dados, pois a informação necessária é a chave pública o que pode ser acessado por qualquer um.

GABARITO: ERRADO.

625. **(CESPE – 2018 – POLÍCIA FEDERAL – PERITO CRIMINAL FEDERAL)** Certificação digital é amplamente utilizada na Internet e em diversos sistemas. No Brasil, a ICP-Brasil, sob a responsabilidade do ITI, é quem regulamenta e mantém a autoridade certificadora brasileira. A respeito da certificação digital e suas características, julgue o item subsequente.

Certificados digitais possuem campos específicos, os quais podem ser de preenchimento obrigatório ou facultativo, de acordo com a necessidade ou a finalidade de uso do certificado digital.

Certo ( ) Errado ( )

Para visualizar os dados do certificado digital usuário pode clicar com o botão direito do mouse sobre o cadeado presente na barra de endereços do navegador, clicar na opção certificado buscará os detalhes do certificado, assim poderá listar os dados apresentados pelo certificado. Cada tipo de certificado digital possui dados obrigatórios opcionais, diretamente relacionado ao grau de segurança oferecido.

GABARITO: CERTO.

626. **(AUTOR – 2013)** No processo de Certificação Digital o usuário que deseja assinar uma mensagem com uma assinatura digital necessita adquirir um certificado digital que pode ter validade máxima de 3 anos de acordo com a categoria que ele se enquadra.

Certo ( ) Errado ( )

Para utilizar a assinatura digital é necessário possuir um certificado digital, uma vez que uma assinatura digital garante a Autenticidade e a Integridade, logo para garantir a autenticidade é necessário possuir um certificado digital.

GABARITO: CERTO.

627. **(AUTOR – 2013)** No que tange aos conceitos de criptografia de chaves assimétricas e Segurança da Informação julgue o que se segue.

O emissor que deseja envia uma informação sigilosa deve utilizar a chave pública do remetente para cifrar a informação. Para isto é importante que o remetente disponibilize sua chave pública, utilizando, por exemplo, diretórios públicos acessíveis pela Internet.

Certo ( ) Errado ( )

Deve ser usada a chave pública do Destinatário. Uma vez que, ao usar a chave pública do remetente para que a mensagem cifrada seja aberta, é necessário usar a chave privada do remetente, como apenas o dono pode acessar a sua chave privada, não faz sentido usar a chave pública do remetente em uma comunicação.

GABARITO: ERRADO.

628. **(AUTOR -2020)** Um certificado digital possui a identificação e a assinatura da entidade que o emitiu, para que possa ser verificada a autenticidade e a integridade do certificado usado no processo de criptografia. A entidade competente por manter disponível a chave pública de um usuário é chamada de AR.

Certo ( ) Errado ( )

As AC são as autoridades certificadoras, que possuem a responsabilidade de gerar o par de chaves e manter as chaves públicas disponíveis para serem acessadas por quem precisar.

GABARITO: ERRADO.

629. **(CESPE / CEBRASPE - 2013 – PC/BA - INVESTIGADOR DE POLÍCIA)** O uso de assinatura digital tem maior potencial de garantia de não repúdio que segurança de sigilo sobre determinada informação digital.

Certo ( ) Errado ( )

A assinatura digital garante os princípios da Autenticidade e da Integridade, por consequência da Autenticidade ser garantida o não repúdio também o é. Todavia a Assinatura Digital não garante Confidencialidade.

GABARITO: CERTO.

630. **(FCC – 2014 SEFAZ/RJ- AUDITOR FISCAL DA RECEITA FEDERAL)** A Receita Federal do Brasil (RFB) publicou em seu site a seguinte determinação:

É obrigatória a utilização de ......, para apresentação de declarações à RFB, por todas as pessoas jurídicas, exceto as optantes pelo Simples Nacional. As pessoas físicas não estão obrigadas à sua utilização. As autoridades certificadoras (AC) não possuem capacidade de atendimento de demanda ilimitada. Assim, é conveniente que as empresas não deixem para fazer a sua aquisição na última hora.

Atenção! As entidades sem fins lucrativos também estão obrigadas à entrega de declarações e demonstrativos com a sua utilização, de acordo com a legislação pertinente a cada assunto.

(Adaptado de: http://www.receita.fazenda.gov.br/atendvirtual/orientacoes/obrigatoriedadecd.htm)

Preenche corretamente a lacuna:

a) assinatura e certificado digitais autenticados pela RFB.

b) assinatura digital autenticada.

c) certificado digital válido.

d) certificado digital autenticado pela RFB.

e) assinatura e certificado digitais emitidos pela AC-raiz.

As declarações de IR são realizadas utilizando Assinaturas Digitais, no entanto, para assinar digitalmente um documento é necessário possui um certificado digital válido. O certificado ou a assinatura não necessitam ser autenticados pela RFB. As AC-raiz são responsáveis por emitir certificados digitais para outras ACs.

GABARITO: C.

631. **(FCC – 2014 – SEFAZ/RJ – AUDITOR FISCAL DA RECEITA ESTADUAL)** Considere:

- Funciona como uma impressão digital de uma mensagem, gerando, a partir de uma entrada de tamanho variável, um valor fixo pequeno.

- Este valor está para o conteúdo da mensagem assim como o dígito verificador de uma conta-corrente está para o número da conta ou o check sum está para os valores que valida.

- É utilizado para garantir a integridade do conteúdo da mensagem que representa.

- Ao ser utilizado, qualquer modificação no conteúdo da mensagem será detectada, pois um novo cálculo do seu valor sobre o conteúdo modificado resultará em um valor bastante distinto.

Os itens acima descrevem:

a) um Hash criptográfico.

b) um Certificado digital.

c) uma Assinatura digital.

d) um Algoritmo de chave pública.

e) um Algoritmo de chave secreta.

Um código HÁSH é único para cada mensagem, podem existir duas mensagens diferentes que possuam o mesmo HÁSH, mas é uma probabilidade muito ínfima. Também deve-se observar que é impossível obter a mensagem original a partir de seu HÁSH.

GABARITO: A.

632. **(AUTOR – 2018)** Acerca dos conceitos de segurança da informação e malwares julgue o item seguinte.

Ao utilizar assinaturas digitais para verificar a autenticidade da origem de uma mensagem é necessário verificar que a chave pública pertence a uma entidade específica.

Certo ( ) Errado ( )

Tal verificação é necessária para evitar ataques do tipo men in the middle (homem do meio) que se tente se passar por outro remetente, enviando a sua chave pública como se fosse do remetente que está alegando ser.

GABARITO: CERTO.

633. **(AUTOR – 2018)** Com base nos conceitos de Criptografias, Certificação Digital e Assinatura julgue os itens.

Ao utilizar uma criptografia de chave simétricas significa que o usuário, necessariamente, está utilizando Certificado Digital.

Certo ( ) Errado ( )

O Certificado Digital é um modo de conferir maior segurança (evitar o ataque do homem do meio) ao uso das chaves assimétricas.

GABARITO: ERRADO.

634. **(AUTOR – 2018)** Com base nos conceitos de Criptografias, Certificação Digital e Assinatura julgue os itens.

Um Certificado Digital do tipo EVSSL é o mais recomendado para uso, principalmente por sites de bancos, pois possui alto nível de segurança comparado aos demais certificados.

Certo ( ) Errado ( )

Um certificado EVSSL é o certificado A3 com maior segurança e o único que exibe as informações em cor verde na barra de endereços dos navegadores.

GABARITO: CERTO.

635. **(AUTOR – 2018)** Com base nos conceitos de Criptografias, Certificação Digital e Assinatura julgue os itens.

A chave pública de um usuário pode ser considerada seu certificado digital.

Certo ( ) Errado ( )

Pois é a informação que será consultada junto a AC para verificar a autenticidade da mensagem cifrada com a chave privada do referido usuário.

GABARITO: CERTO.

636. **(AUTOR – 2018)** Com base nos conceitos de Criptografias, Certificação Digital e Assinatura julgue os itens.

Um certificado digital pode possuir prazo de validade máximo de 3 anos.

Certo ( ) Errado ( )

Um certificado tem prazo limitado a 3 anos, houve um período que o Serasa emitia certificados com validade de 5 anos, assim como a OAB, porém esses prazos foram alterados para, no máximo, 3 anos novamente. Além do prazo, o tamanho da chave é outro fator relevante para a segurança do certificado digital.

GABARITO: CERTO.

637. **(AUTOR – 2018)** Com base nos conceitos de Criptografias, Certificação Digital e Assinatura julgue os itens.

Assinatura digital é um mecanismo que utiliza criptografia simétrica para garantir a autenticidade e o não repúdio.

Certo ( ) Errado ( )

A assinatura digital usa criptografia de chaves assimétricas, e uma vez que garante a autenticidade é necessário possuir Certificado Digital.

GABARITO: ERRADO.

638. **(AUTOR – 2018)** Com base nos conceitos de Criptografias, Certificação Digital e Assinatura julgue os itens.

Para oferecer confidencialidade com o uso de criptografia de chaves assimétricas é necessário possuir certificado digital.

Certo ( ) Errado ( )

É possível criptografar uma mensagem com chaves assimétricas para garantir confidencialidade mesmo não possuindo certificado digital.

GABARITO: ERRADO.

639. **(AUTOR – 2018)** Com base nos conceitos de Criptografias, Certificação Digital e Assinatura julgue os itens.

Ao criptografar uma mensagem com chaves assimétricas a fim de oferecer confidencialidade implica no uso de certificado digital.

Certo ( ) Errado ( )

É possível criptografar uma mensagem com chaves assimétricas para garantir confidencialidade mesmo não possuindo certificado digital.

GABARITO: ERRADO.

640. **(AUTOR – 2018)** Com base nos conceitos de Criptografias, Certificação Digital e Assinatura julgue os itens.

Ao utilizar uma criptografia de chave assimétricas significa que o usuário, necessariamente, está utilizando Certificado Digital.

Certo ( ) Errado ( )

É possível gerar um par de chaves (Pública e Privada) mesmo sem o uso de Certificado Digital, contudo sua utilidade se resume a garantir sigilo.

GABARITO: ERRADO.

641. **(AUTOR – 2018)** Um Certificado Digital do tipo EVSSL não é o mais recomendado para uso, principalmente por sites de e-commerce, pois possui baixo nível de segurança comparado aos certificados A1.

Certo ( ) Errado ( )

Um certificado EVSSL é o certificado A3 com maior segurança e o único que exibe as informações em cor verde na barra de endereços dos navegadores.

GABARITO: ERRADO.

642. **(AUTOR – 2018)** A chave pública de um usuário pode ser considerada seu certificado digital.

Certo ( ) Errado ( )

A informação será consultada junto a AC para verificar a autenticidade da mensagem cifrada com a chave privada do referido usuário.

GABARITO: ERRADO.

643. **(AUTOR – 2018)** Um certificado digital pode possuir qualquer prazo de validade, uma vez que sua eficácia depende do tamanho da chave.

Certo ( ) Errado ( )

Um certificado tem prazo limitado (fracos tem até 5 anos de validade, enquanto os certificados de maior segurança valem por 2 anos ou menos). Além do tamanho da chave existem outros fatores que influenciam na eficácia e segurança de um certificado como o algoritmo de criptografia usado.

GABARITO: ERRADO.

644. **(AUTOR – 2018)** Assinatura digital é um mecanismo que utiliza criptografia assimétrica para garantir a autenticidade e o não repúdio.

Certo ( ) Errado ( )

Uma vez que a autenticidade é verificada não é possível negar a autoria da mesma.

GABARITO: CERTO.

645. **(AUTOR – 2018)** Assinar um documento digitalmente significa usar uma chave pública para cifrar um código hash gerado a partir do documento que se deseja assinar.

Certo ( ) Errado ( )

É usada a chave privada para cifrar o hash. Pois a assinatura digital garante Autenticidade e Integridade, ela não garante sigilo.

GABARITO: ERRADO.

646. **(CESPE – 2014 – TJ/CE – CONHECIMENTOS BÁSICOS)** Um certificado digital é um arquivo no computador que identifica o usuário. Acerca desse assunto, assinale a opção correta.

a) Os aplicativos de e-mail ainda não possuem recursos que possibilitem a utilização da tecnologia do certificado digital.

b) Por questões de segurança, a chave pública do usuário não faz parte do certificado digital.

c) Mesmo que um sítio eletrônico possua uma área restrita, não há como programá-lo de modo a que ele exija do usuário a apresentação de certificado digital.

d) Na prática, os certificados digitais não podem ser utilizados por um tribunal de justiça para comprovar a autoria, por exemplo, de um processo eletrônico.

e) Um certificado digital pode ser emitido tanto para uma pessoa quanto para um computador.

É perfeitamente possível usar certificados digitais no envio de e-mails, principalmente ao utilizar uma Assinatura Digital que requer que o emissor possua certificado digital.

Dentre as informações armazenadas e disponibilizadas pelo servidor de chaves públicas é a própria chave pública dos usuários.

A definição de uso ou não de certificado digital fica por conta do próprio site.

Na prática, os advogados precisam possuir certificado digital, justamente, para garantir que o processo foi protocolado por ele.

Um certificado digital pode ser usado para comprovar a autoria de uma informação como também para promover o sigilo da mesma. Um certificado pode ter a forma de um aplicativo que funciona apenas no computador específico, assim pode-se dizer que ele foi emitido para aquele computador específico.

GABARITO: E.

MALWARES

647. **(CESPE – 2018 – POLÍCIA FEDERAL – ESCRIVÃO DE POLÍCIA FEDERAL)** Acerca de redes de computadores e segurança, julgue o item que segue.

Os softwares de spyware têm como principal objetivo adquirir informações confidenciais de empresas e são usados como uma forma de espionagem empresarial.

Certo ( ) Errado ( )

Os programas espiões têm como finalidade roubar dados de usuários, independentemente se são de uma empresa específica ou não. Só é possível utilizá-los para capturar dados tendo um alvo específico, porém eles foram feitos para o cenário mais genérico. Já num cenário de ataques de phishing, eles acabam recebendo uma nomenclatura específica quando eu tenho um alvo, nesta situação podemos denominar de spear phishing.

GABARITO: ERRADO.

648. **(CESPE – 2018 – POLÍCIA FEDERAL – PERITO CRIMINAL FEDERAL)** Julgue o item subsecutivo a respeito de redes de computadores e conceitos de proteção e segurança.

Situação hipotética: Ao processar um código executável malicioso que havia recebido como anexo de um e-mail, Mateus percebeu que um malware havia infectado seu aparelho e que, automaticamente, havia sido enviada uma mensagem idêntica, com um anexo malicioso idêntico, a todos os contatos de sua lista de endereços, a partir do seu aparelho. Assertiva: Essa situação é um exemplo clássico de infecção de vírus de computador.

Certo ( ) Errado ( )

Embora a questão pareça descrever um malware do tipo worm pela ideia de se espalhar pela rede, um detalhe deve ser observado no início da questão, ao mencionar que o arquivo (código malicioso) foi executado, deste modo cabendo também o vírus como sendo o malware causador do problema.

GABARITO: CERTO.

649. **(CESPE – 2018 – POLÍCIA FEDERAL – ESCRIVÃO DE POLÍCIA FEDERAL)** Acerca de redes de computadores e segurança, julgue o item que segue.

Uma das partes de um vírus de computador é o mecanismo de infecção, que determina quando a carga útil do vírus será ativada no dispositivo infectado.

Podemos dividir o modus operandi de malwares de modo geral em 2: o primeiro modo que é o momento em que ele irá fazer a infecção e o segundo o da sua carga útil, neste caso, esta é a parte na qual o malware irá realizar, de fatos, as suas tarefas para o qual foi desenhado a executar, isto é, de fato a parte do malware que irá causar danos ao usuário.

GABARITO: ERRADO.

650. **(CESPE – 2018 – POLÍCIA FEDERAL – PERITO CRIMINAL FEDERAL)** Julgue o item a seguir, em relação às características de software malicioso.

Keyloggers em estações Windows 10 podem ser implementados em modo usuário ou em modo kernel.

Certo ( ) Errado ( )

Uma onda recente de questões aborda a perspectiva de execução de um malware, seja no modo usuário em que será instalada apenas na sessão ativa do usuário, sem afetar os demais usuários do computador, ou no modo kernel (admin ou root) realizando a instalação para todos os outros usuários do computador e alcançando um nível maior de permissões, neste segundo caso a propensão ao dano é maior.

GABARITO: CERTO.

651. **(CESPE – 2018 – POLÍCIA FEDERAL – AGENTE DE POLÍCIA FEDERAL)** Julgue o próximo item, a respeito de proteção e segurança, e noções de vírus, worms e pragas virtuais.

Um ataque de ransomware comumente ocorre por meio da exploração de vulnerabilidades de sistemas e protocolos; a forma mais eficaz de solucionar um ataque desse tipo e recuperar os dados "sequestrados" (criptografados) é a utilização de técnicas de quebra por força bruta da criptografia aplicada.

Certo ( ) Errado ( )

A técnica de força bruta consiste em tentativa e erro até descobrir qual a senha utilizada, porém no caso de ataques de ransomwares se torna praticamente impossível descobrir a senha por meio de tentativa e erro, uma vez que as senhas utilizadas são robustas e de grande complexidade.

GABARITO: ERRADO.

652. **(CESPE – 2018 – POLÍCIA FEDERAL – PERITO CRIMINAL FEDERAL)** Julgue o item a seguir, em relação às características de software malicioso.

Formatos comuns de arquivos, como, por exemplo, .docx ou .xlsx, são utilizados como vetor de infecção por ransomware, um tipo de software malicioso que encripta os dados do usuário e solicita resgate.

Certo ( ) Errado ( )

De modo geral qualquer arquivo que pode ser contaminado por um vírus, neste caso é relevante salientar que um ransomware pode ser um vírus como pode ser um worm, quem tradicionalmente os invasores vão buscar utilizar arquivos que sejam mais propícios à contaminação assim como aqueles que têm uma amplitude de uso, deste modo o público alvo aumenta.

GABARITO: CERTO.

653. **(CESPE – 2019 – PRF – POLICIAL RODOVIÁRIO FEDERAL)** Acerca de proteção e segurança da informação, julgue o seguinte item.

No acesso a uma página web que contenha o código de um vírus de script, pode ocorrer a execução automática desse vírus, conforme as configurações do navegador.

Certo ( ) Errado ( )

Um site pode ser definido como um vírus, pois acessar um site é um processo em que executamos um arquivo, o que pode ter uma parte interpretada do lado do servidor e outra no lado do cliente, o conteúdo HTML, CSS é Java script e é executado no lado do cliente, portanto, abrir meu site pode ser classificado com a execução de um programa, e como vírus é um malware que depende de execução então podemos aplicar a definição de um vírus caso tenha por intenção causar danos.

O uso da expressão "execução automática" na questão tem por interesse dissuadir o candidato. Uma vez que ela está vinculada a essência citada de executar o site ao abri-lo.

GABARITO: CERTO.

654. **(CESPE – 2018 – POLÍCIA FEDERAL – PERITO CRIMINAL FEDERAL)** Julgue o item a seguir, em relação às características de software malicioso.

Exploit kits não podem ser usados como vetor de propagação de worms, uma vez que a principal característica de um worm consiste na possibilidade de propagação sem a intervenção direta do usuário.

Certo ( ) Errado ( )

Um exploit é um malware que explora falhas, logo é uma das vertentes usadas na etapa de contaminação por um Worm.

GABARITO: ERRADO.

655. **(CESPE – 2018 – POLÍCIA FEDERAL – ESCRIVÃO DE POLÍCIA FEDERAL)** Acerca de redes de computadores e segurança, julgue o item que segue.

No processo conhecido como scanning, o worm, em sua fase de propagação, procura outros sistemas para infectar.

Certo ( ) Errado ( )

A etapa de scanning utilizado pelos worms é basicamente o escaneamento da rede através do endereçamento IP para identificar quantos e quais dispositivos estão conectados a ele, assim ele terá novos alvos para se espalhar.

GABARITO: CERTO.

656. **(CESPE – 2018 – POLÍCIA FEDERAL – AGENTE DE POLÍCIA FEDERAL)** Julgue o próximo item, a respeito de proteção e segurança, e noções de vírus, worms e pragas virtuais.

A infecção de um sistema por códigos maliciosos pode ocorrer por meio da execução de arquivos infectados obtidos de anexos de mensagens eletrônicas, de mídias removíveis, de páginas web comprometidas, de redes sociais ou diretamente de outros equipamentos.

Certo ( ) Errado ( )

Qualquer arquivo ou mesmo site é suscetível a estar contaminado por algum malware, principalmente, no caso um vírus. Por essa razão, é sempre importante verificar todo o arquivo recebido, mesmo que sejam de fontes confiáveis, com o antivírus para evitar problemas futuros.

GABARITO: CERTO.

657. **(CESPE – 2018 – PC/MA – ESCRIVÃO)** Determinado tipo de vírus eletrônico é ativado quando um documento por ele infectado é aberto, podendo então, nesse momento, infectar não apenas outros documentos, mas também um gabarito padrão de documento, de modo que cada novo documento criado sob esse gabarito seja infectado. Tal vírus, cuja propagação ocorre quando documentos por ele infectados são remetidos por correio eletrônico para outros usuários, é conhecido como:

a) Backdoor

b) Hoax

c) Vírus de setor de carga (boot sector)

d) Vírus de programa

e) Vírus de macro.

O contexto da questão aponta para arquivos de editores de texto ao citar modelos de documentos, portanto, trata-se de um vírus de macro.

GABARITO: E.

658. **(CESPE/CEBRASPE – 2016 – INSS –TÉCNICO DO SEGURO SOCIAL)** Com relação a informática, julgue o item que se segue.
A infecção de um computador por vírus enviado via correio eletrônico pode se dar quando se abre arquivo infectado que porventura esteja anexado à mensagem eletrônica recebida.

Certo ( ) Errado ( )

Um vírus é um malware que precisa ser executado para entrar em funcionamento, diferentemente de um worm que é automático, logo é possível efetuar o download de um arquivo contaminado por vírus e não ser contaminado. Porém ao executar o arquivo o malware entrará em funcionamento.

GABARITO: CERTO.

659. **(NUCEPE – 2018 – PC/PI – INFORMÁTICA)** Sobre os conceitos de vírus, worms, malwares, pragas virtuais e aplicativos para segurança, assinale a única alternativa INCORRETA.

a) Um software antivírus é um aplicativo de segurança responsável por prevenir, detectar e remover programas maliciosos.

b) Malware é um programa de computador projetado para executar ações danosas e atividades maliciosas em um computador

c) O firewall é um sistema de segurança que permite a transformação reversível da informação de forma a torná-la inelegível a terceiros.

d) Vírus é um programa ou parte de um programa de computador, normalmente malicioso, que se propaga inserindo cópias de si mesmo e se tornando parte de outros programas e arquivos.

e) Worm é um programa capaz de se propagar automaticamente pelas redes, enviando cópias de si mesmo de computador para computador. Diferente do vírus, o worm não embute cópias de si mesmo em outros programas ou arquivos

É função dos antivírus procurar e eliminar os malwares que encontrar, e de colocar em quarentena os arquivos suspeitos. Vale sempre lembrar que um malware é um programa como outro qualquer, porém com finalidade maliciosa, ou seja, de causar alguma forma de dano.

O Firewall é uma ferramenta de segurança, cuja principal finalidade é controlar o que entra e o que sai de uma rede, por meio de um conjunto de regras e exceções.

Um Vírus além de depender da ação do usuário, ou seja, precisar ser executado pelo usuário, ele pode ser inserido dentro de outro software, pode-se dizer que ele infecta outros arquivos. Diferentemente do Worm que é um malware automático, ou seja, não precisa ser executado, pois se espalha automaticamente, principalmente pela rede.

GABARITO: C.

660. **(AOCP – 2018 – TRT/RJ – ANALISTA JUDICIÁRIO)** Em uma época em que cada vez mais as informações trafegam e são armazenadas em meios digitais, tornaram-se comuns notícias sobre os prejuízos causados por ameaças como vírus, spywares e ransomwares. Essas ameaças também podem ser classificadas como:

a) Bugs.

b) Malwares.

c) Spam.

d) Badwares.

e) Phishing.

Malwares são programas maliciosos que causam alguma forma de dano ao usuário, os principais malwares são: Vírus, Worm, Trojan Horse, Bolware, Ransomware, Hijacker, Spywares (adware, keylogger e screenloggers), bots e Rootkits. Phinshing é um ataque.

GABARITO: B.

661. **(CESPE - 2016 – PC/GO - CONHECIMENTOS BÁSICOS)** Cavalo de Troia (trojan):

a) Aumenta o tráfego na Internet e gera um grande volume de dados de caixas postais de correio eletrônico.

b) Pode ser instalado por vírus, phishing ou outros programas, com a finalidade de abrir um backdoor.

c) Também é conhecido como vírus de macro, por utilizar os arquivos do MS Office.

d) Não pode ser combatido por meio de firewall.

e) Impede que o sistema operacional se inicie ou seja executado corretamente.

O malware que afeta o desempenho da rede é o Worm; o cavalo de troia normalmente é quem instala outros malwares e já abre portas; vírus de macro é um tipo específico de vírus de script; o firewall ajuda a proteger contra o trojan, pois é o firewall que monitora e protege as portas que os trojans tentam abrir.

GABARITO: E.

Considere as afirmativas sobre segurança da informação e julgue se corretas.

662. **(AUTOR – 2013)** Um computador da delegacia foi contaminado com um programa malicioso, no entanto ele só foi descoberto por relatos de agentes que (usando outros computadores) recebiam mensagens de e-mail, remetidas pelo usuário do computador infectado, contendo um executável e uma mensagem no e-mail que levava o destinatário a crer que aquele era um programa necessário de ser instalado no computador do usuário. Assim ao instalar tal executável os agentes perceberam que ele não abria como um programa convencional, e ainda, receberam relatos de que seus contatos de e-mail receberam a mesma mensagem com o mesmo executável proveniente do seu e-mail. A se julgar pela característica do malware observado o setor de manutenção de computadores relatou que tratava-se de um malware do tipo verme misturado a uma espécie de e-mail Cavalo de Troia.

Certo ( ) Errado ( )

Um verme (Worm) é o malware que se espalha automaticamente criando cópias de si mesmo, ou enviando cópias de si pela rede para outros usuários, uma das formas usada pela rede é utilizando os clientes de e-mail enviando cópias para os contatos salvos no programa. Já o texto usado no e-mail aproxima-se de um Trojan Horse, pois induz o usuário a acreditar na veracidade e necessidade de instalação do aplicativo em anexo.

GABARITO: CERTO.

663. **(AUTOR – 2021)** Um Worm utiliza-se de estruturas ilusórias para induzir o usuário a executar o arquivo contaminado com o malware. Na próxima vez que o sistema for iniciado ele lota o HD com lixo e apaga os arquivos do usuário.

Certo ( ) Errado ( )

O Worm executa automaticamente, ou seja, não depende de ação do usuário e busca ser discreto. Também usa da rede para criar cópias idênticas de si, mas não tem por objetivo causar danos.

GABARITO: ERRADO.

664. **(CESPE – 2013)** Julgue os itens que se seguem, que dizem respeito ao armazenamento de dados em nuvem e a pragas virtuais.
Rootkit é um tipo de praga virtual de difícil detecção, visto que é ativado antes que o sistema operacional tenha sido completamente inicializado.

Certo ( ) Errado ( )

O Rootkit é o tipo de malware que se esconde e busca esconder outros malwares dos antivírus, o que por consequência dificulta sua detecção, assim como os vírus esse malware é carregado junto ao sistema.

GABARITO: CERTO.

665. **(CESPE – 2013 – PC/DF – AGENTE DE POLÍCIA)** O uso de recursos de tecnologias da informação e das comunicações encontra-se difundido e disseminado em toda sociedade. Nesse contexto, ações de investigação criminal necessitam estar adaptadas para identificar e processar evidências digitais de modo a produzir provas materiais. Para tanto, existem diversos tipos de exames técnico-científicos utilizados em investigações. Acerca desses exames, julgue os itens a seguir.

Computadores infectados com vírus não podem ser examinados em uma investigação, pois o programa malicioso instalado compromete a integridade do sistema operacional.

Certo ( ) Errado ( )

A presença de negação normalmente aponta a questão como errada. Ainda pode-se pensar que talvez a investigação seja de como ou quem colocou tal vírus no computador.

GABARITO: ERRADO.

666. **(CESPE – 2013 – PC/DF – AGENTE DE POLÍCIA)** Os vírus, ao se propagarem, inserem cópias de seu próprio código em outros programas, enquanto os worms se propagam pelas redes, explorando, geralmente, alguma vulnerabilidade de outros softwares.

Certo ( ) Errado ( )

Os vírus dependem de outros arquivos para se inserirem dentro destes, tal característica descrevemos como processo de infecção. Os worms assim como os vírus têm por característica explorar falhas do sistema e dos programas. O Worm se propaga criando cópias idênticas de si, ou seja, ele não entra dentro de outros arquivos como o vírus. Os clientes de e-mail são os alvos mais frequentes dos worms que os invadem e disseminam-se para todos os contatos do usuário armazenados no programa.

GABARITO: CERTO.

Apesar de a maioria dos spywares assim como os Adwares são considerados como malwares, por causarem algum dano ao usuário como capturar os seus dados e usá-los de forma ilícita, porém eles podem ser utilizados para fins legítimos.

Certo ( ) Errado ( )

Um spyware pode ser instalado no computador pelo próprio usuário para monitorar as atividades que vem sendo desempenhadas nele, como também para monitorar os filhos e funcionários a fim de verificar o conteúdo que estes têm acessado.

GABARITO: CERTO.

667. **(AUTOR – 2013)** O termo Scam se remete, especificamente, a um malware que varre o HD do computador do usuário em busca de arquivos que contenham senhas.

Certo ( ) Errado ( )

Scam é qualquer esquema ou ação enganosa e/ou fraudulenta que, normalmente, tem como finalidade obter vantagens financeiras, ou seja, não é o nome de uma ação em específico e sim uma atribuição genérica.

GABARITO: ERRADO.

668. **(AUTOR – 2013)** Um cavalo de Troia é um programa, normalmente recebido como um "presente" (por exemplo, cartão virtual, álbum de fotos, protetor de tela, jogo, etc), que além de executar funções para as quais foi aparentemente projetado, também executa outras funções normalmente maliciosas e sem o conhecimento do usuário. Por definição, o cavalo de Tróia distingue-se de um vírus ou de um Worm por não infectar outros arquivos, nem propagar cópias de si mesmo automaticamente. Normalmente um cavalo de Tróia consiste em um único arquivo que necessita ser explicitamente executado.

Certo ( ) Errado ( )

Vale lembrar que alguns Trojan Horses podem ter em seu interior outros malwares como Vírus e Worms.

GABARITO: CERTO.

669. **(CESPE – 2013 - ANP - ANALISTA ADMINISTRATIVO - ÁREA 5)** Os bots são programas maliciosos armazenados na área de boot do disco de uma estação de trabalho. Eles são capazes de se reproduzir, de modo que o invasor consegue orientar o bot a realizar ataques em um ambiente em rede.

Certo ( ) Errado ( )

Um bot é um computador controlado a distância, ou seja, controlado remotamente, que dificilmente fica na área de boot de um disco. O malware que ataca essa área e ali se instala é o Vírus de Boot cujo objetivo é danificar o HD a fim de inutilizá-lo.

GABARITO: ERRADO.

670. **(CESPE - 2013 - TELEBRAS - NÍVEL MÉDIO - CONHECIMENTOS BÁSICOS)** Cavalo de troia é um tipo de programa que se instala sem conhecimento do usuário. Por meio desse programa, o invasor pode ter acesso a arquivos do computador e copiá-los, além de poder formatar o disco rígido.

Certo ( ) Errado ( )

Um cavalo de troia é um disfarce para que outro malware entre no computador do usuário, o malware contido no Trojan pode causar diversos tipos de problemas.

GABARITO: CERTO.

671. **(CESPE - 2013 - TRT - 10ª REGIÃO (DF E TO) - ANALISTA JUDICIÁRIO - CONHECIMENTOS BÁSICOS)** O vírus de computador é assim denominado em virtude de diversas analogias poderem ser feitas entre esse tipo de vírus e os vírus orgânicos.

Certo ( ) Errado ( )

Um vírus de computador tem por característica infectar outros arquivos, assim como um vírus humano infecta as células do organismo se replicando e destruindo-o.

GABARITO: CERTO.

672. **(CESPE - 2013 - TRT - 10ª REGIÃO (DF E TO) - ANALISTA JUDICIÁRIO - CONHECIMENTOS BÁSICOS)** Backdoor é uma forma de configuração do computador para que ele engane os invasores, que, ao acessarem uma porta falsa, serão automaticamente bloqueados.

Certo ( ) Errado ( )

O backdoor é uma brecha criada por pessoas mal-intencionadas, que desejam ter acesso futuramente ao computador do usuário. Ele é como uma brecha criada não um recurso de segurança.

GABARITO: ERRADO.

673. **(CESPE - 2013 - TRT - 10ª REGIÃO (DF E TO) - ANALISTA JUDICIÁRIO - CONHECIMENTOS BÁSICOS)** Considerando um texto em edição no Write, julgue os itens que se seguem.

Ao salvar o arquivo em um disco removível, seu conteúdo será protegido contra vírus de macro, pois esse tipo de vírus ataca apenas arquivos no disco rígido.

Certo ( ) Errado ( )

Um vírus de macro está dentro do arquivo, mas quando executado ataca o programa e pode danificar todos os arquivos que encontrar.

GABARITO: ERRADO.

674. **(CESPE - 2013 - TRT - 10ª REGIÃO/DF E TO - ANALISTA JUDICIÁRIO - CONHECIMENTOS BÁSICOS)** Um computador em uso na Internet é vulnerável ao ataque de vírus, razão por que

a instalação e a constante atualização de antivírus são de fundamental importância para se evitar contaminações.

Certo ( )   Errado ( )

Dentre as estruturas básicas têm-se a necessidade de um antivírus instalado e atualizado, manter o sistema operacional atualizado e manter o firewall ativo.

GABARITO: CERTO.

675. **(CESPE - 2013 - TRT - 10ª REGIÃO/DF E TO - ANALISTA JUDICIÁRIO - CONHECIMENTOS BÁSICOS)** Ao contrário de um vírus de computador, que é capaz de se autorreplicar e não necessita de um programa hospedeiro para se propagar, um worm não pode se replicar automaticamente e necessita de um programa hospedeiro.

Certo ( )   Errado ( )

O vírus necessita de outro arquivo para existir, pois ele infecta outros arquivos além de depender da execução do arquivo contaminado por parte do usuário, enquanto que Worm é quem executa automaticamente sem a participação do usuário e também não precisa de hospedeiro, pois existe por si.

GABARITO: ERRADO.

676. **(FCC – 2014 – SEFAZ/RJ – AUDITOR FISCAL DA RECEITA ESTADUAL)** O site Convergência Digital divulgou a seguinte notícia: O Brasil segue como o no 1 na América Latina em atividades maliciosas e figura na 4ª posição mundial, ficando atrás apenas dos EUA, China e Índia, de acordo a Symantec. Os ataques por malwares cresceram 81%. ... Um desses malwares segue sendo o grande vilão nas corporações, sendo responsável por mais de 220 milhões de máquinas contaminadas no mundo. É um programa capaz de se propagar automaticamente pelas redes, enviando cópias de si mesmo de computador para computador.

(Adaptado de: http://convergenciadigital.uol.com.br/cgi/cgilua.exe/sys/start.htm?infoid=34673&sid=18#.UlqcCNKsiSo)

Considerando que o malware citado como vilão não se propaga por meio da inclusão de cópias de si mesmo em outros programas ou arquivos, mas sim pela execução direta de suas cópias ou pela exploração automática de vulnerabilidades existentes em programas instalados em computadores, trata-se de um:

a) backdoor.

b) vírus de macro.

c) botnet.

d) worm.

e) spyware.

O Worm é quem cria cópias de si mesmo principalmente pela rede. Backdoor é uma brecha (porta dos fundos), os vírus infectam outros arquivos, o botnet é o controle remoto do computador por terceiros e spywares são programas espiões.

GABARITO: D.

677. **(FCC – 2013 – PGE/BA – ANALISTA DE PROCURADORIA)** Atualmente, uma das formas mais difundidas de disseminação de vírus é por meio das mensagens de e-mail. A infecção do computador, nesse caso, pode ocorrer quando:

a) a mensagem é recebida na caixa de entrada.

b) a mensagem é lida.

c) o anexo da mensagem de e-mail é copiado em uma pasta.

d) um link contido na mensagem de e-mail é acessado.

e) há o envio da confirmação do recebimento da mensagem.

Um vírus para entrar em funcionamento deve ser executado pelo usuário, logo abrir a mensagem ou baixar o anexo não executam o arquivo, contudo links podem levar a sites que realizam o download e execução imediata de arquivos simplesmente ao serem acessados.

GABARITO: D.

678. **(IMA – 2015 – PREFEITURA DE CANAVIEIRA/PI – TÉCNICO DE ENFERMAGEM)** É um programa capaz de se propagar automaticamente através de redes, enviando cópias de si mesmo de computador para computador:

a) Worm.

b) Firewall.

c) Sniffer.

d) Spyware.

Um verme de computador (Worm) possui a capacidade de criar cópias de si próprio usando principalmente a rede para isso, mas não unicamente. É de responsabilidade do Firewall auxiliar na proteção de uma rede. Um sniffer é o ato de escutar uma rede, seja para identificar comunicações e problemas de rede como para capturar dados de outros usuários.

GABARITO: A.

679. **(IMA – 2015 – PREFEITURA DE CANAVIEIRA/PI – PROFESSOR – MATEMÁTICA)** Atualmente, Segurança Virtual é um dos temas mais abordados, visto que praticamente tudo do mundo atual está armazenado em nossos computadores: transações bancárias, dados pessoais, arquivos confidenciais, entre outros. Uma das preocupações da Segurança Virtual, portanto, é o famoso vírus. Um Vírus:

a) É um sistema operacional.

b) É um programa de computador com o objetivo de destruir ou coletar dados.

c) É um programa capaz de se propagar automaticamente pelas redes.

d) É um ramo que dispõe de mecanismos de comunicação com o invasor que permitem que ele seja controlado remotamente.

Os malwares são programas como qualquer outro, mas que apresentam finalidade maliciosa como roubar dados, causar danos, alterar arquivos ou apenas para pregar uma peça em outros usuários. Dentre os malwares existentes o de nome mais popular é o vírus que possui como finalidade principal causar danos ao usuário. Um Vírus, assim como um Worm e o Trojan Horse,

consegue controlar o computador do usuário a distância, abrir portas e explorar falhas dos outros programas, principalmente de Sistema Operacional. O Worm é o malware que tem por característica usar a rede para se replicar.

GABARITO: B.

680. **(IBFC – 2015 – CEP 28 – ASSISTENTE ADMINISTRATIVO)** No Centro de Estudos, Resposta e Tratamento de Incidente de Segurança no Brasil (www.cert.br/) - "Cartilha de Segurança para Internet" são apresentadas as seguintes definições:

I. É um programa projetado para monitorar as atividades de um sistema e enviar as informações coletadas para terceiros.

II. É um programa capaz de se propagar automaticamente pelas redes, enviando cópias de si mesmo de computador para computador.

Que correspondem respectivamente aos malwares:

a) Spyware - Worm

b) Rootkit - Worm

c) Worm - Spyware

d) Rootkit - Spyware

Os Spywares são programas espiões que possuem três tipos básicos, Adware, KeyLogger e ScreenLogger. Uma das principais características do Worm é o fato de poder se replicar automaticamente, enquanto um Vírus contamina outros arquivos e necessita ser executado pelo usuário.

GABARITO: A.

681. **(QUADRIX – 2015 – CRP/MG – ASSISTENTE ADMINISTRATIVO)** Malwares são programas especificamente desenvolvidos para executar ações danosas e atividades maliciosas em um computador. Essas pragas virtuais podem infectar ou comprometer um computador de diversas formas, dentre as quais não se encontra:

a) pela exploração de vulnerabilidades existentes nos programas instalados no computador.

b) pela leitura de e-mails com arquivos infectados anexados.

c) pela autoexecução de mídias removíveis infectadas, como pen drives.

d) pelo acesso a páginas web maliciosas, utilizando navegadores vulneráveis.

e) pela ação direta de atacantes que, após invadirem o computador, incluem arquivos contendo vírus, worms etc.

O fato de ler o e-mail não aciona o malware em anexo, caso o malware seja um vírus, por exemplo, o usuário pode inclusive baixá-lo para o computador sem que seja executado.

GABARITO: B.

682. **(PM-MG - 2015 - PM-MG - SOLDADO DA POLÍCIA MILITAR)** Segundo o Centro de Estudos, Resposta e Tratamento de Incidentes de Segurança no Brasil (CERT.br), os malwares são programas desenvolvidos com a finalidade de executar ações danosas e atividades maliciosas em um computador. Desta feita, sobre os malwares é CORRETO afirmar que:

a) A utilização de MACRO permite que determinados tipos de malwares sejam desenvolvidos, através dos aplicativos de editor de texto e de planilhas eletrônicas.

b) Os programas de antivírus são eficazes na identificação e eliminação de programas com códigos maliciosos, conseguindo reconhecê-los logo que esses códigos sejam desenvolvidos.

c) São mensagens que possuem conteúdo alarmante ou falso e que, geralmente, apontam como autores instituições, empresas, órgãos de governo ou pessoas de renome.

d) Todas as mensagens de SPAM estão associadas aos malwares, e, por conseguinte, propagam mensagens não solicitadas ou desejadas na internet.

Macros são recursos presentes em vários programas dentre estes as suítes de escritório, elas possibilitam realizar tarefas que o programa não possibilita, além de automatizar processos. O MS Office utiliza-se da linguagem de Programação Visual Basic, também conhecida como VB Script para possibilitar a criação de macros, o BrOffice reconhece as macros do MS Office, porém utiliza-se da linguagem Java para criar as suas macros, por padrão. Os antivírus normalmente reconhecem um malware a partir do momento que sua assinatura foi identificada pelo desenvolvedor da ferramenta de segurança e tal informação tenha sido atualizada no programa, ou seja, há um lapso temporal desde a criação do malware e a sua identificação. Embora, existem antivírus que utilizam heurísticas que lhe conferem a capacidade de identificar um malware mesmo sem conhecer sua assinatura. As mensagens falsas que contenham conteúdo como correntes, boatos ou pedem auxílio financeiro, às vezes apenas o simples compartilhamento da mesma, são categorizadas como SPAMs, já as mensagens que tentam obter dados do usuário são identificadas como phishing. Uma característica básica de um malware é o fato dele ser um software, logo um simples e-mail não atende tal característica.

GABARITO: A.

683. (AUTOR – 2018) Da mesma forma que acontece com o Worm, o bot pode ser um programa independente, agindo e se propagando através do seu computador.

Certo ( ) Errado ( )

Um bot é um aplicativo capaz de se comunicar com os invasores que o colocaram em sua máquina.

GABARITO: CERTO.

684. (AUTOR – 2018) Um grupo de usuários receberam um e-mail com o seguinte texto: "Olá! WannaCry está de volta! Todos os seus dispositivos foram danificados com o nosso programa instalado neles. Melhoramos a operação do nosso programa, assim você não poderá recuperar os dados após o ataque", e pedia o valor de 0,1 Bitcoin (US$ 650) para resolver o problema.

O WannaCry citado na questão é um raspberry que se tornou famoso no Brasil no ano de 2018 por roubar dados do usuário e exigir valores para não divulgar os dados na Internet.

Certo ( ) Errado ( )

WannaCry é um ransomware, assim como Petya e Cry Brazil. Já o Raspberry é um minimicro-computador completo.

GABARITO: ERRADO.

685. **(AUTOR – 2018)** Um Cavalo de Troia é um malware que pretende ser útil ou divertido enquanto na verdade causa problemas e pode roubar dados.

Certo ( ) Errado ( )

Trojans são geralmente espalhados através de um anexo de e-mail infectado ou um download que esconde games gratuitos, aplicativos, filmes ou cartões de visita.

GABARITO: CERTO.

686. **(AUTOR – 2018)** Adware é um tipo de software gratuito mantido por propagandas que aparecem como janelas de pop-up ou como barra de ferramenta em seu computador ou navegador.

Certo ( ) Errado ( )

A maioria dos adwares é irritante, mas seguro. Porém, alguns são usados para coletar suas informações pessoais, rastrear os sites que você visita ou até mesmo gravar as teclas que você digita.

GABARITO: CERTO.

687. **(AUTOR – 2018)** Um usuário identificou um grande aumento no consumo de memória do sistema e da banda larga, outro colega lhe alertou que isto pode ser causado por um Worm.

Certo ( ) Errado ( )

Worms são programas que se autorreplicam e se espalham pelas redes de computadores. Devido ao fato de que, geralmente, worms consomem muita memória do sistema ou banda larga, os servidores, redes e computadores geralmente passam a não responder mais.

GABARITO: CERTO.

688. **(AUTOR – 2018)** Sobre programas maliciosos, ataques, fraudes e ferramentas de segurança julgue os itens a seguir.

Malwares do tipo vírus, worm e bot, além de infectar um computador têm capacidade de propagação automática.

Certo ( ) Errado ( )

O Vírus é um malware que depende de execução direta, já o worm tem por principal característica criar cópias de si mesmo automaticamente, embora não seja uma das características descritivas do bot, ele, assim como o Worm, tem capacidade de espalhar automaticamente.

GABARITO: ERRADO.

689. **(AUTOR – 2018)** O Antivírus do departamento de tecnologia da informação da Polícia Federal identificou que um programa de computador invadiu máquinas de alguns funcionários e abriu portas através das quais é outros malware puderam entrar e controlar os sistemas

afetados sem que os usuários percebam. No relatório de ameaças identificadas o Antivírus identificou o malware como sendo um backdoor.

Certo ( ) Errado ( )

A essência do backdoor é abrir portas para que outros malwares ou mesmo usuários possam invadir ou acessar os computadores infectados.

GABARITO: CERTO.

690. **(AUTOR – 2018)** Um ransomware é um malware que contamina o computador do usuário e criptografa seus arquivos pessoais e até mesmo o sistema e exige um resgate, normalmente em bitcoins, para liberar os arquivos.

Certo ( ) Errado ( )

Atualmente, o WannaCry e o Petya são os mais famosos por terem atacado em um curto espaço de tempo centenas de milhares de computadores no mundo todo exigindo um resgate em um prazo, do contrário apagam os arquivos do computador.

GABARITO: CERTO.

691. **(AUTOR – 2018)** A realização de um backup é suficiente para proteger os arquivos do usuário de malwares do tipo ransomware.

Certo ( ) Errado ( )

O backup é apenas uma forma de amenizar o estrago causado, ele não protege o computador ou os dados do usuário.

GABARITO: ERRADO.

692. **(CESPE – 2015 – TER/GO – ANALISTA JUDICIÁRIO)** Botnet é uma rede formada por inúmeros computadores zumbis e que permite potencializar as ações danosas executadas pelos bots, os quais são programas similares ao worm e que possuem mecanismos de controle remoto.

Certo ( ) Errado ( )

Botnet ou rede zumbi é amplamente usada pelos crackers para realizar ataques como o de DDoS (Distributed Denied of Service) Negação de Serviço Distribuída. Pode-se dizer que o bot é a estrutura mais simples e o Worm possui as mesmas características e outras a mais.

GABARITO: CERTO.

693. **(CESPE – 2014 – POLÍCIA FEDERAL – AGENTE DE POLÍCIA)** Os hijackers são exemplos de códigos maliciosos que, sem que os usuários percebam, invadem computadores e, por exemplo, modificam o registro do Windows.

Certo ( ) Errado ( )

Os hijackers capturam e modificam os browsers fixando páginas iniciais e abrindo janelas durante a navegação do usuário.

GABARITO: ERRADO.

694. **(CESPE – 2014 – POLÍCIA FEDERAL – AGENTE DE POLÍCIA)** Computadores infectados por bots podem ser controlados remotamente bem como podem atacar outros computadores sem que os usuários percebam.

Certo ( ) Errado ( )

Bots ou Robots são malware cuja finalidade é controlar o computador do usuário a distância, normalmente utilizados para usar o computador do usuário para realizar ataques a outros computadores diretamente ou em conjunto realizar ataques do tipo DDoS.

GABARITO: CERTO.

695. **(CESPE – 2014 – TJ/SE – ANALISTA)** Para tentar prevenir uma infecção por vírus ou malware, algumas ferramentas de antivírus procedem à detecção por heurística, técnica de detecção de vírus baseada no comportamento anômalo ou malicioso de um software.

Certo ( ) Errado ( )

Heurística é uma lógica de raciocínio baseada em histórico de informações e comportamentos, no caso dos malwares é a técnica em que os antivírus se baseiam nas ações típicas dos malwares para que ao olhar para um arquivo ou programa e encontrarem tal comportamento, no mínimo, coloque o arquivo sob suspeita movendo para uma quarentena ou sandbox.

GABARITO: CERTO.

696. **(CESPE – 2014 – MTE – CONTADOR)** Os antivírus são ferramentas capazes de detectar e remover os códigos maliciosos de um computador, como vírus e worms. Tanto os vírus quanto os worms são capazes de se propagarem automaticamente por meio da inclusão de cópias de si mesmo em outros programas, modificando-os e tornando-se parte deles.

Certo ( ) Errado ( )

Os vírus é que infectam outros arquivos se tornando parte deles, enquanto os worms existem independentemente de outro arquivo e cria cópias exatas de si.

GABARITO: ERRADO.

697. **(CESPE – 2014 – FUB – TODOS OS CARGOS)** Computadores podem ser infectados por vírus mesmo que não estejam conectados à Internet.

Certo ( ) Errado ( )

Mesmo não estando conectado à Internet, o computador possui usuários, e esses podem conectar um pen drive contaminado no computador.

GABARITO: CERTO.

698. **(CESPE – 2014 – CADE – CONHECIMENTOS BÁSICOS)** O computador utilizado pelo usuário que acessa salas de bate-papo não está vulnerável à infecção por worms, visto que esse tipo de ameaça não se propaga por meio de programas de chat.

Certo ( ) Errado ( )

É comum a troca de arquivos em salas de bate papo, o que abre caminho para a troca de malwares também.

GABARITO: ERRADO.

699. **(CESPE – 2014 – CADE – CONHECIMENTOS BÁSICOS)** Os vírus de computador podem apagar arquivos criados pelo editor de texto, no entanto são incapazes de infectar partes do sistema operacional, já que os arquivos desse sistema são protegidos contra vírus.

Certo ( ) Errado ( )

Os vírus que atacam os arquivos dos editores de texto normalmente são vírus de Macro, porém a questão não cita um tipo específico, mas aborda os vírus como um todo, assim com base na característica dos vírus de infectar outros arquivos principalmente do Sistema Operacional.

GABARITO: ERRADO.

700. **(CESPE – 2014 – MDIC – ANALISTA TÉCNICO ADMINISTRATIVO)** Um backdoor (porta dos fundos) é um programa de computador utilizado pelo administrador de rede para realizar a manutenção remota da máquina de um usuário.

Certo ( ) Errado ( )

Um backdoor é uma brecha criada no computador para acesso por terceiro sem o consentimento do usuário. Um backdoor é considerado um malware. Administradores de rede realizam acesso remoto ou usando a própria ferramenta de Área de Trabalho Remota do Windows ou por aplicativos como o Teamviewer (um dos mais populares).

GABARITO: ERRADO.

ATAQUES

701. **(FGV – 2020 – IBGE – AGENTE CENSITÁRIO OPERACIONAL)** E-mails não solicitados, geralmente enviados para um grande número de pessoas, são rotulados pelo termo:

a) Cookies.

b) Junk.

c) Malware.

d) Phishing.

e) Spam.

Spam é uma mensagem enviada em massa e não solicitada, pode ser por e-mail, SMS, ou mesmo, redes sociais. São pequenas informações que alguns sites (embora hoje seja comum que a maioria é faça) armazenam nos computadores dos usuários. Malwares são programas maliciosos que causam algum dano. Phishing são páginas ou e-mails falsos que induzem o usuário a fornecer dados pessoais.

GABARITO: E.

702. **(CESPE – 2018 – POLÍCIA FEDERAL – PERITO CRIMINAL FEDERAL)** Julgue o item que se segue, a respeito de DNS (domain name service).

Um tipo de ataque contra o serviço DNS é o pharming, que envolve o redirecionamento do navegador do usuário para sítios falsos por meio da técnica conhecida como envenenamento de cache DNS.

Certo ( ) Errado ( )

Res envenenamento de DNS, ou DNS Poison, ou sequestro de DNS são nomes utilizados para apresentar o pharming, um ataque que consiste em adulterar informações dos servidores de DNS. Em essência o ataque consiste em alterar os registros de endereço IP vinculados aos domínios dos sites, assim quando um computador solicita o endereço IP do servidor relacionado a um domínio ao invés de receber a informação desejada recebe uma informação adulterada, estes endereços recebidos poderão levar a qualquer outro site, seja uma página falsa ou mesmo alguma página contendo malwares.

GABARITO: CERTO.

703. **(CESPE/CEBRASPE – 2013 – MPU – ANALISTA)** Julgue os itens subsequentes, relativos a conceitos de segurança da informação.

Phishing é a técnica de criar páginas falsas, idênticas às oficiais, para capturar informações de usuários dessas páginas.

Certo ( ) Errado ( )

Phishing consiste em um site ou um e-mail falso que se passa por um serviço verdadeiro com a intenção de roubar os dados dos usuários que acessam esses serviços, tal prática utiliza-se de elementos da engenharia social como criar um senso de urgência no usuário.

GABARITO: CERTO.

704. **(CESPE – 2018 – POLÍCIA FEDERAL – PERITO CRIMINAL FEDERAL)** Softwares desenvolvidos para a Web podem ter diversas vulnerabilidades e cada uma delas pode ser explorada com uma técnica específica. Sendo o ataque bem-sucedido, o atacante tem o controle do sistema. A respeito de características de ataques em software web, julgue o próximo item.

O ataque de sequestro de sessão tem por característica o comprometimento do token de autenticação de um usuário, podendo esse token ser obtido interceptando-se a comunicação ou predizendo-se um token válido.

Certo ( ) Errado ( )

Existem 3 técnicas de sequestro de seções: forçando uma ID (basicamente um invasor tenta descobrir o ID que está sendo utilizado em uma sessão por força bruta); roubando um ID (o invasor escuta rede para tentar capturar uma ID em uso); Cálculo de ID (como uma força bruta melhorada, o invasor tenta descobrir uma ID através de cálculos a partir de outras Ids). Os ataques ainda podem ser de forma ativa ou passiva, na forma ativa o hacker assume a sessão e se passa pelo usuário para executar transações, enquanto na passiva ele apenas monitora a comunicação entre cliente e servidor.

GABARITO: CERTO.

705. **(AOCP – 2018 – TRT/RJ – TÉCNICO JUDICIÁRIO)** Suponha que o banco no qual você movimenta a sua empresa se chame "Banco Verdadeiro", e o site dele seja "www.bancoverdadeiro.com.br". No e-mail da sua empresa, você recebe um e-mail do remetente "seguranca@bancoverdadeiro.com.br" solicitando que você atualize o módulo de segurança do seu computador para acesso de serviços bancários através da Internet, conforme a imagem a seguir:

Banco Verdadeiro: <seguranca@bancoverdadeiro.com.br>
Para: <seunome@suaempresa.com.br>

Prezado cliente,

Para que possa continuar utilizando nossos serviços através da internet, solicitamos que atualize imediatamente o seu módulo de segurança através do site abaixo:

https://banco-verdadeiro.security-updates.com/modulo

Atenciosamente,

Banco Verdadeiro

Observando os detalhes da mensagem, qual das alternativas a seguir está correta e seria a mais recomendada para não comprometer a segurança do computador e dos seus dados pessoais?

a) Acessar o site indicado no texto da mensagem, já que o e-mail do remetente pertence ao mesmo domínio do site do banco, mantendo, assim, o módulo de segurança atualizado.

b) Verificar se o e-mail não contém um vírus anexado. Se não tiver vírus, acessar o site tranquilamente.

c) Se a sua empresa utiliza sistemas antispam, não há razão para se preocupar, podendo acessar o site tranquilamente.

d) Não acessar o site indicado, pois, pelas características da mensagem, deve se tratar de um torrent. Se necessário, pedir auxílio da equipe responsável pela administração da T.I.

e) Não acessar o site indicado, pois, pelas características da mensagem, deve se tratar de um phishing.

Primeiramente bancos não enviam e-mails com links, segundo o usuário (e candidato) devem notar que os endereços de domínio do banco e o domínio presentes nos e-mails são diferentes. Como se trata de uma mensagem que tenta se passar por um serviço autêntico, a fim de capturar dados do usuário (o que o usuário informar) temos um e-mail falso, logo um phishing. A finalidade de um Spam é o envio de uma mensagem não solicitada e em massa, contudo o cabeçalho da questão não deixa claro a questão do volume de mensagens, mas enfatiza a finalidade de se passar por verdadeiro.

GABARITO: E.

706. (AUTOR – 2013) Um agente recebeu um e-mail o qual se descrevia como sendo do setor de informática do órgão em que trabalhava, a mensagem solicitava que o e-mail fosse respondido com vários dados como Nome, nome usuário, número de registro, senha, Registro Geral e setor em que exercia atividade, para que a conta de permanecesse ativa do contrário ela seria cancelada. Após alguns dias a rede da instituição foi invadida por um cracker. Pode-se inferir que o agente foi vítima de um Phishing que pode estar relacionado com a invasão da rede.

Certo ( ) Errado ( )

Um Phishing pode ser uma página ou e-mail falso, que tenta se passar por algum serviço confiável, para capturar os dados do usuário.

GABARITO: CERTO.

707. **(AUTOR – 2013)** Phishing e Pharming são malwares utilizados para a obtenção de dados pessoais e sigilosos como senhas de acesso, por meio de estruturas falsas similares as originais, induzindo o usuário a acreditar que está em ambiente seguro e informar seus dados.

Certo ( ) Errado ( )

Phinshing é uma página ou e-mail falso, não é um malware. Pharming é a técnica também conhecida como envenenamento de DNS usada para apresentar ao usuário, no navegador, a URL "correta", mas que leva a um endereço IP diferente do da página desejada.

GABARITO: ERRADO.

708. **(ESAF – 2004 – ADAPTADO)** O termo Engenharia Social é utilizado para descrever um método de ataque, onde alguém faz uso da persuasão, muitas vezes abusando da ingenuidade ou confiança do usuário, para obter informações que podem ser utilizadas para ter acesso não autorizado a computadores ou informações.

Certo ( ) Errado ( )

Um Engenheiro Social pode ser enquadrado como um estelionatário.

GABARITO: CERTO.

709. **(AUTOR – 2013)** Um hoax é uma prática que tem por objetivo espalhar desinformação, esta por sua vez pode geral o caos, como levar a ações imprudentes e desesperadas, podendo afetar até mesmo estruturas financeiras, políticas e populares.

Certo ( ) Errado ( )

Um caso recente de Hoax (boato) na Internet foi o da extinção do programa bolsa família, que levou a milhares de pessoas a realizar saques das contas simultaneamente.

GABARITO: CERTO.

710. **(FCC - 2010 - TCE-SP - AGENTE DA FISCALIZAÇÃO FINANCEIRA - INFORMÁTICA - PRODUÇÃO E BANCO DE DADOS)** Mensagem não solicitada e mascarada sob comunicação de alguma instituição conhecida e que pode induzir o internauta ao acesso a páginas fraudulentas, projetadas para o furto de dados pessoais ou financeiros do usuário. Trata-se especificamente de phishing.

Certo ( ) Errado ( )

Um Phishing pode ser tanto um site como um e-mail falso que tente se passar por algum serviço confiável com o objetivo de capturar os dados do usuário.

GABARITO: CERTO.

711. **(CS-UFG – 2015 – UFG – ASSISTENTE EM ADMINISTRAÇÃO)** A segurança dos dados de uma empresa pode ser ameaçada por diversos problemas. Entre esses destaca-se o spam, que tem como fonte:

a) sites visitados.

b) rede de área local.

c) e-mails.

d) hackers da internet.

Das alternativas dadas a que melhor se encaixa no contexto de Spam é a do e-mail, no entanto um Spam define-se por uma mensagem não solicitada enviada em massa, ou seja, também podemos encontrar spams em redes sociais, ou mesmo, via SMS.

GABARITO: C.

712. **(UFMT – 2015 – DETRAN/MT – AUXILIAR DE SERVIÇOS)** O termo usado para referir aos e-mails não solicitados que geralmente são enviados para um grande número de pessoas é:

a) Forward.

b) Spam.

c) Cookie.

d) Worm.

Toda mensagem enviada em massa e que não tenha sido solicitada é classificada como spam, até mesmo mensagens SMS, atualmente é comum o spam nas redes sociais. Forward é a opção encaminhar em inglês. Cookies é um recurso dos navegadores dentro do qual os sites (servidores) armazenam alguns dados sobre perfil do usuário, senhas de acesso (criptografadas), carrinho de compras entre outras informações para identificar o usuário mais rapidamente. Enquanto Worm é um malware que tem por principal característica criar cópias de si mesmo automaticamente, principalmente pela rede.

GABARITO: B.

713. **(AUTOR – 2018)** A respeito dos conceitos de correio eletrônico e envio de mensagens julgue o que se segue.
Spam são mensagens indesejadas e enviadas em massa para múltiplas pessoas que, normalmente, possui propagandas ou códigos maliciosos.

Certo ( ) Errado ( )

Spams podem ser e-mails ou qualquer outro tipo de mensagens não solicitadas enviadas em massa, que trazem conteúdo não desejado. Atualmente é bastante comum encontrar spams em redes sociais.

GABARITO: CERTO.

714. **(AUTOR – 2018)** Um grupo de usuários receberam um e-mail com o seguinte texto: "Olá! WannaCry está de volta! Todos os seus dispositivos foram danificados com o nosso programa instalado neles. Melhoramos a operação do nosso programa, assim você não poderá recuperar os dados após o ataque", e pedia o valor de 0,1 Bitcoin (US$ 650) para resolver o problema.

Com base no texto é possível julgar o e-mail como sendo um phishing.

Certo ( ) Errado ( )

Recentemente a fama do WannaCry e seu temor foram explorados por ciber criminosos que utilizam links ou mensagens para explorar o pânico dos usuários e os induzir a realizar pagamentos.

GABARITO: CERTO.

715. **(AUTOR – 2018)** Spoofing é uma técnica que consiste em alterar o endereço IP do serviço de DNS, de forma a aparentar que ele é o endereço que o usuário solicitou.

Certo ( ) Errado ( )

O Spoofing é uma técnica que consiste em alterar campos do cabeçalho de um e-mail, de forma a aparentar que ele foi enviado de uma determinada origem quando, na verdade, foi enviado de outra. A questão cita conceitos do Pharming.

GABARITO: ERRADO.

716. **(AUTOR – 2018)** A autenticação em duas etapas parte da prerrogativa que o login exigirá algo que você sabe e algo que você tem.

Certo ( ) Errado ( )

Algo que você sabe é sua senha, algo que você tem é a chave de segurança (Token) em muitos casos vinculado a um APP no smartphone.

GABARITO: CERTO.

717. **(AUTOR – 2018)** Com base nas ferramentas de proteção e problemas de segurança de redes julgue.

Os sniffers assumem diversas formas. Há sniffers de pacotes, Wi-Fi, redes e IP, entre outros.

Certo ( ) Errado ( )

Todos têm uma coisa em comum: um sniffer é um tipo de software que captura todo o tráfego que entra e sai de um computador conectado a uma rede.

GABARITO: CERTO.

718. **(AUTOR – 2018)** Com base nas ferramentas de proteção e problemas de segurança de redes julgue.

Um sniffer não é necessariamente malicioso. Este tipo de software é usado com frequência para monitorar e analisar o tráfego de rede para detectar problemas e manter um fluxo eficiente.

Certo ( ) Errado ( )

Um sniffer também pode ser usado com má-fé. Eles capturam tudo o que passa por eles, inclusive senhas e nomes de usuários não criptografados.

GABARITO: CERTO.

719. **(AUTOR – 2018)** Os ataques de DDoS tentam derrubar sites ou redes inteiras sobrecarregando-as com tráfego proveniente de milhares de computadores infectados, que fazem parte de redes conhecidas como botnets.

Certo ( ) Errado ( )

Os sites de bancos, notícias e até de governos são os principais alvos de ataques de DDoS, cujo objetivo é torná-los indisponíveis para os usuários. Além disso, como tanto o alvo quanto os computadores usados na botnet são vítimas, os usuários comuns se tornam danos colaterais do ataque, sofrendo lentidão ou travamento dos seus PCs enquanto trabalham involuntariamente para o hacker.

GABARITO: CERTO.

720. **(AUTOR – 2018)** Uma botnet é uma rede de computadores que foram infectados por softwares maliciosos e podem ser controlados remotamente, obrigando-os a enviar spam, espalhar vírus ou executar ataques de DDoS sem o conhecimento ou o consentimento dos seus donos.

Certo ( ) Errado ( )

Botnet (de bot network, ou rede de robôs), também conhecida como exército de zumbis, é uma rede composta por um grande número de computadores que foram infectados por malwares para atender aos comandos do hacker que a criou. Com o controle de centenas ou mesmo milhares de computadores, as botnets são geralmente usadas para enviar spam ou vírus, roubar dados pessoais ou executar ataques de DDoS. Elas são consideradas uma das maiores ameaças on-line da atualidade.

GABARITO: CERTO.

721. **(AUTOR – 2018)** A injeção de SQL é um ataque a um site ou aplicativo web no qual é inserido um código da linguagem Structured Query Language (SQL) em uma caixa de texto com o objetivo de obter acesso a uma conta ou alterar dados.

Certo ( ) Errado ( )

Uma consulta SQL é uma solicitação para que seja realizada alguma ação em um banco de dados, comumente realizada por uma página web que busca um nome de usuário ou senha. Mas como a maioria dos sites não verifica se a entrada consiste no tipo de dado esperado, um hacker pode usar as caixas de texto para enviar suas próprias solicitações, ou seja, injetar SQL no banco de dados. Dessa forma, os hackers são capazes de criar, ler, atualizar, alterar ou excluir os dados armazenados no banco de dados, geralmente com o objetivo de acessar informações sigilosas como números de identidade e dados de cartões de crédito, assim como outras informações financeiras.

GABARITO: CERTO.

722. **(AUTOR – 2018)** Um ataque de Phishing procura induzir o usuário a fornecer dados pessoais se passando por um serviço verdadeiro, porém pode ser facilmente identificado pelo usuário ou mesmo pelo filtro antiphishing do browser por utilizar um endereço de domínio falso, embora parecido com o verdadeiro.

Certo ( ) Errado ( )

Um phishing é uma pescaria, pois tenta pescar os dados do usuário usando informações que parecem reais (como iscas artificiais usadas na pesca). Atualmente para que tenham mais êxito são combinados ao Pharming no caso de sites e spoofing no caso de e-mails.

GABARITO: CERTO.

723. **(AUTOR – 2018)** Algumas empresas utilizam programas Sniffers para monitorar o tráfego de rede e capturar os pacotes de dados de comunicações dos computadores dos funcionários de sua rede a procura de informações que contrariem sua política de segurança.

Certo ( ) Errado ( )

Sniffer é um termo que pode ser aplicado tanto a um programa, uma pessoa ou mesmo ação de escutar a rede. Normalmente usado de forma ilícita para roubar dados de usuários, embora também seja usado por empresas para fins de segurança.

GABARITO: CERTO.

724. **(AUTOR – 2018)** Spoofing é uma técnica que consiste em alterar campos do cabeçalho de um e-mail, de forma a aparentar que ele foi enviado de uma determinada origem quando, na verdade, foi enviado de outra.

Certo ( ) Errado ( )

Essa fraude é simples de ser realizada e muito comum, você ou um amigo já devem ter recebido um e-mail de si próprio sem jamais tê-lo enviado. A maioria dos serviços de e-mail consegue identificar essa fraude e elimina automaticamente o e-mail, ou por vezes, classifica como spam.

GABARITO: CERTO.

725. **(AUTOR – 2018)** Um agente recebeu um e-mail do banco no qual constava o texto indicando a necessidade de realizar atualização do aplicativo de segurança do Internet Banking, contudo o usuário constatou que se tratava de um e-mail falso do tipo phishing, pois após baixar e instalar a atualização seu computador começou a apresentar problemas.

Certo ( ) Errado ( )

Phishing designa a técnica utilizada por um fraudador que, para obter dados pessoais de usuários desavisados ou inexperientes, emprega informações que parecem ser verdadeiras com o objetivo de enganar esses usuários. O e-mail pode ser classificado como Cavalo de Troia, pois levava a instalação de um programa, o programa instalado provavelmente tratava-se de um vírus, uma vez que precisou ser instalado.

GABARITO: ERRADO.

726. **(AUTOR – 2018)** Pharming ou DNS poison é nome usado para descrever um malware que ataca o computador do usuário com o objetivo de apresentar um phishing como site verdadeiro.

Certo ( ) Errado ( )

O pharming é um ataque aos servidores de DNS para enviar aos usuários o endereço IP dos servidores falsos, em vez dos IPs desejados (corretos) dos sites.

GABARITO: ERRADO.

727. **(CESPE – 2013 – PC/BA – ESCRIVÃO DE POLÍCIA)** A possibilidade de 'roubo de identidade' é problema de segurança comum relacionado ao uso de redes sociais, visto que dados para construção de perfis falsos de usuário são facilmente acessíveis a potenciais 'criminosos digitais'.

Certo ( ) Errado ( )

São os famosos Fakes que são criados para diversas finalidades, como descobrir infidelidades, ou mesmo, realizar ataques de engenharia social dentre outras possibilidades.

GABARITO: CERTO.

BACKUP

728. **(CESPE/CEBRASPE – 2013 – MPU – TÉCNICO ADMINISTRATIVO)** A respeito de segurança, organização e gerenciamento de informações, arquivos, pastas e programas, julgue os itens que se seguem.
Replicar documento em pen drive consiste em procedimento de becape.

Certo ( ) Errado ( )

A questão não traz como referência a origem dos arquivos, pois se estes arquivos estiverem no próprio pen drive, replicá-lo consiste, meramente, em copiá-los para outra pasta, porém se estes estivessem em um outro dispositivo de armazenamento fazer a reaplicação para o pen drive poderia ser considerado um backup.

GABARITO: ERRADO.

729. **(VUNESP – 2018 – PC/BA – INVESTIGADOR)** Considere o seguinte cenário:

Um usuário de um computador com sistema operacional Windows 10 deseja fazer um backup de todos os arquivos de documentos pessoais, que totalizam cerca de 500 Mbytes, armazenados na pasta C:\Users\usuário\Documentos.

A forma mais adequada para realizar o backup é:

a) aglutinar os arquivos da pasta Documentos em um arquivo avi e gravar em DVD-R.

b) criar a pasta C:\Users\usuário\backup e copiar todos os arquivos da pasta original.

c) criar a pasta backup na pasta C:\Users\usuário\ Documentos e fazer a cópia dos arquivos.

d) fazer uma cópia da pasta Documentos e de todos os arquivos dentro da pasta em um pen drive.

e) transformar os arquivos para o formato tar e armazenar em uma mídia de fita magnética.

Para que seja caracterizado um Backup é necessário realizar a cópia dos arquivos originais em outro dispositivo de armazenamento.

GABARITO: D.

730. **(CESPE – 2016 – PC/GO)** Com relação aos procedimentos de becape, assinale a opção correta.

a) O becape incremental deve ser feito depois de realizada cópia completa de todos os arquivos de interesse;

b) A cópia completa deve ser feita periodicamente, para copiar os arquivos que sofreram alguma modificação na última cópia incremental;

c) Na cópia incremental, não é necessário especificar os intervalos de tempo em que houve alterações nos arquivos.

d) O becape incremental não utiliza dados recuperados das cópias completas;

e) Na cópia incremental, os arquivos copiados anteriormente são recopiados, independentemente do ponto de recuperação definido.

Um backup incremental salva os arquivos que foram alterados desde o último backup, seja ele qual for, os não alterados (não marcados) não são salvos. Assim, não é necessário informar o período das alterações para a realização do mesmo.

GABARITO: C.

731. **(CESPE/CEBRASPE – 2013 – MPU – ANALISTA)** Julgue os itens subsequentes, relativos a conceitos de segurança da informação.

Procedimentos de becape são essenciais para a recuperação dos dados no caso de ocorrência de problemas técnicos no computador.

Certo ( ) Errado ( )

Um backup é uma salvaguarda, similar a um seguro, dos dados a fim de amenizar danos causados pela perda de dados e como tal não impede que uma perda possa ocorrer.

GABARITO: CERTO.

732. **(CESPE – 2013 – MPU – TÉCNICO ADMINISTRATIVO)** A respeito de segurança, organização e gerenciamento de informações, arquivos, pastas e programas, julgue os itens que se seguem.

Replicar documento em pen drive consiste em procedimento de becape.

Certo ( ) Errado ( )

Aa essência do becape é criar uma cópia dos dados em uma outra unidade de armazenamento. Ao usar o termo Replicar, o entendimento é criar uma cópia, porém como não foi feito menção a qualquer outra unidade de armazenamento, parte-se do pressuposto que a cópia permanece no próprio pen drive, deste modo não caracteriza backup.

GABARITO: ERRADO.

733. **(CESPE – TCE/RO – 2013 – CONTADOR)** Considerando os conceitos de segurança da informação, julgue os itens subsecutivos.

Para executar um becape é suficiente copiar o arquivo em edição para outra pasta.

Certo ( ) Errado ( )

A essência de um Backup é manter uma cópia dos dados em uma outra unidade de armazenamento, seja ela um disquete, CD, DVD, pen drive, HD ou outra mídia, desde que diferente da original, apenas salvar em outra pasta não pode ser considerado como becape.

GABARITO: ERRADO.

734. **(IMA – 2015 – PREFEITURA DE CANAVIEIRA/PI – TÉCNICO DE ENFERMAGEM)** Num Backup Diferencial:

a) Todos os arquivos selecionados (indicados pelo usuário) serão copiados. Depois de passarem pelo processo de cópia, esses arquivos são marcados (ou seja, no Windows, eles têm seus Atributos de Arquivamento desmarcados).

b) Apenas os arquivos criados ou modificados desde o último backup marcador serão copiados (ou seja, só os que precisarem ser incluídos no backup). Depois de passarem pelo processo de cópia, esses arquivos não são marcados (seus Atributos de Arquivamento não são alterados).

c) Apenas os arquivos criados ou alterados na data especificada serão copiados. Depois de passarem pelo processo de cópia, esses arquivos não são marcados (seus Atributos de Arquivamento não são alterados).

d) Todos os arquivos selecionados (indicados pelo usuário) serão copiados. Depois de passarem pelo processo de cópia, esses arquivos não são marcados (seus Atributos de Arquivamento não são alterados).

O Backup Diferencial salva somente os arquivos que estiverem com o atributo de arquivamento marcado, assim como o Incremental, porém após salvar os arquivos no backup, o Backup Diferencial os deixa marcados, ao contrário do Incremental que desmarca. O Backup Normal/

Completo salva todos os arquivos estejam marcados ou não, mas após salvá-los os atributos de arquivamento são desmarcados.

GABARITO: B.

735. **(CONSULPLAN – 2015 – PREFEITURA DE DUQUE DE CAXIAS/RJ – AUXILIAR ADMINISTRATIVO)** O procedimento de efetuar cópias de determinados arquivos e guardá-las em outro local, seja usando a rede da empresa, um serviço na nuvem, ou mesmo qualquer outro dispositivo, é chamado backup. Este é feito para qualquer eventualidade, ou seja, quando houver uma falha, ou mesmo perda de dados, o usuário pode restaurar o último backup ou sua última cópia de segurança e com isso há a possibilidade de minimizar as perdas de dados da empresa. Existem algumas formas de se efetuar o backup e isso auxilia a empresa em um momento de necessidade. Acerca dos backups, analise as afirmativas a seguir.

I. Em um backup normal, todos os arquivos selecionados são copiados e depois o backup marcados como copiados (desmarca o “atributo de arquivamento”).

II. No backup diferencial, apenas os arquivos criados ou alterados desde o último backup são copiados, e o backup marcados como copiados (desmarca o “atributo de arquivamento”).

III. No backup incremental, os arquivos criados ou alterados desde o último backup também são copiados, mas o backup não faz nenhuma alteração nos arquivos.

IV. No backup diário, todos os arquivos criados ou alterados são copiados, porém o backup não realiza nenhuma ação adicional com os arquivos.

Estão corretas apenas as afirmativas:

a) a) I e IV.

b) II e III.

c) I, II e III.

d) II, III e IV.

O backup normal também conhecido como backup completo salva todos os arquivos do local indicado, estando ou não marcados, após salvar os arquivos ele remove a marcação. No backup Diferencial são salvos apenas os arquivos marcados como alterados, porém após salvar os arquivos eles continuam marcados. Por outro lado, o backup Incremental salva os arquivos marcados e após salvá-los remove a marcação. Desse modo diz-se de cada backup que o completo salva todos os arquivos desde o último backup, o Incremental salva todos os arquivos alterados desde o último backup e o Diferencial salva os alterados desde o último backup completo. Quanto aos backups diário e de cópia eles não alteram as marcações dos arquivos.

GABARITO: A.

736. **(2015 – IF/TO – ENFERMEIRO DO TRABALHO)** Relacione as colunas com suas definições:

(1) Intranet

(2) Internet

(3) Backup ou cópia de segurança

(A) Sistema global de redes de computadores interligadas, que utilizam o conjunto de protocolos padrão da internet (TCP/IP) para servir vários bilhões de usuários no mundo inteiro.

(B) Rede de computadores privada, que assenta sobre a suíte de protocolos da Internet, porém, de uso exclusivo de um determinado local como, por exemplo, a rede de uma empresa, que só pode ser acedida pelos seus utilizadores ou colaboradores internos.

(C) Cópia de dados de um dispositivo de armazenamento a outro para que possam ser restaurados em caso da perda dos dados originais, o que pode envolver apagamentos acidentais ou corrupção de dados.

Marque a relação correta:

a) 1A, 2B, 3C

b) 1C, 2B, 3A

c) 1C, 2A, 3B

d) 1A, 2C, 3B

e) 1B, 2A, 3C

A Internet e a Intranet utilizam as mesmas tecnologias, regras e definições. Sua única diferença é o fato da Internet ser a rede mundial, ou seja, composta pelos dispositivos que conectam a todos que se conectar a eles por meio de um provedor de acesso. A rede é a estrutura física de conexão, a Internet é apenas uma estrutura física na qual os dispositivos são conectados com o intuito de compartilhar recursos, seja de forma pública ou restrita por usuário e senha. Já a Intranet é uma estrutura física criada para atender ao interesse de uma organização, empresa, ou pessoa. Essa estrutura é privada e seu uso é restrito, não apenas por usuário e senha, mas o acesso físico a ela é restrito. Já a cópia de segurança, ou backup, existe como tal a partir do momento que uma mesma informação passa a existir em duas estruturas (dispositivos ou mesmo a nuvem) ao mesmo tempo, com isso copiar os arquivos de um HD físico de um computador, para outro HD físico no mesmo computador já caracteriza-se por backup, por outro lado, manter uma cópia de um arquivo no mesmo HD não.

GABARITO: E.

737. **(CESPE - 2016 – PC/GO - CONHECIMENTOS BÁSICOS)** Assinale a opção que apresenta procedimento correto para se fazer becape do conteúdo da pasta Meus Documentos, localizada em uma estação de trabalho que possui o Windows 10 instalado e que esteja devidamente conectada à Internet.

a) Deve-se instalar e configurar um programa para sincronizar os arquivos da referida pasta, bem como seus subdiretórios, em uma Cloud Storage.

b) Deve-se permitir acesso compartilhado externo a pasta e configurar o Thunderbird para sincronizar, por meio da sua função becape externo, os arquivos da referida pasta com a nuvem da Mozilla.

c) Depois de permitir acesso compartilhado externo a pasta, deve-se configurar o Facebook para que tenha seus arquivos e subpastas sincronizados com a cloud storage privada que cada conta do Facebook possui.

d) Os arquivos devem ser copiados para a área de trabalho, pois nessa área o sistema operacional, por padrão, faz becapes diários e os envia para o OneDrive.

e) O Outlook Express deve ser configurado para anexar diariamente todos os arquivos da referida pasta por meio da função becape, que automaticamente compacta e anexa todos os arquivos e os envia para uma conta de email previamente configurada.

A alternativa com menos erros é a que sugere que o usuário utilize aplicativos dos serviços de cloud storage para sincronizar as pastas do computador com a nuvem, porém o emprego da palavra DEVE propõe como única opção, sendo que existem outras possibilidades.

O fato de copiar para a área de trabalho não apresenta diferenças para a sincronização em comparação ao conteúdo da pasta Meus Documentos.

GABARITO: A.

738. **(AUTOR – 2018)** O becape é uma cópia de segurança que tem por interesse proteger os arquivos contra alterações ou corrupção dos dados.

Certo ( ) Errado ( )

O becape é uma cópia de segurança que tem por interesse amenizar estragos e não necessariamente proteger os arquivos.

GABARITO: ERRADO.

739. **(AUTOR – 2018)** Julgue o item que se segue acerca de operações com arquivos e pastas e procedimentos de backup.
Um usuário temendo pela perda de seus dados criou uma conta no OneDrive realizou um becape dos seus arquivos movendo-os de seu computador para o serviço.

Certo ( ) Errado ( )

Para caracterizar um becape os dados precisam ser armazenados tanto no computador como na nuvem escolhida, pois o becape define-se como cópia de segurança.

GABARITO: ERRADO.

740. **(AUTOR – 2018)** Ao realizar um becape completo de seus arquivos um agente federal pode se tranquilizar, pois seus arquivos ficaram protegidos contra possível malwares ou ataques.

Certo ( ) Errado ( )

O becape é uma cópia de segurança que tem por interesse amenizar estragos e não necessariamente proteger os arquivos.

GABARITO: ERRADO.

741. **(AUTOR – 2018)** Ao realizar um becape incremental são copiados somente arquivos selecionados pelo usuário cujo atributo de arquivo está marcado.

Certo ( ) Errado ( )

Ao criar ou alterar um arquivo há uma propriedade que é marcada, ao realizar um backup incremental os arquivos novos ou alterados após o último backup incremental ou completo são salvos. Após realizar um becape incremental e completo os arquivos são desmarcados.

GABARITO: CERTO.

742. **(AUTOR – 2018)** Um usuário copiou todos os arquivos de sua pasta para outro dispositivo a fim de realizar uma cópia de segurança caso o seu computador venha a ter problemas, esse tipo de becape pode ser considerado o normal, uma vez que salvou todos os arquivos.

Certo ( ) Errado ( )

Pode ser considerado um becape de cópia apenas, pois não houve alteração no flagarchive que é usado para a realização de rotinas de becape.

GABARITO: ERRADO.

743. **(AUTOR – 2018)** O Becape Diferencial é aquele que salva os arquivos de forma acumulativa, ou seja, se o arquivo for alterado uma vez e após a realização do becape diferencial ele não tenha sido novamente alterado, esse arquivo será incluído nos próximos becapes diferenciais.

Certo ( ) Errado ( )

O becape diferencial salva o que foi alterado desde o último becape completo ou incremental. Logo o arquivo citado pela questão continuará fazendo parte dos becapes diferenciais até que seja feito um becape completo ou um becape incremental, pois estes desmarcam o arquivo salvo após salvá-lo.

GABARITO: CERTO.

744. **(AUTOR – 2018)** A equipe de TI da Polícia Rodoviária Federal está configurando a rotina de becape de seu servidor de banco de dados, considerando que o processo de realização de becape precisa ser o mais rápido possível, mesmo que restauração demore, e que a um grande volume de arquivos diferentes é alterado diariamente é mais recomendado que a equipe de TI use uma rotina diária de becape incremental que um becape diferencial.

Certo ( ) Errado ( )

Como muitos arquivos são diferentes, se for realizado o becape diferencial um arquivo alterado em um dia e não no outro teria de ser salvo da mesma forma, o que aumenta a quantidade de arquivos para salvar, assim o diferencial tem mais chances de demorar mais que o incremental, pois o incremental só salva os arquivos que foram alterados no dia.

GABARITO: CERTO.

745. **(CESPE – 2012 – PC/AL – DELEGADO DE POLÍCIA)** A cópia de segurança de pastas e arquivos, também denominada becape, deve ser feita com determinada periodicidade, em locais seguros, distintos do local em que os dados foram salvos originalmente, a fim de permitir a recuperação dos dados salvos em caso de perdas.

Certo ( ) Errado ( )

A periodicidade de um backup depende do usuário e a importância do dado para ele, bem como a frequência com que o dado é modificado. Realizar uma cópia dos arquivos para outra pasta dentro do mesmo HD não caracteriza um backup, pois se o HD vier a apresentar defeito os dados serão perdidos.

GABARITO: CERTO.

746. **(CESPE – 2008 – PC/TO – ESCRIVÃO)** Para se fazer o backup de um arquivo de dados com 500 Mb é suficiente utilizar um CD comercial padrão.

Certo ( ) Errado ( )

O CD convencional possui capacidade de armazenar 700MB, enquanto um DVD pode armazenar 4,7GB. Ao realizar um becape não é necessário usar o anterior, independente de qual seja o tipo de backup, pois as indicações para que um arquivo faça ou não parte do backup estão no próprio arquivo a ser salvo.

GABARITO: CERTO.

FERRAMENTAS DE SEGURANÇA

747. **(CESPE – 2018 – POLÍCIA FEDERAL – ESCRIVÃO DE POLÍCIA FEDERAL)** Acerca de redes de computadores e segurança, julgue o item que segue.

Os aplicativos de antivírus com escaneamento de segunda geração utilizam técnicas heurísticas para identificar códigos maliciosos.

Certo ( ) Errado ( )

Podemos classificar as gerações de antivírus da seguinte forma: primeira geração baseados apenas na assinatura dos malwares; segunda geração baseados em heurísticas e padrões de comportamento; terceira geração baseados em inteligência artificial.

GABARITO: CERTO.

748. **(CESPE – 2018 – POLÍCIA FEDERAL – AGENTE DE POLÍCIA FEDERAL)** Julgue o próximo item, a respeito de proteção e segurança, e noções de vírus, worms e pragas virtuais.

Na autenticação em dois fatores, necessariamente, o primeiro fator de autenticação será algo que o usuário possui — por exemplo, um token gerador de senhas — e o segundo, alguma informação biométrica, como, por exemplo, impressão digital ou geometria da face reconhecida.

Certo ( ) Errado ( )

Autenticação em 2 fatores também conhecida como a autenticação em 2 etapas é baseada em uma informação que o usuário conhece, e teoricamente que só ele deve conhecer, a sua senha e outra informação baseada em algo que ele possua fisicamente consigo, os primeiros usos de autenticação 2 fatores contavam com aparelhos especiais utilizados pelos bancos para gerar esses códigos únicos, alguns bancos imprimiram os uma quantidade de códigos de uso único em cartões de visita, em papel mesmo, entregavam seus clientes. Observe que esse código para que funcione corretamente pode ser utilizado apenas uma única vez, pois parte do pressuposto que o usuário utilizará no site correto, uma vez utilizado este código ele se torna inválido evitando assim que caso sejam capturados por spywares não venham a ter utilidade.

Atualmente com o advento da possibilidade, 10 pessoas tem o seu número de telefone de maneira mais fixa, graças a portabilidade, passou-se a empregar o uso de SMS novamente para fazer a autenticação em 2 fatores.

Ainda existe um aplicativo do Google chamado Google authenticator que pode ser utilizado para simplificar a vida do usuário em vez de ter vários aparelhos ou geradores de token utilizar apenas um, note que nesse caso é necessário que o site esteja utilizando o recurso.

GABARITO: ERRADO.

749. **(CESPE – 2019 – PRF – POLICIAL RODOVIÁRIO FEDERAL)** Acerca de proteção e segurança da informação, julgue o seguinte item.

Programas anti-spyware usam basicamente mecanismos de análise comportamental, análise heurística e inteligência artificial para detectar software de spyware instalado indevidamente em um sistema.

Certo ( ) Errado ( )

Os programas anti-spyware não necessitam utilizar técnicas tão robustas com as utilizadas por programas antivírus, uma vez que sua detecção é um pouco mais simples de se realizar.

GABARITO: ERRADO.

750. **(CESPE/CEBRASPE – 2016 – INSS – ANALISTA DO SEGURO SOCIAL)** O próximo item, que abordam procedimentos de informática e conceitos de Internet e intranet, apresenta uma situação hipotética, seguida de uma assertiva a ser julgada

Ao iniciar seu dia de trabalho, Daniel se deparou com inúmeros aplicativos abertos em seu computador de trabalho, o que deixava sua máquina lenta e sujeita a travamentos frequentes. Ele constatou, ainda, que somente um desses aplicativos era necessário para a execução de suas atividades. Nessa situação, para melhorar o desempenho do seu computador, Daniel deve utilizar um aplicativo de antivírus instalado localmente, para eliminar os aplicativos que estiverem consumindo recursos além do normal.

Certo ( ) Errado ( )

Antivírus não analisam desempenho do computador em busca de programas que podem ser fechados ou desinstalados para melhorar o desempenho, ele varre o computador em busca de potenciais ameaças.

GABARITO: ERRADO.

751. **(CESPE – 2018 – POLÍCIA FEDERAL – PERITO CRIMINAL FEDERAL)** Existem diversas técnicas para descompilar programas maliciosos. Conforme a característica de um malware, essas técnicas podem ou não ser utilizadas. A respeito desse assunto, julgue o seguinte item.

Existem três técnicas chaves para a análise de malware: análise binária, análise de entropia e análise de strings.

Certo ( ) Errado ( )

Basicamente existem 2 técnicas para análise de malwares: análise estática e análise dinâmica; análise estática realiza o processo de análise de código ou também conhecido como análise da estrutura do programa para determinar a sua função; enquanto análise dinâmica é realizada a partir da execução do programa, em um ambiente controlado.

GABARITO: ERRADO.

752. **(CESPE – 2018 – POLÍCIA FEDERAL – PERITO CRIMINAL FEDERAL)** Existem diversas técnicas para descompilar programas maliciosos. Conforme a característica de um malware, essas técnicas podem ou não ser utilizadas. A respeito desse assunto, julgue o seguinte item.

Normalmente, quando se verifica que um binário possui alta entropia, é possível que o malware utilize técnicas de compactação, o que torna a análise mais complexa.

Certo ( ) Errado ( )

Questão envolve conceitos de teoria da informação a respeito de entropia, que significa desordem, quer desta forma relendo a questão você tem um arquivo que está bastante bagunçado o que realmente dificulta a ação dos antivírus na sua identificação, tal processo pode ser feito por algoritmos de codificação do tipo de criptografia ou mesmo compactação de dados.

GABARITO: CERTO.

753. **(CESPE – 2017 – PM/AL – SOLDADO)** Julgue o item subsequente, acerca do sítio de busca Google; dos conceitos de organização e de gerenciamento de arquivos; e dos aplicativos para segurança da informação.

Por motivos de segurança, os programas antivírus não podem ser desabilitados nem mesmo em caráter temporário.

Certo ( ) Errado ( )

A maioria dos antivírus pode ser desabilitado e, muitas vezes, precisa ser desabilitado para execução de alguma tarefa.

GABARITO: ERRADO.

754. **(CESPE - 2009 - MMA - AGENTE ADMINISTRATIVO)** Antivírus, worms, spywares e crackers são programas que ajudam a identificar e combater ataques a computadores que não estão protegidos por firewalls.

Certo ( ) Errado ( )

Crackers são Hackers que utilizam seus conhecimentos para o mal e não programas, Antivírus e Firewall são ferramentas de segurança, worms e spywares são softwares maliciosos.

GABARITO: ERRADO.

755. **(CESPE - 2011 - STM - ANALISTA JUDICIÁRIO - ECONOMIA)** Julgue os itens seguintes, acerca de correio eletrônico, do Outlook 2003 e do Internet Explorer 7.

Um firewall pessoal instalado no computador do usuário impede que sua máquina seja infectada por qualquer tipo de vírus de computador.

Certo ( ) Errado ( )

Um Firewall contribui na segurança do computador nas conexões de rede, porém não é capaz de avaliar se um vírus está removendo arquivos do sistema.

GABARITO: ERRADO.

756. **(CESPE - 2009 – ADAGRI/CE - FISCAL ESTADUAL)** Um computador pode ser protegido contra vírus por meio da instalação de software específicos como, por exemplo, Norton Antivírus, McAfee Security Center e AVG, que identificam e eliminam os vírus.

Certo ( ) Errado ( )

Alguns vírus não excluem alguns arquivos suspeitos de serem vírus apenas os colocam em uma área de quarentena, porém quando o antivírus tem certeza de que se trata de um vírus, ele remove o arquivo diretamente.

GABARITO: CERTO.

757. **(CESPE - 2016 – PC/GO - CONHECIMENTOS BÁSICOS)** Os mecanismos de proteção aos ambientes computacionais destinados a garantir a segurança da informação incluem:

a) Assinatura digital, política de chaves e senhas, e honeypots.

b) Política de segurança criptografia e rootkits.

c) Firewall, spyware e antivírus.

d) Adware, bloqueador de pop-ups e bloqueador de cookies.

e) Controle de acesso físico, token e keyloggers.

Assinatura digital garante Autenticidade e Integridade, as políticas servem para orientar o uso das informações e honeypot (pote de mel) é uma ferramenta/técnica que cria um servidor ou área de uma rede falsa para enganar os invasores.

GABARITO: A.

758. **(CESPE - 2013 - BACEN - TÉCNICO - CONHECIMENTOS BÁSICOS - ÁREAS 1 E 2)** O antispyware, um software de segurança que detecta e se remove adwares e spywares, diferencia-se de um antivírus quanto à classe de programas removidos.

Certo ( ) Errado ( )

Os antispywares procuram por programas que têm por característica capturar os dados do usuário, como o adware e o spyware. Enquanto que os antivírus procuram identificar os outros malwares, como: vírus, cavalos de troia, hijackers, worms, rootkits, Backdoors e botnets.

GABARITO: CERTO.

759. **(CESPE - 2013 – PC/DF - AGENTE DE POLÍCIA)** Malware é qualquer tipo de software que pode causar algum impacto negativo sobre a informação, podendo afetar sua disponibilidade, integridade e confidencialidade. Outros softwares são produzidos para oferecer proteção contra os ataques provenientes dos malwares. Com relação a esse tema, julgue os próximos itens.

Firewalls são dispositivos de segurança que podem evitar a contaminação e a propagação de vírus. Por outro lado, antivírus são ferramentas de segurança capazes de detectar e evitar ataques provenientes de uma comunicação em rede.

Certo ( ) Errado ( )

O primeiro período está correto, mas o segundo não, pois quem monitora o tráfego de rede é o firewall, contudo a maioria dos antivírus possui um firewall em sua estrutura, logo pode-se questionar a banca com base nesta afirmação, além de existirem antivírus que monitoram especificamente a rede.

GABARITO: ERRADO.

760. **(AUTOR – 2013)** Julgue a afirmativa a seguir com base nos conceitos de redes de computadores:

O Firewall do Windows é eficiente no combate às pragas maliciosas que atacam o computador do usuário, impedindo sua ação.

Certo ( ) Errado ( )

O firewall monitora a rede/computador apenas verificando se o conteúdo em tráfego corresponde com o protocolo com que ele é transportado. Também é possível utilizar o firewall para barrar o acesso a determinados conteúdos.

GABARITO: ERRADO.

761. **(AUTOR – 2013)** Em um ambiente de Rede o Firewall é uma estrutura opcional, pois o sistema operacional atualizado juntamente com um sistema antivírus garantem a segurança dos computadores, assim o firewall serve apenas como um reforço para blindar as defesas dos computadores evitando qualquer ataque aos computadores.

Certo ( ) Errado ( )

Dentre as ferramentas de segurança existem aquelas que são consideradas mínimas, ou seja, essenciais para oferecer o mínimo de segurança ao ambiente computacional e da rede. Para manter o sistema operacional sempre atualizado, é necessário instalar um antivírus com as assinaturas de vírus atualizadas, como também manter ativo o Firewall do sistema ativo, bem como possuir um firewall de rede.

Os firewalls de hardware afetam menos a velocidade da rede do que os de software.

GABARITO: ERRADO.

762. **(FCC – 2014 - SABESP)** São, comumente, utilizados na proteção e segurança da informação como, por exemplo, contra atos praticados por ataques externos, tentativas de invasão, acesso não autorizado, roubo, adulteração de informação e outros atos ilícitos:

a) modem e roteador.

b) firewall e senha.

c) navegador e login.

d) placa de rede e antivírus.

e) backup e desfragmentação.

O firewall tem por objetivo monitorar o tráfego da rede e as senhas são formas de se impedir acessos não autorizados.

GABARITO: B.

763. **(IADES – 2015 – ELETROBRAS – MÉDICO DO TRABALHO)** Os arquivos de computador podem ser contaminados por vírus. A forma mais comum de contaminação ocorre por meio de mensagens eletrônicas (e-mail). Para evitar contaminações e realizar a recuperação de arquivos contaminados, são utilizados os programas antivírus. A esse respeito, é correto afirmar que a área de armazenamento em que os programas antivírus costumam guardar os arquivos contaminados de um computador denomina-se:

a) lixeira.

b) disco rígido.

c) pasta spam.

d) área de trabalho.

e) quarentena.

Atualmente, os antivírus ou antimalwares contam com vários recursos para detectar, bloquear e apagar arquivos maliciosos, dentre eles a quarentena que mantém os arquivos a fim de monitorar a sua necessidade e uma vez não sendo necessários são apagados. Outro recurso é Sandbox (caixa de areia) que é um ambiente criado para forçar a execução de um arquivo que suspeita ser malicioso para monitorar seu comportamento.

GABARITO: E.

764. (QUADRIX – 2015 – CRP/MG – ASSISTENTE ADMINISTRATIVO) Considere a figura que mostra a configuração de uma rede de computadores.

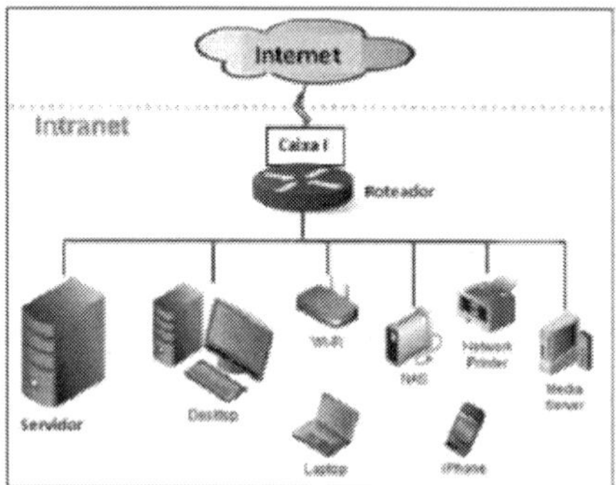

Na rede da figura acima, a Caixa I representa o:

a) firewall, que trabalha usando regras de segurança, controlando o tráfego de informações, bloqueando-as ou permitindo que elas cheguem aos computadores.

b) log, um mecanismo que registra as atividades da rede capaz de detectar e impedir o uso indevido dos computadores.

c) antimalware, um programa que, ao detectar ameaças à rede, anula ou remove os códigos maliciosos de um computador

d) firewall pessoal, um programa utilizado para proteger o roteador contra acessos não autorizados vindos da Internet.

e) antispyware, equipamento capaz de bloquear todo o tráfego de entrada da rede e liberar as conexões conforme necessário, de acordo com as regras usadas.

O firewall do tipo pessoal é o Firewall de Host encontrado no próprio computador do usuário, normalmente como ferramenta do Sistema Operacional.

GABARITO: A.

765. (AUTOR – 2018) Em ambientes computacionais o uso de senhas para acesso é sistemas é algo comum, porém diante da possibilidade do computador do usuário estar infectado por spywares como keyloggers e screenloggers faz com que os serviços utilizem mecanismos de segurança para ajudar a proteger as informações do usuário, um mecanismo bastante comum para que esses spywares não capturem as senhas inseridas pelos usuários é o teclado virtual.

Certo ( ) Errado ( )

Teclado virtual protege contra a captura dos dados pelo keylogger, uma vez que esse grava as teclas digitadas, porém contra screenloggers não, pois estes gravam a tela do computador, portanto, capturam exatamente onde o usuário clica.

GABARITO: ERRADO.

766. **(AUTOR – 2018)** Entidades públicas e privadas vêm adotando autenticação em duas etapas para aumentar a proteção de seus usuários, tornando mais difícil para um terceiro obter dados sensíveis. A autenticação em duas etapas visa prevenir o acesso à conta do usuário, mesmo que o terceiro conheça a sua senha. Essa medida requer que, além da senha, o usuário utilize um dispositivo, ou outro método por ele aprovado, para liberar acesso às informações da sua conta.

Certo ( ) Errado ( )

Também chamada de autenticação em duas camadas. O token é o dispositivo mais comumente usado, vários Internet Banking tem usado essa solução, mas caso necessite de opção mais barata o uso de aplicativos no celular ou envio de código via SMS para o celular são outras formas de dupla autenticação.

GABARITO: CERTO.

767. **(AUTOR – 2018)** As ferramentas AntiSpam presentes nos programas AntiSpyware e Antivírus, bem como nos serviços de e-mail, embora sejam muito eficientes, não conseguem realizar uma verificação no conteúdo dos e-mails, mas apenas seu cabeçalho.

Certo ( ) Errado ( )

As ferramentas AntiSpam analisam desde o cabeçalho ao conteúdo das mensagens de e-mail.

GABARITO: ERRADO.

768. **(AUTOR – 2018)** A respeito de segurança de redes em ambientes Windows e Linux, julgue o que se segue.

O Firewall do Windows não consegue impedir que hackers ou softwares mal-intencionados obtenham acesso ao PC do usuário através da Internet ou de uma rede local.

Certo ( ) Errado ( )

O Firewall é responsável por proteger as comunicações de rede e evitar ações nocivas ao usuário, como bloquear acessos e operações indevidas. A recomendação de segurança é sempre manter os Firewalls ativos, embora constantemente sejam descobertas falhas que são usadas para burlá-los. Por isso é importante manter o computador sempre atualizado.

GABARITO: ERRADO.

SISTEMAS OPERACIONAIS

769. **(CESPE – 2018 – POLÍCIA FEDERAL – PERITO CRIMINAL FEDERAL)** No que concerne a sistemas operacionais e tecnologias de virtualização, julgue o item seguinte.

Um sistema operacional classificado como multitarefa é aquele em que vários processos de utilizador (tarefas) estejam carregados em memória; nesse caso, um pode estar ocupando o processador e outros ficam enfileirados, aguardando a sua vez.

Certo ( ) Errado ( )

Um sistema operacional multitarefa é aquele que tem a capacidade de apresentar após uma sequência de execução de processos um comportamento como se tivesse executado vários processos em paralelo, ou pelo menos, aparentar ter executado os processos simultaneamente. Uma das características base de um sistema operacional multitarefa é a capacidade de alternar entre as tarefas, realizando pequenos processamentos por vez de cada tarefa. Ao se ter apenas um núcleo do processador que efetivamente temos uma tarefa sendo citada por vez, neste caso enquanto uma tarefa é executada as demais ficam aguardando na fila pelo seu momento. Já num computador com o processador que possua mais de um núcleo cada núcleo poderá executar uma tarefa simultâneo ao outro, mas ainda assim existe alternância entre as tarefas e a Fila de tarefas.

GABARITO: CERTO.

770. **(CESPE – 2018 – POLÍCIA FEDERAL – ESCRIVÃO DE POLÍCIA FEDERAL)** A respeito de sistemas operacionais e de aplicativos de edição de textos e planilhas, julgue o item a seguir.

A técnica de swapping consiste em transferir temporariamente um processo da memória para o disco do computador e depois carregá-lo novamente em memória.

Certo ( ) Errado ( )

Também conhecido como área de troca ou memória virtual, a Swap é uma técnica empregada para tentar contornar a falta de memória RAM do computador. Deste modo quando a memória RAM está sobrecarregada são retirados os dados menos utilizados dela e colocados na área temporária dentro do HD utilizando o mesmo formato que estavam na memória RAM para facilitar o trânsito de um dispositivo para outro. Conforme foi liberado o espaço da memória RAM os dados que estão na memória virtual são trazidos de volta para a memória RAM.

GABARITO: CERTO.

771. **(CESPE – 2018 – POLÍCIA FEDERAL – PERITO CRIMINAL FEDERAL)** No que concerne a sistemas operacionais e tecnologias de virtualização, julgue o item seguinte.

Emulador permite a um programa feito para um computador ser executado em outro computador.

Certo ( ) Errado ( )

Emulador é um software, ou até mesmo hardware, o que cria de forma virtual um ambiente similar aquele emulado, um exemplo muito comum disso é a emulação de consoles de videogame antigos como Atari dentro do Windows ou do Linux, além de oferecerem a possibilidade de uma gama de entretenimentos, também tem uma importância muito grande no quesito arquivístico, quando simulamos equipamentos mais antigos a fim de evitar a obsolescência de materiais de suporte.

GABARITO: CERTO.

772. **(CESPE – 2018 – POLÍCIA FEDERAL – PERITO CRIMINAL FEDERAL)** No que concerne a sistemas operacionais e tecnologias de virtualização, julgue o item seguinte.

Container consiste em um conjunto de processos que, isolados do resto do sistema, são executados a partir de uma imagem distinta, que fornece todos os arquivos necessários a eles.

Certo ( ) Errado ( )

"Um container Linux é um conjunto de um ou mais processos organizados isoladamente do sistema. Todos os arquivos necessários para executá-los são fornecidos por uma imagem distinta.

Na prática, os containers Linux são portáteis e consistentes durante toda a migração entre os ambientes de desenvolvimento, teste e produção. Essas características os tornam uma opção muito mais rápida do que os pipelines de desenvolvimento, que dependem da replicação dos ambientes de teste tradicionais. Os containers também são uma parte importante da segurança da TI por conta da popularidade e da facilidade de uso deles.", conforme apresentado no portal da Redhat. Os containers permitem um maior controle do ambiente em que será desenvolvido um software. As bibliotecas, dependências de arquivos necessários para que o aplicativo funcione ficam dentro do contêiner de tal modo que não afetam as bibliotecas que já estão definidos com o padrão do sistema principal. A utilização de contêineres possui o melhor desempenho do que a virtualização direta, uma vez que ela otimiza o espaço de armazenamento não sendo necessário instalar um novo sistema operacional em um ambiente virtual, pois ela utiliza o mesmo kernel do sistema operacional, porém com os processos isolados. Isso tudo confere uma maior portabilidade ao contêiner.

GABARITO: CERTO.

773. **(CESPE – 2018 – POLÍCIA FEDERAL – ESCRIVÃO DE POLÍCIA FEDERAL)** A respeito de sistemas operacionais e de aplicativos de edição de textos e planilhas, julgue o item a seguir.

Windows e Linux são exemplos de sistemas operacionais de núcleo monolítico, em que um único processo executa as principais funções.

Certo ( ) Errado ( )

Questão apresenta uma das principais características dos sistemas operacionais monolíticos: ter uma única estrutura responsável por controlar os principais processos do sistema a fim de evitar problemas de segurança e concorrência pelo controle. Ao criar sistema operacional Linux tomou este princípio como base, é buscou os principais módulos do kernel do unix escreveu todos em um único bloco.

GABARITO: CERTO.

774. **(VUNESP – 2018 – PC/BA – INVESTIGADOR)** A estrutura de diretórios em árvore é utilizada em diversos sistemas operacionais. Uma das características dessa estrutura é:

a) cada usuário pode criar vários níveis de diretórios (ou subdiretórios), sendo que cada um pode conter arquivos e subdiretórios.

b) cada usuário possui o seu diretório exclusivo, no qual todos os seus arquivos são armazenados, e não tem acesso e nem conhecimento de outros diretórios.

c) não permite que arquivos com o mesmo nome sejam criados, mesmo que estejam armazenados em diretórios diferentes.

d) o caminho absoluto para um arquivo é quando ele é referenciado a partir do diretório corrente.

e) um arquivo é especificado por meio de um caminho relativo, que descreve todos os diretórios percorridos a partir da raiz até o diretório no qual o arquivo se encontra.

Os sistemas operacionais modernos possuem uma estrutura de diretórios (diretório é uma pasta que contém pelo menos uma outra pasta) base, contudo o usuário tem liberdade para criar novos diretórios e subdiretórios, inclusive desde o diretório Raiz C:\.

Quando um endereço de pastas e arquivo não é representado desde a Raiz, ou seja, só indica parte do caminho é dito que está sendo usado um caminho relativo. Enquanto quando o caminho é ilustrado desde a Raiz é o caminho completo ou também chamado absoluto.

GABARITO: A.

775. **(AOCP – 2018 – TRT/RJ – ANALISTA JUDICIÁRIO)** Visualizadores de imagens podem ser utilizados para abrir arquivos como fotos, logos e desenhos. Das alternativas a seguir, qual possui somente extensões de arquivos utilizadas por visualizadores de imagens, para imagens sem animação?

a) .gif e .mp3

b) .jpg e .ppt

c) .img e .mkv

d) .mp4 e .tiff

e) .jpg e .png

Primeiramente são extensões de imagens: gif, jpg, tiff, png, bmp, jpeg. Arquivo mp3 é um arquivo de áudio, enquanto mp4 assim como avi e mkv são arquivos de vídeo. PPT é extensão do PowerPoint. Contudo, assim como o gif arquivos PNG também podem ser animados, em português são chamados de PNG animados, embora no inglês sua sigla seja APNG (animated PNG).

GABARITO: E.

776. Para movimentar um arquivo entre dois diretórios, de modo que não fique uma réplica desse arquivo no diretório onde ele estava inicialmente, qual é a sequência de atalhos de teclado que deve ser executada após selecionar o arquivo através do mouse?

a) CTRL + C no diretório inicial e, depois, CTRL + V no diretório de destino.

b) CTRL + C no diretório inicial e, depois, CTRL + C no diretório de destino.

c) CTRL + X no diretório inicial e, depois, CTRL + X no diretório de destino.

d) CTRL + X no diretório inicial e, depois, CTRL + V no diretório de destino.

e) CTRL + X no diretório inicial e, depois, CTRL + C no diretório de destino.

A operação de mover consiste em recortar e colar na sequência, logo CTRL + X e CTRL +V.

GABARITO: A.

777. **(CESPE – 2004 – POLÍCIA FEDERAL – AGENTE FEDERAL DA POLÍCIA FEDERAL)** A respeito de hardware e de software utilizados em microcomputadores do tipo PC, julgue os itens seguintes.

Em programas denominados driver, estão contidas todas as informações necessárias para que o sistema operacional reconheça os componentes periféricos instalados no computador. No driver principal, está definida a sequência de boot desejada para o sistema.

Certo ( ) Errado ( )

Não existe driver principal. A sequência de boot está definida no BIOS (Sistema Básico de Entrada/Saída) que é localizado em um Chip de memória do tipo ROM ou FlashROM nos computadores mais atuais.

GABARITO: ERRADO.

778. **(CESPE – 2003 – BANCO DO BRASIL – ESCRITURÁRIO)** Constitui exemplo de "software livre" toda a linha Windows da Microsoft.

Certo ( ) Errado ( )

Os produtos Microsoft são softwares proprietários, Linux e BrOffice são softwares livres.

GABARITO: ERRADO.

779. **(CESPE / CEBRASPE - 2013 - CNJ - TÉCNICO JUDICIÁRIO - PROGRAMAÇÃO DE SISTEMAS)** Um sistema operacional é composto por diversos programas responsáveis por funções distintas e específicas. A parte mais importante do sistema operacional é o kernel, que entra em contato direto com a CPU e demais componentes de hardware.

Certo ( ) Errado ( )

O Kernel é o núcleo de um sistema operacional, tendo como responsabilidade o controle da Memória RAM, do CPU, dos Drivers de dispositivos e das Entradas e Saídas de dados.

GABARITO: CERTO.

780. **(CESPE – 2010 – ABIN – AGENTE TÉCNICO DE INTELIGÊNCIA)** Com relação aos conceitos de organização e gerenciamento de arquivos e pastas, julgue os itens subsequentes.

O sistema de arquivos é utilizado pelo sistema operacional para gerenciar a gravação e a recuperação de dados do dispositivo de armazenamento.

Certo ( ) Errado ( )

Os principais sistemas de arquivos são NTFS e FAT, ambos compreendidos pelo Linux e pelo Windows. Eles determinam como os arquivos são alocados no HD.

GABARITO: CERTO.

781. **(IADES – 2015 – ELETROBRAS – ARQUIVISTA)** Os sistemas operacionais de um computador gerenciam a gravação dos dados (bytes) de um arquivo utilizando métodos diversos, dependendo de onde ele é gravado: no disco rígido, em um CD ou em uma fita magnética. O método de gravação em que os bytes do arquivo ocupam espaço contíguo do dispositivo de memória onde é gravado refere-se ao:

a) sequencial.

b) indexado.

c) aleatório.

d) encadeado.

e) hierárquico.

O método sequencial é usado em fitas magnéticas de modo que para ler algo que está no fim é necessário passar por toda a fita. Os HDs armazenam os dados de forma aleatória. Indexar é criar um índice para facilitar a busca por arquivos.

GABARITO: A.

782. **(2015 – IF/TO – ENFERMEIRO DO TRABALHO)** Julgue as alternativas abaixo:

I. Embora os sistemas operacionais Linux e Windows possuam características distintas, o Windows foi construído para que aplicações desenvolvidas para sistemas Linux também sejam executadas por ele.

II. O aplicativo desfragmentador de disco é um software que varre a unidade de armazenamento em busca de erros, defeitos ou arquivos corrompidos e, caso o usuário faça essa opção, tenta corrigi-los automaticamente.

III. O Painel de Controle do Windows dá acesso a opções como, por exemplo, instalar e desinstalar programas.

IV. Estão corretas:

a) Somente I e II.

b) Somente I e III.

c) Somente II.

d) Todas.

e) Nenhuma.

Os programas desenvolvidos para o ambiente Windows possuem estrutura diferente dos desenvolvidos para ambiente Linux, pois cada sistema comunica-se de maneira diferente com os aplicativos. No Linux existe um aplicativo que simula recursos do Windows para que alguns programas desenvolvidos para Windows possam ser utilizados no Linux, tal programa é o WINE, mas cuidado ele não é um emulador, apesar de parecer, pois ele não virtualiza o ambiente Windows, apenas simula os recursos necessários. Quanto ao item II: o desfragmentador (nome usado até o Windows 7, pois a partir do Windows 8 passou a se chamar de otimizar unidades) reorganiza os dados de forma contínua/contígua, melhorando o desempenho na leitura futura dos arquivos. A ferramenta responsável por procurar falhas de disco é o Scandisk. Já o item III apresenta uma pegadinha, pois a opção presente no painel de controle no Windows 7 chama-se Programas e Recursos, de modo que, não é mais possível utilizar a opção para instalar programas, apenas desinstalar, ainda é possível adicionar ou remover recursos do Windows como os Jogos.

GABARITO: E.

783. **(REIS & REIS – 2015 – PREFEITURA DE SANTANA DO JACARÉ/MG – PSICÓLOGO)** É uma pasta que armazena temporariamente arquivos excluídos. Podemos, contudo, restaurar arquivos excluídos.

a) Pasta download;

b) Lixeira;

c) Desktop;

d) Pasta Documentos.

A Lixeira é definida como um local temporário em que existe a possibilidade de restaurar os dados presentes nela, porém a lixeira não existe fisicamente, pois ao apagar um arquivo ele é apenas marcado como lixo.

GABARITO: B.

784. **(CESPE – 2012 – PC/AL – AGENTE DE POLÍCIA)** Caso o sistema operacional, ao se instalar um hardware em um computador, não reconheça automaticamente esse dispositivo, o problema será sanado ao se instalar o driver correspondente ao dispositivo, o que permitirá que o sistema operacional utilize o hardware em questão.

Certo ( ) Errado ( )

O Sistema Operacional é quem interage com o hardware logo ele é quem mais precisa do Driver, pois este é a informação sobre como o dispositivo funciona.

GABARITO: CERTO.

785. **(CESPE – 2012 – PC/AL – AGENTE DE POLÍCIA)** Ao se ligar um computador convencional, a BIOS (Basic Input Output System), responsável pelos drives do kernel do sistema operacional, carrega o disco rígido e inicia o sistema operacional.

Certo ( ) Errado ( )

O BIOS é o Sistema Básico de Entrada e Saída e é responsável pela rotina de inicialização do computador realizando os testes de compatibilidade e confiabilidade. Kernel é o núcleo do sistema operacional.

GABARITO: ERRADO.

786. **(AUTOR – 2018)** Acerca do Sistema Operacional Windows e suas funções julgue o que se segue.

O sistema FAT32 pode ser usado em dispositivos com até 2TB de capacidade.

Certo ( ) Errado ( )

Para dispositivos maiores é necessário usar o NTFS.

GABARITO: CERTO.

787. **(AUTOR – 2018)** Sistemas Operacionais são classificados como Plug and Play quando oferecem a simplicidade de permitir ao usuário conectar um dispositivo na máquina e já utilizar esse dispositivo sem muitas dificuldades e normalmente sem necessidade de configurações adicionais.

Certo ( ) Errado ( )

O Windows, Linux e MacOs são sistemas operacionais Plug and Play assim como as últimas versões do Android. Alguns dispositivos podem precisar de configurações adicionais ou mesmo intervenção do usuário para indicar a localização do driver a ser instalado.

GABARITO: CERTO.

788. **(AUTOR – 2018)** O atalho de teclado ALT+TAB pode ser usado tanto no Windows como no Linux para alternar entre as janelas dos programas abertos.

Certo ( ) Errado ( )

Independente da versão do Windows o atalho ALT + TAB alterna entre as janelas abertas. Até o Windows 7 também é possível usar Windows + TAB para alternar entre as janelas dos programas abertos.

GABARITO: CERTO.

789. **(AUTOR – 2018)** O Windows 10 utiliza o sistema de arquivos ReFS como sistema padrão para a unidade do sistema operacional, pois este possui maior resistência a falhas e oferecer integridade aos dados armazenados.

Certo ( ) Errado ( )

O ReFS não faz parte das primeiras versões do Windows 10, mas a MS já o incluiu nas atualizações diante ao seu melhor desempenho comparado ao NTFS. Contudo ele ainda não é o sistema de arquivos padrão, permanece ainda o NTFS.

GABARITO: ERRADO.

790. **(AUTOR – 2018)** Ao comprar um pen drive de 128GB um usuário tentou formatá-lo com sistema de arquivos FAT32, porém após a formatação notou que seu dispositivo passou a ter apenas 64GB de espaço livre e nenhuma partição, isso ocorre porque o sistema FAT32 não reconhece capacidades maiores que 64GB.

Certo ( ) Errado ( )

O sistema FAT32 pode ser usado em dispositivos com até 2TB de capacidade, para dispositivos maiores é necessário usar o NTFS.

GABARITO: ERRADO.

791. **(AUTOR – 2018)** A quantidade de caracteres possível de ser usada no nome de um arquivo ou pasta depende do sistema de arquivos em uso.

Certo ( ) Errado ( )

Normalmente, associamos o tamanho máximo do nome de um arquivo ou pasta ao sistema operacional por facilidade, porém com a chegada do ReFS isso muda, pois esse sistema de arquivos permite nomes (caminhos) de arquivos e pastas mais extensos.

GABARITO: CERTO.

792. **(AUTOR – 2018)** Um usuário do Windows 10 organizando seus arquivos e pastas do computador usando o Explorador de Arquivos, clicou com o botão esquerdo do mouse sobre um arquivo do diretório D:\dados\fotos e mantendo o botão pressionado, juntamente com a tecla SHFIT, arrastou o arquivo para o diretório D:\videos\ferias e soltou a tecla e depois o botão esquerdo do mouse, com isso o arquivo selecionado foi movido da pasta de origem para a pasta de destino.

Certo ( ) Errado ( )

A tecla foi soltada antes do mouse, logo é como se não tivesse sido usada. Como foi arrastado de uma pasta para outra do mesmo diretório, o arquivo é movido por padrão.

GABARITO: CERTO.

WINDOWS

793. **(UFPR – 2019 – ASSISTENTE EM ADMINISTRAÇÃO)** Considere o sistema operacional Windows 10 versão pt-BR, em sua configuração padrão, e o Explorador de Arquivos aberto. Selecione a alternativa que apresenta a ação resultante do atalho CTRL + D em um arquivo selecionado numa unidade de rede mapeada.

a) Abre o arquivo com o seu respectivo aplicativo relacionado.

b) Mostra o conteúdo do arquivo.

c) Exclui o arquivo permanentemente.

d) Abre o modo de renomear arquivo.

e) Deixa em modo oculto.

Um atalho pouco convencional para remover um arquivo permanentemente, qualquer outra forma de exclusão combinada com a tecla SHIFT também pode ser usada para excluir arquivos e pastas permanentemente.

GABARITO: C.

794. **(NC-UFPR – 2019 – PREFEITURA DE CURITIBA/PR – FISCAL)** Considere o Sistema Operacional Windows 8, que permite usar atalhos do teclado. Pressionar a tecla de logotipo do Windows + I abre a possibilidade de:

a) inserir aplicativo novo no menu de acesso rápido.

b) acesso às configurações do Windows.

c) acesso aos dispositivos de hardware ligados.

d) inserir aplicativo novo no Painel de Controle.

e) acesso e inserção de comandos para execução rápida de aplicativos.

No Windows 10 existem várias opções de atalho vinculadas com a tecla Windows, também conhecida como tecla winkey, dentre essas opções podemos destacar Windows + D que exibe a área de trabalho, Windows + A que exibe a central de ações e notificações, Windows + L que bloqueia a sessão de usuário (tela), Windows + X abre o menu especial (equivale a clicar com o botão direito do mouse sobre menu iniciar), Windows + P para projetar em outras telas, Windows + W do Windows Ink (nas versões mais recentes abre opção esboço e quadro branco), Windows + Q para pesquisar, Windows + E para abrir o Explorador de Arquivos, Windows + R para executar, Windows + Pause abre as informações sobre o sistema e Windows + TAB para abrir a visão de tarefas (exibe as múltiplas áreas de trabalho).

GABARITO: B.

795. **(NC-UFPR – 2019 – PREFEITURA DE CURITIBA/PR – AGENTE ADMINISTRATIVO)** O Windows Explorer permite a visualização e classificação dos arquivos de diversas formas. Utilizando o modo de exibição mais detalhado, a opção abaixo que não constitui uma forma de classificação é:

a) Idade

b) Data da criação

c) Cor

d) Contagem de palavras

e) Tipo

Ao utilizar o modo de exibição de arquivos e pastas Detalhes temos acesso a colunas que exibem algumas propriedades dos arquivos de acordo com o seu tipo, se o conteúdo de uma pasta

concentra arquivos de um tipo específico como músicas ou imagens algumas colunas características destes tipos de arquivo são exibidas. Em todo caso o usuário pode selecionar quais atributos de arquivos deseja visualizar clicando com o botão direto do mouse sobre os títulos das colunas de propriedades, uma lista de propriedades será exibida para serem assinaladas as desejadas e desmarcar as não desejadas, mas muitas outras opções não são exibidas de cara, e a opção MAIS deve ser selecionada, uma janela será aberta com inúmeras opções, mas mesmo dentre estas opções você não encontrará o atributo idade.

GABARITO: A.

796. **(CESPE – 2018 – POLÍCIA FEDERAL – PERITO CRIMINAL FEDERAL)** Acerca das técnicas de recuperação de arquivos de um computador, julgue o item subsequente.

O registro do Windows é um arquivo do sistema no qual são guardados todos os usuários dos aplicativos, para o controle do nível de acesso aos respectivos dados.

Certo ( ) Errado ( )

A partir do Windows 95 com a Microsoft inseriu no sistema operacional uma espécie de banco de dados central de informações me chamou de registro. Trata-se de um banco de dados hierárquico que simplifica o sistema operacional permitindo que se tornem mais adaptável. Com registro do Windows armazena elementos de configuração do usuário para humanização do sistema operacional bem como aquelas características compartilhadas entre os vários usuários do sistema. Uma função principal do Registro no Windows 95 foi servir como um repositório central para informações específicas de hardware para uso pela detecção de hardware e componentes do sistema Plug and Play. Contudo o registro do Windows não possui uma interface tão amigável ao usuário, podendo ser acessado e editado por meio do regedit (Editor de Registro). As configurações mais relevantes e de uma arma necessidade para usuários estão disponíveis por meio do painel de controle que aos poucos no Windows 10 vem sendo substituído pela central de configurações.

GABARITO: ERRADO.

797. **(NC-UFPR – 2019 – PREFEITURA DE MATINHOS/PR – FISCAL DE TRIBUTOS)** Sobre Sistema Operacional Windows 7, versão Português BR, estando na área de trabalho, qual atalho pode ser utilizado para abrir o Windows Explorer, usando a tecla do logotipo do Windows?

a) +TAB.

b) +A.

c) +D.

d) +E.

e) +L.

No Windows 7 o atalho Windows +TAB alterna entre as janelas dos programas abertos usando o efeito shuffle (como se folhasse um arquivo suspenso). No Windows 8 o atalho não está vinculado a ação e no Windows 10 abre a Visão de Tarefas (Task View) exibindo as múltiplas áreas de trabalho e miniaturas das janelas dos programas abertos na área de trabalho selecionada. No Windows 10 o atalho Windows + A abre a central de Ações e Notificações. Nas diversas versões do Windows o atalho Windows + D exibe a área de trabalho, assim como o Windows + E abre o Windows Explorer, atualmente denominado Explorador de Arquivos nas versões mais

recentes. O atalho Windows + L pode ser vinculado a segurança da informação, pois bloqueia a sessão corrente.

GABARITO: D.

798. **(CESPE – 2018 – POLÍCIA FEDERAL – PERITO CRIMINAL FEDERAL)** Em cada item a seguir, é apresentada uma situação hipotética, seguida de uma assertiva a ser julgada, a respeito de sistemas operacionais, intranet e Internet.

Depois de fazer login em uma estação de trabalho com Windows 10, o usuário de nome delegado verificou que estava sem acesso de escrita na pasta c:\temp\bo. Uma das possíveis causas seria o fato de o referido usuário não ser o dono da pasta e(ou) não ter acesso específico a ela. Nessa situação, o administrador da máquina pode eliminar essa restrição por meio do comando chown +w delegado c:\temp\bo, executado no power shell do sistema operacional, que aceita tanto comandos DOS quanto alguns comandos Linux.

Certo ( ) Errado ( )

O Power Shell dentro do Windows 10 aceita muitos comandos que são tradicionalmente utilizados no Linux, porém não todos o comando chown é um exemplo de comando que não é reconhecido pelo Power Shell, isso se deve pelo fato da estrutura de permissões utilizadas no Windows e Linux serem diferentes.

GABARITO: ERRADO.

799. **(CESGRANRIO – 2018 – BANCO DA AMAZÔNIA – TÉCNICO BANCÁRIO)** Se um usuário tem duas pastas em uma mesma partição de um disco rígido de um computador rodando o Windows 10 em português, o que acontece se esse usuário, utilizando o botão esquerdo do mouse, arrasta uma pasta sobre a outra?

a) Aparece uma mensagem perguntando se o usuário quer mover a pasta e todo o seu conteúdo ou somente o conteúdo da pasta.

b) A pasta arrastada e o seu conteúdo são copiados para a outra pasta.

c) A pasta arrastada e todo o seu conteúdo são movidos para a outra pasta e deixam de existir na localização original.

d) O conteúdo da pasta arrastada é movido para a outra pasta, mas a pasta de origem, agora vazia, continua a existir na localização original.

e) O usuário recebe uma mensagem de erro advertindo-o de que pastas não podem ser aninhadas.

A referência para arrastar arquivos e pastas é a unidade de armazenamento (partição) seja do HD ou Pen drive tanto no Windows como no Linux. Ao arrastar de uma pasta para outra, sendo ambas da mesma unidade, o sistema operacional irá realizar a operação de mover, caso seja para uma pasta localizada em outra unidade de armazenamento o Windows irá copiar.

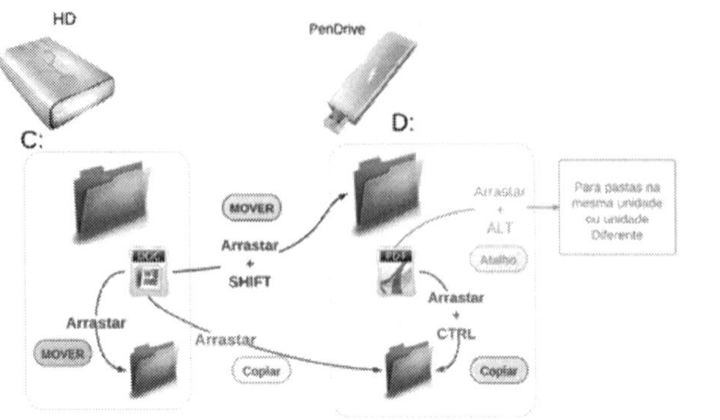

GABARITO: C.

800. **(CESGRANRIO – 2018 – BANCO DA AMAZÔNIA – TÉCNICO BANCÁRIO)** Considere a figura a seguir.

A pequena seta no canto inferior esquerdo da imagem indica que:

a) o arquivo foi modificado, mas não foi salvo.

b) o arquivo tem atributos de somente leitura.

c) o arquivo foi apagado.

d) existe um backup do arquivo na nuvem.

e) este é um atalho para o arquivo.

O ícone representa um atalho. Todo atalho tem tamanho de 1KB. Para criar um atalho podemos clicar com o botão direito do mouse sobre o ícone do arquivo ou pasta para o qual deseja-se criar o atalho selecionar a opção "novo" e clicar em "atalho", ou clicar e arrastar com a tecla ALT pressionada.

GABARITO: E.

801. **(CESGRANRIO – 2018 – BANCO DA AMAZÔNIA – TÉCNICO CIENTÍFICO)** Que atalho de teclado pode ser usado no Windows 10 para percorrer ciclicamente os aplicativos em execução?

a) Tecla com o logotipo do Windows + Tab

b) Alt + seta para cima

c) Tecla com o logotipo do Windows + M

d) Alt + Tab

e) Ctrl + Q

Tanto no Windows como no Linux o atalho ALT + Tab permite alternar entre as janelas dos programas abertos. No Windows 7 é possível também usar o atalho Windows + Tab, no Windows 10 o atalho Windows + Tab abre a visão de tarefas (task view) em que é possível ver as áreas de trabalho abertas junto as miniaturas das janelas dos programas abertos e então escolher qual programa acessar. Windows + M minimiza tudo para restaurar deve-se usar o atalho Windows + Shitf + M. O atalho Windows + D também minimiza tudo, mas é associada a opção exibir área de trabalho, para restaurar as janelas deve-se usar o mesmo atalho. CTRL + Q não é um atalho do sistema, assim como Alt + setas.

GABARITO: D.

802. **(CESPE – 2015 – FUB – TODOS OS CARGOS)** Caso o recurso Histórico de Arquivos, disponível na opção Histórico, do menu Início, do Explorador de Arquivos do Windows 8.1, seja configurado corretamente, ele fornecerá um histórico detalhado do arquivo selecionado, contendo, entre outras informações, as datas de modificação do arquivo e a relação de usuários que o acessaram.

Certo ( ) Errado ( )

O Histórico de Arquivos não mostra quais foram os usuários que acessaram o arquivo. Essa ferramenta realiza uma cópia de segurança dos arquivos presentes nas pastas Documentos, Músicas, Imagens, Vídeos e Área de Trabalho e dos arquivos do OneDrive disponíveis off-line.

GABARITO: ERRADO.

803. **(CESGRANRIO – 2018 – BANCO DA AMAZÔNIA – TÉCNICO CIENTÍFICO)** Na empresa onde um indivíduo trabalha, vários funcionários compartilham o mesmo computador rodando o Windows 10 em português. Um desses funcionários precisa usar o computador desse indivíduo, mas este não quer fechar os programas e arquivos com os quais está trabalhando no momento.

Que opção esse indivíduo deve escolher para resolver essa situação?

a) Trocar usuário.

b) Bloquear.

c) Suspender.

d) Desligar.

e) Hibernar.

Como o Windows, assim como o Linux, é multiusuário é possível alternar entre usuários logados, para tanto basta trocar de usuário, a opção logoff encerra a sessão que estiver ativa.

GABARITO: A.

804. **(CESPE – 2016 – INSS – ANALISTA DO SEGURO SOCIAL)** Acerca de aplicativos para edição de textos e planilhas e do Windows 10, julgue o próximo item.

No explorador de arquivos do Windows 10, é possível fixar as pastas favoritas na funcionalidade acesso rápido, que lista, além das pastas fixadas, as usadas com frequência e também os arquivos usados recentemente.

Certo ( ) Errado ( )

Ao fixar pastas elas ficarão visíveis também na lateral esquerda junto aos itens do acesso rápido como Documentos e Downloads, ao fixar arquivos eles serão visíveis ao clicar a opção acesso rápido, pois na lateral esquerda da janela do Explorador de Arquivos do Windows não é possível listar arquivos, mas somente pastas e locais.

GABARITO: CERTO.

805. **(CESPE – 2016 – INSS – TÉCNICO DO SEGURO SOCIAL)** Com relação a informática, julgue o item que se segue.

A ferramenta OneDrive do Windows 10 é destinada à navegação em páginas web por meio de um browser interativo.

Certo ( ) Errado ( )

OneDrive (antigo SkyDrive) é o serviço de armazenamento de dados em nuvem da Microsoft que oferece gratuitamente ao usuário 15GB de espaço. O navegador web (também chamado cliente web) da Microsoft atualmente presente no MS Windows é o MS Edge (versão baseada no Chromium) a versão anterior do Edge é resultado do projeto Spartan, antes disso ainda tínhamos o MS Internet Explorer.

GABARITO: ERRADO.

806. **(FGV – 2020 – IBGE – Agente Censitário Operacional)** Nas Configurações do Windows 10, a tela de configuração dos recursos sob o título Rede e Internet oferece entradas para o gerenciamento de aspectos diversos, EXCETO:

a) E-mail;

b) Ethernet;

c) Proxy;

d) VPN;

e) Wi-Fi.

Na central de configurações do Windows a opção rede e internet oferecerá recursos relacionados à formas de conexão os serviços de conexão de rede. Veja a figura a seguir ilustrando as opções disponíveis:

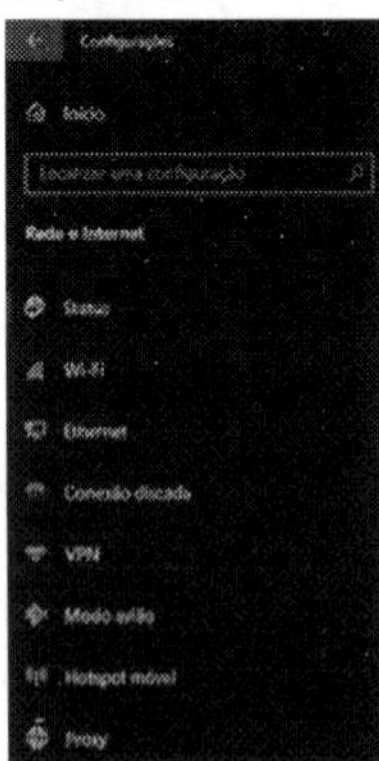

GABARITO: A.

807. (FGV – 2020 – IBGE – AGENTE CENSITÁRIO OPERACIONAL) É interessante monitorar, de tempos em tempos, a ocupação de um drive, seja disco rígido ou pen drive. O Windows oferece um recurso que exibe o espaço disponível e o espaço ocupado de um drive.

Para obter essas informações por meio do Explorador de Arquivos do Windows, basta clicar com o botão direito do mouse sobre o nome do drive e, no menu exibido, escolher a opção:

a) Examinar;

b) Expandir;

c) Imprimir;

d) Propriedades;

e) Relatórios.

Para acessar as propriedades é possível, também, utilizar-se do atalho ALT + ENTER

É comum algumas questões argumentarem a respeito das propriedades disponíveis nesta janela, como data de criação, data de modificação e data do último acesso.

GABARITO: D.

808. (FGV – 2020 – IBGE – AGENTE CENSITÁRIO OPERACIONAL) As versões do MS Windows 10 oferecem vários aplicativos, sob o título Acessórios do Windows, que auxiliam no dia a dia da operação de um computador.

O título que NÃO corresponde a um desses aplicativos é:

a) Bloco de Notas;

b) Chrome;

c) Ferramenta de Captura;

d) Paint;

e) Windows Media Player.

O Google Chrome é um navegador de internet desenvolvido pelo Google a partir do código fonte do Mozilla Firefox e não faz parte dos produtos da Microsoft. O Windows Media Player é um acessório do Windows que entra e sai do arcabouço básico.

GABARITO: B.

809. **(VUNESP – 2020 – EBSERH – ASSISTENTE ADMINISTRATIVO)** Em um computador com Microsoft Windows 7, em sua configuração original, dentro da pasta Documentos existe uma pasta chamada Temp e dentro dela existe um único arquivo chamado Anotações.txt. Um usuário abriu esse arquivo usando o Bloco de Notas. Em seguida, e sem fechar o Bloco de Notas, o usuário abriu o Windows Explorer, selecionou essa pasta Temp e pressionou a tecla DEL. Assinale a alternativa correta sobre o resultado de pressionar a tecla DEL e confirmar quaisquer perguntas feitas eventualmente pelo Windows.

a) A pasta não será apagada porque o arquivo Anotações.txt está aberto.
b) A pasta será apagada, tendo sido enviada para a Lixeira.
c) A pasta será apagada em definitivo, não sendo enviada para a Lixeira.
d) A pasta ficará oculta, tendo sido enviada para a Lixeira.
e) O arquivo Anotações.txt será apagado, tendo sido enviada para a Lixeira, deixando a pasta completamente vazia.

Enquanto um arquivo estiver em edição não é possível realizar alterações quanto a sua localização ou mesmo nome.

GABARITO: A.

810. **(CESPE – 2013 – MPU – Técnico)** Julgue os itens a seguir, acerca do Windows 7.

No Windows 7, é possível, para diminuir o espaço utilizado em disco, compactar as pastas.

Certo ( ) Errado ( )

Compactar arquivos e pastas consiste em reduzir o espaço ocupado por estes em disco. Vá além do que você vai aqui determinados arquivos populares como MP3 e MP4 são, na verdade, resultado de compactações, assim como arquivos de imagem JPG, PNG, GIF e BMP. Arquivos TIFF (.tif) são arquivos de imagem sem compactação.

GABARITO: CERTO.

811. **(IDIB – 2020 – PREFEITURA DE ARAGUAÍNA/TO – GUARDA MUNICIPAL)** O painel de controle do Microsoft Windows 10 é uma ferramenta do sistema operacional em que se pode personalizar as configurações do computador utilizado. Quando é preciso adicionar uma impressora, deve-se utilizar o caminho:

a) Painel de Controle → Sistema e Segurança → Adicionar dispositivo
b) Painel de Controle → Programas → Adicionar dispositivo
c) Painel de Controle → Sistema e Segurança → Adicionar impressora
d) Painel de Controle → Hardware e Sons → Adicionar dispositivo

Embora ainda cobrado sobre o painel de controle dentro do Windows 10, ele tende a ser extinto pela Microsoft, você pode observar isso analisando suas opções que já não estão mais disponíveis,

mas que são encontradas na central de configurações do Windows. Deste modo a opção equivalente dentro da central de configurações do Windows é a opção "Dispositivos".

GABARITO: D.

812. **(CESPE – 2017 – PM/AL – SOLDADO)** Julgue o item subsequente, acerca do sítio de busca Google; dos conceitos de organização e de gerenciamento de arquivos; e dos aplicativos para segurança da informação.

No sistema operacional Windows 8, todo arquivo tem de possuir um nome, e, em uma pasta com arquivos produzidos nesse sistema, cada arquivo deve ter um nome exclusivo.

Certo ( ) Errado ( )

É importante lembrar que a extensão de um arquivo, assim como a pasta (caminho), fazem parte do nome de um arquivo, portanto, se a banca der como errado (usando o ponto de vista que nome e extensão sejam separados) vale entrar com recurso alegando o que se entende como nome de um arquivo.

GABARITO: CERTO.

813. **(CESPE – 2017 – PM/AL – SOLDADO)** Julgue o item subsequente, acerca do sítio de busca Google; dos conceitos de organização e de gerenciamento de arquivos; e dos aplicativos para segurança da informação.

A exclusão de um arquivo eletrônico do computador é permanente, dada a inexistência de programas capazes de recuperar o conteúdo de arquivos apagados.

Certo ( ) Errado ( )

A exclusão de um arquivo envia o arquivo para a lixeira se: o arquivo couber na lixeira, não for de unidades removíveis, não tiver sido excluído permanentemente pelo usuário ou não ter sido excluído de uma pasta da rede. Por outro lado, mesmo o usuário excluindo permanentemente um arquivo existem programas que auxiliam a restauração desses arquivos caso não tenham sido sobrescritos no dispositivo de armazenamento.

GABARITO: ERRADO.

814. **(INCAB – 2019 – PMSC – POLICIAL MILITAR)** Sobre o uso de janelas no sistema operacional Windows, é correto afirmar que:

a) Não é possível mover uma janela.

b) Não é possível alterar o tamanho de uma janela.

c) A janela é um repositório de arquivos.

d) Somente uma janela pode ficar aberta por vez

e) É possível minimizar uma janela.

O sistema operacional Windows ficou conhecido por oferecer um ambiente atrativo ao usuário por exibir as aplicações em janelas e cada vez mais suas novas versões oferecem mecanismos que aumentam a produtividade do usuário ao permitir a manipulação destas janelas.

GABARITO: E.

815. (CESPE – 2018 – PC/MA – ESCRIVÃO) Um usuário, utilizando o Windows 8, executou o procedimento adequado para compactar oito arquivos, com extensões identificadoras de diversos tipos de aplicativos, em um único arquivo com a extensão zip. Um dos oito arquivos, denominado aula.pptx, estava aberto durante o procedimento de compactação.

Nesse caso,

a) Todos os oito arquivos terão sido compactados.

b) Todos os arquivos terão sido compactados, com exceção do arquivo aula.pptx.

c) O arquivo zip terá sido gerado, mas não conterá nenhum arquivo compactado.

d) O arquivo aula.pptx não terá sido compactado, pois a compactação em zip restringe-se a arquivos de texto.

e) Os arquivos não terão sido compactados, pois só arquivos com a mesma extensão podem ser compactados em conjunto.

A questão não cita qual aplicativo ou forma foi utilizada para realizar a compactação. Se por exemplo pelo WinRar ele irá compactar todos menos o arquivo aberto, se pela ferramenta Enviar para do Windows ele não finaliza a operação de compactação, portanto, nenhum arquivo é compactador.

GABARITO: B.

816. (CESPE – 2018 – PC/MA – ESCRIVÃO) Ao utilizar um computador no qual está instalado o sistema operacional Windows 8, um usuário efetuou com o mouse um clique duplo no ícone do aplicativo X. Alguns segundos após ter sido aberto, o aplicativo apresentou a informação de que não estava respondendo.

Nessa situação hipotética, para que o aplicativo X seja encerrado, o usuário deverá:

a) Efetuar novamente um clique duplo no ícone do aplicativo X para abri-lo corretamente, pois esta ação fechará a janela que não estava respondendo.

b) Inicializar outro aplicativo, por meio de clique duplo, já que, ao se abrir um novo aplicativo, a janela de X, que não estava respondendo, será finalizada automaticamente.

c) Pressionar simultaneamente a tecla Windows e a tecla F, para exibir em segundo plano a lista de programas que estão travando travando o sistema e, nela, localizar e encerrar o aplicativo X.

d) Iniciar o aplicativo Gerenciador de Tarefas, localizar na janela deste aplicativo o aplicativo X, clicar sobre ele com o botão da direita e, então, selecionar a opção Finalizar Tarefa.

e) Pressionar, no teclado, a tecla DELETE para encerrar de forma forçada o aplicativo X.

Muito cuidado ao tratar do gerenciador de tarefas do Windows, principalmente, quanto as formas de abri-lo. A combinação de atalho CTRL + SHIFT + ESC abre o gerenciador de tarefas tanto no Windows XP, como Vista, Windows 7, Windows 8 e Windows 10. Contudo, desde o Windows Vista o atalho CTRL + ALT + DEL, mais popular para a tarefa de abrir o gerenciador, abre uma tela intermediária, ou seja, não abre o gerenciador de tarefas (como fazia no Windows XP). Nas versões mais recentes a tela que se abre tem, dentre suas opções, uma para abrir o gerenciador de tarefas.

Vale observar que as vezes, normalmente quando o sistema trava, o atalho CTRL + SHIFT + ESC não irá "funcionar", enquanto o CTRL + ALT + DEL irá, isso se dá pelo fato deste último ser na verdade um atalho de hardware utilizado inicialmente pela IBM para gerar uma interrupção no processador, por consequência liberando-o da tarefa "travada".

GABARITO: D.

817. **(FCC – 2018 – TRT 6 – TÉCNICO JUDICIÁRIO)** Um usuário de um computador com sistema operacional Windows 10 em português está utilizando o Explorador de Arquivos para procurar um arquivo de documento editado anteriormente. Para facilitar a busca, o usuário acessou o menu Exibir e clicou no ícone para:

a) mostrar ou ocultar o painel de detalhes.

b) adicionar colunas de informação.

c) classificar os arquivos pelo nome.

d) classificar os arquivos pelo tipo.

e) criar um filtro de busca por arquivos

A opção ilustrada pertence ao bloco Exibição Atual da Aba Exibir da janela do Explorador de arquivos do Windows 10. Porém esta opção só fica disponível quando o modo de exibição for o Detalhes, pois ela serve para exibir mais colunas de propriedades do arquivo nesse modo de exibição. Cuidado para não confundir com os botões de painéis (Navegação, Propriedades ou Visualização) Painel de navegação Painel de visualização Painel de detalhes .

GABARITO: A.

818. **(FCC – 2018 – TRT 6 – TÉCNICO JUDICIÁRIO)** Na Janela que se abre ao clicar no botão Iniciar do Windows 10 em português, existem duas barras horizontais no canto superior direito que são mostradas com a aproximação do apontador do mouse, conforme mostrado abaixo.

Ao clicar sobre as duas barras é possível

a) ordenar os aplicativos pela frequência de uso.

b) alterar o tamanho dos ícones dos aplicativos.

c) colocar um nome para o grupo de aplicativos.

d) configurar a forma de apresentação dos ícones dos aplicativos.

e) expandir o menu com os itens recentemente utilizados.

A opção ilustrada aparece no canto superior de cada grupo de ícones fixados na Tela Inicial do Windows 10, para que o usuário nomeie o grupo

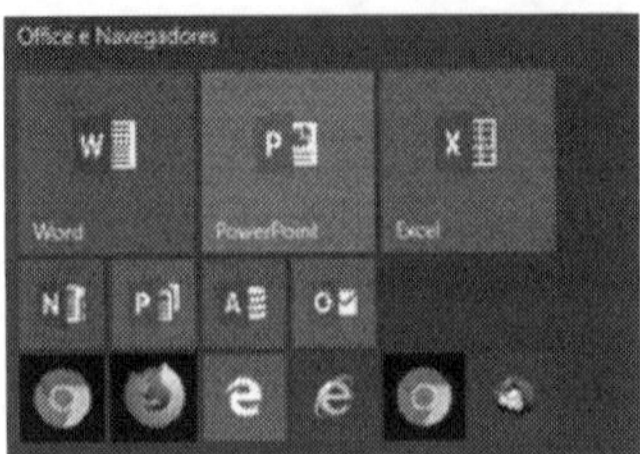

GABARITO: C.

819. **(NUCEPE – 2018 – PC/PI – INFORMÁTICA)** Marque a alternativa CORRETA em relação às afirmativas abaixo, que tratam do Microsoft Windows 7, em sua configuração padrão de instalação.

I. A combinação de teclas Alt e Shift (Alt+Shift) possibilita alternar entre as janelas dos programas ou arquivos que estão abertos no momento.

II. Para desinstalar corretamente um software do computador, é recomendado excluir as suas pastas e arquivos diretamente no Windows Explorer.

III. O item Sistema do Painel de Controle exibe um resumo de informações básicas sobre o computador, tais como informações do processador, memória RAM, nome do computador e edição do Windows.

a) Somente a afirmativa I está correta.

b) Somente a afirmativa II está correta.

c) Somente as afirmativas II e III estão corretas.

d) Todas as afirmativas estão corretas.

e) Somente a afirmativa III está correta.

Tanto no Windows como no Linux para alternar entre as janelas dos programas que estão abertos o atalho é ALT + TAB.

Para desinstalar corretamente um programa no Windows o usuário deverá acessar o painel de controle a opção "Desinstalar um programa" 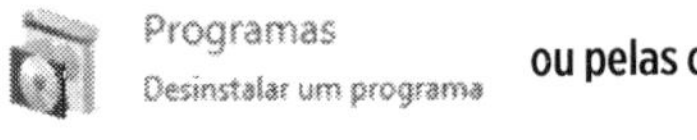

ou pelas configurações do Windows 10 a opção Aplicativos

e então selecionar o programa desejado na lista exibida e clicar na opção desinstalar.

A opção Sistema

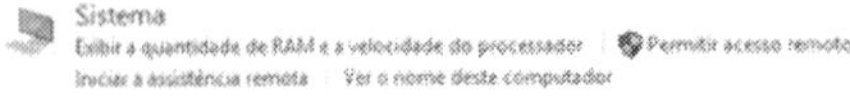

exibe as informações sobre o computador, conforme exibido a seguir

GABARITO: E.

820. **(IAUPE – 2018 – PMPE)** Com relação aos recursos de rede local do MS Windows, analise as afirmações abaixo:

I. É possível acessar arquivos e impressoras presentes em outros computadores da mesma rede, desde que seus donos ativem o compartilhamento.

II. É possível acessar todos os arquivos presentes em outros computadores da mesma rede, mesmo que seus donos não ativem o compartilhamento e as impressoras que foram compartilhadas.

III. Não é possível acessar arquivos ou impressoras presentes em outros computadores da mesma rede. Esses recursos são disponibilizados, apenas, pelos servidores centrais de rede.

Está(ão) CORRETA(S) apenas:

a) I e II.

b) I e III.

c) II e III.

d) I.

e) II.

Em termos de compartilhamento e recursos em redes existem várias dependências como ativar o compartilhamento, além do fato que em alguns casos os equipamentos precisam estar no mesmo grupo/domínio de rede. Impressoras assim como arquivos podem ser compartilhadas na rede.

GABARITO: D.

821. **(CESPE – 2010 – UERN – TÉCNICO DE NÍVEL SUPERIOR – ADAPTADA)** A respeito do Windows, Linux e arquivos, julgue o que se segue.

Em um computador com sistema Windows Vista, o logon de administrador pode ser realizado por meio da ferramenta Contas de usuário, disponibilizada na janela Painel de controle.

Certo ( ) Errado ( )

A ferramenta de Contas de usuário encontrada no Painel de Controle do Windows, permite gerenciar as contas de usuário: criar, excluir ou mesmo mudar o tipo de conta

GABARITO: ERRADO.

822. **(CESPE – 2010 – UERN – TÉCNICO DE NÍVEL SUPERIOR – ADAPTADA)** A respeito do Windows, Linux e arquivos, julgue o que se segue.

O sistema Windows, cuja principal finalidade é a de editar textos e imagens, pode ser considerado um ambiente gráfico que tem por objetivo organizar as ações e facilitar a utilização do computador.

Certo ( ) Errado ( )

O Sistema Windows é um sistema operacional, que tem por finalidade gerenciar o computador, realizando o papel de uma interface entre o usuário e o Hardware, ou seja, ele não é simplesmente um editor de textos.

GABARITO: ERRADO.

823. **(CESPE – 2004 – POLÍCIA FEDERAL – AGENTE FEDERAL DA POLÍCIA FEDERAL)** A respeito de hardware e de software utilizados em microcomputadores do tipo PC, julgue o item seguinte.

Mesmo constituindo um procedimento potencialmente inseguro quanto à infecção por vírus de computador, é possível se instalar software em um computador PC cujo sistema operacional seja o Windows XP, por meio de conexão à Internet, dispensando-se o uso de ferramenta disponibilizada a partir do Painel de Controle.

Certo ( ) Errado ( )

A ferramenta citada é a ferramenta Adicionar/Remover programas, de forma geral quando se deseja instalar utiliza-se o instalador do próprio programa. Quando se clica em um arquivo executável (.exe) para baixar o navegador permite duas opções: Salvar como ou Executar.

GABARITO: CERTO.

824. **(CESPE – 2003 – BANCO DO BRASIL – ESCRITURÁRIO)** Julgue o item a seguir, acerca de conceitos de hardware e de software associados a um computador PC compatível.

O sistema operacional Windows, a partir de sua versão 98, incorporou a ferramenta denominada BIOS, um software que, dependendo da sua configuração, garante que o computador não seja ligado por usuários não-autorizados.

Certo ( ) Errado ( )

Errado BIOS é um componente de Hardware e um sistema do tipo Firmware.

GABARITO: ERRADO.

825. **(AUTOR – 2020)** No sistema operacional Windows 7 o Windows Explorer é um gerenciador de arquivos e pastas, que permite visualizar de vários modos o conteúdo de uma pasta, contudo cada pasta pode conter no máximo 4096 arquivos.

Certo ( ) Errado ( )

Não há um limite numeral para a quantidade de arquivos dentro de uma pasta, os limites existentes são referentes ao caminho de um arquivo/pasta que não pode ser maior do que 260 caracteres, bem como o limite de espaço em disco.

GABARITO: ERRADO.

826. **(CESPE)** No Windows 7 a Central de Ações lista mensagens importantes sobre configurações de segurança e manutenção que precisam da atenção do usuário.

Certo ( ) Errado ( )

Central de Ações é um local central para exibir alertas e tomar providências que podem ajudar a executar o Windows uniformemente. Você pode ver rapidamente se há novas mensagens na Central de Ações, posicionando o mouse sobre o ícone dela, na área de notificações, no canto direito da barra de tarefas. Clique no ícone para exibir mais detalhes e clique em uma mensagem para resolver o problema. Ou abra a Central de Ações para exibir a mensagem inteira.

GABARITO: CERTO.

827. **(CESPE)** O sistema operacional Windows 8 foi desenvolvido com maior suporte aos dispositivos sensíveis ao toque, como também possui maior interação com os serviços da nuvem, no entanto ainda é necessário instalar aplicativos específicos para usar o Microsoft Office 365.

Certo ( ) Errado ( )

As características do Windows 8 estão corretas, contudo o Microsoft Office 365 é baseado em computação na nuvem e não necessita de instalação.

GABARITO: ERRADO.

828. **(CESPE)** No Microsoft Windows 7, com suas configurações padrões, a ação de copiar um arquivo de uma pasta localizada na pasta do usuário para a unidade D: pode ser realizada por meio da ação de clicar sobre o referido arquivo e mantendo pressionado o botão do mouse arrastar, com a tecla SHIFT pressionada, para a pasta na unidade D: e então soltar o botão esquerdo do mouse e em seguida a tecla SHIFT.

Certo ( ) Errado ( )

A pasta do usuário fica localizada na unidade C: logo arrastar um arquivo de uma unidade para outra, realiza a ação de copiar, mas como a ação foi realizada teclando-se a tecla SHIFT, a ação desempenhada foi a de recortar o arquivo da unidade C: para a unidade D:.

GABARITO: ERRADO.

829. **(CESPE)** No Windows 8, o modo de suspensão, por meio do qual é possível manter o computador em estado de baixo consumo de energia, possibilita o retorno rápido ao ponto do trabalho, sem apresentar risco de perda de dados.

Certo ( ) Errado ( )

Nesse modo, o conteúdo da memória é copiado para o HD. Se o fornecimento de energia do computador for interrompido, ainda será possível ligá-lo posteriormente sem perder os seus dados, tal como no modo de hibernação.

GABARITO: CERTO.

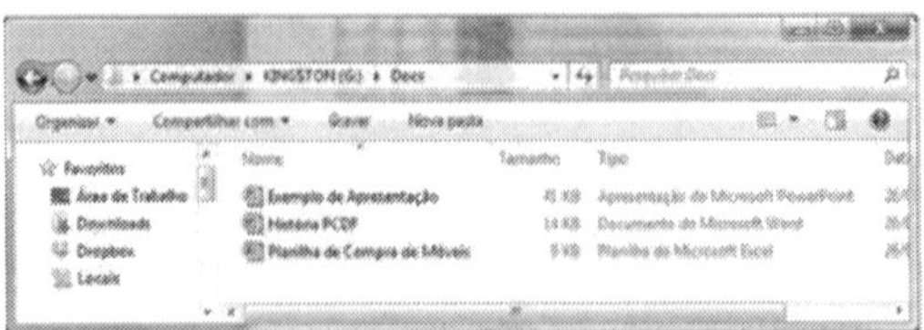

830. **(CESPE – 2013 – PC/DF – AGENTE DE POLÍCIA)** A figura acima, que ilustra uma janela do Windows 7, mostra o conteúdo da pasta denominada Docs. Com referência à situação mostrada nessa figura, ao Windows 7 e a conceitos de informática, julgue o item abaixo.

Para se verificar, por meio de um programa antivírus instalado no computador, se os três arquivos da pasta Docs contêm algum tipo de vírus ou ameaça digital, é suficiente clicar o botão , localizado próximo ao canto superior direito da janela.

Certo ( ) Errado ( )

O botão apresentado indica o campo de pesquisa por arquivos presentes na pasta atual que possuam em seu nome ou conteúdo o termo usado na busca.

GABARITO: ERRADO.

831. **(CESPE)** Por meio do botão Iniciar do Windows 7 tem-se acesso a opção inicializar, presente na lista de todos programas. Esta opção lista itens imprescindíveis para o pleno funcionamento do sistema, logo os programas listados são inicializados antes do carregamento do sistema operacional Windows.

Certo ( ) Errado ( )

Os programas listados na pasta Inicializar são iniciados após o carregamento do sistema operacional, por vezes pode ser também entendido como correto se dito que iniciam junto ao sistema.

GABARITO: ERRADO.

832. **(CESPE)** No ambiente Windows, a ferramenta Windows Explorer é utilizada para navegação no sistema de arquivos. Além disso, o Windows Explorer possui recurso que permite alternar para o modo navegador.

Certo ( ) Errado ( )

O Windows Explorer permite acessar páginas da Internet a partir dele, no entanto, não possui modo navegador.

GABARITO: ERRADO.

833. **(CESPE)** No Windows 7, o Windows Explorer possui recurso disponível na barra de opções que permite enviar o arquivo selecionado como anexo de e-mail via webmail.

Certo ( ) Errado ( )

Sim, existe a opção E-mail dentre as opções do Windows Explorer, porém ao ser acionada é aberto o cliente de e-mail padrão. Os arquivos selecionados já são listados como anexos.

GABARITO: ERRADO.

834. **(CESPE)** Por meio da opção Programas Padrão do Windows 7 é possível definir qual o programa padrão, como qual será o player padrão, mas também é possível definir de modo isolado aos formatos de arquivos e protocolos suportados pelo programa.

Certo ( ) Errado ( )

A ferramenta Programas Padrão pode ser encontrada no Painel de Controle do Windows 7 e pode ser aplicada de duas formas, ou define-se o programa como padrão para todos os protocolos e arquivos que ele suporta, ou escolhe-se quais os formatos e protocolos é que serão abertos pelos programas, assim podemos abrir um arquivo .png no photoshop e um arquivo .bmp no Paint e ainda um arquivo .tiff no Gimp, caso opte-se em definir um programa como padrão, todos os formatos citados seriam abertos diretamente no mesmo programa.

GABARITO: CERTO.

835. **(CESPE)** No Windows o usuário pode utilizar o efeito shake do Aero para minimizar todas as janelas abertas exceto a que estiver ativa, o mesmo efeito pode ser obtido por meio da combinação de teclas Windows + Home.

Certo ( ) Errado ( )

O efeito shake consiste em clicar com o mouse na barra de títulos do programa e mantendo pressionado sacudir a tela.

GABARITO: CERTO.

836. **(CESPE)** Ao abrir o Menu Iniciar, do Windows 7, e digitar "Exibir histórico de confiabilidade", é possível conferir uma lista completa de todos os erros encontrados pelo Windows. A partir dela, o usuário pode tentar encontrar um padrão para os erros que estão incomodando e, possivelmente, buscar uma solução.

Certo ( ) Errado ( )

O recurso citado faz parte da central de ações presente no Painel de controle, pela qual também podemos ter acesso a uma lista de erros.

GABARITO: CERTO.

837. **(CESPE)** No Windows 7 ao digitar "uac" no menu iniciar e teclar enter, será aberta a janela de contas de usuário para configurar as contas dos usuários, ou mesmo criar novas contas.

Certo ( ) Errado ( )

O comando "uac" abre a janela "user account controler" (controle de conta do Ususário) que ajuda a impedir que programas potencialmente perigosos façam alterações no computador, por meio dela o usuário define o nível que deseja utilizar de notificações para a execução de programas.

GABARITO: ERRADO.

838. **(CESPE)** No Windows 7 para conectar-se a um computador remoto, esse computador deverá estar ligado, deverá ter uma conexão de rede, a Área de Trabalho Remota deverá estar habilitada, você deverá ter acesso de rede ao computador remoto (isso não pode ocorrer por meio da Internet) e deverá ter permissão para se conectar. Para ter permissão para conectar-se, você deverá estar na lista de usuários.

Certo ( ) Errado ( )

O único erro da questão é dizer que não pode ser feito pela Internet, quando na verdade pode.

GABARITO: ERRADO.

839. **(CESPE)** A área de transferência do MS-Windows 7, na sua configuração padrão, trabalha com um bloco de informações por vez, ou seja, o conteúdo anterior será sempre substituído pelo novo conteúdo.

Certo ( ) Errado ( )

A Área de Transferência do Windows é um espaço temporário para armazenamento de dados (arquivos, pastas, subpastas e textos) que são copiados ou recortados pelo usuário.

GABARITO: CERTO.

840. **(CESPE)** O sistema de arquivos FAT possui suporte para discos rígidos de maior capacidade do que o sistema de arquivos NTFS, no entanto não oferece mais segurança, pois não permite usar permissões e criptografia para restringir o acesso a determinados arquivos a usuários aprovados.

Certo ( ) Errado ( )

O sistema de arquivos FAT não suporta arquivos únicos maiores do que 4GB, já o NTFS suporta arquivos maiores, bem como possui recursos para recuperar alguns erros de disco automaticamente, além de oferecer suporte ao uso de permissões e criptografia não ofertados pelo sistema FAT.

GABARITO: ERRADO.

841. **(AUTOR – 2020)** No Windows o procedimento de selecionar um determinado conjunto de pastas e compactar estes arquivos no formato .rar, e posteriormente copiar este arquivo para um pen drive pode ser considerado como um becape.

Certo ( ) Errado ( )

O princípio de um becape é uma cópia de segurança, ou seja, criar uma cópia dos dados para que seja possível recuperá-la em decorrência de eventual perda dos dados.

GABARITO: CERTO.

842. **(CESPE)** No Windows 7 ao clicar com o botão direito do mouse sobre a Barra de trabalho do sistema, tem-se acesso à opção Iniciar o Gerenciador de Tarefas. Na janela do Gerenciador de Tarefas temos acesso a algumas estatísticas de uso dos recursos computacionais, caso se deseje acessar a mais informações pode-se acionar o monitor de recursos por meio desta mesma janela.

Certo ( ) Errado ( )

O erro está em citar barra de trabalho, pois o nome correto da barra, para executar o que foi citado pela questão, é Barra de Tarefas.

GABARITO: ERRADO.

843. **(CESPE)** No Windows 7, dentre as opções da janela de propriedades da pasta existe recurso para otimizar a pasta para alguns conteúdos presentes em seu interior, como também pode-se alterar o ícone da pasta.

Certo ( ) Errado ( )

A janela propriedades da pasta pode realizar estas personalizações bem como configurar os níveis de segurança. A janela a seguir ilustra as informações da questão.

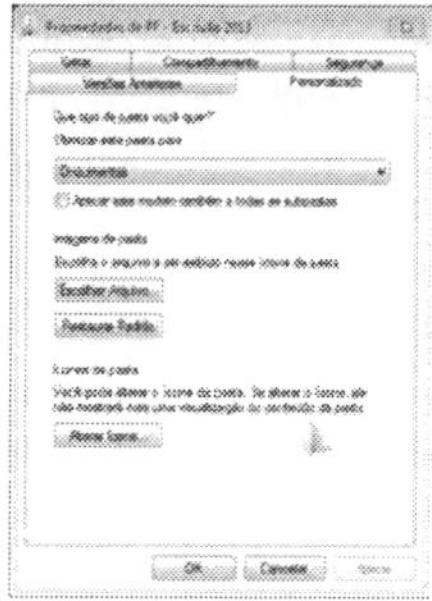

GABARITO: CERTO.

844. **(CESPE)** No Windows 7 ao teclar a combinação de teclas de atalho ALT + Enter, após ter selecionado um arquivo, é possível, pela janela que se abre em decorrência dessa ação, restaurar uma versão anterior a partir de um ponto de restauração ou a partir de um becape. Quando o arquivo restaurado é baseado em um ponto de restauração o arquivo já está salvo no computador, portanto, você não precisa fazer mais nada. Já no caso da restauração ser a partir de um backup, após selecionar a versão anterior e clicar em Restaurar, o Windows abre o Assistente de Restauração de Arquivos e você segue as etapas do assistente. A unidade ou mídia em que o backup está armazenado precisa estar disponível para que você armazene itens de um backup.

Certo ( ) Errado ( )

A combinação citada abre a janela de propriedades do documento, ilustrada a seguir, por meio da qual, caso configurado o backup do Windows, pode-se restaurar versões anteriores do documento em questão, por meio desta janela também é possível alterar os níveis de permissão para execução, leitura e gravação.

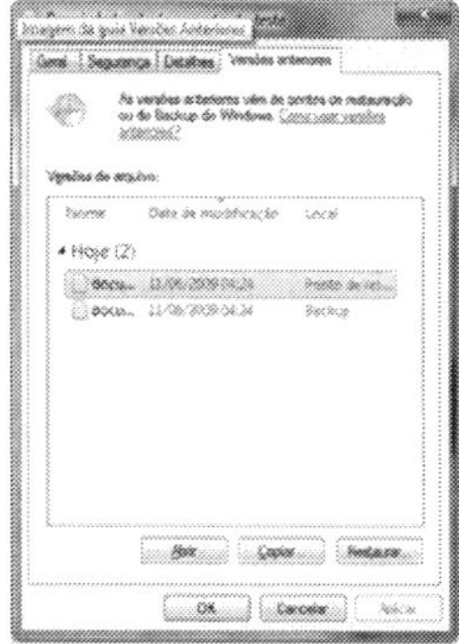

GABARITO: CERTO.

845. **(CESPE)** Dentre os aplicativos presentes na lista de acessórios do Windows 7 Professional encontram-se: Bloco de Notas, Calculadora, Paint, Ferramenta de Captura, WordPad, Conexão de área de trabalho remota, Windows Explorer e Prompt de Comando.

Certo ( ) Errado ( )

O Paint é o editor de desenho do Windows, a Ferramenta de Captura é um assistente para captura de fotos da tela do computador, WordPad assim como o Bloco de Notas é um editor de textos, a Conexão de área de trabalho remota é a aplicação que permite acessar, desde que configurado, um computador remotamente, Windows Explorer é o gerenciado de arquivos do Windows e o Prompt de Comando é o DOS emulado no Windows para iteração com o sistema por meio de comandos de texto.

GABARITO: CERTO.

846. **(CESPE)** No Windows 7 o recurso AERO Peek pode ser desabilitado através das propriedades da barra de tarefas.

Certo ( ) Errado ( )

O AERO PEEK é o efeito de transparência exibido ao posicionar o mouse sobre o botão mostrar área de trabalho.

GABARITO: CERTO.

847. **(CESPE)** A tecnologia Turbo Boost utilizada pela Intel na sua linha de processadores tem por objetivo regular a frequência do processador a fim de aumentar ou diminuir a "velocidade" do mesmo. Enquanto que a tecnologia Hyper-Threading é responsável por simular núcleos, de forma que o sistema operacional reconheça o dobro de núcleos do que um processador realmente possui.

Certo ( ) Errado ( )

Um I3 de 2 núcleos simula mais dois núcleos, um I7 de 6 núcleos simula 12, com isso a um ganho na quantidade de tarefas em execução "simultânea".

GABARITO: CERTO.

Com base nos conceitos e características de sistemas operacionais julgue os itens abaixo.

848. **(CESPE)** Um disco de reparação do sistema operacional Windows 7, utilizado pra restaurar falhas do sistema que venham a ocorrer pode ser criado apenas em mídias do tipo ópticas.

Certo ( ) Errado ( )

A ideia é criar um DISCO, ou seja, um CD/DVD que possua os dados necessários para recuperar o sistema caso ocorra uma possível falha.

GABARITO: CERTO.

849. Por meio da Opção Gerenciador de dispositivos presente no Painel de Controle do Windows 7 é possível verificar-se quais drivers estão incorretos, não estão instalados ou que apresentem algum problema, permitindo ainda a sua desinstalação, Instalação e atualização.

Certo ( ) Errado ( )

Na janela aberta, os Drivers são listados por grupos de dispositivos, como mouses, monitores, modems, teclados, adaptadores, entre outros. Quando um Driver apresenta algum problema ele é indicado de um sinal de exclamação ao lado.

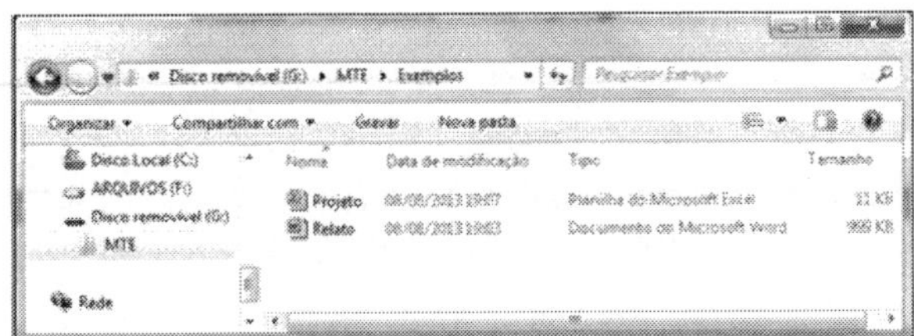

GABARITO: CERTO.

850. **(CESPE - 2013 - MTE - Auditor Fiscal do Trabalho - Prova 1)** Com relação à figura acima, que mostra uma janela do Windows 7, julgue os itens a seguir.

Ao se clicar sobre o ícone Relato, em seguida, clicar o botão, o arquivo Relato será removido da pasta Exemplos e inserido na pasta MTE.

Certo ( ) Errado ( )

Os botões Voltar e Avançar são lineares, ou seja, baseiam-se em uma sequência de ações, enquanto que o botão acima vai para a pasta que contém a pasta atual. Contudo nenhuma das opções citadas move o arquivo.

GABARITO: ERRADO.

851. CESPE - 2013 - MTE - Auditor Fiscal do Trabalho - Prova 1Ao se clicar com o botão esquerdo do mouse em um local vazio abaixo do ícone Relato, será apresentada uma lista de opções, entre elas uma que permite criar uma nova pasta dentro da pasta Exemplos.

Certo ( ) Errado ( )

Ao clicar com o botão esquerdo do mouse em uma área vazia não produz efeito. Para ter acesso as opções citadas deve-se clicar com o botão direito do mouse.

GABARITO: ERRADO.

852. **(CESPE – 2010 – ABIN – AGENTE TÉCNICO DE INTELIGÊNCIA)** A respeito dos ambientes Windows XP e Windows Vista, julgue o item a seguir.

853. As contas de usuário permitem o compartilhamento de um computador com várias pessoas e possibilitam, por meio do acesso protegido por nome de usuário e senha, que arquivos e configurações pessoais de cada usuário sejam protegidos.

Certo ( ) Errado ( )

O objetivo da existência das contas de usuário é viabilizar o uso de configurações específicas para cada usuário, como manter um espaço individual.

GABARITO: CERTO.

854. **(CESPE – 2010 – ABIN – Agente Técnico de Inteligência)** A respeito dos ambientes Windows XP e Windows Vista, julgue o item a seguir.

Denomina-se conta de usuário a coleção de dados que define um usuário para o Windows, informando os arquivos e pastas que ele pode acessar, as alterações que ele pode efetuar

no computador e as suas preferências pessoais, como cor de fundo da área de trabalho ou tema das cores.

Certo ( ) Errado ( )

Dentre os dados de cada usuário encontram-se os documentos, configurações e personalizações do sistema e opções, como também os favoritos salvos nos navegadores de Internet.

GABARITO: CERTO.

855. **(CESPE – 2010 – ABIN – AGENTE TÉCNICO DE INTELIGÊNCIA)** Com relação aos conceitos de organização e gerenciamento de arquivos e pastas, julgue os itens subsequentes.

Os nomes de caminhos relativos de uma pasta sempre começam com o diretório-raiz e cada nome é único.

Certo ( ) Errado ( )

Se o caminho é relativo significa que ele se baseia pela sua localização atual e não pela raiz. Os caminhos relativos são amplamente usados na criação de páginas para a Internet, em que normalmente não se sabe o local exato que elas serão postas no servidor.

GABARITO: ERRADO.

856. **(CESPE – 2010 – ABIN – AGENTE TÉCNICO DE INTELIGÊNCIA)** Julgue o item a seguir, referente à instalação de programas em computadores.

O instalador de um software, programa que possui um ou mais arquivos necessários para o seu correto funcionamento, contém informações acerca das pastas e(ou) subpastas que serão criadas, conforme as necessidades do programa, e do local onde os arquivos serão armazenados.

Certo ( ) Errado ( )

Esse é um dos motivos pelo qual o Windows ainda mantém o C: como diretório Raiz. Pois os programas ao serem instalados utilizam este parâmetro como base.

GABARITO: CERTO.

857. **(CESPE – 2010 – ABIN – AGENTE TÉCNICO DE INTELIGÊNCIA)** A respeito da instalação de programas e periféricos em computadores, julgue os itens a seguir.

O sistema operacional Windows, quando identifica a conexão, pela primeira vez, de um dispositivo a uma porta USB do computador, instala automaticamente o driver, caso disponível, para aquele tipo de dispositivo.

Certo ( ) Errado ( )

Um driver é a informação sobre como uma peça funciona, e como é o sistema operacional quem conversa diretamente com as peças é ele que precisa saber como elas funcionam.

GABARITO: CERTO.

858. **(CESPE – 2013 – POLÍCIA FEDERAL – ESCRIVÃO DA POLÍCIA FEDERAL)** Acerca de organização, processos e gerenciamento de informações, julgue os itens que se seguem.

Considere que um usuário de login joao_jose esteja usando o Windows Explorer para navegar no sistema de arquivos de um computador com ambiente Windows 7. Considere ainda que,

enquanto um conjunto de arquivos e pastas é apresentado, o usuário observe, na barra de ferramentas do Windows Explorer, as seguintes informações: Bibliotecas > Documentos > Projetos Nessa situação, é mais provável que tais arquivos e pastas estejam contidos no diretório C:\ Bibliotecas\Documentos\Projetos que no diretório C:\Users\joao_jose\Documents\Projetos.

Certo ( ) Errado ( )

As bibliotecas do Windows não existem fisicamente, pois elas são apenas links, os arquivos apontados por elas continuam no mesmo lugar que sempre estiveram, nas suas pastas de origem. O que uma biblioteca faz é apenas listar em uma única "pasta" arquivos que estão armazenados e várias pastas diferentes a fim de facilitar a busca por parte do usuário.

GABARITO: ERRADO.

859. **(CESPE – 2013 – IBAMA – ANALISTA ADMINISTRATIVO)** A respeito dos conceitos fundamentais de informática, julgue os itens a seguir.

O sistema operacional Linux pode ser utilizado, copiado, estudado, modificado e redistribuído sem restrição.

Certo ( ) Errado ( )

As normas que regem a licença de software livre são chamadas de Liberdades, pois não têm por característica restringir. Logo as características apontadas também são válidas para o BrOffice e LibreOffice.

GABARITO: CERTO.

860. **(CESPE – 2013 – PC/BA – INVESTIGADOR DE POLÍCIA)** Considerando conceitos básicos de informática e aspectos relacionados à segurança da informação, julgue os itens a seguir.

Nos computadores com sistemas operacionais Linux e Windows, o extravio do disco rígido não gera riscos de vazamento de informações, uma vez que, nesses sistemas, o armazenamento de dados é realizado, por parâmetro padrão, com emprego de criptografia simétrica dos dados.

Certo ( ) Errado ( )

O uso de criptografia nas mídias de armazenamento removíveis se torna interessante diante de tal situação, pois caso não estejam criptografados os dados quem encontrar o disco pode conectá-lo a um computador e abrir os dados.

GABARITO: ERRADO.

861. **(CESPE – 2013 – PC/BA – INVESTIGADOR DE POLÍCIA)** Considerando conceitos básicos de informática e aspectos relacionados à segurança da informação, julgue os itens a seguir.

Os comandos tar e gzip são utilizados para gerar pacotes de becape nas plataformas Windows e Linux.

Certo ( ) Errado ( )

Os comandos tar e gzip são comandos exclusivos do Linux, dos quais tar provém de empacotar, ou seja, criar um pacote, um arquivo único e somente. O comando tar não compacta os dados. Já o gzip além de empacotar também compacta os arquivos.

GABARITO: ERRADO.

862. **(CESPE – 2013 – PC/BA – DELEGADO DE POLÍCIA)** Considerando aspectos gerais de informática, julgue o item subsequente.

Os sistemas Windows e Linux se assemelham na possibilidade de uso de interface de linha de comandos: o comando dir, no Windows, pode produzir listagem de arquivos em pasta ou diretório, assim como o comando ls, no Linux.

Certo ( )   Errado ( )

A interface de comando do Linux é fortemente utilizada por seus usuários, por ser comum nas diversas distribuições, já o prompt de comando do Windows tem uma aderência menor de usuários. Os comandos ls e dir podem ser usados no Linux para listar os arquivos e pastas do diretório atual, enquanto que no Windows apenas o dir funciona.

GABARITO: CERTO.

863. **(CESPE – 2013 – IBAMA – ANALISTA AMBIENTAL)** Julgue os itens a seguir, acerca de sistemas operacionais e conceitos fundamentais de informática.

Um arquivo oculto no sistema operacional GNU/Linux é identificado por um ponto no início do seu nome, como, por exemplo, no código .bashrc.

Certo ( )   Errado ( )

A estrutura de diretórios do Linux é diferente da do Windows tanto na organização e hierarquia de pastas como em algumas regras. Dentre as quais também podemos destacar que o Linux é Case Sensitive, ou seja, sensível ao caso, em outros termos o Linux diferencia letas maiúsculas de minúsculas ao contrário do Windows.

GABARITO: CERTO.

864. **(CESPE – 2013 – IBAMA – ANALISTA AMBIENTAL)** Julgue os itens a seguir, acerca de sistemas operacionais e conceitos fundamentais de informática.

Na versão de instalação padrão do aplicativo Calculadora, que é disponibilizado quando se instala o Windows 7, há opção que permite o acesso a campos específicos nos quais o usuário poderá inserir datas do ano e calcular a diferença em dias entre duas datas.

Certo ( )   Errado ( )

Por meio do menu exibir é possível abrir tal opção.

GABARITO: CERTO.

865. **(CESPE – 2013 – CNJ – ANALISTA JUDICIÁRIO)** A respeito da organização de arquivos e pastas, julgue o item subsequente.

A compactação de arquivos nem sempre apresenta resultados expressivos, embora normalmente resulte em otimização do espaço de armazenamento de arquivos.

Certo ( )   Errado ( )

Alguns arquivos necessitam de compactações específicas como músicas, imagens e vídeos, apenas compactar com os compactadores convencionais Winzip ou Winrar não há resultados significativos.

GABARITO: CERTO.

866. (CESPE – 2016 – PC/PE – CONHECIMENTOS GERAIS) Para aferir o uso da CPU e da memória de uma estação de trabalho instalada com Linux, deve(m) ser utilizado(s) o(s) comando(s):

a) cpu e memory.

b) fs e du.

c) top.

d) system.

e) proc e mem.

A única alternativa que corresponde a um comando já disponível no Linux é o comando TOP.

GABARITO: C.

867. (CESPE – 2016 – PC/PE – CONHECIMENTOS GERAIS) Um usuário deseja criar no Windows 10 as cinco pastas e subpastas, conforme apresentado a seguir.

- C:\MeusDocumentos\Furto.
- C:\MeusDocumentos\BOs.
- C:\MeusDocumentos\BOs\Homicídios.
- C:\MeusDocumentos\BOs\Roubo.
- C:\MeusDocumentos\BOs\Furto.

Considerando que todas as pastas sejam configuradas para guardar documentos e possuam permissão de escrita e leitura para todos os usuários da estação de trabalho, assinale a opção correta:

a) A quinta estrutura apresentada não poderá ser criada, se as pastas forem criadas na ordem apresentada.

b) A primeira estrutura apresentada será imune e pragas virtuais, devido ao fato de ser uma pasta-raiz.

c) É possível criar todas as pastas e subpastas apresentadas, mas não será possível inserir nas pastas e nas subpastas arquivos do tipo imagem.

d) É possível criar a estrutura apresentada, mas, caso não haja proteção adequada, os arquivos inseridos em todas pastas e subpastas estarão suscetíveis a infecção por pragas virtuais.

e) Não é possível sincronizar essas pastas por meio de cloud storage, visto que armazenamentos na nuvem não suportam estrutura com subpastas.

Não há erros ou restrições na criação das pastas apresentadas. E, se o usuário desejar, pode salvá-las e compartilhá-las na nuvem.

GABARITO: D.

868. (AUTOR – 2020) Ao compactar arquivos no Windows 8 a proporção entre os tamanhos do arquivo compactado e do original é sempre a mesma para qualquer tipo de arquivo.

Certo ( ) Errado ( )

O resultado da compactação depende do método de compressão e do arquivo original, pois arquivos como imagens, vídeos e áudio, ao serem compactados pelos compactadores tradicionais (ZIP), não apresentam grande compactação. Na verdade, o próprio formato do arquivo de mídia já é a sua forma compactada.

GABARITO: ERRADO.

869. **(AUTOR – 2020)** Ricardo estava fazendo uma arrumação nas suas pastas e arquivos do Windows 8 quando decidiu arrastar o arquivo A para uma pasta XXX (drag & drop). Meio distraído, Ricardo efetuou a operação, mas, assim que "soltou" o arquivo, percebeu que havia soltado na pasta errada, e Ricardo não lembrava qual. Ricardo tem muitas pastas em seu computador, todas com muitos arquivos. Uma forma prática para ele trazer o arquivo de volta para sua pasta original é usar o atalho CTRL+Z.

Certo ( )   Errado ( )

O atalho CTRL + Z também funciona nas operações com arquivos e pastas, como copiar, colar e renomear, inclusive deletados, isto é, movidos para a lixeira.

GABARITO: CERTO.

870. **(AUTOR – 2020)** No Windows o usuário pode utilizar o efeito shake do Aero para minimizar todas as janelas abertas exceto a que estiver ativa, o mesmo efeito pode ser obtido por meio da combinação de teclas Windows + Home.

Certo ( )   Errado ( )

O efeito shake consiste em clicar com o mouse na barra de títulos do programa e, mantendo pressionado, sacudir a tela.

GABARITO: CERTO.

871. **(AUTOR – 2020)** Ao abrir o Menu Iniciar, do Windows 7, e digitar "Exibir histórico de confiabilidade", é possível conferir uma lista completa de todos os erros encontrados pelo Windows. A partir dela, o usuário pode tentar encontrar um padrão para os erros que estão incomodando e, possivelmente, buscar uma solução.

Certo ( )   Errado ( )o

O recurso faz parte da central de ações presente no Painel de Controle, pela qual também podemos ter acesso a uma lista de erros.

GABARITO: CERTO.

872. **(AUTOR – 2020)** No Windows 7 ao digitar "uac" no menu iniciar e teclar enter, será aberta a janela de contas de usuário para configurar as contas dos usuários, ou mesmo criar novas contas.

Certo ( )   Errado ( )

O comando "uac" abre a janela user account controler (controle de conta do usuário), que ajuda a impedir que programas potencialmente perigosos façam alterações no computador. Por meio dela, o usuário define quais notificações deseja receber para a execução de programas.

GABARITO: ERRADO.

873. **(AUTOR – 2020)** No Windows 7 para conectar-se a um computador remoto, esse computador deverá estar ligado, deverá ter uma conexão de rede, a Área de Trabalho Remota deverá estar habilitada, você deverá ter acesso de rede ao computador remoto (isso não pode ocorrer por meio da Internet) e deverá ter permissão para se conectar. Para ter permissão para conectar-se, você deverá estar na lista de usuários.

Certo ( ) Errado ( )

Na verdade, o único erro da questão é dizer que não pode ser feito pela Internet, quando, na verdade, pode.

GABARITO: ERRADO.

874. **(AUTOR – 2020)** No Windows 7, a ferramenta Internet Explorer (Sem Complementos) faz parte do conjunto de ferramentas de sistema. Ela abre o Internet Explorer, porém com todos os complementos desabilitados. No entanto o uso desta ferramenta faz com que algumas páginas da Web talvez não sejam exibidas corretamente.

Certo ( ) Errado ( )

Dentre os complementos desabilitados, estão as barras de ferramenta e controles do ActiveX.

GABARITO: CERTO.

Observe a figura a seguir, que apresenta parte da área de trabalho do Windows 7, em sua configuração padrão.

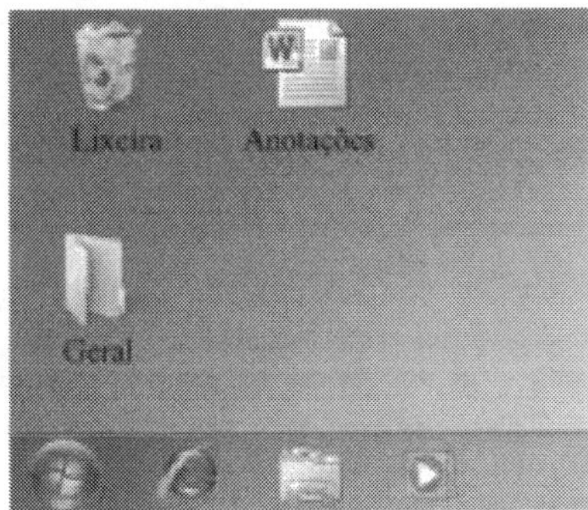

Considere que a pasta Geral está vazia.

875. **(VUNESP – 2014 – FUNDUNESP – TÉCNICO EM QUÍMICA)** Assinale a alternativa que descreve o que acontece quando o usuário seleciona o documento Anotações, pressiona o atalho de teclado Ctrl+X, abre a pasta Geral no Windows Explorer e então, pressiona o atalho de teclado Ctrl+V:

a) Uma cópia de Anotações é enviada para pasta Geral.

b) Um atalho para Anotações é criado na área de trabalho.

c) Anotações é movido para a pasta Geral.

d) Um atalho para Anotações é criado na pasta Geral.

e) Uma cópia de Anotações é criada na área de trabalho.

Tal operação também poderia ter sido realizada clicando com o botão esquerdo do mouse sobre Anotações e mantendo pressionado. Em seguida, o usuário deveria arrastar sobre a pasta Geral e soltar o botão do mouse, pois o arquivo e a pasta estão na mesma unidade de armazenamento C:\.

GABARITO: C.

876. **(NUCEPE – 2014 – PC/PI – DELEGADO DE POLÍCIA)** Quanto ao sistema operacional Microsoft Windows 7, aponte a alternativa CORRETA de acordo com as afirmativas a seguir:

I. O conteúdo armazenado na área de transferência fica disponível mesmo quando o computador é reiniciado.

II. O Painel de Controle permite o usuário utilizar funcionalidades básicas como enviar e receber e-mails.

III. No menu Propriedades do Disco Local C:\, é possível ter acesso às informações de espaço usado e disponível no Disco Rígido.

a) Somente afirmativa I.

b) Afirmativas I e III.

c) Somente afirmativa III.

d) Afirmativas II e III

e) Nenhuma das alternativas acima.

A Área de Transferência é um espaço temporário na memória RAM, que, por sua vez, é volátil. Logo ao ser desligada, perde todas suas informações. As funções básicas para enviar e receber e-mails são providas pelos clientes de e-mail. O Menu Propriedades é acessível clicando com o botão direito do mouse sobre o ícone da unidade.

GABARITO: C.

Observe a imagem a seguir, retirada do Windows 7, em sua configuração padrão.

877. **(VUNESP – 2014 – SAAE/SP – AUXILIAR ADMINISTRATIVO)** Assinale a alternativa que contém apenas aplicativos que, de acordo com a imagem, encontram-se abertos.

a) Internet Explorer e MS-Excel.

b) Google Chrome e MS-PowerPoint.

c) Windows Explorer e MS-Word.

d) MS-Excel e Paint.

e) Windows Explorer e MS-Word Pad.

No Windows 7, o Aero é o gerenciador da Interface Gráfica do usuário. Ele destaca os programas abertos com um quadro mais claro ao redor do referido ícone do programa. Quando há mais de uma janela aberta do mesmo programa, serão exibidos mais quadros, como ilustra a figura a seguir.

O ícone das pastas identifica o Windows Explorer. O ícone com X refere-se ao MS-Excel, o W ao MS-Word e o P ao MS-PowerPoint.

GABARITO: CERTO.

878. **(VUNESP – 2014 – SAAE/SP – AUXILIAR ADMINISTRATIVO)** Assinale a alternativa que contém o atalho de teclado que permite, no MS-Windows 7, em sua configuração padrão, alternar entre janelas ou programas abertos:

a) Alt + Tab.

b) Alt + F1.

c) F4.

d) Ctrl + Tab.

e) Ctrl + A.

Também é possível utilizar a combinação Windows + Tab e, caso os recursos do Aero estejam ativos, será exibido o efeito Shuffle, ilustrado a seguir. A combinação CTRL + A serve para selecionar tudo, enquanto CTRL + Tab é usado para alternar entre abas de janelas ou navegadores.

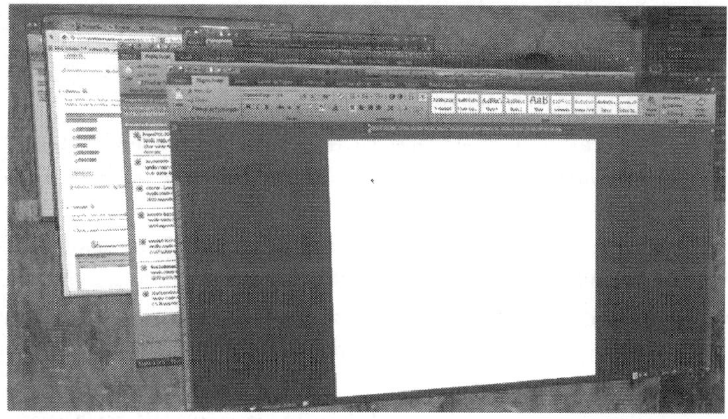

GABARITO: A.

Considere a barra de tarefas do MS-Windows 7, em sua configuração original, apresentada parcialmente na figura.

879. **(VUNESP – 2014 – PRODEST/ES – TÉCNICO ORGANIZACIONAL – ÁREA ADMINISTRATIVA)** Assinale a alternativa que contém um dos programas que está fixado na barra de tarefas e não está em execução pelo usuário:

a) Paint.

b) MS-Word 2010.

c) MS-PowerPoint 2010.

d) Internet Explorer.

e) Windows Explorer.

A figura ilustra na sequência: Botão Iniciar, Internet Explorer, Windows Explorer, MS-Outlook, Notas Autoadesivas, MS-PowerPoint , MS-Word e Paint. Entre os que não estão em execução, estão o Internet Explorer e o MS-Outlook.

GABARITO: D.

880. **(IADES – 2014 – SEAP/DF – TÉCNICO EM CONTABILIDADE)** Quanto ao sistema operacional Windows 7, assinale a alternativa correta:

a) Com o Windows 7, é possível bloquear o uso da impressora para impedir impressões desnecessárias, em especial quando o uso é compartilhado por vários usuários.

b) Windows 7 permite que o usuário acesse os arquivos de dados ocultos a partir do comando <search hidden>, localizado no menu Painel de Controle.

c) Uma das limitações do Windows 7 é a impossibilidade de uso do iCloud, o serviço de nuvem da empresa Apple.

d) A ferramenta de backup padrão do Windows 7 exige que o usuário faça o seu primeiro backup em dispositivo de armazenamento externo (HD, pen drive e DVD, por exemplo).

e) Para aumentar a memória virtual no Windows 7, é necessária a instalação de pente de memória adicional no computador.

Em ambientes de rede é comum o uso de políticas de usuários com acesso às impressoras. Para exibir os arquivos ocultos, deve-se desabilitar a referida opção na janela de propriedades de pasta.

Quanto aos serviços em nuvem, eles independem do sistema operacional, logo é plenamente possível acessar ao iCloud usando um computador com Windows.

O usuário tem liberdade quanto ao local de seu backup, lembrando que é recomendável que o backup seja realizado em um dispositivo de armazenamento diferente daquele em que os dados estão.

A memória virtual do Windows é usada quando há pouca memória RAM, como uma forma de liberar espaço dela para que outros programas possam usá-la.

GABARITO: A.

881. **(VUNESP – 2014 – PRODEST/ES – ANALISTA ORGANIZACIONAL – ÁREA ADMINISTRATIVA)** Os parâmetros a seguir são encontrados em qual item do Painel de Controle do MS-Windows 7, na sua configuração padrão?

☐ Ocultar as extensões dos tipos de arquivo conhecidos

☑ Ocultar unidades vazias na pasta Computador

a) Programas Padrão.

b) Programas e Recursos.

c) Sistema.

d) Ferramentas Administrativas.

e) Opções de Pasta.

As opções listadas estão presentes nas propriedades da janela Opções de Pasta no Windows 7, já no Windows 8 tais opções ficam mais evidentes na Interface Ribbon do Windows Explorer na Aba Exibição.

GABARITO: E.

882. (IADES – 2014 – SEAP/DF – ANALISTA – DIREITO) Um usuário do Windows 7 realizou a seguinte sequência de ações: clicou sobre o botão Iniciar, depois em Dispositivos e Impressoras e, por fim, pressionou o botão direito do mouse na imagem de uma impressora com o nome cultura e escolheu a opção Definir como impressora padrão. Em relação a essa situação hipotética, e considerando que há outras impressoras disponíveis, assinale a alternativa correta:

a) A partir desse momento, somente será possível imprimir na impressora cultura.

b) A partir desse momento, ao enviar um documento para impressão, a impressora cultura será selecionada automaticamente.

c) Caso a impressora cultura seja removida, o usuário não conseguirá imprimir em outra impressora.

d) Para utilizar outra impressora, o usuário deverá realizar a mesma sequência e alterar a impressora padrão.

e) Caso seja necessário remover a impressora cultura, o usuário deve, anteriormente, alterar a impressora padrão.

Ao usar o comando de impressão na janela de impressão, irá aparecer primeiramente a impressora definida como padrão. Contudo, as demais impressoras também são listadas e, para poder usá-las, desde que disponíveis, basta selecioná-las.

GABARITO: B.

883. (CS-UFG – 2014 – UEAP – TÉCNICO EM INFRAESTRUTURA – ENGENHARIA CIVIL) Tomando como referência o Windows 7, os "Porta-arquivos" servem para:

a) guardar arquivos e pastas para uso futuro.

b) manter arquivos sincronizados entre dois computadores diferentes.

c) armazenar arquivos de forma segura ao se conectar a redes desconhecidas.

d) criar pastas com propriedades especiais de controle de acesso.

Apesar de antiga, a opção porta-arquivos é pouco conhecida pelos usuários, sendo mais utilizada em ambientes corporativos. Indicada para quando mais de um usuário precisa acessar aos mesmos arquivos. Hoje, com a Computação em Nuvem e servidores de arquivo, não é necessário recorrer a esse recurso.

GABARITO: B.

884. **(IADES – 2014 – METRÔ/DF – ADMINISTRADOR)** O recurso de segurança utilizado no Windows 7, que possibilita a criptografia de dados de um disco, protegendo-o contra perda, roubo ou hackers, é denominado:

a) BitDefender.

b) ScanDisk.

c) DiskLocker.

d) DiskDefender.

e) BitLocker.

O ScanDisk procura por falhas de disco e as tenta corrigir. O BitDefender é o um Antivírus.

GABARITO: E.

885. **(IADES – 2014 – METRÔ/DF – ASSISTENTE ADMINISTRATIVO)** Caso o usuário deseje que o Windows 7 (versão inglês) faça atualizações importantes à medida que são disponibilizadas, é necessário ativar o:

a) Windows Live.

b) Windows Update.

c) Control Panel.

d) Security Manager.

e) Default Program.

O Windows Update verifica as atualizações do Sistema Operacional Windows e do Microsoft Office. É importante destacar que manter o sistema atualizado faz parte das prerrogativas básicas de segurança.

GABARITO: B.

886. **(IADES – 2014 – METRÔ/DF – ASSISTENTE ADMINISTRATIVO)** Parte superior do formulário

Assinale a alternativa que indica a ferramenta que acompanha o Windows 7 e é responsável por executar arquivos de áudio ou vídeo:

a) Juke Box.

b) Winamp.

c) Video Lan.

d) iTunes.

e) Media Player.

Apesar de todas alternativas referenciar estruturas de áudio e vídeo, o único que faz parte do Windows é o Windows Media Player.

GABARITO: E.

887. **(VUNESP – 2014 – PC/SP – ESCRIVÃO DE POLÍCIA CIVIL)** No sistema operacional Windows 7, em sua configuração padrão, existe um recurso para ajudar a assegurar a preservação dos arquivos, por meio da realização de cópias de backup. Sobre esse recurso, é correto afirmar que:

a) arquivos de tamanho superior a 1 GBytes não podem ser salvos no backup.
b) por questões de segurança, os backups deverão ser sempre realizados de forma manual.
c) os backups são armazenados sempre na nuvem, por segurança.
d) ele pode ser acessado selecionando-se, na sequência, o botão Iniciar, o Painel de Controle, o Sistema e Segurança e o Backup e a Restauração.
e) a restauração de backups é realizada sempre no Modo de Segurança do Windows 7.

O tamanho do backup depende do dispositivo no qual ele será armazenado. A nuvem permite a realização de backups de forma mais intuitiva. Outro ponto é que o simples fato de copiar arquivos para outra unidade de armazenamento já caracteriza um backup, logo, não há necessidade em usar o modo de Segurança do Sistema.

GABARITO: D.

O Windows Explorer do sistema operacional Windows 7, em sua configuração padrão, possui o recurso Pesquisar Documentos, representado a seguir.

888. **(VUNESP – 2014 – PC/SP – ESCRIVÃO DE POLÍCIA CIVIL)** Caso o mouse seja colocado na caixa de pesquisa, e se dê um clique com o seu botão esquerdo, será:

a) aberta uma janela para programar o horário no qual se pretende realizar a pesquisa.
b) exibida na tela a relação dos arquivos encontrados na pesquisa até esse instante.
c) gerado um arquivo com o resultado da pesquisa.
d) iniciada a pesquisa por um documento especificado.
e) aberta uma janela que possibilita adicionar um filtro de pesquisa.

São apresentadas opções de filtros como Tamanho e Data de Modificação.

GABARITO: E.

889. **(CESGRANRIO – 2014 – BANCO DO BRASIL – ESCRITURÁRIO)** O sistema operacional Windows 7 utiliza e permite criar links para acessar, em dispositivos como o disco rígido (HD), arquivos, programas e pastas que são acessados com muita frequência.

Como se chamam esses links?

a) Áreas de transferência.
b) Endereços lógicos.
c) Pastas.
d) Atalhos.
e) Plug & Play.

Os atalhos também são chamados de links, caminhos para acessar arquivos ou pastas. Um atalho tem o tamanho padrão de 1 KB, mesmo quando o arquivo para o qual ele aponta é maior.

GABARITO: D.

890. **(FCC – 2014 – TRT – 16ª REGIÃO/MA – ANALISTA JUDICIÁRIO – CONTABILIDADE)** A seguinte figura apresenta um ícone presente na Área de trabalho do sistema operacional Windows em suas versões mais recentes.

Na figura, o ícone com a sobreposição do símbolo com a seta:

a) indica que o ícone foi criado a partir de um download de programa da Internet.

b) representa um arquivo criado no Bloco de Notas.

c) indica que o ícone é um Atalho para o programa Bloco de Notas.

d) representa uma cópia do programa Bloco de Notas.

e) indica que o ícone é um Atalho para um arquivo criado no Bloco de Notas.

O ícone que representa um arquivo criado no bloco de notas é o ícone de um arquivo de texto puro. Já o ícone ilustrado é do próprio programa, enquanto a seta indica ser um atalho.

GABARITO: C.

891. **(FCC – 2014 – SABESP – ADVOGADO)** No Windows 7 Professional, em português, Ana recebeu as seguintes tarefas:

I. Verificar se os componentes de hardware do computador estão funcionando corretamente.

II. Alterar as definições da configuração de hardware, caso necessário.

III. Identificar os drivers de dispositivos carregados para cada dispositivo e obter informações sobre cada driver.

IV. Habilitar, desabilitar e desinstalar dispositivos, caso necessário.

V. Exibir os dispositivos de acordo com o tipo, a conexão com o computador ou os recursos que utilizam.

Para executar estas tarefas Ana deve clicar no botão **Iniciar**, em **Painel de Controle**, na opção **Hardware** e **Sons** e na opção:

a) Gerenciador de Dispositivos.

b) Alterar as Configurações Padrão para os Dispositivos.

c) Gerenciar as Configurações do Sistema.

d) Configurar Hardware.

e) Configurar Hardware de Dispositivos.

O Gerenciador de Dispositivos também é acessível a partir da janela Sistema, aberta ao utilizar a combinação Windows + Pause.

GABARITO: A.

892. **(FCC – 2014 – SABESP – ADVOGADO)** São dispositivos que podem ser utilizados para realização de cópia de segurança do usuário:

a) pen drive, DVD, CD e disco rígido.

b) pen drive, RAM e CD-R.

c) disco rígido, DVD-RW, EPROM e RAM.

d) disc laser, CD-RW, modem e EPROM.

e) bluetooth, disco rígido, placa de som e pen drive.

EPROM e RAM são memórias, logo, não são indicadas para armazenamento. Além disso, a memória RAM é volátil, ou seja, ao se ser desligada, todos os seus dados são apagados.

Modem é um conversor de sinal elétrico.

Bluetooth é uma tecnologia de rede.

A placa de som serve para conectar as caixas de som e microfones ao computador.

GABARITO: A.

893. **(FCC – 2013 – PROCURADORIA GERAL DO ESTADO/BA – ASSISTENTE DE PROCURADORIA)** Em uma repartição pública os funcionários necessitam conhecer as ferramentas disponíveis para realizar tarefas e ajustes em seus computadores pessoais.

Dentre estes trabalhos, tarefas e ajustes estão:

I. Utilizar ferramentas de colaboração on-line para melhoria do clima interno da repartição e disseminação do conhecimento.

II. Aplicar os conceitos de organização e de gerenciamento de informações, arquivos, pastas e programas afim de possibilitar a rápida e precisa obtenção das informações, quando necessário.

III. Conhecer e realizar operações de inserção de elementos nos slides do MS-PowerPoint , dentre outras.

IV. Conhecer as formas utilizadas pelo MS-Excel para realizar cálculos e também operações de arrastar valores de uma célula para a outra.

V. Realizar pesquisas na Internet usando os sites de busca mais conhecidos.

Para atender ao item II, uma recomendação prática e geralmente aceita, é organizar as pastas de arquivos por tipo. Isso significa que os arquivos comuns dentro de uma mesma pasta possuirão:

a) a mesma extensão.

b) a mesma data.

c) o mesmo tamanho.

d) o mesmo título.

e) o mesmo autor.

O que determina o tipo de um arquivo é a sua extensão. Por exemplo, .doc e .docx são arquivos com extensões diferentes, apesar de ambos serem documentos de texto do MS-Word.

GABARITO: A.

894. **(FCC – 2013 – PROCURADORIA GERAL DO ESTADO/BA – ASSISTENTE DE PROCURADORIA)** Um dos meios de diminuir o tamanho dos arquivos presentes em um computador é compactá-los. São programas cuja finalidade principal é executar essa função:

a) Paint e Microsoft Explorer.

b) Microsoft Access e AVG

c) FoxPro e Dropbox.

d) Google Chrome e Safari.

e) Winzip e WinRAR.

Lembre-se de que no Windows 7 não é necessário instalar compactadores para compactar ou descompactar arquivos, uma vez que o próprio sistema consegue trabalhar com arquivos no formato ZIP.

O Paint é um editor de imagens em bitmap do Windows.

Microsoft Explorer é inconclusivo, pois pode estar se referindo ao IE ou ao Windows Explorer (mais provável).

Access é o gerenciador de banco de dados no Microsoft Office.

AVG é um Antivírus. Google Chrome e Safari são navegadores. Dropbox é referência nos termos de Cloud Storage.

GABARITO: E.

895. **(IADES – 2015 – ELETROBRAS – ARQUIVISTA)** Para a instalação do sistema operacional Windows em um computador que não possui nenhum sistema, é necessário, em primeiro lugar,

a) pen drive com os drivers apropriados para o funcionamento do computador.

b) senha de acesso à rede onde esse computador será instalado.

c) chave de ativação do sistema operacional Windows 2000.

d) atualização do sistema operacional e dos respectivos aplicativos pela internet.

e) CD ou outra mídia de inicialização (boot) e instalação do sistema.

Independentemente da versão do sistema operacional para instalá-lo é necessário possuir o instalador do sistema, seja em um CD, DVD, disquete ou pendrive.

GABARITO: E.

896. (COMVEST–UEPB – 2015 – PREFEITURA DE CATOLÉ DO ROCHA/PB – MONITOR DE CRECHE) O sistema operacional Windows traz, como padrão, um programa cujo objetivo é gerenciar arquivos, pastas e programas. Esse programa é denominado:

a) Painel de controle.

b) Controlador de arquivos.

c) Windows Explorer.

d) Internet Explorer.

e) Open Office.

O gerenciador de arquivos do Windows, até o Windows 7, é denominado de Windows Explorer. Já nas versões posteriores (Windows 8 e Windows 10), o nome utilizado é Explorador de Arquivos.

GABARITO: C.

897. (COMVEST–UEPB – 2015 – PREFEITURA DE CATOLÉ DO ROCHA/PB – MONITOR DE CRECHE) Compactadores de arquivos são ferramentas que possibilitam salvar espaço no computador. De acordo com isto julgue os itens a seguir:

I. Compactadores de arquivos trabalham apenas com um único formato de arquivo.

II. O WinRaR é um dos compactadores mais utilizados por usuários do Windows.

III. Compactadores de arquivos permitem agrupar vários arquivos e pastas em um único arquivo.

IV. Compactadores de arquivos sempre conseguem gerar um arquivo de tamanho menor do que o arquivo original sem perder informação.

Estão corretos apenas os itens:

a) II, III e IV.

b) I e III.

c) II e III.

d) I, II e IV.

e) I e IV.

Os programas de compactação podem ser classificados como utilitários, pois são essenciais para o dia a dia. Os principais programas de compactação são WinRAR, Winzip e Brazip. Ao usar o Linux, é possível utilizar o comando gzip no terminal. Outro fator importante é entender que os arquivos de áudio, vídeo e imagens são formas de compactação (como o MP3, que é uma compactação de áudio; JPG, uma compactação de imagem; e o MP4, uma compactação de vídeo). Com isso, pode-se perceber que nem sempre uma compactação reduz consideravelmente o tamanho de um arquivo. Pois, ao compactar um arquivo já compactado com o mesmo método, com Zip ou WinRAR, não há mudança no tamanho.

GABARITO: C.

898. (COMVEST–UEPB – 2015 – PREFEITURA DE CATOLÉ DO ROCHA/PB – MONITOR DE CRECHE) De acordo com a figura abaixo, assinale a alternativa que representa em ordem crescente os componentes de uma janela do Windows 7:

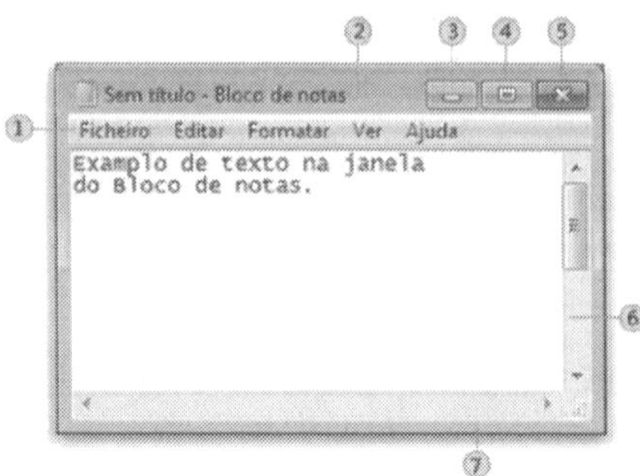

a) Barra de menus; barra de título; botão minimizar; botão maximizar; botão fechar, barra de deslocamento; limite.

b) Barra de título; botão minimizar; botão maximizar; barra de menus; botão fechar, barra de deslocamento; limite.

c) Barra de menus; barra de título; botão maximizar; botão minimizar; botão fechar, barra de deslocamento; limite.

d) Barra de título; botão maximizar; botão minimizar; barra de menus; botão fechar, barra de deslocamento; limite.

e) Barra de menus; barra de título; botão maximizar; botão fechar, botão minimizar; barra de deslocamento; limite.

O item 6 também pode ser chamado de barra de rolagem. Outro aspecto cobrado em provas é quando se tem o botão Maximizar e quando aparece o Restaurar. Uma vez que a janela do programa ocupe parcialmente tela do computador, é exibido o botão Maximizar, que ao ser acionado faz com que a janela ocupe toda a área útil da tela. Nesse momento, o botão se torna o Restaurar. Toda via, é necessário ter cuidado, pois nem todas as janelas podem ser maximizadas, a exemplo a calculadora do Windows.

GABARITO: A.

899. **(FGV – 2015 – TCE/SE – MÉDICO)** No MS Windows 7, o menu mostrado a seguir permite que uma impressora seja escolhida como a impressora padrão.

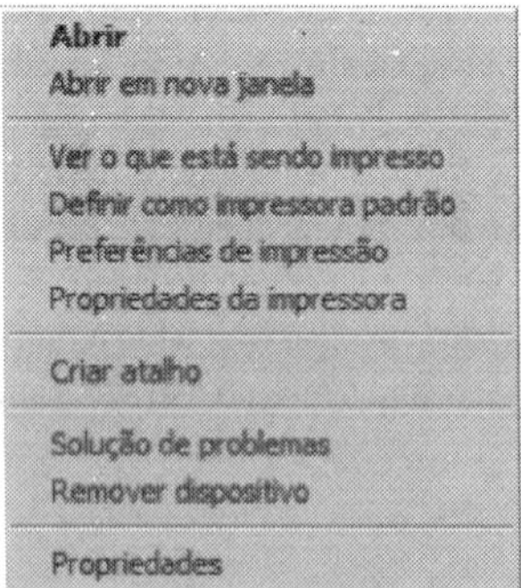

Esse menu é alcançado por meio do:

a) Browser;

b) Gerenciador de Tarefas;

c) Painel de Controle;

d) Windows Explorer;

e) Windows Media Center,

Dentre as opções do Painel de Controle do Windows, o usuário encontra a opção Dispositivos e Impressoras, que lista as impressoras e demais dispositivos (mouses, teclados, dispositivos emparelhados por bluetooth) instalados no computador. Essa opção também pode ser encontrada no Menu Iniciar do Windows 7.

GABARITO: C.

900. **(FGV – 2015 – DPE/RO – TÉCNICO DA DEFENSORIA PÚBLICA – TÉCNICO ADMINISTRATIVO)** Thiago precisa recuperar um arquivo, mas não lembra em que pasta ele se encontra. Para tentar localizar esse arquivo por meio do recurso de busca do Windows, o que NÃO ajuda é:

a) saber a data da última modificação sofrida pelo arquivo.

b) lembrar de parte do nome do arquivo.

c) saber se o arquivo é uma cópia de algum outro arquivo.

d) ter uma ideia do tamanho do arquivo.

e) lembrar termos e palavras contidos no arquivo.

Para encontrar um arquivo salvo recentemente, mas que o usuário não sabe a pasta de destino, recomenda-se abrir o editor usado para salvá-lo e verificar nos arquivos recentes. O próprio Windows favorece o uso desta lista: ao clicar com o botão direito do mouse sobre o ícone do programa na barra de tarefas, a lista será exibida. O mesmo vale para acessar sites recentes (desde que não tenham sido acessados em janelas anônimas). Os dados citados auxiliam a busca direta pelo Gerenciador de Arquivos.

GABARITO: C.

901. **(FGV – 2015 – DPE/RO – TÉCNICO DA DEFENSORIA PUBLICA – TÉCNICO ADMINISTRATIVO)** Na empresa de Bruna, há um computador com Windows 7 usado por diferentes pessoas, que, ao usá-lo, nele se logam com seus próprios logins. Num dia desses, enquanto Bernardo continuava logado nesse computador, Bruna, apressada para imprimir um arquivo, copiou-o para o desktop, fez a impressão e lá deixou o arquivo. No dia seguinte, enquanto Rita utilizava o referido computador, Bruna precisou novamente do arquivo e pediu licença a Rita, que continuou logada, para copiá-lo para um pen drive. Porém, quando assumiu o controle do mouse e abriu o desktop, Bruna não encontrou o tal arquivo. Ninguém havia apagado um arquivo assim. Bruna não encontrou o arquivo porque:

a) arquivos gravados no desktop são deletados automaticamente de um dia para outro.

b) arquivos gravados no desktop de um usuário são deletados automaticamente quando um novo usuário faz login no mesmo computador.

c) o arquivo foi gravado no desktop de Bernardo, que é diferente do desktop de Rita.

d) Bruna não tinha senha de supervisor.

e) Rita não tinha senha de supervisor.

no texto em momento algum é citado que Bruna realizou login com sua conta, apenas cita-se que com o usuário de Bernardo o arquivo foi salvo no Desktop e impresso, e em outro momento com usuário da Rita em uso buscou-se o mesmo arquivo que não foi encontrado.

GABARITO: C.

902. **(CS–UFG – 2017 – DEMAE/GO – TÉCNICO EM INFORMÁTICA)** No Sistema Operacional Windows, é possível adicionar ou remover programas usando o:

a) Painel de Controle.

b) Windows Update.

c) Central De Segurança.

d) Iniciar Novo Programa.

Atenção: o enunciado da questão apresenta uma informação que pode levar ao erro, quando menciona a ferramenta Programas e Recursos presente no Painel de Controle do Windows. A opção para adicionar um programa só existe nas versões Windows até o XP; nas versões posteriores, é possível apenas remover (desinstalar) programas e adicionar ou remover recursos do Windows.

GABARITO: A.

903. **(VUNESP – 2015 – PREFEITURA DE SÃO JOSÉ DOS CAMPOS /SP – ANALISTA EM GESTÃO MUNICIPAL – ADMINISTRAÇÃO DE EMPRESAS)** No Windows 7, a partir da sua configuração padrão, na sua instalação serão criados, por padrão, 4 Bibliotecas, que são:

a) Arquivos, Músicas, Fotos e Vídeos.

b) Arquivos, Download, Músicas e Vídeos.

c) Documentos, Download, Músicas e Vídeos.

d) Documentos, Músicas, Imagens e Vídeos.

e) Documentos, Músicas, Fotos e Vídeos.

No Windows 8, apesar de não estarem visíveis como no Windows 7, as bibliotecas ainda existem, porém, a Microsoft deu ênfase a opção favoritos junto ao Explorador de Arquivos. O usuário pode criar quantas e quais bibliotecas desejar.

GABARITO: D.

904. **(VUNESP – 2015 – PREFEITURA DE SÃO JOSÉ DOS CAMPOS/SP – ASSISTENTE TÉCNICO – TÉCNICO EM SEGURANÇA DO TRABALHO)** No MS-Windows 7, a partir da sua configuração padrão, a tecla que permite capturar uma tela inteira e copiá-la para a Área de Transferência é PrtScn (em alguns teclados, PrtScn pode aparecer como PRTSC, PRTSCN, Print Screen, ou uma abreviação similar). Em vez de capturar uma Tela inteira, é possível capturar apenas uma janela ativa.

Assinale a alternativa que contém o conjunto de teclas que efetua essa operação:

a) Alt + PrtScn.

b) Ctrl + PrtScn.

c) ESC + PrtScn.

d) F1 + PrtScn.

e) F2 + PrtScn.

Atualmente, essa tecla caiu em desuso porque o Windows 7 traz como acessório a Ferramenta de Captura, que permite capturar a parte desejada da tela e salvar como uma imagem ou ainda copiar para a área de transferência para usar em outros programas.

GABARITO: A.

905. (QUADRIX – 2015 – CONSELHO FEDERAL DE ADMINISTRAÇÃO – ANALISTA DE SISTEMAS) Em relação ao sistema operacional Windows XP Professional x64 Edition, é incorreto afirmar que:

a) provê suporte nativo para aplicações de 16 bits e aplicações legadas do MS-DOS.

b) pode endereçar até 128 GB de RAM.

c) oferece uma plataforma para integrar aplicativos de 64bits e 32 bits existentes usando o emulador Windows on Windows 64 (WOW64) x86.

d) foi projetado para suportar somente até dois processadores x64 single ou multicore.

e) os aplicativos 64 bits nativos podem liberar mais dados por ciclo de relógio, o que resulta em uma execução mais rápida e eficiente.

O Windows XP 64 bits foi desenvolvido após o Windows Vista, para oferecer mais de 3 GB de memória aos usuários que desejassem continuar com o antigo XP, pois esse é o limite de sistemas 32 bits. Para que programas 32 bits possam ser executados no Windows 64, é necessário ter o emulador encontrado nas versões Pro e superiores.

GABARITO: A.

906. (UFMT – 2015 – DETRAN/MT – AUXILIAR DE SERVIÇOS) A coluna da esquerda apresenta aplicativos (acessórios) do Windows 7, em sua configuração padrão de instalação, e a da direita, funções de cada um. Numere a coluna da direita de acordo com a da esquerda.

Windows Explorer	( ) Executa funções baseadas em texto (linha de comando).
Paint	( ) Cria e edita arquivos de texto usando formatação de texto básica.
Prompt de Comando	( ) Exibe os arquivos e pastas do computador.
MS-Word Pad	( ) Cria e edita desenhos.
Bloco de Notas	( ) Cria e edita documentos de texto com formatação completa.

Assinale a sequência correta.

a) 3, 5, 1, 2, 4.

b) 5, 4, 1, 2, 3.

c) 3, 4, 2, 1, 5.

d) 4, 5, 3, 1, 2.

O Windows Explorer (Explorador de Arquivos Windows 8 e 8.1) é um gerenciador de arquivos, ou seja, possibilita ao usuário navegar entre as pastas do computador e realizar operações com os arquivos e pastas.

O Paint é um editor de imagens simples, que podem ser salvas em vários formatos diferentes como BMP, PNG, GIF, JPG e JPEG.

Prompt de Comando é também conhecido como terminal de texto. Essa ferramenta permite o usuário manipular o sistema, gerenciar arquivos e pastas, executar ações tudo por meio de comandos de texto.

O MS-Word Pad é um editor de texto, assim como o bloco de notas, porém com mais recursos e ferramentas. Comparado ao Microsoft Word, é bem mais inferior.

GABARITO: A.

907. **(CEPERJ – 2015 – PREFEITURA DE SAQUAREMA/RJ – ASSISTENTE ADMINISTRATIVO)** No uso dos recursos do sistema operacional Windows 8.1, um atalho de teclado deve ser utilizado com a finalidade de abrir na tela do microcomputador a janela do ambiente gráfico conhecido como gerenciador de pastas e arquivos. Esse atalho de teclado corresponde a pressionar, em sequência, as teclas logotipo do Windows  e:

a) F7.

b) F8.

c) C.

d) E.

e) W.

A ferramenta citada na questão é o Explorador de Arquivos do Windows. É importante saber que a tecla Windows também pode ser chamada de tecla Super ou tecla Winkey. Algumas combinações importantes com a tecla Windows são: Windows + D, que exibe e oculta a área de trabalho; Windows + R, que abre o acessório Executar; o Windows + P é usado para gerenciar duas telas, sendo comumente usada para duplicar ou estender a janela a um projetor; Windows + L bloqueia a sessão de usuário; e Windows + F abre a opção pesquisar arquivos e pastas.

GABARITO: D.

908. **(CEPERJ – 2015 – PREFEITURA DE SAQUAREMA/RJ – ASSISTENTE ADMINISTRATIVO)** A figura a seguir destaca botões existentes no canto superior direito do gerenciador de pastas e arquivos no Windows 7 BR, quando a janela é exibida na tela de um microcomputador.

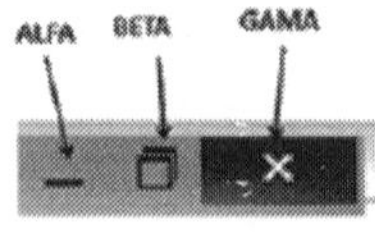

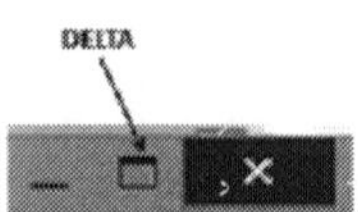

Os botões BETA e DELTA possuem, respectivamente, os seguintes significados:

a) minimizar e restaurar.

b) restaurar e minimizar.

c) minimizar e maximizar.

d) maximizar e restaurar.

e) restaurar e maximizar.

A questão simples, entretanto, pode ser fácil se confundir. Assim, observe o ícone BETA e note que ele representa uma janela sobreposta, sendo possível ver as duas janelas. Enquanto o DELTA mostra uma janela ocupando a tela toda. Outra forma já usada em provas para se referir a essas opções é descrever a opção que faz com que a janela ocupe total ou parcialmente a tela do computador.

GABARITO: E.

909. **(CONSULPLAN – 2015 – PREFEITURA DE DUQUE DE CAXIAS/RJ – AUXILIAR ADMINISTRATIVO)** Nos sistemas operacionais da Microsoft, Configuração Padrão – Idioma Português Brasil, as teclas de atalho também são importantes aliadas para agilizar as tarefas a serem executadas no computador. Nos teclados existe uma tecla chamada "tecla Windows", onde aparece o símbolo padrão da Microsoft. A combinação dessa tecla com algumas outras abrem/executam algumas funções, que para serem acessadas pelos caminhos normais poderiam levar mais tempo, como a Pesquisa e o Comando Executar. As teclas que são acionadas em conjunto com a "tecla Windows" para acessar o Comando Pesquisar e o Comando Executar no Windows 7 são, respectivamente:

a) <Janela Windows> + <F>; <Janela Windows> + <R>.

b) <Janela Windows> + <R>; <Janela Windows> + <D>.

c) <Janela Windows> + <D>; <Janela Windows> + <M>.

d) <Janela Windows> + <M>; <Janela Windows> + <F>.

Windows + F = Pesquisar; Windows + R = Executar; Windows + D = Mostrar/Ocultar área de trabalho; Windows + M = Minimizar tudo; Windows+ SHIFT + M = Restaura o que foi minimizado ao usar Windows + M; Windows + E = Abre o Windows Explorer; Windows + L = Bloqueia a sessão de usuário; Windows + Tab = Alterna entre as janelas dos programas abertos usando o efeito Flip 3D; Windows + P = alternar a exibição da tela para duplicar, estender ou mudar dispositivo padrão.

GABARITO: A.

910. **(CONSULPLAN – 2015 – PREFEITURA DE DUQUE DE CAXIAS/RJ – AUXILIAR ADMINISTRATIVO)** Apesar da Microsoft já ter anunciado a provável data de lançamento do seu novo sistema operacional, batizado de Windows 10, para o segundo semestre de 2015, o Windows XP ainda é bastante utilizado, principalmente nas pequenas e médias empresas, pois estas não dispõem, no momento, de recursos para trocar todos os computadores. Assim, o Windows XP torna-se um grande obstáculo para a adoção dos novos sistemas como o Windows 7 e 8. Por este motivo, a Microsoft já encerrou o suporte ao Windows XP. Utilizando como base o Windows XP, Configuração Padrão – Idioma Português Brasil, o Gerenciador de Arquivos é uma área do sistema em que se observa todos os arquivos dispostos em pastas

e subpastas; podendo incluir, excluir, renomear arquivos e pastas de várias maneiras, entre diversas outras ações. Para renomear um arquivo qualquer, utiliza-se o mouse, clicando-o em cima do arquivo, acionando o botão direito e o comando renomear arquivo. Pode-se, também, usar o Menu/Arquivo e o comando renomear arquivo, lembrando que o arquivo/objeto deve estar selecionado. A tecla de atalho é outra opção para renomear um arquivo ou uma pasta que já esteja selecionado. Assinale a alternativa correta referente a esse atalho.

a) F2.

b) F5.

c) F7.

d) F8.

O atalho F2 pode ser usado para renomear um arquivo ou pasta, assim como o clique duplo longo sobre o item. Entende-se por clique duplo longo clicar sobre o arquivo/pasta uma vez para selecioná-lo e, após alguns segundos (em média 2 ou 3), clicar novamente sobre o mesmo arquivo/pasta. O atalho F5 atualiza a lista de arquivos e pastas em exibição.

GABARITO: A.

911. **(OBJETIVA – 2015 – CISVALE – CONTADOR)** Atenção! Para responder à questão de Informática, a menos que seja explicitamente informado o contrário, considerar que os programas mencionados se encontram na versão Português-BR e, em sua configuração padrão de instalação, possuem licença de uso, o mouse está configurado para destros, um clique ou duplo clique correspondem ao botão esquerdo do mouse e teclar corresponde à operação de pressionar uma tecla e, rapidamente, liberá-la, acionando-a apenas uma vez. Dessa forma, as teclas de atalho, os menus, os submenus, as barras, os ícones e os demais itens que compõem os programas abordados nesta prova encontram-se na configuração padrão, conforme exposto anteriormente.

Dentre os aplicativos e utilitários disponíveis no MS-Windows 7 Professional, aquele que é utilizado para visualização de vídeos e player de músicas é o:

a) Windows Paint.

b) Windows Media Player.

c) Bloco de notas.

d) Desfragmentador de disco.

O Paint é um editor de desenhos simples; o Bloco de Notas e o MS-Word Pad são editores de texto do Windows; enquanto o desfragmentador de disco é uma ferramenta de sistema.

GABARITO: B.

912. **(VUNESP – 2015 – CÂMARA MUNICIPAL DE ITATIBA/SP – ASSISTENTE DE GABINETE)** Observe a figura a seguir, extraída do MS-Windows 7 de um computador conectado a uma fonte constante de energia e com os programas MS-Word 2010 e MS-Excel 2010 abertos. Ela apresenta as opções de desligamento do Menu Iniciar.

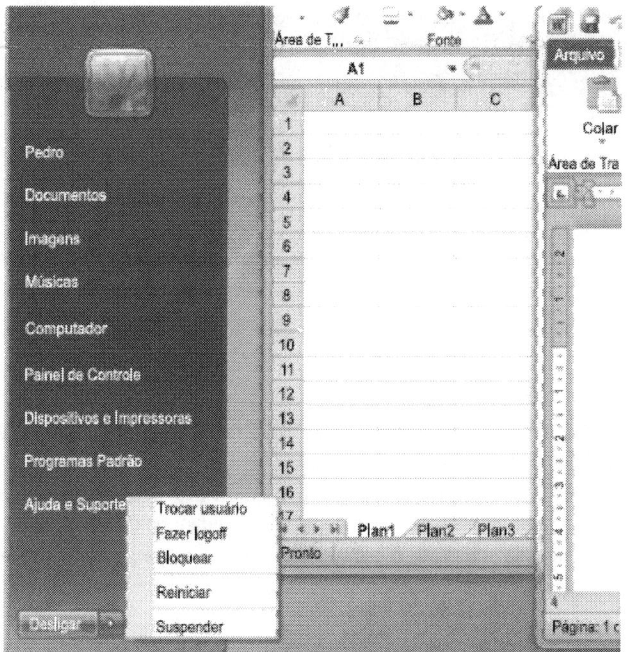

Ao selecionar a opção de desligamento________ , o vídeo irá desligar, e o computador entrará em modo de baixo consumo de energia. Na próxima vez em que o usuário ligar o computador e inserir sua senha (se necessário), a aparência da tela, em relação aos programas, será exatamente igual a quando ele desligou o computador.

Assinale a alternativa que preenche corretamente a lacuna do texto:

a) Trocar usuário.

b) Fazer logoff.

c) Bloquear.

d) Reiniciar.

e) Suspender.

O modo Suspender é uma forma de economizar energia, pois desliga alguns dispositivos do hardware e diminui o uso de outros. Ao retornar, o sistema volta de onde o usuário parou. É similar ao recurso hibernar, que também permite essa economia de energia.

GABARITO: E.

913. **(VUNESP – 2015 – CÂMARA MUNICIPAL DE ITATIBA/SP – ASSISTENTE DE GABINETE)** A imagem a seguir apresenta a área de notificação da barra de tarefas da área de trabalho do MS-Windows 7.

Assinale a alternativa que identifica a funcionalidade associada ao ícone marcado pelo retângulo:

a) Identificar um novo dispositivo USB conectado.

b) Informar quando você está conectado a uma rede.

c) Apresentar as opções de consumo de energia.

d) Mostrar as configurações de vídeo.

e) Apresentar as opções de atualização.

O ícone indica uma conexão a uma rede cabeada. Quando a conexão é feita por uma rede sem fio, o ícone ilustrado é o das barras verticais que indicam, também, a intensidade do sinal. O ícone à esquerda da imagem destacada indica que o dispositivo (muito provavelmente um notebook) está conectado a uma fonte de alimentação e a bateria está carregando normalmente. Já o ícone à direita da imagem destacada indica que o áudio não está mudo e que o volume está alto.

GABARITO: B.

914. **(BIO–RIO – 2015 – ASSOCIAÇÃO PAULISTA PARA O DESENVOLVIMENTO DA MEDICINA – ENFERMEIRO)** Na janela do gerenciador de arquivos do sistema operacional Windows 8 BR, um funcionário de nível superior do SPDM executou os SEGUINTES procedimentos:

Acessou a pasta SPDM no disco D:\ e selecionou o arquivo EDITAL.PDF armazenado nessa pasta. Em seguida, executou um primeiro atalho de teclado ALFA, que tem por significado Copiar.

Acessou a pasta CONTROLE no disco C: e executou um segundo atalho de teclado BETA, com significado de Colar.

Os atalhos de teclado ALFA e BETA são respectivamente:

a) Alt + C e Alt + V.

b) Alt + V e Alt + C.

c) Ctrl + C e Alt + C.

d) Ctrl + C e Ctrl + V.

e) Ctrl + V e Ctrl + C.

Questão simples que cobra conhecimento sobre as teclas de atalho para copiar e colar respectivamente. Vale lembrar que, para recortar, usamos CTRL+X.

GABARITO: D.

915. **(BIO–RIO – 2015 – ASSOCIAÇÃO PAULISTA PARA O DESENVOLVIMENTO DA MEDICINA – ENFERMEIRO)** EM um notebook com sistema operacional Windows XP, versão em português, a execução do atalho de teclado Ctrl + Esc tem o mesmo objetivo de pressionar, por meio do ponteiro do mouse, o seguinte ícone:

O atalho também funciona no Windows 7 para abrir o Botão Iniciar. Outro atalho singular é CTRL + SHIFT + Esc, que abre o gerenciador de tarefas do Windows. Já o atalho WINDOWS + E abre o gerenciador de arquivos do Windows (Windows Explorer no Windows 7 e Explorador de Arquivos no Windows 8).

GABARITO: E.

916. **(VUNESP – 2015 – POLÍCIA MILITAR–SP – SOLDADO)** A figura a seguir representa parte de uma pasta da Biblioteca de Imagens do MS-Windows 7, em sua configuração padrão.

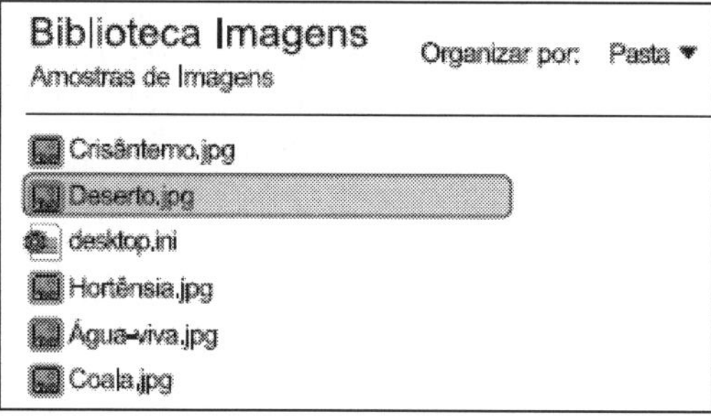

Quando o usuário selecionar uma imagem, utilizar o atalho de teclado Shift + Delete e realizar as devidas confirmações, a imagem:

a) será enviada para a Área de Trabalho.
b) terá um atalho criado na mesma pasta.
c) terá um atalho enviado para a Área de Trabalho.
d) será excluída em definitivo, sem ser enviada para a Lixeira.
e) será enviada para a Lixeira.

Toda forma de apagar um arquivo, independentemente de seu formato ou tipo, combinada com a tecla SHIFT, remove permanentemente o arquivo desejado, sem passar pela lixeira.

GABARITO: D.

917. **(PREFEITURA DO RIO DE JANEIRO/RJ – 2015 – PREFEITURA DE RIO DE JANEIRO /RJ – ASSISTENTE)** Em microcomputadores que funcionam com o sistema operacional Windows 7 BR, o atalho de teclado  +  deve ser executado com a seguinte finalidade:

a) visualizar a janela do painel de controle.

b) exibir os programas configurados no menu Iniciar.

c) alternar o acesso a programas em execução concorrente.

d) acessar a tela configurada como área de trabalho do microcomputador.

No Windows 7, além do Alt + Tab, é possível usar o Windows + Tab para alternar as janelas de programas abertos. Também é possível alternar em sentido contrário, usando ALT + SHIFT + Tab. No Windows + SHIFT + Tab, é possível alternar com efeito 3D.

GABARITO: C.

918. **(REIS & REIS – 2015 – PREFEITURA DE SANTANA DO JACARÉ/MG – PSICÓLOGO)** O usuário do computador que possui o perfil de convidado para acesso ao sistema operacional, ele poderá realizar a seguinte tarefa:

a) Instalar e desinstalar impressoras.

b) Alterar as configurações do sistema.

c) Modificar a conta dos outros usuários entre outras configurações.

d) Poderá apenas usar o computador.

A conta de convidado do Windows é uma conta mais restrita do as contas de usuários sem permissão, pois subentende-se que a conta pode ser usada por pessoas diferentes a cada vez. Já para instalar novos drivers, configurar recursos do sistema como data e hora e criar novos usuários são operações que necessitam de privilégios de administrador.

GABARITO: D.

919. **(REIS & REIS – 2015 – PREFEITURA DE SANTANA DO JACARÉ/MG – PSICÓLOGO)** O que faz o Sistema Operacional Windows:

I. Gerencia as memórias.

II. Gerencia o processamento.

III. Controla os periféricos de Entrada e Saída de informação.

IV. Cria uma plataforma comum entre os programas.

Estão corretas:

a) Todas as afirmativas, exceto a afirmativa IV.

b) Somente as afirmativas I e II.

c) Todas as afirmativas.

d) Nenhuma das afirmativas.

Cabe ao Sistema Operacional, seja ele qual for, gerenciar a E/S; gerenciar os drivers dos dispositivos; gerenciar as memórias e o CPU. Também se usa a expressão Plataforma como sinônimo para sistema operacional, pois o sistema operacional é uma base para outros softwares poderem ser instalados e usados (rodados).

GABARITO: C.

920. **(REIS & REIS – 2015 – PREFEITURA DE SANTANA DO JACARÉ/MG – PSICÓLOGO)** Complete a lacuna corretamente:

_________________ é o principal elemento da Barra de Tarefas. Ele dá acesso ao Menu Iniciar, de onde se podem acessar outros menus que, por sua vez, acionam programas do Windows.

a) O Botão Iniciar.

b) Ícones.

c) Barra de tarefas.

d) Arquivos e pastas.

Cuidado para não misturar os termos! Barra de Tarefas é a barra que fica na parte inferior da janela do Windows e possui algumas partes como Área de notificação, Área de programas abertos e minimizados, além de fixados para acesso rápido. O Menu Iniciar também se localiza na Barra de Tarefas. A área de trabalho ilustra os ícones.

GABARITO: A.

921. **(REIS & REIS – 2015 – PREFEITURA DE SANTANA DO JACARÉ/MG – PSICÓLOGO)** Qual dos botões a seguir tem a finalidade de fazer o logoff?

I-  II-   III-   IV- 

a) I.

b) II.

c) III.

d) IV.

A alternativa B (II) é a opção reiniciar; a alternativa C (III) é opção desligar, e a alternativa D (IV) é para suspender.

GABARITO: A.

922. **(FUNCAB – 2016 – PC/PA– ESCRIVÃO)** A figura a seguinte exibe duas pastas distintas de uma instalação padrão do Windows 7, em português. O caminho completo da pasta superior da figura é c:\x, e o da pasta da parte inferior é c:\y.

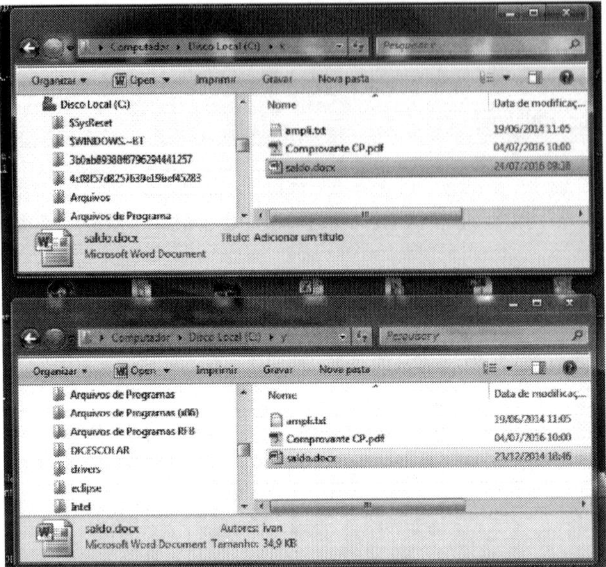

Um usuário selecionou com o mouse o arquivo saldo.docx da pasta c:\x (pasta de origem) e o arrastou para a pasta c:\y (pasta de destino), com o objetivo de movê-lo da 1ª pasta para a 2ª.

Sabendo-se que a pasta c:\y já possui um arquivo chamado saldo.docx e que ele é de leitura somente, qual será o resultado da operação descrita acima?

a) Será exibida uma mensagem de erro informando que já existe um arquivo na pasta de destino com o mesmo nome do arquivo que se quer mover.

b) Será exibida uma mensagem de erro informando que o arquivo da pasta de destino a ser substituído é de leitura somente.

c) Será criada, na pasta de destino, uma cópia do arquivo movido, cujo nome será saldo(2).docx.

d) Será aberto um diálogo a partir do qual o usuário poderá substituir o arquivo da pasta de destino pelo arquivo da pasta de origem.

e) Será criada, na pasta de destino, uma cópia do arquivo movido, cujo nome será saldo - Cópia.docx.

Como já existe um arquivo com mesmo nome na pasta de destino, o Windows exibe uma janela que pergunta ao usuário o que ele deseja fazer: substituir o arquivo existente, cancelar a operação ou manter os dois arquivos.

GABARITO: D.

923. **(AUTOR – 2018)** No Sistema Operacional Windows 10, com a instalação do Microsoft Office 2016, o usuário pode abrir arquivos no formato PDF.

Certo ( ) Errado ( )

O Microsoft Office 2016 consegue importar o conteúdo de um arquivo PDF (se for textual, pois imagem digitalizada não permitirá edição) em um arquivo do MS-Word. Ao salvar o MS-Word, irá substituir o arquivo aberto pelo arquivo em edição.

GABARITO: CERTO.

Acerca do Sistema Operacional Windows 10 e suas funções, julgue o que se segue.

924. **(AUTOR – 2018)** A única função da Área de Trabalho do Windows é constituir um pano de fundo para a tela, que pode ser alterado pelo usuário.

Certo ( ) Errado ( )

A Área de Trabalho é um local em que se encontram a lixeira e outros atalhos, além de ser uma pasta do usuário.

GABARITO: ERRADO.

925. **(AUTOR – 2018)** No Sistema Operacional Windows 10 a combinação de teclas de atalho CTRL + TAB permite alternar entre as janelas dos programas abertos.

Certo ( ) Errado ( )

O atalho para alternar os programas é o ALT + TAB; o atalho CTRL + TAB é usado em janelas do Windows que apresentem abas, e para os navegadores, para alternar entre as abas.

GABARITO: ERRADO.

926. **(AUTOR – 2018)** No sistema da Microsoft o SWAP é um arquivo dentro da raiz do sistema C:\.

Certo ( ) Errado ( )

No Windows 10, o nome do arquivo é Swapfile.sys.; no Linux, a Swap é definida como uma partição.

GABARITO: CERTO.

Com relação ao sistema operacional Windows 10 e ao editor de textos Microsoft Office 2016, julgue os itens que se seguem.

927. **(AUTOR – 2018)** No Windows, o recurso Otimizar Unidades permite otimizar um computador para melhorar seu desempenho.

De forma específica, será aumentado o desempenho do HD, porém como o HD é o dispositivo mais lento do computador, se ele for melhorado, há ganho de desempenho como um todo.

GABARITO: CERTO.

928. **(UPENET/IAUPE – 2018 – PM/PE – ASPIRANTE DA POLÍCIA MILITAR)** Com relação a gerenciamento de arquivos, pastas e programas, analise as afirmações abaixo:

I. O formato escolhido para gravar uma imagem não afeta diretamente o tamanho do arquivo, mesmo quando os elementos da imagem são iguais ou semelhantes.

II. O termo PDF/X foi criado para definir uma série de instruções que orientam a construção e o manuseio de arquivos em PDF específicos para uso de áudio.

III. O formato JPEG permite comprimir um arquivo e obter como resultado final uma imagem com qualidade razoável e pequena em tamanho.

Assinale as afirmativas corretas:

a) I.

b) II.

c) III.

d) I e II.

e) I e III.

Ao tratar arquivos multimídia (imagem, vídeo e áudio), o usuário deve ter em mente que os formatos usados são, normalmente, formas de compactação dos referidos arquivos. Logo, formatos diferentes possuem compactações diferentes, como os formatos de imagem (PNG, JPEG, JPG, BMP, GIF). Imagens em TIFF não possuem compactação. O PDF/X tem por finalidade uma padronização em relação as fontes e imagens do documento. O PDF/A (obrigatório para a administração pública) preza pelo armazenamento de longo prazo, ou seja, de modo a evitar a obsolescência.

GABARITO: C.

929. **(INCAB – 2019 – POLÍCIA MILITAR/SC – POLICIAL MILITAR)** Considerando a configuração padrão do mouse, o duplo-clique no botão esquerdo sobre um arquivo no Windows Explorer:

a) Imprime o arquivo.

b) Cria um atalho no desktop.

c) Move o arquivo para a nuvem.

d) Abre o arquivo no aplicativo associado.

e) Apaga o arquivo.

Um duplo clique sobre um arquivo ou teclar ENTER com o arquivo selecionado resulta na abertura do arquivo no programa definido como padrão. Do contrário, o sistema solicita que seja indicado com qual programa o usuário deseja abrir o arquivo.

GABARITO: D.

930. **(AUTOR – 2018)** No Microsoft Windows 10 a Luz Noturna pode ser ativada manualmente ou agendada para que ligue e desligue em determinado horário do dia. Essa ferramenta tem por finalidade auxiliar a iluminar o ambiente de trabalho aumentando o brilho da tela.

Certo ( ) Errado ( )

A opção luz noturna faz praticamente o contrário: o objetivo é reduzir o tom azul da tela, tornando a imagem mais amarelada e suave, para não cansar os olhos ao trabalhar em ambiente com pouca iluminação.

GABARITO: ERRADO.

931. **(AUTOR – 2018)** No aplicativo e-mail do Windows 10 é possível configurar apenas uma conta de e-mail, caso o usuário necessite configurar mais de uma conta de e-mail recomenda-se utilizar o MS-Outlook.

Certo ( ) Errado ( )

No Windows Mail, é possível configurar várias contas de e-mail, inclusive contas de serviços que não pertençam à Microsoft, como o Gmail.

GABARITO: ERRADO.

Sobre o MS Windows 10, julgue os próximos itens.

932. **(AUTOR – 2018)** No Windows 10 há um agente digital com a função de ajudar o usuário a realizar tarefas como enviar lembretes com base na hora, em locais ou em pessoas; rastrear pacotes, interesses e voos; enviar e-mails e SMSs; gerenciar o calendário; criar e gerenciar listas; encontrar fatos, arquivos, locais e informações.

Certo ( ) Errado ( )

O Windows 10 apresenta o Cortana, um concorrente ao Siri, da Apple, e ao Talk, do Google. Atualmente disponível também em português, substitui a ferramenta pesquisar da Barra de Tarefas do Windows.

GABARITO: CERTO.

933. **(AUTOR – 2018)** O Cortana, disponível no Windows 10 com a atualização Creator's, está disponível apenas em inglês para comandos de voz, embora o português possa ser usado para comandos de texto, sua versão em português brasileiro é incluída apenas com a atualização Fall Creator's.

Certo ( ) Errado ( )

Antes mesmo da atualização Creator do Windows 10, o Cortana já contava com o idioma PT-BR para ser utilizado nos comandos de voz. Comandos de texto realizam buscas e não usam o Cortana.

GABARITO: ERRADO.

934. **(AUTOR – 2018)** No Windows 10, o Windows Defender Antivírus passa a ser uma central de segurança que concentra a proteção contra malwares, assim como recursos de controle dos pais, ferramentas de segurança do MS Edge e do Firewall do Windows.

Certo ( ) Errado ( )

É importante observar que a Microsoft oficializou o programa de atualizações do Windows 10, que roda duas vezes por ano (março e setembro). A atualização Creator's ocorreu com atrasos, mas a Fall Creator's deve sair, mesmo sem todas as funcionalidades.

GABARITO: CERTO.

935. **(AUTOR – 2018)** Junto às atualizações de segurança e funcionalidades do Windows também são disponibilizadas atualizações de drivers de dispositivos.

Certo ( ) Errado ( )

Os drivers, além de serem específicos para o dispositivo para o qual foram feitos, também são específicos para cada sistema operacional. Logo, se o sistema é atualizado, o driver também precisará ser atualizado, dependendo da atualização.

GABARITO: CERTO.

936. **(CESPE – 2014 – FUNDAÇÃO UNIVERSIDADE DE BRASÍLIA – TODOS OS CARGOS)** Um arquivo executável pode possuir extensões nos formatos .exe e .bat, conforme o sistema operacional utilizado.

Certo ( ) Errado ( )

No caso, o sistema operacional em questão é o Windows, pois os executáveis no Linux não precisam de extensão.

GABARITO: CERTO.

937. **(CESPE – 2013 – SUPREMO TRIBUNAL FEDERAL – ANALISTA JUDICIÁRIO)** A fim de evitar incompatibilidades no uso do sistema, não é permitida a instalação de diferentes sistemas operacionais em um computador que possui dois discos rígidos ou um único disco dividido em partições.

Certo ( ) Errado ( )

É plenamente possível ter mais de um sistema operacional instalado no computador, seja em dois HDs fisicamente diferentes ou em duas partições. No caso de se ter um dual boot em HD particionado na BIOS, basta indicar o HD como primário. Logo na sequência da execução do BIOS, será aberto o gerenciador de boot para que o usuário escolha qual sistema deseja utilizar. Já no caso de dois HDs distintos, o usuário pode ter de configurar a BIOS toda vez que quiser trocar de sistema operacional.

GABARITO: ERRADO.

938. **(CESPE – 2015 – TRIBUNAL REGIONAL ELEITORAL/GO – TÉCNICO JUDICIÁRIO)** Se, devido a razões de segurança, o usuário que tiver produzido um arquivo no MS-Word 2013 desejar remover as propriedades e informações desse arquivo — como, por exemplo, autoria, tamanho e data de criação —, ele poderá fazê-lo por meio de funcionalidades do Windows Explorer do Windows 8.

Certo ( ) Errado ( )

A questão foca na data de criação. É possível remover dados pessoais de um documento no MS-Word ou no Windows, porém a data de criação de um arquivo não pode ser alterada por padrão. Todavia, é possível utilizar de outros métodos para alterar os metadados do arquivo a fim de alterar sua data de criação.

GABARITO: ERRADO.

939. **(CESPE – 2014 – TRIBUNAL DE JUSTIÇA/SE – TODOS OS CARGOS)** O Windows 7 Professional permite que qualquer usuário sem poderes administrativos instale ou desinstale drivers de dispositivo.

Certo ( ) Errado ( )

Somente usuários com privilégios de administrador podem realizar a instalação dos drivers. Porém, alguns aplicativos podem ser instalados sem a permissão do administrador, mas somente serão instalados para o usuário que realizou a instalação, ou seja, o aplicativo não estará disponível para os demais usuários.

GABARITO: ERRADO.

Linux

Em cada item a seguir, é apresentada uma situação hipotética, seguida de uma assertiva a ser julgada, a respeito de sistemas operacionais, intranet e Internet.

940. **(CESPE – 2018 – POLÍCIA FEDERAL – PERITO CRIMINAL FEDERAL)** Após verificar que o diretório /var/bo no Linux está sem espaço para novos arquivos, Pedro resolveu mover todos os arquivos e subdiretórios existentes nesse diretório para o diretório /etc/backup/bo localizado em outro disco, também no ambiente Linux. Nessa situação, a partir do diretório raiz do sistema operacional, o comando correto que Pedro deve usar para executar essa tarefa é mv -Rf /var/bo > /etc/backup/bo.

Cuidado pegadinha típica! Na questão sobre comandos Linux, o sinal > é usado quando se quer escrever dentro de um arquivo como resultado de uma operação que se deseja executar, sem de fato executar essa operação.

GABARITO: ERRADO.

941. **(UFPR – 2019 – UNIVERSIDADE FEDERAL DO PARANÁ/PR – ASSISTENTE EM ADMINISTRAÇÃO)** Assinale a alternativa que apresenta o comando para criar uma pasta com nome meus trabalhos no sistema operacional UBUNTU versão 14:

a) md meus trabalhos.

b) md \meus trabalhos.

c) mkdir -p /meus/trabalhos.

d) mkdir meus trabalhos.

e) mkdir "meus trabalhos".

O comando mkdir é usado para criar diretórios (make directory). No caso de nomes de pastas com nomes compostos, deve-se usar entre aspas duplas ou aspas simples.

GABARITO: E.

942. **(FUNCERN – 2019 – PREFEITURA DE JARDIM DE PIRANHAS/RN – AGENTE DE ADMINISTRAÇÃO)** Um aluno do curso de Redes de Computadores está utilizando o sistema operacional Linux Ubuntu 16.04 LTS e precisa utilizar os comandos de visualizar o conteúdo de um arquivo texto e apagá-lo no terminal. Para isso, usou os, respectivamente, os comandos:

a) cat e rm.

b) ls e del.

c) cp e rm.

d) cat e del.

O comando cat exibe o conteúdo de um arquivo de texto no terminal. Porém, também é possível usar o comando tac para exibir o conteúdo, mas de forma inversa (imprime da última linha para a primeira). O comando rm remove arquivos, sendo possível usar o comando rm para excluir diretórios, porém é necessário usar opções como -f (force) ou -R (Recursive). O comando cp é usado para copiar, enquanto ls lista o conteúdo de um diretório especificado, ou do atual caso não indicado.

GABARITO: A.

943. **(IBADE – 2019 – PREFEITURA DE ARACRUZ/ES – TERAPEUTA OCUPACIONAL)** Em um ambiente Linux, o usuário com maior autoridade é:

a) Master.

b) Root.

c) Prime.

d) Maint.

e) Manager.

O usuário de mais alto nível de autorização nos sistemas Linux é o root (raiz). Algumas distribuições, como o Ubuntu, ao ser instalado, diferentemente da maioria, não pede que seja definida uma senha para o usuário root, pois atribui a ele automaticamente a mesma senha do primeiro usuário criado, que também tem poderes de administrador.

GABARITO: B.

944. **(COSEAC – 2019 – PREFEITURA DE MARICÁ/RJ – GUARDA MUNICIPAL)** No Linux o comando que permite mover ou renomear arquivos ou diretórios é:

a) cat.

b) mount.

c) mv.

d) grep.

e) file.

O comando cat exibe o conteúdo de um arquivo texto no terminal, enquanto tac exibe o conteúdo invertendo a ordem das linhas; mount é o comando para montagem de dispositivos; mv é o comando para mover e também para renomear arquivos; grep é o comando para pesquisar no conteúdo de arquivos; e file serve para ver o tipo de documento e outros testes adicionais.

GABARITO: C.

945. **(IBFC – 2019 – EMPRESA MUNICIPAL DE DESENVOLVIMENTO DE CAMPINAS/SP – TÉCNICO EM INFORMÁTICA JR)** O técnico de informática da empresa FRT Max foi designado a localizar dados do funcionário Pedro Roberto Borges. Considerando que o técnico já esteja no terminal Linux e na pasta em que se encontra o arquivo salarios.txt que contém tais informações, assinale a alternativa correta quanto ao comando para realizar esta pesquisa:

a) get "Pedro Roberto Borges" from salarios.txt.

b) ls "Pedro Roberto Borges" in salarios.txt.

c) grep "Pedro Roberto Borges" salarios.txt.

d) locate "Pedro Roberto Borges" >> salarios.txt.

Para pesquisar expressões do conteúdo de um arquivo de texto, usamos o comando grep, indicando o conteúdo buscado. É importante delimitar o espaço de busca para que a resposta seja mais rápida. Ao encontrar a expressão buscada, a linha em que se encontra é exibida (impressa) no terminal. Caso a busca seja em mais de um arquivo, o sistema também indica a qual arquivo a ocorrência de compatibilidade de busca pertence.

GABARITO: C.

946. **(COVEST–COPSET – 2019 – UNIVERSIDADE FEDERAL DE PERNAMBUCO/PE – TÉCNICO DE LABORATÓRIO – NUTRIÇÃO E DIETÉTICA)** Considere o sistema Linux padrão. A respeito desse sistema, analise as afirmações abaixo.

O comando 'diff' compara dois arquivos e mostra as diferenças entre eles.

O comando 'pwd' executa a criação de um novo subdiretório.

Os comandos 'rm' ou 'rmdir' podem ser usados para excluir diretórios.

Indique aquelas corretas:

a) 1 e 2

b) 1 e 3.

c) 2 e 3

d) 1.

e) 3.

O comando diff permite comparar arquivos de texto indicando as linhas em que há conteúdos distintos. Cuidado o comando df, que exibe o espaço disponível. Já o comando pwd (pathway directory) exibe o caminho do diretório atual, isto é, em que pasta o usuário encontra-se atualmente. Não confundir com passwd, que permite trocar a senha do usuário. O comando rm é, originalmente, destinado à remoção de arquivos, embora possua opções que permitam remover diretórios. O comando mais recomentado para apagar pastas é o rmdir.

GABARITO: B.

947. **(COVEST–COPSET – 2019 – UNIVERSIDADE FEDERAL DE PERNAMBUCO/PE – ASSISTENTE EM ADMINISTRAÇÃO)** Considere o 'shell' do sistema Linux padrão. Suponha que o diretório de trabalho corrente contenha apenas um arquivo simples chamado 'simples' e um subdiretório chamado 'subdir'. Após serem emitidos os comandos: 'mkdir novo', seguido de 'ls –F', o 'shell' apresenta na tela, como resultado desses comandos:

a) novo/
simples/
subdir/

b) novo/
simples
subdir/

c) novo/simples
subdir/

d) simples
subdir/novo/

e) simples
subdir/novo

O comando ls exibe o conteúdo do diretório atual ao usar a opção –F exibe a / (barra) ao fim do nome das pastas. O comando mkdir cria diretórios/pastas.

GABARITO: B.

948. **(AMEOSC – 2019 – PREFEITURA DE SÃO JOÃO DO OESTE/SC – PROFESSOR DE INFORMÁTICA)** Os discos rígidos, CD-ROM, USB estão identificados por arquivos referentes a estes dispositivos, no Linux, no diretório:

a) /usr.

b) /root.

c) /bin.

d) /dev.

O diretório /usr (Unix System Resources – Recursos de Systemas Unix) guarda os arquivos de bibliotecas (/usr/lib) e os executáveis dos programas (/usr/bin). Deste modo a pergunta é: já não existe no diretório raiz os diretórios /bin e /lib? Sim, mas seu conteúdo são links que levam para /usr. Já o diretório /root é a pasta do usuário root, seu conteúdo é separado das pastas dos demais usuários por razões de segurança. O diretório /bin guarda os binários dos programas instalados no Linux bem como os comandos que os usuários podem executar. O diretório /dev armazena os devices drivers, ou seja, os drivers de dispositivos.

GABARITO: D.

949. **(VUNESP – 2019 – UNIFAI – AUXILIAR DE COMPUTAÇÃO)** Considere que um usuário de um computador com sistema operacional Linux solicitou a ajuda do Auxiliar de Computação para localizar um arquivo de documento que estava editando. Para evitar interferir no ambiente gráfico do usuário, o Auxiliar abriu um terminal em modo texto pressionando a combinação de teclas:

a) Alt+F7.

b) Alt+Tab.

c) Ctrl+Alt+F5.

d) Ctrl+Shift+F2.

e) Ctrl+Tab.

O Linux é um sistema operacional tanto multiusuário como multisessão. Além de possibilitar várias contas de usuário logadas no sistema simultaneamente, sem que um afete o outro diretamente, possibilita fazer isso em ambientes paralelos. Esta é a base do projeto 4Head, da Universidade Federal do Paraná, hoje mantido pela Celepar nas instituições estaduais do Paraná, como Polícia Civil e Escolas Estaduais. Ao usar o atalho CTRL + ALT + <tecla de função>, o usuário pode combinar uma função F1 até F6 para acessar um ambiente em modo texto; e de F7 até F12 para acessar um ambiente gráfico. Observe que cada ambiente é como se o computador tivesse acabado de ser iniciado, enquanto aguarda que usuário realize seu login, mesmo que já exista outro usuário logado em outro ambiente.

GABARITO: C.

950. **(FCC – 2019 – SANASA CAMPINAS/SP – PROCURADOR JURÍDICO)** Um Procurador solicitou ajuda ao suporte técnico para resolver um problema de conexão com a Internet em um computador que usa o sistema operacional Linux. O atendente do suporte solicitou a ele para informar o endereço IP do computador na rede. Para obter este endereço, em linha de comando, ele utilizou a instrução:

a) netsh -a.

b) ipconfig.

c) getip -a.

d) ifconfig.

e) Ipaddress.

Atenção à pegadinha! No Linux, o comando é iFconfig (tudo em minúsculo), enquanto no Windows o comando para acessar as informações equivalentes é o iPconfig (tudo em minúsculo). Em algumas distribuições Linux, como o Ubuntu o ifconfig não pode ser executado por padrão, pois o pacote netstat não vem instalado por padrão, mas a maioria das distrôs Linux já o tem instalado.

GABARITO: D.

951. **(IF-SC – 2019 – INSTITUTO FEDERAL/SC – ENGENHEIRO CIVIL)** O Linux é conhecido por ter sua interface baseada em caractere, ou seja, pela utilização do terminal de comandos. Com base em comandos executados via terminal do Linux é possível realizar diversas tarefas e controlar os dispositivos do computador. Qual o comando do shell do Linux utilizado para ejetar o drive de CD/DVD localizado em /dev/cdrom1?

a) du /dev/cdrom1.

b) cat /dev/cdrom1.

c) open /dev/cdrom1.

d) cd /dev/cdrom1.

e) eject /dev/cdrom1.

O comando du exibe o uso de disco (disk usage). O comando cat exibe o conteúdo de um arquivo texto no terminal. Comando cd é para trocar de pastas (entrar e sair delas). O comando eject abre a bandeja do CD.

GABARITO: E.

952. **(IDIB – 2019 – PREFEITURA DE PETROLINA/PE – GUARDA CIVIL)** Os sistemas operacionais Linux e Windows são alguns dos mais utilizados pelo mercado. Com relação a estes dois importantes sistemas operacionais, assinale a alternativa correta:

a) O Linux possui diferentes distribuições gratuitas, mas nenhuma delas possui interface gráfica.

b) O comando PWD que pode ser executado no shell do Linux serve para indicar o local da estrutura de diretórios em que o usuário se encontra no momento.

c) Cortana é o nome do assistente virtual do Linux Ubuntu.

d) CAT e WHOAMI são exemplos de comandos que podem ser executados no Shell do Linux. O primeiro é capaz de alterar a data e hora do sistema, já o segundo indica qual o nome do usuário atualmente logado no sistema.

e) O Windows 10 não é capaz de acessar dispositivos de armazenamento com partições do tipo FAT32.

Atualmente, são poucas as distribuições Linux que não utilizam alguma interface gráfica (GUI). O comando pwd (pathway directory) exibe o nome da pasta em que o usuário se encontra no terminal. Cortana é o assistente virtual do Windows; Siri da Apple; e Alexa da Amazon. O comando whoami exibe a identificação do usuário. Tanto o Windows como o Linux reconhecem o sistema de arquivos FAT32, assim como NTFS.

GABARITO: B.

953. **(UFRR – 2019 – UNIVERSIDADE FEDERAL DE RORAIMA/RR – TÉCNICO EM ASSUNTOS EDUCACIONAIS)** Relacionado à estrutura de diretórios no sistema operacional Linux, qual diretório que apresenta o conceito de forma correta:

a) /opt contém arquivos de biblioteca que suportam os binários localizados em /bin /sbin.
b) /home contém arquivos variáveis, como por exemplo, arquivos de log no diretório /varlog.
c) /mnt diretório temporário de montagem de sistema de arquivos.
d) /lib contém os diretórios de todos os usuários e seus arquivos pessoais.
e) /usr contém dados específicos de alguns serviços.

O diretório /opt não é padrão do kernel Linux, mas é encontrado em algumas distribuições. São usados para instalação de conteúdo sem alterar a estrutura padrão de bibliotecas. Outro diretório com uso similar é /usr/local. Já o diretório /home contém as pastas de usuários, enquanto o /mnt é usado como ponto de montagem. O diretório /lib é usado para as bibliotecas, ou pelo menos os links que apontam para as devidas bibliotecas presentes no /usr.

GABARITO: C.

954. **(CCV–UFC – 2019 – UNIVERSIDADE FEDERAL DO CEARÁ/CE – TÉCNICO DE TECNOLOGIA DA INFORMAÇÃO – DESENVOLVIMENTO DE SISTEMAS)** Em um sistema operacional Linux, qual dos seguintes arquivos contém as informações sobre cada um dos usuários que pode utilizar o sistema?

a) /etc/passwd.
b) /etc/group.
c) /etc/home.
d) /etc/user.
e) /etc/info.

O arquivo /etc/passwd é um conjunto de informações em texto sobre os usuários que podem realizar login no sistema, pois contém os dados pessoais do usuário (como login, uid, telefone e senha). Já o arquivo /etc/group define os grupos aos quais os usuários pertencem. Os demais não são arquivos de sistemas.

GABARITO: A.

955. **(FUNDEP – 2019 – PREFEITURA DE LAGOA SANTA/MG – TÉCNICO EM INFORMÁTICA)** Sobre o sistema operacional Linux, analise as seguintes afirmativas:

I. É um sistema multitarefa, isto é, permite executar mais de um aplicativo, porém, enquanto um é executado, o outro fica em segundo plano.

II. É um sistema multisessão, pois permite haver várias contas de usuários em um único computador.

III. É preemptivo, pois permite a interrupção de processos.

Estão corretas as afirmativas:

a) I e II, apenas.

b) I e III, apenas.

c) II e III, apenas.

d) I, II e III.

Um sistema multitarefas é aquele capaz de alternar entre as tarefas, executando uma parte de cada uma, sem que precisem ficar em segundo plano. O Linux além de multiusuário, é multisessão, de tal modo que é possível que dois usuários possam utilizar sessões simultâneas e interagir com o sistema. O projeto 4head, da Universidade Federal do Paraná, explora esta característica ao colocar 4 monitores, 4 teclados e 4 mouses conectados à mesma placa mãe, isto é, ligados a um único computador físico, mas cada conjunto (teclado, mouse e monitor) estará vinculado a uma sessão de usuário distinta, permitindo aos 4 usuários utilizarem o mesmo computador simultaneamente. A preempção é a capacidade de parar um processo e executar outro e posteriormente retomar o processo que estava em execução.

GABARITO: C.

956. **(FUNDEP – 2019 – PREFEITURA DE LAGOA SANTA/MG – TÉCNICO EM INFORMÁTICA)** Sobre o comando "PWD" do sistema operacional Linux é correto afirmar:

a) Serve para mudar de diretório corrente e acessá-lo.

b) Exibe os arquivos encontrados dentro da pasta na qual o usuário está no momento.

c) Informa qual é o tipo de arquivo que foi digitado como parâmetro.

d) Exibe a pasta atual na qual o usuário se encontra.

O comando pwd (pathway directory) imprime no terminal o caminho do diretório atual, ou seja, em que pasta o usuário está. Note que, quando abordamos o terminal, a ideia de abrir uma pasta é mais entendida como entrar em uma pasta. Para trocar de diretório, usamos o comando cd. Já para listar o conteúdo de um diretório usamos o comando ls. O comando file exibe o tipo de arquivo.

GABARITO: D.

957. **(CPCON – 2019 – CÂMARA DE CAMPINA GRANDE/PB – AGENTE LEGISLATIVO)** Qual é o tamanho máximo para um nome de arquivo no Linux?

a) 8 caracteres.

b) 255 caracteres.

c) 11 caracteres.

d) 12 caracteres.

e) 128 caracteres.

O que determina o tamanho de um nome de arquivo não é o sistema operacional, mas o sistema de arquivos. Nos principais sistemas de arquivos do Linux (EXT2, EXT3, EXT4, ReiserFS, XFS e outros) o limite é de 255 caracteres. No Windows 10, (NTFS) o limite é de 260, mas pode ser ampliado para muito mais. Ao instalar o Python, ele solicita que o usuário aprove o desbloqueio de 260 caracteres extras.

GABARITO: B.

958. **(FADESP – 2020 – UNIVERSIDADE DO ESTADO DO PARÁ/PA – TÉCNICO DE INFORMÁTICA)** O comando que permite que o computador se desligue sozinho depois de 60 minutos, no sistema operacional Linux, é:

a) shutdown –h ++60.

b) shutdown –h +60.

c) shutdown –i – f 60.

d) shutdown –i +60.

O comando shutdown pode ser usado para desligar, reiniciar ou suspender o uso do computador. Suas opções são –h para desligar o sistema; –H suspende o funcionamento do computador; –k para avisar os usuários logados sem derrubar o sistema; +m ou hh:mm permite incluir o atraso em minutos ou agendar horário; –now executa imediatamente sem aguardar por tempo. O tempo desejado pode ser inserido como +60 ou com uma data e hora agendados.

GABARITO: B.

959. **(VUNESP – 2019 – CÂMARA DE MAUÁ/SP – TÉCNICO EM SUPORTE DE INFORMÁTICA)** Um usuário de um computador com sistema operacional Linux criou um arquivo chamado backup.sh, que contém um script para efetuar uma rotina de backup de arquivos importantes da máquina. Porém, mesmo sendo dono do arquivo backup.sh e tendo permissão de leitura e escrita, o usuário observou que não consegue executar esse script por falta de permissão de execução.

Assinale a alternativa que contém um comando a ser executado pelo mesmo usuário que resolveria esse problema:

a) chmod u–wx backup.sh.

b) chmod ugo–x backup.sh.

c) chmod 744 backup.sh.

d) chmod 666 backup.sh.

e) chmod 644 backup.sh.

As permissões de um arquivo ou pasta estão organizadas seguindo pelas propriedades do Dono | Grupo | Outros, com as permissões de R W X (Read, Writer e eXecute), sendo que R = 4, W = 2 e X = 1, para atribuir toras as permissões ao Dono, temos 4+2+1 = 7. Para permissão de leitura e escrita para os usuários do mesmo Grupo, o comando é 6; enquanto o 4 oferece permissão apenas de leitura; 5 corresponde à leitura e execução; já 3 representa apenas escrita e execução.

GABARITO: C.

960. (VUNESP – 2019 – CÂMARA DE MAUÁ/SP – TÉCNICO EM SUPORTE DE INFORMÁTICA)
O seguinte comando foi executado em um computador com sistema operacional Linux:

ls -l meudir

O resultado obtido foi:

-rw-r--r-- g b 18 Nov 29 17:50 meudir

De acordo com esse resultado, é correto afirmar que:

a) o grupo dono (owning group) de meudir é g.

b) o tamanho de meudir é 29 bytes.

c) meudir é um diretório.

d) meudir pode ser executado.

e) meudir pode ser escrito pelo usuário g.

O comando ls junto com a opção –l lista o conteúdo de um diretório com os detalhes. Assim, podemos ver as permissões do Dono, Grupo e outros. Ao identificar –rw–r—r—g b 18 Nov 29 7:50, vemos que se trata de um arquivo, uma vez que começa com –. Caso começasse com d, seria um diretório, enquanto l seria um link. rw–|r––|r–– indicam que o dono do arquivo pode ler e escrever, mas não pode executar; ao encontrar r–– para o grupo e para os outros, identificamos que os demais usuários do grupo proprietário do arquivo podem apenas ler o arquivo, assim como os outros usuários. Note que g é o nome do dono do arquivo e b é o nome do grupo a que pertence o arquivo, depois temos a data (Ano, mês e dia) de criação do arquivo seguida da Hora.

GABARITO: E.

961. (VUNESP – 2019 – PREFEITURA DE CERQUILHO/SP – OPERADOR DE COMPUTADOR)
O gerenciador de pacotes padrão do sistema operacional Debian Linux é:

a) yum.

b) apt.

c) pkg.

d) pip.

e) npm.

Os sistemas Linux baseados em Debian usam o gerenciador de pacotes apt, sistemas rescendentes do Redhat usam o yum.

GABARITO: B.

962. (NC–UFPR – 2019 – PREFEITURA DE MATINHOS/PR – TÉCNICO EM INFORMÁTICA)
No Linux, Ubuntu ou Debian, o comando para visualizar a relação de arquivos abertos no momento é:

a) find.

b) lsof.

c) ls.

d) lsusb.

e) lsns.

O comando find permite buscar por arquivos s pastas indicando termos que estejam presentes em suas propriedades, enquanto o comando lsof (list open files) exibe a lista dos documentos abertos, já ls lista o conteúdo de um diretório. Experimente também o comando lshw para exibir informações quanto ao hardware do computador.

GABARITO: B.

963. **(IF SUL RIO-GRANDENSE – 2019 – IF SUL RIO-GRANDENSE – ANALISTA DE TECNOLOGIA DA INFORMAÇÃO)** Um aspecto da administração de sistemas ao qual o administrador deve estar sempre atento é verificar o uso das partições do sistema.

Qual é o comando utilizado para verificar quanto de espaço em disco está disponível nas partições do sistema?

a) df.

b) free.

c) top.

d) fdisk.

O comando df informa a quantidade de espaço utilizado/livre nos sistemas de arquivos atualmente montados, enquanto free exibe a quantidade de memória livre/utilizad, o comando top: exibe os processos executados nos sistemas dinamicamente e fdisk: manipula as partições de discos.

GABARITO: A.

964. **(CCV-UFC – 2019 – UNIVERSIDADE FEDERAL DO CEARÁ/CE – TÉCNICO DE LABORATÓRIO/INFORMÁTICA)** Em um sistema operacional Linux, um arquivo possui as seguintes permissões: -rwxr--r--. Qual valor representa essa permissão no modo octal?

a) 655.

b) 666.

c) 711.

d) 744.

e) 777.

As permissões são organizadas para 3 perfis: dono do arquivo, grupo e outros. Se você não é o dono de um arquivo, ou faz parte do grupo a quem ele pertença, então se enquadra como outros. Cada perfil pode ter permissões distintas que envolvem 3 possibilidades de manuseio do arquivo/pasta: Read (leitura), Writer (escrita/edição/exclusão) e eXecute (execução). Há duas formas diferentes de chegar aos valores: uma por meio de "pesos" 4 = leitura (R), 2 = escrita (W) e 1 = execução (X), assim se um tivermos 5 = 4+1, ou seja, tem permissão de leitura e execução, mas não de escrita. No caso da questão temos rwxr--r--, separando em grupos: D |G |O rwx | r-- | r-- , logo temos 4+2+1 | 4 | 4, por fim temos 744. O outro modo é decorar a tabela em que 1 representa que a permissão está presente.

R	W	X	Número	
			binário	Decimal
0	0	0	000	0
0	0	1	001	1
0	1	0	010	2
0	1	1	011	3
1	0	0	100	4
1	0	1	101	5
1	1	1	110	6
1	1	1	111	7

GABARITO: D.

965. (CCV–UFC – 2019 – UNIVERSIDADE FEDERAL DO CEARÁ/CE – TÉCNICO DE TECNOLOGIA DA INFORMAÇÃO – DESENVOLVEDOR DE SISTEMAS) Em um sistema operacional Linux, em qual dos seguintes comandos é possível visualizar a quantidade de memória utilizada no sistema?

a) free.

b) yacc.

c) lpstat.

d) netstat.

e) syslogd.

Nos sistemas operacionais do tipo Unix, o comando free exibe a quantidade total de memória física e de troca livre e usada e os buffers usados pelo kernel. O comando yacc é um compilador de compilador. O comando ipstat apresenta a lista dos serviços de impressão LP. o comando netstat imprime informações sobre conexões de rede, tabelas de roteamento, estatísticas de interface, conexões mascaradas e associações multicast.

GABARITO: A.

966. (IBADE – 2020 – IDAF/AC – ENGENHEIRO AGRÔNOMO) No Linux, qual comando mostra o conteúdo de um arquivo binário ou texto, só que em ordem inversa do arquivo?

a) Tac.

b) Cat.

c) Rm.

d) Cp.

e) Mv.

No Linux, o comando cat exibe o conteúdo de um arquivo de texto no terminal, é possível usar o comando tail para exibir apenas as 10 últimas linhas do arquivo, como também o comando

head para exibir as 10 primeiras linhas. O comando tac imprime todo o conteúdo invertendo a ordem das linhas (da última para a primeira). rm é o comando para remover, cp para copiar e mv é usado para mover ou renomear.

GABARITO: A.

967. **(COVEST–COPSET – 2019 – UNIVERSIDADE FEDERAL DE PERNAMBUCO/PE – QUÍMICO)** Considere no Linux padrão o comando que procura, num conjunto de arquivos-texto, e então imprime, as linhas de texto que contenham um padrão de caracteres prescrito. No caso, suponha que sejam arquivos com nomes "nome1.txt",, "nome2.txt", etc., e o padrão seja "sol". Assinale a alternativa que exibe o comando que faz o que se pede.

a) find "sol" nome?.txt

b) string "sol" nome*.txt

c) grep "sol" nome*txt

d) finger nome#.txt "sol"

e) cat nome#.txt > "sol"

O comando find permite realizar a busca por arquivos e pastas usando termos que serão procurados nas propriedades dos arquivos e pastas (como nome, data de criação, autor, permissões, formatos de arquivo, entre outros). Já o comando grep permite realizar uma pesquisa, principalmente, em arquivos que contenham o trecho de texto buscado. É importante delimitar o espaço de busca do grep para que seja mais rápido e eficiente, uma vez que varre arquivo por arquivo em busca do conteúdo desejado. É possível, ainda, combinar os dois comandos a fim de delimitar o espaço de busca do grep. Portanto, temos o find pra procurar usando informações sobre o arquivo/pasta e o grep para procurar dentro dos arquivos.

GABARITO: C.

968. **(COVEST–COPSET – 2019 – UNIVERSIDADE FEDERAL DE PERNAMBUCO/PE – QUÍMICO)** Considere no Linux padrão a questão das permissões de acesso aos arquivos. Suponha que um dado arquivo comum tem permissão total para o dono, permissão de leitura e execução para o grupo e permissão de execução para os demais usuários. O modo de permissões do arquivo, como apresentado pelo comando 'ls', é:

a) -rwx-wx--x.

b) -x-r--xrwx.

c) --xr-xrwx.

d) -rwxr-x--x.

e) x--rwxr-x.

Ao executar o comando ls –l, temos uma lista com o conteúdo do diretório atual exibida com detalhes, como dono, grupo, permissões e data de criação. Assim, devemos saber interpretar a parte dos detalhes que diz respeito às permissões. Ap ler devemos separar em grupos de tal modo |Dono|Grupo|Outros sendo que a ordem rwx (Read, Writer, eXecute – leitura, escrita e execução) se repete em cada grupo de tal modo que se a permissão não for atribuída ao grupo será representada com um (hífen) –. Veja o exemplo rwxr–x–wx: devemos ler separando os grupos de 3 em 3: rwx|r–x|–wx. Assim, o Dono tem todas as permissões, enquanto o Grupo tem

apenas permissões de leitura (Read) e execução (eXecute), já os outros podem escrever (writer) e executar, mas não podem ler o arquivo. Se observar com atenção, poderá encontrar uma letra d ou l no início drwxr-x-wx. Caso seja d, indica que se trata de um diretório (pasta); caso seja l, é um link; já arquivos usam o -(hífen) ficando -rwxr-x-wx.

GABARITO: D.

969. **(IBADE – 2019 – PREFEITURA DE ARACRUZ/ES – PROFESSOR DA EDUCAÇÃO INFANTIL)** Utilizando a linha de comandos em um computador com sistema operacional Linux, se um usuário deseja acessar ou mudar de diretório corrente, ele utiliza o comando:

a) find.

b) mkdir.

c) cd.

d) rd.

e) pwd.

Comando find é empregado em operações de busca. O comando mkdir (make directory) cria diretórios (pastas). O comando cd (change directory) é usado para navegar entre as pastas. O comando pwd (pathway directory) retorna o caminho do diretório atual. Já rd não é um comando aplicável.

GABARITO: C.

970. **(IBADE – 2020 – IDAF/AC – ENGENHEIRO AGRÔNOMO)** Qual o nome da classe de programas que funciona como interpretador de comandos e linguagem de programação no Linux, que é a principal ligação entre o usuário, os programas e o Kernel?

a) Kerne.

b) Hardware.

c) Scrip.

d) PID.

e) Shell.

Primeiramente, as únicas expressões escritas corretamente nas alternativas são PID (process ID – Número Identificador do processo) e Shell. No Linux, o Shell é o interpretador de comandos de texto inseridos no terminal. Atualmente, o Windows implementa uma variação chamada de PowerShell.

GABARITO: E.

971. **(FCC – 2019 – SANASA CAMPINAS/SP – ANALISTA ADMINISTRATIVO – CONTABILIDADE)** Um Analista de TI deseja:

Mostrar arquivos que estão na pasta em que o usuário está naquele momento, com informações detalhadas dos arquivos.

Mostrar a pasta atual que o usuário está no momento, para auxiliar quando for salvar ou criar arquivos.

Mostrar o conteúdo do arquivo.

No Linux, para executar as ações I, II e III devem ser usados, correta e respectivamente, os comandos

a) rm mv cd.

b) ls -l pwd cat.

c) cp cal cd.

d) cat -s cd -l cal.

e) ls rm -s pwd.

O comando rm (remove) é usado para remover arquivos, e pode ser usado para remover pastas (forçando o processo). O ls lista o conteúdo do diretório atual ou especificado; já cp copia o arquivo/pasta indicado e cola no local designado; por fim, cat é o comando que exibe, no terminal, o conteúdo de um arquivo texto. Algumas opções do ls são importantes como ls –l para exibir detalhes, ls –a para ver arquivos ocultos, ainda, podemos combiná-los ls –al ou ls –all.

GABARITO: B.

A placa de rede de um computador executando Linux estava apresentando um comportamento estranho.

De modo a tentar resolver o problema, digitou-se no console a seguinte sequência de comandos:

ifconfig eth0 down

ifconfig eth0 up

972. **(COPS-UEL – 2013 – POLÍCIA CIVIL/PR – DELEGADO DE POLÍCIA)** Em relação ao procedimento realizado, assinale a alternativa correta:

a) O primeiro comando diminuiu a velocidade do dispositivo de rede.

b) O primeiro comando reiniciou o driver de rede.

c) O segundo comando atuou na primeira interface Ethernet.

d) O segundo comando aumentou o throughput do dispositivo de rede.

e) O segundo comando testou o dispositivo de rede.

O primeiro comando desativa a primeira placa de rede eth0, enquanto o segundo comando a inicia.

GABARITO: C.

973. **(COPS-UEL – 2013 – POLÍCIA CIVIL/PR – DELEGADO DE POLÍCIA)** A montagem e a desmontagem de dispositivos no sistema operacional Linux utilizam arquivos presentes em que diretório?

a) /bin.

b) /usr.

c) /boot.

d) /dev.

e) /tmp.

No Linux, o diretório /bin é destinado a arquivos binários (executáveis) dos programas e comandos instalados. O diretório /usr (Unix System Resources – Recursos de Sistema Unix) é o local em que ficam as principais bibliotecas dos sistemas Unix e Linux. É comum que /bin, /sin e /lib apontem para links simbólicos a esse diretório. O /boot é responsável pelos arquivos necessários para o carregamento do sistema Linux. Já /dev contém os devices drivers (drivers de dispositivo). O diretório /tmp guarda os arquivos temporários da sessão de uso do sistema, já /var/tmp guarda arquivos temporários de forma por mais tempo.

GABARITO: D.

974. **(COPS–UEL – 2013 – POLÍCIA CIVIL/PR – DELEGADO DE POLÍCIA)** Deseja-se criar um link simbólico do arquivo vim, o qual deve ser chamado de vi. Assinale a alternativa que criará, corretamente, tal link simbólico:

a) cp -s vi vim.

b) ln -s vim vi.

c) ln -s vi vim.

d) cp vim vi.

e) cp vi vim.

O comando cp permite copiar arquivos e pastas, o comando ln permite criar links a opção -s indica que será um link simbólico. O grande ponto é a pegadinha entre os nomes: primeiro, indicamos para onde o link irá apontar e, depois, qual será o nome do link.

GABARITO: B.

975. **(COPS–UEL – 2013 – POLÍCIA CIVIL/PR – DELEGADO DE POLÍCIA)** Sobre os comandos do sistema operacional Linux, atribua V (verdadeiro) ou F (falso) às afirmativas a seguir.

( ) ls lista o conteúdo de um diretório.

( ) tar é utilizado para descompactar arquivos.

( ) top é utilizado para mudar a prioridade de processos.

( ) kill é utilizado para enviar sinais a processos.

( ) bg é utilizado para suspender a execução de um processo.

Assinale a alternativa que contém, de cima para baixo, a sequência correta.

a) V, V, F, V, F

b) V, F, V, V, F.

c) V, F, F, V, V.

d) F, F, V, F, V.

e) F, V, V, F, V.

O comando ls permite listar conteúdo de um diretório, é possível usar no Linux o comando dir (padrão no Windows para este fim). O comando tar é para empacotar/desempacotar arquivos e pastas em um arquivo, podendo usar junto a compactação, para isso usar em conjunto a opção -cz (c para criar arquivo e z para compactar usando gzip). O comando top exibe a lista de processos em execução ele não muda a prioridade. Com o comando kill podemos matar um processo indicando o seu PID visto pelo comando top, assim o kill envia um sinal para encerrar

o processo. Já o comando bg (background) coloca uma tarefa em execução em segundo plano, assim como o CTRL + Z.

GABARITO: A.

976. **(COPS–UEL – 2013 – POLÍCIA CIVIL/PR – DELEGADO DE POLÍCIA)** Com relação a pastas e programas, considere as afirmativas a seguir.

O comando cp a.txt b.txt irá criar uma cópia do arquivo a.txt.

O comando ren a.txt b.txt irá renomear o arquivo a.txt para b.txt.

O comando ps é utilizado para se alterar a senha do usuário.

O comando fg irá fazer um processo executar em primeiro plano.

Assinale a alternativa correta.

a) Somente as afirmativas I e II são corretas.

b) Somente as afirmativas I e IV são corretas.

c) Somente as afirmativas III e IV são corretas.

d) Somente as afirmativas I, II e III são corretas.

e) Somente as afirmativas II, III e IV são corretas.

Cuidado com pegadinhas relacionadas a renomear arquivos, pois ao usar comandos como cp e mv é possível indicar o nome com que o arquivo/pasta ficará, neste caso é importante observar que ao usar o cp estamos copiando um arquivo e colando um novo arquivo que até o momento será igual ao copiado e, ao colar, podemos definir qual será o nome colado como indica o item I. Já ao usar o comando mv além de mover para outra localização permite "mover" para o mesmo lugar, mas mudando apenas o nome de destino, nesse caso temos a ação de renomear o arquivo/pasta. O comando os lista os processos em execução e seu status, para alterar senhas de usuário devemos usar o comando passwd (de passMS-Word). O comando fg traz para primeiro plano o processo que estiver sendo executado em segundo plano, podemos enviar processo para segundo plano usando o atalho CTRL + Z. Atenção no terminal o atalho CTRL + C cancela comando executado.

GABARITO: B.

977. **(IDIB – 2020 – PREFEITURA DE COLINAS DO TOCANTINS/TO – ENGENHEIRO CIVIL)** Em sistemas operacionais como o Linux é comum que o usuário realize algumas ações através do uso de comandos através de terminal de texto. Assinale a alternativa que indica respectivamente o nome de comandos que no Linux são capazes de copiar e excluir arquivos:

a) cp e rm.

b) cd e exc.

c) mv e exc.

d) cp e exc.

O comando cp faz cópia; rm remove; cd navega entre as pastas; e mv permite mover e renomear arquivos.

GABARITO: A.

978. **(IBADE – 2020 – PREFEITURA DE VILA VELHA/ES – PROFESSOR – TECNOLOGIAS EDUCACIONAIS)** Fundada em 1985 por Richard Stallman, considerado o pai do Software Livre, a Free Software Fundation (FSF) é uma organização que leva adiante os princípios de Stallman, que sempre foi contra softwares proprietários.

Também é de autoria dele o projeto GNU que, junto do Kernel desenvolvido por Torvalds, formaria mais tarde o sistema operacional:

a) Ubuntu.

b) Linux.

c) Unix.

d) MAC OS.

e) Windows.

O Kernel Linux foi criado por Linus Torvalds, que identificou os módulos do sistema Unix necessários à maioria dos usuários e reescreveu em um código integrado e unificado que foi batizado pela comunidade como Linux. Ao juntar-se com Richard Matthew Stallman que encabeçou o desenvolvimento do sistema operacional GNU o Linux se tornou o núcleo do sistema, enquanto o GNU as suas funcionalidades ao usuário. O que muitos chamam de sistema operacional Linux na verdade é GNU/Linux.

GABARITO: B.

979. **(INSTITUTO AOCP – 2020 – PREFEITURA DE CARIACICA/ES – CONTADOR)** Ubuntu, Fedora e Debian são termos que representam:

a) tecnologias Wireless.

b) softwares aplicativos para a manipulação de imagens digitais.

c) distribuições do Sistema Operacional GNU/Linux.

d) modelos de memória de computador que utilizam a tecnologia flash.

As distrôs (distribuições) surgiram pelo fato de o GNU/Linux ser um software livre e permitir alteração de seu código fonte e distribuição. Assim, grupos da comunidade criam suas versões de sistema. A árvore genealógica do Linux é gigantesca, no entanto, alguns nomes são mais relevantes, como Debian, Redhat, Slackcware, Gentoo, Ubunu, Linux Mint, MX Linux, Arch Linux. São exemplos de softwares livres para manipulação de imagens GIMP, Inkscape e Tux Paint.

GABARITO: C.

980. **(IBADE – 2019 – PREFEITURA DE SERINGUEIRAS/RO – FISCAL DE OBRAS)** Em uma manutenção de rotina usam-se os comandos em momentos de monitoração e urgência. Qual o comando no modo de texto do Linux que lista todos os arquivos de um diretório?

a) DF.

b) CD.

c) MKDIR.

d) RM.

e) LS.

O comando df (disk free) exibe o espaço livre (disponível) e o espaço em uso do sistema de arquivos, cd navega entre as pastas, mkdir (make directory) cria pastas, rm remove arquivos e pastas, enquanto ls lista o conteúdo de um diretório. Ainda temos lshw que lista o hardware e lsof que lista os arquivos abertos.

GABARITO: E.

981. **(INSTITUTO AOCP – 2019 – PREFEITURA DE VITÓRIA/ES – TÉCNICO DE ENFERMAGEM)** Considerando o sistema Ubuntu Linux, assinale a alternativa correta:

a) Não apresenta Área de trabalho.

b) Não possui navegador de internet.

c) Traz por padrão as ferramentas Microsoft Office.

d) Permite visualizar arquivos PDF.

As ferramentas do MS-Office não executam nos sistemas Linux, mesmo com o Wine habilitado, pois utilizam bibliotecas específicas Windows como a DirectX. O Mozilla Firefox e Chrome são navegadores comumente empregados nas distribuições Linux. Além de possuir área de trabalho, o Linux trouxe o conceito de múltiplas áreas de trabalho antes que o Windows.

GABARITO: D.

Acerca de segurança e gerenciamento de informações, arquivos, pastas e programas, julgue o item a seguir.

982. **(CESPE – 2013 – MINISTÉRIO PÚBLICO DA UNIÃO – CONHECIMENTOS BÁSICOS PARA OS CARGOS 34 E 35)** Os arquivos salvos no Linux são guardados na pasta escolhida pelo usuário e, automaticamente, na pasta backup, o que facilita a integridade dos dados. No Linux, os arquivos salvos na pasta escolhida pelo usuário são automaticamente salvos na pasta backup, o que preserva a integridade dos dados.

O recurso de sincronização de pastas para efeito de backup depende de aplicações específicas com o Dropbox que também possui versão para Linux, algumas distribuições Linux como por exemplo o Ubuntu possuem serviços próprios para essas finalidades. Contudo não há uma regra geral, e ainda, depende de configuração por parte do usuário. Já no Windows 10 ao ser instalado já é solicitado ao usuário uma conta Microsoft para que possa vincular com o OneDrive.

GABARITO: ERRADO.

Julgue os próximos itens, relativos ao sistema operacional Linux, ao programa Microsoft Excel 2013 e ao programa de navegação Google Chrome.

983. **(CESPE – 2017 – POLÍCIA MILITAR/AL – SOLDADO)** Conhecido como o superusuário do sistema operacional Linux, o usuário root é capaz de realizar diversas tarefas de administração do sistema; entre elas, a de cadastrar outros usuários.

O root é, normalmente, conhecido como usuário raiz, ele tem poderes de superusuário, contudo no Linux é possível atribuir o perfil de superusuário a mais de um usuário, porém, o usuário denominado root é único.

GABARITO: CERTO.

984. **(CESGRANRIO – 2018 – BANCO DA AMAZÔNIA/AM – TÉCNICO CIENTÍFICO – MEDICINA DO TRABALHO)** Considere o seguinte comando do sistema operacional Linux.

find / -name ' * '

Esse comando irá:

a) encontrar o arquivo * no diretório raiz.

b) listar os atributos dos arquivos e das pastas no diretório raiz, com exceção dos nomes dos arquivos.

c) listar apenas os arquivos e as pastas no diretório raiz.

d) listar apenas os arquivos no diretório raiz.

e) recursivamente listar todas as pastas e arquivos visíveis ao usuário a partir do diretório raiz.

O comando find permite buscar arquivos e pastas a partir de propriedades como autor, data de criação, palavras-chave vinculadas entre outros. Já o comando grep permite buscar no conteúdo dos arquivos. Ao indicar o caminho, o usuário indica que deseja buscar a partir do diretório raiz (/). O -name é a opção para indicar que a busca dever ser pela propriedade nome, a expressão ' * ' usa apenas o sinal asterisco que representa qualquer. Assim, todos arquivos e pastas serão exibidos. Caso a expressão fosse '.*' limitaria o resultado a arquivos, uma vez que as pastas não usam extensões.

GABARITO: E.

985. **(CESGRANRIO – 2018 – BANCO DA AMAZÔNIA/AM – TÉCNICO CIENTÍFICO – TECNOLOGIA DA INFORMAÇÃO)** Que comando deve usar um usuário Linux para criar, no diretório em que está, um link simbólico com o nome "file1" para um arquivo "file2" que está no subdiretório "/etc/variado/"?

a) link /etc/variado/file2 file1.

b) link -s file1 /etc/variado/file2.

c) ln /etc/variado/file2 file1.

d) ln -s /etc/variado/file2 file1.

e) ln -s file1 /etc/variado/file2.

Para criar links (atalhos), o comando usado no terminal Linux é o ln. A opção -s deve ser empregada para indicar que se trata de um link simbólico. Em seguida, o usuário deve indicar para onde o link será apontado e, depois, o nome do atalho.

GABARITO: D.

986. **(CESPE – 2017 – POLÍCIA MILITAR/AL – SOLDADO)** No Linux, a expressão soldados-da-pm-de-alagoas.odt não seria válida para a identificação de um arquivo, pois, nesse sistema operacional, é vedada a criação de arquivos com nomes compostos por mais de dezesseis caracteres.

Certo ( ) Errado ( )

A limitação do tamanho do nome de um arquivo depende do sistema de arquivos utilizado. Por exemplo, EXT e NTFS suportam 255 caracteres.

GABARITO: ERRADO.

987. **(FCC – 2014 – TRT – 16° REGIÃO/MA – ANALISTA JUDICIÁRIO)** Originalmente, os sistemas operacionais Windows e Linux possuíam primordialmente interfaces de modo texto, tais como o Prompt de comando no Windows e o Shell de comando no Linux, para que o usuário utilizasse os recursos do sistema operacional. Por exemplo, para listar os arquivos de uma pasta utilizando o Prompt de comando do Windows deve-se utilizar o comando dir. O comando equivalente no Shell de comando do Linux é:

a) ls.

b) pwd.

c) cat.

d) mkdir.

e) cd.

O comando ls lista os arquivos e as pastas do diretório atual, enquanto que pwd é o comando dos "perdidos", pois informa qual é o diretório atual. O comando cat é usado para exibir o conteúdo de um arquivo, mas são exibidos apenas os arquivos do tipo texto. Usa-se o comando mkdir para criar novos diretórios e cd para navegar entre as pastas. Observe que os comando são todos em minúsculas, pois isso faz diferença no Linux.

GABARITO: A.

988. **(CESPE – 2016 – PC/GO – CONHECIMENTOS BÁSICOS)** Para o correto funcionamento de determinado ambiente computacional, é necessário que o programa xpto, gravado no diretório /home/fulano/, seja executado simultaneamente aos outros programas do sistema operacional Linux que estejam em execução.

A respeito dessa situação, é correto afirmar que a execução do programa xpto.

a) Não ocorre, pois o programa se encontra no diretório /home, onde o Linux não permite gravação de arquivos binários.

b) Pode ser verificada por meio do comando ps -ef | grep xpto.

c) Pode ser verificada por meio do comando ls /home/fulano.xpto | proc.

d) Pode ser verificada por meio do comando ls process xpto1 | sys/proc.

e) Pode ser verificada por meio do comando ls xpto | /sys/proc.

O comando ps -ef lista os processos ativos, enquanto o comando ls lista os arquivos e as pastas do diretório atual ou do diretório passado como parâmetro.

GABARITO: B.

989. **(AUTOR –2020)** O QEMU é um software livre que emula um computador completo, incluindo um processador e vários periféricos. Ele pode ser utilizado para prover hospedeiros virtuais de vários computadores virtuais em um único computador.

Certo ( ) Errado ( )

Ele é similar ao VMware e Virtual Box, porém é específico para o Linux.

GABARITO: CERTO.

990. **(AUTOR –2020)** O Linux é um sistema operacional que opera sobre a licença freeware e que assim como o Windows é um sistema multitarefa e multiusuário, mas ao contrário do Windows o Linux é gratuito.

Certo ( ) Errado ( )

O Linux é regido pela GPL, ou seja, pela licença de Software Livre, Freeware é a licença de software gratuita.

GABARITO: ERRADO.

991. **(AUTOR –2020)** GNU/Linux é o nome dado ao Kernel do Linux, baseado nele foram criadas várias distribuições nas quais se destacam o Ubuntu, Fedora, Gnome e Debian.

Certo ( ) Errado ( )

Gnome é o nome de um gerenciador de interface gráfica do Linux.

GABARITO: ERRADO.

992. **(AUTOR –2020)** O Wine é um aplicativo Opensource para Linux, que emula o sistema operacional Windows para viabilizar a instalação de aplicativos específicos do Windows no Linux.

Certo ( ) Errado ( )

O próprio nome WINE significa Wine Is Not Emulator (Wine não é um Emulador), pois está mais para um simulador.

GABARITO: ERRADO.

993. **(AUTOR –2020)** Quando se é instalado dois sistemas operacionais em um mesmo computador é necessário um gerenciador de boot para que no momento da inicialização do computador o usuário possa escolher qual sistema deseja utilizar. No caso de um computador com Linux e Windows instalados pode-se utilizar ou o GRUB ou o LILO como gerenciadores de boot.

Certo ( ) Errado ( )

O dual boot descrito na questão exemplifica dois dos gerenciadores de boot mais usados, que são instalados juntamente com a instalação do Linux.

GABARITO: CERTO.

994. **(AUTOR –2020)** No terminal o comando ls é utilizado para listar arquivos e pastas presentes no diretório atual, enquanto que o comando cd serve para navegar entre as pastas, contudo os comandos podem ser executados utilizando parâmetros como ls -a equivalente a ls -all que exibe todos os arquivos inclusive os ocultos em forma de lista, e o comando cd - que volta para o diretório anterior.

Certo ( ) Errado ( )

A questão cita os conceitos, mas existem diversos outros parâmetros que dependem de cada comando.

GABARITO: CERTO.

995. **(CESPE – 2013 – PC/DF – AGENTE DE POLÍCIA)** O kernel do Windows é software proprietário enquanto que o do Linux é software livre, por isso o Linux vive em constante atualização, já o Windows depende de manutenção pela Microsoft.

Certo ( ) Errado ( )

O Kernel, do Linux, também chamado de GNU/Linux, foi desenvolvido por Linus Torvald e ostenta a bandeira do software livre como evolução.

GABARITO: CERTO.

996. **(CESPE – 2013 – PC/DF – AGENTE DE POLÍCIA)** Sistemas operacionais como o Linux e o Windows registram diversos tipos de eventos relacionados ao uso de computadores, tais como data e hora de login de um usuário cadastrado.

Certo ( ) Errado ( )

Essas informações são utilizadas para apurações de fraudes ou uso indevido do computador, de modo geral, para a identificação dos usuários que utilizaram o computador para desempenhar alguma ação.

GABARITO: CERTO.

997. **(CESPE – 2013 – PC/DF – AGENTE DE POLÍCIA)** No sistema operacional Linux o comando chown pode ser utilizado por qualquer usuário para alterar o dono de um arquivo, enquanto que o comando chmod pode ser executado para alterar os níveis de permissões.

Certo ( ) Errado ( )

O comando chown só pode ser executado pelo administrador ou pelo dono do arquivo. Já o comando chmod, assim como descrito, altera os níveis de permissão de leitura, escrita e execução.

GABARITO: ERRADO.

998. **(CESPE - 2013 - POLÍCIA FEDERAL - PERITO CRIMINAL FEDERAL - CONHECIMENTOS BÁSICOS)** Em computadores com sistema operacional Linux ou Windows, o aumento da memória virtual possibilita a redução do consumo de memória RAM em uso, o que permite executar, de forma paralela e distribuída, no computador, uma quantidade maior de programas.

Certo ( ) Errado ( )

A memória virtual é um espaço do HD usado para gravar temporariamente dados que estão na memória (RAM) do computador, a fim de liberar espaço nela para que as novas demandas sejam atendidas. Na sequência, os dados são restaurados do HD para a RAM. Assim, o correto é aumentar a quantidade de memória RAM para evitar uso da memória virtual, que torna o computador mais lento.

GABARITO: ERRADO.

999. **(CESPE - 2013 - POLÍCIA FEDERAL - PERITO CRIMINAL FEDERAL - CONHECIMENTOS BÁSICOS)** Considere que um usuário disponha de um computador apenas com Linux e BrOffice instalados. Nessa situação, para que esse computador realize a leitura de um arquivo em formato de planilha do Microsoft Office Excel, armazenado em um pendrive formatado com a opção NTFS, será necessária a conversão batch do arquivo, antes de sua

leitura com o aplicativo instalado, dispensando-se a montagem do sistema de arquivos presente no pendrive.

Certo ( ) Errado ( )

Questão completamente confusa. Há os programas e há os sistemas. Os arquivos dependem diretamente do programa que será aberto, e não do sistema operacional em uso. Além disso, os sistemas de arquivos influenciam, no máximo, no tamanho dos arquivos. Contudo, Windows e Linux trabalham com NTFS como FAT.

GABARITO: ERRADO.

1000. (IMA – 2015 – PREFEITURA DE CANAVIEIRA/PI – TÉCNICO DE ENFERMAGEM) A respeito do sistema Operacional Linux, marque a única alternativa FALSA.

a) ROOT é o nome do Super usuário.

b) diretório raiz é representado por um sinal de adição (+).

c) O Kernel é o núcleo do sistema operacional, a parte mais próxima do hardware(parte física).

d) Shell é nome genérico de uma classe de programas que funcionam como interpretador de comandos. Ele traduz os comandos digitados pelo usuário para a linguagem usada pelo Kernel e vice-versa. Sem o Shell a interação entre usuário e o Kernel seria bastante complexa.

No Linux, recomenda-se utilizar o usuário root apenas em casos necessários. Para o dia a dia, recomenda-se criar outro usuário, pois o root é o usuário com maiores poderes no sistema Linux. O diretório raiz do Linux é o /. O nome GNU Linux, na verdade, é o nome de um Kernel, muito usado por outros sistemas como Debian, Fedora, Suse, Ubuntu. Porém, é comum achar que esses são sistemas operacionais Linux ou distribuições Linux. Na realidade, cada um é um sistema operacional diferente, mas que possuem um mesmo núcleo. Os comandos do terminal são iguais na grande maioria de distribuições, pois é construído diretamente no Kernel. Outro nome bastante comum dado ao terminal é Shell.

GABARITO: B.

1001. (IMA – 2015 – PREFEITURA DE CANAVIEIRA/PI – TÉCNICO DE ENFERMAGEM) Qual é a função do comando shutdown no sistema Operacional Linux?

a) Apaga a conta do usuário especificado.

b) Limpar a tela.

c) Cria uma nova conta de usuário.

d) Desliga ou reinicia o computador.

Para excluir uma conta de usuário, o comando é userdel, enquanto o comando clear é usado para limpar a tela do terminal. Para criar um novo usuário, pode-se utilizar o comando adduser.

GABARITO: D.

1002. (IF–TO – 2015 – INSTITUTO FEDERAL/TO – ENFERMEIRO DO TRABALHO) Analise as afirmações abaixo:

I. No Linux, todo arquivo executável tem como extensão o sufixo .exe.

II. Nas várias distribuições Linux, os navegadores que rodam nativamente nesse ambiente são: Microsoft Internet Explorer, Mozilla Firefox e Google Chrome.

III. O Linux não possui interface de usuário gráfica (GUI). Por essa razão, seu uso é bem menos popular que o do Microsoft Windows.

IV. Usuários com permissões totais de superusuário são os únicos capazes de reiniciar o sistema operacional.

a) Todas as afirmativas são verdadeiras.

b) Somente I e II são verdadeiras.

c) Somente I, II e III são verdadeiras.

d) Somente IV é verdadeira.

e) Nenhuma afirmativa é verdadeira.

Para que um arquivo seja chamado de executável, ele não precisa possuir, essencialmente, a extensão .exe, embora essa seja a extensão mais comumente usada no ambiente Windows. Já no ambiente Linux, o formato .exe não é utilizado, porém ainda se usa a expressão executável. Os arquivos com extensão .bin são os executáveis mais comuns no Linux. Contudo, no Windows e no Linux não existe apenas um formato executável. No Windows, arquivos .bat e .com também são executáveis. Quanto ao item II: o Internet Explorer não possui versão para Linux; já os outros navegadores citados, assim como o Opera, possuem. Item III: o Linux há muito tempo possui interface gráfica, inclusive conta com vários gerenciadores diferentes, ao contrário do Windows que possui apenas um. Dentre as GUIs do Linux, se destacam Gnome e KDE. Item IV: tanto no Windows como no Linux qualquer usuário pode reiniciar o sistema operacional. Na verdade, não é necessário nem sequer ser usuário para executar tal tarefa. Por exemplo, ao ligar o computador e o sistema apresentar a tela de login, é possível encontrar as opções desligar e reiniciar, sem que o usuário precise logar para isso.

GABARITO: E.

1003. (AUTOR – 2018) Nas distribuições Linux, as principais bibliotecas de sistema e os arquivos de configuração e scripts de inicialização ficam armazenados nos seguintes diretórios: /bib e /bot.

Certo ( ) Errado ( )

O diretório que contém os principais arquivos de configuração do sistema Linux é o /etc. Já as bibliotecas se encontram no /lib. O diretório /boot armazena os arquivos essenciais para o boot do sistema operacional; não existe diretório /bot.

GABARITO: ERRADO.

1004. (AUTOR – 2018) Embora os sistemas operacionais Linux e Windows possuam características distintas, o Windows foi construído para que aplicações desenvolvidas para sistemas Linux também sejam executadas por ele.

Certo ( ) Errado ( )

Cada sistema tem seu conjunto de chamadas de sistemas, assim como estrutura de executáveis diferentes.

GABARITO: ERRADO.

Com base nos conceitos sobre sistemas operacionais e nos sistemas Windows e Linux, julgue o que se segue.

1005. **(AUTOR – 2018)** O Kernel monolítico do Linux é responsável por realizar o escalonamento de processos, gerenciamento de memória, operações de entrada e saída, acesso ao sistema de arquivos.

Certo ( ) Errado ( )

Uma característica do núcleo Linux é que algumas das funções podem ser compiladas e executadas como módulos. São bibliotecas compiladas separadamente da parte principal do núcleo. O Kernel é a principal parte do sistema operacional. No caso do Linux, o projeto GNU Linux foi responsável por unificar em uma única estrutura as funções de todos os módulos e subsistemas necessários para o funcionamento do sistema.

GABARITO: CERTO.

1006. **(AUTOR – 2018)** Um agente federal usando um computador com Linux utilizou o terminal para navegar entre suas pastas de usuário, após um tempo não se lembrava em qual pasta estava, para verificar em que pasta estava usou o comando pwd.

Certo ( ) Errado ( )

O comando pwd retorna o caminho do diretório atual.

GABARITO: CERTO.

1007. **(AUTOR – 2018)** No Linux o diretório \home\joao é o responsável por armazenar os arquivos do usuário de nome joao.

Certo ( ) Errado ( )

No Linux, o caminho dos diretórios e pastas utiliza a / (barra normal). O Windows usa \ (barra invertida). O diretório /home/joao é o diretório do usuário de nome joao.

GABARITO: ERRADO.

1008. **(CESPE – 2013 – SEGESP/AL – TÉCNICO FORENSE)** Diferentemente do Linux, o Windows permite que o usuário crie sua própria versão de sistema operacional mediante a alteração do código-fonte do programa.

Certo ( ) Errado ( )

O Linux por ser software livre tem seu código fonte aberto, logo o usuário que desejar, e possuir conhecimento necessário, pode alterar o código fonte e compilar sua versão modificada em uma nova versão do sistema operacional, já o Windows é software proprietário, portanto seu código fonte é fechado.

GABARITO: ERRADO.

1009. **(CESPE – 2014 – ICMBIO – TODOS OS CARGOS)** Constitui desvantagem do Linux o fato de sua instalação ser aceita apenas em arquiteturas de hardware consideradas incomuns

Certo ( ) Errado ( )

O Linux, assim como, o Windows é desenvolvido para hardwares genéricos, ou seja, independentemente do fabricante ou modelo de placa mãe, processador, HD, entre outros. Já o Mac Os

é um pouco mais restrito, pois foi criado para operar em alguns modelos apenas. Dessa forma, ele consegue explorar o máximo do equipamento otimizando seu uso.

GABARITO: ERRADO.

EDITORES DE TEXTO

1010. **(CESPE – 2009 – MMA – Agente Administrativo)** Para salvar um arquivo que foi alterado por editor de texto que esteja sendo executado no ambiente Windows XP, é suficiente utilizar a opção Salvar como do editor. Nesse caso, a versão anterior do arquivo será excluída da pasta atual, sendo criado um arquivo com novo nome, que deve ser fornecido pelo usuário.

Certo ( ) Errado ( )

A opção Salvar Como não exclui arquivos, apenas permite Salvar Como o novo documento com um novo nome ou outro local.

GABARITO: ERRADO.

1011. **(CESPE – 2009 – MMA – Agente Administrativo)** Por meio de editores de texto e planilhas eletrônicas, é possível criar links para arquivos disponíveis na Internet, a partir da digitação do endereço de destino do arquivo no documento em elaboração no editor ou na planilha.

Certo ( ) Errado ( )

O link pode endereçar para uma página ou um arquivo na Internet ou mesmo um arquivo local.

GABARITO: CERTO.

1012. **(AUTOR – 2013)** O BrOffice, assim como o Libre Office, é atribuído da Licença de Software Livre, a qual torna o programa gratuito, no entanto, caso ele seja usado para fins comerciais deve-se pagar a licença de uso para os desenvolvedores do software.

Certo ( ) Errado ( )

Uma das características do software livre é o seu uso, independentemente da finalidade.

GABARITO: ERRADO.

1013. Na suíte de aplicativos do Microsoft Office, o recurso de controle de alterações está disponível no MS-Word, assim como no MS-Excel, contudo a suíte de aplicativos BrOffice oferece a opção de controle de alterações apenas no Writer.

Certo ( ) Errado ( )

Assim como o MS-Word e MS-Excel, é possível controlar as alterações do BrOffice, com exceção aos editores de apresentação.

GABARITO: ERRADO.

1014. **(REIS & REIS – 2015 – PREFEITURA DE SANTANA DO JACARÉ/MG – PSICÓLOGO)** Editor simples de texto utilizado para gerar programas e retirar a formatação de um texto. Sua extensão de arquivo padrão é .TXT:

a) Bloco de Notas.

b) MS-Word Press.

c) MS-Word.

d) MS-Word Pad.

Em uma escala de funcionalidades como editor de texto, podemos listar do mais simples ao mais completo, sendo Bloco de Notas, MS-Word Pad e Microsoft MS-Word. O Bloco de Notas salva por padrão no formato .TXT, no entanto, o usuário pode renomear a extensão manualmente para a extensão desejada, como HTML, XML, CSV, entre outros. O MS-Word Pad salva por padrão no formato .RTF. Já o MS-Word Press é um sistema de gerenciamento de blogs.

GABARITO: A.

1015. (REIS & REIS – 2015 – PREFEITURA DE SANTANA DO JACARÉ/MG – PSICÓLOGO) Observe a formatação a seguir:

Verdana.

Itálico.

Tamanho 8.

Está referindo-se a(à):

a) Parágrafo.

b) Coluna.

c) Fonte.

d) Tabulação.

As formatações atreladas ao caractere de texto são formatações de fonte; as formatações de parágrafo são aquelas que alteram as propriedades do parágrafo como um todo.

GABARITO: C.

1016. (IF-TO – 2015 – INSTITUTO FEDERAL/TO – ENFERMEIRO DO TRABALHO) Ao realizar uma impressão a partir do comando Imprimir no menu Arquivo, podemos ter a alternativa de imprimir um conjunto de páginas. Neste caso, se quisermos imprimir as páginas 4, 5 e de 7 a 9, a sintaxe a ser utilizada é:

a) 4, 5, 7:9.

b) 4, 5, 7-9.

c) 4; 5; 7:9.

d) 4: 5: 7-9

e) 4: 5: 7-9.

Na grande maioria dos programas, a definição do conjunto de páginas que serão impressas é igual, de modo que se utiliza a vírgula para indicar páginas aleatórias (lê-se como E) e o sinal de menos para indicar um intervalo contínuo de páginas (lê-se como ATÉ). Vale observar a possibilidade do uso das expressões "inclusive" e "exclusive". Dessa forma, dizer que se deseja imprimir o intervalo de páginas de 3 até 15 exclusive, significa que a página 3 e 15 não devem ser impressas, logo pode-se indicar o intervalo por 4-14.

GABARITO: B.

1017. (PRJ – 2015 – PREFEITURA DE RIO DE JANEIRO/RJ – ASSISTENTE ADMINISTRATIVO) Um assistente administrativo da Rio Saúde digitou um texto durante a execução das atribuições inerentes ao cargo que exerce. Após finalizar o trabalho, salvou o texto digitado em um documento no disco rígido. Nos editores Writer do LibreOffice v4.3.5.2 e no MS-Word 2010 BR, a atividade de salvar arquivos é realizada, respectivamente, por meio dos seguintes atalhos de teclado:

a) Ctrl + S e Ctrl + B.

b) Ctrl + B e Ctrl + S.

c) Ctrl + B e Ctrl + B.

d) Ctrl + S e Ctrl + S.

CTRL + S no MS-Word sublinha, enquanto CTRL + B no Writer aplica o efeito de fonte Negrito. No MS-Word, o negrito é obtido pelo atalho CTRL + N (Este atalho no Writer cria novo documento em branco).

GABARITO: A.

Writer

A versão 6.3.1 do LibreOffice Writer é referência para a questão.

A respeito dos recursos utilizados para a revisão de textos, considere as seguintes afirmativas:

São registradas as mudanças feitas por um revisor, tais como adições, exclusões, alterações de texto e formatação normal.

As alterações realizadas num documento podem ser aceitas individualmente ou todas de uma só vez.

Se uma pessoa alterar as modificações que outra pessoa realizou, a mais recente será mantida e as anteriores, removidas.

A revisão pode ser ativada clicando-se em Editar > Registrar alterações > Registrar.

1018. (UFPR – 2020 – CÂMARA DE CURITIBA/PR – REDATOR) Assinale a alternativa correta:

a) Somente a afirmativa 1 é verdadeira.

b) Somente a afirmativa 2 é verdadeira.

c) Somente as afirmativas 3 e 4 são verdadeiras.

d) Somente as afirmativas 1, 2 e 4 são verdadeiras.

e) As afirmativas 1, 2, 3 e 4 são verdadeiras.

O registro de alterações destaca as alterações de cada usuário, logo, se um alterar sugestões de outro corretor, elas possuirão as duas indicações.

No Libre Office Writer, o usuário pode utilizar o recurso de controlar alterações de forma similar ao MS-Word. No entanto, tal opção encontra-se no menu Editar e dentro do conjunto de opções Registrar alterações deve ativar a opção Registrar, conforme descreve o item 4. Uma vez ativa, todas as ações de inserção, edição, formatação e exclusão serão realizadas, mas, como sugestão, as exclusões não são removidas do texto. Elas ficam com outra cor e efeito tachado para indicar a sugestão. De igual modo, a inserção aparece com outra cor e sublinhada. Já as formatações são indicadas em caixas de comentários (denominadas de anotações no Writer). Após realizar

as alterações, o usuário deve salvar o documento e, em seguida, encaminhar para outro corretor ou devolver ao usuário. Caso outro corretor realize sugestões, as sugestões do primeiro usuário ficarão com cor diferente do segundo correto. Ao receber as correções, o usuário pode clicar com o botão direito do mouse sobre as sugestões e aceitar ou recusar as alterações, podendo fazer isso para cada sugestão ou ainda aceitar todas de uma vez (ter cuidado ao fazer isso para documentos com dois corretores).

GABARITO: D.

A versão 6.3.1 do LibreOffice Writer é referência para a questão.

Considere o seguinte a imagem a seguir.

TÍTULO I..6
DISPOSIÇÕES PRELIMINARES..6
CAPÍTULO I...6
DA SEDE DA CÂMARA...6
CAPÍTULO II..6
DAS FUNÇÕES DA CÂMARA...6
CAPÍTULO III...7
DA LEGISLATURA...7
Seção I..7
Da sessão preparatória..7
Seção II...7
Da sessão de instalação..7
Seção III..8
Da sessão legislativa ordinária...8

1019. (UFPR – 2020 – CÂMARA DE CURITIBA/PR – REDATOR) Para incluir a indicação das páginas de cada título, conforme demonstrado no trecho acima, utiliza-se o recurso:

a) "Organizador", encontrado no menu "Formatar", opção "Página".

b) "Sumário, Índice ou Bibliografia", encontrado no menu "Inserir", opção "Sumário e Índice".

c) "Número da Página", encontrado no menu "Inserir", opção "Sumário".

d) "Índice", encontrado no menu "Formatar", opção "Marcadores e Numerações".

e) "Lista numerada", encontrado no menu "Formatar", opção "Listas".

Primeiramente, para usar o recurso de sumário, é necessário utilizar os estilos de formatação de título; para usar o índice e criar um índice remissivo, é necessário marcar as entradas de índice e, para usar da bibliografia, usar a Entrada Bibliográfica.

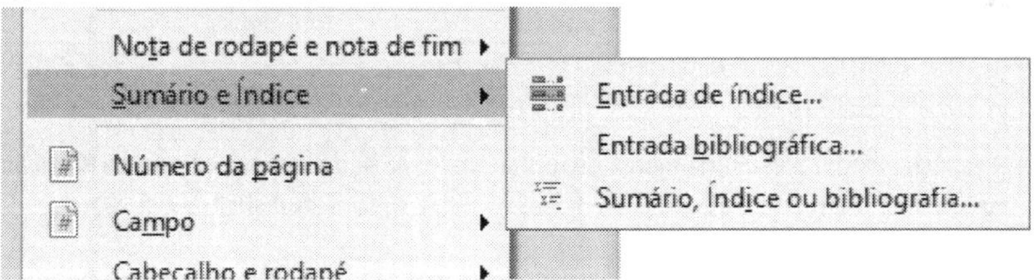

GABARITO: B.

A versão 6.3.1 do LibreOffice Writer é referência para a questão.

1020. (UFPR – 2020 – CÂMARA DE CURITIBA/PR – REDATOR) O uso de estilos permite que diversas formatações sejam aplicadas a um documento de forma automatizada. São tipos de estilos disponíveis no LibreOffice Writer:

a) Apresentação, Quadro, Página.

b) Lista, Célula, Quadro.

c) Parágrafo, Lista, Tabela.

d) Caractere, Apresentação, Página.

Ao utilizar os estilos de formatação de texto, podemos vincular em uma única ação de formatação várias formatações de texto, como negrito, itálico e sublinhado. Por padrão, as categorias de estilos disponíveis são representadas na barra lateral ao escolher os estilos (em destaque dentro do retângulo indicado).

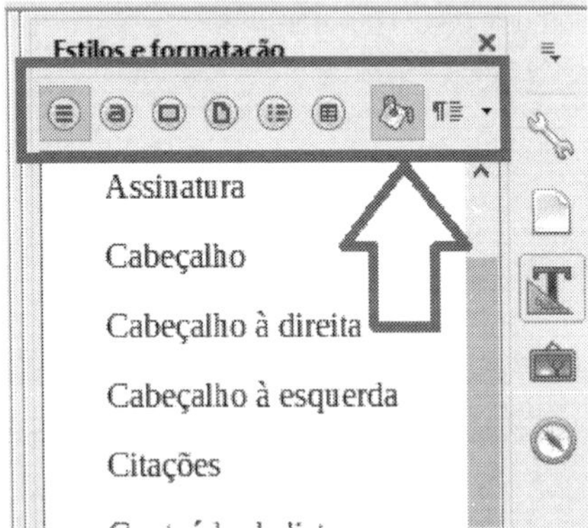

Nessa lista, temos estilos de parágrafo, caractere, quadro, Página, lista e tabela. Não temos, portanto, apresentação ou célula.

GABARITO: C.

A versão 6.3.1 do LibreOffice Writer é referência para a questão.

1021. **(UFPR – 2020 – CÂMARA DE CURITIBA/PR – REDATOR)** O recurso do Writer que impede a quebra de linha entre duas palavras é chamado de Inserir:

a) espaço inseparável

b) agrupamento inseparável.

c) quebra incondicional.

d) quebra opcional sem largura.

e) quebra condicional.

O espaço inseparável é uma marca de formatação que pode ser encontrada no Menu Inserir ou pode ser acionado pelo atalho CTRL + SHIFT + Espaço, conforme ilustrado a seguir.

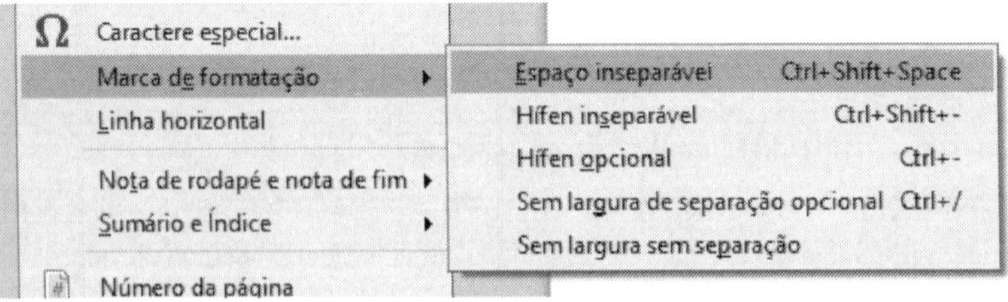

GABARITO: A.

A versão 6.3.1 do LibreOffice Writer é referência para a questão.

Considere a imagem a seguir.

> **LEGISLAÇÃO**
> RESOLUÇÃO Nº 08
> de 03 de dezembro de 2012
> publicada no DOM de 20/12/2012
>
> Institui o Regimento Interno da Câmara Municipal de Curitiba.
>
> A CÂMARA MUNICIPAL DE CURITIBA, CAPITAL DO ESTADO DO PARANÁ, APROVA A SEGUINTE RESOLUÇÃO:

1022. **(UFPR – 2020 – CÂMARA DE CURITIBA/PR – REDATOR)** Considerando que o trecho "Institui o Regimento Interno da Câmara Municipal de Curitiba" foi selecionado, o recurso que permite configurá-lo à direita do documento é:

a) Mover para a direita.

b) Alinhar à direita.

c) Definir entrelinha.

d) Diminuir recuo.

e) Aumentar recuo.

Observe atentamente que o texto se encontra alinhado à esquerda, porém, com deslocamento do recuo esquerdo. Caso o texto estivesse alinhado à direita, a palavra "Curitiba" deveria terminar abaixo de "da".

GABARITO: E.

1023. **(NC-UFPR – 2019 – FPMA/PR – AUXILIAR ADMINISTRATIVO)** Considere Libre Office Writer. Qual a funcionalidade do botão ¶?

a) Criar um indicador para um ponto específico do documento.

b) Inserir símbolos que não constam no teclado.

c) Inserir equações matemáticas usando uma biblioteca de símbolos matemáticos.

d) Mostrar/ocultar marcas de parágrafo e outros símbolos de formatação.

e) Formatar o parágrafo selecionado com Estilo Normal.

O botão refere-se à opção que permite exibir os caracteres não imprimíveis. Ele pode ser ativado pelo atalho CTRL + F10. Ao ativar, serão exibidos pontos à meia altura da linha, representando os espaços (um ponto para cada toque na tecla espaço). Ao final de cada parágrafo, aparece o mesmo caractere do próprio botão. Outras marcas também são exibidas como tabulações.

GABARITO: D.

1024. **(UFPR – 2018 – UNIVERSIDADE FEDERAL DO PARANÁ/PR – ASSISTENTE DE ADMINISTRAÇÃO)** Para o acompanhamento de alterações em um documento no LibreOffice Writer (geralmente utilizado para revisão ou edição de textos), é necessário ativar a gravação de mudanças. Assinale a alternativa que apresenta o caminho para a ativação dessa funcionalidade:

a) Arquivo → Propriedades → Controlar mudanças.

b) Editar → Registrar Alterações → Registrar.

c) Editar → Mostrar Marcações.

d) Revisão → Mostrar Marcações.

e) Revisão → Controlar alterações.

O recurso para controlar as alterações no LibreOffice Writer está disponível no menu Editar ou pelo atalho CTRL + SHIFT + C. Este recurso é do tipo ativado/desativado. Uma vez ativas, as alterações executadas no documento são marcadas como sugestões de alteração, de modo que as inserções ficam com outra cor e sublinhadas, e as exclusões além de outra cor ficam tachadas. No MS-Word, a função equivalente é encontrada na guia Revisão ou pelo atalho CTRL + SHIFT + E.

GABARITO: B.

1025. **(NC–UFPR – 2015 – COPEL – TÉCNICO ADMINISTRATIVO I)** No LibreOffice (versão que substituiu o BrOffice) 4.4 Writer, qual a funcionalidade do botão com o símbolo Ω?

a) Mostra caracteres não imprimíveis.

b) Insere caracteres especiais.

c) Insere uma caixa de texto.

d) Executa uma macro.

e) Insere quebra de página.

O indicado que insere caracteres especiais é denominado no MS-Word como Símbolo. Ele abre no Writer a janela de caracteres especiais ilustrada a seguir.

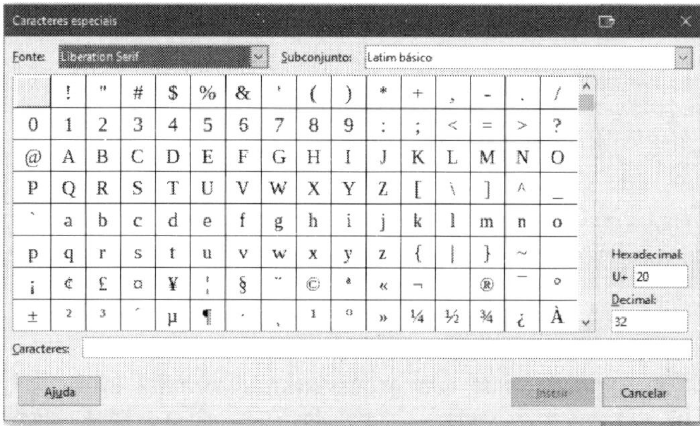

GABARITO: B.

1026. **(NC–UFPR – 2013 – COPEL – TELEATENDENTE II)** No BrOffice/LibreOffice 3.4 Writer, qual é a função do botão que contém o símbolo ¶?

a) Inserir fórmulas.

b) Inserir símbolos.

c) Acionar a ajuda.

d) Mostrar caracteres não imprimíveis.

e) Acionar a hifenização automática.

Também chamado de Caracteres não imprimíveis (ou exibir marcas de formatação), o botão (cujo atalho é CTRL + F10 no Writer e CTRL + * no MS-Word) permite visualizar as marcas de edição junto ao texto. Por exemplo, o ponto à meia altura da linha, que representa o espaço; e o mesmo símbolo do botão ao final de uma linha, indicando o fim de um parágrafo de texto. Veja a imagem a seguir com o recurso ativo.

Ele·ouviu·passos·silenciosos·atrás·dele.·Isso·não·
estava·certo.·Quem·poderia·estar·lhe·seguindo·a·esta·
hora·da·noite·e·nesta·parte·isolada·da·cidade?·E·justo·
neste·exato·momento·em·que·ele·iria·dar·o·seu·grande·
golpe.¶
Haveria·outro·safado·que·teria·tido·a·mesma·idéia,·e·
estaria·agora·observando·ele·e·esperando·uma·chance·

GABARITO: D.

1027. (INSTITUTO AOCP – 2020 – PREFEITURA DE CARIACICA/ES – PROFESSOR LÍNGUA INGLESA) Considerando o software para a manipulação de planilhas eletrônicas CALC, presente no pacote LibreOffice, versão 6 em português, após selecionar uma célula, para que seja limpa a sua formatação direta, basta utilizar qual tecla de atalho?

a) Ctrl + Shift + F.

b) Ctrl + Alt + F.

c) Alt + F3.

d) Ctrl + M.

O único atalho que produz efeito dentre as alternativas é o CTRL + M para limpar a formatação de uma célula.

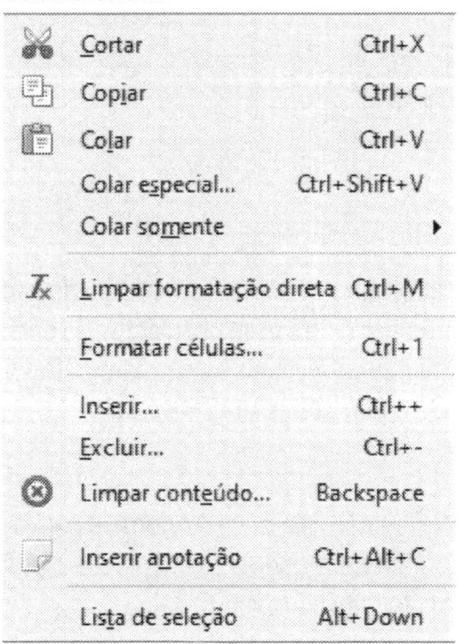

GABARITO: D.

1028. **(IBGP – 2020 – PREFEITURA DE ITABIRA/MG – AUDITOR FISCAL DE OBRAS)** Assinale a alternativa que apresenta CORRETAMENTE o recurso do LibreOffice Writer que executa a revisão e correção ortográfica de um texto:

a) Ferramentas ortografia.

b) Editar ortografia.

c) Ferramentas revisão.

d) Revisão ortografia e gramática.

Tanto no LibreOffice como no Microsoft Office, o atalho para abrir as ferramentas ortográfica e gramatical podem ser acessadas pelo atalho F7. No Writer, está disponível no menu Ferramentas, conforme ilustrado a seguir. No MS-Word, está presente na aba Revisão.

Ferramentas Janela Ajuda

Ortografia e gramática... F7

Verificação ortográfica automática Shift+F7

Dicionário de sinônimos... Ctrl+F7

GABARITO: A.

1029. **(IBGP – 2020 – PREFEITURA DE ITABIRA/MG – AUDITOR FISCAL DE OBRAS)** A respeito do recurso "Formatar → Parágrafo" do LibreOffice Writer, analise as afirmativas a seguir:

I. Permite configurar o estilo negrito para a fonte.

II. Permite configurar o alinhamento do texto à direita.

III. Permite configurar que o texto tenha entrelinhas simples.

Estão CORRETAS as afirmativas:

a) I e II apenas.

b) I e III apenas.

c) II e III apenas.

d) I, II e III.

Estilos de fonte (negrito, itálico e sublinhado) são propriedades de formatação de caracteres de texto e, não, de parágrafo. São propriedades de parágrafo os alinhamentos de parágrafo e tabulação, recuos à esquerda e à direita, espaçamentos entre linhas e entre parágrafos, cores de fundo e bordas, assim como estruturas de tópicos (numeração e marcadores).

GABARITO: C.

1030. **(IBGP – 2020 – PREFEITURA DE ITABIRA/MG – ARQUITETO)** As normas para apresentação de trabalhos de uma instituição de ensino definem que as margens dos documentos devem ser de 3 cm à esquerda e em cima e 2 cm à direita e em baixo.

Assinale a alternativa que apresenta CORRETAMENTE o recurso de edição do LibreOffice Writer o aluno deverá executar para atender o estabelecido pela norma.

a) Formatar margens.

b) Configurar página.

c) Formatar página.

d) Formatar texto.

Configurações de margens são propriedades de página, estando disponível no menu Formatar, opção Página.

GABARITO: C.

1031. **(IBGP – 2020 – PREFEITURA DE ITABIRA/MG – ARQUITETO)** A respeito do recurso "Formatar → Caractere" do LibreOffice Writer, analise as afirmativas a seguir:

I. Permite configurar a aplicação da fonte Arial.

II. Permite configurar o tamanho da fonte.

III. Permite executar a revisão de ortografia.

Estão CORRETAS as afirmativas:

a) I e II apenas.

b) I e III apenas.

c) II e III apenas.

d) I, II e III.

Dentre as formatações de caracteres, temos tipo de fonte, tamanho de fonte, estilos de fonte (negrito, itálico e sublinhados), cor da fonte, cor de realce, bordas de texto, efeitos de fonte. Vale destacar o sobrelinha, que não existe no MS-Word.

GABARITO: A.

1032. **(INSTITUTO AOCP – 2020 – PREFEITURA DE CARIACICA/ES – ASSISTENTE DE CMEI I)** Considerando o programa LibreOffice Writer versão 6.3, a tecla de atalho F2 corresponde a qual recurso desse programa?

a) Edita o autotexto.

b) Dicionário de Sinônimos.

c) Barra de Fórmulas.

d) Completa o autotexto.

Parece estranho falar em barra de fórmulas em um editor de textos, mas é importante lembrar que também podemos usar fórmulas em tabelas de um documento de texto, seja no MS-Word ou no Writer. Neste quesito, o LibreOffice Writer destaca-se frente ao MS MS-Word por possuir suporte a mais fórmulas e melhor controle de endereçamento, de modo mais similar ao que presente em planilhas. O atalho para autotexto é o CTRL + F3.

GABARITO: C.

1033. **(FGV – 20202 – TRIBUNAL DE JUSTIÇA/RS – OFICIAL DE JUSTIÇA)** No LibreOffice Writer, a operação de busca (Localizar) oferece, dentre outras, as opções "Diferenciar maiúsculas de minúsculas" e "Somente palavras inteiras":

Nesse contexto, considere o conteúdo de um documento exibido a seguir.

A Caixa-preta foi encontrada encaixada numa caixa de madeira e, com mais duas caixas, foi enviada para a Caixa Postal.

Considerando-se busca nesse documento inteiro, na qual o texto de busca é

Caixa

e as duas opções referidas acima tenham sido assinaladas, o número de trechos do documento que seriam destacados é:

a) Zero.

b) Um.

c) Dois.

d) Três.

e) Quatro.

Considere a janela Localizar e Substituir, ilustrada a seguir, com as opções expandidas. A questão aponta como configuração apenas a palavra "caixa", presente no trecho "numa caixa de madeira", porém, se as opções não estivessem assinaladas, teríamos 5 ocorrências: Caixa-preta, encaixada, caixa, caixas e Caixa.

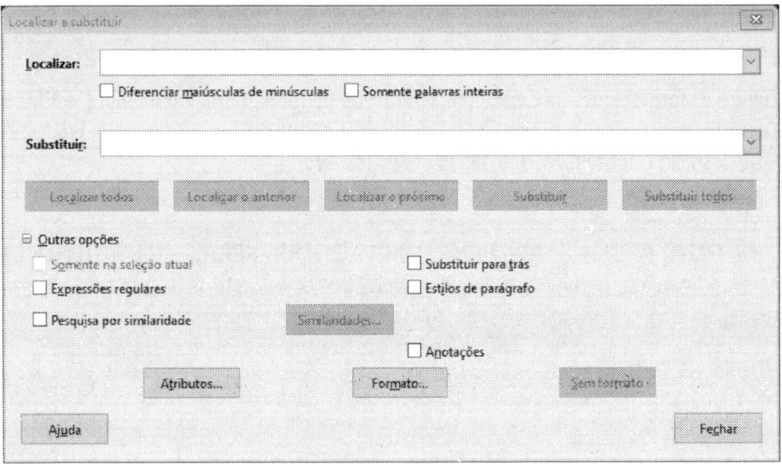

GABARITO: B.

1034. (FCM – 2019 – PREFEITURA DE CARANAÍBA/MG – ASSISTENTE SOCIAL) No LibreOffice Writer, para abrir a janela por meio da qual o número de colunas de uma página de um documento-texto pode ser modificado, um usuário pode clicar em:

a) Formatar e depois em Colunas.

b) Tabela e depois em Configurar Página.

c) Layout da Página e depois em Colunas.

d) Arquivo e depois em Configurar Página.

Diferentemente do MS-Word, no qual as configurações de colunas estão junto às configurações de páginas, no Writer, a opção colunas está separada em uma opção direta no menu Formatar.

GABARITO: A.

1035. (FCM – 2019 – PREFEITURA DE CARANAÍBA/MG – AGENTE COMUNITÁRIO DE SAÚDE) Complete as lacunas do texto.

Para exibir a numeração de linhas de um documento texto no LibreOffice Writer, um usuário pode clicar em ______________, depois em ______________, marcar a opção Mostrar Numeração e clicar em ______________.

A sequência que preenchem corretamente as lacunas do texto é:

a) Ferramentas / Numeração de linhas / OK.

b) Inserir / Número de Página / OK.

c) Exibição / Numeração de linhas / Numerar.

d) Página / Numeração / Exibir.

A numeração de linhas é tida como uma ferramenta dentro do Writer. Uma vez ativa, passa a exibir números das linhas à esquerda do texto. Podem colocar em todas as linhas ou saltando uma quantidade determinada de linhas.

GABARITO: A.

1036. (FCM – 2019 – PREFEITURA DE CARANAÍBA/MG – AGENTE COMUNITÁRIO DE SAÚDE) É uma opção de espaçamento de linhas (entrelinhas), na formatação de parágrafos de um documento-texto do LibreOffice Writer, EXCETO o:

a) fixo.

b) duplo.

c) simples.

d) centralizado.

Espaçamento duplo entre linhas equivale ao proporcional de 200%; o espaçamento simples equivale ao proporcional de 100%; já o espaçamento entre linhas fixo é similar ao exatamente presente no MS-Word.

GABARITO: D.

1037. (CIEE – 2019 – TRIBUNAL REGIONAL DO TRABALHO – 10ª REGIÃO/DF E TO – ESTAGIÁRIO – NÍVEL SUPERIOR) Para adicionar marcadores e numeração em um texto editado com o BrOffice Writer, Configuração Local, Idioma Português-Brasil, deve-se acessar o Menu:

a) Exibir.

b) Inserir.

c) Arquivo.

d) Formatar.

As opções de marcadores e numeração estão disponíveis pelo menu Formatar, assim como as demais formatações de texto, como parágrafos, páginas e colunas.

GABARITO: D.

1038. **(CIEE – 2019 – TRIBUNAL REGIONAL DO TRABALHO – 10ª REGIÃO/DF E TO – ESTAGIÁRIO – NÍVEL SUPERIOR)** Ao editar um texto com o BrOffice Writer, Configuração Local, Idioma Português-Brasil, repentinamente todo o texto fica selecionado. É correto afirmar que as telas acionadas são:

a) CTRL + A.

b) CTRL + B.

c) CTRL + P.

d) CTRL + T.

No LibreOffice Writer, o atalho CTRL + A seleciona tudo, enquanto CTRL + P é usado para imprimir; CTRL + B é usado para aplicar negrito (bold). O atalho CTRL + T não está vinculado à ação dentro do editor.

GABARITO: A.

1039. **(CIEE – 2019 – TRIBUNAL REGIONAL DO TRABALHO – 10ª REGIÃO/DF E TO – ESTAGIÁRIO – NÍVEL MÉDIO)** No BrOffice Writer, Configuração Local, Idioma Português-Brasil, quando se aciona as teclas [CTRL+ S] o resultado é:

a) Salvar.

b) Fechar.

c) Salvar como.

d) Abrir arquivo.

No Writer, CTRL + S é o atalho para "Salvar" o documento em edição, enquanto CTRL + SHIFT + S é usado para a opção "Salvar Como...". O atalho para fechar é CTRL + W e, para abrir, usa-se o CTRL + O (de open). No MS-Word, para Salvar, usamos CTRL + B e, para Salvar Como, usamos o atalho F12.

GABARITO: A.

1040. **(CIEE – 2019 – TRIBUNAL REGIONAL DO TRABALHO – 10ª REGIÃO/DF E TO – ESTAGIÁRIO – NÍVEL MÉDIO)** No BrOffice Writer, Configuração Local, Idioma Português-Brasil, no item Documentos recentes é apresentada uma relação de documentos abertos recentemente. Localizado em um dos Menus do Writer, trata-se do:

a) Exibir.

b) Arquivo.

c) Formatar.

d) Ferramenta.

O LibreOffice é uma suíte de escritórios altamente integrada, ao ponto que é possível usar o editor de textos para criar nova planilha ou desenho, entre outros. Quanto aos Menus, há alguns padrões de agrupamento, como o menu Exibir, que guarda opções acerca da visualização de recursos para que sejam habilitados ou desabilitados. O menu Arquivo aglomera as opções relacionadas ao documento como arquivo, desde novo documento a salvar ou exportar para outros formatos como PDF. Ao selecionar a opção Documentos Recentes (ilustrada a seguir), temos acesso aos últimos documentos abertos no LibreOffice (tanto no Writer como nos outros programas da suíte).

O menu Formatar é um dos mais comuns em questões de provas sobre o Writer, pois concentra as ferramentas de formatação de caracteres, parágrafo, páginas e colunas, entre outras. Já o menu Ferramentas oferece as opções que complementam de algum modo os recursos do programa.

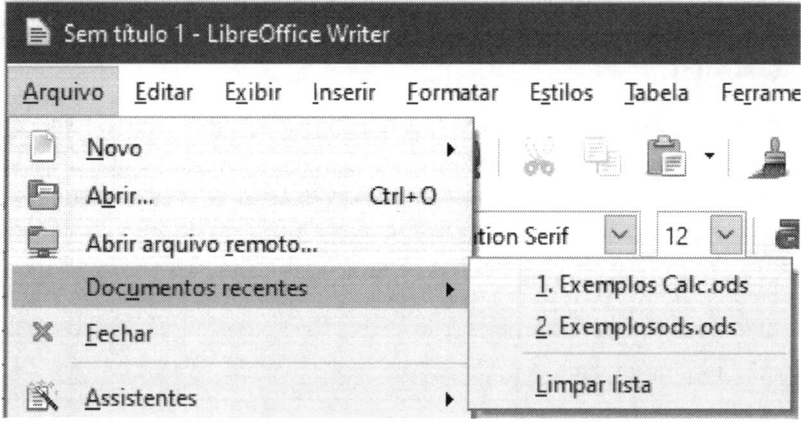

GABARITO: B.

1041. **(AMEOSC – 2019 – PREFEITURA DE SÃO JOÃO DO OESTE/SC – PROFESSOR – INFORMÁTICA)** Sobre o Writer, é incorreto afirmar:

a) Na impressão usa-se um hífen para definir um intervalo de páginas.

b) Na impressão use dois pontos para definir páginas independentes.

c) Comentário: Permite acrescentar comentário às modificações efetuadas.

d) Mesclar células: combina o conteúdo das células selecionadas da tabela em uma única célula.

Cuidado com questões sobre intervalo de páginas para impressão, principalmente aquelas que contextualizarem planilhas! É comum a questão tentar confundir o candidato quando fala entre intervalo de células (uso de dois pontos) com intervalo entre páginas (uso do hífen). Independentemente do programa, a configuração de intervalo de páginas segue a mesma regra: uso de vírgula para separar páginas aleatórias e hífen para definir intervalo. Em documentos do Writer, assim como do MS-Word, é possível incluir comentários, junto ou não às alterações.

GABARITO: B.

1042. **(CS-UFG – 2019 – UNIVERSIDADE FEDERAL DE GOIÁS/GO – ADMINISTRADOR)** No processador de textos Writer, componente da suíte de aplicativos LibreOffice 6.x.x, após a digitação completa de um texto obediente à norma culta da nossa língua pátria, se um usuário destro pretende selecionar um bloco de texto equivalente a uma determinada frase de um dos parágrafos desse texto, ele deverá posicionar o ponteiro do mouse sobre uma das palavras pertencente à frase escolhida e, com o auxílio do botão esquerdo, executar um:

a) clique simples.

b) clique duplo.

c) clique triplo.

d) clique quádruplo.

No Writer, o clique simples posiciona o cursor de texto na posição clicada; o clique duplo seleciona uma palavra, enquanto o clique triplo seleciona o período; e o clique quadruplo seleciona o parágrafo.

GABARITO: C.

1043. **(IF–PE – 2019 – INSTITUTO FEDERAL–PE – TÉCNICO EM TECNOLOGIA DA INFORMAÇÃO – REDES E SUPORTE)** As teclas de atalho correspondentes aos recursos LOCALIZAR, LOCALIZAR E SUBSTITUIR e SELECIONAR TUDO no editor de textos Writer (aplicativo do pacote LibreOffice) são, respectivamente:

a) Ctrl + F, Ctrl + H, Ctrl + A.

b) Ctrl + L, Ctrl + S, Ctrl + T.

c) Alt + F, Alt + S, Ctrl + U.

d) Ctrl + J, Ctrl + U, Ctrl + T.

e) Ctrl + N, Alt + Ctrl + G, Ctrl + G.

No Writer, CTRL + F é para pesquisar (find); CTRL + H é um atalho para localizar e substituir; CTRL + A para selecionar todo o documento; CTRL + S para salvar o documento; ao pressionar a tecla ALT, o cursor de navegação será posicionado na barra de Menus; ao usar a letra F, abrirá o menu Formatar. O atalho CTRL + U realiza a ação de sublinhar (underline); CTRL + N cria novo documento em branco.

GABARITO: A.

1044. **(FCC – 2019 – SANASA CAMPINAS/SP – ANALISTA ADMINISTRATIVO – CONTABILIDADE)** Um Analista de TI elaborando um documento de texto no LibreOffice Writer versão 6.2.2.2 (x64), em Português, precisou inserir três níveis de títulos para seus parágrafos, de forma que o Writer pudesse, posteriormente, controlá-los no índice do documento, automaticamente, inclusive inserindo o número da página em que se encontra cada título.

Para inserir os títulos com tais características, ele acessou a Barra de Menu e utilizou, corretamente:

a) Exibir.

b) Ferramentas.

c) Formatar.

d) Inserir.

e) Estilos.

O LibreOffice Writer passou a oferecer, a partir da versão 5, o menu Estilos, no qual lista alguns dos estilos de formatação de texto, também disponíveis na barra lateral.

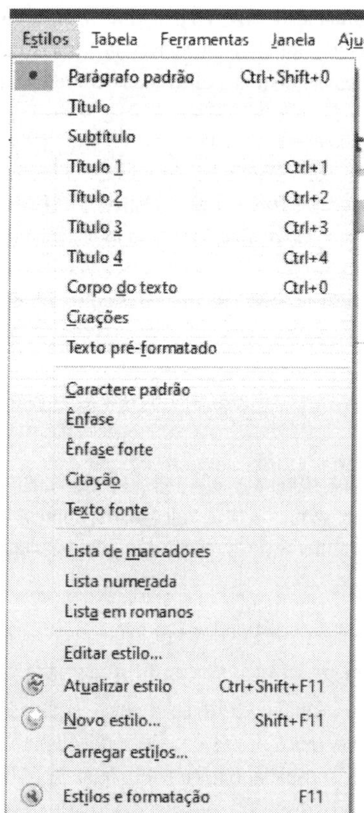

GABARITO: E.

1045. (IDECAN – 2019 – INSTITUTO FEDERAL/PB – TÉCNICO EM LABORATÓRIO – INFORMÁTICa) O Writer é o aplicativo editor de textos presente no pacote LibreOffice. Este importante editor de textos possui diversos recursos, como verificação ortográfica, criação de tabelas, etc. Assinale a alternativa que indica, respectivamente, as teclas de atalho para os recursos de verificação ortográfica e criação de tabelas:

a) Ctrl + O e Ctrl + T.

b) F7 e Ctrl + F12.

c) Ctrl + O e F10.

d) F9 e F12.

e) F5 + Ctrl + T.

CTRL + O é usado para abrir documentos (open); CTRL + T não tem efeito; F7 abre a ferramenta ortografia e gramática, como no MS-Word; CTRL + F12 abre a janela para inserir tabela (cuidado: no MS-Word, é associado à opção abrir; o mesmo que usar o CTRL +A no MS-Office); o atalho F10 é equivalente à apertar a tecla ALT; F9 assim, como F8 não tem função, mas F12 formata o

parágrafo como estrutura de tópicos, usando numeração. Atenção o atalho F5: ele abre a ferramenta Navegador (não tem relação com browsers), também disponível na barra lateral pelo ícone da bússola, a qual permite navegar entre os elementos e estruturas de um documento, como títulos, figuras, tabelas, entre outros.

GABARITO: B.

1046. **(IF–TO – 2019 – INSTITUTO FEDERAL/TO – ASSISTENTE EM ADMINISTRAÇÃO)** Quais são as extensões-padrão dos arquivos gerados pelo LibreOffice Writer e LibreOffice Calc, ambos na versão 5.2, respectivamente?

a) .odt e .ods.

b) .odt e .odg.

c) .ods e .odp.

d) .odb e .otp.

e) .ods e .otp.

Os formatos de arquivo padrões do LibreOffice são: Writer → ODT; Calc →ODS; Impress → ODP. Arquivos OTP, OTT e OTS são templates, respectivamente de apresentação, texto e planilhas.

GABARITO: A.

Acerca de aplicativos para edição de textos e planilhas e do Windows 10, julgue o próximo item.

1047. **(CESPE – 2016 – INSS – ANALISTA DO SEGURO SOCIAL – SERVIÇO SOCIAL)** Situação hipotética: Elisa recebeu a tarefa de redigir uma minuta de texto a ser enviada para sua chefia superior, com a condição de que todos os servidores do setor pudessem colaborar com a redação da minuta, ficando Elisa encarregada de consolidar o documento final. Após digitar a primeira versão do documento, Elisa compartilhou o respectivo arquivo, a partir de sua estação de trabalho. Todos realizaram a edição do texto no mesmo arquivo por meio do LibreOffice Writer com a função Gravar alterações ativada.

Assertiva: Nessa situação, quando da revisão final do texto, Elisa terá acesso a diversas informações, tais como: tipo de alteração, data e hora da alteração e autor da alteração.

Certo ( ) Errado ( )

Ao usar o recurso de controle de alteração (gravar alterações), todas as ações realizadas na sequência ficam como sugestões, que necessitam ser aceitas ou rejeitadas; Para identificá-las perante o resto do documento, recebem cor diferente e marcações, como taxado no texto para indicar que se trata de uma exclusão, e sublinhado para indicar uma inserção. Ao passar o mouse sobre as sugestões, aparecem as informações sobre o autor das mesmas e hora.

GABARITO: CERTO.

1048. **(CESGRANRIO – 2018 – BANCO DA AMAZÔNIA–AM – TÉCNICO BANCÁRIO)** A imagem abaixo foi extraída da barra de ferramentas do LibreOffice.

Essa ferramenta é utilizada para:

a) apagar parte da figura.
b) apagar parte do texto.
c) pintar uma área de texto.
d) pintar uma área de figura.
e) copiar a formatação.

A ferramenta ilustra o botão atualmente denominado "Clonar Formatação", que permite copiar a formatação de um trecho de texto previamente selecionado para aplicar em outra parte do texto, a ser selecionada após clicar o botão.

GABARITO: E.

Com relação à Informática, julgue o item que se segue.

1049. (CESPE – 2016 – INSS – TÉCNICO DO SEGURO SOCIAL) Para se editar o cabeçalho de um documento no Writer, deve-se clicar o topo da página para abrir o espaço para edição. Por limitações técnicas desse editor de textos, não é possível colar textos ou imagens nesse espaço.

Certo ( ) Errado ( )

O cabeçalho de um documento de texto, seja no Writer ou no MS-Word, é um espaço para a inserção de conteúdo (texto, imagem, campos, tabelas, entre outros objetos que podem ser inseridos no documento) que se repetirá em todas as páginas da mesma seção.

GABARITO: ERRADO.

A questão a seguir baseia-se na Figura 3, que mostra a janela principal do BrOffice 3.2 Writer, acima da qual se ampliou e destacou alguns ícones da barra de ferramentas, para facilitar a resolução da questão. Nessa Figura 3, a seta nº 1 aponta para o texto que se encontra selecionado.

Figura 3 – BrOffice 3.2 Writer.

1050. (FUNDATEC – 2018 – POLÍCIA CIVIL/RS – ESCRIVÃO E INVESTIGADOR DE POLÍCIA) Após observar a janela principal do BrOffice 3.2 Writer, pode-se afirmar que:

I. O texto apontado pela seta nº 1 encontra-se com a formatação de alinhamento chamada "Esquerda".

II. Nesse arquivo, existem modificações que ainda não foram salvas.

III. Esse editor de texto encontra-se com as funcionalidades editar arquivo, autoverificação ortográfica e caracteres não imprimíveis ativas.

Quais estão corretas?

a) Apenas I.

b) Apenas II.

c) Apenas I e III.

d) Apenas II e III.

e) I, II e III.

O BrOffice, ao contrário do MS-Office (versão até 2013, pois há novidades na versão 2016), exibe o botão Salvar colorido somente se existem alterações a serem salvas. Também é possível observar um asterisco (*) na barra de Status, que tem a mesma finalidade. Logo, o documento encontra-se em edição. Como é possível notar, o texto está com alinhamento de parágrafo à esquerda e os caracteres não imprimíveis estão visíveis. Contudo, note que os botões de alinhamento não estão sinalizando qual alinhamento está em uso. Também é possível identificar o nome sublinhado em vermelho, o que indica que o corretor está habilitado, assim como o botão acima do Itálico está ativo.

GABARITO: D.

1051. (CESPE – 2016 – POLÍCIA CIVIL/PE – AGENTE DE POLÍCIA) Assinale a opção que apresenta corretamente os passos que devem ser executados no BrOffice Writer para que os parágrafos de um texto selecionado sejam formatados com avanço de 2 cm na primeira linha e espaçamento 12 entre eles.

a) Acessar o menu Formatar, selecionar a opção Texto e inserir os valores desejados no campo Espaçamento.

b) Acessar o menu Editar, selecionar a opção Recuos e inserir os valores desejados no campo Recuos e Espaçamento.

c) Pressionar, no início da primeira linha, a tecla Tab e, em seguida, a tecla Enter duas vezes após o primeiro parágrafo do texto selecionado. Assim, o Writer repetirá essa ação para os demais parágrafos selecionados.

d) Acessar o menu Editar, selecionar a opção Texto e inserir os valores desejados no campo Recuos e Espaçamento.

e) Acessar o menu Formatar, selecionar a opção Parágrafo e inserir os valores desejados no campo Recuos e Espaçamento.

As opções de formatação de parágrafo encontram-se no menu Formatar, opção Parágrafo. Também é possível selecionar o parágrafo e clicar com o botão direito do mouse sobre o texto e escolher a opção Parágrafo.

GABARITO: E.

Em referência à suíte de aplicativos LibreOffice, julgue o item abaixo.

1052. **(CESPE – 2013 – MINISTÉRIO PÚBLICO DA UNIÃO – ANALISTA DE DIREITO)** O LibreOffice é uma suíte de escritório livre, criada para ser executada exclusivamente no ambiente Linux e oferecer todas as funções esperadas de uma suíte profissional: editor de textos, planilha, apresentação, editor de desenhos e banco de dados.

Certo ( ) Errado ( )

O LibreOffice é uma suíte de escritórios desenvolvida em Java para ser executada sobre uma JVM (Java Virtual Machine – Máquina Virtual Java), o que lhe confere a funcionalidade de ser multiplataforma, isto é, funciona no Windows, no Linux e no Mac OS.

GABARITO: ERRADO.

Com relação à instalação, à configuração e ao suporte de aplicativos, julgue o item a seguir.

1053. **(CESPE – 2011 – TJ/ES – TÉCNICO DE INFORMÁTICA)** O BrOffice.org possui código fechado, assim como o Microsoft Office, embora seja considerado software livre.

Certo ( ) Errado ( )

Os produtos da Microsoft são softwares proprietário, ou seja, possuem código fechado. A suíte BrOffice, assim como o Linux, são softwares livres, portanto, possuem código Aberto.

GABARITO: ERRADO.

Julgue os itens subsecutivos, relacionados ao pacote BrOffice.org.

1054. **(CESPE – 2011 – TJ/ES – TÉCNICO DE INFORMÁTICA)** No aplicativo Writer, o botão é usado para ativar a barra de desenhos, e o botão , é usado para desativar essa barra.

Certo ( ) Errado ( )

O primeiro botão é o botão da galeria, que insere figuras. Essa forma é encontrada nas versões anteriores do programa. O segundo botão é o botão presente na barra de Desenhos, da funcionalidade Fontwork, equivalente ao MS-Word Art, do Microsoft Office.

GABARITO: ERRADO.

1055. **(CESPE – 2009 – MMA – AGENTE ADMINISTRATIVO)** O BROffice é um software equivalente ao Microsoft Office para ser utilizado em ambiente de software livre, como o Linux.

Certo ( ) Errado ( )

O BrOffice possui versões também para Windows e Mac OS, por isso, é chamado de multiplataforma.

GABARITO: ERRADO.

1056. (CESPE – 2009 – MMA – AGENTE ADMINISTRATIVO) O Writer é uma ferramenta de edição de textos que, entre outras funcionalidades, disponibiliza opções avançadas, como construção de tabelas e exportação do documento para formatos como PDF e HML.

Certo ( ) Errado ( )

A questão foi anulada, pois HML é fácil de confundir com HTML em uma leitura. Não existe formato HML, mas os formatos XML, HTML e HTM.

GABARITO: ERRADO.

1057. ((CESPE – 2009 – MMA – AGENTE ADMINISTRATIVO) O BROffice é um software livre que pode ser gratuitamente utilizado por usuários, e que contém diversas funcionalidades similares àquelas contidas em softwares proprietários comercialmente disponíveis no mercado.

Certo ( ) Errado ( )

Atualmente, o BrOffice tem como base o LibreOffice.

GABARITO: CERTO.

1058. (UPENET/IAUPE – 2018 – PM/PE – ASPIRANTE DA POLÍCIA MILITAR) O editor de texto, que faz parte do pacote de escritório LIBREOFFICE, é o:

a) Writer.

b) MS-Word.

c) Vim.

d) Emacs.

e) Nano.

MS-Word é o editor de textos do MS-Office. O Vim (ou sua versão anterior, o vi) é o editor de texto presente no terminal Linux. Emacs é um editor de textos do projeto GNU, com recursos para uso na programação. Nano é outro editor de textos do universo Linux.

GABARITO: A.

Quanto ao ambiente BROffice, julgue o que se segue.

1059. (CESPE – 2009 – TER/MA – TÉCNICO JUDICIÁRIO – ÁREA ADMINISTRATIVA) O BROffice pode ser utilizado para se criar e salvar documentos em diversos formatos e tem como vantagem o fato de um arquivo salvo no formato padrão BR Office poder ser aberto em qualquer aplicativo de outros fornecedores comerciais.

Certo ( ) Errado ( )

O MS-Word 2003 não consegue abrir arquivos no formato ODT.

GABARITO: ERRADO.

1060. (CESPE – 2009 – TER/MA – TÉCNICO JUDICIÁRIO – ÁREA ADMINISTRATIVA) A barra de ferramentas do Writer possui as mesmas opções da barra do Microsoft Office e os ícones utilizados para representar as respectivas opções são idênticos em ambos aplicativos.

Certo ( ) Errado ( )

O Writer e o MS-Word 2003 possuem similaridades, porém são diferentes. Se fossem iguais, seria plágio.

GABARITO: ERRADO.

1061. **(CESPE – 2009 – TER/MA – TÉCNICO JUDICIÁRIO – ÁREA ADMINISTRATIVA)** Nos aplicativos do BROffice, a opção Caracteres não imprimíveis oferece a ação de exibir ou ocultar itens como tabulações, marcas de espaço, parágrafos e demais itens de edição que não aparecem na versão impressa.

Certo ( ) Errado ( )

No MS-Word, também existe esta opção, porém, chama-se Mostrar/Ocultar.

GABARITO: CERTO.

1062. **(CESPE – 2009 – TER/MA – TÉCNICO JUDICIÁRIO – ÁREA ADMINISTRATIVA)** Documentos que estejam correntemente abertos em um editor do BR Office apenas devem ser acessados pelo menu Janela, na opção Lista de documentos.

Certo ( ) Errado ( )

É possível alternar entre os documentos abertos pela barra de tarefas do Windows.

GABARITO: ERRADO.

1063. **(CESPE – 2009 – TER/MA – TÉCNICO JUDICIÁRIO – ÁREA ADMINISTRATIVA)** O BROffice é um software gratuito e livre, sendo encontrado em versões que podem ser executadas em diferentes plataformas de hardware e sistemas operacionais, incluindo Linux e Windows.

Certo ( ) Errado ( )

O BrOffice também tem versão para Mac, mas as opções são um pouco diferentes.

GABARITO: CERTO.

1064. **(CESPE – 2009 – TER/MA – TÉCNICO JUDICIÁRIO – ÁREA ADMINISTRATIVA)** O Writer é um editor de texto do BROffice cuja única limitação é não permitir a edição de documentos em código HTML.

Certo ( ) Errado ( )

Os aplicativos Writer, Calc e Impress permitem gerar arquivos no formato HTML.

GABARITO: ERRADO.

1065. **(CESPE – 2009 – TER/MA – TÉCNICO JUDICIÁRIO – ÁREA ADMINISTRATIVA)** Um documento armazenado em arquivo no formato nativo padrão .odt do BR Office pode ser aberto por qualquer software do ambiente BROffice e também pelo Microsoft Office.

Certo ( ) Errado ( )

O formato ODT pode ser aberto pelo MS-Office 2007 e 2010, mas não pelo 2003.

GABARITO: ERRADO.

1066. **(CESPE – 2009 – TER/MA – TÉCNICO JUDICIÁRIO – ÁREA ADMINISTRATIVA)** No BrOffice Writer é possível inserir uma nota de rodapé pelo menu ferramentas.

Certo ( ) Errado ( )

As opções para inserir as notas de rodapé e fim de página são encontradas no menu Inserir. No menu Ferramentas também existe a opção Notas de Fim/Rodapé, que dá acesso à janela de configuração da ferramenta.

GABARITO: ERRADO.

1067. **(AUTOR – 2013)** No BrOffice Writer não é possível executar macros, uma vez que elas são criadas por meio da linguagem Visual Basic que é de propriedade da Microsoft.

Certo ( ) Errado ( )

Também é possível executar macros no BrOffice, inclusive há suporte a outras linguagens.

GABARITO: ERRADO.

1068. **(AUTOR – 2013)** No Libre Office Writer é possível configurar o recurso de autocorreção, por meio de opção disponível no menu Formatar, de modo que, ao digitar algum texto ele seja automaticamente substituído por outra forma desejada.

Certo ( ) Errado ( )

A opção autocorreção permite definir textos, além dos pré-definidos, e configurar o recurso de sugestão, que se baseia nas palavras mais utilizadas no documento. Conforme o usuário digita, o programa já sugere as palavras mais usadas no texto, que comecem da mesma forma daquelas que foram digitadas.

GABARITO: CERTO.

1069. **(AUTOR – 2013)** No LibreOffice Writer o usuário necessita criar uma tabela na qual apenas uma das células deve ser bloqueada, não permitindo a edição de seu conteúdo, contudo o usuário descobriu que tal opção inexiste para tabelas, logo inseriu uma planilha no documento de texto em edição e realizou o procedimento oferecido pelo programa.

Certo ( ) Errado ( )

Em uma tabela no LibreOffice Writer, também é possível bloquear as células selecionadas para a edição. Para isso, basta selecionar as células desejadas e, pelo menu Tabela, acionar a opção Proteger Células.

GABARITO: ERRADO.

Julgue as questões a seguir sobre o BrOffice.

1070. **(AUTOR – 2013)** O policial rodoviário Ramires, deseja inserir uma imagem no documento em edição de modo que fique em meio a uma linha de texto, contudo é solicitado que o texto da linha seja alinhado na vertical com base no tamanho da figura inserida. Para realizar a formatação solicitada o agente pode clicar com o botão direto do mouse sobre a imagem e selecionar a opção "Âncora" em seguida a opção "Como caractere".

Certo ( ) Errado ( )

É possível ancorar um objeto no parágrafo, na página, no caractere e, como caractere, mudando a forma de exibição. Ao usar a opção no parágrafo, a imagem fica alinhada com o início do parágrafo.

GABARITO: CERTO.

1071. **(AUTOR – 2013)** Um escrivão ao utilizar o Writer para redigir as falas de um depoimento reproduziu algumas expressões com gírias, tal qual o indivíduo utilizou em sua fala, no entanto o BrOffice sublinhou grande parte do texto com a cor azul indicando que as palavras não eram conhecidas. Para que esse sublinhado não seja exibido o escrivão pode desabilitar a opção de Autoverificação Ortográfica disponível ao lado da opção "Ortografia e gramatica" presente na barra de ferramentas de formatação.

Certo ( ) Errado ( )

O sublinhado azul exibido após a digitação da palavra indica um link, não um erro. Assim, o erro está na cor do sublinhado.

GABARITO: ERRADO.

1072. **(AUTOR– 2013)** No Writer, é possível utilizar a opção atualizar tudo, para atualizar os dados de todos os campos inseridos no documento em edição, como o sumário.

Certo ( ) Errado ( )

A referida opção encontra-se no menu Ferramentas >> Atualizar >> Atualizar tudo; campos; vínculos; todos os gráficos; índice atual; todos os índices e sumários e a opção formatação de página. Nessa opção, podemos encontrar todas as opções supracitadas.

GABARITO: CERTO.

1073. **(AUTOR – 2013)** Um acadêmico utilizou o recurso de controle de alterações do documento para enviá-lo a seu orientador para que este realizasse os devidos apontamentos. O orientador além de realizar as adaptações e sugestões também inseriu anotações no documento em edição com observações ao orientando. Ao receber o documento novamente o acadêmico decidiu imprimir o arquivo recebido para poder avaliar e consultar as anotações, contudo ao ser impresso o aluno observou que as anotações não constavam na impressão ao pesquisar descobriu que o programa também permite imprimir as anotações apenas na mesma página de texto em que elas foram inseridas diminuindo a percentagem da página que o documento ocupa.

Certo ( ) Errado ( )

O Writer não imprime as anotações ao lado do texto; ele possibilita imprimir as anotações na mesma página em que elas estão ou no final do documento. Permite também a impressão apenas das anotações, sem imprimir o documento. Logo, o erro da questão está no uso da palavra "apenas".

GABARITO: ERRADO.

1074. **(AUTOR – 2013)** No Writer é possível utilizar assistentes que auxiliam na criação ou utilização de recursos. A maioria dos assistentes pode ser encontrada na opção presente no menu Arquivo, mas alguns são disponibilizados em outros menus, como o assistente de mala direta que por meio da execução de 8 passos principais promove a criação de uma mala direta, que pode estar utilizando a lista dos dados dos destinos proveniente tanto de uma planilha como de um banco de dados do Base, no entanto caso o usuário não possua uma lista digital o programa também possibilita que ele crie a lista durante as etapas do assistente.

Certo ( ) Errado ( )

Para criar a lista dos dados por meio do próprio programa, alguns dados são sugeridos, mas o usuário pode personalizar quais deseja utilizar. No entanto, utilizar esse recurso limita as opções de dados.

GABARITO: CERTO.

Considerando os editores de texto, analise as sentenças a seguir.

1075. (AUTOR – 2013) O MS-Word 2010 possui alguns temas de cores e formatação pré-definidos, no entanto, é facultado ao usuário a possibilidade de criar seus próprios temas e configurações.

Certo ( ) Errado ( )

As opções de temas são conjuntos de cores que formam uma combinação, como cores de títulos subtítulos, links, dentre outros dados. Essas opções podem ser encontradas na aba Layout de Página ou na aba Página Inicial, junto ao bloco estilos.

GABARITO: CERTO.

1076. (AUTOR – 2013) No MS-Word 2010, para inserir uma marca d'água, ou seja, uma imagem que aparece por padrão com um grau de transparência e ao fundo do texto em um documento em edição o usuário pode escolher a opção Marca D'água na aba Inserir.

Certo ( ) Errado ( )

A opção marca d'água está presente na aba Layout de Página, contudo, é possível chegar a

GABARITO: ERRADO.

1077. (AUTOR – 2013) As opções de restrição de edição do documento são encontradas tanto na Aba Revisão como no Menu Arquivo.

Certo ( ) Errado ( )

Por meio da opção proteger, é possível limitar as ações que podem ser feitas em um documento, como possibilitar apenas a inserção de comentários, alterações controladas ou mesmo preenchimento de formulários.

GABARITO: CERTO.

1078. (CESPE – 2013 – TELEBRAS – NÍVEL MÉDIO – CONHECIMENTOS BÁSICOS) Nos programas do Microsoft Office, há comandos acessíveis por meio de mouse. Com este recurso, aciona-se o menu e a barra de navegação do programa utilizado, uma vez que não é possível utilizar o teclado para essas funções.

Certo ( ) Errado ( )

A questão que nega uma característica normalmente está errada. Antes mesmo da criação do mouse, usávamos o teclado para acessar menus e ferramentas.

GABARITO: ERRADO.

1079. (CESPE – 2013 – TELEBRAS – NÍVEL MÉDIO – CONHECIMENTOS BÁSICOS) Durante a edição de um texto no Microsoft MS-Word 2013, caso haja necessidade de substituição de uma palavra por outra com o mesmo significado, pode-se fazer uso do dicionário de sinônimos, acessível no menu Editar.

Certo ( ) Errado ( )

Questão que tenta confundir o candidato com a versão do programa, por isso, muito cuidado. O MS-Word 2013 é muito similar ao 2007 e, principalmente, ao 2010, logo não possui Menu Editar, que era encontrado até a versão 2003.

GABARITO: ERRADO.

1080. **(CESPE – 2013 – TELEBRAS – NÍVEL MÉDIO – CONHECIMENTOS BÁSICOS)** Em um documento elaborado no Writer do BrOffice é possível criar colunas, inserir gráficos e definir bordas.

Certo ( ) Errado ( )

Questão simples, mas válida. Essa característica também pode ser atribuída ao MS-Word. Contudo, ao inserir um gráfico nesses programas, devemos lembrar que será aberta uma planilha para inserir os dados que compõem o gráfico.

GABARITO: CERTO.

1081. **(CESPE – 2013 – TELEBRAS – NÍVEL MÉDIO – CONHECIMENTOS BÁSICOS)** O BrOffice é um pacote de softwares que permite a edição de textos extensos, a criação de planilhas com gráficos e a realização de apresentações com animações.

Certo ( ) Errado ( )

Assertiva tranquila, que apenas reflete a essência de uma suíte de escritório. O mesmo vale para o Microsoft Office.

GABARITO: CERTO.

1082. **(CESPE – 2013 – TELEBRAS – NÍVEL MÉDIO – CONHECIMENTOS BÁSICOS)** O aplicativo Writer, do BrOffice, utilizado para a edição de textos, não permite a realização de cálculos com valores numéricos, por exemplo, cálculos com valores em uma tabela inserida no documento em edição.

Certo ( ) Errado ( )

Também é possível inserir fórmulas em tabelas, contudo, elas são mais simples do que as fórmulas utilizadas em planilhas, além de necessitarem de atualização manual quando um valor é alterado.

GABARITO: ERRADO.

1083. **(CESPE – 2016 – PC/PE – CONHECIMENTOS GERAIS)** Assinale a opção que apresenta corretamente os passos que devem ser executados no BrOffice Writer para que os parágrafos de um texto selecionado sejam formatados com avanço de 2 cm na primeira linha e espaçamento 12 entre eles.

a) Acessar o menu Formatar, selecionar a opção Texto e inserir os valores desejados no campo Espaçamento.

b) Acessar o menu Editar, selecionar a opção Recuos e inserir os valores desejados no campo Recuos e Espaçamento.

c) Pressionar, no início da primeira linha, a tecla Tab e, em seguida, a tecla Enter duas vezes após o primeiro parágrafo do texto selecionado. Assim, o Writer repetirá essa ação para os demais parágrafos selecionados.

d) Acessar o menu Editar, selecionar a opção Texto e inserir os valores desejados no campo Recuos e Espaçamento.

e) Acessar o menu Formatar, selecionar a opção Parágrafo e inserir os valores desejados no campo Recuos e Espaçamento.

As opções de formatação de parágrafo encontram-se no menu Formatar opção "Parágrafo...". Também é possível selecionar o parágrafo e clicar com o botão direito do mouse sobre o texto e escolher a opção "Parágrafo...".

GABARITO: E.

1084. **(CESPE – 2014 – MTE – AGENTE ADMINISTRATIVO)** No aplicativo Writer, para alterar a cor da fonte de um caractere no documento em edição, o usuário pode utilizar o menu Formatar e, em seguida, escolher a opção Fonte.

Certo ( ) Errado ( )

O correto seria menu Formatar opção caractere, não a opção fonte.

GABARITO: ERRADO.

1085. **(IMA – 2015 – PREFEITURA DE CANAVIEIRA/PI – TÉCNICO DE ENFERMAGEM)** Qual é a função da tecla de atalho CTRL + A quando aplicada a um arquivo de texto no Writer?

a) Salvar um documento.

b) Abrir um novo arquivo.

c) Selecionar tudo.

d) Sublinhar o texto selecionado.

O atalho CTRL + A tem a função de selecionar em quase todos os programas, como browsers, players de áudio e vídeo, Writer, Calc, Impress e até mesmo nos gerenciadores de arquivos. No MS-Word, é o atalho para abrir um documento já existente.

GABARITO: C.

1086. **(FUNIVERSA – 2015 – POLÍCIA CIVIL/DF – PAPILOSCOPISTA POLICIAL)** Em relação ao editor de texto BrOffice Writer, assinale a alternativa correta:

a) Em um documento, podem ser inseridos links, por meio de ícones, relacionados a diversos tipos de arquivos. Entretanto não é permitido inserir um ícone contendo um link para um arquivo de mídia.

b) O Quadro Flutuante é um recurso de visualização, mas não de edição, de um documento dentro de outro documento por meio da inserção de uma "janela" no documento atual.

c) É possível inserir uma figura como plano de fundo de um parágrafo específico de um determinado documento.

d) Por ser incompatível com o ambiente Windows, não pode ser instalado neste sistema operacional, uma vez que ele é um produto específico do ambiente Linux.

e) Para mudar a orientação de uma página de Retrato para Paisagem, o usuário deve acessar o menu Arquivo e, em seguida, escolher a opção Configurar Página.

No MS-Word e no Writer é possível criar no documento de texto com links, seja, para incluir um site, um endereço de e-mail ou arquivo local. A opção Objeto Flutuante presente no Writer permite inserir uma imagem com leve formatação. Já no BrOffice, há uma suíte multiplataforma, ou seja, possui versões para Windows, Linux e MacOs. Na verdade, o BrOffice roda sobre a máquina Virtual Java. As configurações de Página do Writer são encontradas no menu Formatar opção Página.

GABARITO: C.

No contexto do LibreOffice Writer 4.2, analise o texto a seguir com um trecho selecionado.

1087. **(FGV – 2015 – TRIBUNAL DE CONTAS DO ESTADO/SE – MÉDICO)** O número total da população do planeta atingiu 7 bilhões (português brasileiro) ou 7 mil milhões (português europeu) de pessoas em 31 de outubro de 2011. De acordo com projeções populacionais, este valor continua a crescer a um ritmo sem precedentes antes do século XX.

Agora, analise o mesmo texto depois da aplicação de uma certa operação de edição.

O número total da população do planeta atingiu 7 bilhões (português brasileiro) de pessoas em 31 de outubro de 2011. De acordo com projeções populacionais, este valor continua a crescer a um ritmo sem precedentes antes do século XX.

A operação de edição foi provocada pela digitação de:

a) Ctrl + C.

b) Ctrl + V.

c) Ctrl + X, seguido de Ctrl + V.

d) Ctrl + X.

e) Ctrl + V, seguido de Ctrl + X.

Para remover um trecho de texto de um documento, podemos apagá-lo com as teclas DEL e Backspace. Ao recortar o texto, você move o texto selecionado para a área de transferência; se o texto não for colado, será perdido. Cuidado: recortar vale para textos, não vale para arquivos ou pastas, pois, ao recortar um arquivo ou pasta, são movidos para a área de transferência.

GABARITO: D.

1088. **(CS-UFG – 2015 – UNIVERSIDADE FEDERAL DE GOIÁS/GO – ASSISTENTE EM ADMINISTRAÇÃO)** O recurso Localizar e Substituir em um texto, no software livre BrOffice, permite encontrar uma palavra e substituí-la por outra. Este recurso está localizado no menu:

a) Arquivo.

b) Editar.

c) Exibir.

d) Ferramenta.

O menu Arquivo concentra as opções relacionadas ao documento como arquivo. Já o menu Exibir oferece opções para visualizar recursos que estão ocultos e vice-versa.

GABARITO: B.

1089. (PMMG – 2015 – POLÍCIA MILITAR/MG – SOLDADO) Identifique corretamente, na coluna seguinte, a sequência dos itens selecionados na figura por meio da numeração em destaque. A seguir, marque a alternativa que contém a sequência de respostas CORRETA, na ordem de cima para baixo:

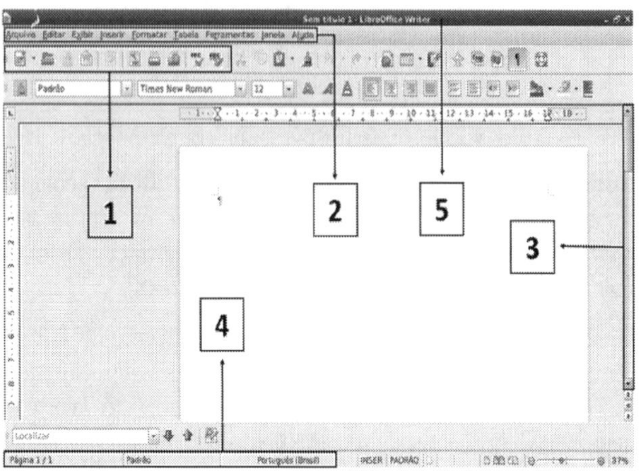

( ) Barra de rolagem.
( ) Barra de título.
( ) Barra de ferramentas.
( ) Barra de status.
( ) Barra de menu.

a) 3, 1, 2, 5, 4.

b) 3, 5, 1, 2, 4.

c) 3, 5, 1, 4, 2.

d) 3, 4, 2, 5, 1.

O LibreOffice, ao contrário do Microsoft Office, ainda utiliza a interface de barras de menus. As letras sublinhadas na barra de menus são aquelas que ao serem pressionadas junto a tecla ALT abrem o respectivo menu, assim ALT + A abre o menu Arquivo, ALT + E o menu Editar e assim por diante. No LibreOffice há duas barras de ferramentas visíveis: a barra de ferramentas padrão (indicada na figura da questão pelo número 2); e a de ferramentas de formatação (localizada abaixo da barra de ferramentas padrão. Uma característica comum ao LibreOffice e ao Microsoft Office é que a barra de status de ambos exibe o número de páginas e o total presente no documento, além da ferramenta de zoom, localizada no canto direto da barra.

GABARITO: C.

O texto a seguir contextualiza a questão, que é baseada no aplicativo para escritório.

1090. (CONSULPLAN – 2015 – PREFEITURA DE DUQUE DE CAXIAS/RJ – AUXILIAR ADMINISTRATIVO) Aplicativos para escritório são muito importantes na atualidade. Existem aqueles que são pagos, como o Microsoft Office, da gigante de software Microsoft, como existem também os que são livres, os quais não é necessário nenhum tipo de licença para utilização.

Como exemplos de softwares livres para escritório, podem ser citados o Google Docs, que tem a vantagem da edição online, assim como também existe o LibreOffice. Em relação ao LibreOffice, este possui aplicativos para edição de textos (Writer), planilha eletrônica (Calc), apresentação de slides (Impress), entre outros. O LibreOffice tem o seu próprio formato de arquivos (.odt, .ods, .odp etc.), mas também pode abrir e salvar documentos em todas as versões do Microsoft Office (.doc, .docx, .xls, .xlsx, .ppt, .pptx etc.). Efetuando uma comparação entre esses dois aplicativos mais conhecidos, Microsoft Office e LibreOffice, uma das coisas que pode chamar mais a atenção é o layout de cada um, pois os dois aplicativos possuem basicamente as mesmas funções, porém as disposições dos menus/comandos são diferentes entre eles.

Na edição de um texto utilizando o Writer, Configuração Padrão, da suíte de aplicativos LibreOffice, podem ser utilizados marcadores e numeração, que dão destaque ao texto ou palavras no parágrafo, e também pode-se utilizar para mostrar uma estrutura em tópicos. A opção marcadores e numeração está localizada em um dos menus da Barra de Menus. Assinale a alternativa correta que apresenta esse menu:

a) Exibir.

b) Editar.

c) Formatar.

d) Ferramentas.

As ferramentas Marcadores e Numeração são formatações de parágrafo, logo, são encontradas na barra de ferramentas de formatação ou no menu Formatar.

GABARITO: C.

1091. (CONSULPLAN – 2015 – PREFEITURA DE DUQUE DE CAXIAS/RJ – AUXILIAR ADMINISTRATIVO) No editor de textos do LibreOffice, o Writer, Configuração Padrão – Idioma Português Brasil, caso seja necessário localizar alguma palavra que deve ser substituída, um dos caminhos a ser seguido é localizar a Barra de Ferramentas Localizar, para que seja efetuada uma busca rápida, e/ou a barra de Menus Editar, Localizar e Substituir. Para que a localização da palavra e posterior substituição da mesma sejam feitas de maneira mais rápida, um atalho pode ser utilizado. Assinale a alternativa correta referente ao atalho para localizar e substituir uma palavra.

a) <CTRL> + <F>.

b) <CTRL> + <L>.

c) <CTRL> + <P>.

d) <CTRL> + <S>.

No LibreOffice, o atalho é CTRL + F (F de Find), embora também possa ser utilizada a combinação CTRL + H para abrir a janela localizar e substituir. No Microsoft Office, se utiliza CTRL+L para abrir o painel de navegação, à esquerda da janela, com a guia localizar selecionada, ou pode ser usado o atalho CTRL+U para abrir a janela Localizar e Substituir. CTRL+P na grande maioria dos programas abre a janela para imprimir o arquivo. CTRL+S salva o arquivo no LibreOffice e no MS-Office pode ser usado para sublinhar o texto selecionado.

GABARITO: A.

1092. **(AUTOR – 2018)** No BrOffice Writer para salvar um arquivo no formato PDF o usuário pode utilizar a opção Salvar Como disponível no Menu Arquivo.

Certo ( ) Errado ( )

No LibreOffice (BrOffice) para gerar um PDF a partir do documento em edição é necessário usar a opção EXPORTAR disponível no Menu Arquivo.

GABARITO: ERRADO.

1093. **(AUTOR – 2018)** No BrOffice Writer para abrir a janela Salvar Como o usuário pode utilizar o atalho CTRL + SHIFT + S.

Certo ( ) Errado ( )

No MS-Word, o atalho para a mesma funcionalidade é F12. Enquanto o atalho para salvar no Writer é CTRL + S no MS-Word é CTRL + B.

GABARITO: CERTO.

1094. **(AUTOR – 2018)** No BrOffice Writer é necessário salvar o documento primeiro para então poder utilizar a Assinatura Digital.

Certo ( ) Errado ( )

Ao tentar assinar um documento digitalmente sem salvá-lo, o programa exibe a mensagem "É necessário salvar o documento para que ele possa ser assinado. Deseja salvar o documento?".

GABARITO: CERTO.

1095. **(AUTOR – 2018)** No BrOffice Writer, basta clicar o botão # ▾ para inserir numeração de página.

Certo ( ) Errado ( )

Embora uma das opções do botão seja para enumerar as páginas do documento, ela é apenas uma das opções, ou seja, o usuário tem que selecionar a opção desejada na lista exibida e não apenas clicar sobre o botão.

GABARITO: ERRADO.

1096. **(AUTOR – 2018)** No BrOffice Writer, para formatar a fonte do texto selecionado por meio da janela de propriedades de fonte, o usuário pode clicar no Menu Formatar >> Fonte.

Certo ( ) Errado ( )

No BrOffice, a opção se chama caractere e nas versões atuais do Libre Office se chama texto. Quem usa a nomenclatura Fonte é o MS-Word.

GABARITO: ERRADO.

1097. **(AUTOR – 2018)** No Writer o estilo de formatação padrão é denominado NORMAL.

Certo ( ) Errado ( )

É o MS-Word que utiliza essa nomenclatura. No BrOffice, o nome usado é Estilo Padrão.

GABARITO: ERRADO.

1098. **(AUTOR – 2018)** No BrOffice Writer o recurso Numeração de linhas encontra-se na janela de configuração de página, acessível pelo menu Formatar opção Página.

Certo ( ) Errado ( )

A opção de numeração de linhas é uma ferramenta dentro do Writer, portanto, encontra-se no menu Ferramentas.

GABARITO: ERRADO.

Sobre edição de texto e o Libre Office Writer 5.0 e versões posteriores, julgue os itens a seguir.

1099. **(AUTOR – 2018)** O Libre Office Writer 5 possui uma Barra Lateral que possibilita alternar rapidamente entre os estilos de formatação de texto.

Certo ( ) Errado ( )

Além dos estilos de formatação, existem várias ferramentas que podem ser utilizadas, inclusive há formatações de fonte que não constam nas barras de ferramentas.

GABARITO: CERTO.

1100. **(AUTOR – 2018)** No Libre Office Writer 5, é possível inserir uma fórmula em uma tabela de tal modo que ela calcula estruturas como média, entre outros cálculos, para isso é possível usar a opção fórmula do menu Tabela como a opção fórmula do menu Inserir.

Certo ( ) Errado ( )

A opção Fórmula do menu Tabela faz o que o texto da questão sugere, ao contrário da opção presente no Menu Inserir → Objeto → Fórmula.

GABARITO: ERRADO.

1101. **(CESPE – 2014 – MEC – TODOS OS CARGOS)** Ao se pressionar, simultaneamente, as teclas CTRL + F11 no BrOffice Writer, serão mostrados os caracteres não imprimíveis.

Certo ( ) Errado ( )

A combinação correta é CTRL + F10, enquanto no MS-Word é CTRL + *, porém como o asterisco está sobre o número 8, é necessário usar a tecla SHIFT em conjunto.

GABARITO: ERRADO.

1102. **(CESPE – 2013 – TRT 17ª REGIÃO – TODOS OS CARGOS)** O BrOffice Writer não permite a capitulação de uma palavra ou de um conjunto de texto.

Certo ( ) Errado ( )

Tanto no Libre Office como no MS-Word, é possível usar a funcionalidade da letra capitular. Cuidado para não confundir capitular com versalete, pois a ferramenta capitular deixa uma letra ou palavra gigante ocupando espaço de várias linhas de texto, enquanto o versalete deixa todo o texto em caixa alta e destaca, ligeiramente, as iniciais do período.

GABARITO: ERRADO.

1103. **(CESPE – 2013 – TRT 17ª REGIÃO – TODOS OS CARGOS)** No BrOffice Writer, consta o recurso autocompletar, que utiliza um dicionário de palavras. A inclusão de novas palavras a

esse dicionário está condicionada ao tamanho da palavra, não sendo possível nele inserirem-se palavras com mais de dez letras.

Certo ( ) Errado ( )

O autocompletar é um recurso do Writer que se baseia nas palavras mais usadas em um documento. Assim, conforme o usuário inicia a sua digitação, o programa sugere o complemento com o intuito de agilizar o que está sendo escrito. Atualmente, um recurso similar é encontrado nos celulares ao digitar um texto.

GABARITO: ERRADO.

Microsoft Word

Em cada item a seguir, é apresentada uma situação hipotética, seguida de uma assertiva a ser julgada, com relação à edição de textos, planilhas e apresentações.

1104. **(CESPE – 2018 – POLÍCIA FEDERAL – PERITO CRIMINAL FEDERAL – CONHECIMENTOS BÁSICOS – TODAS AS ÁREAS)** Ao editar um documento utilizando o Microsoft Word 2016, um usuário verificou que estava gastando muito tempo para atualizar manualmente o índice, com títulos e subtítulos e os respectivos números de páginas; isso porque, entre outros fatores, a inserção de novos textos ocorre ao longo de todo o documento, e não apenas ao seu final, o que muda os números das páginas em que se localizam os títulos a serem inseridos no índice. Nessa situação, para resolver o problema, o usuário pode utilizar a ferramenta do MS-Word que permite criar índices automaticamente por meio do uso de estilos, tais como título 1 e título 2.

Certo ( ) Errado ( )

Primeiro, cuidado para não confundir a expressão "ferramenta do MS-Word que permite criar índices automaticamente" com "ferramenta do MS-Word inserir índices". A expressão apresentada pela questão pede ferramenta pela qual seria possível inserir e fazer uso dos índices (também conhecidos como Sumários). A segunda expressão faz menção à nomenclatura com a qual a ferramenta é apresentada dentro do programa. É muito importante salientar que, para utilizar a opção Sumário Automático presente dentro da aba Referências, é necessário que estejam sendo utilizados os estilos de título, preferencialmente os de título 1, título 2, título 3 e assim por diante. Uma vez usando os estilos de formatação, a formatação do documento se torna muito mais rápida, dinâmica e organizada.

GABARITO: CERTO.

A respeito de sistemas operacionais e de aplicativos de edição de textos e planilhas, julgue o item a seguir.

1105. **(CESPE – 2018 – POLÍCIA FEDERAL – ESCRIVÃO DE POLÍCIA FEDERAL)** No MS-Word, as macros são construídas com o uso da linguagem de programação VBO (Visual Basic for Office).

Certo ( ) Errado ( )

Uma das questões mais apelativas em provas de concurso. A linguagem de programação utilizada no Microsoft Office para a criação de macros é o Visual Basic for Aplication (VBA), logo, o erro está no uso da letra o na sigla VBO. Poderia ser considerada como correta a questão, se tivesse dito apenas Visual Basic, uma vez que o VBA é uma parte do Visual Basic.

GABARITO: ERRADO.

1106. (IBFC – 2020 – EBSERH – TÉCNICO EM CONTABILIDADE) Em relação aos Editores de Texto do Pacote Microsoft Office, analise as afirmativas abaixo e dê valores Verdadeiro (V) ou Falso (F).

Um dos editores de texto compatível com o Sistema Operacional Windows é o MS-Word .

No editor de texto do Pacote Microsoft Office não é possível incluir uma tabela.

É possível colocar as palavras em Negrito, Itálico ou Sublinhado.

Assinale a alternativa que apresenta a sequência correta de cima para baixo:

a) V, F, F.

b) V, F, V.

c) F, V, V.

d) V, V, F.

e) F, F, V.

A suíte de escritórios Microsoft Office possui versões apenas para Windows e MacOS. As formatações de estilo de fontes (Negrito, Itálico e sublinhado) são recursos essenciais de editores de texto WYSWYG (what you see is what you get ou O que você vê é o que você tem), presentes no MS-Word, Writer, MS-Word Pad. No caso do Bloco de Notas, temos somente Negrito e Itálico.

GABARITO: B.

Para responder à questão a seguir, considere um documento sendo editado no MS-Word, cujo conteúdo é o texto exibido a seguir.

"Durante o período imperial, o único órgão com atividades exclusivamente estatísticas era a Diretoria Geral de Estatística, criada em 1871. Com o advento da República, o governo sentiu necessidade de ampliar essas atividades, principalmente depois da implantação do registro civil de nascimentos, casamentos e óbitos.

Com o passar do tempo, o órgão responsável pelas estatísticas no Brasil mudou de nome e de funções algumas vezes até 1934, quando foi extinto o Departamento Nacional de Estatística, cujas atribuições passaram aos ministérios competentes."

Considere o documento descrito anteriormente.

Tito decidiu grafar o termo "imperial", na primeira linha do texto, com letra maiúscula, e para tanto usou o comando Substituir da guia Página Inicial do MS-Word, como apresentado na imagem do formulário a seguir.

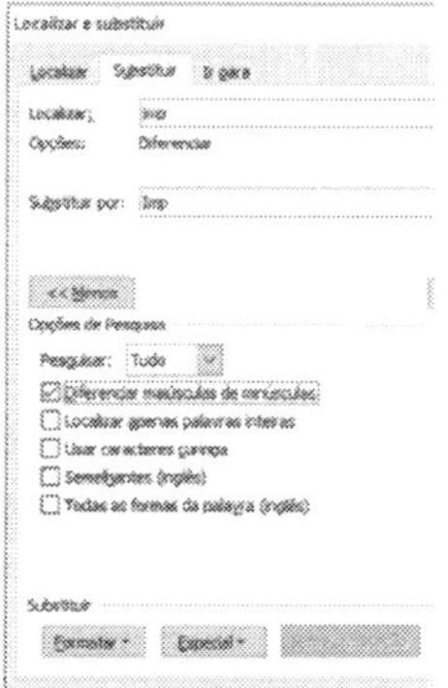

1107. **(FGV – 2020 – IBGE – AGENTE CENSITÁRIO OPERACIONAL – REAPLICAÇÃO)** Sabendo-se que Tito acionou o botão Substituir Tudo, é correto concluir que o número de substituições realizadas ao longo do texto foi:

a) Zero.

b) Uma.

c) Duas.

d) Três.

e) Quatro.

O texto contém duas expressões que atendem à formatação utilizada na janela Localizar e Substituir: a palavra imperial desejada; e a palavra implantação, que não se esperava alterar para maiúscula.

GABARITO: C.

Considere a Figura a seguir extraída do MS-Word 2016 em português.

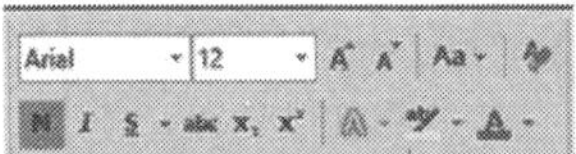

1108. **(CESGRANRIO – 2018 – BANCO DA AMAZÔNIA/AM – TÉCNICO CIENTÍFICO – MEDICINA DO TRABALHO)** O número ao lado da palavra Arial significa a(o):

a) quantidade de letras.

b) quantidade de linhas.

c) versão do texto.

d) número de páginas.

e) tamanho da letra.

A opção 12 representa o tamanho da fonte medida em pt (pontos). Um ponto é a medida de um pixel na tela ao zoom de 100%. Note que podemos usá-la de duas formas: escolhendo um tamanho na lista apresentada, 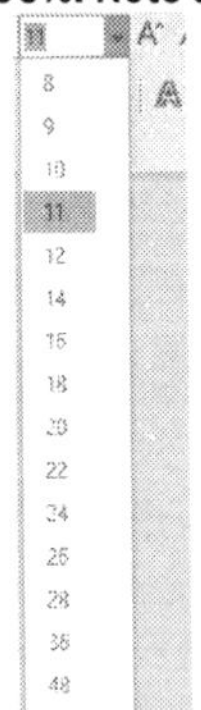 **que toma como base a proporção geométrica das letras ou digitar o valor desejado diretamente na caixa, caso deseje um tamanho maior que 72 ou diferente do apresentado pela lista é necessário digitar.**

GABARITO: E.

Sobre editores de texto e planilhas, julgue os itens a seguir.

1109. **(CESPE – 2013 – MPU – TÉCNICO – TECNOLOGIA DA INFORMAÇÃO E COMUNICAÇÃO)** No Microsoft MS-Word é possível combinar e automatizar comandos por meio do recurso de gravação de macros.

Certo ( ) Errado ( )

Macros são regras criadas para automatizar tarefas repetitivas. Deste modo, é possível criá-las utilizando gravação de ação disponível na aba Exibir, na aba Desenvolvedor (oculta por padrão) ou escrevendo diretamente em código script Visual Basic, que também é chamado de Visual Basic for Application (VBA).

GABARITO: CERTO.

Para responder à questão a seguir, considere um documento sendo editado no MS-Word, cujo conteúdo é o texto exibido abaixo.

"Durante o período imperial, o único órgão com atividades exclusivamente estatísticas era a Diretoria Geral de Estatística, criada em 1871. Com o advento da República, o governo sentiu necessidade de ampliar essas atividades, principalmente depois da implantação do registro civil de nascimentos, casamentos e óbitos.

Com o passar do tempo, o órgão responsável pelas estatísticas no Brasil mudou de nome e de funções algumas vezes até 1934, quando foi extinto o Departamento Nacional de Estatística, cujas atribuições passaram aos ministérios competentes."

Para responder a esta pergunta, considere o documento descrito anteriormente.

1110. **(FGV – 2020 – IBGE – AGENTE CENSITÁRIO OPERACIONAL)** Supondo-se que o cursor do MS-Word esteja posicionado entre os caracteres 8 e 7, na terceira linha, a digitação da tecla End causaria o deslocamento desse cursor para:

a) entre o número 7 e o número 1 na terceira linha.

b) entre o número 1 e o ponto na terceira linha.

c) o fim da terceira linha.

d) o fim do primeiro parágrafo.

e) o fim do texto.

A tecla END leva ao fim da linha; enquanto HOME ao início. Já CTRL + END leva ao fim do documento e CTRL + HOME ao início do documento. CTRL + → (seta para direita) avança palavra por palavra, enquanto CTRL + -← (seta para esquerda) volta palavra por palavra. CTRL + ↑ (seta para cima) volta parágrafo por parágrafo e CTRL + ↓ (seta para baixo) avança parágrafo por parágrafo.

GABARITO: C.

1111. **(CESPE – 2018 – POLÍCIA CIVIL/MA – ESCRIVÃO)** Ao produzir um texto utilizando o programa Microsoft Word 2016, um usuário realizou, de modo sucessivo, seguintes procedimentos:

- Selecionou parte do teto e, logo em seguida, acionou o atalho formado pelas teclas CTRL + X.
- Digitou algumas palavras.
- Acionou o atalho formado pelas teclas CTRL + V.
- Digitou algumas palavras.

Caso o usuário pretenda inserir, novamente, por meio do atalho formado pelas teclas CTRL + V, o texto selecionado no início do procedimento descrito, o que acontecerá?

a) Será exibida uma caixa de diálogo contendo a parte do texto inicialmente selecionada para a área de transferência.

b) Aparecerá uma mensagem de erro, pois o MS-Word 2016 não possibilita a execução reiterada de procedimentos.

c) O texto selecionado no primeiro procedimento será inserido a partir do ponto em que o cursor estiver posicionado.

d) O documento não sofrerá alteração, pois não há texto na área de transferência em virtude de o usuário já ter acionado o atalho formado pelas teclas CTRL + V anteriormente.

e) Nada ocorrerá, pois o treco selecionado mediante as teclas CTRL + X já foi usado; nesse caso, o usuário deverá selecionar o texto novamente e acionar o atalho formado pelas teclas CTRL + C.

Cuidado: a área de transferência do Windows comporta apenas uma operação, enquanto a do MS-Word possui 24 posições. Além do fato de a operação Recortar e Colar no Windows corresponde à ação de mover. Portanto, uma vez recortado (uma pasta ou arquivo), só poderá ser colado uma vez. Diferentemente do MS-Office (MS-Word, MS-Excel, MS-PowerPoint) que o conteúdo recortado ou copiado pode ser colado várias vezes quanto necessário.

GABARITO: C.

A questão baseia-se na Figura 2, que mostra a janela principal do Microsoft Word 2007, acima da qual se ampliou e destacou alguns ícones, para facilitar a sua resolução. Nessa Figura, a seta nº 1 aponta para o texto que se encontra selecionado.

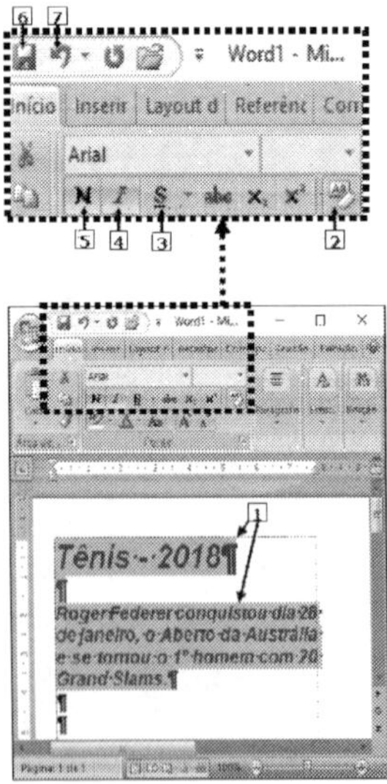

Figura 2 – MS-Word 2007.

1112. (FUNDATEC – 2018 – POLÍCIA CIVIL/RS – ESCRIVÃO E INVESTIGADOR DE POLÍCIA) Na janela principal do MS-Word 2007, mostrada na Figura 2, serão sequencialmente os ícones apontados pelas setas nº 2, 3, 4,5, 6 e 7. Ao final dessas ações, pode-se afirmar que o texto apontado pela seta nº 1 estará em:

Itálico.

Negrito.

Sublinhado.

Quais estão corretas?

a) Apenas I.

b) Apenas II.

c) Apenas III.

d) Apenas I e III.

e) I, II e III.

Primeiramente, limparam a formatação do texto selecionado, logo desabilitou-se o Itálico e o Negrito. Em seguida, aplicaram Sublinhado, Itálico e Negrito e, após salvar, desfez a última operação (Negrito). Assim, o texto selecionado ficou apenas com as propriedades de Itálico e Sublinhado.

GABARITO: D.

1113. (INCAB – 2019 – POLÍCIA MILITAR-SC – POLICIAL MILITAR) Sobre o uso de teclas de atalho no aplicativo Microsoft Office, é correto afirmar que a tecla:

a) BACKSPACE apaga o documento aberto.

b) TAB rola a tela verticalmente.

c) ALT altera o tamanho da fonte.

d) ESC apaga a linha selecionada.

e) DEL apaga o conteúdo da célula selecionada.

A tecla Backspace, ao manipular um texto apaga, o conteúdo à esquerda do cursor de texto, o conteúdo selecionado ou o conteúdo de uma célula selecionada. O atalho TAB em um documento de texto insere uma tabulação em editores de planilha seleciona a célula à direita da célula atual. A tecla ESC cancela uma operação em andamento. Tecla DEL apaga texto à direita do cursor de texto em manipulações de texto e em planilhas apaga o conteúdo das células selecionadas.

GABARITO: E.

1114. (VUNESP – 2018 – POLÍCIA CIVIL/BA – INVESTIGADOR) Deseja-se, em um documento editado no Microsoft Office Word (versão 2013 ou 2016, em sua configuração padrão e versão em português), mudar a aparência da palavra "Espetáculo", da seguinte forma:

De:

Espetáculo

Para:

Espetáculo

Considerando que a palavra "Espetáculo" esteja selecionada, os botões de formatação de fonte que, se pressionados em sequência, produzem essa transformação são:

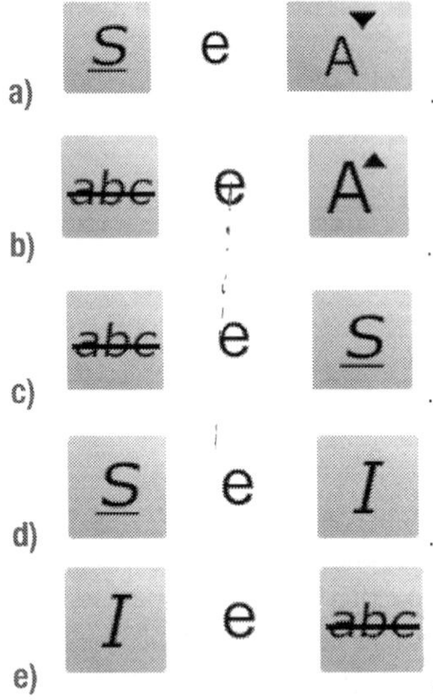

O texto foi formatado para itálico e tachado, conforme ilustram os ícones da alternativa E.

GABARITO: E.

1115. **(FCC – 2018 – TRIBUNAL REGIONAL DO TRABALHO – ÁREA 6 – TÉCNICO JUDICIÁRIO – ÁREA ADMINISTRATIVA)** Durante a edição de uma monografia no MS-Word 2010, o usuário do aplicativo clicou sobre o ícone para mostrar as marcas de parágrafos e outros símbolos de formatação e obteve a apresentação do seguinte trecho de texto:

¶
Agradeço à minha mãe pelos ensinamentos...¶
¶

A linha pontilhada abaixo do texto indica:

a) Texto oculto.

b) Citação.

c) Citação interna.

d) Índice remissivo.

e) Referência cruzada.

O texto oculto está visível, pois a opção Mostrar Tudo (que exibe os caracteres não imprimíveis) está habilitada. Caso seja desabilitada, o texto será ocultado efetivamente. Para formatar um texto como oculto, é necessário selecionar o texto desejado e abrir a janela propriedades de fonte (CTRL + D) e assinalar a opção. Na figura a seguir, são exemplificados também a citação, que apresenta o tom cinza apenas quando se posiciona o mouse sobre ela; e a referência cruzada, apontando para a Figura 1 a seguir, que exibe o tom cinza quando clicado sobre ela.

Texto·Oculto·¶

Segundo·(Schellenberg,·2006)¶

Conforme·Figura·1¶

¶

GABARITO: A.

1116. **(NUCEPE – 2018 – POLÍCIA CIVIL–PI – INFORMÁTICA)** Com base no editor de texto Microsoft MS-Word 2013, marque a alternativa CORRETA em relação às afirmativas abaixo.

I. Os comandos Localizar e Substituir podem ser acessados, respectivamente, pelas teclas de atalho Ctrl+L e Ctrl+U.

II. Para inserir um cabeçalho em um texto deve-se executar os seguintes passos: guia LAYOUT DA PÁGINA, grupo Cabeçalho e Rodapé e botão Cabeçalho.

III. Para adicionar uma página em branco no documento deve-se executar os seguintes passos: guia EXIBIÇÃO, grupo Páginas e botão Página em Branco.

a) Somente a afirmativa II está correta.

b) Somente a afirmativa III está correta.

c) Somente as afirmativas I e II estão corretas.

d) Somente a afirmativa I está correta.

e) Todas as afirmativas estão corretas.

Vale observar que no MS-Word 2013 e 2016, a opção Localizar tem duas formas: CTRL + L abre o painel lateral (esquerdo), o mesmo que possibilita ver as miniaturas das páginas e os títulos do documento. Já a outra opção do Localizar é a presente na janela Localizar e Substituir. No MS-Word, para se inserir um cabeçalho deve-se abrir a guia Inserir e selecionar a opção "Cabeçalho" Cabeçalho. Assim como a opção Página em Branco presente no início da guia Inserir:

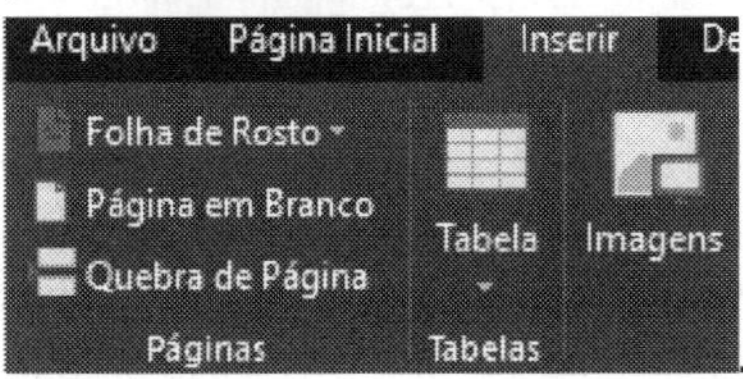

GABARITO: D.

1117. **(BIO–RIO – 2015 – ASSOCIAÇÃO PAULISTA PARA O DESENVOLVIMENTO DA MEDICINA/SP – ENFERMEIRO)** No MS-Word 2013 BR, o acionamento do ícone [A ▾] tem por objetivo:

a) mudar a cor da fonte aplicada ao texto.

b) inserir marca d´água às folhas do documento.

c) aumentar tamanho da fonte utilizada no texto.

d) realizar a verificação e correção ortográfica no texto.

e) aplicar sombreamento a uma palavra.

Cuidado, pois o ícone apresentado pode ser confundido com o botão sublinhado do Libre Office Writer. Para evitar, a confusão observe que o botão cor da fonte, apresentado pela questão, possui uma seta para baixo, enquanto o botão do Writer não possui. Outro detalhe importante é que a opção sombreamento se aplica a um parágrafo e não apenas a uma palavra.

GABARITO: A.

1118. **(BIO–RIO – 2015 – ASSOCIAÇÃO PAULISTA PARA O DESENVOLVIMENTO DA MEDICINA–SP – ENFERMEIRO)** No MS-Word 2013 BR, o acionamento de um ícone possibilita aplicar às páginas do documento um layout de retrato ou paisagem. Esse ícone é:

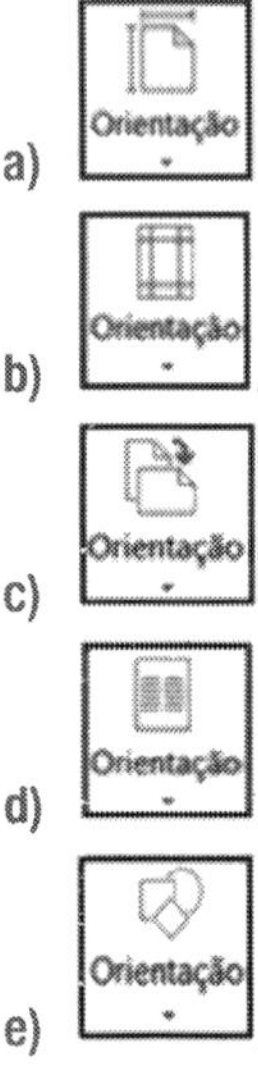

O desenho ilustrado em A é correspondente à opção Tamanho, que permite configurar o tamanho do papel como A4, A5, Ofício, Carta, entre outros. O desenho em B é da ferramenta Margens. Já a alternativa D ilustra a opção Colunas, também presente no bloco Configurar Página da Aba Layout de Página do MS-Word 2013. A alternativa E representa o botão Formas presente da Guia Inserir.

GABARITO: C.

1119. **(BIO–RIO – 2015 – ASSOCIAÇÃO PAULISTA PARA O DESENVOLVIMENTO DA MEDICINA/SP – ENFERMEIRO)** No MS-Word 2013 BR, a aplicação de subscrito pode ser feita por meio da execução de um atalho de teclado ou do acionamento de um ícone. O atalho de teclado e o ícone são respectivamente:

a) Ctrl + 2 e X_2.

b) Ctrl + 2 e X^2.

c) Ctrl + S e X_2.

d) Ctrl + = e X^2.

e) Ctrl + = e X_2.

Atenção para a diferença entre os atalhos CTRL + = e CTRL + SHIFT + +! O primeiro atalha executa a operação subscrito; enquanto o segundo atalho formata como sobrescrito. O ícone ilustrado na alternativa D é do sobrescrito.

GABARITO: E.

1120. **(CESPE - 2011 - FUB - TÉCNICO DE TECNOLOGIA DA INFORMAÇÃO - ESPECÍFICOS)** No que se refere aos principais aplicativos comerciais para edição de textos, planilhas, materiais escritos e audiovisuais, julgue o item subsequente.
No MS-Word, a edição das quebras de um documento disponível no menu Formatar, opção Quebra, da barra de ferramentas, pode ser usada para dividir uma página, coluna ou seções do texto.

Certo ( ) Errado ( )

A opção Quebra é encontrada no menu Inserir do Writer e do MS-Word 2003; já no MS-Word 2007, esta opção é encontrada na Aba Layout de página.

GABARITO: ERRADO.

A figura a seguir mostra uma janela do Microsoft Word 2007 em execução em um computador com sistema operacional Windows XP. Essa janela contém um documento em processo de edição, no qual o trecho Serviço internacional está selecionado.

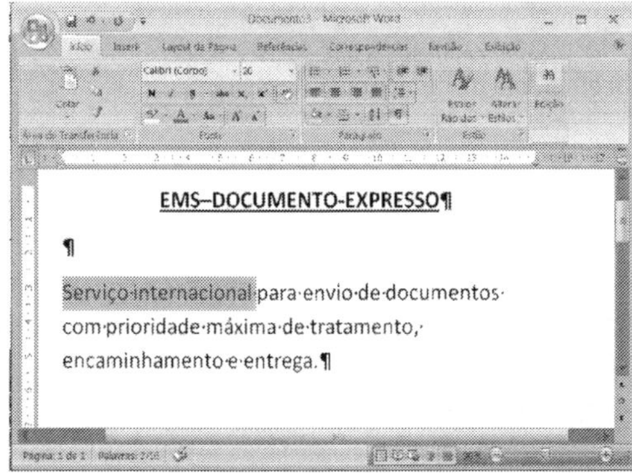

Com base na janela do Microsoft Word 2007 ilustrada anteriormente, julgue o que se segue.

1121. **(CESPE - 2011 - FUB - TÉCNICO DE TECNOLOGIA DA INFORMAÇÃO - ESPECÍFICOS)** Para se numerarem as linhas do parágrafo do documento em edição que contém o trecho selecionado, é suficiente pressionar simultaneamente e manter pressionadas as teclas **CTRL** e **A**. clicar o botão e liberar finalmente as teclas pressionadas.

Certo ( ) Errado ( )

Numeração de linhas é uma propriedade da configuração de página no MS-Word nas versões 2003, 2007 ou 2010, e uma ferramenta no Writer. CTRL+A no MS-Word corresponde ao comando abrir.

GABARITO: ERRADO.

1122. **(CESPE - 2011 - FUB - TÉCNICO DE TECNOLOGIA DA INFORMAÇÃO - ESPECÍFICOS)** Na situação considerada, ao se clicar o botão, o trecho selecionado ficará com a cor do texto alterada para vermelho.

Certo ( ) Errado ( )

O botão em questão aumenta o recuo do parágrafo.

GABARITO: ERRADO.

1123. **(CESPE - 2011 - FUB - TÉCNICO DE TECNOLOGIA DA INFORMAÇÃO - ESPECÍFICOS)** Na situação considerada, ao se clicar o botão, o trecho selecionado será alterado e aparecerá em itálico e sublinhado, ou seja, ficará na seguinte forma: ***<u>Serviço internacional</u>***.

Certo ( ) Errado ( )

Seria correto se o texto já estivesse em Negrito, Itálico e Sublinhado.

GABARITO: ERRADO.

1124. **(CESPE - 2011 - FUB - TÉCNICO DE TECNOLOGIA DA INFORMAÇÃO - ESPECÍFICOS)** Para se mover o trecho selecionado, de sua posição atual para uma nova posição no documento em edição, é correto realizar a seguinte sequência de ações: clicar o botão, para recortar o trecho selecionado; posicionar o ponto de inserção no local para onde se deseja mover o trecho selecionado; clicar o botão Colar, em sua parte superior, para colar o texto na nova posição.

Observe que o botão ilustrado corresponde somente à parte superior do botão na janela; se estive sendo ilustrado juntamente com a seta, estaria errada a assertiva.

GABARITO: CERTO.

1125. **(CESPE - 2011 - FUB - TÉCNICO DE TECNOLOGIA DA INFORMAÇÃO - ESPECÍFICOS)** Na situação mostrada, ao se clicar o botão, o parágrafo do documento em edição que contém o trecho selecionado ficará alinhado tanto à direita, quanto à esquerda.

Certo ( ) Errado ( )

O botão em questão centraliza o parágrafo selecionado.

GABARITO: ERRADO.

1126. **(CESPE – 2016 – POLÍCIA CIVIL/GO – AGENTE DE POLÍCIA SUBSTITUTO)** A cerca da inserção de seções em planilhas e textos criados no Microsoft Office, assinale a opção correta.

a) No MS-Excel, as seções são utilizadas para separar figuras de um texto que estejam em quadros.

b) A inserção de índices analíticos no MS-Word implica a inserção de seções entre as páginas, em todo o documento.

c) No MS-Excel, as seções são utilizadas para separar gráficos e valores em uma mesma planilha.

d) Em um documento MS-Word, as seções podem ser utilizadas para que, em uma mesma página, parte do texto esteja em uma coluna e outra parte, em duas colunas.

e) No MS-Word, as seções são utilizadas como meio padrão para se inserir rodapé e cabeçalho no documento.

As configurações de páginas, cabeçalho e rodapé são aplicados por seção do documento.

GABARITO: D.

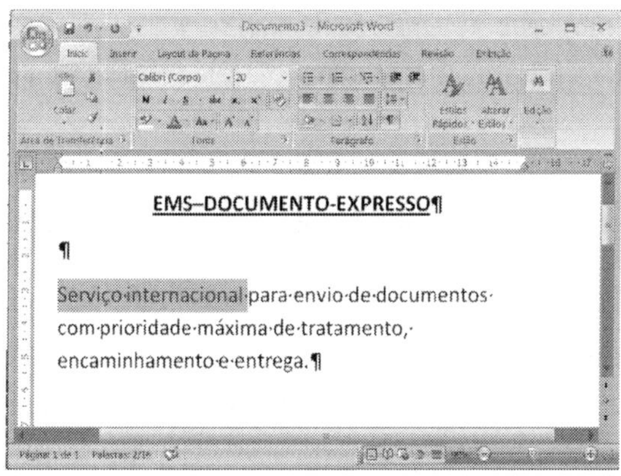

1127. **(CESPE - 2011 - CORREIOS - AGENTE DE CORREIOS - OPERADOR DE TRIAGEM E TRANSBORDO)** Na situação da janela do Microsoft MS-Word 2007 mostrada no texto, o uso do botão permite aplicar realce no trecho selecionado, utilizando-se a cor predefinida no conjunto de botões .

Certo ( )   Errado ( )

O botão em questão é o botão realce, que aplica um fundo no texto aplicado como um marca textos.

GABARITO: ERRADO.

1128. **(CESPE - 2011 - CORREIOS - AGENTE DE CORREIOS - OPERADOR DE TRIAGEM E TRANSBORDO)** Excluir do documento em edição o trecho selecionado, sendo o espaço que era ocupado por esse trecho substituído por caracteres em branco.

Certo ( )   Errado ( )

A ação descrita é ocorre ao ser pressionada a tecla de espaço.

GABARITO: ERRADO.

1129. **((CESPE - 2011 - CORREIOS - AGENTE DE CORREIOS - OPERADOR DE TRIAGEM E TRANSBORDO)** Colorir, com a cor previamente definida por meio do conjunto de botões , o plano de fundo do trecho selecionado.

Certo ( ) Errado ( )

Clicar sobre o botão da assertiva resulta no preenchimento do plano de fundo com a cor indicada no próprio botão.

GABARITO: ERRADO.

1130. **(CESPE - 2011 - CORREIOS - AGENTE DE CORREIOS - OPERADOR DE TRIAGEM E TRANSBORDO)** Aplicar aos caracteres do trecho selecionado a cor definida pelo conjunto de botões .

Certo ( ) Errado ( )

Clicar sobre o botão da assertiva resulta em alterar a cor do trecho para a cor indicada no próprio botão.

GABARITO: ERRADO.

1131. **(CESPE - 2011 - CORREIOS - AGENTE DE CORREIOS - OPERADOR DE TRIAGEM E TRANSBORDO)** Copiar a formatação utilizada no local do documento em que o trecho selecionado se encontra e aplicá-la em outro local do documento.

Certo ( ) Errado ( )

Se apenas um clique foi dado sobre o botão pincel, o estilo copiado será aplicado apenas em uma seleção.

GABARITO: CERTO.

Em relação ao sistema operacional Windows 7 e ao pacote Microsoft Office 2010, julgue a questão a seguir.

1132. **(CESPE - 2011 - CORREIOS - AGENTE DE CORREIOS - OPERADOR DE TRIAGEM E TRANSBORDO)** No MS-Word 2010, a partir do menu Layout da Página, é possível dividir em duas partes a janela de um documento que esteja em edição, de modo que seções diferentes do mesmo documento possam ser vistas simultaneamente.

Certo ( ) Errado ( )

Toda opção sobre ferramentas está relacionada ao que está visível, mas que não que mais ver, ou o contrário, é encontrada na Aba Exibição.

GABARITO: ERRADO.

1133. **(CESPE - 2011 - CORREIOS - AGENTE DE CORREIOS - OPERADOR DE TRIAGEM E TRANSBORDO)** Os recursos do menu Inserir do Microsoft Office MS-Word 2007 disponibilizados na barra de ferramentas ilustrada na figura anterior permitem que se insira, em um documento em edição:

a) equação matemática, por meio do conjunto de botões  WordArt.

b) quebra de seção, por meio do conjunto de botões Páginas.

c) imagem armazenada no computador, por meio do botão  Imagem.

d) texto com efeitos decorativos, como, por exemplo, Periódico, por meio do conjunto de botões Formas.

e) nova página em branco, por meio do submenu Número de Página.

O WordArt insere um texto artístico. A quebra de seção aparece na opção quebras da aba Layout de Página. O botão Formas permite inserir uma autoforma como, por exemplo, balões de conversa, estrelas etc. O botão Número de Página apenas insere a numeração de página.

GABARITO: C.

Em relação ao Microsoft MS-Word , julgue os itens subsequentes.

1134. **(CESPE - 2009 – SEJUS/ES - AGENTE PENITENCIÁRIO)** Por meio da opção Seleção na janela Imprimir, acessada no menu Arquivo, é possível imprimir apenas algumas páginas de um documento, informando-se a sequência de páginas que se deseja imprimir.

Certo ( ) Errado ( )

O opção Imprimir Seleção serve para imprimir a parte previamente selecionada no texto, informar uma sequência de páginas é a opção imprimir páginas.

GABARITO: ERRADO.

1135. **(CESPE - 2009 – SEJUS/ES - AGENTE PENITENCIÁRIO)** O recurso Comentário é útil quando se está elaborando um documento de grande extensão no MS-Word. Para se usar esse recurso, que permite incluir lembretes na posição atual do cursor, basta selecionar a opção Comentário no menu Inserir.

Certo ( ) Errado ( )

No MS-Word 2003, a opção comentário está no Menu Inserir; já no MS-Word versões 2007, 2010, 2013 e 2016, a opção está na Aba Revisão. Contudo, no MS-Word 2016, a opção Novo Comentário também está presente na aba Inserir.

GABARITO: CERTO.

1136. **(CESPE - 2009 – SEJUS/ES - AGENTE PENITENCIÁRIO)** Em textos que contêm tabelas e figuras, é importante que as mesmas possuam um número para ser referenciado a partir do texto. No Microsoft MS-Word 2003, essa funcionalidade pode ser obtida por meio da opção Objeto, encontrada no menu Formatar.

Certo ( ) Errado ( )

No MS-Word 2003, esta opção está no menu Inserir opção Referências. No MS-Word 2007 e 2010, está na aba Referências.

GABARITO: ERRADO.

A respeito de aplicativos do ambiente Microsoft Office, julgue as assertivas a seguir.

1137. **(CESPE - 2009 – SEJUS/ES - AGENTE PENITENCIÁRIO)** As barras de ferramentas de formatação dos aplicativos do Microsoft Office podem ser personalizadas livremente pelo usuário, conforme a necessidade de disposição e de acesso a recursos mais utilizados.

Certo ( ) Errado ( )

Nem todas os botões dos editores estão nas barras de ferramentas ou Opções, como no caso do MS-Word 2007 e 2010, mas é possível escolher quais se deseja exibir, ou seja, é possível também ocultar os menos utilizados.

GABARITO: CERTO.

1138. **(CESPE - 2009 – SEJUS/ES - AGENTE PENITENCIÁRIO)** No Microsoft MS-Word, para se criar uma nova coluna em uma tabela existente em um documento em edição, deve-se selecionar a linha ao lado da qual ela será posicionada na nova tabela e clicar a opção Inserir coluna.

Certo ( ) Errado ( )

Deve-se selecionar a coluna e, não, a linha.

GABARITO: ERRADO.

1139. **(CESPE - 2009 – SEJUS/ES - AGENTE PENITENCIÁRIO)** O menu Arquivo do MS-Word 2003 contém as opções de exibição do documento em layouts diversos, como o normal, da Web e de impressão.

Certo ( ) Errado ( )

No MS-Word 2003, as opções de exibição estão no menu Exibir.

GABARITO: ERRADO.

1140. **(CESPE - 2009 – SEJUS/ES - AGENTE PENITENCIÁRIO)** A formatação de margens de páginas, tabelas e textos só pode ser feita diretamente a partir da régua horizontal presente no topo da janela do MS-Word , abaixo do menu de opções.

Certo ( ) Errado ( )

As margens também podem ser alteradas por meio das configurações de página.

GABARITO: ERRADO.

1141. **(CESPE - 2009 – SEJUS/ES - AGENTE PENITENCIÁRIO)** O recurso Desfazer ações é utilizado para se desfazer uma digitação ou edição do documento e, uma vez que ele seja ativado, não é possível retornar à opção anterior.

Certo ( ) Errado ( )

O MS-Word também possui a ação Refazer que soa como um Desfazer do desfazer.

GABARITO: ERRADO.

1142. **(AUTOR - 2013)** O MS-Word permite adicionar mais autores a um documento em edição, esses autores podem também editar o arquivo desde que ele esteja compartilhado.

Certo ( ) Errado ( )

O Pacote Office 2010, de modo geral, possui diversas ferramentas de integração com a nuvem, como a tradução e a edição simultânea. A nuvem em questão é o Skydrive. Logo, como no Google Docs, é possível que várias pessoas editem o mesmo arquivo.

GABARITO: CERTO.

A cerca dos editores de texto, julgue o que se segue.

1143. **(AUTOR - 2013)** O Microsoft Word 2010 possui recursos de interação com a nuvem, tornando mais dinâmicas algumas ações, no entanto para utilizar tais recursos é necessário estar conectado à Internet.

Certo ( ) Errado ( )

Os recursos citados são a tradução do documento ou parte do mesmo, assim como a opção de ajuda do programa que é online.

GABARITO: CERTO.

1144. **(AUTOR - 2013)** No Microsoft Word 2010 é possível utilizar os temas para personalizar formas e textos com diversas cores e efeitos de luz. Assim criar um retângulo com a aparência de um botão se torna mais simples.

Certo ( ) Errado ( )

Os temas presentes no MS-Word 2010 estão mais desenvolvidos do que no 2007, permitindo efeitos de luz como reflexo e relevo. Assim, é possível formatar um texto ou mesmo figura com características similares a de um botão tanto pressionado como normal.

GABARITO: CERTO.

1145. **(CESPE - 2013 – PC/DF - ESCRIVÃO DE POLÍCIA)** Para se editar um documento em formato PDF no MS-Word 2013, é necessário que o documento seja composto exclusivamente de texto.

Certo ( ) Errado ( )

O MS-Word não abre arquivo no formato PDF, logo não pode editar um arquivo em tal formato. No entanto, é possível salvar um arquivo em edição em tal formato, mas, nesse caso, o arquivo é gerado à parte.

GABARITO: ERRADO.

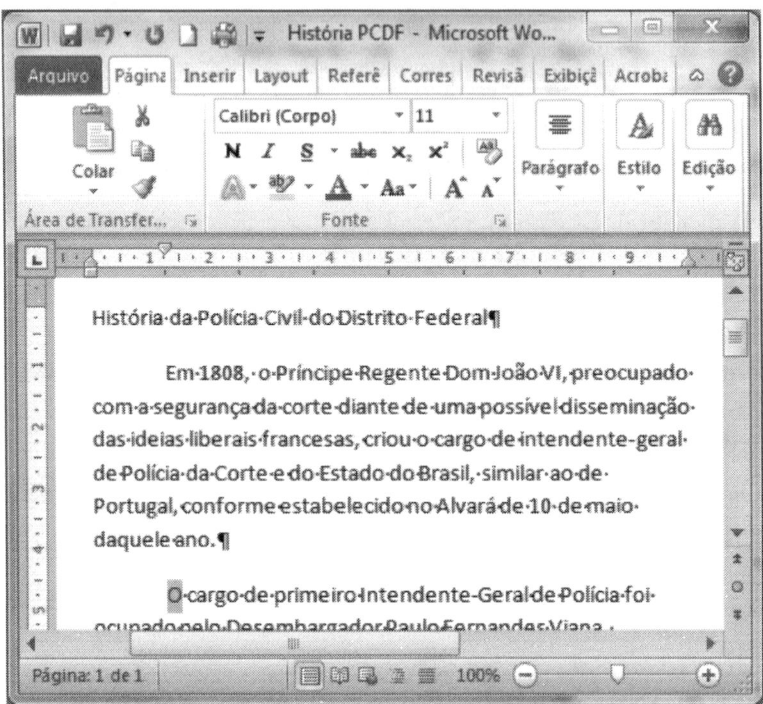

1146. (CESPE - 2013 – PC/DF - ESCRIVÃO DE POLÍCIA) Com relação ao MS-Word 2010 e à figura anterior, que mostra uma janela desse software com trecho de um texto em processo de edição, julgue os itens subsequentes.

Certo ( ) Errado ( )

A ferramenta pode ser usada para realçar o texto selecionado, à semelhança do que se pode fazer com um marca-texto em um texto manuscrito ou impresso sobre papel. O ícone apresentado indica a ferramenta Realce, que possibilita aplicar uma cor a um trecho de texto, enquanto a ferramenta sombreamento aplica uma cor para o parágrafo inteiro.

GABARITO: CERTO.

1147. (CESPE - 2013 – PC/DF - ESCRIVÃO DE POLÍCIA) Ao se selecionar o trecho Distrito Federal e clicar no botão , esse trecho será excluído. O mesmo efeito ocorreria se, após a seleção desse trecho, fosse pressionada a tecla DELETE.

Certo ( ) Errado ( )

O botão apresentado é referente à ferramenta Tachado, que aplica um risco à meia altura da linha do texto selecionado. Esse recurso é muito usado em textos de leis revogadas.

GABARITO: ERRADO.

1148. (AUTOR - 2013) No MS-Word 2010, a opção Inserir Citação presente na aba correspondências oferece opção cadastrar uma nova fonte bibliográfica, no entanto para que a referência seja incluída no documento deve-se utilizar a opção Marcar Entrada.

Certo ( ) Errado ( )

A opção Inserir Citação fica na Aba Referências. Além de permitir o cadastro de uma fonte bibliográfica, a ferramenta já insere no texto a citação do referido autor, e possibilita a inserção de citações de autores já usados.

GABARITO: ERRADO.

1149. (AUTOR - 2013) Um Agente Federal necessita editar um texto no MS-Word 2010 de modo que ele fique com alinhamento justificado, espaçamento entre linhas de 1,20, com a primeira linha iniciando a 1 centímetro da margem e as demais iniciando a 3cm a partir da margem e definir o espaçamento entre os parágrafos em 6 pts.

Para realizar a ação descrita acima o agente encontra todas as formatações necessárias pela janela "Parágrafo", pela qual ele pode definir um espaçamento entre linhas do tipo Múltiplo e o recuo especial do tipo Deslocamento em 2cm, definir o alinhamento e espaço após o parágrafo em 6pt.

Certo ( ) Errado ( )

A questão descreve exatamente todas as configurações da janela que apresenta as propriedades de parágrafo. Cuidado: o recuo especial do tipo deslocamento tem seu valor a partir da margem somada ao recuo esquerdo.

GABARITO: ERRADO.

1150. (AUTOR - 2013) Julgue se, na situação a seguir, a sugestão apresentada resolve a solicitação feita.

Outro agente pediu ajuda ao primeiro para poder fazer com que o cursor de texto avançasse para a próxima linha sem que um novo parágrafo fosse iniciado, assim o agente respondeu que ele precisava inserir uma quebra de linha no final da linha para o cursor avance para a próxima linha, no entanto, o agente solicitante não sabia onde encontrar tal recurso, por isso o agente informou que o recurso poderia ser encontrado na aba inserir do MS-Word 2010.

Certo ( ) Errado ( )

A quebra de linha também chamada de quebra automática de texto pode ser inserida por meio da combinação SHIFT + ENTER ou pela opção quebras da Aba Layout de Página.

GABARITO: ERRADO.

1151. (AUTOR - 2013) No MS-Word 2010, para converter um texto em edição para uma tabela, deve-se utilizar os alinhamentos de tabulação para que o programa reconheça quais dados estarão em cada coluna.

Certo ( ) Errado ( )

O uso da palavra deve indica uma única restrição de ação; entende-se que está se referindo à única forma de se realizar algum procedimento, o que, em 95% dos casos, trata-se de uma questão errada.

GABARITO: ERRADO.

1152. **(AUTOR - 2013)** No MS-Word 2010, ao criar um elemento gráfico SmartArt, você é solicitado a escolher um tipo como Processo, Hierarquia, Ciclo ou Relação. Um tipo é parecido com uma categoria de elemento gráfico SmartArt e cada tipo contém diversos layouts diferentes.

Certo ( ) Errado ( )

O SmartArt é um recurso disponibilizado desde a versão 2007 do MS-Word, pela qual é possível se inserir esquemas em um documento de texto. Para inserir um SmartArt, podemos acessá-lo pela guia Inserir do MS-Word.

GABARITO: CERTO.

1153. **(AUTOR - 2013)** No Microsoft Office 2010, é possível inserir quebras de seção disponíveis na aba Layout de Página nos editores: MS-Word, MS-Excel e MS-PowerPoint.

Certo ( ) Errado ( )

No MS-Excel, não existe a opção seção na opção Quebras da aba Layout de Página e, no MS-PowerPoint, essa aba não existe. No entanto, no MS-PowerPoint, é possível inserir seções clicando-se com o botão direito do mouse sobre a miniatura do slide no painel esquerdo (slides) do MS-PowerPoint.

GABARITO: ERRADO.

1154. **(AUTOR - 2013)** No MS-Word 2010, por meio da opção Alterar Estilos presente na Guia Página Inicial é possível alterar o espaçamento entre linhas dos parágrafos de um documento pela opção Espaçamento entre Parágrafos.

Certo ( ) Errado ( )

Uma opção que apesar do nome espaçamento entre parágrafos altera também os espaçamentos entre linhas de todos os parágrafos de um documento, mesmo que se tenha selecionado apenas um.

GABARITO: CERTO.

1155. **(AUTOR - 2013)** O MS-Word 2010 possui uma ferramenta que possibilita selecionar uma área da tela exibida no computador e colá-la como uma figura no documento em edição.

Certo ( ) Errado ( )

A ferramenta em questão se trata da opção Instantâneo presente na Aba Inserir.

GABARITO: CERTO.

1156. **(AUTOR - 2013)** No Microsoft Word 2010 é comum o uso de Seções em um documento para permitir configurações de páginas e cabeçalhos diferentes em um mesmo documento, no entanto no Microsoft PowerPoint 2010, não é possível usufruir desse recurso, pois não é impossível inserir seções na apresentação, assim uma apresentação deve utilizar apenas um eslaide mestre.

Certo ( ) Errado ( )

O que a questão sugere sobre o Microsoft Word está correto, mas a partir do "...no entanto..." ela está errada (e contraditória, diga-se de passagem). Diz ser possível, mas que isso não torna possível o uso do recurso. A questão foi elaborada para confundir o candidato, levando-o a se perder na lógica.

GABARITO: ERRADO.

1157. **(AUTOR - 2013)** No MS-Word 2010, ao selecionar um trecho de texto e clicar o botão , o texto selecionado será apagado.

Certo ( ) Errado ( )

O botão em questão é a ferramenta limpar formatação, que formata o texto selecionado com o estilo normal, que é padrão do MS-Word.

GABARITO: ERRADO.

Sobre os editores de texto, planilha e apresentação do Microsoft Office 2010 e Libre Office, julgue os itens que se seguem.

1158. **(AUTOR - 2013)** No MS-Word, o modo de exibição Backstage combina Imprimir com a Visualização de Impressão, Layout da Página e outras opções de impressão, além de oferecer diversos outros recursos como propriedades do documento e controle de versões.

Certo ( ) Errado ( )

Backstage iVew é o nome dado à forma de exibição do Menu Arquivo.

GABARITO: CERTO.

1159. **(AUTOR - 2013)** No Microsoft Word 2010 o recurso Dividir, presente na guia Exibição, possibilita a visualização de duas partes diferentes, simultaneamente, de um documento em edição, nas quais é possível rolar a barra de rolagem e exibir diferentes porcentagens de zoom em cada parte.

Certo ( ) Errado ( )

Também podemos dividir a janela por meio do pequeno botão, localizado acima do botão de exibição da régua, que, por sua vez, se encontra acima da barra de rolagem vertical.

GABARITO: CERTO.

1160. **(CESPE - 2013 - TELEBRAS - NÍVEL MÉDIO - CONHECIMENTOS BÁSICOS)** No Microsoft Word, a funcionalidade de inserir numeração automática é um recurso utilizado para enumerar os parágrafos de um texto ou as linhas de uma tabela, de maneira automática e sequencial.

Certo ( ) Errado ( )

A numeração automática citada é a presente no bloco parágrafo e representada pelo ícone . Devemos lembrar que, quando inserimos uma tabela. Por padrão, cada célula possui um parágrafo; logo, se a primeira coluna for selecionada, e o botão for clicado, cada parágrafo recebe um número ou letra sequencial.

GABARITO: CERTO.

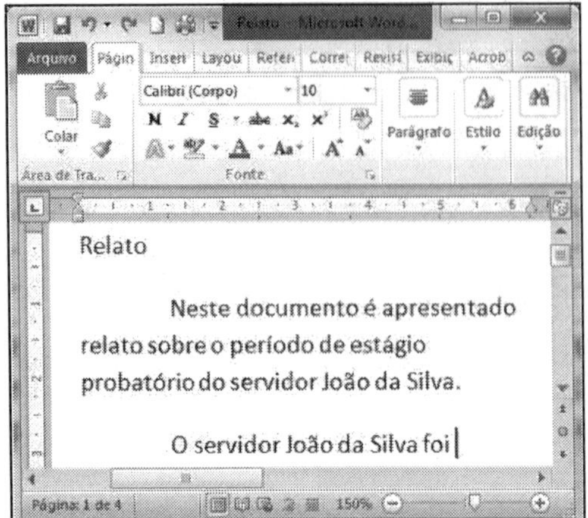

Com referência ao MS-Word 2010 e à figura acima, que contém uma janela desse software com parte de um texto em processo de edição, julgue os itens que se seguem.

1161. (CESPE - 2013 - MTE - AUDITOR FISCAL DO TRABALHO - PROVA 1) Ao se selecionar uma palavra do texto em edição e clicar o botão N, essa palavra será negritada. Se, em seguida, o botão S for clicado, essa palavra será sublinhada e a formatação em negrito será mantida. Se, a seguir S o botão for clicado novamente, o sublinhado será retirado dessa palavra, mas ela manterá a formatação em negrito.

Certo ( )   Errado ( )

A questão é tão simples que se torna complicada, uma vez que o candidato fica à procura de pegadinhas e erros. A descrição sequencial realizada está correta e produz o referido resultado.

GABARITO: CERTO.

1162. CESPE - 2013 - MTE - AUDITOR FISCAL DO TRABALHO - PROVA 1) Caso a palavra Relato, na primeira linha, seja selecionada e, em seguida, o botão seja clicado, essa palavra será recuada para a direita, deixando um espaço em branco entre ela e a margem esquerda da página.

Certo ( )   Errado ( )

O botão apresentado é o botão Refazer, que pode ser compreendido como um desfazer do desfazer.

GABARITO: ERRADO.

1163. (CESPE - 2013 - MTE - AUDITOR FISCAL DO TRABALHO - PROVA 1) Para se aumentar o tamanho da fonte da palavra estágio, localizada no primeiro parágrafo, é suficiente aplicar um duplo clique entre duas letras dessa palavra e clicar em A.

Certo ( )   Errado ( )

O clique duplo sobre uma palavra de um texto em edição, seja no MS-Word ou mesmo no Writer, seleciona a palavra, enquanto que a ferramenta apresentada aumenta o tamanho da fonte, de modo equivalente a teclar CTRL + SHIFT + >.

GABARITO: CERTO.

1164. **(CESPE - 2013 - MTE - AUDITOR FISCAL DO TRABALHO - PROVA 1)** Se o primeiro parágrafo for selecionado e, em seguida, for clicado o botão [botão], todo esse parágrafo será apagado.

Certo ( ) Errado ( )

O botão Limpar Formatação apresentado apaga apenas as formatações de texto usadas, ou, de modo específico, aplica o estilo de formatação Normal.

GABARITO: ERRADO.

Considerando a figura anterior, que ilustra uma janela do MS-Word com um documento em edição, julgue os itens que se seguem.

1165. **(CESPE - 2013 - MTE - AUDITOR FISCAL DO TRABALHO - PROVA 1)** É correto afirmar que o documento foi salvo na pasta relatório de 2013.

Certo ( ) Errado ( )

O relatório 2013 é o nome do documento em edição.

GABARITO: ERRADO.

1166. **(CESPE - 2013 - MTE - AUDITOR FISCAL DO TRABALHO - PROVA 1)** No MS-Word 2010, por meio do recurso de compartilhamento de documento, diferentes usuários podem editar um mesmo documento, ao mesmo tempo, mantendo a sincronia das alterações efetuadas.

Certo ( ) Errado ( )

O Microsoft Office 2010 oferece várias ferramentas de integração com a nuvem. Dentre elas, a possibilidade de compartilhar um arquivo usando a conta do Windows Live, ou MS-Outlook,

para adicionar pessoas que tem permissão de alterar um arquivo, além dos próprios recursos do Microsoft WebApps.

GABARITO: CERTO.

1167. **(FCC – 2014 – TRT – ANALISTA JUDICIÁRIO)** Ana possui instalado em seu notebook de trabalho o Microsoft Office Professional Plus 2010, em português, na sua configuração padrão. Foi solicitada por seu chefe a escrever a ata de uma reunião com início em cinco minutos. Como não se recordava do formato adequado de uma ata de reunião formal, lembrou-se que o aplicativo MS-Word possui um conjunto de modelos de documentos que inclui currículos, atas, convites, formulários etc. Para abrir um destes modelos de ata, Ana entrou no Microsoft Word , clicou:

a) na guia Inserir, selecionou a opção Modelos de Documentos na divisão Modelos, clicou na opção Atas para abrir a pasta com os modelos de atas, selecionou o modelo de ata de sua preferência e clicou no botão Baixar.

b) na guia Página Inicial, selecionou Modelos do Office.com na divisão Estilo, clicou na opção Modelos Formais, clicou na opção Atas de Reunião, selecionou o modelo de ata de sua preferência e clicou em Abrir.

c) na opção Modelos de Documentos da guia Inserir, selecionou a opção Atas na divisão Modelos do Office.com, abriu a pasta com os modelos de atas, selecionou o modelo de ata de sua preferência e clicou em Abrir.

d) no menu Arquivo, em seguida, na opção Abrir, selecionou a opção Atas na divisão Modelos do Office.com, abriu a pasta com os modelos de atas, selecionou o modelo de ata de sua preferência e clicou na opção Abrir.

e) no menu Arquivo, em seguida, na opção Novo, selecionou a opção Atas na divisão Modelos do Office.com, abriu a pasta com os modelos de atas, selecionou o modelo de ata de sua preferência e clicou em Baixar.

Os modelos são acessíveis pela opção Novo presente no menu arquivo. Porém, cuidado! A opção novo atrelada ao atalho CTRL + O é Novo Documento em Branco, por isso, cria diretamente os arquivos vazios, ou seja, em branco.

GABARITO: E.

1168. **(FCC – 2014 – SABESP - ADVOGADO)** Marcos possui o seguinte texto digitado no Microsoft Word 2010, em português: Marcos possui o seguinte texto digitado no Microsoft Word.

- Nome – Salário.
- Ana Maria – R$1590,00.
- Paulo Cesar – R$5460,89.
- Mauro Gomes – R$2890,78.

Deseja utilizar um procedimento para transformar o texto anterior na tabela a seguir:

Nome	Salário
Ana Maria	R$ 1590,00
Paulo Cesar	R$ 5460,89
Mauro Gomes	R$ 2890,78

Para isto, selecionou o texto, clicou na guia Inserir, selecionou a opção Tabela e clicou na opção ..... Na janela que se abriu, no campo Número de colunas do grupo Tamanho da tabela, selecionou 2. No grupo Comportamento de ajuste automático selecionou a opção Ajustar-se automaticamente ao conteúdo. No grupo Texto separado em, selecionou a opção Outro e digitou no campo à direita o valor – (hífen). Para concluir, clicou no botão OK.

Preenche corretamente a lacuna anterior:

a) Transformar.

b) Tabelas Rápidas.

c) Converter Texto em Tabela.

d) Desenhar Tabela.

A opção Tabela é disponibilizada na aba Inserir. Ao acionar a opção converter texto em tabela para o conteúdo selecionado a seguinte janela é aberta.

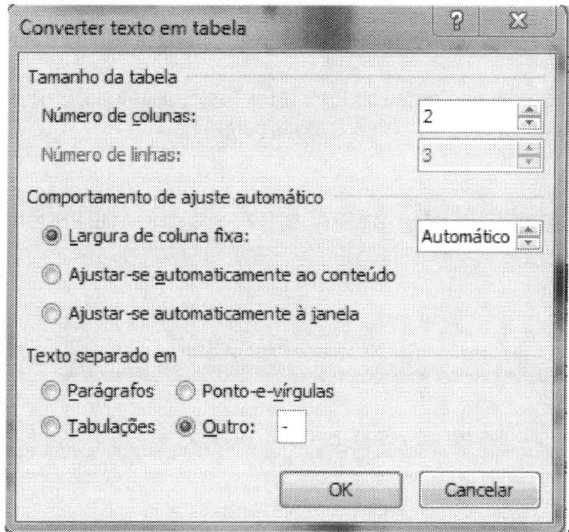

GABARITO: C.

1169. (FCC – 2013 – PROCURADORIA GERAL DO ESTADO/BA – ANALISTA DE PROCURADORIA) Um Analista da Procuradoria utiliza o Microsoft Word 2003 para editar os seus documentos. Como a formatação dos documentos é sempre igual, ele deseja salvar um documento exemplo como modelo. Por padrão, a extensão dos arquivos de modelo de documento do MS-Word 2003 é:

a) .doc.

b) .tmp.

c) .txt.

d) .dot.

e) .rtf.

Doc é o formato padrão de documento do MS-Word 2003, .txt é o formato de texto puro e .rtf é o Rich Text Format o formato de arquivo padrão do MS-Word Pad.

GABARITO: D.

1170. **(FCC – 2013 – PROCURADORIA GERAL DO ESTADO/BA – ANALISTA DE PROCURADORIA)** Durante a edição de um texto no Microsoft MS-Word 2003, as ações e o uso dos recursos do aplicativo podem ser realizados por meio das opções de menu ou por meio da Barra de Ferramentas. Outra forma, mais rápida, é por meio das teclas de atalho que, a partir do pressionar da combinação de teclas, permitem efetivar as mesmas funções. Por exemplo, para selecionar todo o conteúdo de um documento em edição no MS-Word 2003, utiliza-se a combinação das teclas:

a) Alt+Z.
b) Ctrl+A.
c) Shift+Z.
d) Alt+N.
e) Ctrl+T.

No MS-Word, CTRL + A corresponde à opção abrir e CTRL + T selecionar tudo; já no Writer. o CTRL + A é usado para selecionar tudo e o CTRL + O usado para abrir.

GABARITO: E.

1171. **(FCC – 2013 – PROCURADORIA GERAL DO ESTADO/BA – ANALISTA DE PROCURADORIA)** A figura a seguir apresenta um trecho da Barra de Ferramentas do Microsoft Word 2003.

A ação de um pressionar simples do ícone representado pelo duplo A na Barra tem como efeito:

a) formatar o texto selecionado com o efeito de sombreado.
b) formatar o texto selecionado com o efeito de sublinhado.
c) acessar os recursos de Estilos e Formatação.
d) aplicar a Formatação do texto selecionado para outro.
e) copiar o texto selecionado para a área de transferência.

Os estilos de formatação são essenciais para a utilização do Sumário automático, bem como para otimizar o processo de formatação de um documento de texto.

GABARITO: C.

1172. **(FCC – 2013 – PROCURADORIA GERAL DO ESTADO/BA – ANALISTA DE PROCURADORIA)** A O Microsoft Word 2003 possui o recurso denominado Controlar alterações que facilita a atividade de revisar documentos preservando ou destacando as alterações realizadas. Considerando as opções do Menu do MS-Word 2003, o recurso Controlar alterações pode ser acessado pela opção:

a) Arquivo.

b) Ferramentas.

c) Editar.

d) Janela.

e) Formatar.

No Microsoft Office 2010, tal recurso é encontrado na Aba Revisão ou pode ser ativado pelo atalho CTRL + SHIFT + E.

GABARITO: B.

1173. **(FCC – 2013 – PROCURADORIA GERAL DO ESTADO/BA – ANALISTA DE PROCURADORIA)** A exibição de documentos em edição no Microsoft Word 2003 pode ser feita de diferentes formas, como a apresentada na figura a seguir, que contém um trecho da janela extraído do aplicativo.

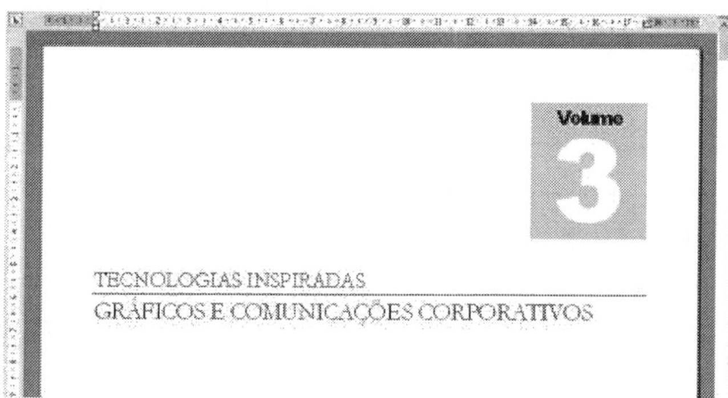

O tipo de exibição utilizado na janela apresentada é denominado:

a) Layout de impressão.

b) Normal.

c) Layout da Web.

d) Estrutura de tópicos.

e) Completo.

O Layout de Impressão é o modo de exibição padrão, tanto no MS-Word como no Writer, para identificar que é ele que está sendo utilizado basta perceber os limites da página que estão visíveis ao contrário dos demais modos de exibição.

GABARITO: A.

1174. **(FCC – 2013 – PROCURADORIA GERAL DO ESTADO/BA – ANALISTA DE PROCURADORIA)** O trecho de texto a seguir foi editado no Microsoft Word.

~~O Microsoft Word foi criado por Richard Brodie para computadores IBM PC com o sistema operacional DOS em 1983.~~

Dentre as opções de efeito de texto disponibilizadas no MS-Word , no trecho de texto está se utilizando o efeito:

a) tachado.

b) sublinhado.

c) subscrito.

d) relevo.

e) destacado.

O tachado aplica um risco à meia altura da linha do texto selecionado. Trata-se de uma ferramenta de formatação de fonte representada pelo ícone ~~abc~~.

GABARITO: A.

1175. (FCC – 2013 – PROCURADORIA GERAL DO ESTADO–BA – ANALISTA DE PROCURADORIA) Considere a edição de um documento no aplicativo Microsoft Word e a seleção de um parágrafo utilizando o mouse. Após a seleção, as teclas Ctrl + X foram pressionadas simultaneamente. Como resultado, temos:

a) a seleção de parágrafo passará para o próximo parágrafo.

b) a ação anterior ao pressionar das teclas será desfeita.

c) o parágrafo será formatado para justificado.

d) o texto do parágrafo será negritado.

e) o parágrafo será eliminado.

Exemplo de questão que se deve assinalar a alternativa menos errada, pois, ao recortar o conteúdo selecionado, ele é movido para a Área de Transferência, não eliminado.

GABARITO: E.

1176. (AUTOR - 2021) Para localizar determinada palavra em um texto que está sendo editado no Microsoft Word 2013, o usuário deverá pressionar, simultaneamente, as teclas CTRL + F.

Certo ( ) Errado ( )

A combinação que abre a ferramenta localizar é CTRL + L, CTRL + U também pode ser usado para abrir a janela substituir que, por sua vez pode ser usada para buscar conteúdo sem substituí-lo.

GABARITO: ERRADO.

1177. (AUTOR - 2021) No MS-Word 2010 existe uma opção que auxilia aos usuários que não dominam o recurso Mala direta, de forma que possam criar uma mala direta passo a passo.

Certo ( ) Errado ( )

Tal recurso é conhecido como Assistente de Mala Direta, um dos poucos assistentes ainda presentes no Microsoft Office.

GABARITO: CERTO

1178. (AUTOR - 2021) No Microsoft Word 2010 é possível utilizar a opção Dividir presente na Aba Exibição para dividir uma janela de um documento em edição em quatro partes iguais.

Certo ( ) Errado ( )

A opção dividir divide a janela em apenas duas partes.

GABARITO: ERRADO.

1179. (AUTOR - 2021) No MS-Word 2010 para inserir um comentário em um texto em edição é necessário habilitar previamente a opção Controlar Alterações presente na Aba Revisão.

Os comentários são inseridos automaticamente quando alguma formatação é alterada estando o controle de alterações ativo, no entanto é possível inserir um comentário mesmo sem controlar as alterações. Tal inserção também pode ser feita por meio da combinação CTRL + ALT + A.

GABARITO: ERRADO.

1180. (AUTOR - 2021) No editor de textos MS-Word 2010, a opção duas páginas altera o zoom do documento, de modo que duas páginas caibam na mesma janela.

Certo ( ) Errado ( )

Tal opção fica localizada na aba Exibição no bloco Zoom, junto às opções Uma Página e Largura da Página.

GABARITO: CERTO.

1181. (IADES – 2015 – ELETROBRAS – ARQUIVISTA) Para imprimir um documento utilizando o editor de textos Microsoft MS-Word , pode-se selecionar a opção "Imprimir" do menu "Arquivo" ou pressionar as teclas de atalho. Quais são as teclas de atalho para imprimir um documento do Microsoft MS-Word ?

a) "Ctrl + P", simultaneamente.

b) "Alt + TAB", simultaneamente.

c) "Ctrl" e, depois, "P".

d) "Alt" e, depois, "Ctrl".

e) "Alt + Ctrl", simultaneamente.

Questão simples sobre teclas de atalho. O sinal de mais (+) indica simultaneidade. O atalho ALT + Tab alterna entre as janelas dos programas abertos.

GABARITO: A.

1182. (IADES – 2015 – ELETROBRAS – ARQUIVISTA) Em um documento criado pelo editor Microsoft MS-Word , é possível inserir figuras, gráficos ou tabelas em qualquer parte do texto, bastando estar com o cursor posicionado no local desejado e escolher o objeto que se deseja inserir. Pode-se também utilizar as teclas de atalho "Ctrl + V" para inserir o objeto. De que local o objeto imagem será copiado, quando se usam as teclas de atalho "Ctrl + V"?

a) Arquivo do HD.

b) Documento da pasta "Imagens".

c) Conteúdo da "Área de transferência".

d) Arquivo a ser selecionado.

e) Imagem proveniente do scanner.

Para colar algo, é necessário copiar a informação previamente. Com isso, ao copiar algo, estamos colocando uma cópia da informação na área de transferência. Independentemente da origem, ao copiar o dado, ele vai para a área de transferência. Uma peculiaridade da área de transferência está relacionada ao gerenciador de arquivos do Windows, pois, ao recortar um arquivo ou pasta para a área de transferência e colar, a área de transferência é limpa. Só quando um arquivo ou pasta é copiado para a área de transferência que ele pode ser colado várias vezes.

GABARITO: C.

1183. **(IBFC – 2015 – EBSERH – TÉCNICO EM INFORMÁTICA)** A partir do Microsoft Office System 2007, o Microsoft Office usa os formatos de arquivo baseados em XML. Portanto, esses formatos e extensões de nomes de arquivo também se aplicam ao Microsoft Office 2010. Identifique a alternativa que apresenta o tipo de arquivo que NÃO corresponda com esse padrão de extensão:

a) Banco de Dados do Microsoft Access = .accdb.

b) Documento do Microsoft MS-Word = .docx.

c) Modelo do Microsoft MS-Word =.modx.

d) Pasta de Trabalho do Microsoft MS-Excel = .xlsx.

e) Apresentação do Microsoft MS-PowerPoint = .pptx.

O MS-Access 2007-2013 salva por padrão no formato ACCDB; as versões 2002 e 2003 salvavam no formato MDB. O MS-Word, desde a versão 2007 até 2016, salva documentos no formato .DOCX e modelos no formato DOTX. Uma Pasta de Trabalho do MS-Excel, desde o 2007 até o 2013, é salva no formato XLSX. Enquanto o MS-PowerPoint salva no formato PPTX e PPSX.

GABARITO: C.

1184. **(COMVEST–UEPB – 2015 – PREFEITURA DE CATOLÉ DO ROCHA/PB – MONITOR DE CRECHE)** No editor de texto Microsoft MS-Word 2010, a extensão padrão de um arquivo é:

a) .pps.

b) .rtf.

c) .txt.

d) .docx.

e) .doc.

O MS-Word, desde a versão 2007 até 2016, salva documentos no formato .DOCX, embora o formato DOC ainda possa ser gerado pelas versões atuais. Esse formato é considerado o formato de compatibilidade com as versões do MS-Word 97-2003. O formato PPS é o formato de apresentação de slides do MS-PowerPoint 97-2003 para exibição direta. Já o formato RTF (rich text format) é o padrão do MS-Word Pad (editor de texto encontrado como acessório no Windows), enquanto o TXT é o padrão do Bloco de Notas.

GABARITO: D.

1185. **(FGV – 2015 – TRIBUNAL DE CONTAS DO ESTADO/SE – MÉDICO)** Por meio das guias do MS-Word 2010, é possível:

a) Criar arquivos PDF a partir de documentos em edição.

b) Abrir, editar e salvar arquivos PDF gerados por outros aplicativos.

c) Inserir, no documento sendo editado, arquivos PDF por meio da guia "Inserir".

d) Abrir em modo "somente leitura" arquivos PDF gerados por outros aplicativos.

e) Importar somente as figuras de um arquivo PDF por meio da guia "Inserir".

Desde a versão 2007, o Microsoft Office possibilita a geração de arquivos no formato PDF, para isso basta acessar ao menu Arquivo opção Salvar Como e na janela de seleção de local, nome e formato escolher o formato PDF. Já o Libre Office conta com a opção Exportar Como PDF. Contudo, devemos observar atentamente o MS-Office 2013, que possui a capacidade de importar o conteúdo de arquivos PDF, desde que não sejam imagens obtidas por digitalizações.

GABARITO: A.

1186. **(FGV – 2015 – TRIBUNAL DE CONTAS DO ESTADO/SE – MÉDICO)** Analise o trecho de tela do MS-Word 2010 mostrado a seguir.

O carro foi fabricado no ano de 20102009

O formato anterior demonstra que o usuário está utilizando o recurso denominado:

a) comparação de versões de um documento.

b) controle de alterações.

c) dicionário de sinônimos.

d) ortografia e gramática.

e) pincel de formatação.

Ao ativar o controle de alterações do MS-Word, as novas inserções de conteúdo são demarcadas com sublinhado, enquanto as exclusões são demarcadas com tachado. Já as formatações são aplicadas; e a descrição realizada é exibida como comentário à direita da página. A ferramenta Controle de Alterações localiza-se na Guia Revisão.

GABARITO: B.

1187. **(FGV – 2015 – TRIBUNAL DE CONTAS DO ESTADO/SE – MÉDICO)** João preparou um documento no MS MS-Word 2010 com informações confidenciais e, depois de criptografá-lo, enviou-o por e-mail para seu colega Paulo. Isso significa que Paulo:

a) Pode abrir o arquivo por meio do Bloco de Notas do Windows e visualizá-lo como texto sem formatação.

b) Não pode deletar o arquivo.

c) Precisa de uma senha para abrir o arquivo no MS-Word.

d) Pode abrir o arquivo apenas no modo Read Only.

e) Não receberá o arquivo, pois os servidores de e-mail não aceitam arquivos criptografados.

A criptografia citada pela questão é a de chave simétrica, usada para garantir a confidencialidade. A eficácia dessa criptografia depende do método usado, pois existem criptografias fáceis de

burlar. De modo geral, não existe criptografia inquebrável, mas a busca de uma boa criptografia baseia-se na regra de encontrar uma que seja difícil de ser quebrada, a ponto de não valer a pena.

GABARITO: C.

1188. (FGV – 2015 – DEFENSORIA PÚBLICA DO ESTADO–RO – TÉCNICO ADMINISTRATIVO)

Considere um arquivo MS-Word 2010 com o seguinte trecho:

Ciranda, cirandinha

Vamos todos cirandar!

Vamos dar a meia-volta

Volta e meia vamos dar

Considere ainda que, após a aplicação do comando *Substituir*, esse trecho tenha ficado como abaixo.

Cirende, cirendinhe

Vemos todos cirender!

Vemos der e meie-volte

Volte e meie vemos der

Está correto concluir que o comando foi acionado usando para os campos *Localizar* e *Substituir por*, respectivamente:

a) "A" e "E".

b) ciranda e cirende.

c) "Da" e "De".

d) "E" e "A".

e) "E" e "A".

Ao usar a opção substituir, o caractere de espaço também é considerado. Junto as opções de Janela Substituir do MS-Word, encontram-se recursos que permitem realizar buscas e substituir palavras com uma formatação específica. No MS-Word, o atalho para abrir a janela Localizar e Substituir é CTRL + U; enquanto, no Writer, o atalho é CTRL+H, embora CTRL + L também abra a mesma janela. A aba em primeiro plano é a Localizar.

GABARITO: D.

1189. (FGV – 2015 – DEFENSORIA PÚBLICA DO ESTADO/RO – TÉCNICO ADMINISTRATIVO)

Thiago está preparando um documento no MS-Word que contém uma espécie de calendário, preenchido com informações sobre a escala de atendimento da sua equipe, como mostrado a seguir.

S T Q Q S S D

1 2 3 4 5 6

7 8 Thiago 10 11 Thiago 13

14 15 16 Carlos João Carlos 20

21 Carlos 23 24 25 26 27

28 29 Maria João

Para conseguir esse efeito no MS-Word 2010, o recurso de edição mais adequado é a inserção de:

a) Clip-Art.
b) Imagem.
c) Formas.
d) Tabela.
e) Caixa de Texto.

Apesar de a tabela ser a estrutura mais recomendada, é possível obter o mesmo resultado com alinhamento de tabulação de parágrafos. Também é válido lembrar que o recurso Clip-Art foi removido do MS-Office 2013.

GABARITO: D.

1190. **(FGV – 2015 – DEFENSORIA PÚBLICA DO ESTADO/RO – TÉCNICO ADMINISTRATIVO)** O termo "Fonte" é largamente utilizado no contexto dos aplicativos de edição e processamento de textos, como o MS-Word e seus similares. Dentre os que são apresentados, o tamanho de fonte mais adequado para um texto corrido, impresso em papel A4, é:

a) 7.
b) 12.
c) 20.
d) 24.
e) 28.

A questão é subjetiva, embora seja habitual o uso de fontes com tamanhos entre 11 e 14 para textos impressos. O tamanho depende da finalidade e do público-alvo. O MS-Word, desde sua versão 2007, utiliza como tipo de fonte padrão a fonte Calibri com tamanho 11.

GABARITO: B.

1191. **(FGV – 2015 – DEFENSORIA PÚBLICA DO ESTADO/RO – TÉCNICO ADMINISTRATIVO)** Toda vez que encontra um documento impresso mais antigo, Thiago sente falta de saber exatamente a data e a hora da impressão, pois é normal que haja mais de uma versão. Assim, Thiago decidiu que todas as impressões no MS-Word 2010 deveriam conter data e hora da impressão logo na primeira página. Sem saber como proceder, Thiago solicitou ajuda aos seus colegas. A sugestão mais adequada foi a de que Thiago deveria:

a) Digitar data/hora sempre que imprimir.
b) Solicitar aos programadores da empresa a criação de um aplicativo especial.
c) Inserir no documento um campo a partir do ícone "Partes Rápidas" da guia "Inserir".
d) Procurar, dentre os modelos disponíveis do MS MS-Word 2010, algum que possua essa peculiaridade.
e) Procurar, dentre os estilos do MS MS-Word 2010, algum que permita essa funcionalidade.

A opção Partes Rápidas presente na guia Inserir é pouco usada por usuários domésticos, embora possua inúmeras funcionalidades. É mais usada em ambientes corporativos por usuários com conhecimento intermediário ou avançado no programa de edição textos. Para apresentar a data e hora de uma impressão, é a opção Campos que abre uma janela na qual deve-se escolher o

campo PrintDate. Apesar de ser possível procurar por um modelo com o recurso já habilitado, ele não é uma peculiaridade.

GABARITO: C.

1192. **(FGV – 2015 – DEFENSORIA PÚBLICA DO ESTADO/RO – TÉCNICO ADMINISTRATIVO)** Thiago está trabalhando num documento do MS-Word 2010 com três partes, totalizando mais de 50 páginas. Cada uma delas tem cabeçalhos com textos diferentes das demais. Em cada parte, o cabeçalho da primeira página é diferente do cabeçalho das páginas subsequentes. A numeração de páginas, contudo, deve ser contínua ao longo de todo o documento, começando do número um.

Para obter esses efeitos de forma simples e rápida, Thiago deve:

a) Editar os cabeçalhos um a um, pois não é possível definir diferentes cabeçalhos num único documento.

b) Usar os recursos do MS-Word para definir os diferentes cabeçalhos de acordo com as faixas de numeração das páginas.

c) Dividir o documentos em três documentos, usar os recursos do MS-Word para definir os cabeçalhos para cada um desses, e forçar a numeração continuada no comando de impressão.

d) Definir diferentes estilos para cada parte do texto e usar os recursos do MS-Word para definir cabeçalhos em cada estilo.

e) Separar as partes com quebras de seção e usar os recursos do MS-Word para definir os diferentes cabeçalhos em cada seção.

As formatações de página, cabeçalhos e rodapés são aplicados a cada seção de um documento. A impressão de que todas as páginas são iguais ocorre porque o documento tem apenas uma seção, a princípio. Assim, ao inserir novas seções, é possível definir diferentes configurações de página no documento. Mesmo com diferentes cabeçalhos, o MS-Word consegue manter vinculada a numeração de páginas.

GABARITO: E.

1193. **(CS-UFG – 2015 – UNIVERSIDADE FEDERAL DE GOIÁS/GO – ASSISTENTE DE ADMINISTRAÇÃO)** No MS-Word, após a edição de um texto com o nome UFG.docx, é necessário salvá-lo com seu nome atual e, em seguida, fazer uma cópia com um nome que indique uma versão, por exemplo, UFG2015.docx, utilizando, respectivamente, os seguintes comandos:

a) Salvar e Salvar Como.

b) Salvar e Trocar Nome.

c) Gravar e Converter.

d) Gravar e Atualizar.

A opção salvar atualiza as alterações no documento em edição, enquanto a opção Salvar Como gera um novo documento a partir do documento em edição. Ao usar o recurso Salvar Como, o documento aberto previamente é fechado e o que se mantém em edição é o gerado pela ação Salvar Como.

GABARITO: A.

1194. (CS–UFG – 2015 – UNIVERSIDADE FEDERAL DE GOIÁS/GO – ASSISTENTE DE ADMINISTRAÇÃO) Na Universidade Federal de Goiás, um funcionário da secretaria de um curso fica encarregado de digitalizar uma série de documentos, contendo cada um somente textos digitados em antigas máquinas de escrever. Os tipos de equipamento e de classe de software que permitem proceder a esta digitalização de forma que o documento digitalizado possa ser editado, por exemplo, no editor de textos MS-Word , são, respectivamente:

a) Scanner e ADR.

b) Printer e FTC.

c) Printer e DDR.

d) Scanner e OCR.

Primeiramente, o texto deve ser digitalizado. Para isso, é possível usar um scanner ou câmera fotográfica. Em seguida, é necessário converter a imagem gerada por esses equipamentos em um texto editável. Para isso, utiliza-se a técnica conhecida como OCR (Optical Character Recognition – Reconhecimento Óptico de Caractere) desenvolvida par tal finalidade.

GABARITO: D.

1195. (CAIP–IMES – 2015 – CONSÓRCIO INTERMUNICIPAL GRANDE ABC/SP - PROCURADOR) Os botões da figura abaixo fazem parte da Guia ________ do MS-Word 2010.

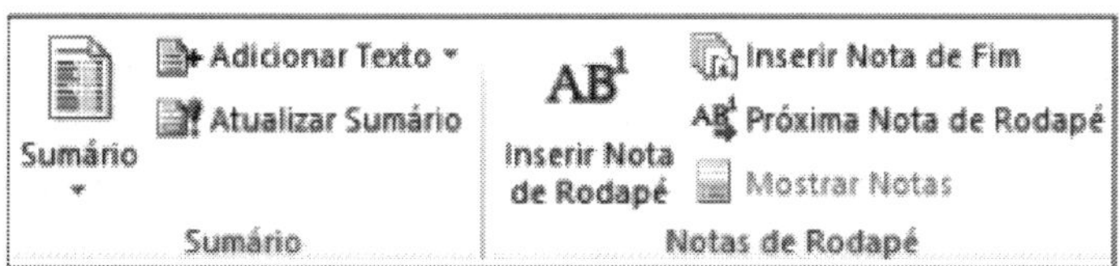

a) Revisão.

b) Referências.

c) Exibição.

d) Inserir.

A aba Referências concentra as opções que permitem citar e referenciar outras partes do texto ou mesmo citar fontes bibliográficas.

GABARITO: B.

1196. (VUNESP – 2015 – PREFEITURA DE SÃO JOSÉ DOS CAMPOS/SP – ANALISTA DE SAÚDE) No MS-Word 2010, na sua configuração padrão, a guia_______ contém o ícone_______ que permite Inserir Nota de Rodapé. Assinale a alternativa que completa corretamente as lacunas.

a) Referências **AB**^{1}.

b) Inserir **AB**^{1}.

c) Layout da Página .

d) Inserir .

e) Inserir .

As opções de Notas de Rodapé e Notas de Fim são formas de referenciar parte do texto, por isso são encontradas na guia Referências. O ícone ilustrado na alternativa C é da opção Marca d'água, presente na guia Layout de Página do MS-Word nas versões 2007 e 2010, e na aba Design do MS-Word 2013. A alternativa E ilustra o ícone margens presente na guia Layout de Página.

GABARITO: A.

1197. **(VUNESP – 2015 – PREFEITURA DE SÃO JOSÉ DOS CAMPOS/SP – ASSISTENTE TÉCNICO – TÉCNICO EM SEGURANÇA DO TRABALHO)** No MS-Word 2010, a partir da sua configuração padrão, baseado na figura que apresenta 5 ícones numerados de I a V, o número do ícone que permite alterar o espaçamento entre as linhas de texto é _______, e o número do ícone que permite aumentar a fonte de um texto previamente selecionado é ______.

Ícone I – Aa

Ícone II – A

Ícone III –

Ícone IV – A

Ícone V – *I*

Assinale a alternativa que preenche, correta e respectivamente, as lacunas da frase:

a) II ... IV.

b) I ... III.

c) III ... V.

d) III ... IV.

e) IV ... V.

Os ícones apresentados, em ordem, são: Limpar Formatação, Cor da Fonte, Espaçamento Entre Linhas, Aumentar o Tamanho da Fonte e Itálico.

GABARITO: D.

1198. **(QUADRIX – 2015 – CONSELHO REGIONAL DE PSICOLOGIA/MG – ASSISTENTE ADMINISTRATIVO)** O Microsoft Office 2010 em português traz um conjunto de ferramentas com funcionalidades e características diferentes. Analise as afirmativas.

Na versão 2010 desta ferramenta, o tamanho máximo de um arquivo .pst é de 50 GigaBytes. O tamanho padrão máximo para um arquivo .pst ou .ost Unicode é, também, de aproximadamente 50 GB.

Nesta ferramenta, a caixa de diálogo Contagem de Palavras exibe o número de páginas, parágrafos e linhas do documento, além do número de caracteres, incluindo ou não os espaços.

O usuário pode escolher se deseja inserir algum arquivo diretamente usando a caixa de diálogo Inserir. É possível inserir qualquer tipo de arquivo de qualquer tamanho, o que elimina a limitação de arquivos .wav menores que 50 MB, antes presente na versão 2007.

As ferramentas I, II e III correspondem, correta e respectivamente, a:

a) MS-Outlook, MS-Excel, MS-PowerPoint.

b) MS-Excel, MS-PowerPoint, MS-Outlook.

c) MS-PowerPoint, MS-Excel, MS-Word.

d) MS-Excel, MS-Word, MS-PowerPoint.

e) MS-Outlook, MS-Word, MS-PowerPoint.

Cuidado para não confundir PPT com PST, pois o segundo é um arquivo do MS-Outlook, enquanto o primeiro é arquivo do MS-PowerPoint. Já a contagem de palavras é uma ferramenta do editor de textos.

GABARITO: E.

1199. (FAPERP – 2015 – SEMAE – AGENTE ADMINISTRATIVO) Considere os ícones a seguir, de algumas funções do Microsoft Word:

I) 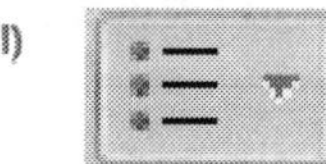

II) 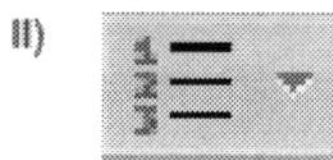

III) 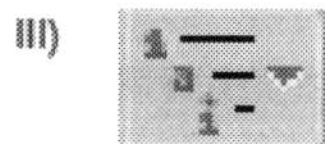

IV) 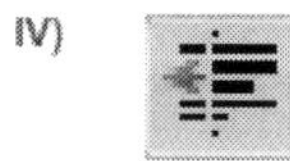

Seguem, também, algumas definições concernentes às funções do Microsoft MS-Word :

A. Iniciar uma lista de marcadores.

B. Iniciar uma lista de vários níveis.

C. Diminuir o nível de recuo do parágrafo.

D. Iniciar uma lista numerada.

1200. A partir das informações oferecidas, assinale a alternativa que apresente a correta correlação entre a função e a sua respectiva descrição:

a) I-C, II-A, III-D, IV-B.

b) I-A, II-D, III-B, IV-C.

c) I-B, II-A, III-C, IV-D.

d) I-D, II-C, III-B, IV-A.

O botão lista de vários níveis permite escolher um estilo de lista ou mesmo configurar um novo, o simples fato de usar uma lista numerada ou de marcadores e usar a tecla TAB permite criar uma lista de vários níveis sem a necessidade de usar o botão Lista de Vários Níveis.

GABARITO: B.

1201. **(UFMT – 2015 – DETRAN–MT – ADMINISTRADOR)** A figura abaixo ilustra um fragmento de tela da área de trabalho do Microsoft Word 2007 (idioma Português) com algumas regiões destacadas e numeradas de 1 a 6.

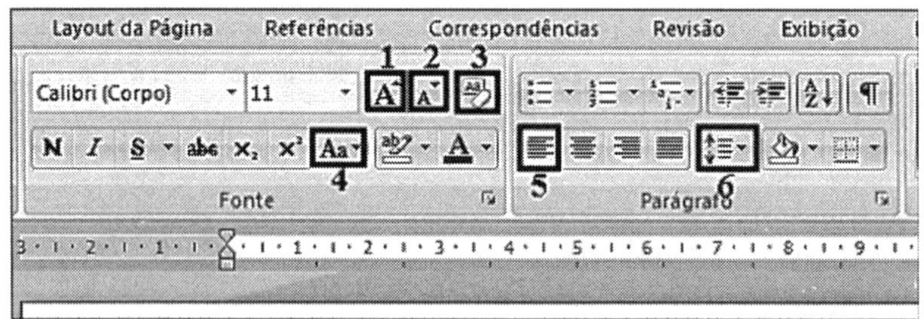

Sobre a figura, marque V para as afirmativas verdadeiras e F para as falsas.

( ) As ferramentas indicadas pelos números 1 e 2 permitem alternar a formatação de um texto selecionado entre maiúsculas e minúsculas, respectivamente.

( ) O botão indicado pelo número 3 é utilizado para limpar toda a formatação de um texto selecionado, deixando o texto sem formatação.

( ) Por meio da ferramenta indicada pelo número 4, é possível aumentar ou diminuir o tamanho da fonte de um texto selecionado.

( ) O botão indicado pelo número 5 corresponde ao alinhamento de parágrafo Justificado.

( ) A ferramenta indicada pelo número 6 possibilita alterar o espaçamento entre as linhas de um texto selecionado.

Assinale a sequência correta.

a) V, F, V, V, F.

b) V, V, V, F, F.

c) F, F, F, V, V.

d) F, V, F, F, V.

As ferramentas 1 e 2 permitem, respectivamente, aumentar e diminuir o tamanho da fonte do texto selecionado; o item 3 é a ferramenta Limpar Formatação, ela também pode ser definida como a ferramenta que aplica o estilo de formatação Normal; O número 4 destaca a ferramenta Maiúsculas e Minúsculas, no MS–Word é possível alternar entre maiúsculas e minúsculas dos caracteres do texto selecionado usando a combinação SHIFT + F3. O item 5 é a ferramenta de alinhamento de parágrafo à esquerda. Já o item 6 é a opção espaçamento entre linhas que tem por configuração padrão 1,15 linha.

GABARITO: D.

1202. **(UFMT – 2015 – DETRAN–MT – AUXILIAR DE SERVIÇOS)** A Figura I mostra a área de trabalho do Microsoft Word 2007 (idioma Português) com um texto selecionado e duas regiões destacadas na barra de ferramentas numeradas por 1 e 2.

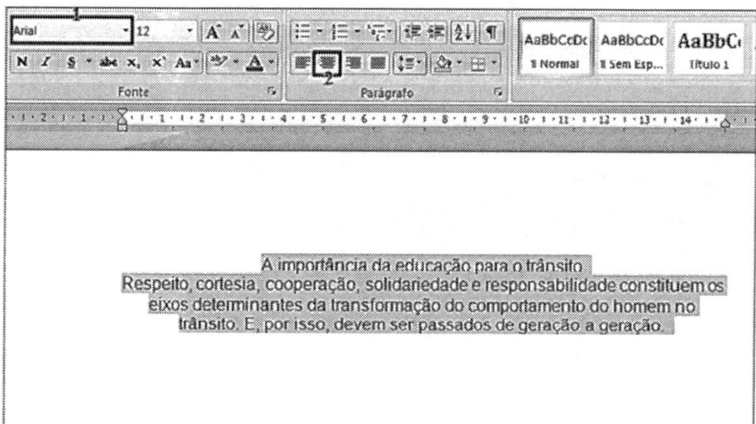

Figura I.

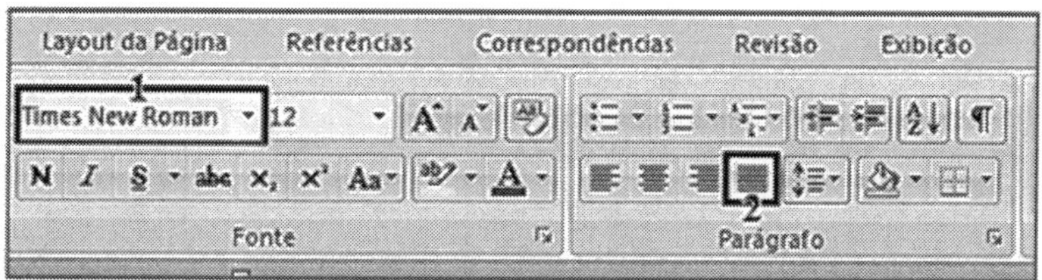

Figura II.

Alterando as formatações destacas nas regiões 1 e 2 da Figura I para as destacadas nas regiões 1 e 2 da Figura II, qual será a aparência do texto?

a) A importância da educação para o trânsito
Respeito, cortesia, cooperação, solidariedade e responsabilidade constituem os eixos determinantes da transformação do comportamento do homem no trânsito. E, por isso, devem ser passados de geração a geração.

b) A importância da educação para o trânsito
Respeito, cortesia, cooperação, solidariedade e responsabilidade constituem os eixos determinantes da transformação do comportamento do homem no trânsito. E, por isso, devem ser passados de geração a geração.

c) A importância da educação para o trânsito
Respeito, cortesia, cooperação, solidariedade e responsabilidade constituem os eixos determinantes da transformação do comportamento do homem no trânsito. E, por isso, devem ser passados de geração a geração.

d) A importância da educação para o trânsito
Respeito, cortesia, cooperação, solidariedade e responsabilidade constituem os eixos determinantes da transformação do comportamento do homem no trânsito. E, por isso, devem ser passados de geração a geração.

As operações realizadas constituem alteração da fonte de Arial para Times New Roman e alinhamento de parágrafo centralizado para justificado. Na alternativa B, o texto está alinhado à

esquerda; na alternativa C, o texto continua centralizado; enquanto na alternativa D, o texto está alinhado à direita.

GABARITO: A.

1203. **(CEPERJ – 2105 – PREFEITURA DE SAQUAREMA-RJ – ASSISTENTE ADMINISTRATIVO)** Observe o texto abaixo, digitado no editor de textos MS-Word do pacote MS-Office 2013 BR.

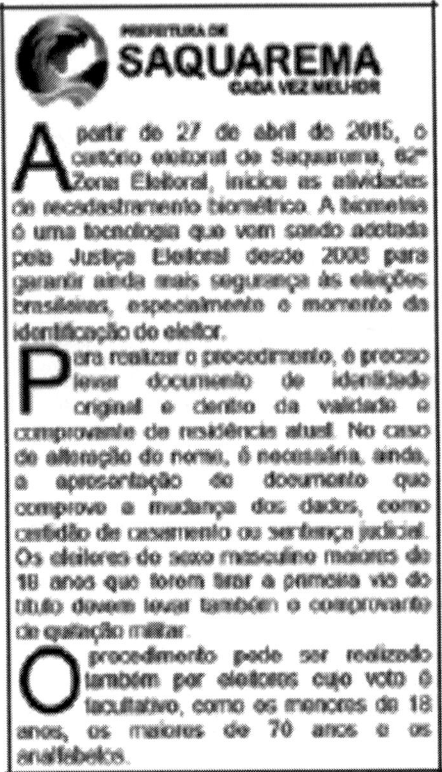

PREFEITURA DE SAQUAREMA CADA VEZ MELHOR

A partir de 27 de abril de 2015, o cartório eleitoral de Saquarema, 62ª Zona Eleitoral, inicia as atividades de recadastramento biométrico. A biometria é uma tecnologia que vem sendo adotada pela Justiça Eleitoral desde 2008 para garantir ainda mais segurança às eleições brasileiras, especialmente o momento da identificação do eleitor.

Para realizar o procedimento, é preciso levar documento de identidade original e dentro da validade e comprovante de residência atual. No caso de alteração do nome, é necessária, ainda, a apresentação de documento que comprove a mudança dos dados, como certidão de casamento ou sentença judicial. Os eleitores do sexo masculino maiores de 18 anos que forem tirar a primeira via do título devem levar também o comprovante de quitação militar.

O procedimento pode ser realizado também por eleitores cujo voto é facultativo, como os menores de 18 anos, os maiores de 70 anos e os analfabetos.

Ao texto foram aplicados um tipo de alinhamento por meio do acionamento de um ícone existente na Faixa de Opções e um recurso para destacar as letras A, P e O nos inícios dos três parágrafos.

O ícone e o recurso são respectivamente:

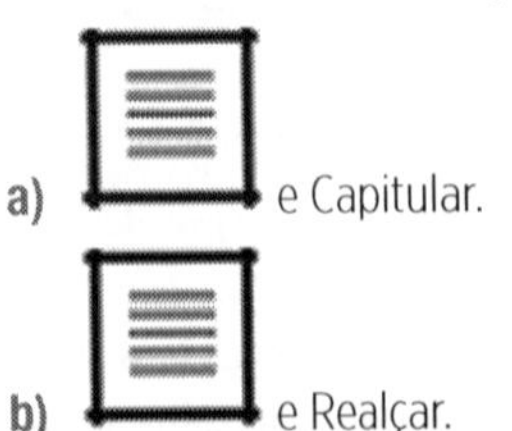

a) e Capitular.

b) e Realçar.

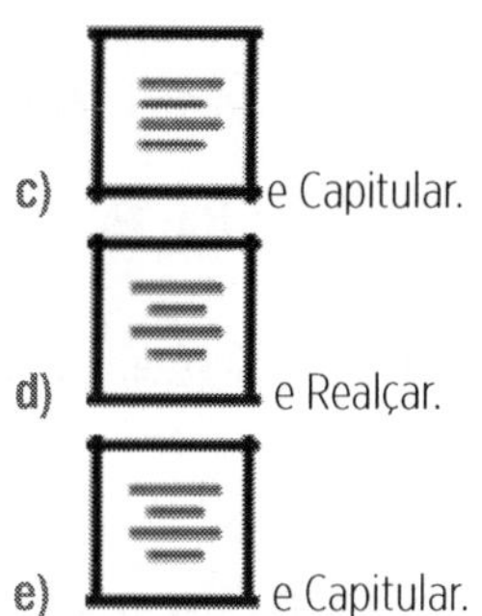

c) e Capitular.

d) e Realçar.

e) e Capitular.

A ferramenta usada no MS-Word para que um caractere de uma palavra ou a palavra inteira fiquem em destaque, de modo que sejam do tamanho de duas ou mais linhas, é denominada Capitular. É encontrada na aba Inserir. Seu ícone é bastante similar ao ícone da opção caixa de Texto, localizado no mesmo grupo de opções. Já o texto mostra-se justificado, pois está alinhado às margens esquerda e direita da caixa apresentada.

GABARITO: A.

1204. **(CEPERJ – 2105 – PREFEITURA DE SAQUAREMA/RJ – ASSISTENTE ADMINISTRATIVO)** Um funcionário de nível médio da Prefeitura de Saquarema criou uma apresentação de slides no software MS-PowerPoint do pacote MS-Office 2013 BR e inseriu no primeiro slide a referência SAQUAREMA, utilizando um recurso que adiciona um efeito artístico por meio do uso de uma caixa de texto. Esse recurso é conhecido como:

a) ClipArt.

b) FontArt.

c) DrawArt.

d) MS-Word Art.

e) SmartArt.

No Microsoft Office 2013 não existe mais o recurso ClipArt. Ele foi substituído pela opção Imagens Online. Dentre as ferramentas de formatação do MS-WordArt, existe a opção transformação, que permite aplicar um encurvamento ao texto. A ferramenta SmartArt permite criar esquemas, como ciclo, pirâmides, hierarquia e outros mais. As demais ferramentas citadas não cabem aos editores do MS-Office.

GABARITO: D.

1205. **(CONSULPLAN – 2105 – PREFEITURA DE DUQUE DE CAXIAS-RJ – AUXILIAR ADMINISTRATIVO)** O Microsoft Office 2013 é a versão mais nova da suíte de aplicativos de escritório na Microsoft. É composto por vários aplicativos, sendo o MS-Word e o MS-Excel os mais conhecidos e muito utilizados em todo o mundo. No MS-Word 2013, Configuração Padrão, os menus e barras de ferramentas foram substituídos por um conjunto de ferramentas denominado de Faixa de opções. Na edição de um texto com o MS-Word 2013, tem-se a opção de dividir a página em diversas colunas e, assim, editá-lo de acordo com o necessário. Qual é a Faixa de opção a que pertence o comando Colunas?

a) Design.

b) Revisão.

c) Referências.

d) Layout da página.

A opção Colunas pertence ao grupo de opções Configurar Página, que está presente na guia Layout de Página.

GABARITO: D.

1206. **(VUNESP – 2015 – CÂMARA MUNICIPAL DE ITATIBA–SP – ASSISTENTE DE GABINETE)** As figuras a seguir, extraídas do MS-MS-Word 2010 em sua configuração padrão, apresentam um trecho da obra de Guimarães Rosa, ***Grande Sertão: Veredas***, em dois momentos: antes e depois da utilização de um botão do grupo Parágrafo, da guia Página Inicial.

antes

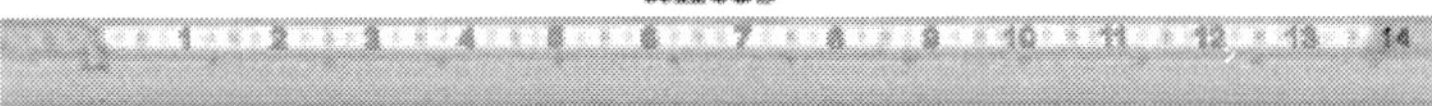

De mim, pessoa, vivo para a minha mulher, que tudo modo-melhor merece, e para a devoção. Bem-querer de minha | mulher foi que me auxiliou, rezas dela, graças. Amor vem de amor. Digo. Em Diadorim, penso também - mas Diadorim é a minha neblina... (2001, p. 40).

depois

De mim, pessoa, vivo para a minha mulher, que tudo modo-melhor merece, e para a devoção. Bem-querer de minha mulher foi que me auxiliou, rezas dela, graças. Amor vem de amor. Digo. Em Diadorim, penso também - mas Diadorim é a minha neblina... (2001, p. |40).

Assinale a alternativa que contém o nome do botão utilizado entre os dois momentos, responsável por alinhar o texto entre as margens esquerda e direita, adicionando espaços extras entre as palavras, quando necessário:

a) Alinhar Texto à Esquerda.

b) Alinhar Texto à Direita.

c) Centralizar.

d) Aumentar Recuo.

e) Justificar.

Para identificar o trecho justificado, basta observar que foi aumentado o tamanho do espaço entre as palavras de algumas linhas (principalmente da linha 2), fazendo com que o texto seja alinhado às margens esquerda e direita ao mesmo tempo. Também é possível utilizar o atalho de teclado CTRL+J para produzir o mesmo efeito.

GABARITO: E.

1207. **(VUNESP – 2015 – CÂMARA MUNICIPAL DE ITATIBA–SP – ASSISTENTE DE GABINETE)** Ao editar um texto muito longo no MS-MS-Word 2010, em sua configuração padrão, o usuário pode se beneficiar do recurso chamado "Dividir", que divide a janela atual em duas partes, de modo que seções diferentes do mesmo documento possam ser vistas e editadas ao mesmo tempo.

Assinale a alternativa que contém o ícone do botão que dá acesso a esse recurso, que pertence ao grupo Janela, da guia Exibição:

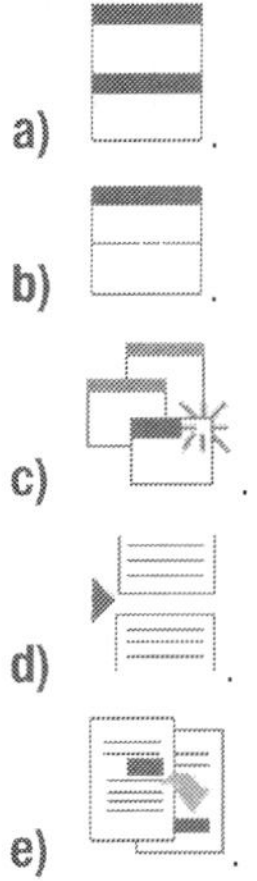

O primeiro ícone representa a opção Organizar Tudo, que empilha todas as janelas abertas para que o usuário possa visualizá-las. A alternativa C ilustra o ícone Nova Janela, que abre uma nova janela com o mesmo documento da janela atual. Alternativa D apresenta o ícone Quebra de Página presenta na guia Inserir. O ícone da alternativa E ilustra a ferramenta Referência Cruzada, presente na guia Inserir e na guia Referências.

GABARITO: B.

1208. **(FUNCAB – 2015 – CONSELHO REGIONAL DE CONTABILIDADE–RO – ASSISTENTE ADMINISTRATIVO)** No caso de se precisar incluir uma folha de rosto em um documento no MS-Word 2010, em português, deve-se acessar essa função através do ícone:

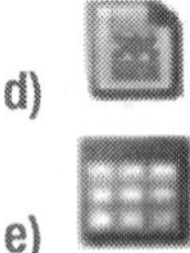

d) .

e) .

O ícone apresentado na alternativa A identifica o botão Data e Hora presente no bloco texto da guia Inserir. Na alternativa B, é ilustrado o botão Página em Branco também presente na guia Inserir, mas junto ao bloco Páginas. A alternativa C ilustra o botão ClipArt que, no MS-Word 2013, não existe mais, pois foi substituído pela ferramenta Imagens Online. O botão Folha de Rosto, ilustrado na alternativa D, é localizado na guia Inserir junto ao bloco Páginas. A alternativa E representa o ícone Tabela, encontrado na aba Inserir.

GABARITO: D.

1209. **(FUNCAB – 2015 – CONSELHO REGIONAL DE CONTABILIDADE/RO – CONTADOR)** Um usuário do MS-Word 2010, em português, precisa comparar ou combinar várias versões de um mesmo documento. Para ter acesso a essa função, ele deve teclar no ícone:

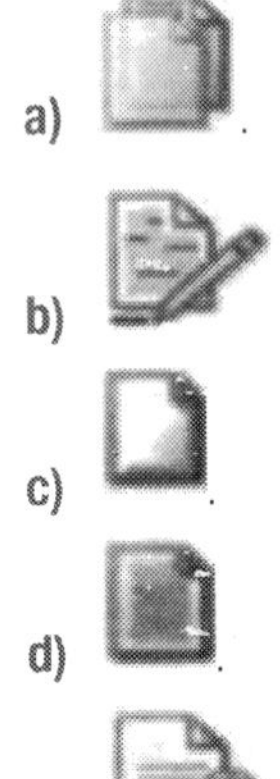

a) .

b) .

c) .

d) .

e) .

A opção comparar está presente na guia Revisão e conta com duas opções principais: Comparar e Combinar. A alternativa A indica a opção Página em Branco presente na aba Inserir, juntamente com o ícone ilustrado em D, que representa a opção Folha de Rosto. O ícone ilustrado na alternativa B refere-se à ferramenta Controlar Alterações também presente na guia Revisão. A alternativa E apresenta a opção Proteger Documento, que também pode ser citada como Restringir Edição.

GABARITO: C.

1210. **(VUNESP – 2015 – POLÍCIA MILITAR/SP – SOLDADO)** A figura a seguir representa o grupo Parágrafo, da guia Página Inicial do MS-Word 2010, em sua configuração padrão.

Assinale a alternativa que contém uma das funcionalidades associadas ao botão marcado na figura:

a) Colocar o texto selecionado em ordem numérica.

b) Alterar o espaçamento entre as linhas de texto.

c) Diminuir o nível do recuo do parágrafo.

d) Aumentar o nível do recuo do parágrafo.

e) Iniciar uma lista de vários níveis.

Para classificar um conjunto de parágrafos, ou seja, ordená-los, a opção ser usada é o segundo ícone da direita para a esquerda na primeira linha da figura. Para diminuir o recuo esquerdo de um parágrafo, a opção é a que está acima do ícone destacado pela figura, sendo o ícone para aumentar o recuo esquerdo está à direita. O ícone da ferramenta que lista vários níveis é o terceiro ícone da esquerda para a direita da primeira linha.

GABARITO: B.

1211. (AUTOR – 2018) No MS-Word 2016, por meio da opção Comparar, disponível na aba Referências, o usuário encontra recurso para comparar estilos de referência bibliográfica para utilizar no documento.

Certo ( ) Errado ( )

A opção Comparar está na aba Revisão e sua finalidade é comparar diferentes versões de um mesmo documento, principalmente de autores distintos.

GABARITO: ERRADO.

A respeito da suíte de aplicativos do MS-Office 2016 julgue o que se segue.

1212. (AUTOR – 2018) O Microsoft Word, ao selecionar a opção **Salvar Como**, o usuário pode salvar o documento em edição diretamente no serviço da nuvem da Microsoft, sem necessariamente salvar o documento em alguma de suas pastas de usuário locais.

Certo ( ) Errado ( )

Embora não seja salvo em pastas tradicionais do usuário, um arquivo temporário é criado no computador local até que todo seu conteúdo seja salvo na nuvem do OneDrive.

GABARITO: CERTO.

1213. (AUTOR – 2018) No MS-Word ao salvar um documento em uma pasta local não será possível utilizar o formato HTML uma vez que esse tipo de arquivo é para sites, portanto deve ser salvo na nuvem.

Certo ( ) Errado ( )

O MS-Word possibilita criar vários tipos de documentos desde o padrão DOCX a outros como: DOCM, DOC, DOTX, DOTM, DOT, PDF, XPS, MHTML, HTML, HTM, RTF, TXT, XML e ODT.

GABARITO: ERRADO.

1214. (AUTOR – 2018) Um arquivo com extensão DOCM pode ser aberto no MS-Word 2016, porém não pode ser salvo neste formato.

Certo ( ) Errado ( )

DOCM é o arquivo do MS-Word com Macros habilitadas, portanto, ao abrir tal documento, o usuário será avisado que o documento contém macros. Dependendo da versão do MS-Word, será aberto com as macros desabilitadas, podendo o usuário habilitá-las no próprio programa.

GABARITO: ERRADO.

1215. **(AUTOR – 2018)** No MS-Word 2016, existem abas que não são exibidas por padrão, bem como existem abas que só aparecem em determinadas situações.

Certo ( ) Errado ( )

Por padrão, as guias Desenvolvedor e Suplementos não são exibidas. Para exibi-las, é necessário alterar as configurações do programa acessando o menu Arquivo e Opções >> Personalizar Faixa de Opções. Já as abas de formatação de cabeçalho e rodapé, figuras e tabelas são exibidas apenas quando seus respectivos elementos são selecionados em um documento.

GABARITO: CERTO.

1216. **(AUTOR – 2018)** No Microsoft Word 2016, o tamanho máximo disponível na lista de tamanhos de fonte é de 72 pontos.

Certo ( ) Errado ( )

Embora o tamanho máximo da lista seja 72, o usuário pode definir manualmente o valor (tamanho) da fonte desejado para o texto selecionado.

GABARITO: CERTO.

1217. **(AUTOR – 2018)** O Microsoft Word 2016 e o LibreOffice Writer 5 utilizam as mesmas teclas de atalho para a formatação dos estilos de fonte negrito, itálico e sublinhado.

Certo ( ) Errado ( )

No MS-Word, os atalhos são respectivamente CTRL+N, CTRL + I e CTRL + S, enquanto no Writer são CTRL+B, CTRL + I e CTRL + U.

GABARITO: ERRADO.

1218. **(AUTOR – 2018)** O MS-Word 2016 possui recurso na Aba Referências que permite pesquisar na Internet sobre um trecho de texto selecionado.

Certo ( ) Errado ( )

O nome do referido recurso é Pesquisa Inteligente, e utiliza o Bing para realizar a busca.

GABARITO: CERTO.

1219. **(AUTOR – 2018)** No MS-Word 2016 junto as guias existe um campo que possibilita ao usuário executar uma opção mesmo sem saber a localização da mesma, desde que a opção exista com o nome que o usuário inserir. Para utilizar este recurso basta o usuário digitar no campo "Diga-me o que você deseja fazer" a operação desejada.

Certo ( ) Errado ( )

Além de inserir a operação, o usuário tem que clicar sobre ela ou teclar ENTER para realizar a operação.

GABARITO: ERRADO.

1220. **(AUTOR – 2018)** Para inserir uma quebra de coluna no MS-Word 2016 o usuário pode utilizar a opção **Quebras** presente na guia Inserir.

Certo ( ) Errado ( )

A opção Quebras encontra-se na guia Layout. Também se observa que não há opção Quebra de Coluna na aba Inserir, apenas Quebra de Página.

GABARITO: ERRADO.

1221. **(AUTOR – 2018)** No MS-Word 2016, para inserir um novo comentário no texto em edição, o usuário pode clicar no ícone comentário presente na linha das guias do programa localizada abaixo do botão fechar.

Certo ( ) Errado ( )

Ao lado esquerdo do botão Comentários se encontra o botão Atividades, que mostra a linha do tempo de ações do que cada usuário está editando o documento.

GABARITO: CERTO.

Sobre os editores de texto, planilha e apresentação do Microsoft Office 2017 e LibreOffice, julgue os itens que se seguem.

1222. **(AUTOR – 2018)** No MS-Word, o modo de exibição Backstage combina Imprimir com a Visualização de Impressão, Layout da Página e outras opções de impressão, além de oferecer diversos outros recursos como propriedades do documento e controle de versões.

Certo ( ) Errado ( )

Backstage View é o nome dado à forma de exibição do Menu Arquivo, que, ao ser aberto, ocupa todo o espaço da janela do programa, conforme ilustrado a seguir.

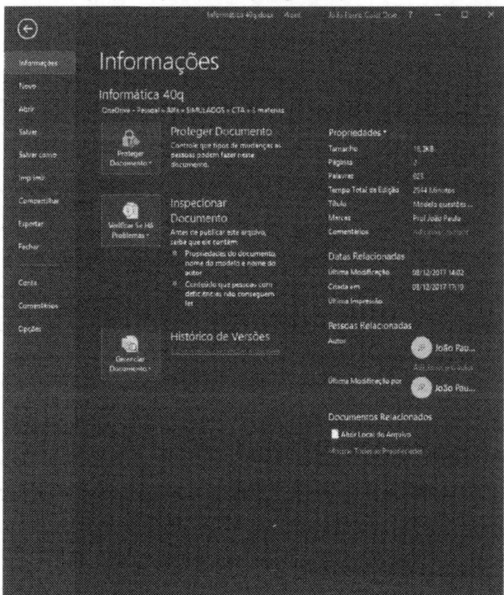

GABARITO: CERTO.

1223. **(AUTOR – 2018)** No Microsoft Word 2017 o recurso Dividir, presente na guia Exibir, possibilita a visualização de duas partes diferentes, simultaneamente, de um documento em edição, nas quais é possível rolar a barra de rolagem e exibir diferentes porcentagens de zoom em cada parte.

Certo ( ) Errado ( )

Outra opção que auxilia a produtividade é a opção Nova Janela, que abre outra janela do programa como o mesmo documento em edição. Vale observar a barra de títulos das duas janelas uma apresentará :1 e a outra :2, contudo, ambas ilustram o mesmo documento, de modo que todas as ações realizadas em uma janela sejam também exibidas na outra.

GABARITO: CERTO.

1224. **(AUTOR – 2018)** No MS Excel 2017, para que as linhas que demarcam as células sejam impressas, é necessário definir as bordas. Para isso, pode-se selecionar as células e depois clicar no botão , pois as linhas de grade não podem ser impressas, uma vez que servem apenas para orientação. Contudo, quando uma planilha é inserida em um documento em edição no MS-Word 2017, ela é representada como uma figura, assim as linhas de grade são impressas por padrão.

Certo ( ) Errado ( )

No Excel também é possível imprimir as linhas de grade. Para tanto, basta habilitar a opção Imprimir no conjunto Linhas de Grade, do Bloco Opções de Planilha, presente na Aba Layout de Página.

GABARITO: ERRADO.

1225. **(AUTOR – 2018)** Na suíte de aplicativos do Microsoft Office, o recurso de controle de alterações está disponível no Word, assim como no Excel, contudo, a suíte de aplicativos LibreOffice oferece a opção de controle de alterações apenas no Writer.

Assim como no MS Word e Excel, é possível controlar as alterações do LibreOffice, com exceção aos editores de apresentação de slides.

GABARITO: ERRADO.

1226. **(CESPE – 2015 – TER/GO – TÉCNICO JUDICIÁRIO – FÁCIL)** Além de permitir a abertura de arquivos .doc e sua conversão para o formato .pdf, o Microsoft Word 2013 é compatível com arquivos em formato .odt (OpenDocument Text).

Certo ( ) Errado ( )

O Office 2013 consegue abrir e salvar arquivos nos formatos padrões da versão 2003, bem como do BrOffice. Quanto ao formato PDF, o Office 2013 realiza uma manobra para abrir os arquivos PDFs e possibilitar sua "edição", copiando o conteúdo do PDF para o programa e ao salvar sobrescreve o arquivo PDF "aberto". (A questão foi anulada na prova, pois o edital não previa Microsoft Office, mas apenas BrOffice).

GABARITO: CERTO.

1227. **(CESPE – 2014 – ANTAQ – TÉCNICO EM REGULAÇÃO DE SERVIÇOS DE TRANSPORTES AQUAVIÁRIOS)** Ao se aplicar um clique duplo em algum lugar da primeira linha de texto e clicar o botão , toda essa linha será apagada.

Certo ( ) Errado ( )

O botão ilustrado é o botão tachado, ele aplica um risco na metade da linha do texto selecionado, porém, não existe funcionalidade para o clique duplo sobre o botão, assim, como resultado, o texto selecionado fica exatamente como estava.

GABARITO: ERRADO.

1228. **(CESPE – 2014 – ANTAQ – TÉCNICO EM REGULAÇÃO DE SERVIÇOS DE TRANSPORTES AQUAVIÁRIOS)** Ao aplicar um clique triplo em qualquer lugar de uma das linhas do texto, todo o parágrafo correspondente será selecionado. Se, em seguida, for clicado o botão S, todo o parágrafo será sublinhado; ao clicar novamente no mesmo botão, o sublinhado será retirado.

Certo ( ) Errado ( )

O primeiro ponto a se observar nessa questão é a seleção do texto: um clique simples sobre uma palavra posiciona o Pipe (cursor intermitente de inserção de texto) na referida palavra; um clique duplo sobre uma palavra qualquer seleciona a palavra; já o clique triplo sobre uma palavra elege o parágrafo. Após identificada a seleção realizada, o uso do sublinhado se resume em sua ativação e desativação logo na sequência.

GABARITO: CERTO.

1229. **(CESPE – 2013 – STF – ANALISTA JUDICIÁRIO – ÁREA JUDICIÁRIA)** No Word 2010, as informações de um documento podem ser protegidas/desprotegidas, por meio de senha, de modo a restringir/permitir a determinados usuários os processos de formatação e de edição do texto. Por meio dessa opção, é possível atribuir funções específicas apenas aos usuários aos quais foi concedida permissão.

Certo ( ) Errado ( )

Ao usar a opção Restringir Edição presente na Aba Revisão ou Proteger Documento presente no Menu Arquivo, o usuário pode adicionar outros usuários e determinar quais permissões cada um possui sobre o arquivo. No Writer tal opção fica junto ao Menu Arquivo, opção Propriedades, aba Segurança.

GABARITO: CERTO.

1230. **(CESPE – 2013 – STF – ANALISTA JUDICIÁRIO – ÁREA JUDICIÁRIA)** Antes de iniciar um processo de revisão de um texto no Word 2010, deve-se marcar a opção Controlar Alterações, no Menu Revisão, para que o trecho apagado ou alterado seja destacado no texto.

Certo ( ) Errado ( )

O controle de alterações é uma ferramenta que existe desde versões anteriores do Word, mas como ficava "escondida" no Menu Ferramentas era pouco usada, ao adotar a interface Ribbon para o Office, a Microsoft tornou mais acessíveis essas ferramentas. Ao realizar uma inserção com o controle de alterações ativo ela fica sublinhada; ao excluir um texto, ele fica com aspecto tachado.

GABARITO: CERTO.

Editores de Planilha

1231. **(CESPE – 2018 – EBSERH – TÉCNICO EM INFORMÁTICA)** Julgue o item seguinte, a respeito de ferramentas e aplicações de informática.

Excel, da Microsoft, e Calc, do LibreOffice, são exemplos de planilha de cálculo, que é um tipo de programa de computador que utiliza tabelas e células para a realização de cálculos ou apresentação de dados.

Certo ( ) Errado ( )

Eu sei que o termo tabela fez você titubear nesta questão, uma vez que fala de editores de planilhas, mas lembre-se que tabelas são formas de dispor dados, inclusive existe a formatação e estruturação dos dados em forma de tabela, dentro do Excel.

GABARITO: CERTO.

1232. **(AUTOR – 2018)** A respeito de edição de planilhas e dos programas LibreOffice Calc 5 e MS Excel 2016, julgue o próximo item. As funções do LibreOffice Calc são equivalentes às funções do MS Excel, podendo existir algumas diferentes, porém os resultados apresentado pelas funções de mesma finalidade e sintaxe são exatamente iguais.

Certo ( ) Errado ( )

Um exemplo simples é a função MODO que no Excel lista o primeiro que mais se repete e no Calc lista o primeiro menor que mais se retoma. Embora existam algumas peculiaridades como essa, os programas procuram usar funções similares. Hoje até mesmo o Google Docs que usava funções somente em inglês usa com a mesma sintaxe que o Excel.

GABARITO: ERRADO.

1233. **(CESPE – 2011 – PC–ES – TODOS OS CARGOS)** Em uma planilha eletrônica, preenchendo-se qualquer valor numérico nas células B3 e B4, o resultado da fórmula =SE(B3>SOMA(B3:B4), OK, NC) será sempre NC.

Certo ( ) Errado ( )

O primeiro passo antes de avaliar a própria lógica da função, é observar se ela está sintaticamente correta, assim poupamos trabalho em questões como essa que já está errada por não usar as aspas duplas para apresentar os textos OK e NC. Além disso, se o valor de B4 for negativo e B3 positivo, a soma de B3 com B4 será menor que o próprio B3.

GABARITO: ERRADO.

1234. **(CESPE – 2013 – SEGESP–AL – TÉCNICO FORENSE)** Tanto no Microsoft Excel quanto no BrOffice Calc, o uso da fórmula =média(A1;A20) resulta na média aritmética dos conteúdos numéricos de todas as células entre A1 e A20.

Certo ( ) Errado ( )

O uso do operador de referência ; (ponto e vírgula) corresponde à leitura E, ou seja, a fórmula apresentada calculará a média de A1 E A20 apenas. A fórmula que calcula a média de A1 ATÉ A20 é =média(A1:A20).

GABARITO: ERRADO.

Calc

1235. (UFPR – 2018 – UFPR – ASSISTENTE EM ADMINISTRAÇÃO) A tabela abaixo representa os dados em uma planilha LibreOffice Calc.

	A	B	C	D	E
1	ID fornecedor	Código da peça	Nome da Peça	Preço	Estoque
2	SP001	A001	Bomba d'água	R$ 68,39	Em estoque
3	SP302	A002	Alternador	R$ 380,73	Em estoque
4	SP303	A003	Filtro de Ar	R$ 15,40	Indisponível
5	SP304	A004	Rolamento	R$ 35,16	Em estoque

Assinale a alternativa que apresenta o resultado da função =PROCV(C7;B2:E6;3;FALSO), levando em consideração que o valor de C7 é A003.

a) SP003.

b) B3.

c) Filtro de Ar.

d) R$ 15,40.

e) Indisponível.

A função PROCV procura o valor informado no primeiro parâmetro, no caso C7 que contém o valor A003, na primeira coluna da matriz informada, no caso B2:E6, o valor será procurado na coluna B da linha 2 até a linha 6, caso seja encontrada a correspondência é retornado o valor que esteja na mesma linha na 3ª coluna, observando que a primeira coluna é a primeira da matriz informada B2:E6, ou seja, a coluna B. Assim, na célula B4 é encontrado o valor A003 e retornado o valor da célula D4 » R$ 15,40.

GABARITO: D.

1236. (NC–UFPR – 2019 – PREFEITURA DE CURITIBA/PR – AGENTE ADMINISTRATIVO) A planilha a seguir contém notas de três alunos, referentes a duas avaliações realizadas e um trabalho. Sabe-se que ao alcançar a média 7,0, o aluno é considerado Aprovado.

E2 =(B2*0,4+C2*0,4+D2*0,2)

	A	B	C	D	E	F	G
1		NOTA 1	NOTA 2	TRABALHO	MÉDIA	STATUS	
2	Aluno 1	7,0	8,0	6,0	7,2	APROVADO	
3	Aluno 2	5,0	8,0	7,0	6,6	REPROVADO	
4	Aluno 3	9,0	4,0	?			
5							

Tendo em vista que foi utilizada a fórmula = (B2 * 0,4 + C2 * 0,4 +D2 * 0,2) para calcular a média do Aluno 1, qual deve ser a nota mínima do trabalho do Aluno 3 para que, após se realizar ajuste na fórmula para a linha 4, ele consiga o status de Aprovado?

a) 9,0.

b) 8,0.

c) 7,5.

d) 7,0.

e) 6,0.

Essa é uma questão mais de matemática do que de informática, pois temos uma média ponderada a ser calculada, de modo que um aluno alcance o status de aprovação, ou seja, o resultado da média deverá ser maior ou igual a 7,0. Como a questão pede a nota mínima, vamos obter média igual a 7,0. Temos, então, 7,0 = (B4 * 0,4 + C4 * 0,4 +D4 * 0,2), substituindo os valores fica:

7,0 = (9,0*0,4+4,0*0,4+D2*0,2), realizando as multiplicações possíveis temos: 7,0=3,6+1,6+d2*0,2, realizando a soma possível temos: 7,0 = 5,2+D2*0,2, passando 5,2 para outro lado da igualdade temos 7,0–5,2=D2*0,2 que nos resulta 1,8=D2*0,2, passando o 0,2 para o outro lado da igualdade temos 1,8/0,2 = D2, portanto, D2 = 9,0.

GABARITO: A.

1237. **(NC–UFPR – 2019 – PREFEITURA DE CURITIBA/PR – AGENTE ADMINISTRATIVO)** Na planilha abaixo, confeccionada utilizando o LibreOffice Calc, deseja-se calcular o número de candidatos que serão convocados para uma determinada prova dos cursos de Agronomia, Farmácia e Enfermagem.

	A	B	C	D
1	Fator de convocação:	3		
2				
3	Curso	Candidatos	Vagas	Quantidade de Convocados
4	Agronomia	24	8	=SE(C4*B$1>B4;B4;C4*B$1)
5	Farmácia	17	6	
6	Enfermagem	19	6	

Ao preencher a célula D4 com a fórmula =SE(C4*B$1>B4;B4;C4*B$1) e arrastar a alça de preenchimento até a célula D6, os valores apresentados nas células D4, D5 e D6 serão, respectivamente:

a) 21, 14 e 16.

b) 21, 17 e 18.

c) 24, 17 e 18.

d) 24, 17 e 19.

e) 24, 18 e 18.

Quando encontrar na prova esse tipo de questão que é fácil resolver, mas que exige tempo, pois pede para calcular os 3 valores, a sugestão é deixá-la para o final, após ter batido todas as questões. Pois o tempo médio usado para sua solução é de pelo menos 5 minutos. Primeiro temos de replicar corretamente a fórmula de D4 em D5 e D6. Sabendo que os endereços com $ não podem ser alterados temos:

D4 =SE(C4*B$1>B4;B4;C4*B$1)

D5 =SE(C5*B$1>B5;B5;C5*B$1)

D6 =SE(C6*B$1>B6;B6;C6*B$1)

Na sequência, devemos substituir os valores:

D4 =SE(8*3>24;24;8*3) è FALSO

D5 =SE(6*3>17;17;6*3) èVERDADEIRO

D6 =SE(6*3>19;19;6*3) è FALSO

Analisando a primeira parte das funções SE (em negrito), temos os resultados indicados para as comparações à direta da seta, portanto, quando o resultado for VERDADEIRO, devemos usar o valor presente no segundo campo; quando FALSO, usar o valor do terceiro campo da função SE. Os resultados executados para cada função, portanto, são aqueles sublinhados.

GABARITO: C.

1238. **(NC–UFPR – 2019 – PREFEITURA DE CURITIBA/PR – AGENTE ADMINISTRATIVO)** Assinale a alternativa que apresenta a fórmula correta para calcular a média aritmética dos quinze valores que estão na coluna B (B1 até B15) de uma planilha no LibreOffice Calc.

a) =SOMA(B1:B15)/15.

b) MEDIA(B1:B15).

c) =MEDIA(B1:15)*15.

d) SOMA(B1:B15)*15.

e) =MEDIA(B1:B15)/15.

Primeiro ponto importante a observar é quanto à presença do sinal de igualdade que não consta em todas as alternativas, logo, devemos eliminar as que não apresentam. Para calcular a média aritmética, usamos a função MÉDIA. Podemos alcançar o mesmo resultado sempre com a combinação das funções SOMA e CONT.NÚM. Assim, =MÉDIA(B1:B15) apresenta o mesmo resultado (sempre) que =SOMA(B1:B15)/CONT.NÚM(B1:B15). Em casos que se deseja calcular a média, considerando que as células vazias sejam equivalentes a zero, devemos optar por utilizar a expressão =SOMA(B1:B15)/15 em que especificamos que a divisão deverá ser sempre por 15.

GABARITO: A.

1239. **(UFPR – 2019 – UFPR – ASSISTENTE EM ADMINISTRAÇÃO)** Considerando o LibreOffice Calc Versão 5.4.3.2 pt-BR e Sistema Operacional Windows 7 pt-BR, assinale a alternativa que apresenta a fórmula para o cálculo da raiz quadrada positiva do valor de B2.

a) =RAIZ(B2).

b) =RAIZ.QUAD(B2).

c) =RAIZ.QUADRADA(B2).

d) =SQR(B2).

e) =SQRT(B2).

Para calcular a raiz quadrada em editores de planilha, podemos usar a função RAIZ ou lançar mão da potenciação, =B2^0,5 ou =B2^(1/2), lembre-se da regra de potência fracionada que se transforma em raiz.

GABARITO: A.

1240. **(NC–UFPR – 2019 – PREFEITURA DE CURITIBA/PR – FISCAL)** Considere a figura abaixo, relativa ao LibreOffice Calc:

G2 | =MÉDIA(B2:D2)*10

	A	B	C	D	E	F	G	H	I
1									
2		3000	8000	4000	1000	4000	####		
3									

O conteúdo da célula G2 é:

a) 400.

b) 4000.

c) 5000.

d) 40000.

e) 50000.

Atenção! A função apresentada calcula a Média apenas das células B2 até D2, isto é, devemos usar só as células B2, C2 e D2. Portanto, temos de calcular a média entre 3.000, 8.000 e 4.000 è 15.000/3 = 5.000, porém, o resultado da média ainda precisa ser multiplicado por 10, assim, o resultado ficou 50.000.

GABARITO: E.

1241. **(NC–UFPR – 2017 – ITAIPU BINACIONAL – PROFISSIONAL NÍVEL SUPORTE I – ATIVIDADE ADMINISTRATIVA)** Observe a imagem da planilha a seguir, gerada com LibreOffice Calc em português. Para realizar a soma dos teclados vendidos no dia 10/07/2017, deve-se utilizar qual fórmula?

	A	B
1	Data: 10/07/2017	
2	Produto	Preço
3	Teclado	R$200,00
4	Mouse	R$30,00
5	Monitor	R$700,00
6	CPU	R$1.000,00
7	Teclado	R$330,00
8	Monitor	R$1.200,00
9	CPU	R$2.000,00
10	CPU	R$2.300,00
11	Teclado	R$80,00
12	Teclado	R$178,00
13	Teclado	R$300,00
14	Monitor	R$600,00
15	Mouse	R$130,00
16	Mouse	R$100,00
17	Mouse	R$180,00
18	Total de vendas	R$9.328,00
19		
20	Teclado	R$1.088,00

a) =SOMA(A3:A17;"Teclado";B3:B17).

b) =MÉDIA(A3:A17;"Teclado";B3:B17).

c) =MÍNIMO (A3:A17;"Teclado";B3:B17).

d) =PRODUTO(A3:A17;"Teclado";B3:B17).

e) =SOMASE(A3:A17;"Teclado";B3:B17).

Note que todos os lançamentos apresentados na planilha correspondem ao dia 17/07/2017, portanto, essa informação não influencia na fórmula. Como desejamos somar os valores associados a determinadas ocorrências de valor, devemos usar a função SOMASE. Sabendo disso, temos automaticamente a resposta para a questão. A Alternativa A trará como resultado o mesmo valor presente na célula B18. Enquanto a média trará o resultado da soma dividido por 16. E a função mínimo retornará R$ 30,00.

GABARITO: E.

1242. **(NC–UFPR – 2019 – FPMA/PR – AUXILIAR ADMINISTRATIVO)** Sobre LibreOffice Calc, assinale a alternativa que permite calcular o valor de 43.

a) =4*3.

b) =4^3.

c) =4&3.

d) =4@3.

e) =4\3.

Nos editores de planilha, o sinal * representa a multiplicação, enquanto o acento circunflexo representa a potência, o & realiza a operação de concatenação.

GABARITO: B.

1243. **(NC–UFPR – 2019 – FPMA/PR – AUXILIAR ADMINISTRATIVO)** Considere a seguinte planilha no LibreOffice Calc:

	A	B	C	D	E	F	G
1	Mês	Jan	Fev	Mar	Abr	Mai	Jun
2	Vendas (un)	300	200	350	500	450	470

Assinale a alternativa que apresenta a fórmula a ser utilizada para se obter o menor valor da série (Nesse caso 200).

a) =MENOR(B2:G2).

b) =MENOR(B2:G2;0).

c) =MÍNIMO(B2:G2).

d) =MÍNIMO(B2:G2;0).

e) =MIN(B2..G2).

Para se obter o menor valor de um conjunto de dados, podemos usar 1 de 3 funções: MÍNIMO, MENOR ou MAIOR. Nessa questão, podemos eliminar algumas alternativas rapidamente, por erros sintáticos, a começar pela função MÍNIMO que não existe, e a função MENOR, assim como MAIOR, exigem o uso de 2 parâmetros: o primeiro um intervalo e o segundo o número de ordem. A função MÍNIMO(B2:G2;0) retornará 0, pois entre os valores apresentado, o zero é o menor. Nas funções MAIOR e MENOR, o número de ordem não pode ser menor que 1 ou maior que a quantidade máxima de valores. Portanto, eliminando as alternativas, você obteve como resposta a alternativa C.

GABARITO: C.

1244. (NC–UFPR – 2019 – PREFEITURA DE MATINHOS/PR – TÉCNICO EM INFORMÁTICA) Sobre o LibreOffice 6.1 ou superior, é correto afirmar:

a) A "Caixa de nome" permite nomear as células e adotar esse novo nome como referência em outras células.

b) Na caixa Nome, o usuário pode inserir ou editar as fórmulas associadas a uma determinada célula.

c) A barra de fórmulas apresenta o resultado da expressão matemática inserida na célula atualmente selecionada.

d) Ao selecionar um conjunto de células com valores numéricos, a barra de Status apresenta automaticamente a contagem, a soma, a média e a variância dos valores selecionados.

e) Latitudes e longitudes, informadas em células específicas, podem ser visualizadas na escala decimal, usando a categoria geral disponível em formatar células, ou no formato graus, minutos e segundo, usando a formatação especial "dd mm:ss".

Tanto no LibreOffice Calc como no Microsoft Excel, é possível definir o nome para uma célula ou um conjunto de células, esse recurso denominado caixa de nome utiliza o modo de endereçamento absoluto para identificar a célula ou o conjunto de células. O campo caixa de nome fica localizado ao lado da barra de fórmulas. Na caixa de nome é possível definir apenas um nome, esse nome, por sua vez, deve ser único na planilha. Nomes de funções devem ser evitados. Já a barra de fórmulas é utilizada para inserir fórmulas e funções, ela deve ser o ponto de referência toda vez que alguma célula estiver selecionada. Assim, sempre que uma figura for exibida para você na prova, observe o que está na barra de fórmulas, além do que está na célula devidamente selecionada. Ao selecionar um conjunto de células que possuem valores, na barra de status aparecem informações apenas da soma e média. Cuidado, pois o Microsoft Excel exibe ainda a contagem de células. Informações de latitude e longitude tem uma formatação própria em que os graus são separados por ponto das outras unidades e não como indicado: dia, minuto ou segundo.

GABARITO: A.

1245. (NC–UFPR – 2019 – PREFEITURA DE MATINHOS/PR – FISCAL DE TRIBUTOS) Com relação ao LibreOffice Calc, assinale a alternativa que apresenta a fórmula sintaticamente correta:

a) =Plan1.A3*Plan2.A4.

b) =Plan1%A3*Plan2%A4.

c) =A3.Plan1*A4.Plan2.

d) =A3.Plan1*A4.Plan2.

e) =Plan1(A3)*Plan2(A4).

Tanto no Calc como no Excel é possível referenciar células de planilhas diferentes da atual para realizar cálculos entre elas. Para tanto, a sintaxe é parecida: primeiro identificar o nome da planilha e depois o endereço da célula desejada. A diferença é o separador, no Calc usa-se o ponto, enquanto no Excel o sinal de exclamação. Assim, a alternativa A é a única possível.

GABARITO: A.

1246. **(NC–UFPR – 2019 – PREFEITURA DE MATINHOS/PR – FISCAL DE TRIBUTOS)** O índice de Massa Corporal (IMC) é utilizado na avaliação do estado nutricional de uma pessoa, levando-se em consideração, entre outros fatores, o peso (kg) e a altura (m) do indivíduo, sendo calculado pela fórmula:

$$\mathbf{IMC} = \frac{\mathbf{Peso}}{(\mathbf{Altura})^2}$$

Usando LibreOffice Calc, a fórmula correta para o cálculo do IMC, na qual o valor do Peso está na célula B2 e o da Altura na célula B3, é:

a) =B2|(B3&2).

b) =B2..(B3xB3).

c) =B2/B3^2.

d) =B2%B3@2.

e) =B2:B3xB3.

Basicamente, temos de reescrever a operação com a notação usada em planilhas, no caso, temos uma divisão com uma potência no denominador. Desse modo, temos =peso/altura^2, não há necessidade de uso dos parênteses, uma vez que a operação de potenciação tem maior prioridade que a divisão. Assim, no cálculo, primeiro a altura será elevada ao quadrado e o peso dividido por esse resultado.

GABARITO: C.

1247. **(CESPE – 2016 – INSS – ANALISTA DO SEGURO SOCIAL – SERVIÇO SOCIAL)** Acerca de aplicativos para edição de textos e planilhas e do Windows 10, julgue o próximo item.

Situação hipotética: Fábio, servidor do INSS, recebeu a listagem dos cinco últimos rendimentos de um pensionista e, para que fosse calculada a média desses rendimentos, ele inseriu os dados no LibreOffice Calc, conforme planilha mostrada abaixo.

	A
1	R$ 1.896,21
2	R$ 2.345,78
3	R$ 2.145,09
4	R$ 2.777,32
5	R$ 5.945,97
6	
7	

Assertiva: Nessa situação, por meio da fórmula =MED(A1:A5;5), inserida na célula A6, Fábio poderá determinar corretamente a média desejada.

Certo ( ) Errado ( )

Cuidado, a função que calcula a média é MÉDIA, a função apresentada pela questão é a função MED que calcula a mediana, isto é, o elemento central do conjunto de valores. Ainda que fosse trocada a função para =MÉDIA(A1:A5;5), haveria o erro de cálculo, pois seriam somados todos valores das células de A1 até A5 com 5 para, então, dividir o resultado por 6 (valores somados), o que não seria precisamente a média dos valores presentes na planilha.

GABARITO: ERRADO.

1248. (FUNDATEC – 2018 – PC/RS – ESCRIVÃO E INVESTIGADOR DE POLÍCIA) A questão baseia-se nas Figuras 6(a) e 6(b). A Figura 6(a) mostra a janela principal do BrOffice 3.2 Calc. A Figura 6(b) mostra alguns ícones da barra de ferramentas "Formatação", da Figura 6(a), que se encontram ocultos na Figura 6(a), devido à redução das dimensões da janela desse software.

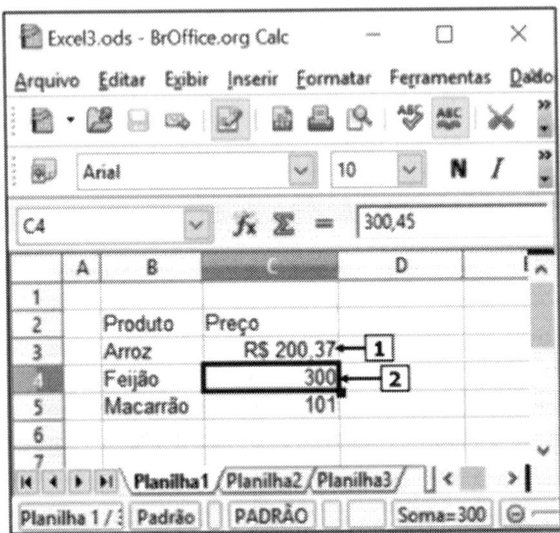

Figura 6(a) – BrOffice 3.2 Calc

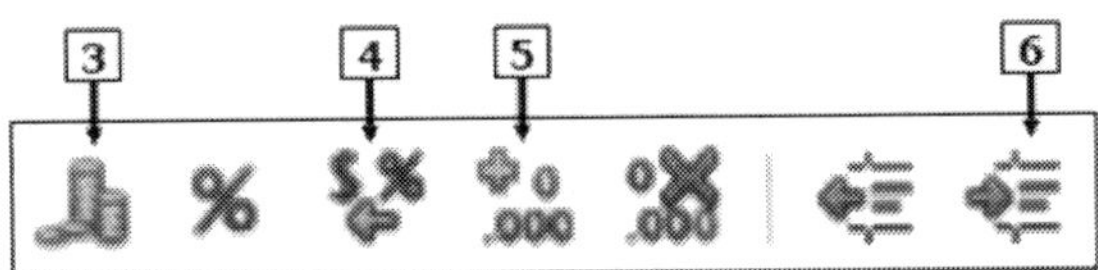

Figura 6(b) – Ícones do BrOffice 3.2 Calc

Para que a célula do BrOffice 3.2 Calc, apontada pela seta nº 2 (Figura 6(a)), passe a exibir o seu conteúdo com o formato de moeda e as casas decimais correspondentes, ou seja, R$ 300,45, ficando visualmente com o mesmo aspecto da célula apontada pela seta de nº 1 (Figura 6(a)), basta pressionar, uma vez, o ícone de sua barra de ferramentas "Formatação", apontado pela seta de nº:

a) 3.

b) 4.

c) 3 e, a seguir, dar dois cliques, com o botão do mouse, sobre o ícone apontado pela seta nº 5.

d) 3 e, a seguir, dar um clique, com o botão do mouse, sobre o ícone apontado pela seta de nº 6.

e) 3 e, a seguir, dar um clique, com o botão do mouse, sobre o ícone apontado pela seta de nº 5.

Ao formatar a célula como moeda, o padrão é exibir com duas casas decimais, mesmo que anteriormente essa tenha sido formatada para não exibir casas decimais.

GABARITO: A.

1249. **(FUNRIO – 2014 – INSS – ANALISTA – DIREITO)** Numa planilha eletrônica como o Microsoft Excel ou o LibreOffice Calc, suponha que a célula C3 armazene a fórmula =A1+B2. Ao selecionar a célula C3, recortar ou cortar (operação equivalente ao atalho Ctrl+X) e colar na célula D4 (operação equivalente ao atalho Ctrl+V), qual será a fórmula armazenada na célula D4?

a) =A1+B2.

b) =A2+B3.

c) =A3+B4.

d) =B1+C2.

e) =B2+C3.

Cuidado, tradicionalmente em provas é cobrada a operação de copiar e colar, o que leva à leitura dinâmica, porém, note que a questão menciona RECORTAR e colar, desse modo, não há alteração na função colada. Assim, temos a mesma fórmula =A1+B2.

GABARITO: A.

1250. **(AOCP – 2018 – TRT–RJ – ANALISTA JUDICIÁRIO – INFORMÁTICA)** Uma aplicação exportou dados de um banco de dados para um arquivo de extensão '.csv'. Esse arquivo contém algumas centenas de linhas e várias colunas. Será necessário ordenar os dados contidos no arquivo e manipular alguns valores. No seu computador, estão disponíveis as ferramentas do Microsoft Office e LibreOffice. Qual das seguintes alternativas de software é a recomendada para realizar a tarefa necessária?

a) Bloco de notas.

b) Impress.

c) PowerPoint.

d) Calc.

e) Thunderbird.

O arquivo CSV é um arquivo de texto em que as vírgulas ou outros caracteres são usados como separadores de colunas, por isso seu nome Colunas Separadas por Vírgulas. Editores de planilha possibilitam exportar uma planilha para esse formato, bem como importar desse formato para uma planilha, embora o csv também possa ser aberto no bloco de notas.

GABARITO: D.

1251. **(CESPE – 2011 – FUB – TÉCNICO DE TECNOLOGIA DA INFORMAÇÃO – ESPECÍFICOS)** No que se refere aos principais aplicativos comerciais para edição de textos, planilhas, materiais escritos e audiovisuais, julgue o item subsequente.

No BROffice, o ambiente de aplicativos integrados não oferece condições de acesso à opção de abertura de arquivo, via Calc, de documento de texto, planilha ou apresentação.

Certo ( ) Errado ( )

O Br Office é uma suíte de aplicativos integrada que permite mesmo dentro do Writer, por meiodo menu arquivo Opção Novo escolher a opção planilha, abrindo assim a janela do Calc com uma planilha em branco.

GABARITO: ERRADO.

1252. **(CESPE – 2009 – ADAGRI/CE – FISCAL ESTADUAL AGROPECUÁRIO – BIOLOGIA)** Calc é a calculadora do BROffice que pode ser utilizada tanto para cálculos simples como avançados, mas não disponibiliza opção de formatação ou edição de planilhas eletrônicas. No entanto, esse aplicativo permite, caso necessário, exportar a planilha para ferramenta específica de edição, como, por exemplo, o Excel do MS Office.

Certo ( ) Errado ( )

Calc é um editor de planilhas assim como o Excel.

GABARITO: ERRADO.

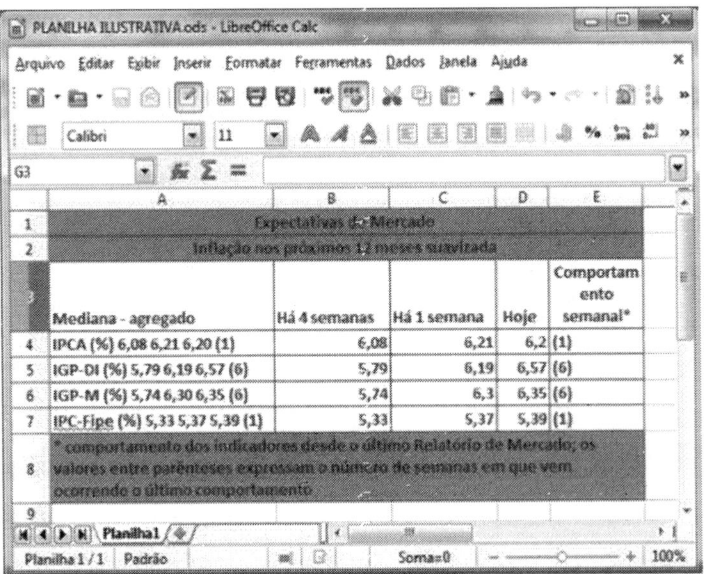

Considerando a figura apresentada anteriormente, que expõe uma planilha em edição no LibreOffice Calc, julgue os itens a seguir.

1253. **(CESPE / CEBRASPE – 2013 – SERPRO – CONHECIMENTOS BÁSICOS – CARGO 2)** Para se copiar a planilha em um relatório em edição no LibreOffice Writer ou em uma apresentação no LibreOffice Impress, é suficiente selecioná-la, pressionar simultaneamente as teclas CTRL + C, clicar o local onde se deseja apresentá-la, clicar Editar e, em seguida, clicar Colar.

Certo ( ) Errado ( )

O mesmo vale para o Microsoft Office, são opções simples de integração que auxiliam o usuário em atividades corriqueiras.

GABARITO: CERTO.

1254. (CESPE / CEBRASPE – 2013 – SERPRO – CONHECIMENTOS BÁSICOS – CARGO 2) Para ajustar a célula E3 de modo que todo o conteúdo nela presente seja apresentado em uma única linha, é suficiente dar duplo clique entre os títulos das colunas E e F.

Certo ( ) Errado ( )

Cuidado, pois a célula E3 foi formatada para quebrar o texto automaticamente, assim, para que o conteúdo se ajuste ao espaço, a coluna deve ser dimensionada manualmente, o mesmo vale para o Excel.

GABARITO: ERRADO.

1255. (CESPE / CEBRASPE – 2013 – SERPRO – CONHECIMENTOS BÁSICOS – CARGO 2) Os arquivos criados no LibreOffice Calc não estão sujeitos à contaminação por vírus, mais frequente em arquivos do sistema operacional Windows.

Certo ( ) Errado ( )

Todo arquivo está sujeito à contaminação por vírus, até mesmo os do próprio antivírus, logo, arquivos do LibreOffice não seriam exceção.

GABARITO: ERRADO.

1256. (CESPE / CEBRASPE – 2013 – SERPRO – CONHECIMENTOS BÁSICOS – CARGO 2) Devido a sua extensão ODS, a planilha da figura poderá ser aberta apenas em computadores que operem com sistema operacional Linux.

Certo ( ) Errado ( )

O formato ODS é o formato padrão do Calc, que é um aplicativo da suíte de aplicativos do LibreOffice, que por sua vez é multiplataforma, ou seja, possui versões para vários sistemas operacionais. Assim, é possível abrir e editar um arquivo ODS no Calc instalado no Windows também.

GABARITO: ERRADO.

1257. (CESPE / CEBRASPE – 2013 – SERPRO – CONHECIMENTOS BÁSICOS – CARGO 2) A média da coluna Hoje da planilha pode ser calculada usando-se a seguinte fórmula: =MÉDIA(D4;D7).

Certo ( ) Errado ( )

Como ele pede a média da coluna, presume-se que seja a média dos valores contidos nas células D4, D5, D6 e D7 e a sintaxe apresentada da função utiliza o operador de referência ; (e) que remete ao cálculo da média apenas das células D4 e D7.

GABARITO: ERRADO.

1258. (AUTOR – 2013) No LibreOffice Calc para inserir um gráfico é necessário selecionar previamente as células que contém os dados que serão utilizados para criá-lo.

Certo ( ) Errado ( )

Nos editores de planilha, os dados podem ser selecionados antes ou depois de acionar a opção para inserir um gráfico, como também é possível alterar o conjunto de células, caso preciso.

GABARITO: ERRADO.

1259. **(AUTOR – 2013)** Ainda sobre o LibreOffice Calc, é possível ocultar o conteúdo ou mesmo apenas a fórmula presente em uma ou mais células de uma planilha para isso basta assinalar a devida opção presente na Aba Proteção de célula da janela Formatar Células.

Certo ( ) Errado ( )

O procedimento descrito na questão não é o suficiente para realizar a ação de ocultar o conteúdo, ou mesmo as fórmulas, após realizar as etapas descritas, ainda é necessário utilizar uma das opções de proteção do documento presentes no menu Ferramentas.

GABARITO: ERRADO.

1260. **(UFPR – 2020 – CÂMARA DE CURITIBA /PR – TÉCNICO ADMINISTRATIVO)** Considere a utilização do LibreOffice Calc. A planilha a seguir contém um histórico fictício de abastecimento de veículos e é referência para a questão.

	A	B	C	D	E	F	G
1	Sequência	Dia	Veículo	Combustível	Volume abastecido em litros	Valor por litro	Valor do abastecimento
2	1	1	Carro 3	Gasolina	44,32	R$ 4,29	R$ 190,13
3	2	3	Carro 1	Etanol	39,17	R$ 3,09	R$ 121,04
4	3	8	Carro 4	Etanol	42,25	R$ 3,09	R$ 130,55
5	4	9	Carro 3	Gasolina	40,16	R$ 4,29	R$ 172,29
6	5	9	Carro 2	Gasolina	52,10	R$ 4,29	R$ 223,51
7	6	11	Carro 1	Etanol	40,25	R$ 3,09	R$ 124,37
8	7	15	Carro 4	Etanol	44,00	R$ 3,09	R$ 135,96
9	8	17	Carro 2	Gasolina	48,20	R$ 4,29	R$ 206,78
10	9	20	Carro 3	Gasolina	40,20	R$ 4,29	R$ 172,46
11	10	23	Carro 1	Etanol	42,90	R$ 3,09	R$ 132,56
12	11	25	Carro 4	Etanol	42,50	R$ 3,09	R$ 131,33
13	12	27	Carro 3	Gasolina	25,80	R$ 4,29	R$ 110,68

Para encontrar a quantidade de abastecimentos do veículo identificado como "Carro 4", a função correta a ser utilizada é:

a) CONTARSE, que permite identificar as repetições e fazer a contagem.

b) SOMA.QUANT, que avalia a quantidade e faz a soma se atendido um determinado critério.

c) SOMASEQUENCIA, que retorna a soma de uma série de células com mesmo conteúdo.

d) CONT.SE, que conta o número de células que atendem a um critério especificado.

e) SOMAQUAD, que retorna a quantidade de células qualificadas por um mesmo conteúdo.

Para encontrar a quantidade de vezes que um mesmo valor aparece em diferentes células de uma planilha, devemos usar a função CONT.SE, caso desejarmos encontrar a soma total dos valores de células que atendam a determinada condição, devemos usar a função SOMASE.

GABARITO: D.

1261. **(UFPR – 2020 – CÂMARA DE CURITIBA /PR – TÉCNICO ADMINISTRATIVO)** Considere a utilização do LibreOffice Calc. A planilha a seguir contém um histórico fictício de abastecimento de veículos e é referência para a questão.

	A	B	C	D	E	F	G
1	Sequência	Dia	Veículo	Combustível	Volume abastecido em litros	Valor por litro	Valor do abastecimento
2	1	1	Carro 3	Gasolina	44,32	R$ 4,29	R$ 190,13
3	2	3	Carro 1	Etanol	39,17	R$ 3,09	R$ 121,04
4	3	8	Carro 4	Etanol	42,25	R$ 3,09	R$ 130,55
5	4	9	Carro 3	Gasolina	40,16	R$ 4,29	R$ 172,29
6	5	9	Carro 2	Gasolina	52,10	R$ 4,29	R$ 223,51
7	6	11	Carro 1	Etanol	40,25	R$ 3,09	R$ 124,37
8	7	15	Carro 4	Etanol	44,00	R$ 3,09	R$ 135,96
9	8	17	Carro 2	Gasolina	48,20	R$ 4,29	R$ 206,78
10	9	20	Carro 3	Gasolina	40,20	R$ 4,29	R$ 172,46
11	10	23	Carro 1	Etanol	42,90	R$ 3,09	R$ 132,56
12	11	25	Carro 4	Etanol	42,50	R$ 3,09	R$ 131,33
13	12	27	Carro 3	Gasolina	25,80	R$ 4,29	R$ 110,68

A fórmula correta para encontrar o total gasto em reais abastecendo com gasolina é:

a) =SOMASES(D2:D13;"Gasolina";G2:G13).

b) =SOMASE(D2:D13;"Gasolina";G2:G13).

c) =SOMARSE(D1:D12;"Gasolina";G1:G12).

d) =SOMESE(D2:D13;"Gasolina";G2:G13)

e) =SOMA(D1:D12;=SE("Gasolina";G1:G12)).

Nos editores de planilha para somar um conjunto de valores que atendam a uma regra, usa-se a função SOMASE ou SOMASES, caso deseje somar apenas os dados que atendam duas ou mais condições, pode-se usar a função SOMASES. Porém, cuidado, a função SOMASES possui ordem diferente para os parâmetros: =SOMASES(<intervalo de valores que serão somados>;< intervalo1>;<regra1>;<intervalo2>;<regra2>).

GABARITO: B.

1262. **(AUTOR–2013)** No BrOffice Calc um usuário ao se inserir na célula A1 a data atual (04/08/2013) e em seguida selecionar as células A1, A2 e A3, utilizou a opção Preencher → para baixo, presente no menu editar. Diante das ações executadas os resultados presentes nas células A2 e A3 serão iguais aos obtidos pela utilização da alça de preenchimento arrastando a partir da célula A1 para baixo.

Certo ( ) Errado ( )

A alça de preenchimento, ao ser utilizada em uma célula cujo conteúdo é uma data, incrementa na próxima célula essa data em um dia, enquanto que o recurso preencher (de atalho CTRL + D) duplica o conteúdo da primeira célula da seleção para as demais.

GABARITO: ERRADO.

1263. **(AUTOR–2013)** No editor de planilhas do BrOffice é possível utilizar a opção de Formatação Condicional, que permite alterar propriedades de formatação de uma ou mais células de acordo com o seu conteúdo, contudo, essa opção observa apenas dados, assim, se o conteúdo de uma célula for uma fórmula, o programa viabiliza analisar apenas o resultado desta.

Certo ( ) Errado ( )

A opção de formatação condicional permite comparar não só valores, mas também fórmulas e datas, assim, a expressão "apenas" torna a questão errada.

GABARITO: ERRADO.

1264. **(AUTOR–2013)** Um escrivão, durante a edição da planilha de dados no Calc, ilustrada anteriormente, deparou-se com uma situação na qual necessitava de apenas mais uma célula (em branco) abaixo da célula B3, porém, ele deve manter o conteúdo das demais células da linha 4. Para criar a devida célula basta que o usuário clique e realize a seguinte sequência de passos: clicar o menu Inserir, clicar a opção Células... e clicar a opção OK.

Certo ( ) Errado ( )

As ações descritas executam a inserção de uma célula apenas na coluna B, assim, apenas o conteúdo das células abaixo da célula selecionada (inclusive) serão deslocadas para baixo, criando uma célula vazia acima da selecionada.

GABARITO: CERTO.

1265. **(AUTOR–2013)** Ainda com base na figura anterior, é possível ativar o recurso Autofiltro do programa para qualquer célula da planilha em edição selecionada, se houver mais de um conjunto de dados (tabelas de informações) o programa marcará a linha de títulos da tabela mais próxima a célula selecionada.

Certo ( ) Errado ( )

O autofiltro só é possível de ser ativado se uma célula do conjunto de dados ou adjacente a esse esteja selecionada, caso uma outra célula isolada na planilha, ou seja, sem conteúdo nas células adjacentes, seja selecionada, o programa apresentará uma notificação ao usuário informando da não possibilidade de realização da ação.

GABARITO: ERRADO.

1266. **(AUTOR–2013)** No LibreOffice Calc a opção Dividir Células pode ser usada para obter o mesmo resultado que desabilitar a opção Mesclar e Centralizar presente no Menu Formatar → Mesclar Células.

Certo ( ) Errado ( )

Ao contrário do Excel, o LibreOffice Calc possui a opção Dividir Células, no entanto, essa só pode ser utilizada em células mescladas.

GABARITO: CERTO.

1267. **(AUTOR–2013)** No BrOffice Calc o recurso Detetive permite descobrir quais células dependem das outras, e de quais elas dependem.

Certo ( ) Errado ( )

As ferramentas rastrear precedentes e rastrear dependentes.

GABARITO: CERTO.

1268. **(AUTOR–2013)** O Calc é o software do BR Office usado para a edição de tabelas e cálculos de fórmulas, de forma semelhante ao Excel, mas que possui recursos próprios para a sintaxe das fórmulas e regras de cálculo diferentes das utilizadas no Microsoft Office Excel.

Certo ( ) Errado ( )

O Calc e o Excel possuem a mesma Sintaxe para fórmulas e funções.

GABARITO: ERRADO.

1269. (UFMT – 2015 – DETRAN/MT – ADMINISTRADOR) Considere a figura apresentada a seguir de uma planilha do LibreOffice Calc 4.2.5.2 (idioma Português) em sua configuração padrão de instalação.

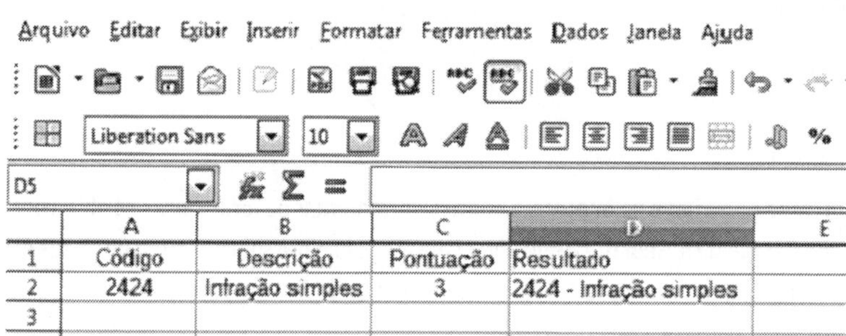

De acordo com a planilha, o texto exibido na célula D2 pode ser obtido pela fórmula:

a) =CONCATENAR(A2; " – "; B2).

b) =SOMA(A2; " – "; B2).

c) =UNIR(A2; " – "; B2).

d) =STRING(A2; " – "; B2).

Nos editores de planilha não existem as funções UNIR ou STRING. Já a função SOMA apresentará erro, pois não irá interpretar corretamente o – (menos) inserido como texto. Tal resultado também poderia ser obtido pela expressão =A2&" – "&B2. Pois tanto a função como o operador & são usados para unir o conteúdo das células em outra.

GABARITO: A.

1270. (CONSULPLAN – PREFEITURA DE DUQUE DE CAXIAS/RJ – AUXILIAR ADMINISTRATIVO) O texto a seguir contextualiza a questão, que é baseada no aplicativo para escritório.

Aplicativos para escritório são muito importantes na atualidade. Existem aqueles que são pagos, como o Microsoft Office, da gigante de software Microsoft, como existem também os que são livres, os quais não é necessário nenhum tipo de licença para utilização. Como exemplos de softwares livres para escritório, podem ser citados o Google Docs, que tem a vantagem da edição online, assim como também existe o LibreOffice. Em relação ao LibreOffice, este possui aplicativos para edição de textos (Writer), planilha eletrônica (Calc), apresentação de slides (Impress), entre outros. O LibreOffice tem o seu próprio formato de arquivos (.odt, .ods, .odp etc.), mas também pode abrir e salvar documentos em todas as versões do Microsoft Office (.doc, .docx, .xls, .xlsx, .ppt, .pptx etc.). Efetuando uma comparação entre esses dois aplicativos mais conhecidos, Microsoft Office e LibreOffice, uma das coisas que pode chamar mais a atenção é o layout de cada um, pois os dois aplicativos possuem basicamente as mesmas funções, porém as disposições dos menus/comandos são diferentes entre eles.

No aplicativo de planilha eletrônica do LibreOffice, no Calc, assim como os outros aplicativos dessa suíte, são utilizadas barras, em que estão localizados diversos comandos e funções. No Calc, uma dessas barras possui: Nome e tamanho da fonte, Negrito, Itálico e Sublinhado, Alinhamento à esquerda, ao centro, à direita e justificado, entre outros comandos.

Essa barra está apresentada em:

a) Status.

b) Formatação.

c) Objetos.

d) Funções.

e) Fórmulas.

Assim como no Writer e no Impress, a barra de ferramentas de formatação é exibida por padrão no Calc. A barra de fórmulas é a que apresenta o botão autossoma. A barra de status é a última barra na parte inferior da janela. Não existe barra objetos.

GABARITO: B.

1271. (AUTOR – 2018) No BROffice Calc é possível inserir em uma planilha em edição gráficos do tipo bolha.

Certo ( ) Errado ( )

Assim como no Excel, o gráfico Bolha é uma opção disponível para uso no programa.

GABARITO: CERTO.

1272. (AUTOR – 2018) No Br Office Calc para inserir um gráfico é possível selecionar os dados antes ou depois da escolha do tipo de gráfico.

Certo ( ) Errado ( )

Também é possível alterar os dados que compõem o gráfico após sua inserção.

GABARITO: CERTO.

1273. (AUTOR – 2018) No BrOffice Calc, ao selecionar uma célula e clicar o botão será inserido na célula a data atual.

Certo ( ) Errado ( )

O botão apenas formata a célula como um valor de data.

GABARITO: ERRADO.

1274. (AUTOR – 2018) No BrOffice Calc existe a opção que permite inserir minigráficos em uma célula.

Certo ( ) Errado ( )

O recurso de minigráficos só é encontrado no MS Excel e após a versão 2013.

GABARITO: ERRADO.

1275. (AUTOR – 2018) Dada a situação da planilha a seguir em edição no BrOffice Calc, é possível concluir que o resultado que será exibido em C1 ao se teclar enter será 123,45749.

ARRED | =ARRED(A1;B1)

	A	B	C	D
1	123,4574948	5	=ARRED(A1;B1)	
2				
3				

Certo ( ) Errado ( )

A função inserida em C1 é a função =ARRED(;) que arredonda o valor informado pelo número de casas decimais informado no segundo campo.

GABARITO: CERTO.

1276. **(AUTOR – 2018)** No BrOffice Calc o recurso Detetive permite descobrir quais células dependem das outras, e de quais elas dependem.

Certo ( ) Errado ( )

As ferramentas rastrear precedentes e rastrear dependentes.

GABARITO: CERTO.

1277. **(AUTOR – 2018)** No LibreOffice Calc é possível inserir linhas antes ou depois da linha da planilha selecionada, enquanto no MS Excel 2016 a opção Inserir Linhas apenas desloca o conteúdo da linha selecionada para baixo.

Certo ( ) Errado ( )

O Calc oferece maior flexibilidade nesse aspecto que o Excel.

GABARITO: CERTO.

1278. **(CESPE – 2011 – TJ/ES – TODOS OS CARGOS)** Em uma planilha em edição no Calc, se houver um número em uma célula e se, a partir dessa célula, a alça de preenchimento for levada para as células adjacentes, será replicado o valor na sequência de células sinalizadas.

Certo ( ) Errado ( )

Quem repete os valores é o Excel o Calc cria uma lista que incrementa um a cada célula, assim se a célula selecionada possuir o número 5 ao arrastar para baixo ou para a direita o valor da próxima célula seria 6, depois 7 e assim por diante. Outro fator importante que deve ser levado em consideração sobre a alça de preenchimento é que ela só pode ser usada na horizontal ou na vertical, jamais na diagonal.

GABARITO: ERRADO.

1279. **(CESPE – 2014 – TJ–SE – TÉCNICO JUDICIÁRIO)** Uma vez salvo no formato pdf, o arquivo poderá ser visualizado, utilizando–se o navegador Internet Explorer.

Certo ( ) Errado ( )

Colocação delicada, pois faz entender que o navegador é o programa adequado para a finalidade, quando não é verdade. Contudo, os navegadores conseguem abrir arquivos no formato PDF graças aos plug–ins do Adobe Reader.

GABARITO: CERTO.

Microsoft Excel

1280. **(FEDERAL – CONHECIMENTOS BÁSICOS – TODAS AS ÁREAS)** Em cada item a seguir, é apresentada uma situação hipotética, seguida de uma assertiva a ser julgada, com relação à edição de textos, planilhas e apresentações.

Com o uso de uma planilha no Microsoft Excel 2016, será realizada a soma de dois valores numéricos advindos de duas planilhas diferentes, mas ambas constantes do mesmo arquivo. A fórmula de soma será inserida na célula A1 da planilha Plan1, e os dados a serem somados estão na célula A1 de Plan2 e na célula A2 de Plan1. Nessa situação, a fórmula correta a ser inserida na célula A1 da planilha Plan1 é =SOMA(Plan2!A1;A2).

Certo ( ) Errado ( )

Primeiro ponto da questão é saber que é possível operar entre valores de planilhas diferentes de um mesmo arquivo, assim como de arquivos distintos, para o primeiro caso basta identificar a qual planilha pertence a célula desejada, caso deseja utilizar uma célula que não pertence à planilha ativa, desse modo, olhar para uma fórmula e identificar que apenas foi apresentado o endereço, daí uma célula sem representar a que planilha pertence, significa que pertence à planilha atual. Uma característica cobrada, tradicionalmente, nas questões de prova sobre o endereçamento de células de uma planilha é o comparativo implícito entre o Excel e o Calc, no Excel utilizamos o sinal de exclamação para separar o nome da planilha do endereço da célula, enquanto o local utilizamos apenas o ponto.

GABARITO: CERTO.

1281. **(CESPE – 2018 – POLÍCIA FEDERAL – ESCRIVÃO DE POLÍCIA FEDERAL)** A respeito de sistemas operacionais e de aplicativos de edição de textos e planilhas, julgue o item a seguir.

Devido à capacidade ilimitada de linhas de suas planilhas, o aplicativo Excel pode ser utilizado como um banco de dados para tabelas com mais de um milhão de registros.

Certo ( ) Errado ( )

O erro da questão está em apresentar que o Excel possui linhas ilimitada sendo que, na verdade, cada planilha de Excel desde a versão 2007 até a versão do Office 365 oferece um total de 1.048.576 linhas, no Excel a versão 2003 oferecia um total de 65.536 linhas.

GABARITO: ERRADO.

1282. **(CESGRANRIO – 2018 – BANCO DO BRASIL – ESCRITURÁRIO)** Determinado funcionário de uma empresa deseja substituir cálculos de verificação de rotinas financeiras que realiza manualmente pelo uso de uma planilha Excel.

Durante sua primeira experiência preencheu um trecho de planilha com diversos valores, como mostrado a seguir:

	A	B	C	D
1		saldo		resultado da pesquisa
2	conta corrente	último mês	mês corrente	
3	100201	1600,00	1715,00	
4	100202	1440,00	1550,00	
5	100203	1756,00	1620,00	
6	100204	1415,00	1950,00	
7	100205	1550,00	1360,00	
8	100206	1810,00	1900,00	
9	100207	1870,00	1490,00	
10	100208	1250,00	1630,00	
11	100209	1475,00	1700,00	
12	1002010	1612,00	1770,00	

Seu objetivo final é que as células da coluna D, correspondentes às contas correntes, sejam preenchidas com o texto SIM, caso os dois saldos da mesma conta corrente (último mês e mês corrente) sejam simultaneamente superiores a R$ 1500,00, ou, se isso não for verdade, se pelo menos um deles for superior a R$ 1800,00. Caso nenhuma dessas hipóteses ocorra, a célula correspondente deve ser preenchida com o texto NÃO.

Para isso, deve iniciar seu processo final de criação da planilha, preenchendo a célula D3 com determinada fórmula para depois copiá-la para as células de D4 a D12.

A fórmula que faz acontecer o que o funcionário deseja é:

a) =SE(E(B3>1500; C3>1500); (OU(B3>1800; C3>1800))).

b) =SE(E(B3>1500; C3>1500);"SIM"; (OU(B3>1800; C3>1800))).

c) =SE(E(B3>1500;C3>1500);"SIM"; SE(B3>1800;C3>1800)).

d) =SE(E(B3>1500;C3>1500);"SIM";SE(OU(B3>1800;C3>1800);"SIM";"NÃO")).

e) =SE(E(B3>1800;C3>1500);"SIM";SE(OU(B3>1800;C3>1500);"SIM";"NÃO")).

Questão de alta complexidade, mas que pode ser facilmente resolvida analisando as funções e as próprias alternativas. Note que o texto explicativo apresenta 3 condições para duas respostas possíveis, logo, é possível eliminar as 3 primeiras alternativas por apresentarem apenas uma das respostas esperadas. Ao analisar as alternativas D e E existe apenas uma diferença: a condição dentro do OU, em que se pede para que seja verdade quando for maior que 1800, e na alternativa E apresenta comparando com 1500, não cumprindo com o requisitado pela questão.

GABARITO: D.

1283. (FGV – 2020 – IBGE – AGENTE CENSITÁRIO OPERACIONAL – REAPLICAÇÃO) Considere uma planilha Excel, na qual a célula A3 está formatada como "Texto", e as demais células como "Geral". Na célula A1 e A2, respectivamente, foram digitados os valores 2 e 3. Na célula A3 foi digitado o texto a seguir.

=A1+A2

Após a conclusão dessas operações, o valor exibido na célula A3 é:

a) 0

b) 5

c) #NOME?

d) #VALOR!

e) =A1+A2

Pegadinha para derrubar os desatentos e ansiosos, pois ao formatar a célula como texto, o conteúdo digitado será exibido com o texto, mesmo que indique um cálculo, exibirá o texto digitado e, ainda, manterá como digitado, isto é, caso use maiúsculas ficará maiúscula, caso minúscula ficará com letras minúsculas.

GABARITO: E.

1284. **(FGV – 2020 – IBGE – AGENTE CENSITÁRIO OPERACIONAL – REAPLICAÇÃO)** No Ms Excel, Quando A Fórmula

=$B2*B3

é copiada (com Ctrl+c) da sua célula original e colada (com Ctrl+v) numa célula localizada duas colunas à direita e quatro linhas abaixo, o conteúdo exibido na célula de destino é:

a) =B2*B3.

b) =$B2*B3.

c) =$B2*B7.

d) =$B6*D7.

e) =$D6*D7.

O uso de $ em fórmulas é um assunto que resume o conhecimento do candidato sobre editores de planilhas, desse modo, é crucial resolver esse tipo de questão. O sinal $ é o elemento fixador que trava a estrutura a sua direita, no exemplo dado $B2, o sinal de $ indica que a coluna B não pode ser alterada. Já o número 2 está livre (sem $ fixando) e será alterado conforme o deslocamento. Na questão foi mencionado que as células foram deslocadas 2 colunas à direita (a +) e 4 linhas abaixo (a +). Portanto, temos $B2*B3, de modo que o B em B2 não pode mudar e todos os demais valores podem, com isso, 2 + 4 linhas = 6, enquanto B + 2 colunas = D e 3 + 4 linhas = 7, ficamos com =$B6*D7.

GABARITO: D.

1285. **(IBFC – 2020 – EBSERH – TÉCNICO EM CONTABILIDADE)** Com base na planilha do Excel abaixo (do Pacote Microsoft Office), assinale a alternativa que apresenta a fórmula correta que está embutida na célula C2.

	A	B	C
1	1	4	2
2	2	5	144

a) =SOMA(C1:B2)^A1.

b) =SOMA(B1:B2)^B1.

c) =SOMA(A1:B2)^C1.

d) =SOMA(A1:A2)^C1.

e) =SOMA(C1:B2)^B1.

Há dois modos para resolver esse tipo de questão: primeiro usar a lógica e identificar que 144 é o quadrado de 12 e que a soma dos valores (1, 2,4 e 5) é 12. A segunda forma é testar cada alternativa apresentada. Deste modo, temos que somar as células A1, B1, A2 e B2, para isso podemos usar =SOMA(A1; A2; B1; B2) ou de forma mais sucinta =SOMA(A1:B2) que produz o mesmo efeito. Por fim elevar ao quadrado para obter 144, ou usar o valor 2 presente na célula C2. Assim, a alternativa C descreve esse processo completo.

GABARITO: C.

1286. **(VUNESP – 2020 – EBSERH – ASSISTENTE ADMINISTRATIVO)** Tem-se a seguinte planilha criada no Microsoft Excel 2010, em sua configuração original:

	A
1	98
2	61
3	77
4	25
5	83

Assinale a alternativa em que as duas funções apresentadas produzirão o mesmo resultado.

a) =CONT.NÚM(A1:A5) e =CONT.VAZIO(A1:A5).

b) =SOMA(A1:A5) e =MÉDIA(A1:A5).

c) =MÁXIMO(A1:A5) e =MAIOR(A1:A5).

d) =MAIOR(A1:A5;5) e =MÍNIMO(A1:A5).

e) =MENOR(A1:A5;5) e =MÍNIMO(A1:A5).

Em questões de planilhas como essa que pede cálculo, pouco importa a versão do aplicativo, pois, no geral, tratam de funções comuns às diversas versões e até mesmo suítes, de tal modo que você pode testar as fórmulas tanto no Excel quanto no Calc ou, até mesmo, no Google Docs. Agora, julgando o que se pede na questão, a função CONT.NÚM conta quantas células possuem como conteúdo valores numéricos, já a função CONT.VAZIO conta a quantidade de células vazias, SOMA realiza a soma dos valores numéricos presentes nas células, MÉDIA soma todos valores numéricos das células e divide pela quantidade de valores somados, MÁXIMO retorna o valor mais alto do conjunto de valores informados de modo inverso a função MÍNIMO resulta no valor mais baixo do conjunto apresentado como parâmetro. As funções MAIOR e MENOR exigem o uso de 2 parâmetros (<intervalo>;<nº de ordem/posição desejada>), logo, a constatação de uso de apenas um já basta para eliminar a alternativa. A função MAIOR ordena (internamente sem alterar a ordem dos valores na planilha) os valores em ordem decrescente, enquanto a função MENOR toma em ordem crescente os valores. Assim, o número informado no segundo parâmetro das funções serve para identificar qual posição do valor desejado nos conjuntos ordenados.

GABARITO: D.

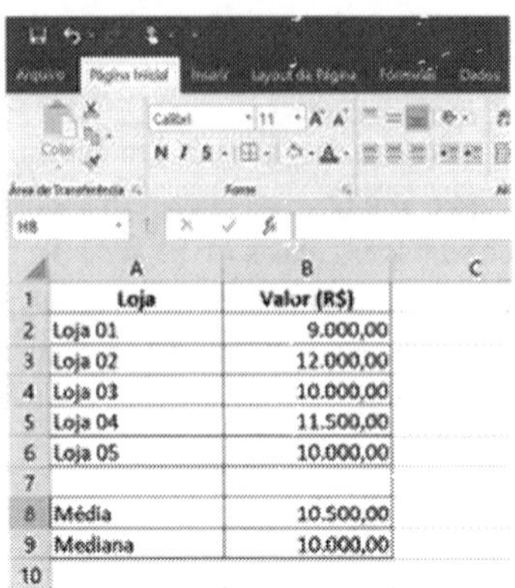

	A	B
1	Loja	Valor (R$)
2	Loja 01	9.000,00
3	Loja 02	12.000,00
4	Loja 03	10.000,00
5	Loja 04	11.500,00
6	Loja 05	10.000,00
7		
8	Média	10.500,00
9	Mediana	10.000,00
10		

1287. **(CESPE – 2018 – EBSERH – ENGENHEIRO CIVIL)** Para fins de orçamentação de uma obra, foi feita a cotação de um equipamento em cinco diferentes lojas. Os valores obtidos foram registrados na coluna B, da linha 2 à linha 6, de uma planilha elaborada em Excel, conforme ilustrado na figura anterior. Nas linhas 8 e 9 da coluna B dessa planilha, estão registradas, respectivamente, a média aritmética e a mediana dos preços cotados, calculadas usando-se comandos do próprio Excel.

A partir das informações precedentes, julgue o item que se segue, a respeito das fórmulas da ferramenta Excel.

A fórmula MENOR(B2:B6) permite determinar o menor valor cotado entre as lojas pesquisadas.

Certo ( ) Errado ( )

Questão de rápida e simples solução, basta observar a função MENOR e identificar que está sintaticamente errada, pois utiliza 2 parâmetros: um intervalo e um número de ordem, e no caso da questão apresenta apenas o intervalo.

GABARITO: ERRADO.

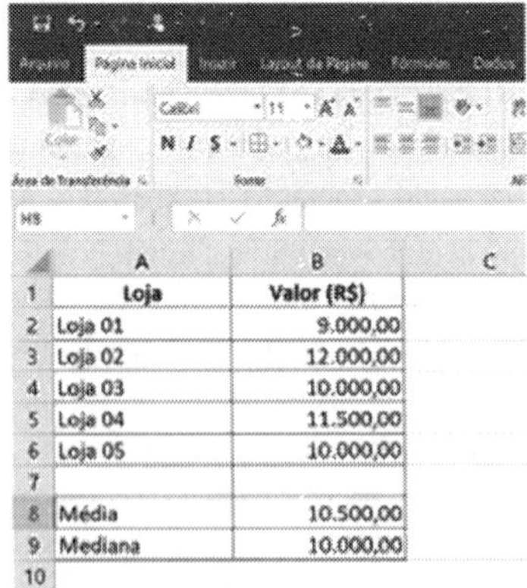

	A	B
1	Loja	Valor (R$)
2	Loja 01	9.000,00
3	Loja 02	12.000,00
4	Loja 03	10.000,00
5	Loja 04	11.500,00
6	Loja 05	10.000,00
7		
8	Média	10.500,00
9	Mediana	10.000,00
10		

1288. (CESPE – 2018 – EBSERH – ENGENHEIRO CIVIL) Para fins de orçamentação de uma obra, foi feita a cotação de um equipamento em cinco diferentes lojas. Os valores obtidos foram registrados na coluna B, da linha 2 à linha 6, de uma planilha elaborada em Excel, conforme ilustrado na figura anterior. Nas linhas 8 e 9 da coluna B dessa planilha, estão registradas, respectivamente, a média aritmética e a mediana dos preços cotados, calculadas usando-se comandos do próprio Excel.

A partir das informações precedentes, julgue o item que se segue, a respeito das fórmulas da ferramenta Excel.

A fórmula SOMA(B2:B6)/CONT.NÚM(B2:B6) permite o cálculo da média aritmética dos preços cotados, em substituição à fórmula estatística padrão do Excel para esse cálculo.

Certo ( ) Errado ( )

Primeiramente, o que deve ter deixado dúvidas é a ausência do sinal de = no início da fórmula, pois bem, isso é parte da interpretação, uma vez que a questão não disse que a expressão apresentada foi inserida como está na célula, ou seja, não há indicativo de que foi digitado exatamente isso, o que se pede é em relação à funcionalidade das funções combinadas que, de fato, realizam operação igual ao empregar a função MÉDIA(B2:B6).

GABARITO: CERTO.

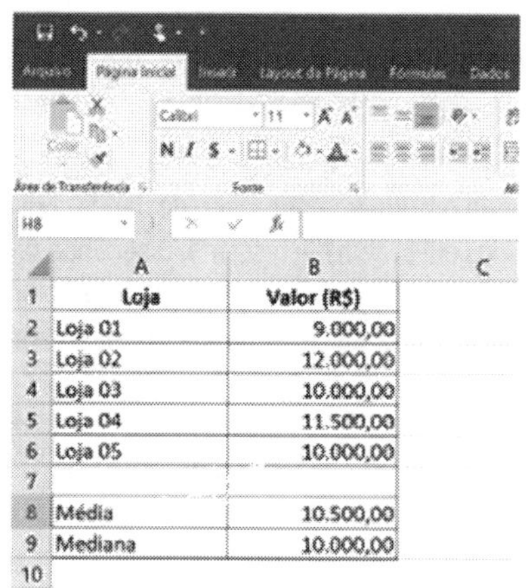

	A	B
1	Loja	Valor (R$)
2	Loja 01	9.000,00
3	Loja 02	12.000,00
4	Loja 03	10.000,00
5	Loja 04	11.500,00
6	Loja 05	10.000,00
7		
8	Média	10.500,00
9	Mediana	10.000,00
10		

1289. Para fins de orçamentação de uma obra, foi feita a cotação de um equipamento em cinco diferentes lojas. Os valores obtidos foram registrados na coluna B, da linha 2 à linha 6, de uma planilha elaborada em Excel, conforme ilustrado na figura anterior. Nas linhas 8 e 9 da coluna B dessa planilha, estão registradas, respectivamente, a média aritmética e a mediana dos preços cotados, calculadas usando-se comandos do próprio Excel.

A partir das informações precedentes, julgue o item que se segue, a respeito das fórmulas da ferramenta Excel.

A fórmula estatística MED(B2:B6) permite o cálculo da mediana entre os preços cotados.

Cuidado com as funções de nomes parecidos como a função MED que calcula a mediana, MÉDIA calcula a média, MODO retorna a moda e MOD retorna o resto de uma divisão inteira. Ainda, é importante destacar que média e mediana são medidas estatísticas distintas.

GABARITO: CERTO.

1290. **(INCAB – 2019 – PMSC – POLICIAL MILITAR)** No Microsoft Office Excel, a função =SOMA(A5:A7) retornará o somatório da(s):

a) Linhas 5, 6 e 7

b) Linhas 5 e 7

c) Coluna A.

d) Células A5 e A7

e) Células A5, A6 e A7.

Para realizar a soma das linhas 5, 6 e 7, a fórmula seria =SOMA(5:7) ou, no Excel, =SOMA(A5:XFD7). Já para somar a linha 5 e 7, a fórmula seria =SOMA(5:5;7:7) ou =SOMA(5:5) + SOMA(7:7) ou ainda, =SOMA(A5:XFD5;A7:XFD7). Para somar a coluna A, a fórmula seria =SOMA(A:A) ou =SOMA(A1:A1048576). Para somar as células A5 e A7, a fórmula seria =SOMA(A5;A7).

GABARITO: E.

1291. **(CESPE – 2013 – MPU – ANALISTA – ENGENHARIA CIVIL)** Considerando os programas computacionais de engenharia, julgue o próximo item.
Por meio da função MAIOR, do Excel, pode-se obter, por exemplo, o quinto maior número de um conjunto de dados disponíveis.

Certo ( ) Errado ( )

A função =MAIOR(;) usa 2 parâmetros, sendo o primeiro o intervalo de dados com um conjunto de células dos valores que serão ordenados em ordem decrescente. O segundo parâmetro é o número de ordem, ou ordinal, isto é, o número da posição desejada no conjunto ordenado. Note que a função não mudará a ordem dos valores na planilha, ela apenas toma-os em ordem.

Gabarito: certo.

1292. **(CESPE – 2013 – MPU – TÉCNICO – TECNOLOGIA DA INFORMAÇÃO E COMUNICAÇÃO)** Acerca de editores de texto e planilhas, julgue o item a seguir.

No Microsoft Excel, a função SE pode avaliar uma condição e retornar um valor, se a condição for verdadeira, ou retornar outro valor, se a condição for falsa.

Certo ( ) Errado ( )

A função SE, também chamada de função condicional, é uma função que permite escolher entre 2 situações executar uma delas, apenas e necessariamente. Baseando-se no resultado do primeiro parâmetro presente na função, que corresponde à condição, também chamado teste lógico, podendo ser verdadeiro ou falso será escolhido entre o segundo parâmetro o terceiro parâmetro da função SE. Assim, caso o teste lógico resulte em verdadeiro, devemos executar o conteúdo do segundo parâmetro da função SE, caso o resultado do teste lógico seja falso, deve-se executar o conteúdo do terceiro parâmetro da função SE.

GABARITO: CERTO.

1293. **(IDIB – 2020 – PREFEITURA DE ARAGUAÍNA/TO – GUARDA MUNICIPAL)** No Microsoft Excel, um usuário selecionou a célula D1 e digitou o comando =SE(B1>B3;B1+B3;B1*B3). Sabe-se que os valores existentes em B1 e B3 são, respectivamente, 2 (dois) e 5 (cinco). Neste caso, a célula D1 assumirá o valor de:

a) 10.

b) 7.

c) 3.

d) 2.

Ao encontrar a função SE em uma prova, lembre-se de dividi-la em 3 partes (separadas pelo ;), resolver inicialmente a primeira parte, que corresponde à condição (também chamada de teste lógico). No caso da questão apresentada, a condição dada é B1>B3, desse modo, substituindo os valores temos 2>5 o que é falso. Nesse caso, devemos executar o que consta na terceira parte da função SE, onde consta B1*B3, substituindo os valores, temos 2*5, assim temos como resultado qual o valor 10.

GABARITO: A.

1294. **(CESPE – 2017 – PM/AL – SOLDADO)** Julgue o próximo item, relativo ao sistema operacional Linux, ao programa Microsoft Excel 2013 e ao programa de navegação Google Chrome.

No Microsoft Excel 2013, embora o usuário possa fazer referências a células de outras planilhas pertencentes a um mesmo arquivo, ele está impedido de vincular uma célula contida em uma planilha de um outro arquivo a outra célula de uma planilha de outro arquivo, ainda que os dois arquivos estejam na mesma pasta.

Certo ( ) Errado ( )

Nos editores de planilha (Excel e Calc) é possível utilizar dados de arquivos diferentes em um terceiro, assim como dados de uma planilha em outra.

GABARITO: ERRADO.

1295. **(CESPE – 2017 – PM/AL – SOLDADO)** Julgue o próximo item, relativo ao sistema operacional linux, ao programa microsoft excel 2013 e ao programa de navegação google chrome.

O Microsoft Excel 2013, além de permitir ao usuário salvar as planilhas localmente, isto é, no computador, admite também que as planilhas sejam armazenadas diretamente na nuvem da Microsoft, conhecida como SkyDrive.

Certo ( ) Errado ( )

O SkyDrive não existe mais, o nome atual é OneDrive, uma vez tomado o programa deve estar atualizado não sua versão de instalação. Até a afirmação de salvar na nuvem a questão está correta.

GABARITO: CERTO.

1296. **(FUNDATEC – 2018 – PC/RS – ESCRIVÃO E INVESTIGADOR DE POLÍCIA)** A questão baseia-se nas Figuras 4(a) e 4(b), que mostram a mesma janela principal do Microsoft (MS) Excel 2007, com o mesmo conteúdo e a mesma formatação, entretanto em sequência, ou seja, inicialmente deve-se observar a Figura 4(a) e, posteriormente, a 4(b).

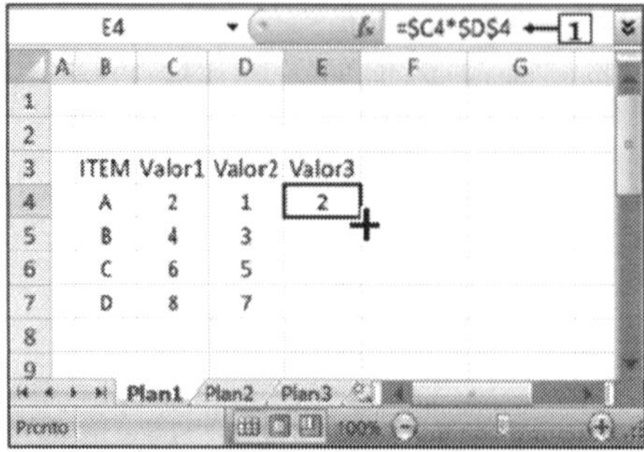

Figura 4(a) – MS Excel 2007 (antes)

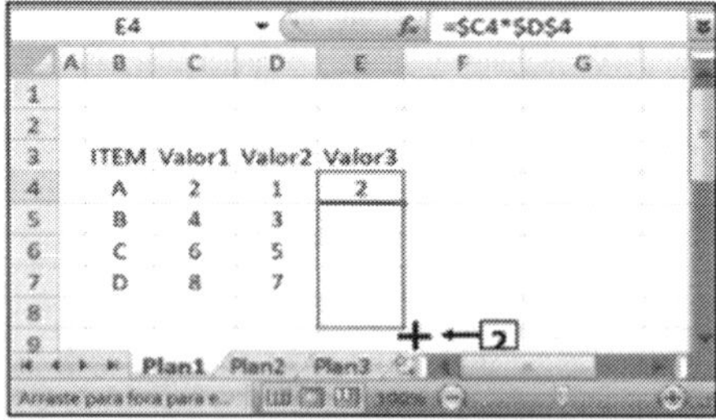

Figura 4(b) – MS Excel 2007 (após)

Na janela principal do MS Excel 2007, realizou-se, sequencialmente, as seguintes ações (1) Inseriu-se, na célula corrente, a fórmula apontada pela seta nº 1 (Figura 4(a)); e (2) arrastou-se a alça de preenchimento até o local apontado pela seta nº 2 (Figura 4(b)), por meio do pressionamento do botão esquerdo do mouse e deslocamento de seu cursor até esse local. Nesse caos, soltando-se o botão esquerdo do mouse, pode afirmar que na célula:

a) E5 será exibido o valor 6.

b) E5 conterá a fórmula =$C5*$D$4.

c) E6 será exibido o valor 30.

d) E6 conterá a fórmula =$C6*$D$6.

e) E7 será exibido o valor 2.

Após a realização dos procedimentos, os resultados e fórmulas obtidos são ilustrados a seguir. Uma vez usada a alça de preenchimento para célula contendo a fórmula, devemos encontrar as fórmulas resultantes em cada célula. Identificações de Colunas e Linhas precedidas de $ não podem ter seu valor alterado.

	A	B	C	D	E
1					
2					
3		ITEM	Valor1	Valor2	Valor3
4		A	2	1	2
5		B	4	3	4
6		C	6	5	6
7		D	8	7	8
8					

	A	B	C	D	E
1					
2					
3		ITEM	Valor1	Valor2	Valor3
4		A	2	1	=$C4*$D$4
5		B	4	3	=$C5*$D$4
6		C	6	5	=$C6*$D$4
7		D	8	7	=$C7*$D$4
8					

GABARITO: B.

1297. (FUNDATEC – 2018 – PC/RS – ESCRIVÃO E INVESTIGADOR DE POLÍCIA) A questão baseia-se nas Figuras 5(a) e 5(b), que mostram a mesma janela principal do Microsoft (MS) Excel 2007, com o mesmo documento, entretanto em sequência, ou seja, inicialmente trabalhou-se na Figura 5(a), sobre a qual se executou ações, cujo resultado é mostrado na Figura 5(b). As células dessa planilha estão com o formato "Geral" e alinhamento de texto horizontal e vertical do tipo "Centro".

Certo ( ) Errado ( )

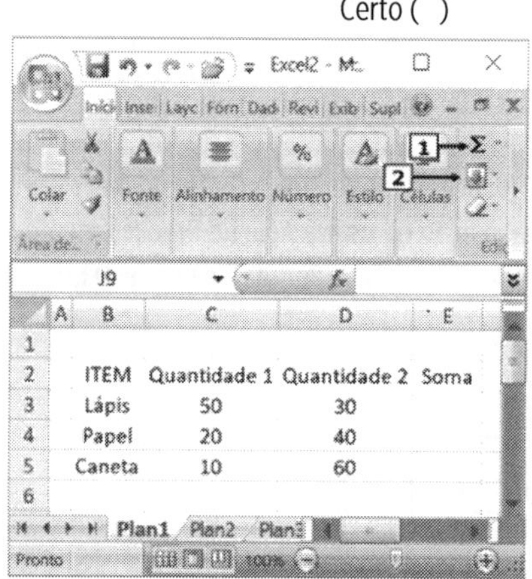

	A	B	C	D	E
1					
2		ITEM	Quantidade 1	Quantidade 2	Soma
3		Lápis	50	30	
4		Papel	20	40	
5		Caneta	10	60	
6					

Figura 5(a) – MS Excel 2007 (antes)

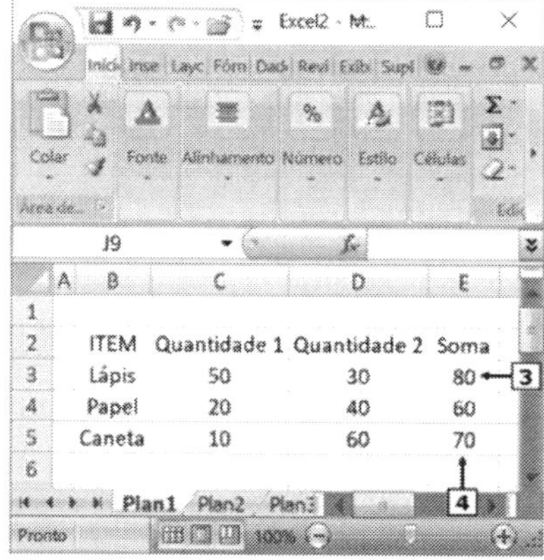

	A	B	C	D	E
1					
2		ITEM	Quantidade 1	Quantidade 2	Soma
3		Lápis	50	30	80
4		Papel	20	40	60
5		Caneta	10	60	70
6					

Figura 5(b) – MS Excel 2007 (após)

A Figura 5 (b), do MS Excel 2007, mostra o resultado obtido após terem sido somadas as quantidades 1 e 2, de cada item da tabela. Por exemplo, somou-se, para o item "Lápis", as suas quantidades 1 e 2, que são, respectivamente, "50" e "30", resultado no valor de "80", apontado pela seta nº3 (Figura 5(b)). Para que fossem mostradas tais somas na coluna apontada pela seta de nº 4 (Figura 5(b)), bastou, antes, na Figura 5(a), selecionar o intervalo de células:

I. E3:E5 e pressionar, uma vez, o ícone apontado pela seta de nº 1.

II. E2:E5 e pressionar, uma vez, o ícone apontado pela seta de nº 2.

III. C2:E5 e pressionar, uma vez, o ícone apontado pela seta de nº 1.

Quais estão corretas:

a) Apenas I.

b) Apenas II.

c) Apenas I e III.

d) Apenas II e III.

e) I, II e III.

O botão indicado pela seta nº 2 é a opção Preencher que replica o conteúdo da célula superior para as demais abaixo selecionadas, tal qual a ação de usar a Alça de Preenchimento, como o conteúdo é uma fórmula (soma), é com ela (devidamente adaptada, se possível) que as demais células serão preenchidas.

GABARITO: D.

1298. **(FCC – 2018 – TRT 6 – TÉCNICO JUDICIÁRIO – ÁREA ADMINISTRATIVA – EXCEL)** A planilha abaixo foi editada no MS-Excel 2010 em português e é utilizada para calcular o desconto nos preços dos itens.

	A	B	C	D
1	item	valor	desconto	preço
2	caderno	15,00	10%	
3	estojo	50,00	10%	
4	livro	60,00	10%	

Caso seja inserida a fórmula

=SE(B2>50;B2-B2*C2;B2)

na célula D2 e posteriormente arrastada para as células D3 e D4, os valores nas células serão, respectivamente,

a) 15,00; 50,00; 54,00.

b) 13,50; 45,00; 54,00.

c) 13,50; 45,00; 60,00.

d) 15,00; 45,00; 54,00.

e) 15,00; 45,00; 60,00.

A função dada =SE(B2>50;B2-B2*C2;B2) é usada para apresentar o próprio valor caso seja menor ou igual a 50, e caso seja maior que 50 apresentar o valor reduzido do percentual de desconto (10%). As células B2 e B3 possuem valor menor ou igual a 50, portanto, na coluna D, nas respectivas linhas apenas apresenta-se o valor da coluna B, já a célula B4 possui valor maior que 50, logo, é necessário calcular B4-B4*C4, substituindo os valores temos 60-60*10%. Primeiro calcula-se o %(10% = 0,1), em seguida a multiplicação (60 *0,1) e, por fim, a subtração (60 – 6).

GABARITO: A.

1299. **(NUCEPE – 2018 – PC-PI – INFORMÁTICA)** Com base na planilha eletrônica Microsoft Excel 2013, marque a alternativa CORRETA em relação às afirmativas abaixo.

I. Para mesclar células adjacentes e centralizar o conteúdo, seleciona-se uma ou mais células adjacentes não mescladas, clica na guia PÁGINA INICIAL, grupo Alinhamento e botão Mesclar e Centralizar.

II. No grupo Configurar Página da guia LAYOUT DA PÁGINA, existem opções que permitem ajustar margens, alterar orientação de página e escolher tamanho da página.

III. No grupo Alinhamento da guia PÁGINA INICIAL, existem as opções: Alinhar à Esquerda, Centralizar, Alinhar à Direita e Justificar.

a) Somente a afirmativa I está correta.

b) Somente a afirmativa II está correta.

c) Somente as afirmativas I e III estão corretas.

d) Todas as afirmativas estão corretas.

e) Somente as afirmativas I e II estão corretas.

A opção "Mesclar e Centralizar", além de "unir células" adjacentes, centraliza seu conteúdo. Cuidado, pois existe também a opção "Mesclar Células", que apenas une as células sem centralizar o conteúdo.

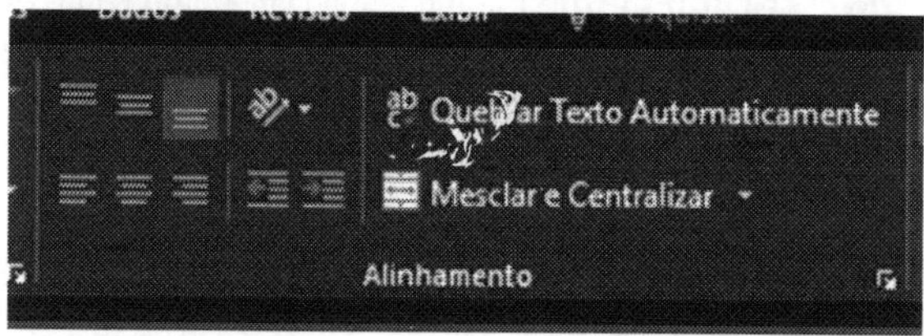

Assim como a aba Layout do Word, a aba Layout da Página no Excel apresenta as ferramentas de configuração de página.

Quanto ao alinhamento Justificado, embora não conste entre as opções visíveis do Excel, é possível de ser empregado acessando a janela formatar célula(s) (CTRL + 1), vale ainda notar que há a possibilidade de usar o justificado tanto para o alinhamento horizontal como o vertical.

GABARITO: E.

1300. **(CESPE – 2016 – PC–PE – AGENTE DE POLÍCIA)** Utilizando o Excel 2010, um analista desenvolveu e compartilhou com os demais servidores de sua seção de trabalho uma planilha eletrônica que pode ser editada por todos os servidores e que, ainda permite a identificação do usuário responsável por realizar a última modificação. Para compartilhar suas atualizações individuais na planilha, o analista tem de selecionar a opção correspondente em Compartilhar Pasta de Trabalho, do menu Revisão, do Excel 2010.

Com relação a essa situação hipotética, assinale a opção correta:

a) O Word é o único programa de Microsoft Office que permite que mais de um usuário edite, simultaneamente, arquivos de texto.

b) A planilha poderá ser editada por mais de um servidor simultaneamente.

c) Caso dois servidores editem a mesma célula, será impossível resolver conflitos de edição.

d) Dois ou mais servidores não poderão editar o mesmo arquivo simultaneamente.

e) Se um servidor acessar a planilha para edição, esse procedimento causará o bloqueio do arquivo, de modo que outro servidor não poderá abri-lo, ainda que seja somente para consulta.

O recurso de edição simultânea é encontrado, tanto no Word, como no Excel e PowerPoint. Ele não está exímio de erros do tipo conflito de edição simultânea, no entanto possui várias ferramentas internas que visão gerenciar adequadamente essa funcionalidade.

GABARITO: B.

1301. **(BIO–RIO – 2015 – SPDM – ENFERMEIRO)** Em uma planilha elaborada no Excel 2013 BR foram digitados os números 4, 3, 5, 11 e 17 nas células B1, B2, B3, B4 e B5. Em seguida, foram inseridas as fórmulas =SOMA(B1;B5) em E1 e =MÉDIA(B1:B5) em E2. Se a célula B5 tiver seu conteúdo alterado para 12, os valores mostrados nas células E1 e E2 serão respectivamente:

a) 16 e 8.

b) 16 e 7.

c) 16 e 6.

d) 21 e 7.

e) 21 e 8.

A princípio, os valores em E1 e E2 são respectivamente 21 e 8, ao alterar o valor 17 para 12, os resultados são alterados para 16 e 7. Uma vez que em E1 somam-se apenas B1=4 e B5=17 que por sua vez foi alterado para 12. E a função média calcula a média de B1 até B5.

GABARITO: B.

1302. **(BIO–RIO – 2015 – SPDM – ENFERMEIRO)** A planilha abaixo foi criada no excel 2013 br.

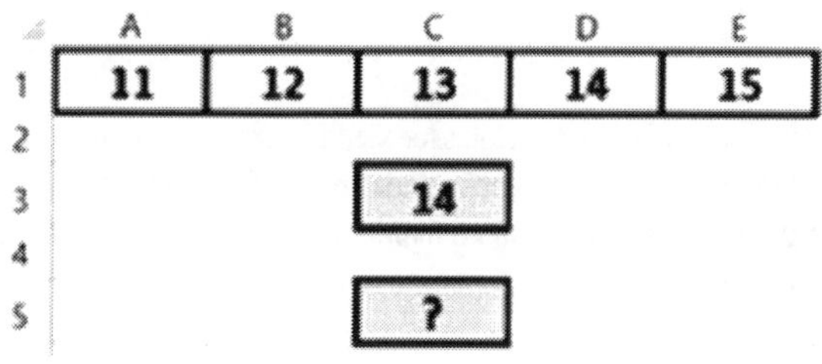

	A	B	C	D	E
1	11	12	13	14	15
2					
3			14		
4					
5			?		

• Em C3 foi inserida uma expressão usando a função MAIOR que determina o 2º maior valor entre todos no intervalo de A1 até E1.

• Em C5 foi inserida a expressão =MOD(C3;7)

A expressão inserida em C3 e o valor mostrado em C5 são respectivamente:

a) =MAIOR(A1:A5;2) e 0.

b) =MAIOR(A1:A5;2) e 2.

c) =MAIOR(A1:A5) e 1.

d) =MAIOR(A1:A5) e 2.

e) =MAIOR(A1:A5) e 0.

As funções MAIOR e MENOR necessitam do número de ordem que deve ser maior que 0 e no máximo a quantidade de valores do intervalor, do contrário é exibido erro. Assim, as alternativas C, D e E são descartadas de imediato, pois apresentam sintaxes invalidas. A função MOD calcula o resto da divisão inteira do primeiro valor pelo segundo, no caso da questão, busca-se o resto da divisão inteira de C3 = 14 por 7, tal divisão possui 2 como quociente inteiro e resto 0, a função retorna apenas o valor do resto.

GABARITO: A.

1303. **(CESPE – 2011 – FUB – TÉCNICO DE TECNOLOGIA DA INFORMAÇÃO – ESPECÍFICOS)** No Excel, uma célula de resultado, também conhecida como célula de absorção, deve ser preenchida com conteúdo antecedido dos seguintes sinais: = (igual), @ (arroba), + (mais) ou – (menos).

Certo ( ) Errado ( )

Para a Cespe, mesmo o sinal de @ (arroba) não funcionando em todos os casos, ele serve para indicar ao programa que será inserida uma função.

GABARITO: CERTO.

1304. **(FUNCAB – CRC–RO – CONTADOR)** EM uma planilha do MS Excel 2010, em português, foi inserida a fórmula =SOMASE(G1:G5;">17";H1:H5) na célula E12, sendo que nas células G1, G2, G3, G4, G5, H1, H2, H3, H4 e H5 foram incluídos, respectivamente, os valores: 12 ,20 ,89 ,16 ,23 ,1, 2 , 5 , 6 e 2. A execução da fórmula em E 12 resulta no valor:

a) 160.

b) 132.

c) 16.

d) 9.

e) 7.

A função SOMASE realiza a soma do conjunto de células localizadas na mesma linha da célula que atende ao critério. Assim podemos interpretar a função dada como a soma dos valores da coluna H que, na mesma linha, possuírem valores na coluna G maior que 17. Desse modo, as células que atendem tal critério são G2, G3 e G5, na coluna H tomando as respectivas linhas temos H2, H3 e H5 que possuem os valores 2, 5 e 2 que somam 9.

GABARITO: D.

1305. **(AUTOR – 2014)** Com relação ao Microsoft Excel, Internet Explorer (IE) e Microsoft Outlook, julgue os itens a seguir.

No Excel, a função AGORA( ) permite obter a data e hora do sistema operacional.

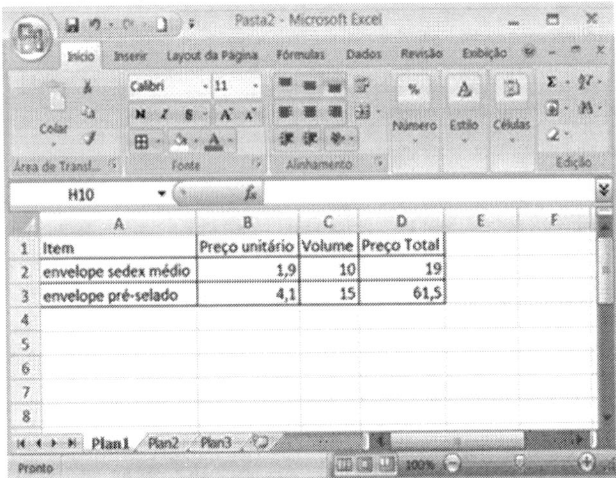

	A	B	C	D	E	F
1	Item	Preço unitário	Volume	Preço Total		
2	envelope sedex médio	1,9	10	19		
3	envelope pré-selado	4,1	15	61,5		
4						
5						
6						
7						
8						

A função Agora ( ) é utilizada sem parâmetros e não se atualiza automaticamente, para atualizá-la é necessário teclar F9.

GABARITO: CERTO.

1306. **(CESPE – 2011 – CORREIOS – ANALISTA DE CORREIOS – ANALISTA DE SISTEMAS – SUPORTE DE SISTEMAS)** Considerando a figura anterior, que ilustra parte de uma janela do Microsoft Excel 2007 com uma planilha em processo de edição e julgue os próximos itens.

As informações contidas na janela mostrada evidenciam que o valor contido na célula D3 foi inserido por meio de digitação direta de valor pelo usuário, não podendo ter surgido como resultado da aplicação de fórmula.

Certo ( ) Errado ( )

Seria possível verificar se o conteúdo da célula foi obtido ou não pela aplicação de uma fórmula se a célula estivesse selecionada.

GABARITO: ERRADO.

1307. **(CESPE – 2011 – CORREIOS – ANALISTA DE CORREIOS – ANALISTA DE SISTEMAS – SUPORTE DE SISTEMAS)** Por meio do botão , é possível criar bordas para as células com formato de texto; bordas para células com formato de números devem ser criadas por meio do botão .

Certo ( ) Errado ( )

As bordar podem ser criadas para células com qualquer conteúdo, o segundo botão é o mesclar e centralizar.

GABARITO: ERRADO.

1308. **(CESPE – 2011 – CORREIOS – ANALISTA DE CORREIOS – ANALISTA DE SISTEMAS – SUPORTE DE SISTEMAS)** Para se alterar a orientação do conteúdo em determinada célula, como, por exemplo, na direção de uma das diagonais da célula, é correto o uso do botão .

Certo ( ) Errado ( )

O botão ilustrado na assertiva é o botão quebrar texto automaticamente, que não altera a orientação do conteúdo.

GABARITO: ERRADO.

1309. **(CESPE – 2011 – CORREIOS – ANALISTA DE CORREIOS – ANALISTA DE SISTEMAS – SUPORTE DE SISTEMAS)** As informações representadas pelos ícones evidenciam que essa planilha Excel está configurada para a inserção apenas de texto e de números, e não, de figuras e imagens.

Certo ( ) Errado ( )

Os botões indicados servem para Aumentar e Diminuir o tamanho da fonte respectivamente.

GABARITO: ERRADO.

1310. **(CESPE – 2011 – CORREIOS – ANALISTA DE CORREIOS – ANALISTA DE SISTEMAS – SUPORTE DE SISTEMAS)** Na situação da planilha mostrada, a célula D2 pode conter uma fórmula do tipo =C2*B2.

Certo ( ) Errado ( )

Não podemos afirmar com certeza, mas é uma possibilidade válida. Pois para que tal afirmação seja feita, a célula D2 deveria estar selecionada e a barra de fórmulas aparente, para ver seu real conteúdo.

GABARITO: CERTO.

1311. **(CESPE – 2011 – CORREIOS – ANALISTA DE CORREIOS – ANALISTA DE SISTEMAS – SUPORTE DE SISTEMAS)** Em relação ao sistema operacional Windows 7 e ao pacote Microsoft Office 2010, julgue o item subsequente.

No aplicativo Excel 2010, ao se clicar o menu Revisão, tem-se acesso à ferramenta Traduzir, a qual permite traduzir determinado conteúdo selecionado para qualquer formato de um dos aplicativos do pacote Office 2010.

Certo ( ) Errado ( )

"Tradução" traduz um texto, não converte formato de arquivo.

GABARITO: ERRADO.

1312. **(AUTOR – 2013)** Julgue o que se segue sobre o Microsoft Office 2010.

Por meio do Microsoft Excel 2010 é possível configurar para que os valores numéricos menores do que 0 (zero) sejam exibidos entre parênteses ou com o sinal de menos.

Certo ( ) Errado ( )

Tal procedimento pode ser realizado tanto pela opção formatar células como pela formatação condicional. Em ambos casos será aberta a janela de formatação de células pela qual é possível utilizar a opção personalizado para o formato da célula.

GABARITO: CERTO.

1313. **(AUTOR – 2013)** Ao mesclar as células A3, B3, C3, A4, B4 e C4 em uma planilha em edição no Microsoft Excel 2010, será exibido apenas o conteúdo de uma célula, essa por sua vez é identificada pelo endereço B3.

Certo ( ) Errado ( )

No Excel, ao mesclar um conjunto de células, somente a célula superior esquerda é mantida e exibida, as demais têm seu conteúdo excluído. Logo, a célula superior esquerda do conjunto descrito é a célula A3.

GABARITO: ERRADO.

1314. **(AUTOR – 2013)** Acerca de planilhas eletrônicas, analise as sentenças a seguir.

No Excel 2010 é possível alterar a orientação do texto dentro de uma ou mais células de modo que fique na vertical ou diagonal, como também girar o texto por meio de opção encontrada no bloco alinhamento da Aba Página Inicial.

Certo ( ) Errado ( )

A ferramenta orientação é a citada pela questão, também é possível utilizar configurações personalizadas como o ângulo de inclinação do texto.

GABARITO: CERTO.

1315. **(AUTOR – 2013)** No Excel 2010 não existe a opção Realce existente no Word 2010.

Certo ( ) Errado ( )

A opção realce não é necessária no Excel, contudo, em ambos os programas existe a opção sombreamento.

GABARITO: CERTO.

1316. **(AUTOR – 2013)** Para ocultar uma ou mais células é necessário marcar tal opção pela janela de formatação de célula.

Certo ( ) Errado ( )

Além do que foi citado, a ação depende de acionar a opção proteger documento.

GABARITO: CERTO.

1317. **(AUTOR – 2013)** A expressão =SOMA(=Média(A1:A5);B1;B5) ao ser inserida em uma célula do Excel 2010 calcula a soma do resultado da média de A1 até A5 com B1 e B5.

Certo ( )   Errado ( )

A expressão apresentada possui um erro que, ao ser inserida, o programa exibe uma mensagem e mantém o texto para ser editado.

GABARITO: ERRADO.

1318. **(AUTOR – 2013)** No Microsoft Excel 2010 é possível utilizar o recurso Validação de Dados para controlar o tipo de dados ou os valores que os usuários inserem em uma célula.

Certo ( )   Errado ( )

Um exemplo de tal recurso é usar a validação de dados para restringir a entrada de dados a um determinado intervalo de datas, limitar opções usando uma lista ou garantir que apenas números inteiros positivos sejam inseridos.

GABARITO: CERTO.

1319. **(AUTOR – 2013)** No Microsoft Excel 2010 foi inserido na célula C1 a fórmula =SE(B1>10; B>10; B1<10), contudo tal expressão poderia ter sido escrita de modo a obter o mesmo resultado como =B1>10, que resulta em verdadeiro quando o valor presente em B1 for maior do que 10 e Falso quando menor.

Certo ( )   Errado ( )

A função SE utilizada somente retorna falso quando o valor de B1 for igual a 10, para quaisquer outros valores o resultado é verdadeiro.

GABARITO: ERRADO.

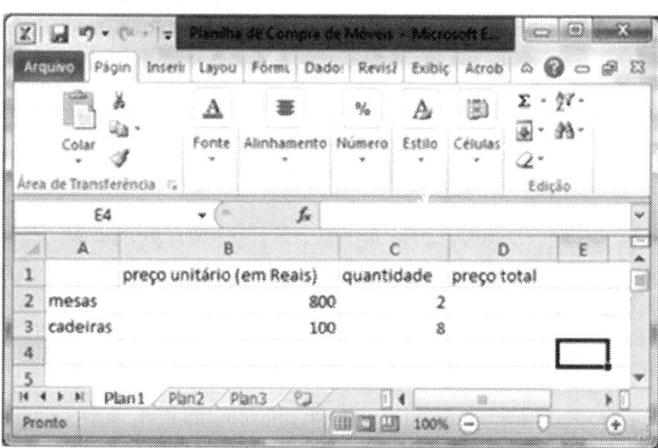

1320. **(CESPE – 2013 – PC–DF – AGENTE DE POLÍCIA)** A figura citada anteriormente mostra uma janela do Excel 2010, com uma planilha em processo de edição. Essa planilha hipotética contém os preços unitários de cadeiras e mesas, assim como a quantidade de itens a serem adquiridos de cada um desses móveis. Com relação a essa planilha e ao Excel 2010, julgue o item seguinte.

Para se inserir na célula D2 o preço total das duas mesas e na célula D3, o preço total das oito cadeiras, é suficiente realizar a seguinte sequência de ações: clicar a célula D2; digitar =B2*C2 e, em seguida, teclar ENTER; clicar a célula D2 com o botão direito do mouse e, na lista de opções que surge em decorrência dessa ação, clicar a opção Copiar; clicar a célula D3; pressionar e manter pressionada a tecla CTRL e, em seguida, acionar a tecla V.

Certo ( ) Errado ( )

Lembre-se que ao copiar uma fórmula de uma célula para outra, ela se adapta, caso possível, ao deslocamento gerado. Nessa a Cespe se supera ao simplesmente trazer uma questão quase idêntica à aplicada em 2009 na prova de agente da PF, mudando apenas os valores do preço dos itens. Nossos alunos devem ter tido uma sensação de 'Déjà Vu', pois sempre foram orientados a resolver o maior número de questões de provas anteriores, inclusive repetidamente, uma vez que situações como essa são comuns no mundo dos concursos.

GABARITO: CERTO.

1321. **(AUTOR – 2013)** No Microsoft Excel 2010 é possível atribuir a um conjunto de células selecionadas um estilo rápido de dados, o qual já identifica automaticamente as linhas e colunas de títulos destacando-as. Para tanto, basta selecionar na planilha em edição os dados, incluindo as linhas e colunas de títulos, e selecionar a opção Formatar como Tabela da aba Dados.

Certo ( ) Errado ( )

O erro da questão está na aba que foi citada, pois o recurso descrito e a opção estão disponíveis na Aba Página Inicial, mais precisamente no bloco estilos.

GABARITO: ERRADO.

1322. **(AUTOR – 2013)** No Excel 2010, ao selecionar uma célula e no campo Caixa de nome digitar um texto, o texto digitado poderá ser utilizado em uma fórmula ao invés do endereço da célula.

Certo ( ) Errado ( )

Ao realizar o procedimento descrito e utilizar o nome dado a célula ao invés do endereço, tem-se que o nome se comporta como se fosse usado o modo de endereçamento absoluto.

GABARITO: CERTO.

1323. **(CESPE – 2013 – CNJ – TÉCNICO JUDICIÁRIO – PROGRAMAÇÃO DE SISTEMAS)** No Excel, um banco de dados pode ser criado porque existe uma opção de importação e exportação de dados. Por não haver comando correspondente no Calc, do BrOffice, não é possível a criação de um banco de dados neste aplicativo.

Certo ( ) Errado ( )

Padrão de questão Cespe, no qual ela compara duas ferramentas similares, porém, inferiorizando uma em relação à outra. Ao detectar esse padrão, observa-se que a probabilidade é de a questão estar errada. Como podemos verificar neste caso, no qual o Calc é o editor inferiorizado, no entanto assim como o Excel, ele é um editor de planilhas, de modo que tendo um determinado conjunto de dados organizados em uma planilha desses editores, pode-se dizer que já possuímos um banco de dados.

GABARITO: ERRADO.

1324. (AUTOR – 2013) No Excel 2010 a função =TRANSPOR( ) retorna a matriz transposta, da matriz informada. Para aplica-la é necessário selecionar o conjunto de células que será preenchido pelo resultado da função e então inserir a função na primeira célula (superior-esquerda), caso sejam selecionadas menos células do que o necessário apenas as células selecionadas serão preenchidas com o valor referente a ela. No entanto, após inserir a função com o intervalo de células da matriz que se deseja obter a transposta, deve-se teclar CTRL+SHIFT+ENTER.

Certo ( ) Errado ( )

A função transpor pode ser utilizada para obter a matriz transposta, mas como é uma função que opera com matriz, para ser executada não basta teclar Enter, é necessário utilizar a combinação CTRL+SHIFT+ENTER para que os resultados se estendam para as demais células, uma vez que a função deve ser escrita em apenas uma.

GABARITO: CERTO.

	A	B	C	D
1	10	50	25	
2	20	60	30	
3	30	70	75	
4	70	50	60	
5	5	10	10	
6	10	5	0	
7				

1325. (AUTOR – 2013) No LibreOffice Calc é possível definir o alinhamento vertical de uma célula para Justificado enquanto que no Excel é possível definir esse mesmo alinhamento apenas na horizontal.

Certo ( ) Errado ( )

Em ambos é possível aplicar o alinhamento justificado, tanto ao alinhamento Horizontal como ao Vertical.

GABARITO: ERRADO.

1326. (AUTOR – 2013) No Excel 2010, em sua configuração padrão, as funções são divididas em categorias. A função =ÉLÓGICO( ) verifica se um valor é lógico (VERDADEIRO ou FALSO) e retorna VERDADEIRO ou FALSO. Essa função pertence à categoria lógica.

Certo ( ) Errado ( )

A função =ÉLÓGICO( ) pertence a categoria de funções de informações, juntamente com as funções =ÉCÉL.VAZIA( ), =ÉERRO( ), =ÉPAR( ), =ÉÍMPAR( ), entre outras.

GABARITO: ERRADO.

1327. (AUTOR – 2013) A planilha exibida anteriormente ilustra uma planilha do Excel 2010 em edição.
Um agente inseriu na célula D1 a função =SOMA($A1;$B$2;A$2:$B3), em seguida selecionou a célula D1 e a copiou, após selecionou a célula F4 e utilizou a combinação CTRL+V, pode-se concluir que o resultado apresentado nas células D1 e F4 são respectivamente 190 e 440.

Certo ( ) Errado ( )

Na função soma quando uma célula é descrita mais de uma vez, ela deve ser considerada novamente no montante, logo, nas funções apresentadas, a célula B2 deve ser somada duas vezes ao montante.

GABARITO: ERRADO.

1328. **(AUTOR – 2013)** No Excel 2010 pela aba Dados é possível se utilizar a opção classificar, pela qual é possível definir diferentes níveis de classificação que dependem da quantidade de colunas ou linhas da planilha selecionada, pois a quantidade máxima de níveis não pode ultrapassar a quantidade de colunas ou linhas.

Certo ( ) Errado ( )

A opção classificar não é limitada pela quantidade de colunas, além de não operar em classificação de linhas.

GABARITO: ERRADO.

1329. **(AUTOR – 2013)** Acerca das ferramentas de edição de planilhas, julgue o que se segue.

No MS Excel 2010 é possível trabalhar com diversos tipos de minigráficos como de barra, linha, perdas/ganhos, pizza, colunas, dispersão e outros. Os dados podem ser inseridos na planilha antes ou após a criação do gráfico.

Certo ( ) Errado ( )

Somente existem 3 tipos de minigráficos: linha, coluna e perdas/ganhos; os demais tipos são gráficos normais, que são distintos, uma vez que os minigráficos ocupam o espaço de uma célula, na verdade são informações presentes no preenchimento da célula, possibilitando ainda a inserção de dados na mesma célula do minigráfico.

GABARITO: ERRADO.

1330. **(CESPE – TJ/PR – 2009 – ADAPTADA)** Uma planilha em edição no MS Excel 2010 contém nas células A1, A2 e A3, respectivamente, os valores 1, 2 e 3. Se a célula C1 contiver a fórmula =A2^A3-A1/A2-A3*A1+A3, então o valor da célula C1 será 2.

Certo ( ) Errado ( )

Para calcular a expressão, devemos resolver primeiro os operadores de maior precedência, no caso, começa-se pelo cálculo da potência, em seguida as divisões e multiplicações, por fim as somas e subtrações, o que resulta em 7,5.

GABARITO: ERRADO.

1331. **(CESPE – TJ/PR – 2009 – ADAPTADA)** No Excel 2010, quando uma célula da planilha se encontra em edição e a tecla Enter for pressionada, a ação resultante deve, necessariamente, ser selecionar a célula imediatamente abaixo da célula em edição.

Certo ( ) Errado ( )

É possível por meio das opções do Excel configurar qual a direção da seleção também para cima ou para os lados, apesar de a célula inferior ser a padrão para esse procedimento.

GABARITO: ERRADO.

1332. **(AUTOR – 2020)** No Excel 2010, o recurso Mesclar Através é similar ao Mesclar e Centralizar, sendo a única diferença o fato do Mesclar Através não realizar a centralização dos dados. Em ambas opções ao selecionar as células A1, B1, A2 e B2 será mantido apenas o conteúdo da célula A1 após acionar a opção.

Certo ( ) Errado ( )

A opção Mesclar Através mescla apenas as células da mesma linha.

GABARITO: ERRADO.

1333. **(AUTOR – 2020)** Em uma planilha do Excel 2010 com os seguintes dados A1=2, A2=10, B1=5 e B2 =20, ao inserir na célula C2 a função = SOMARPRODUTO(A1:A2;B1:B2), o resultado que será obtido como resposta da função é 210.

Certo ( ) Errado ( )

A função SOMARPRODUTO(A1:A2;B1:B2) multiplica o valor de A1 por B1 e A2 por B2 e, por fim, soma o resultado dessas multiplicações, seria o mesmo que escrever =A1*B1+A2*B2.

GABARITO: CERTO.

1334. **(AUTOR – 2021)** No MS Excel 2010, para que as linhas que demarcam as células sejam impressas, é necessário definir as bordas, para isso, pode-se selecionar as células e após clicar o botão, pois as linhas de grade não podem ser impressas, pois servem para orientação. Contudo, quando uma planilha é inserida em um documento em edição no MS Word 2010, ela é representada como uma figura, assim as linhas de grade são impressas por padrão.

Certo ( ) Errado ( )

É possível no Excel também imprimir as linhas de Grade, para tanto basta habilitar a opção Imprimir no conjunto Linhas de Grade do Bloco Opções de Planilha presente na Aba Layout de Página.

GABARITO: ERRADO.

1335. **(AUTOR – 2021)** No Excel 2010 a formatação condicional do tipo ícone possibilita estilos de ícone com até no máximo quatro tipos, como bandeiras de 3 cores, setas para cada sentido, intensidade de sinal, círculos, entre outros.

Certo ( ) Errado ( )

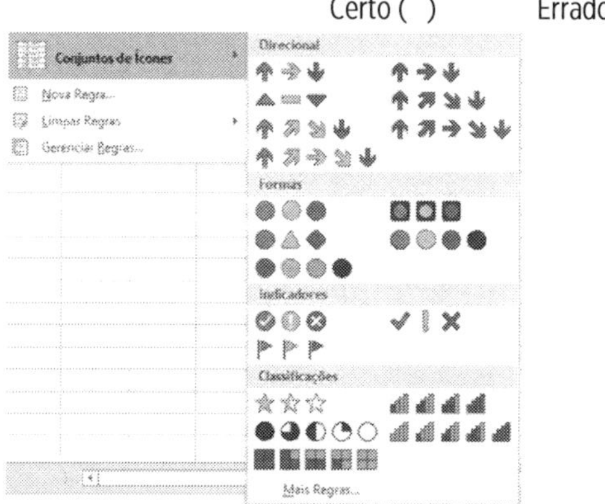

Existem estilos com até 5 tipos de ícones.

GABARITO: ERRADO.

1336. **(AUTOR – 2021)** No Excel 2010 o cabeçalho possui três partes separadas: esquerda, centralizada e direita, nas quais é possível inserir diferentes informações com os campos que contenham Nome do Arquivo, Nome da planilha, Data e Hora, numeração de páginas e caminho do arquivo.

Certo ( ) Errado ( )

Assim como nos editores de texto, é possível trabalhar com cabeçalhos e rodapés em editores de planilha, bem como definir cabeçalhos diferentes para a primeira página.

GABARITO: CERTO.

1337. **(CESPE – 2013 – TRT – 10ª REGIÃO/DF E TO – ANALISTA JUDICIÁRIO)** No Microsoft Excel, a função SE pode avaliar uma condição e retornar um valor, se a condição for verdadeira, ou retornar outro valor, se a condição for falsa.

Certo ( ) Errado ( )

A própria sintaxe da função apresenta as características apontadas: =SE(<condição> ; <ação caso condição verdadeira> ; <ação caso condição Falsa>).

GABARITO: CERTO.

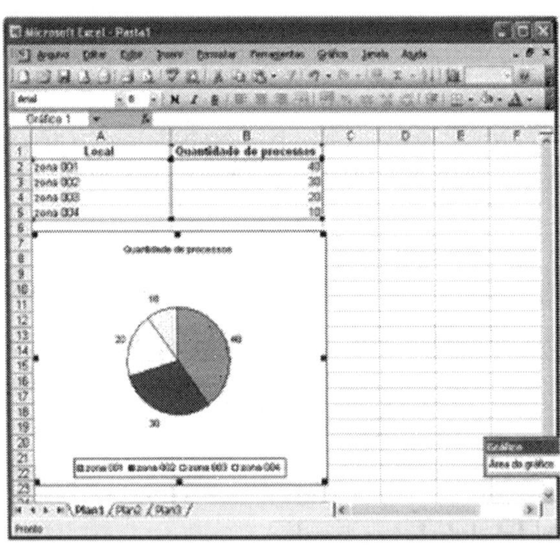

1338. **(CESPE – 2013 – TRT – 10ª REGIÃO/DF E TO – ANALISTA JUDICIÁRIO)** Com base na figura citada, que ilustra uma planilha em edição no Excel, a partir da qual foi gerado o gráfico mostrado, julgue o item que se segue.

Ao se aplicar duplo clique no gráfico, selecionar o menu Dados de Origem e clicar a opção Linhas, nessa ordem, alterar-se-á o estilo do gráfico, que se tornará um gráfico de linha.

Certo ( ) Errado ( )

Uma coisa é alterar os dados nos quais o gráfico é baseado e outra é alterar o tipo de gráfico usado. De modo geral, podemos alterar todas as propriedades de um gráfico como: cores, formas, tamanhos, legendas, valores e dados.

GABARITO: ERRADO.

1339. **(CESPE – 2013 – TRT – 10ª REGIÃO – DF E TO – ANALISTA JUDICIÁRIO)** Depois de salvar a planilha juntamente com o gráfico, será impossível abrir o arquivo no aplicativo Calc do BrOffice sem que haja perda de dados.

Certo ( ) Errado ( )

Não há na figura indícios do uso de recursos exclusivos do Excel, logo, a planilha pode ser aberta no Calc sem que dados sejam perdidos.

GABARITO: ERRADO.

1340. **(CESPE – 2013 – TRT – 10ª REGIÃO/DF E TO – ANALISTA JUDICIÁRIO)** De acordo com os dados mostrados na figura, é correto afirmar que 30% dos processos pertencem à zona 002.

Certo ( ) Errado ( )

Nesse caso foram apresentados dados triviais. Mas cuidado com o gráfico de pizza, pois cada fatia representa um percentual em relação ao total, uma vez que são frequentes as questões sobre gráficos que mais envolvem conceitos matemáticos de interpretação do que de informática propriamente dita.

GABARITO: CERTO.

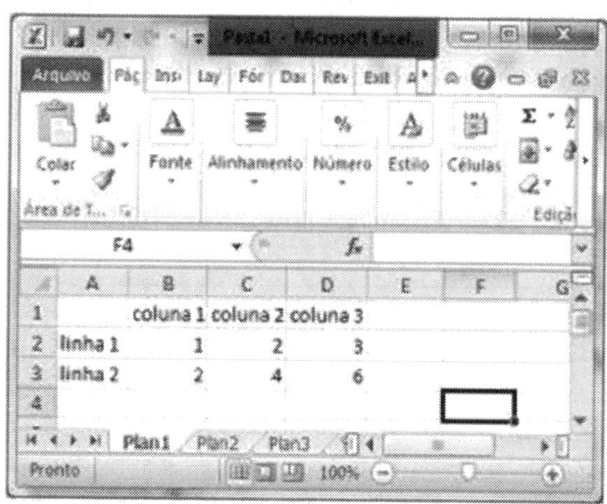

1341. **(CESPE – 2013 – TER–RO – AUDITOR DE CONTROLE EXTERNO – DIREITO)** Com base na figura acima, que ilustra uma planilha do Excel 2010, julgue o item seguinte.

O conteúdo da célula E3 da planilha em edição será igual a 8, após a realização do seguinte procedimento: clicar a célula E3, digitar =B3+C3+D3/3 e teclar ENTER.

Certo ( ) Errado ( )

Cuidado com as precedências de operadores, primeiramente deve-se calcular a divisão de 6/3 = 2 e na sequência somar 2+4+2 = 8.

GABARITO: CERTO.

1342. (AUTOR – 2021) Considere o trecho de uma planilha MS Excel 2010 mostrado a seguir.

	A	B	C	D	E	F
1	1					
2		2				
3			3			
4				4		
5					5	
6						15

Sabendo-se que as células em branco não receberam fórmulas ou valores, a fórmula na célula F6 que produz o valor apresentado é =SOMA(A1:E5) – B3.

Certo ( ) Errado ( )

Como B3 está vazia em uma operação aritmética seu valor é considerado como 0, logo a soma de A1 até E5 apresenta como resposta 15.

GABARITO: CERTO.

1343. (AUTOR – 2021) No Excel 2013 a opção preenchimento relâmpago pode ser usada tanto para separar dados de uma coluna como para unir dados de várias colunas em uma por meio do reconhecimento automático de expressões regulares.

Certo ( ) Errado ( )

Ao preencher os dados da terceira célula manualmente, o programa identifica automaticamente o padrão usado para sugerir o preenchimento das demais células da planilha.

GABARITO: CERTO.

1344. (FCC – 2014 – SABESP – ADVOGADO) Considere a planilha a seguir, que foi retirada do Manual do Usuário Sabesp e digitada utilizando-se o Microsoft Excel 2010, em português.

	A	B	C
1	Número de pessoas	Média de consumo por dia (litros)	Tamanho ideal da caixa (litros)
2	3	450	500
3	4	600	1000
4	5	750	1000
5	6	900	1000

Foi possível definir em um único local (janela) as configurações dos valores desta planilha, como, por exemplo, o formato dos números, as configurações das bordas, o alinhamento dos textos e a cor de fundo. Para acessar esse local, selecionou-se a parte onde se desejava aplicar a formatação, e clicou-se.

a) na guia Dados e na opção Formatar Células.

b) com o botão direito do mouse sobre a área selecionada e, em seguida, na opção Formatar Células.

c) na guia Página Inicial e na opção Formatação Condicional.

d) com o botão direito do mouse sobre a área selecionada e na opção Configurações.

e) na guia Ferramentas e na opção Configurar Células.

A janela Formatar Células concentra as ferramentas e recursos de formatação de Tipo de dado, Fonte, bordas, Parágrafo e Alinhamento das células selecionadas. Tal janela também pode ser aberta utilizando o atalho CTRL + 1.

GABARITO. B.

1345. **(FCC – 2014 – SABESP – ADVOGADO)** Considere a planilha abaixo, criada utilizando-se o Microsoft Excel 2010, em português.

	A
1	Nota
2	1,00
3	7,00
4	2,00
5	6,50
6	8,00
7	2,00
8	7,17

Na célula A8 foi digitada uma fórmula para calcular a média aritmética das notas maiores ou iguais a 5, ou seja, contidas nas células A3, A5 e A6. O valor resultante foi 7,17. A fórmula digitada na célula A8 foi:

a) =MÉDIASE(A2:A7;>=5).

b) =MÉDIA(A3:A5:A6).

c) =MÉDIA(A3;A5;A6).

d) =MED(A2:A7;>=5).

e) =MED(A3;A5;A6).

Questão capciosa, o candidato deve prestar atenção aos detalhes como o erro de sintaxe da função MédiaSE, que deve apresentar o critério entre aspas duplas, no uso do operador de referência : e ; e lembrar que a função MED calcula a mediana, ou seja, retorna o elemento central de um conjunto de valores, no caso da função =MED(A3;A5;A6) a resposta seria 7, já a outra possui sintaxe errada.

GABARITO: C.

1346. **(FCC – 2014 – SEFAZ/RJ – AUDITOR FISCAL DA RECEITA ESTADUAL)** Uma auditora fiscal da Receita Estadual recebeu de seu coordenador a seguinte planilha criada no Microsoft Excel 2010 em português:

	A	B	C	D
1	Capital investido	Juros anuais	Período (em anos)	Total
2	R$ 1.000,00	8	3	
3	R$ 2.000,00	7,5	2	
4	R$ 10.000,00	11	5	

Foi-lhe solicitado que criasse uma fórmula capaz de realizar o cálculo dos rendimentos do capital investido (coluna A), considerando os juros anuais que a aplicação paga (coluna B) e o período de investimento em anos (coluna C). A tarefa foi realizada, resultando na planilha a seguir:

	A	B	C	D
1	Capital investido	Juros anuais	Período (em anos)	Total
2	R$ 1.000,00	8	3	R$ 1.259,71
3	R$ 2.000,00	7,5	2	R$ 2.311,25
4	R$ 10.000,00	11	5	R$ 16.850,58

A fórmula digitada na célula D2 é:

a) =A2 * (1+B2/100) ^C2.

b) =A2 ^ (B2/100) *C2.

c) =JUROSACUM(A2;B2;C2).

d) =PGTOJURACUM(B2;C2;A2;1;3).

e) =RECEBER(A2;C2;A2;0;B2).

Investimento e rendimentos são termos que apontam para juros, no caso composto, para resolver a questão, é necessário, portanto, conhecer a fórmula do montante ao aplicar um capital a uma taxa por um período, M = C x (1+ i)t . Uma vez que a taxa é em percentual e a planilha apresenta valores inteiros, é necessário dividir os valores por 100. O confuso da questão é o título Juros anuais usado na célula B1.

GABARITO: A.

1347. (FCC – 2013 – PGE/BA – ANALISTA DE PROCURADORIA) Seja o seguinte trecho de uma planilha elaborada com o Microsoft Excel 2003. Considere que na célula A3 seja inserida a expressão: = TIRAR(A2).

	A	B	C
1			
2	teste $123		
3			
4			
5			
6			

O resultado obtido na célula A3 será:

a) teste $123.
b) teste$123.
c) teste 123.
d) teste.
e) teste123.

A função TIRAR( ) remove os caracteres não imprimíveis presentes na célula, assim quando o usuário copia um texto de uma página da Internet e esse possui marcas como quebras de linhas, pode-se utilizar a função para remover essas marcas. Como o conteúdo da célula A2 não possui caracteres não imprimíveis, o resultado é o mesmo conteúdo, inclusive com o espaço.

GABARITO: A.

1348. **(FCC – 2013 – PGE/BA – ANALISTA DE PROCURADORIA)** Em uma planilha elaborada no Microsoft Excel 2003, um usuário inseriu em duas células as expressões: =PAR (-1) e =PAR (10,5) . Os resultados obtidos nessas duas células serão, respectivamente,

a) -1 e 10.
b) -1 e 11.
c) -1 e 12.
d) -2 e 10.
e) -2 e 12.

A função PAR( ) retorna o maior valor par, em módulo, mais próximo ao valor apresentado. Assim como o 2 é, em módulo, o maior par mais próximo de 1, temos -2 como resultado, o mesmo vale para o 10,5 que tem como maior par mais próximo o 12. A função ÍMPAR( ) funciona de modo similar.

GABARITO: E.

1349. **(FCC – 2013 – PGE/BA – ANALISTA DE PROCURADORIA)** Entre as opções de formatação de uma célula em uma planilha do Microsoft Excel 2003, a seleção do Alinhamento Vertical inclui, entre outras opções,

a) Transparente.
b) Mesclado.
c) Superior.
d) Automático.
e) Contorno.

São opções de alinhamento vertical: Superior, Inferior, Centro, Justificado e Distribuído.

GABARITO: C.

1350. **(FCC – 2013 – PGE/BA – ANALISTA DE PROCURADORIA)** Considere os 2 trechos seguintes de uma planilha montada no Microsoft Excel 2003.

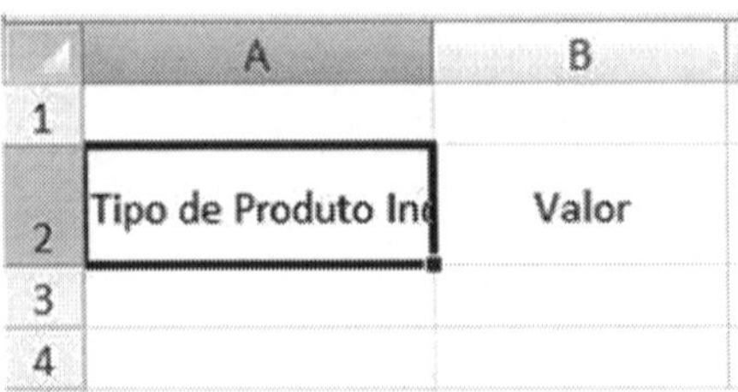

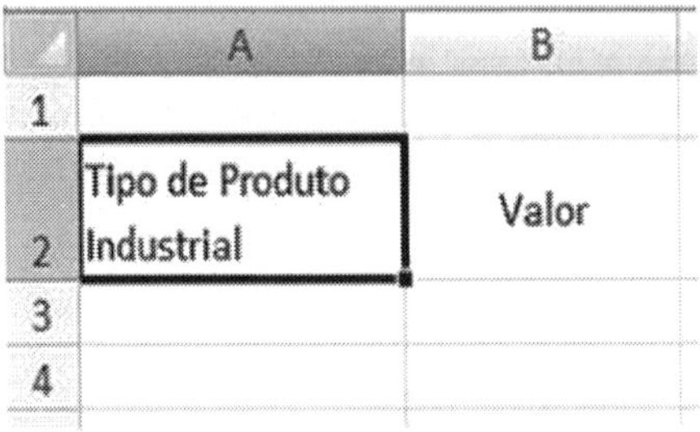

A alteração ocorrida na célula A2 da planilha superior para a planilha inferior é resultado da seleção da opção

a) Reduzir para caber.

b) Quebrar texto automaticamente.

c) Mesclar células.

d) Preencher automaticamente.

e) Eliminar espaços em branco

A opção que distribui o conteúdo em várias linhas da mesma célula é a opção Quebrar Texto Automaticamente, que é encontrada na aba alinhamento da janela Formatar Células. No Excel 2010 também pode ser encontrada na aba Página Inicial junto ao bloco Alinhamento pelo botão .

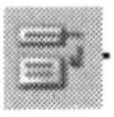

GABARITO: B.

1351. (FCC – 2013 – PGE/BA – ANALISTA DE PROCURADORIA) O Microsoft Excel 2003 possui diversas teclas de atalho que facilitam o trabalho de edição e formatação. Por padrão, a sequência de teclas de atalho que provoca a exibição da caixa de diálogo Formatar Células é

a) Ctrl + X.

b) Ctrl + D.

c) Ctrl + G.

d) Ctrl + 1.

e) Ctrl + 2.

Pense que a formatação das células é uma das principais opções do editor de Planilhas, logo, a primeira opção CTRL + 1 é atrelada a ela. CTRL + X recorta, CTRL + D pode ser usado para repetir

o valor da célula acima para as células abaixo dela que estiverem selecionadas. CTRL + 2, CTRL + 3 e CTRL + 4 correspondem respectivamente ao Negrito, Itálico e Sublinhado.

GABARITO: D.

1352. **(FCC – 2013 – PGE/BA – ANALISTA DE PROCURADORIA)** Em uma repartição pública os funcionários necessitam conhecer as ferramentas disponíveis para realizar tarefas e ajustes em seus computadores pessoais.

Entre esses trabalhos, tarefas e ajustes estão:

I. Utilizar ferramentas de colaboração on-line para melhoria do clima interno da repartição e disseminação do conhecimento.

II. Aplicar os conceitos de organização e de gerenciamento de informações, arquivos, pastas e programas afim de possibilitar a rápida e precisa obtenção das informações, quando necessário.

III. Conhecer e realizar operações de inserção de elementos nos slides do PowerPoint, entre outras.

IV. Conhecer as formas utilizadas pelo Excel para realizar cálculos e também operações de arrastar valores de uma célula para a outra.

V. Realizar pesquisas na Internet usando os sites de busca mais conhecidos.

Ao fazer uma típica tarefa conforme conhecimento exigido no item IV, um funcionário colocou os seguintes valores nas células:

	A	B	C	D
1	18	32	45	=A1*B1+C1
2	23	19	7	

A fórmula colocada em D1 foi arrastada pela alça de preenchimento para a célula D2.

Após o cálculo feito pelo Excel, o resultado numérico observado nas células D1 e D2 foi, respectivamente,

a) 1386 e 598.

b) 1386 e 444.

c) 621 e 444.

d) 621 e 598.

e) 598 e 444.

Lembre-se da precedência de operadores, primeiramente deve ser calculada a multiplicação e após a soma. Assim, o resultado em D1 é (18*32)+45 = 621 . Já na célula D2 conterá o resultado da fórmula =A2*B2+C2, logo, o mesmo que (23*19)+7 = 444.

GABARITO: C.

1353. **(FCC – 2013 – PGE/BA – ANALISTA DE PROCURADORIA)** A seguinte função foi inserida em uma célula de uma planilha do Microsoft Excel: =MÁXIMO(10;20;30). O resultado obtido nessa célula será:

a) 3

b) 30

c) 60

d) 30;20;10

e) 10; 20; 30

A função MÁXIMO( ) retorna o valor mais alto de um conjunto de dados, como os valores passados por parâmetro foram 10, 20 e 30, o mais alto é 30.

GABARITO: B.

1354. (FCC – 2013 – PGE/BA – ANALISTA DE PROCURADORIA) O seguinte trecho de uma planilha foi elaborado no Microsoft Excel.

	A	B
1	2	
2	8	
3		
4	1	
5	3	

Considere que na célula B5 seja inserida a expressão =CONT.NUM(A1:A5). O resultado obtido na célula B5 será:

a) 4.

b) 18.

c) 5.

d) 10.

e) 2.

A função CONT.NÚM( ) apresenta como resposta a quantidade de células que tem como conteúdo valores numéricos.

GABARITO: A.

1355. (FCC – 2013 – BB – ESCRITUARIO) O gerente do setor em que Ana Luiza trabalha solicitou a ela a criação de uma planilha no Excel, de forma a utilizar um cálculo envolvendo média ponderada. Segundo ele, o escritório havia feito uma compra de 3 computadores no valor de R$ 2.350,50 cada. Uma semana depois, após uma alta no valor do dólar, comprou mais 5 computadores com a mesma configuração, mas ao preço de R$ 2.970,00 cada. O gerente pediu à Ana Luiza que calculasse a média ponderada dos preços, considerando as quantidades como pesos a serem aplicados. Com os dados fornecidos, Ana Luiza montou a seguinte planilha:

	A	B
1	Preço unitário	Quantidade
2	R$ 2.350,50	3
3	R$ 2.970,00	5
4	Média Ponderada	
5	R$ 2.737,69	

Na célula A5, Ana Luiza calculou a média ponderada dos valores contidos nas células A2 e A3, aplicando os pesos contidos nas células B2 e B3, respectivamente.

Na célula A5 foram utilizadas as fórmulas:

a) =SOMARPRODUTO(A2:A3;B2:B3)/SOMA(B2:B3) ou =((A2*B2)+(A3*B3))/SOMA(B2:B3).

b) =SOMA(A2:A3;B2:B3)/SOMA(B2:B3) ou =MÉDIA ((A2: A3;B2:B3)/SOMA(B2:B3)).

c) =SOMA(A2+A3)/2 ou =MÉDIA(A2:A3;B2:B3)/SOMA (B2:B3).

d) =MÉDIA((A2/B2)+(A3/B3))/SOMA(B2:B3) ou =MÉDIA (A2*B2)+(A3*B3)/SOMA(B2+B3).

e) =MÉDIAPRODUTO(A2;A3)/SOMA(B2+B3) ou =SOMA (A2+A3)/2.

COMENTÁRIO?

GABARITO: A.

1356. **(VUNESP – 2018 –ANALISTA DE GESTÃO MUNICIPAL)** A figura a seguir ilustra uma planilha que está sendo editada no MS-Excel 2010, em sua configuração padrão.

	A	B	C
1	2	10	6
2	1	5	8
3	4	2	9
4			

O valor obtido na célula B4 quando preenchida com a expressão =MÁXIMO(A1:C3)-MAIOR(A1:C3;2) será:

a) 5.

b) 1.

c) 0.

d) 2.

e) 10.

A função MÁXIMO(A1:C3) retorna o valor mais alto do conjunto informado, no caso 10. Enquanto que a função MAIOR(A1:C3;2) retorna o 2º maior valor do intervalo informado, ou seja, 9. Logo 10-9 à 1.

GABARITO: B.

1357. **(FCC)** Indique a funcionalidade da figura [ícone] no Microsoft Office Excel 2010.

a) Remover duplicados.

b) Habilita a filtragem das células selecionadas.

c) Permite classificar os itens de uma coluna em ordem ascendente ou descendente.

d) Impede que dados inválidos sejam digitados em uma célula.

e) Diminui o tamanho da célula.

A Opção Filtro habilita o uso da filtragem em cada coluna. Ao ativar é exibido no título das colunas selecionadas uma indicação pela qual se pode filtrar os dados e classificar de acordo com a ordem crescente ou decrescente as informações.

GABARITO: B.

1358. **(FCC – 2012 – TER/SP – TÉCNICO JUDICIÁRIO – OPERAÇÃO DE COMPUTADOR)** Em relação ao Excel, considere:

	A	B	C	D	E
1	Nível	Qtde	ID	Valor	Total
2	Superior	8	A		
3	Superior	8	B		
4	Médio	5	B		
5					

Se as células D2, D3, D4 e E2 contiverem as fórmulas conforme exibidas abaixo:

D2: =SE($A2="Superior";($B2*10);($B2*5))

D3: =SE($A3="Superior";($B3*10);($B3*5))

D4: =SE($A4="Superior";($B4*10);($B4*5))

E2: =(SOMASE($C2:$C4; "=B";$D2:$D4))

Os valores que serão exibidos em D2, D3, D4 e E2 são, respectivamente,

a) 60, 70, 80 e 150.

b) 75, 25, 50 e 150.

c) 80, 80, 25 e 105.

d) 60, 80, 20 e 100.

e) 60, 80, 25 e #NOME?

A fórmula em D2 calcula a multiplicação de B2 por 10, pois o valor em A2 atende a comparação. O mesmo vale para D3. Já no caso de D4, o valor de A4 torna a comparação falsa, assim, é calculada a multiplicação de B4 por 5. Em E2 é calculada a soma dos valores de ID "B", ou seja, a soma de D3 e D4.

GABARITO: C.

1359. **(AUTOR –2020)** Um técnico da Receita realizou o seguinte procedimento no Excel 2010: selecionou as células A1, A2, B1 e B2, como ilustra a figura seguir, e logo depois clicou sobre o botão mesclar e centralizar ([ícone]).

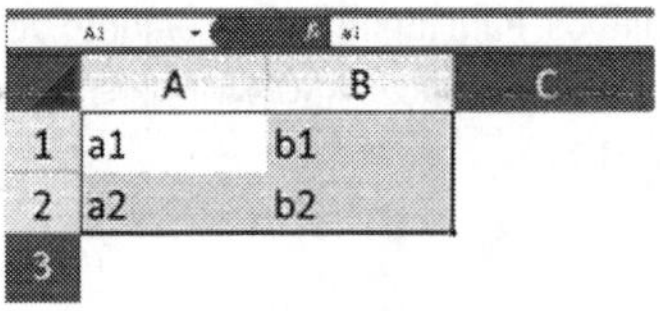

Assinale a alternativa que ilustra o resultado obtido após ele clicar em OK.

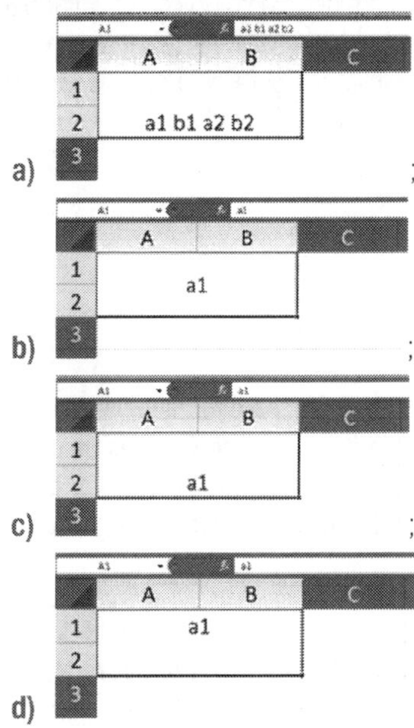

e) Será apresentado um erro e não será possível realizar a operação.

No Excel a opção Mesclar e Centralizar mantém apenas o conteúdo da célula superior esquerda, portanto, apaga-se o conteúdo das demais células selecionadas. Contudo, ainda há de se observar que o alinhamento é centralizado apenas na horizontal, assim, na vertical a posição continua na localização inferior da célula, ao contrário do Calc que também centraliza na Vertical.

GABARITO: C.

1360. **(IADES – 2015 – ELETROBRAS – ARQUIVISTA)** Um usuário do Microsoft Excel inseriu a fórmula "=SOMA(F1:F4)" na célula A1 de uma planilha e pressionou a tecla "Enter". O resultado dessa operação é o seguinte:

a) apresenta a soma dos conteúdos numéricos das células "F1" e "F4".

b) apresenta a soma dos conteúdos apenas das células numéricas, no conjunto das células "F1, F2, F3 e F4".

c) calcula e armazena a soma dos conteúdos numéricos das células "F1, F2, F3 e F4".

d) calcula e apresenta a soma dos valores hexadecimais dos números de "F1" a "F4".

e) apresenta a soma dos conteúdos das células alfanuméricas, no conjunto das células "F1" e "F4".

A função realiza a soma do conjunto de dados informados. Para identificar o conjunto de células e valores são utilizados os operadores de referência ; ou : na função =SOMA(F1:F4) lê-se soma de F1 até F4, já o caso =SOMA(F1;F4) lê-se soma de F1 e F4.

GABARITO: B.

1361. **(IADES – 2015 – ELETROBRAS – ARQUIVISTA)** O Excel é um aplicativo de planilha eletrônica que acompanha o pacote Office da Microsoft. Com ele, é possível criar e editar planilhas, inserindo objetos como imagem e gráficos. O Excel também permite salvar documentos em vários formatos. A esse respeito, assinale a alternativa que apresenta apenas extensões de documentos que podem ser gravados pelo aplicativo Microsoft Excel.

a) .DOC, .OGX, .PWD
b) .COM, .EXE, .BAT
c) .INF, .DLL, .BAT
d) .XLS, .XLT, .XLA
e) .PPT, .PPS, .PDF

Os formatos COM, EXE e BAT são executáveis do Windows, DLL é o formato das bibliotecas do Windows, INF é o formato de arquivo usado para identificar e descrever ações em dispositivos removíveis. PPT e PPS são formatos do PowerPoint. XLS e XLSX são os formatos de Pasta de Trabalho do Excel. XLT e XLTX são os formatos de modelo de pasta de trabalho. XLA é o formato de suplementos.

GABARITO: D.

1362. **(IMA – PREFEITURA DE CANAVIEIRA/PI – PROFESSOR – MATEMÁTICA)** No Microsoft Excel 2007, para elaborar uma tabela dinâmica por meio do comando "Tabela Dinâmica", deve ser acessado, em primeiro lugar a guia:

a) Início.
b) Inserir.
c) Dados.
d) Ferramentas.

O mesmo vale para o Excel 2013, conforme ilustra a figura a seguir.

As tablas dinâmicas permitem cruzar dados a fim de obter relações entre esses, assim é possível manipular um grande volume de dados. Tal manipulação também pode ser conhecida como cubo de dados.

GABARITO: B.

1363. (ASSCONPP – 2015 – PREFEITURA DE XAXIM/SC – AGENTE ADMINISTRATIVO) O Microsoft Office Excel é um editor de planilhas produzido pela Microsoft para computadores que utilizam o sistema operacional Microsoft Windows, além de computadores Macintosh da Apple Inc. e ainda alguns dispositivos como, por exemplo, o Windows Phone, Android ou o iOS. Desta forma relacione as figuras da tabela abaixo, de acordo com sua correta definição.

( ) Classificar e filtrar, organiza os dados para que seja mais fácil analisá-lo.
( ) Símbolo, insere caracteres que não constam do teclado.
( ) Autossoma, exibe a soma das células selecionadas.
( ) Inserir Função, edita a formula da célula atual escolhendo funções e editando os argumentos.

Assinale a alternativa que corresponda à sequência correta:

a) I, IV, II e III.

b) III, II, IV e I.

c) III, II, I e IV.

d) I, II, III e IV.

Alguns cuidados importantes devem ser tomados sobre as ferramentas apresentadas, entre eles:

– o botão do item I Classificar e Filtrar é encontrado na Guia Página Inicial do Excel, no entanto, as opções apresentadas por ele também são encontradas na Guia Dados, porém separadas;

– a opção do item II Autossoma é encontrada na Guia Página Inicial e pode ser usada de duas formas, uma clicando apenas na parte ilustrada na questão, ou clicar na seta localizada a sua direita para acessar outras quatro funções (Média, Máx, Mín e Cont.Núm);

– o item III representa a opção Inserir Função, ao acionar tal opção será aberta uma janela para que o usuário selecione a função desejada, essa janela tem papel fundamental para quem estuda para concursos, pois ela ilustra a sintaxe correta das funções bem como permite acesso a ajuda, que por sua vez, oferece vários exemplo de uso para cada função;

– o item IV ilustra a ferramenta Símbolo presente também no Word e PowerPoint.

GABARITO: A.

1364. **(COMVEST – UEPB – PREFEITURA DE CATOLÉ DO ROCHA – PB – MONITOR DE CRECHE)** Os ícones abaixo servem, no Microsoft Excel 2010, respectivamente, para:

a) Mesclar células; Alterar orientação do texto.

b) Alterar orientação do texto; Mesclar células.

c) Copiar conteúdo da célula; Alterar orientação do texto.

d) Mesclar células; Sublinhar texto.

e) Aumentar espaço da célula; Sublinhar texto.

O ícone da ferramenta Mesclar e Centralizar células no Excel 2013 ficou mais simples ( ), no entanto, realiza a mesma operação de manter apenas os dados da célula superior-esquerda. Já a opção de Orientação do texto continua com o mesmo ícone, tal opção permite formatar a célula para que o texto apareça escrito verticalmente ou na diagonal. Ambas opções são encontradas junto ao bloco Alinhamento da Guia Página Inicial.

GABARITO: A.

1365. **(COMVEST – UEPB – PREFEITURA DE CATOLÉ DO ROCHA – PB – MONITOR DE CRECHE)** Utilizando o Microsoft Excel 2010, assinale a alternativa que apresenta o valor obtido na célula A4 da planilha a seguir quando é inserida a fórmula =SE(B2>A3;MAIOR(B1:B3;1);MENOR(A1:A3; 2))

	A	B
1	3	4
2	6	8
3	12	14

a) 8.

b) 4.

c) 6.

d) 3.

e) 12.

A expressão dada contém 3 funções e apenas um nível de alinhamento. O primeiro passo para chegar ao valor é analisar a função SE. Nesta função deve-se avaliar a sua primeira parte identificando o resultado da comparação – se Verdadeiro ou Falso. Assim temos B2>A3, como B2 = 8 e A3 = 12, a comparação resulta em Falso. A partir disso, a segunda parte da função SE que apresenta a função MAIOR deve ser ignorada e deve-se calcular a função escrita na terceira parte dada como MENOR(A1:A3;2) que resulta no segundo menor valor de A1 até A3. Para encontrar o valor é necessário ordenar os valores em ordem crescente, assim tem-se 3; 6 e 12, a função busca o segundo, portanto o número 6.

GABARITO: C.

1366. (COMVEST – UEPB – PREFEITURA DE CATOLÉ DO ROCHA/PB – MONITOR DE CRECHE) Supondo um sistema operacional Windows 7, com configurações regionais para "Português (Brasil)", com data de 23/09/2014 e hora 10:16, assinale a alternativa que apresenta o resultado correto para a fórmula =AGORA( ) + 1 em uma célula de uma planilha no Microsoft Excel 2010.

a) 23/09/2014 10:16.

b) 23/09/2014 10:17.

c) 24/09/2014 10:16.

d) 24/09/2014 10:17.

e) 23/09/2015 10:16.

A função AGORA retorna a data e hora do Sistema Operacional, enquanto a função HOJE retorna apenas a data. Embora em ambos os casos ao se adicionar 1 é, na verdade, adicionado um dia apenas.

GABARITO: C.

1367. (FGV – TCE/SE – MÉDICO) Analise o trecho de uma planilha MS Excel 2010 mostrado a seguir.

	A	B	C
1	**Tipo**	**Valor**	**Proporção da média**
2	Tipo 1	50	0,25
3	Tipo 2	300	1,5
4	Tipo 3	250	1,25
5	Média	**200**	

A coluna C mostra a proporção dos valores da coluna B em relação à média destes. Sabendo-se que a célula C2 foi copiada para as células C3 e C4, está correto concluir que a fórmula contida na célula C2 é:

a) =B2 / $B5.

b) =B$2 / B$5.

c) =B$2 / B5.

d) =B2 / B$5.

e) =$B2 / $B5.

O uso do cifrão junto ao endereço de uma célula tem por finalidade fixar a informação, impedindo que ela seja alterada, assim, ao inserir a fórmula em C2, deve-se pensar que ela será copiada para as células abaixo, logo, se não houver o cifrão, os endereços das células podem mudar. A fórmula inserida é um cálculo de percentagem, em que se divide o valor de B2 pela soma de todos os valores B5. Quando a célula C2 for copiada para C3, é de interesse que o endereço B2 se torne B3, e que o endereço B5 continue o mesmo. Dadas as necessidades, as possíveis formas de fórmula a se inserir em B2 são: =B2/$B$5, ou =$B2/$B$5, ou = $B2/B$5, ou simplesmente e minimamente =B2/B$5.

GABARITO: D.

1368. (FGV – 2015 – TCE/SE – MÉDICO) A figura a seguir ilustra um trecho de uma planilha LibreOffice Calc, com o rastreamento de dependentes para as células C1 e B1 ligado.

	A	B	C	D
1	10	40	2	
2	20			
3	30			
4				

A partir da figura, está correto concluir que a fórmula na célula B1 é:

a) = SOMA(A1 + 30).

b) = SOMA(A3 +10).

c) = A1 *4.

d) = A3 +10.

e) = A2 + 20.

Nos editores de planilha é possível utilizar as ferramentas Rastrear Dependentes e Rastrear Precedentes para a auditoria de fórmulas. Ambas opções são aplicadas apenas às células selecionadas. Ao selecionar uma célula e ativar o rastreamento de dependentes, é exibida uma seta com origem na célula que é usada para calcular o resultado presente na célula que a seta aponta. Assim, a célula B1 para ser calculada usa de alguma forma o valor da célula A2, como entre as alternativas apenas a E apresenta cálculo a partir do valor de A2, somente ela pode ser a correta para as condições dadas.

GABARITO: E.

1369. (FGV – 2015 – DPE/RO – TÉCNICO ADMINISTRATIVO) É uma fórmula válida no MS Excel 2010, em português:

a) =soma(10;20).

b) =soma(A100::A90).

c) =soma(A:100,B:100).

d) =soma(ALL).

e) =soma(A10, A20, C30).

A função SOMA, como várias outras, aceita valores diretos como parâmetros. A alternativa B apresenta erro de sintaxe ao usar duas vezes o sinal de : (dois pontos), tal como as alternativa C e E ao usar vírgula, a alternativa D também não é uma forma válida.

GABARITO: A.

1370. (FGV – 2015 – TPE/RO – TÉCNICO ADMINISTRATIVO) Observe o gráfico a seguir, produzido por meio do MS Excel 2010.

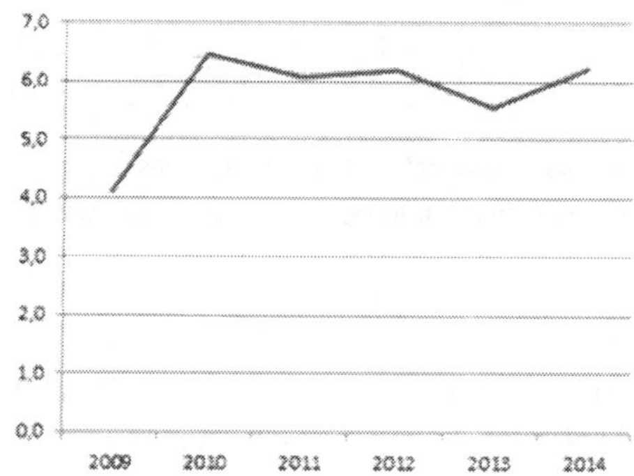

A série de dados que originou esse gráfico é:

a)

2009	4,1
2010	6,5
2011	6,1
2012	6,2
2013	5,6
2014	6,2

b)

2009	6,2
2010	6,5
2011	6,1
2012	4,9
2013	5,6
2014	6,2

c)

2009	-4,1
2010	6,5
2011	6,5
2012	6,2
2013	5,6
2014	5,3

d)

2009	4,1
2010	6,5
2011	6,1
2012	5,6
2013	5,6
2014	6,2

e)

2009	4,1
2010	6,5
2011	4,1

2012 6,2
2013 5,6
2014 6,2

Questão simples que aborda a interpretação de um gráfico. Com exceção dos gráficos de Pizza e Rosca, os demais necessitam da seleção de duas linhas ou duas colunas, pois possuem dois eixos (X e Y).

GABARITO: A.

1371. (CAIP – 2015 – IMES – CONSÓRCIO INTERMUNICIPAL GRANDE ABC – PROCURADOR) Ativando a célula B6 e clicando no botão $\sum$ na janela do Excel, obtém-se o seguinte resultado após teclar Enter:

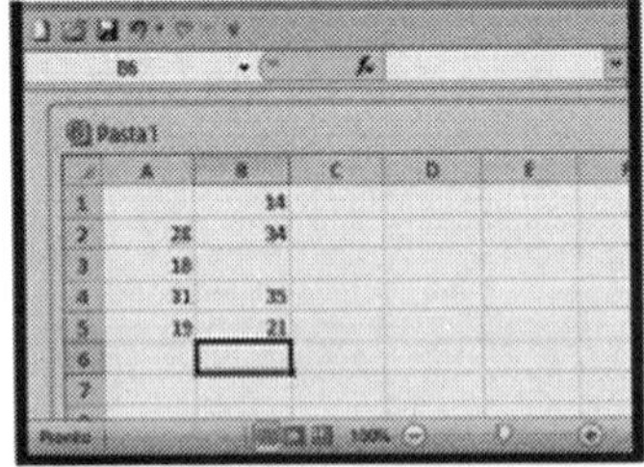

a) 56.
b) 104.
c) 96.
d) 21.

Ao usar a ferramenta Autossoma com apenas uma célula selecionada, o editor de planilha observa as células acima da atual até que encontre uma que possua um tipo de dado diferente ou que esteja vazia. Com isso, a função presente em B6 será =SOMA(B4:B5), portanto, 56.

GABARITO: A.

1372. (VUNESP – 2015 – PREFEITURA DE SÃO JOSÉ DOS CAMPOS/SP – ANALISTA DE SAÚDE) Para controlar o salário gasto em uma prefeitura, foi criada uma planilha do MS-Excel 2010, a partir da sua configuração padrão. A coluna A contém o nome do funcionário, a coluna B contém a idade, a coluna C informa a condição, se o funcionário está aposentado S(Sim) ou N(NÃO), e a coluna D contém o salário pago ao funcionário.

	A	B	C	D
1	Nome do Funcionário	Idade	Aposentado	Salário
2	Alexandre da Silva	55	S	R$ 5.200,00
3	Beatriz Oliveira de Paiva	52	N	R$ 3.200,00
4	Claudia Santana	60	S	R$ 6.200,00
5	Felipe Camargo	59	N	R$ 2.500,00
6	Gustavo Borges	62	S	R$ 4.500,00
7	Maria Angelica Silva	50	S	R$ 4.100,00
8	Paula Nogueira Vison	35	N	R$ 1.800,00
9				
10	Total de Salários Pagos para Aposentados com idade superior a 58 anos	R$ 10.700,00		

A fórmula a ser aplicada na célula B10, para calcular o total de salários pagos para os funcionários aposentados e com idade superior a 58 anos, é:

a) =SOMASES(C2:C8;B2:B8;"S";D2:D8;">58").

b) =SOMASES(D2:D8;B2:B8;">58";C2:C8;"S").

c) =SOMASES(D2:D8;B2:B8;"S";C2:C8;">58").

d) =SOMASE(D2:D8;B2:B8;">58" E "S").

e) =SOMASE(D2:D8;B2:B8;">58";C2;C8:"S").

O primeiro detalhe a se observar é que a resposta só pode ser obtida com a função SOMASES, pois apenas ela permite somar apenas o que atende a duas ou mais regras, porém, é necessário ficar atento à sintaxe das duas, pois são distintas. A função SOMASE possui a seguinte sintaxe =SOMASE(<intervalo com valores que serão comparados> ; <critério ao qual os valores serão comparados> ; <intervalo dos valores que serão somados>), em resumo, temos =SOMASE(<intervalo_comparado>;<critério>;<intervalo_Somado>),enquanto a função SOMASES possui como estrutura =SOMASES(<intervalo dos valores que serão somados>; <intervalo com valores que serão comparados com critério 1> ; <critério 1 com o qual os valores serão comparados>; <intervalo com valores que serão comparados com critério 2> ; <critério 2 com o qual os valores serão comparados>), resumidamente temos =SOMASES(<intervalo_Somado>; <intervalo1>;<critério1>; <intervalo2>;<critério2>). Tomando os critérios como base, temos que o S deve ser comparado com a coluna C e a idade na coluna B, assim, temos =SOMASES(D2:D8;B2:B8;">58";C2:C8;"S"), sendo a parte em negrito a comparação da idade e a parte seguinte a comparação quanto ao estado de aposentado.

GABARITO: B.

1373. (VUNESP – PREFEITURA DE SÃO JOSÉ DOS CAMPOS/SP – ASSISTENTE TÉCNICO – TÉCNICO EM SEGURANÇA DO TRABALHO) Na Prefeitura Municipal, foi criada uma planilha de controle, por meio do MS-Excel 2010 na sua configuração padrão, conforme ilustra a figura. Na coluna A, consta o nome da creche, na coluna B, a quantidade de funcionários alocada na creche, na coluna C, a quantidade de crianças atendidas, na coluna D, a verba repassada para cada creche, e na E, consta o total de salários gastos com os funcionários em cada creche.

	A	B	C	D	E
1	Nome da Creche	Quantidade de Funcionários	Quantidade de Crianças Atendidas	Verba Fornecida Mensal	Total de Salários Gastos com os Funcionários em cada Creche
2	Creche Alegria Geral	17	65	R$ 20.000,00	R$ 32.850,12
3	Creche Centro Cultural	18	105	R$ 22.000,00	R$ 30.600,15
4	Creche Criança Feliz	15	70	R$ 18.000,00	R$ 26.956,50
5	Creche Laura Cardoso	25	140	R$ 28.000,00	R$ 45.450,40
6	Creche Maria Aparecida	22	98	R$ 25.000,00	R$ 35.000,00
7	Creche Papai Noel	19	82	R$ 19.000,00	R$ 29.000,00
8	Creche Recanto da Paz	30	200	R$ 40.000,00	R$ 55.000,50
9					
10	Total de Salários	R$ 100.450,90			
11					

Para calcular o total de salários gastos com as creches que contêm mais de 20 funcionários e que atendem mais de 100 crianças, a fórmula a ser aplicada na célula B10 é:

a) =SOMASES(E2:E8;B2:B8;">20";C2:C8;">100").

b) =SOMASES(B2:B8;E2:E8;">20";C2:C8;">100").

c) =SOMASES(E2:E8;C2:C8;">20";B2:B8;">100").

d) =SOMASE(E2;E8:B2:B8;">20";C2:C8;">100").

e) =SOMASE(C2:C8;B2;B8;">20";E2:E8;">100").

Pede-se para somar apenas os valores referentes às linhas que atenderem a mais de uma regra, logo, a função SOMASE já pode ser descartada, uma vez que possibilita comparar apenas uma regra. Nas alternativas A, B e C pode-se eliminar a B, pois o primeiro espaço da função serve para informar a coluna que possui os valores que serão somados, uma vez que as regras sejam satisfeitas. Entre A e C, pode-se eliminar a alternativa C, porque o critério 1 é se o número de funcionários for maior que 20, e a informação que indica a quantidade de funcionários está presente na coluna B. Assim, por eliminação, chega-se à alternativa A como correta.

GABARITO: A.

1374. **(QUADRIX – 2015 –CFA – ANALISTA DE SISTEMAS)** Uma remessa de 10 produtos custa 0,20 por cada produto. Devido ao consumo intenso, uma segunda remessa de 40 produtos passou a custar 0,30 cada.

O custo médio em cada remessa – determinado pela fórmula (0,20+0,30)/2 = 0,25 – não é uma medida precisa do custo médio porque ele não leva em conta que há 30 produtos a mais sendo adquiridos por 0,30, além dos 10 por 0,20. A média ponderada retornaria 0,275 uma representação mais precisa do custo médio. O Microsoft Excel 2003, em português, permite que se calcule a média ponderada.

Considere que a planilha com os dados está assim inserida:

	Custo		Produtos
A2	0,20	B2	10
A3	0,30	B3	40

Uma função válida para calcular a média ponderada, corretamente, no Microsoft Excel 2003, em português, é:

a) =MEDIA(A1:A2, B2:B3).

b) =((A2*B2)+(A3*B3))/SOMA(B2:B3).

c) =MÉDIAPONDERADA (A2:A3,B2:B3).

d) =SOMAPONDERADA(A2 :A3, B2: B3).

e) =SOMA(B2:B3)/ MÉDIA((A2*B2)+(A3*B3)).

Não existem as funções 'médiaponderada' e 'somaponderada', para calcular a média ponderada é necessário fazer a multiplicação das proporções e dividir pelas razões. No Excel existem as médias Hamônia, Artimética e Geométrica, além de algumas variações dessas, como a função =MÉDIAA( ) que divide pelo total de células não vazias.

GABARITO: B.

1375. **(PM–MG – 2015 – PM/MG – SOLDADO DA POLÍCIA MILITAR)** Símbolo gráfico utilizado para fixar a linha ou coluna no programa de planilha eletrônica Excel, para referência absoluta de células, criando facilidades na adaptação das fórmulas quando se arrasta ao longo das linhas e/ou colunas.

a) &

b) *

c) #

d) $

Tanto no Excel como no Calc, o símbolo $ é usado à esquerda da identificação da linha e/ou coluna de uma célula, a fim de identificar para o programa que a referência associada não pode ser alterada ao usar recursos de preenchimento inteligente como alça de preenchimento ou copiar e colar em células que possuam fórmulas ou funções, exemplo =$C2 + E$4 + F5 + $B$7, nessa fórmula as colunas B e C não podem ser alteradas, assim como as linhas 4 e 7, já as colunas E e F podem, tal qual as linhas 2 e 5. Nos editores de planilhas, o caractere & é o operador de concatenação, ou seja, é usado para juntar o conteúdo das células, exemplo =A1&A2 tal expressão escreverá na célula em que for inserida o conteúdo da célula A1 seguido pelo conteúdo da célula A2. Já o asterisco (*) é o operador aritmético de multiplicação.

GABARITO: B.

1376. **(UFMT – 2015 – DETRAN/MT – ADMINISTRADOR)** Considere uma planilha do Microsoft Excel 2007 (idioma Português) em que as células A1, A2, B1, B2 contenham respectivamente os valores 8, 10, 4, 2. Quais valores são retornados pelas fórmulas =SE(B1<A2/2;B2;A1) e =MÁXIMO(A1;B2)–MÍNIMO(A2;B1), respectivamente?

a) 8 e 8.

b) 8 e 4.

c) 2 e 4.

d) 2 e 8.

A função SE deve ser avaliada em partes, começando pela primeira parte localizada entre o abre parêntese e o primeiro ponto e vírgula (;), que no caso contém a expressão B1<A2/2, para que seja possível avaliar a comparação é necessário, ainda, calcular a divisão apresentada A2/2, da qual obtém-se o valor 5. Assim, temos 4<5, como tal comparação produz resposta VERDADEIRA, a função SE executa a operação apresentada no segundo espaço, entre os pontos e vírgulas, que possui o endereço B2, portanto, será escrito o valor presente em B2 na célula em que for inserida a função SE, ou seja, o número 2. Já as funções máximo e mínimo são mais simples, de modo que a função máximo retorna o valor mais alto do conjunto de células indicadas, enquanto a função mínimo retorna o mais baixo. Logo, =MÁXIMO(A1;B2) è 8 e =MÍNIMO(A2;B1) è 4 como a fórmula calcula a diferença entre os resultados, temos a operação 8 – 4 = 4.

GABARITO: C.

1377. **(UFMT – 2015 – DETRAN/MT – AUXILIAR DE SERVIÇOS)** A figura abaixo apresenta uma planilha do Microsoft Excel 2007 (idioma Português).

	A	B	C	D	E	F
1	5	7		23	3	
2	9	12		0	4	
3						

Sobre a planilha, marque V para as afirmativas verdadeiras e F para as falsas.

( ) O conteúdo da célula D1 pode ser a fórmula =A1*B1–B2.

( ) O conteúdo da célula D2 pode ser a fórmula =A1–B2+A2.

( ) O conteúdo da célula E1 pode ser a fórmula =B2+A2/B1.

( ) O conteúdo da célula E2 pode ser a fórmula =B2/(A1–1)+A2/(B1+2).

Assinale a sequência correta.

a) V, F, V, F.

b) F, V, V, F.

c) V, F, F, V.

d) F, V, F, V.

Ao avaliar expressões aritméticas, é necessário resolver as operações respeitando a prioridade dos operadores, lembrando que o sinal de parentes pode ser usado para alterar essa prioridade, indicando que a expressão entre parênteses deve ser realizada antes. A sequência de prioridades é: – (negativo); % (percentagem); ^ (potência); * e / estão no mesmo nível seguidas por + e – (subtração). Assim, as expressões apresentam os seguintes resultados respectivamente, 23; 2; 13,29 e 4.

GABARITO: C.

1378. (CEPERJ – 2015 – PREFEITURA DE SAQUAREMA/RJ – ASSISTENTE ADMINISTRATIVO) Observe a planilha abaixo, criada no software Calc do pacote LibreOffice v.4.3.5.2.

	A	B	C	D	E	F
1		PREFEITURA DE				
2		SAQUAREMA				
3		CADA VEZ MELHOR				
4			Valor de		Valor	
5	#	Produto	Referência	Código	real	Soma
6						
7	1	Microintel I7	R$ 200,00	10	R$ 2.000,00	
8	2	HD 1 TB SATA		1,5	R$ 300,00	
9	3	Pendrive Kingston 32GB		0,3	R$ 60,00	
10	4	Impressora HP Wireless		3,5	R$ 700,00	R$ 3.060,00

Nessa planilha, foram realizados os procedimentos descritos a seguir.

• Em C7 foi inserido um valor de referência para a determinação do valor real, com base no código. Assim, os valores mostrados nas células de E7 a E10 representam a multiplicação

do código referente ao produto pelo valor de referência, usando o conceito de referência absoluta.

• Em F10 foi inserido um valor que representa a soma de todos os valores contidos nas células E7, E8, E9 e 10.

As expressões inseridas em E9 e F10 foram, respectivamente:

a) =&C&7*D9 e =SOMA(E7:E10).

b) =&C&7*D9 e =SOMA(E7;E10).

c) =#C#7*D9 e =SOMA(E7:E10).

d) =$C$7*D9 e =SOMA(E7;E10).

e) =$C$7*D9 e =SOMA(E7:E10).

1379.

A questão é um bom exemplo de situações em que faltam informações claras para os candidatos, detalhes que o concursando precisa subentender ao ler o enunciado. Por exemplo: cabe ao aluno interpretar que a fórmula inserida em E7 deve possuir sintaxe que permita copiá-la para as demais células com a intenção de multiplicar o valor da coluna código com o valor da célula C7. Assim, seria o suficiente que a expressão apresentasse $ junto a linha apenas, =C$7*D9, embora no contexto apresentado incluir o $ junto à coluna não afete o resultado (=$C$7*D9). Note que a coluna D precisa que as linhas sejam alteradas.

Já para o cálculo da soma, o ponto cobrado é a diferença entre o uso do ponto e vírgula (;) e o dois pontos (:), sendo o primeiro indicando a interpretação E e o segundo como ATÉ. Como se deseja a soma de E7 até E10, utiliza-se o sinal de dois pontos.

GABARITO: E.

1380. **(CONSULPLAN – 2015 – PREFEITURA DE DUQUE DE CAXIAS /RJ – AUXILIAR ADMINISTRATIVO)** O Excel 2013, Configuração Padrão – Idioma Português Brasil, é uma das aplicações de escritório mais utilizadas na atualidade, devido ao fato de sua grande versatilidade, inclusive podendo ser programado com a utilização de Macros, que auxiliam muito na elaboração de planilhas mais complexas. Ao editar uma planilha, que já tenha sido trabalhada, para salvá-la, sem mudar o nome, basta acionar o comando salvar, entretanto uma combinação de teclas de atalho agilizaria o processo. Assinale a alternativa correta que apresenta a opção de atalho utilizada para salvar o arquivo ativo com o nome de arquivo, local e formato atual.

a) <CTRL> + <B>.

b) <CTRL> + <G>.

c) <CTRL> + <K>.

d) <CTRL> + <Y>.

A questão poderia ser escrita simplesmente como assinale a alternativa que corresponde ao atalho para salvar o arquivo em edição, assim a alternativa correta para o MS é CTRL+B, enquanto no LibreOffice é CTRL+S. O atalho CTRL+K pode ser usado para inserir um hiperlink tanto no LibreOffice como no MS Office.

GABARITO: A.

1381. **(VUNESP – 2015 – CÂMARA MUNICIPAL DE ITATIBA/SP – ASSISTENTE DE GABINETE)** Observe a figura a seguir para responder às questões subsequentes. Ela apresenta parte de uma planilha extraída do MS-Excel 2010, em sua configuração padrão.

	A	B	C
1	**Nome**	**Cargo**	**Pontos**
2	Maria Antonia Silva	Analista	500
3	Denis Carvalho Cunha	Supervisor	1.000
4	Denis Carvalho Silva	Supervisor	2.000
5	Carla Fernanda Lima	Analista	700
6	Paula Fernanda Borges	Supervisor	600
7			4.800

Assinale a alternativa que contém a fórmula que, quando inserida na célula C7, resulta no mesmo valor apresentado nela atualmente.

a) =SOMA(B2:C2).

b) =SOMA(C2:C6).

c) =SOMA(A2:B6).

d) =SOMA(C6).

e) =SOMA(B1:C1).

Esse é um exemplo em que as alternativas são parte da interpretação da questão, pois existem inúmeras formas de se obter o valor 4800 apresentado, porém, a questão quer uma forma entre as apresentadas, o que leva o candidato a subentender que se deseja somar os valores usando a função soma, resta portanto, definir quais células apresentadas ao serem somadas resultam em 4800. Logo, nota-se que é necessário somar todas as células do intervalo de C2 até C6, assim, ficamos com a função =SOMA(C2:C6), de forma equivalente, o resultado poderia ser obtido pela expressão =SOMA(C2;C3;C4;C5;C6).

GABARITO: B.

1382. **(VUNESP – 2015 – CÂMARA MUNICIPAL DE ITATIBA/SP – ASSISTENTE DE GABINETE)** Considerando que o caractere ";" (ponto e vírgula) está configurado como separador dos argumentos das funções, se substituirmos o conteúdo da célula C7 pela fórmula =SOMASE(B2:B6;"Analista";C2:C6)-1000 o valor apresentado será:

a) 4.800.

b) 3.800.

c) 1.200.

d) 200.

e) 1.

A função SOMASE soma apenas os valores que atendem ao critério, no caso, o critério é o conteúdo da célula, deve ser igual a "Analista", assim, a função dada compara cada célula de B2 até B6 quando o valor dela atenda ao critério. A função adiciona ao valor da célula presente na mesma linha do conjunto C2 até C6, ao montante. Com isso, o resultado da função =SOMASE(B2:B6;"Analista";C2:C6) é 1200, contudo, deve-se observar que do resultado ainda será deduzido 1000, portanto, o resultado final é 200.

GABARITO: D.

1383. (FUNCAB – CRC/RO – ASSISTENTE ADMINISTRATIVO) Em uma planilha do MS Excel 2010, em português, foi inserida a fórmula =MÉDIAA(E1:E5) na célula D9, sendo que nas células E1, E2, E3, E4 e E5 foram inseridos valores conforme a figura a seguir.

	E
1	W
2	E
3	900
4	12
5	13

A execução da fórmula em D9 resulta no valor:

a) 185.

b) 185,2.

c) 185,4.

d) 308,3.

e) 309.

Cuidado com a sutil diferença na sintaxe das funções MÉDIA e MÉDIAA, pois elas calculam a média por razões diferentes, a função MÉDIA calcula a média aritmética, dividindo o resultado da soma pelo total de células cujo conteúdo são números, enquanto a função MÉDIAA divide pelo total de células não vazias. Assim, podemos escrever de forma similar, usando o exemplo da questão, a expressão =MÉDIAA(E1:E5) como =SOMA(E1:E5)/CONT.VALORES(E1:E5). Já a expressão =MÉDIA(E1:E5) poderia ser calculada escrevendo na forma =SOMA(E1:E5)/CONT.NÚM(E1:E5).

GABARITO: A.

1384. (VUNESP – PM/SP – SOLDADO DA POLÍCIA MILITAR) Observe as figuras a seguir, extraídas do MS-Excel 2010, em sua configuração padrão. A Figura I apresenta parte de uma planilha com dados no intervalo A2:C6. A Figura II apresenta uma proposta de classificação, que ainda não foi aplicada, configurada na caixa de diálogo Classificar, que pode ser acessada no grupo Classificar e Filtrar, da guia Dados, ao selecionar um intervalo de células.

Figura I

	A	B	C
1	**Nome**	**Cargo**	**Idade**
2	Maria Antonieta	Assistente	14
3	Carlos Silva	Supervisor	31
4	Carlos Silva	Analista	35
5	Daniel Lima	Assistente	23
6	Paula Soarez	Supervisor	22

Figura II

Coluna		Classificar em	Ordem
Classificar por	Nome	Valores	De Z a A
E depois por	Idade	Valores	Do Menor para o Maior
E depois por	Cargo	Valores	De A a Z

Assinale a alternativa que contém o novo valor que será apresentado na célula C5, quando a nova proposta de classificação for aplicada sobre o intervalo de células A2:C6.

a) 23.

b) 35.

c) 31.

d) 22.

e) 14.

Os níveis de classificação são úteis para classificar os dados quando ocorrem situações de repetição, como pode-se observar na figura I o nome Carlos Silva em duas linhas diferentes. O Primeiro critério de classificação é pela coluna Nome em ordem decrescente, assim o nome Carlos Silva fica nas linhas 5 e 6, as duplicatas são classificadas na sequência pela coluna Idade em ordem crescente, assim, na linha 5 fica Carlos Silva – Supervisor – 31 e na linha 6 fica Carlos Silva – Analista – 35.

GABARITO: C.

1385. **(FUNCAB – 2015 – PC/PA – ESCRIVÃO DE POLÍCIA CIVIL)** O Valor 0,0019 foi inserido na célula E2 de uma planilha MS Excel 2010, em português. Parte dessa planilha é mostrada na figura a seguir.

fx 0,0019

D	E	F	G
	0,0019		

Após a digitação do valor, a célula foi formatada com o código de formatação #.###,## . Esse Código foi inserido na caixa de texto Tipo, da categoria Personalizado, presente no diálogo Formatar Células.

Qual Figura exibe o conteúdo da célula E2 após essa formatação ter sido aplicada?

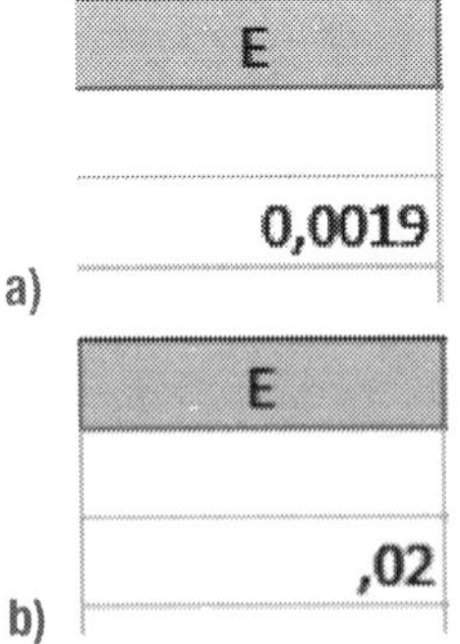

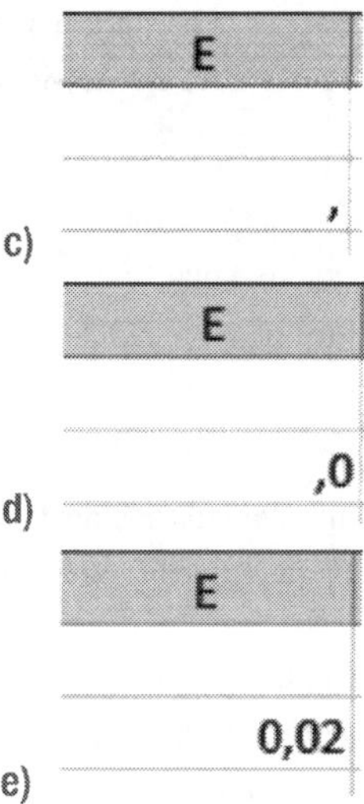

Para que apareça o resultado em A, a expressão teria de ser #.##0,#### para o resultado C a expressão deveria ser #.###,#0.

GABARITO: C.

1386. (AUTOR – 2018) Com base no Microsoft Excel 2016, com uma planilha em edição conforme figura a seguir, julgue.

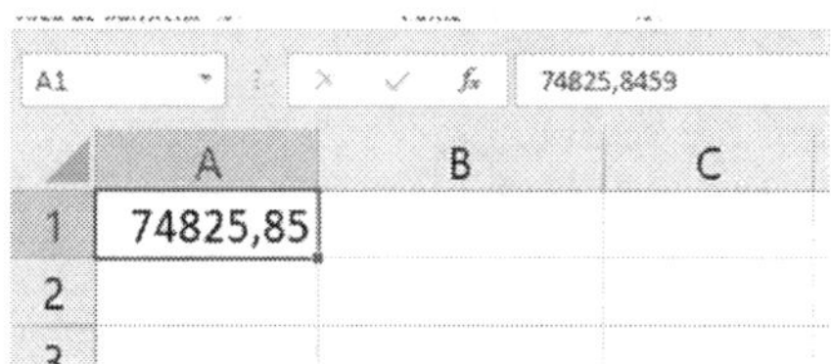

Na planilha em edição no MS Excel foi inserida na célula B1 a expressão =TRUNCAR(A1;2), ao teclar ENTER o resultado será o valor 74825,85.

Certo ( ) Errado ( )

A função TRUNCAR trunca o número, indicado no primeiro campo, pelo número de casas decimais, indicado no segundo campo. Vale lembrar que truncar é ignorar o que existe depois do ponto indicado, portanto, o valor resultante será 74825,84 uma vez que não ocorre arredondamento nessa função. Note que o valor presente na célula A1 é 74825,8459.

GABARITO: ERRADO.

1387. (AUTOR – 2018) Com base no Microsoft Excel 2016, julgue o que se segue.

No MS Excel 2016 a função SOMARPRODUTO multiplica os componentes correspondentes nas matrizes fornecidas e retorna a soma destes produtos. Porém, os argumentos das matrizes devem ter a mesma dimensão, do contrário será exibido erro na célula.

Certo ( ) Errado ( )

A função SOMARPRODUTO multiplica os elementos de duas matrizes que se encontram na mesma posição, por exemplo, sejam duas matrizes A e B de ordem 2x2 a operação realizada será: (a11 * b11 + a12 * b12 + a21 * b21 + a22 * b22).

GABARITO: CERTO.

1388. (AUTOR – 2018) Com base no Microsoft Excel 2016, julgue o que se segue.

No MS Excel 2016 são necessários 4 informações em sua sintaxe para que a função PROCV apresente um resultado.

Certo ( ) Errado ( )

A função PROCV é uma das funções de pesquisa que procura um valor indicado dentro da primeira coluna de uma matriz, ao ser localizado, observa-se na linha do valor encontrado a coluna indicada na função, e o valor nessa posição será retornado.

=PROCV(valor de pesquisa; intervalo contendo o valor de pesquisa; o número da coluna no intervalo que contém o valor de retorno; opcionalmente especificar VERDADEIRO para uma correspondência aproximada ou FALSO para uma correspondência exata).

A imagem a seguir mostra como você configuraria a função PROCV para retornar o preço de Discos de freio, que é 85,73.

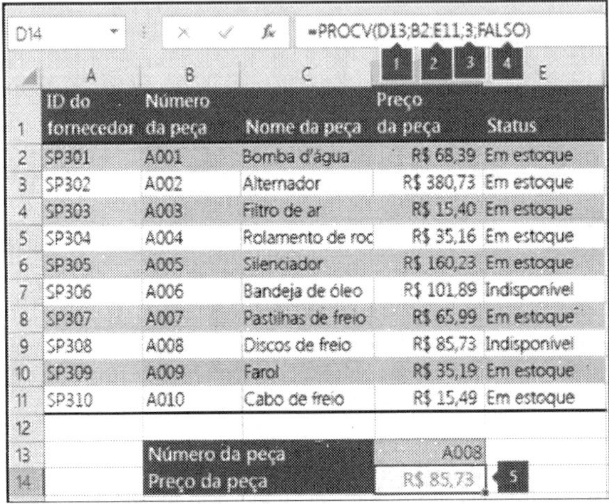

D14 =PROCV(D13;B2:E11;3;FALSO)

	A	B	C	D	E
1	ID do fornecedor	Número da peça	Nome da peça	Preço da peça	Status
2	SP301	A001	Bomba d'água	R$ 68,39	Em estoque
3	SP302	A002	Alternador	R$ 380,73	Em estoque
4	SP303	A003	Filtro de ar	R$ 15,40	Em estoque
5	SP304	A004	Rolamento de roc	R$ 35,16	Em estoque
6	SP305	A005	Silenciador	R$ 160,23	Em estoque
7	SP306	A006	Bandeja de óleo	R$ 101,89	Indisponível
8	SP307	A007	Pastilhas de freio	R$ 65,99	Em estoque
9	SP308	A008	Discos de freio	R$ 85,73	Indisponível
10	SP309	A009	Farol	R$ 35,19	Em estoque
11	SP310	A010	Cabo de freio	R$ 15,49	Em estoque
12					
13		Número da peça		A008	
14		Preço da peça		R$ 85,73	

D13 é o valor procurado ou o valor que você deseja pesquisar.

B2 a E11 (realçados em amarelo na tabela) é a matriz_tabela ou o intervalo em que o valor de pesquisa está localizado.

É o núm_índice_coluna ou o número de coluna na matriz_tabela que contém o valor de retorno. Neste exemplo, a terceira coluna da matriz de tabela é Preço da Peça, portanto, o resultado da fórmula será um valor da coluna Preço da Peça.

FALSO é o intervalo_pesquisa, portanto, o valor de retorno será uma correspondência exata.

O resultado da fórmula PROCV é 85,73, o preço dos Discos de freio.

GABARITO: CERTO.

1389. **(AUTOR – 2018)** Com base no Microsoft Excel 2016, julgue o que se segue.

No MS Excel 2016 ao aplicar um clique duplo com o botão esquerdo do mouse sobre a linha que divide os cabeçalhos das colunas B e C ambas as colunas terão sua largura ajustada pelo maior conteúdo da coluna.

Certo ( ) Errado ( )

Ao realizar a ação indicada, apenas a coluna B será autoajustada, para que a coluna C também seja, é necessário usar o clique duplo entre a coluna C e D.

Existe tecnologia que oferece essa funcionalidade.

GABARITO: ERRADO.

1390. **(AUTOR – 2018)** RFID é um método de identificação automática por meio de sinais de rádio, recuperando e armazenando dados remotamente por meio de dispositivos denominados etiquetas RFID.

Certo ( ) Errado ( )

Uma etiqueta ou tag RFID é um transponder, pequeno objeto que pode ser colocado em uma pessoa, animal, equipamento, embalagem ou produto, entre outros. Contém chips de silício e antenas que lhe permite responder aos sinais de rádio enviados por uma base transmissora. Além das etiquetas passivas, que respondem ao sinal enviado pela base transmissora, existem ainda as etiquetas semipassivas e as ativas, dotadas de bateria, que lhes permite enviar o próprio sinal. São bem mais caras que do que as etiquetas passivas.

GABARITO: CERTO.

1391. **(AUTOR – 2018)** Os Sistemas de Gerenciamento de Banco de Dados Relacionais – SGBDR também utilizam metadados que são armazenados diretamente nas tabelas no banco de dados.

Certo ( ) Errado ( )

Em banco de dados, informações a respeito dos dados são tão importantes quanto os dados. Os Sistemas de Gerenciamento de Banco de Dados Relacionais – SGBDR também utilizam metadados. As tabelas no banco de dados são usadas para armazenar informações. De forma similar, um SGBDR tem várias meta-tabelas que armazenam descrições das tabelas.

GABARITO: ERRADO.

1392. **(AUTOR – 2018)** Os metadados têm um papel importante na gestão de dados, pois a partir deles as informações são processadas, atualizadas e consultadas. As informações de como os dados foram criados/derivados, ambiente em que reside e/ou residiu, alterações feitas, entre outras são obtidas de metadados.

Certo ( ) Errado ( )

Os metadados fornecem os recursos necessários para entender os dados por meio do tempo.

GABARITO: CERTO.

1393. (AUTOR – 2018) Considere a planilha em edição no MS Excel 2016 a seguir.

	A	B	C
1	10	50	
2	20	70	
3	30	80	
4	40	20	
5	10	10	
6			

Ao inserir na célula C1 a expressão =PERCENTIL(A1:B5; 4) apresenta como resultado após teclar ENTER o valor referente ao 4º percentil.

Certo ( ) Errado ( )

Embora a função percentil ainda funcione, ela existe como forma de compatibilidade com as versões anteriores do Excel 2007. Porém, o erro encontra-se no valor referente ao k-ésimo percentil, que deve ser um valor entre 0 e 1. Se k for < 0 ou se k > 1, PERCENTIL retornará o valor de erro #NÚM!.

GABARITO: ERRADO.

1394. (AUTOR – 2018) Considere a planilha em edição no MS Excel 2016 a seguir.

	A	B	C
1	Dados		
2	39790		
3	19		
4			
5	VERDADEIRO		
6	#DIV/0!		
7			
8	22,24		
9			
10	19/08/2018		
11			

Um usuário inseriu na célula C1 a função =CONT.VALORES(A1:B10) e teclou ENTER, o resultado apresentado foi 3, uma vez que a função conta a quantidade de células que possuem valores numéricos.

Certo ( ) Errado ( )

O resultado será 7, pois a função conta a quantidade de células NÃO vazias, ou seja, a quantidade de células que tenham algum conteúdo.

GABARITO: ERRADO.

1395. (AUTOR – 2018) O MS Excel 2016 apresenta algumas novidades em relação às versões anteriores, principalmente em termos de gráficos, a versão atual consta com gráficos que não existiam antes como: Explosão Solar, Mapa de Árvore, Superfície e Radar, entre outros.

Certo ( ) Errado ( )

Os gráficos de Radar e Superfície já existiam, junto com: Colunas, Pizza, Linhas, Barras, Área, XY (ou Dispersão), Ações e combinações. Os novos são: Mapa, Mapa de Árvore, Explosão Solar, Caixa e Texto (Boxsplot), Cascata e Funil.

GABARITO: ERRADO.

1396. (AUTOR – 2018) No Excel 2016 ao usar a Formatação Condicional é possível aplicar apenas 3 regras por célula selecionada.

Certo ( ) Errado ( )

É possível usar várias regras, inclusive sobrepô-las, nesse caso, vale a última usada.

GABARITO: ERRADO.

1397. (AUTOR – 2018) A função =PROCH( ) localiza um valor na linha superior de uma tabela ou matriz de valores e retorna um valor na mesma coluna de uma linha especificada na tabela ou matriz.

Certo ( ) Errado ( )

A função PROCV localiza algo em linhas da primeira coluna de uma tabela ou de um intervalo.

GABARITO: CERTO.

1398. (CESPE – 2014 – CÂMARA DOS DEPUTADOS – TÉCNICO LEGISLATIVO) Ferramenta essencial para a realização de cálculos simples ou avançados, a calculadora do Windows é acionada por meio de opção do menu da ferramenta Excel, que oferece opção de cálculos em planilhas.

Certo ( ) Errado ( )

Primeiramente, o Excel não possui mais o menu ferramentas; segundo não há opção no Excel para abrir a calculadora do Windows.

GABARITO: ERRADO.

1399. (CESPE – 2014 – MTE – CONTADOR) No Microsoft Excel 2013, ao se clicar o botão Análise Rápida, as funcionalidades disponibilizadas permitem criar diferentes tipos de gráficos, incluindo gráficos de linhas e colunas, ou ainda, adicionar gráficos de miniatura.

Certo ( ) Errado ( )

Ao selecionar o conjunto de dados da planilha, aparecerá no canto inferior direito o ícone do botão Análise Rápida, tal funcionalidade torna muito mais produtiva a manipulação de planilhas e a visualização das informações em outros formatos. Os minigráficos também são chamados de gráficos Sparkline.

GABARITO: CERTO.

1400. **(CESPE – 2013 – SEE/AL – SECRETÁRIO ESCOLAR)** PARA mesclar as células B1, C1 e D1 de modo que a célula resultante passe a ter o conteúdo da célula B1, centralizado na nova célula mesclada, é suficiente realizar a seguinte sequência de ações: clicar a célula B1; pressionar e manter pressionada a tecla SHIFT; clicar a célula D1, liberando então a tecla SHIFT; clicar o botão .

Certo ( ) Errado ( )

A ferramenta acionada foi Mesclar e Centralizar, pois se a ferramenta Mesclar Células fosse usada ainda faltaria centralizar o conteúdo da célula.

GABARITO: CERTO.

Editores de Apresentação

1401. **(AUTOR – 2018)**Com base nos conceitos de edição de eslaides e nos programas MS PowerPoint 2016 e LibreOffice Impress 5.0 e posteriores julgue os itens a seguir.

Tanto MS PowerPoint 2016 como o Impress consegue abrir e salvar arquivos com a extensão .PPSX.

Certo ( ) Errado ( )

As suítes de escritório possuem compatibilidade no salvamento e abertura de arquivos.

GABARITO: CERTO.

Impress

1402. **(CESPE – 2016 – INSS – TÉCNICO DO SEGURO SOCIAL)** Com relação à informática, julgue o item que se segue.

Em um texto ou imagem contido em eslaide que esteja em edição no programa LibreOffice Impress, é possível, por meio da opção Hyperlink, criar um link que permita o acesso a uma página web.

Certo ( ) Errado ( )

Tanto em uma apresentação como em planilhas e documentos de texto é possível inserir hiperlinks para sites, arquivos ou e-mails, e que podem ser vinculados a texto ou imagem.

GABARITO: CERTO.

1403. **(INSTITUTO AOCP – 2018 – TRT – 1ª REGIÃO/RJ – TÉCNICO JUDICIÁRIO – ÁREA ADMINISTRATIVA)** Considerando o padrão de arquivos utilizado pelo LibreOffice (ODF - Open Document Format), quais são, respectivamente, as extensões utilizadas para arquivos de texto, apresentações e planilhas?

a) .txt, .ppt e .xls

b) .doc, .ppt e .xls

c) .pdf, .odt e .csv

d) .odt, .odp e .ods

e) .docx, .csv e .xml

Odt – padrão do Writer para documentos de texto.

Ods – padrão do Calc para Planilhas.

Odp – padrão do Impress para apresentações de slides.

Txt – arquivo de texto puro (padrão do bloco de notas).

Ppt – padrão do PowerPoint (97-2003) para apresentação de slides.

Xls – padrão do Excel (97-2003) para pastas de trabalho.

Pdf – formato de documento portátil, padrão para adobe reader, entre outros leitores de pdf.

Csv – colunas separadas por vírgulas (tanto Calc como Excel manipulam esse tipo de arquivo).

Docx – padrão do Word (2007-2019) para documentos de texto.

Xml – linguagem de marcação estendida, uso bastante genérico.

GABARITO: D.

1404. (AUTOR – 2018) O pacote da Microsoft tem a desvantagem de não ser compatível e não funcionar em nenhum celular e tablet que não tenha instalado o sistema operacional Windows.

Certo ( ) Errado ( )

O Micrsoft Office tem versões para dispositivos mobile mesmo para smartphone e tablets que não possuam Windows.

GABARITO: ERRADO.

1405. (AUTOR – 2018) O BrOffice está disponível para todos os sistemas operacionais e sua interface é muito amigável, sendo totalmente compatível com as ferramentas similares do pacote Microsoft Office.

Certo ( ) Errado ( )

Embora sejam compatíveis em muitos aspectos, ainda não são totalmente compatíveis.

GABARITO: ERRADO.

1406. (CESPE – 2013 – TELEBRAS – NÍVEL MÉDIO) Acerca de edição de textos, planilhas e apresentações, julgue o item que se segue.
No BrOffice Impress, caso selecione o modo de exibição de eslaides em estrutura de tópicos, apenas os textos dos eslaides serão exibidos.

Certo ( ) Errado ( )

Tanto no Impress como no PowerPoint contamos com tal opção, que exibe apenas os textos sem formatação, ou outras características do slide.

GABARITO: CERTO.

1407. (CESPE – 2009 – TER/MA – TÉCNICO JUDICIÁRIO – ÁREA ADMINISTRATIVA)O Impress é uma alternativa para a criação e edição de planilhas eletrônicas, com opções de formatação visual, regras de cálculo e fórmulas.

Certo ( ) Errado ( )

O Impress é o editor de Apresentação de Slides do BrOffice.

GABARITO: ERRADO.

1408. **(CESPE – 2009 – TER/MA – TÉCNICO JUDICIÁRIO – ÁREA ADMINISTRATIVA)**Com relação aos aplicativos do ambiente BR Office, julgue o item a seguir. O Impress, que reconhece arquivos com extensão .odt, é a ferramenta do BR Office utilizada para a criação de documentos, de forma equivalente ao aplicativo Microsoft Office Word.

Certo ( ) Errado ( )

O Impress tem por finalidade a criação de Apresentações de Slides.

GABARITO: ERRADO.

1409. **(IBFC – EBSERH – TÉCNICO EM INFORMÁTICA)** O LibreOffice é uma suíte de aplicações de escritório destinada tanto à utilização pessoal quanto profissional. São alguns dos seus diversos aplicativos:

(1) Draw.

(2) Press.

(3) Math.

(4) Base.

a) da relação apresentada existem somente o 1, 2 e 3.

b) da relação apresentada existem somente o 1, 2 e 4

c) da relação apresentada existem somente o 1, 3 e 4.

d) da relação apresentada existem somente o 2, 3 e 4.

e) da relação apresentada existem o 1, 2, 3 e 4.

A suíte LibreOffice conta com o editor de textos Writer, editor de planilhas Calc, editor de apresentação de slides Impress, editor de desenho Draw, editor de fórmulas Math e gerenciador de banco de dados Base.

GABARITO: C.

1410. **(IBFC – CEP 28 – ASSISTENTE ADMINISTRATIVO)** Quanto ao Microsoft Office e o BrOffice, analise as afirmativas abaixo, dê valores Verdadeiro (V) ou Falso (F) e assinale a alternativa que apresenta a sequência correta (de cima para baixo):

( ) Impress é um programa de apresentação de slides similar ao PowerPoint.

( ) BrOffice somente é possível de ser instalado em ambientes Linux.

a) V – V .

b) V – F.

c) F – V.

d) F – F.

Apesar de existirem programas na suíte MS Office similares aos da suíte do BrOffice, o pacote da Microsoft possui muito mais aplicativos, como o próprio Outlook como cliente de e-mail que não possui similar na suíte do BrOffice.

GABARITO: B.

1411. (IF–TO – 2015 – IF/TO – ENFERMEIRO DO TRABALHO) Analise as afirmativas abaixo e marque a sequência correta dos resultados:

( ) O Apache Openoffice funciona no ambiente Windows e Linux.
( ) A extensão padrão das apresentações atuais do PowerPoint é .pptx.
( ) O Apache Openoffice não tem editor de texto, apenas planilha eletrônica.
( ) A planilha eletrônica do pacote Microsoft Office é o Excel.
( ) Arquivos criados no Microsoft Word são Abertos no Apache Openoffice Writer.

a) V V F V F.

b) V F F V V.

c) V V F V V.

d) F F F V V.

e) V V V V V.

Open Office, Apache Openoffice, LibreOffice e BrOffice são termos que na prática identificam suítes de aplicativos de escritório diferentes, porém, para efeitos de prova, o aluno pode compreender como se fossem iguais. Uma das características dessas suítes de softwares livres é de serem multiplataformas, ou seja, possuem versões para Windows, Linux e Mac Os. Considerando que a questão fala do Microsoft Office a partir da versão 2007, o formato padrão é o PPTX para o PowerPoint, DOCX para Word e XLSX para o Excel. Os principais editores do LibreOffice são: Writer para texto; Calc para planilha, Impress para apresentações e Draw para desenhos. Enquanto no Microsoft Office encontramos: Word para texto; Excel para planilhas; PowerPoint para apresentações; One Note para cadernos e Outlook como cliente de e-mail. Tanto o LibreOffice tem a capacidade de abrir e salvar os arquivos com o formato padrão usado no Microsoft Office, como o MS Office consegue abrir e salvar arquivos do LibreOffice.

GABARITO: C.

1412. (IF–TO – 2015 – IF/TO – ENFERMEIRO DO TRABALHO) Cada arquivo criado nos pacotes office, tais como Microsoft Office e Apache Openoffice, sempre são salvos com extensões. Relacione as extensões da coluna da esquerda com o seu respectivo aplicativo da coluna da direita:

(1) .ods (A) Writer
(2) .docx (B) Word
(3) .odt (C) Calc
(4) .odp (D) Impress
(5) .xlsx (E) Excel

Marque a alternativa em que está correta a relação:

1C, 2B, 3A, 4D, 5E.

a) 1A, 2B, 3C, 4D, 5E.

b) 1E, 2B, 3A, 4D, 5C.

c) 1C, 2A, 3B, 4E, 5D.

d) 1B, 2A, 3C, 4E, 5D.

Apesar de possuírem formatos de arquivos diferentes, o Microsoft Office e o Apache OpenOffice conseguem manipular, ou seja, abrir e salvar, arquivos da suíte concorrente. Os formatos padrão para os principais programas são: Documento do Word – DOCX; Modelos do Word – DOTX; Pasta de Trabalho do Excel – XLSX; Apresentação do PowerPoint (modo edição) – PPTX; Apresentação do PowerPoint (modo exibição) – PPSX; Documento do Writer – ODT; Planilha do Calc – ODS; Apresentação do Impress ODP.

GABARITO: A.

1413. **(AUTOR – 2018)** No Impress 5.0, assim como no PowerPoint 2016, os efeitos de animação de elementos de um eslaide são categorizados, entre as categorias se destacam: Entrada, Saída e Ênfase.

Certo ( ) Errado ( )

Além dessas, a categoria Caminho também pode ser citada.

GABARITO: CERTO.

1414. **(CESPE – 2012 – PC/AL – ESCRIVÃO DE POLÍCIA – MÉDIO)** Para iniciar a configuração de um eslaide mestre no aplicativo Impress do BrOffice, deve-se clicar Slide mestre e, em seguida, Formatar.

Certo ( ) Errado ( )

Faltou indicar onde encontrar o slide mestre. No Impress ele é encontrado no Menu Exibir. Vale lembrar que além do slide mestre, temos o modo Notas Mestre que é equivalente ao modo Anotações Mestre do PowerPoint.

GABARITO: ERRADO.

PowerPoint

1415. **(CESPE – 2018 – POLÍCIA FEDERAL – AGENTE DE POLÍCIA FEDERAL)** Julgue o item que se segue, acerca da edição de textos, planilhas e apresentações nos ambientes Microsoft Office e BrOffice.

Na versão 2013 do PowerPoint do Microsoft Office Professional, é possível abrir arquivos no formato .odp, do Impress do BrOffice; contudo, não é possível exportar ou salvar arquivos .pptx originais do PowerPoint como arquivos .odp.

Certo ( ) Errado ( )

Tanto no Microsoft Office como no LibreOffice é possível utilizar os formatos de ambas as suítes, seja para salvar ou abrir arquivos.

GABARITO: ERRADO.

1416. **(BIO-RIO – 2015 – SPDM – ENFERMEIRO)** O Powerpoint 2013 BR oferece a possibilidade de se fazer a verificação e correção ortográfica na apresentação criada. Para isso, deve-se clicar no ícone mostrado na Faixa de Opções quando se acionar a guia REVISÃO na Barra de Menus, ou pressionar a seguinte tecla de função:

a) F8.

b) F7.

c) F6.

d) F5.

e) F4.

A ferramenta de correção Ortográfica e Gramatical possui a mesma tecla de atalho (F7) tanto na Suíte do Microsoft como do LibreOffice, isso nos editores de texto, planilha e apresentação. Já as demais possuem funcionalidades que variam de acordo com os programas.

GABARITO: B.

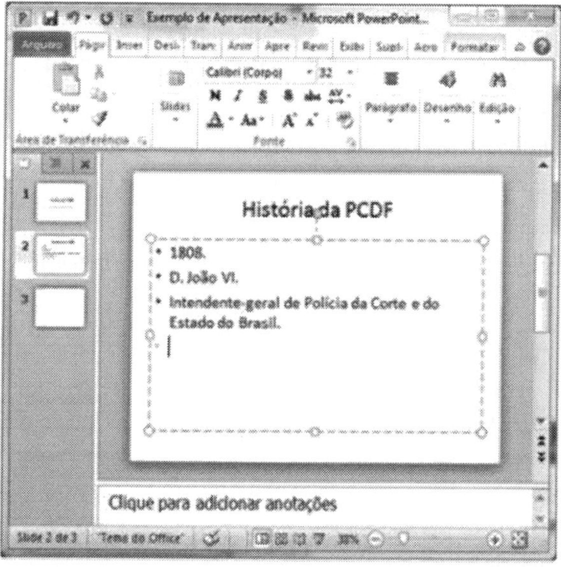

1417. **(CESPE – 2013 – PC–DF – AGENTE DE POLÍCIA)** Considerando a figura apresentada, que ilustra parte de uma janela do PowerPoint 2010 com uma apresentação em processo de edição, julgue o item abaixo.

A ferramenta correspondente ao botão AV pode ser usada em uma sequência de ações para se ajustar o espaçamento entre caracteres de um texto da apresentação que for selecionado.

Certo ( ) Errado ( )

O espaçamento entre caracteres também é encontrado nos outros editores da suíte MS Office como o Word, na aba avançado da janela propriedades de fonte.

GABARITO: CERTO.

1418. **(CESPE – 2015 – TELEBRAS – NÍVEL MÉDIO)** Acerca de edição de textos, planilhas e apresentações, julgue o item que se segue.

No Microsoft PowerPoint, imagens e textos são armazenados dentro do arquivo que está sendo gerado, ao passo que vídeos são anexados ao arquivo ppt, sem serem salvos.

Certo ( ) Errado ( )

A própria questão se contraria: como vai estar no arquivo sem estar salvo? Contudo, é possível determinar que o programa apenas armazene os vínculos de onde estão os dados, a fim de gerar um arquivo final menor.

GABARITO: ERRADO.

1419. **(FCC – 2014 – SABESP – ADVOGADO)** No Microsoft PowerPoint 2010, em português, no modo de visualização Normal é mostrado um painel à esquerda onde são exibidos os slides em miniatura, enquanto no centro da janela, aparece o slide atual em edição. As opções para inserir novo slide, duplicar slide ou excluir slide estão disponíveis clicando-se:

a) com o botão direito do mouse sobre um dos slides em miniatura no painel da esquerda.

b) no grupo opções da guia slides.

c) no grupo gerenciador de slides da guia ferramentas.

d) com o botão direito do mouse sobre o slide em edição no centro da tela.

e) na guia página inicial.

Não existe guia slides, como também a guia Ferramentas, na Aba Página Inicial, não existe a opção excluir.

GABARITO: A.

1420. **(FCC – 2013 – PGE/BA – ASSISTENTE DE PROCURADORIA)** Em uma repartição pública os funcionários necessitam conhecer as ferramentas disponíveis para realizar tarefas e ajustes em seus computadores pessoais.

Entre esses trabalhos, tarefas e ajustes estão:

I. Utilizar ferramentas de colaboração on-line para melhoria do clima interno da repartição e disseminação do conhecimento.

II. Aplicar os conceitos de organização e de gerenciamento de informações, arquivos, pastas e programas afim de possibilitar a rápida e precisa obtenção das informações, quando necessário.

III. Conhecer e realizar operações de inserção de elementos nos slides do PowerPoint, entre outras.

IV. Conhecer as formas utilizadas pelo Excel para realizar cálculos e também operações de arrastar valores de uma célula para a outra.

V. Realizar pesquisas na Internet usando os sites de busca mais conhecidos.

O conhecimento referido no item III possibilita a inserção de elementos nos slides como, por exemplo, fotos contidas em um álbum. Nativamente o PowerPoint (2010) abriga essa facilidade no "Álbum de Fotografias" localizado na Guia.

a) Animações.

b) Arquivo.

c) Página inicial.

d) Design.

e) Inserir.

Essa opção permite a criação de um slide show com várias fotos de forma mais prática, sem ter de ficar colocando foto por foto nos slides.

GABARITO: E.

1421. **(FCC – 2013 – PGE/BA – ASSISTENTE DE PROCURADORIA)** Quando há a necessidade de se fazer a impressão de uma apresentação elaborada com o Microsoft Power Point, há diferentes opções no que se refere ao Intervalo de Impressão. Uma dessas opções é:

a) Último slide.

b) Slide atual.

c) Primeira metade.

d) Primeiro slide.

e) 4 Primeiros Slides.

Assim como na impressão de páginas de um documento em que temos a impressão da página Atual, temos também a impressão do Slide Atual, as demais opções não fazem sentido.

GABARITO: B.

1422. **(IMA – 2015 – PREFEITURA DE CANAVIEIRA/PI – PROFESSOR – MATEMÁTICA)** No Power Point 2007, o botão ao ser pressionado possibilita:

a) Insere uma imagem de um arquivo.

b) Insere formas prontas como triângulos, retângulos, círculos etc.

c) Insere Clip-art no documento, incluindo desenhos, filmes e sons.

d) Inclui o elemento gráfico SmartArt para comunicação de informações visualmente.

A opção Clip-Art ilustrada na questão não existe mais no MS Office 2013, ela foi substituída pela opção Imagens Online. O Clip-Art abre uma galeria de imagens categorizadas, a maioria dos usuários conheceu essas imagens ao aprender, pela primeira vez, a usar o PowerPoint, ao inserir algumas imagens mais icônicas como o carro vermelho, o homem palito e a explosão.

O MS Office2007 também trouxe uma novidade que é a opção SmartArt, esse recurso permite criar esquemas com pirâmides, ciclos, processos e hierarquias, entre outros.

Para inserir formas geométricas, balões de pensamento e conversa, e algumas figuras como raio, coração e smile, o usuário deve acessar a opção Formas da aba Inserir.

GABARITO: C.

1423. **(ASSCONPP – 2015 – PREFEITURA DE XAXIM/SC – AGENTE ADMINISTRATIVO)** Analisando os ícones abaixo, relacione-os de acordo com sua correta denominação:

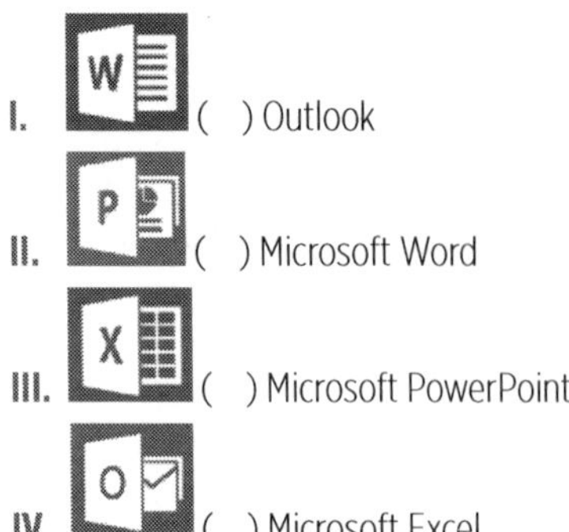

I. ( ) Outlook

II. ( ) Microsoft Word

III. ( ) Microsoft PowerPoint

IV. ( ) Microsoft Excel

A sequência correta é, portanto:

a) I, II, III e IV.

b) II, I, IV e III.

c) IV, I, II e III.

d) IV, II, I e III.

Questão simples que cita os ícones dos respectivos programas. O Microsoft Word é um editor de textos, enquanto o MS Excel é um editor de planilhas que permite uso de fórmulas, funções, classificação e filtragem de dados, além de permitir plotar esses dados em gráficos. O MS PowerPoint é um editor de apresentação de eslaides similar ao Impress do LibreOffice. O MS Outlook é um cliente de e-mail que tem por principal concorrente o Thunderbird da Mozilla.

GABARITO: C.

1424. (COMVEST–UEPB – PREFEITURA DE CATOLÉ DO ROCHA/PB – MONITOR DE CRECHE) Durante uma apresentação de slides no Microsoft PowerPoint 2010, em sua configuração original, o usuário pressionou a tecla ESC. Ao fazer isso, o PowerPoint:

a) Terminou a apresentação.

b) Retornou a apresentação ao primeiro slide.

c) Avançou a apresentação para o último slide.

d) Retornou um slide apenas.

e) Deixou a tela com fundo preto, ocultando temporariamente a apresentação, esperando até que se pressione ESC novamente para voltar à apresentação.

Uma vez que os slides estejam sendo visualizados em modo apresentação, algumas teclas de atalho são importantes, pois nem todas as teclas avançam para o próximo slide. A tecla Esc, como coloca a questão, encerra a apresentação, já a tecla Home volta ao primeiro Slide, enquanto a tecla End avança até o último slide da apresentação. Também é possível usar a tecla E para escurecer a tela, assim é exibida uma tela preta; já ao teclar C, a tela é clareada, ou seja, é exibida uma tela branca; em ambos os casos, ao clicar com o mouse é exibido o slide que estava ativo ao usar a tecla E ou C. As setas de navegação podem ser usadas para avançar ou retroceder nos slides, sendo a tecla para a direita e abaixo para avançar; e acima e à esquerda para retroceder.

GABARITO: A.

1425. (CAIP–IMES – 2015 – CONSÓRCIO INTERMUNICIPAL GRANDE ABC – Procurador) Os botões representados nas figuras fazem parte da janela do PowerPoint 2010. Identifique o que corresponde ao comando de espaçamento entre caracteres.

Atende ao enunciado o botão número:

a) 1.

b) 3.

c) 2.

d) 4.

O recurso Espaçamento Entre Caracteres é uma propriedade de Fonte presente no PowerPoint, Excel e Word, porém, possui botão apenas no PowerPoint, nos demais encontra-se apenas na janela Propriedades de Fonte. O ícone em 1 corresponde a ferramenta Diminuir o Tamanho da Fonte, enquanto o 4 Aumenta, já a ferramenta 3 é a opção Maiúsculas e Minúsculas.

GABARITO: C.

1426. (VUNESP – 2015 – PREFEITURA DE SÃO JOSÉ DOS CAMPOS/SP – ANALISTA DE SAÚDE) No MS-PowerPoint 2010, na sua configuração padrão, em um slide que está sendo preparado, a sequência para incluir um botão de ação que permite executar uma outra apresentação do PowerPoint é:

a) A partir da guia Inserir, no grupo "Links", clique no ícone Hiperlink e selecione, na opção "Botões de Ação", a figura do ícone desejado e insira no Slide; após esse procedimento, irá aparecer a janela de diálogo chamada "Configurar ação". Escolha a opção "Executar programa", clique no botão "Procurar" e selecione a apresentação que deseja que seja executada.

b) A partir da guia Inserir, no grupo "Texto", clique no ícone WordArt e selecione, na opção "Botões de Ação", a figura do ícone desejado e insira no Slide; após esse procedimento, irá aparecer a janela de diálogo chamada "Configurar ação". Escolha a opção "Executar programa", clique no botão "Procurar" e selecione a apresentação que deseja que seja executada.

c) A partir da guia Inserir, no grupo "Ilustrações", clique no ícone Formas e selecione, na opção "Botões de Ação", a figura do ícone desejado e insira no Slide; após esse procedimento, irá aparecer a janela de diálogo chamada "Configurar ação". Escolha a opção "Executar programa", clique no botão "Procurar" e selecione a apresentação que deseja que seja executada.

d) A partir da guia Design, no grupo "Figura", clique no ícone SmartArt e selecione, na opção "Botões de Ação", a figura do ícone desejado e insira no Slide; após esse procedimento, irá aparecer a janela de diálogo chamada "Configurar ação". Escolha a opção "Executar programa", clique no botão "Procurar" e selecione a apresentação que deseja que seja executada.

e) A partir da guia Design, no grupo "Figura", clique no ícone Clip-Art e selecione, na opção "Botões de Ação", a figura do ícone desejado e insira no Slide; após esse procedimento, irá aparecer a janela de diálogo chamada "Configurar ação". Escolha a opção "Executar programa", clique no botão "Procurar" e selecione a apresentação que deseja que seja executada.

Os dois caminhos para inserir uma ação ou criar um botão de ação são encontrados na guia Inserir. O primeiro é selecionar a opção Formas e, nas últimas opções da lista, escolher no grupo Botões de Ações a forma desejada, enquanto a segunda permite atribuir uma ação a um texto ou imagem qualquer. Em ambos os casos será aberta a janela para definir a ação do botão criado. As ações incluem abertura de programa específico e navegação entre os slides da apresentação.

GABARITO: C.

1427. **(VUNESP – 2015 – PREFEITURA DE SÃO JOSÉ DOS CAMPOS –/SP – ASSISTENTE TÉCNICO – TÉCNICO EM SEGURANÇA DO TRABALHO)** No MS-PowerPoint 2010, na sua configuração padrão, na guia Inserir, o ícone que permite inserir "Número do Slide" é:

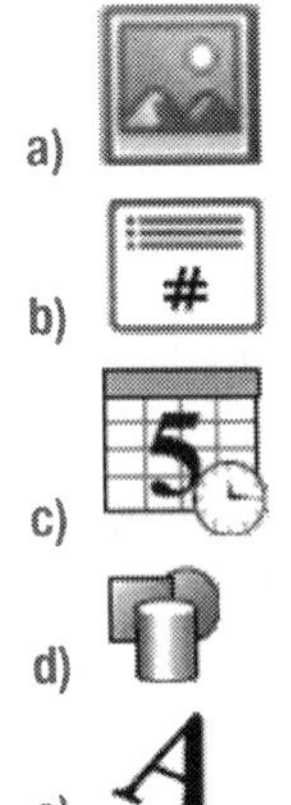

Os ícones apresentados em ordem são: Inserir Imagem, Inserir Número do Slide, Data e Hora, Formas e WordArt, todos estão presentes na guia Inserir do PowerPoint 2010. Cuidado, pois na versão 2013 alguns ícones sofreram ligeiras mudanças visuais.

GABARITO: B.

1428. **(VUNESP – 2015 – CÂMARA MUNICIPAL DE ITATIBA/SP – ASSISTENTE DE GABINETE)** Observe a figura a seguir, extraída do MS-PowerPoint 2010, em sua configuração padrão. Ela apresenta algumas das opções de animação disponíveis, agrupadas pelos seus tipos. Os tipos das animações foram mascarados e marcados de 1 a 3.

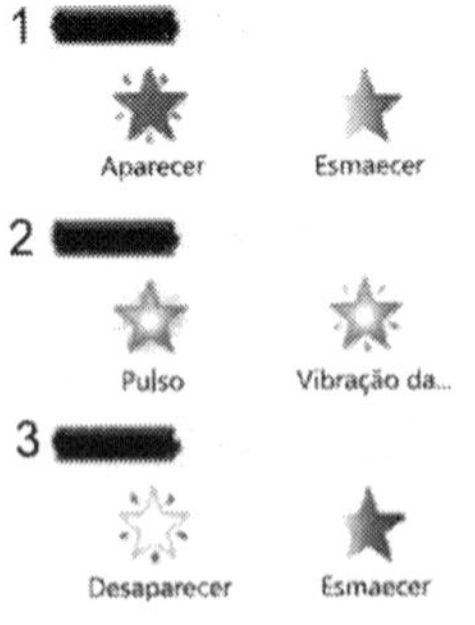

Assinale a alternativa que contém o nome dos tipos de animação que foram mascarados na figura.

a) 1 – Entrada 2 – Vibração 3 – Saída.

b) 1 – Ênfase 2 – Vibração 3 – Movimento.

c) 1 – Entrada 2 – Ênfase 3 – Saída.

d) 1 – Movimento 2 – Ênfase 3 – Saída.

e) 1 – Ênfase 2 – Entrada 3 – Movimento.

Os efeitos de animação do PowerPoint são organizados em quatro grupos: Entrada, Ênfase, Saída e Caminho, conforme ilustra a figura a seguir:

GABARITO: C.

1429. (VUNESP – 2015 – CÂMARA MUNICIPAL DE ITATIBA/SP – ASSISTENTE DE GABINETE) A figura a seguir, extraída do MS-PowerPoint 2010 em sua configuração padrão, apresenta uma mesma forma em dois momentos: antes e depois da modificação de algumas definições que podem ser acessadas a partir da opção "Formatar forma..." do menu de contexto da forma.

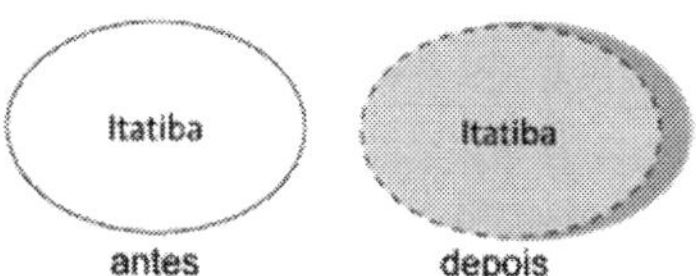

Assinale a alternativa que contém o nome das definições modificadas entre os dois momentos da figura.

a) Sombra, Estilo da Linha e Preenchimento.

b) Sombra, Efeitos Artísticos e Corte.

c) Preenchimento, Correções de Imagem e Rotação 3D.

d) Formato 3D, Estilo de Linha e Reflexo.

e) Formato 3D, Preenchimento e Reflexo.

Efeitos artísticos, corte e correções da imagem são ferramentas exibidas quando se possui uma imagem externa ou captura de tela selecionada, embora os recursos Formato 3D, Rotação 3D e Reflexo fazem parte do grupo de opções citadas, eles não foram usados para obter o resultado apresentado. Para entender melhor os resultados, recomenda-se realizar o procedimento citado pela questão no PowerPoint, e ainda usar as demais ferramentas presentes a fim de conhece-las mais detalhadamente.

GABARITO: A.

1430. (FUNCAB – 2015 – CRC/RO – ASSISTENTE ADMINISTRATIVO) Um administrador de rede precisa utilizar o MS PowerPoint 2010, em português, para confeccionar uma apresentação usando apenas o teclado. Ele deseja inserir novos slides para construir sua apresentação. Nesse caso, ele vai usar as teclas de atalhos:

a) Shift+O

b) Ctrl + M

c) Ctrl + P

d) Alt+I

e) Shift + Esc

A combinação SHIFT + O apenas irá escrever a letra O maiúscula, CTRL + P é o atalho para impressão. Ao teclar ALT cada aba exibirá uma letra ou combinação dessas que ao serem acionadas abrirão a respectiva guia.

GABARITO: B.

1431. (FUNCAB – 2015 – CRC/RO – CONTADOR) Um usuário que clicar no ícone  no MS PowerPoint 2010, em português, vai ter acesso à função para:

a) inserir novas formas e figuras no slide indicado.

b) colar um conteúdo da área de transferência.

c) adicionar um slide à apresentação.

d) alterar o layout do slide selecionado.

e) organizar todos os slides em sessões distintas.

Os ícones e opções de inserção de formas e figuras no PowerPoint são os mesmos encontrados no Word e Excel, com uma única diferença: a opção Álbum de Fotografias que existe somente no PowerPoint. A opção para colar também é a mesma nos três programas citados. A opção Inserir Novo Slide apresenta um sinal, similar a um asterisco, no canto superior esquerdo do ícone.

Apesar de ser possível inserir seções em uma apresentação de slides, não há opção direta para organizar quais slides fazem parte de cada seção.

GABARITO: D.

1432. **(VUNESP – 2015 – PM/SP – SOLDADO DA POLÍCIA MILITAR)** A figura a seguir, extraída do MS-PowerPoint 2010, em sua configuração padrão, apresenta uma mesma forma em dois momentos: antes e depois da modificação de algumas definições da "Caixa de texto", que podem ser acessadas a partir da opção "Formatar forma..." do menu de contexto da forma.

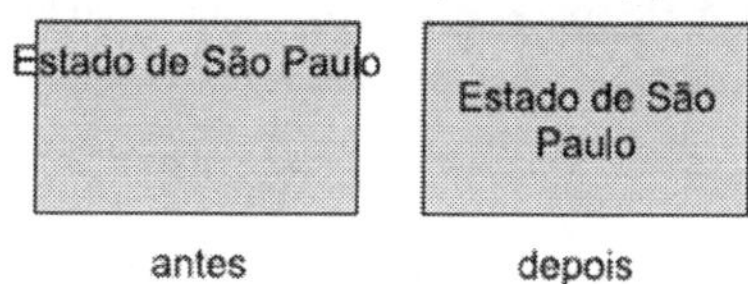

Assinale a alternativa que contém o nome dos parâmetros redefinidos entre os dois momentos da figura.

a) Não Ajustar Automaticamente e Redimensionar forma para ajustar texto.

b) Redimensionar forma para ajustar texto e Alinhamento vertical.

c) Não Ajustar Automaticamente e Alinhamento vertical.

d) Quebrar texto automaticamente e Não Ajustar Automaticamente.

e) Alinhamento vertical e Quebrar texto automaticamente na forma.

Na comparação antes e depois, pode-se notar que não há alteração na forma, mas apenas no texto em relação a sua posição. Existem várias maneiras de dispor uma imagem em um texto e um texto em uma imagem, como o meio que sobrepõe o texto e a imagem, o recurso quadrado que permite o texto circundar uma imagem, alinhado com o texto faz com que a imagem se porte como se fosse um parágrafo textual.

GABARITO: E.

1433. **(AUTOR – 2018 – INFORMÁTICA – POWERPOINT 2016)** Em uma apresentação de eslaides do PowerPoint é permitido ao usuário inserir vários efeitos de animação em um mesmo eslaide, porém cada elemento dentro do eslaide como figura ou caixa de texto pode possuir apenas uma efeitos de animação.

Certo ( ) Errado ( )

É possível adicionar vários efeitos a um mesmo elemento de slide, contudo, ao usar a aba Animações, deve-se notar que existe o botão Adicionar Animação no bloco Animação Avançada, pois se for apenas selecionado o estilo de animação desejado por meio do bloco Animação será apenas substituído o estilo de animação já presente.

GABARITO: ERRADO.

1434. **(AUTOR – 2018)** – Informática – PowerPoint 2016) E uma apresentação de eslaides no MS PowerPoint com 5 eslaides deseja se aplicar dois efeitos de transição diferentes na troca do slide 3 para o slide 4, para tanto deve-se usar opções da aba Transições.

Certo ( ) Errado ( )

Só é possível aplicar um efeito de transição para cada troca de slides. Logo, do slide 4 para o slide 5 apenas um efeito pode ser usado.

GABARITO: ERRADO.

1435. **(AUTOR – 2018)** No PowerPoint 2016 a opção S permite sublinhar o trecho de texto selecionado em uma caixa de texto.

Certo ( ) Errado ( )

A opção indicada pela figura é Sombra de Texto. Ela aplica um efeito de sombra ao texto não sublinhado.

GABARITO: ERRADO.

1436. **(AUTOR – 2018)** No PowerPoint 2016 a opção permite alinhar o texto na parte inferior da caixa de texto selecionada.

Certo ( ) Errado ( )

A opção indica a opção Direção do Texto. Vale observar que ela existe também no Word e no Excel, embora nesse último o ícone seja diferente, no Word a diferença é mais sutil.

GABARITO: ERRADO.

1437. **(AUTOR – 2018)** A respeito do Microsoft PowerPoint 2016, julgue o item a seguir.

Quando o usuário quiser que todos os seus slides contenham as mesmas fontes e imagens, poderá fazer essas alterações no Slide Mestre, e elas serão aplicadas a todos os slides.

Certo ( ) Errado ( )

O Slide Mestre é um recurso para facilitar a formatação dos elementos e estilos de uma apresentação de slides.

GABARITO: CERTO.

1438. **(AUTOR – 2018)** A respeito do Microsoft PowerPoint 2016 julgue o item a seguir.

Todos os temas usados em sua apresentação incluem um slide mestre e um conjunto de layouts relacionados.

Certo ( ) Errado ( )

Um tema é uma paleta de cores, fontes e efeitos especiais (como sombras, reflexos, efeitos 3D etc.) que complementam uns aos outros. Um designer habilidoso criou cada tema no PowerPoint. Esses temas predefinidos estão disponíveis na guia Design do modo de exibição Normal.

GABARITO: CERTO.

1439. **(AUTOR – 2018)** A respeito do Microsoft PowerPoint 2016 julgue o item a seguir.

No PowerPoint 2016 é possível usar mais de um tema na apresentação.

Certo ( ) Errado ( )

Neste caso, a apresentação terá mais de um slide mestre e vários conjuntos de layouts.

GABARITO: CERTO.

1440. **(AUTOR – 2018)** No PowerPoint 2016 o recurso Slide Mestre permite criar uma apresentação de eslaides de exemplo para que outros documentos sejam criados a partir deste, alterando o conteúdo de seus eslaides.

Certo ( ) Errado ( )

Slide Mestre não é um arquivo de exemplo, é uma estrutura que permite definir os padrões de formatação dos slides do arquivo. É possível inclusive usar mais de um tema e/ou slide mestre em uma mesma apresentação.

GABARITO: ERRADO.

Hardware

1441. **(CESPE – 2018 – POLÍCIA FEDERAL – PERITO CRIMINAL FEDERAL – ÁREA 3)** A respeito dos tipos de RAID e suas principais características, julgue o item que se segue.

RAID 6, que requer no mínimo três discos e é também conhecido como striping with double parity, não permite a recuperação dos dados em caso de falha de dois dos seus discos.

Certo ( ) Errado ( )

O RAID 5 (striping with parity) exige pelo menos 3 discos, enquanto o RAID 6 (striping with double parity) exige pelo menos 4 discos. O RAID 5 suporta a falha de apenas um disco, caso 2 discos venham a apresentar falhas, todos os dados serão perdidos. Já no caso do RAID 6, é possível que 2 discos falhem e ainda assim os dados sejam recuperados, caso 3 discos venham apresentar problemas, então todos os dados serão perdidos.

GABARITO: ERRADO.

1442. **(CESPE – 2018 – POLÍCIA FEDERAL – PERITO CRIMINAL FEDERAL – ÁREA 3)** A respeito dos tipos de RAID e suas principais características, julgue o item que se segue.

RAID 0, também conhecido como disk striping, requer no mínimo dois discos rígidos: se um disco falhar, os demais garantem o acesso e a recuperação dos dados.

Certo ( ) Errado ( )

RAID 0 busca aumento de desempenho guardando metade da informação em cada disco caso sejam usados 2, ou um quarto da informação em cada disco, caso sejam usados 4 discos. Com isso, o tempo gasto para guardar o dado como um todo é reduzido. Porém, esse tipo de arranjo de disco tem como ponto crítico aumentar a probabilidade de perder todos os dados, pois basta que qualquer um dos discos apresente problema para perder tudo.

GABARITO: ERRADO.

1443. **(CESPE – 2018 – POLÍCIA FEDERAL – PERITO CRIMINAL FEDERAL – ÁREA 3)** A respeito dos tipos de RAID e suas principais características, julgue o item que se segue.

RAID 1, também conhecido como disk mirroring, requer pelo menos dois discos rígidos e permite a recuperação dos dados em caso de falha de um dos discos.

Certo ( ) Errado ( )

O RAID 1, também conhecido como RAID de espelhamento (mirroring), copia todos os dados automaticamente em 2 discos simultaneamente. Desta forma, caso um dos discos falhe, é possível recuperar os dados do outro.

GABARITO: CERTO.

1444. **(CESPE – 2018 – EBSERH – TÉCNICO EM INFORMÁTICA)** Julgue o item subsecutivo, a respeito dos componentes de um computador.

Software é o nome dado ao conjunto formado pela unidade central de processamento, pela memória e pelos dispositivos de entrada e saída.

Certo ( ) Errado ( )

Software é o conjunto de instruções escritas em uma linguagem de programação que controla as operações as quais serão executadas pelo hardware, por sua vez composto pelos componentes físicos do computador.

GABARITO: ERRADO.

1445. **(IAUPE – 2018 – CMBPE – BOMBEIRO)** Na computação, o armazenamento dos dados é realizado em dispositivos denominados memória. Assinale a alternativa em que ambas as memórias de armazenamento são voláteis.

a) ROM e HD
b) Cache e RAM
c) RAM e ROM
d) Cache e ROM
e) RAM e HD

Memórias voláteis são aquelas que ao serem desligadas perdem os dados, enquanto que memórias não voláteis (de armazenamento) mesmo quando desligadas mantêm os dados armazenados. Assim, temos como memórias Voláteis: Cache e RAM, e não voláteis: ROM e HD.

GABARITO: B.

1446. **(IBFC – 2020 – EBSERH – TÉCNICO EM CONTABILIDADE)** Assinale a alternativa incorreta quanto a um hardware:

a) microprocessador.
b) disco rígido.
c) memória RAM.
d) placa de rede.
e) Javascript.

Javascript é uma linguagem de programação voltada para a web, praticamente toda página web usa algo em javascript, como para tarefas de validação de formulários (se preenchidos e corretamente) ou na personalização de CSS (código responsável pela formação de layouts, cores e animações de uma página web).

GABARITO: E.

1447. (FGV – 2020 – IBGE – AGENTE CENSITÁRIO OPERACIONAL – REAPLICAÇÃO) A descrição de uma impressora a laser de pequeno porte num site de produtos para informática indica que a resolução máxima de impressão é 1.220 x 1.200.

Tipicamente, a unidade nesse caso é:

a) pontos por centímetro;

b) pontos por metro;

c) pontos por polegada;

d) pontos verticais e horizontais numa página padrão A4;

e) pontos verticais e horizontais numa página padrão A5.

De modo geral, as medidas de resolução usam a dimensão polegada quadrada como base, seja na quantidade de pontos impressos no papel, ou pixels na tela, ou sensibilidade do mouse.

GABARITO: C.

1448. (NUCEPE – 2018 – PC/PI – INFORMÁTICA – HARDWARE) Marque a alternativa CORRETA em relação às afirmativas abaixo, que tratam dos componentes de um computador.

I – Os dispositivos de entrada e saída permitem a comunicação do usuário com o computador. Os teclados e monitores são exemplos, respectivamente, de dispositivos de entrada e dispositivos de saída.

II – O processador é o componente do computador utilizado para interpretar e executar uma operação definida por uma instrução de máquina.

III – As portas USB (Universal Serial Bus) do computador são utilizadas para a conexão de HDs externos, pendrives, mouses, teclados, impressoras e outros dispositivos periféricos compatíveis com o padrão USB.

a) Somente a afirmativa I está correta.

b) Todas as afirmativas estão corretas.

c) Somente a afirmativa III está correta.

d) Somente as afirmativas I e II estão corretas.

e) Somente as afirmativas I e III estão corretas.

Dispositivo de entrada é todo aquele que permite levar uma informação do mundo real (físico) para o mundo digital, exemplos: teclado, mouse, webcam, scanner, entre outros. Já os dispositivos de saída são aqueles que permitem levar uma informação do mundo digital ao mundo real, exemplos: monitor, impressora, projetores, entre outros.

Assim como existem os periféricos, existe a parte de processamento, que tem como seu elemento central o processador o qual recebe as informações e instrução de quais cálculos realizar, ou seja, o processador se resume a um dispositivo interno que basicamente apenas processa (calcula) as informações.

A conexão USB foi concebida em um comum acordo com as grandes fabricantes e desenvolvedoras de software da indústria de TI para simplificar e padronizar a comunicação com os diversos periféricos existentes e futuros.

GABARITO: B.

1449. **(AOCP – 2018 – TRT/RJ –TÉCNICO JUDICIÁRIO – INFORMÁTICA)** Um computador normalmente é composto por um conjunto de hardware, incluindo seus periféricos. Qual das alternativas a seguir NÃO é um exemplo de periférico?

a) Monitor.

b) Leitor de digitais.

c) Impressora.

d) CPU.

e) Teclado.

O processador, assim como a memória RAM fazem parte da estrutura de processamento (o barramento – placa-mãe – também pode ser incluído nessa estrutura), enquanto os dispositivos externos ao gabinete (de modo mais generalizado) são vistos como periféricos, pois estão na periferia do núcleo de processamento.

GABARITO: D.

1450. **(AUTOR–2020)** Na estrutura de Hardware de um computador existem duas pontes, chamadas de North Bridge (ponte norte) e South Bridge (ponte sul) que também recebem o nome de chipsets, a ponte norte tem interligada a ela os barramentos de Ethernet Gigabit, UCP, Memória ROM e PCI-Express x16, enquanto que a ponte sul interliga os dispositivos mais lentos como Discos Rígidos, sots PCI, BIOS, USB 2.0, entre outros.

Certo ( ) Errado ( )

A ponte norte liga a memória RAM e não a memória ROM.

GABARITO: ERRADO.

1451. **(INCAB – 2019 – PM/SC – POLICIAL MILITAR)** Na organização de um computador, é considerado um dispositivo de saída um(a):

a) Impressora padrão.

b) Scanner comum.

c) CPU.

d) Teclado.

e) Mouse.

O único dispositivo de saída listado é a impressora, enquanto teclado, mouse e scanner são dispositivos de entrada, e CPU é de processamento.

GABARITO: A.

1452. **(AUTOR –2020)** Julgue as assertivas a seguir com base nos conceitos sobre Hardware. O USB foi concebido na óptica do conceito de Plug and Play, revolucionário na altura da expansão dos computadores pessoais, feito sobre um barramento que adota um tipo de conector que deve ser comum a todos os aparelhos que o usarem, assim tornando fácil a instalação de periféricos que adotassem essa tecnologia, e diminuiu o esforço de concepção de periféricos. Recentemente foi lançado o padrão USB SuperSpeed (USB 3.0) que opera a taxa de aproximadamente 614 Megabits por segundo, superando ao padrão USB 2.0 que operava a velocidade de 480 Mbps.

Certo ( ) Errado ( )

O USB 3.0 opera a taxa de 4,8 Gigabits por segundo, o equivalente a 614 MegaBytes (o correto ainda é falar Mebibytes) por segundo, enquanto o padrão USB 2.0 opera a taxa de 480 Megabits por segundo, equivalente acerca de 60 MB/s.

GABARITO: ERRADO.

1453. **(AUTOR –2020)** Julgue as assertivas a seguir com base nos conceitos sobre Hardware.

A figura acima ilustra o conector de vídeo HDMI utilizado para transmissão de vídeo. Este tipo de conexão, que é cada vez mais utilizada nos dispositivos eletrônicos como televisores e computadores, oferece a partir da versão 1.4 suporte para transmissão de imagens em 3D, bem como resoluções de até 4096 x 2160 pixels, popularmente conhecida pela resolução 4K.

Certo ( ) Errado ( )

O único erro da questão é a figura, que na verdade ilustra um cabo DisplayPort. A largura de banda do HDMI é de cerca de 10,2 Gbps, enquanto que do DisplayPort é próximo a 21,6 Gbps.

GABARITO: ERRADO.

1454. **(AUTOR –2020)** Julgue as assertivas a seguir com base nos conceitos sobre Hardware. Os registradores de um processador são memórias voláteis assim como as memórias RAMs, contudo se encontram no topo da hierarquia de memórias.

Certo ( ) Errado ( )

A hierarquia de memórias se dá pela velocidade de acesso e importância, assim, a mais relevante é a do registrador, seguida pelas memórias de cache, somente após elas é que se encontram as memórias RAM que, por sua vez, são seguidas das memórias de armazenamento.

GABARITO: CERTO.

1455. **(UFPR – 2020 – CÂMARA DE CURITIBA/PR – TÉCNICO ADMINISTRATIVO)** Com relação a hardware e software, é correto afirmar:

a) Um Sistema Operacional é uma camada de software que opera entre o hardware e programas.
b) Os aplicativos de edição de texto, reprodução de mídia e editor gráfico são exemplos de hardware.
c) Discos, memórias e portas USB são componentes de software.
d) O software é constituído de aplicativos e de circuitos eletrônicos.
e) A impressora é um exemplo de software, porque depende da instalação de aplicativo específico para funcionar.

O sistema operacional é o principal software do computador, ele é responsável por gerenciar o hardware e tornar o computador útil. Hardware é o termo usado para tratar genericamente da parte física do computador, isto é, das peças do computador. Assim, HDs, memórias, processadores, periféricos no geral são exemplos de hardware. Para usar as peças adequadamente, os seus fabricantes desenvolvem um software que funciona como uma espécie de manual para o sistema operacional usar as peças, esses softwares são os drivers, eles são específicos para a peça e também para o sistema operacional.

GABARITO: A.

1456. (NC–UFPR – 2019 – PREFEITURA DE MATINHOS/PR – FISCAL DE TRIBUTOS) Assinale a alternativa que apresenta a menor capacidade em Bytes para armazenar 500 MB.

a) 1 EB.

b) 1 GB.

c) 1 KB.

d) 1 PB.

e) 1 TB.

Basicamente precisamos indicar qual o menor tamanho que comporte 500MB, assim temos como próxima medida acima do MB o GB, de tal modo que 1GB suporta 1000MB. 500MB são 500.000KB.

GABARITO: B.

1457. (NC–UFPR – 2019 – PREFEITURA DE CURITIBA/PR – FISCAL) Sobre o funcionamento de um computador, considere as seguintes afirmativas:

1. É o processador que determina a capacidade de armazenamento de informações em um computador.
2. A capacidade de armazenar dados em um HD é medida em GHz.
3. As impressoras multifuncionais (com copiadora e escâner) são exemplos de periféricos de entrada e saída de dados.
4. O Sistema Operacional Windows Explorer tem de ser atualizado constantemente.

Assinale a alternativa correta.

a) Somente a afirmativa 3 é verdadeira.

b) Somente as afirmativas 1 e 2 são verdadeiras.

c) Somente as afirmativas 2 e 4 são verdadeiras.

d) Somente as afirmativas 1, 3 e 4 são verdadeiras.

e) As afirmativas 1, 2, 3 e 4 são verdadeiras.

O Processador é a parte do computador responsável pelo processamento, ou seja, pela realização dos cálculos e operações de comparação (que no fim são cálculos), ele não armazena dados, embora possua memória interna denominada de cache. A cache é uma memória volátil e muito rápida, porém pequena. A velocidade de um processador é definida em GHz, enquanto a capacidade de armazenamento de um dispositivo como os HDs e pendrives é a

medida em Bytes, atualmente a capacidade de armazenamento dos HDs comerciais encontra-se na casa dos Tera Bytes (TB). Dispositivos periféricos são dispositivos que agregam funções ao computador além das básicas, e são classificados de acordo com sua função, como aqueles que capturam dados do mundo real e transformam em informações para o mundo digital, esses são denominados periféricos de entrada, como scanners, mouse e teclados. Enquanto os que fazem o processo inverso, levando dados do mundo digital para o físico, como impressoras e monitores, são ditos dispositivos de saída. Windows é um sistema operacional, enquanto Windows Explorer (ou atualmente Explorador de Arquivos) é o gerenciador de arquivos do Windows.

GABARITO: A.

1458. (NC–UFPR – 2019 – PREFEITURA DE CURITIBA/PR – FISCAL) Para imprimir um documento numa impressora da rede interna localizada em sala diferente daquela onde esteja o computador com o documento que se deseja imprimir, é necessário que esse computador esteja ligado à rede:

a) cabeada e com o hardware da impressora instalado nele.

b) sem fio, com o hardware e o software instalados nele.

c) cabeada ou sem fio e com o driver da impressora instalado nele.

d) cabeada e com o driver instalado direto na impressora.

e) cabeada ou sem fio, porém com o hardware instalado nele e o software driver instalado direto na impressora.

Atualmente, impressoras, até mesmo impressoras domésticas possuem suporte à rede cabeada (802.3) e sem fio (802.11), além da conexão padrão USB. Impressoras mais antigas utilizavam a porta de comunicação paralela para se conectar ao computador.

GABARITO: C.

1459. (NC–UFPR – 2019 – FPMA/PR – Auxiliar Administrativo) Programa de computador pré-gravado em memória permanente (ROM), executado por um computador quando ligado, responsável pelo suporte básico de acesso ao hardware, bem como por iniciar a carga do sistema operacional, recebe o nome de:

a) BIOS.

b) USB.

c) HDMI.

d) Boot.

e) Reste.

O BIOS é um firmware utilizado para a inicialização da máquina e testes de compatibilidade e confiabilidade dessa máquina. USB é uma conexão assim como HDMI, já Boot é o processo de carregamento do sistema operacional.

GABARITO: A.

1460. (NC–UFPR – 2018 – CÂMARA DE QUITANDINHA/PR – TÉCNICO LEGISLATIVO) Em um site está para venda um computador com as seguintes características: Notebook Intel Core i7 7500U 13,3" 8GB SSD 256 GB Windows 10 7ª Geração micro HDMI 2 USB 2.0 mini VGA. Assinale a alternativa que apresenta a sigla de dispositivo para armazenamento não volátil de dados digitais.

a) 8GB.

b) HDMI.

c) SSD.

d) USB.

e) VGA.

Dispositivos de armazenamento, memória secundária, são não voláteis, enquanto a memória principal (RAM) é baseada em capacitores, o que as tornam voláteis, ou seja, ao serem desligadas perdem os dados.

Agora vamos detalhar a configuração do computador citado, Intel é a fabricante, atualmente os fabricantes mais conhecidos de processadores do mercado são a Intel e a AMD, embora existam outras que ganham mais espaço no universo mobile, Core i7 é uma linha de processadores da Intel (i3, i5, i7 e i9), como é de se imaginar, quanto maior o número, maior o desempenho. 7500U é o modelo do processador i7, sendo o primeiro dígito representando a geração, que foi reforçada na descrição do equipamento em "7ª Geração".

Já 13,3" indica o tamanho da tela do computador com 13,3 polegadas (na diagonal). 8GB identifica a capacidade de memória RAM disponível, por vezes pode aparecer algumas informações complementares como: 2000MHz = que representa a velocidade/frequência da memória, (2x4GB) è identifica que os 8GB são obtidos por uso de 2 pentes de memória com capacidade de 4GB cada.

SSD 256GB é a capacidade do dispositivo de armazenamento, atualmente essa informação pode ser dividida e apresentar 2 tipos de armazenamento distintos HD NVmE m.2 e outro HD SSD ou magnético. SSD é a tecnologia empregada Solid State Drive (Drive de estado sólido), ou seja, usa tecnologia Falsh (elétrica) para armazenar os dados, conferindo maior velocidade que as mídias magnéticas.

Windows 10 é a versão do sistema operacional.

Micro HDMI é a conexão de saída de vídeo, enquanto USB 2.0 é a versão da conexão USB. Mini VGA é outra conexão de saída de vídeo.

GABARITO: C.

1461. (NC–UFPR – 2018 – CÂMARA DE QUITANDINHA/PR – AUXILIAR ADMINISTRATIVO) É um periférico de entrada responsável por digitalizar imagens, fotos e textos impressos para o computador:

a) CD-ROM.

b) Escaner.

c) Fax.

d) Modem.

e) Ploter.

CD ROM é uma mídia de armazenamento óptico com capacidade de 700MB e no estágio de apenas leitura (ROM – Read Only Memory). Escaner é um dispositivo de entrada de dados que digitaliza imagens. Fax/modem, no contexto de computação, é uma placa de comunicação usada na época da Internet Dial-UP para fazer a conexão com a Rede Internet usando um provedor de discagem, ou mesmo, para enviar do computador uma mensagem endereçada a um aparelho de fax e vice-versa. Modem de modo direto é apenas um conversor de energia, que converte sinais elétricos digitais em analógicos e vice-versa. Ploter é um tipo de impressora, conhecida como impressora do carro largo, muito usada por gráficas rápidas e setores como engenharia civil e arquitetura.

GABARITO: B.

1462. **(NC–UFPR – 2017 – ITAIPU BINACIONAL – PROFISSIONAL NÍVEL SUPORTE I – ATIVIDADE ADMINISTRATIVA)** Hardware é o recurso físico responsável pela entrada e saída de dados do computador. Selecione a opção que apresenta apenas dispositivos de entrada de dados.

a) Teclado, monitor e scanner.

b) Mouse, monitor e impressora.

c) Joystick, impressora e autofalantes.

d) Impressora, autofalantes e monitor.

e) Caneta óptica, leitor de código de barras e teclado.

Dispositivos de entrada são aqueles dotados de capacidade e finalidade de capturar informações do mundo real e digitalizá-las. São dispositivos de entrada mencionados na questão: Teclado, Scanner, Mouse, Joystick, Caneta óptica e leitor de barCode (código de barras). São dispositivos de saída: Monitor, impressora e autofalantes.

GABARITO: E.

1463. **(NC–UFPR – 2015 – ITAIPU BINACIONAL – ALMOXARIFADO)** Sobre a Memória USB Flash Drive, assinale a alternativa correta.

a) É um periférico de entrada e saída.

b) É um periférico somente de entrada.

c) É um periférico somente de saída.

d) É um componente integrado à placa-mãe.

e) Trata-se de uma memória volátil.

De modo mais específico, são dispositivos de armazenamento de dados.

GABARITO: A.

1464. **(NC–UFPR – 2015 – ITAIPU BINACIONAL – ALMOXARIFADO)** Assinale a alternativa que corresponde a um periférico de entrada e saída.

a) Scanner.

b) Caixa de som.

c) Mouse.

d) Impressora multifuncional.

e) Joystick.

Alguns dispositivos podem ser classificados como híbridos, pois possuem as duas funções: Entrada (E) e Saída (S). São dispositivos de entrada: Scanner, Mouse e Joystick. São dispositivos de Saída: Caixa de som, impressora e monitor. São dispositivos de E/S: tela sensível ao toque e impressoras multifuncionais.

GABARITO: D.

1465. (NC–UFPR – 2014 – ITAIPU BINACIONAL – ATUAÇÃO – ADMINISTRATIVA) Um sítio de compras on-line anunciava a venda de um computador com a seguinte especificação: iMac MD096BZ/A com Intel Core i5 3.2GHz 8GB 1TB USB Thunderbolt LED 27" Mac OS X Leopard - Apple.

Com base nas informações do anúncio, considere as seguintes afirmativas:

1. Intel Core i5 3.2GHz é o processador.
2. 8 GB é a capacidade do disco rígido.
3. 1 TB é a capacidade da memória secundária.
4. Mac OS X Leopard é a marca do equipamento.

Assinale a alternativa correta.

a) Somente a afirmativa 1 é verdadeira.

b) Somente as afirmativas 2 e 4 são verdadeiras.

c) Somente as afirmativas 1, 2 e 3 são verdadeiras.

d) Somente as afirmativas 1 e 3 são verdadeiras.

e) As afirmativas 1, 2, 3 e 4 são verdadeiras.

Intel é o fabricante. Outro grande fabricante é a AMD, Core i5 é o modelo do processador, 3.2GHz é o Clock do processador e representa a sua frequência de trabalho (velocidade). 8GB refere-se à quantidade de memória RAM. 1TB indica a capacidade de armazenamento de dados. USB Thunderbolt é uma forma de conexão USB de alta velocidade, uma USB tipo C 3.1 também pode ser indicada como USB4 se for Thunderbolt. LED 27" são propriedades do monitor, sendo LED o tipo de iluminação do backlight e 27" o tamanho da diagonal da tela. Mac OS X Leopard é o sistema operacional usado. Apple é o fabricando do computador.

GABARITO: D.

1466. (NC–UFPR – 2014 – ITAIPU BINACIONAL – ATUAÇÃO – ADMINISTRATIVA) A imagem a seguir representa os conectores de um computador. Qual é o tipo de conector identificado na imagem pelo número 5?

a) Mini Din.
b) USB.
c) DB9.
d) PS2.
e) Rede RJ45.

O número 1 indica as portas seriais usadas para conectar teclado e mouse. O número 2 indica a porta paralela usada para conectar impressoras. O número 3 é uma outra conexão serial. Já o número 4 aponta uma conexão VGA (saída de Vídeo). As portas USBs são indicadas pelo número 5. O número 6 está dentro do conector RJ45 de rede.

GABARITO: B.

1467. (NC–UFPR – 2014 – TJ/PR – TÉCNICO JUDICIÁRIO) Quantos bits tem um kB (kilobyte)?

a) 256.
b) 1.024.
c) 8.192.
d) 1.024.000.

Um KB possui 1024 Bytes e 8192 bits. 1MB possui 1024KB.

GABARITO: C.

1468. (NC–UFPR – 2013 – COPEL – TELEATENDENTE II) Cartão SD (Secury Digital Card) é:

a) um dispositivo para acesso a ambientes restritos.
b) um cartão para certificação digital.
c) um leitor portátil de digitais.
d) uma BIOS.
e) uma memória secundária.

Dispositivos de armazenamento são classificados como memórias secundárias, enquanto memória RAM e Cache compõe a memória principal. Assim, o cartão de memória SD, assim como os Micro SD usados em celulares são dispositivos de armazenamento.

GABARITO: E.

1469. (UFPR – 2013 – UFPR – ATENDENTE ADMINISTRATIVO) Numere a coluna da direita de acordo com sua correspondência com a coluna da esquerda.

1. Pen Drive.
2. Linux.
3. USB.
4. Scanner.
5. BrOffice-Calc.

( ) Conexão de periféricos de entrada/saída de dados.
( ) Hardware de entrada/saída de dados.
( ) Sistema operacional.

( ) Aplicativo.

( ) Hardware de entrada de dados.

Assinale a alternativa que apresenta a numeração correta da coluna da direita, de cima para baixo.

a) 1 - 2 - 5 - 4 - 3.

b) 3 - 2 - 1 - 5 - 4.

c) 2 - 3 - 1 - 4 - 5.

d) 3 - 4 - 2 - 5 - 1.

e) 3 - 1 - 2 - 5 - 4.

Pendrive é um dispositivo de armazenamento externo, logo, pode ser visto como periférico, e por ser de leitura e escrita é visto como Entrada e Saída de dados. Linux é um sistema operacional opensource (software livre). USB é padrão universal de conexão ao barramento de comunicação em série, usado para conectar periféricos como o pendrive. Scanner é um periférico de entrada de dados, enquanto o BrOffice é uma suíte de aplicativos de escritório opensource, composta por várias aplicativos como CALC (edito de planilhas) e WRITER (editor de textos).

GABARITO: E.

1470. **(IBADE – 2020 – IDAF/AC – ENGENHEIRO AGRÔNOMO)** USB é a sigla para Universal Serial Bus. Trata-se de uma tecnologia que surgiu para tornar mais simples e rápida a conexão de diversos tipos de dispositivos eletrônicos (câmeras digitais, pendrives, mouses, teclados, leitores de cartão etc.) ao computador. Evitando assim, o uso de um tipo específico de conexão para cada dispositivo. Em relação aos padrões existentes no mercado, quais serão as taxas de transmissão das versões 1.1 e 2.0, respectivamente?

a) 1,5Mbit/s a 12Mbit/s; 480Mbit/s.

b) 1,5Mbit/s a 480Mbit/s; 5Gbit/s.

c) 1,5Mbit/s a 12Mbit/s; 5Gbit/s.

d) 480Mbit/s para ambas as versões.

e) 480Mbit/s; 5Gbit/s.

O padrão USB surgiu de um acordo entre grandes fabricantes como IBM, Microsoft e Apple, com intenção de criar um conector padronizado de comunicação para dispositivos. As velocidades que cada versão da tecnologia USB alcança são:

Versão	USB 1.0	USB 1.1	USB 2.0	USB 3.0	USB 3.1	USB 3.2
Velocidade	1,5 Mbps	12Mbps	480Mbps Ou 35 a 40 MBps	5Gbps Ou 300MBps	10Gbps Ou 1,2GBps	20Gbps
Ano lançamento	1996	1998	2000	2008	2013	2017
Voltagem	5V	5V	5V	5V	5V	5V
Corrente	0,5mA	0,5mA	1.8mA	1.8mA	5mA	5mA

GABARITO: A.

1471. (IBADE – 2020 – PREFEITURA DE VILA VELHA/ ES – ANALISTA P. GESTÃO – ADMINISTRATIVO – IPVV) O computador, assim como muitos dispositivos eletrônicos, é dividido em duas partes: o hardware e o software. Analise as seguintes afirmações:

I. a memória é um hardware;

II. o processador é um software;

III. o sistema operacional é um hardware;

IV. o disco rígido é um hardware;

V. a impressora é um software.

Qual das alternativas abaixo representa somente a(s) característica(s) de hardware e software corretas?

a) somente I e IV.

b) somente II e V.

c) somente II e III.

d) somente III e V.

e) somente V.

Hardware é o termo usado para definir a parte rígida/dura do computador, ou seja, seus componentes físicos, enquanto o software é a parte lógica, isto é, os programas e sistemas.

GABARITO: A.

1472. (INSTITUTO AOCP – 2020 – PREFEITURA DE CARIACICA/ES – CONTADOR) Acerca dos conceitos básicos sobre Hardware, assinale a alternativa que apresenta apenas memórias do tipo secundária.

a) Cache, HD e RAM.

b) ROM, Pen drive e Cache.

c) RAM, DVD e Memory Card.

d) HD, CD e Pen drive.

Memórias de armazenamento perene são ditas memórias secundárias, enquanto memórias de curto prazo, ou também ditas memórias de trabalho, são tidas como memória principal. Cache (SRAM) e pentes de memória RAM (DRAM) são memórias de curto prazo, por serem voláteis e perderem os dados ao serem desligadas. Memórias do tipo ROM (PROM, ROM, EPROM, EEPROM e FLASH ROM) são pequenas e não perdem seus dados. Os dispositivos de armazenamento de dados de grande capacidade são as mídias ópticas (CD, DVD e BD), HD Magnéticos, HD SSDs (sata, M.2 e NVMe), cartões de memória, pendrives e Fitas magnéticas.

GABARITO: D.

1473. (SELECON – 2020 – PREFEITURA DE BOA VISTA/RR – GUARDA CIVIL MUNICIPAL) No que diz respeito ao hardware dos computadores atuais, uma impressora multifuncional 3 em 1 integra funções específicas que facilitam as atividades de rotina no ambiente de informática. Além da impressão propriamente dita, as duas outras funções são:

a) digitalização e plotagem.

b) fotocópia e digitalização.

c) roteamento e fotocópia.

d) plotagem e roteamento.

Impressoras multifuncionais podem ser 3x1 ou 4x1. As 3x1 são aquelas que possuem a função de impressoras, scanner e copiadora, sendo essa última funcionalidade possível de ser utilizada mesmo sem conectar a impressora a um computador. Já as impressoras 4x1, além das funções encontradas em impressoras 3x1, possuem a função de aparelho de fax.

GABARITO: B.

1474. (IBADE – 2019 – PREFEITURA DE SERINGUEIRAS – RO – FISCAL DE OBRAS) O byte e seus múltiplos operam como contadores de um volume de dados em um computador ou sistema computacional. UM Terabyte equivale a quantos gigabytes?

a) 256.

b) 512.

c) 1024.

d) 2048.

e) 4096.

No universo de softwares e memórias principais, o fator para o cálculo de Bytes é 1024. Assim, temos: 1024B = 1 KB, 1024KB = 1MB, 1024MB = 1GB, 1024GB = 1TB, 1024TB = 1PB, 1024PB = 1EB.

GABARITO: C.

1475. (INSTITUTO AOCP – 2019 – PREFEITURA DE SÃO BENTO DO SUL/SC – FISCAL DE TRIBUTOS) Relacione as colunas e assinale a alternativa com a sequência correta.

1. Memória RAM.
2. Processador.
3. Disco Rígido.

( ) É volátil.

( ) Sistema de armazenamento de alta capacidade, não volátil.

( ) Realiza operações matemáticas e lógicas para cumprir determinada tarefa.

( ) É possível dividi-lo(a) em unidades menores, chamadas de partições.

( ) A velocidade de transferência dessa memória é superior à dos dispositivos de memória de massa.

( ) Possui registradores, nos quais os dados são temporariamente armazenados.

a) 2 - 3 - 3 - 2 - 1 - 1.

b) 3 - 1 - 1 - 2 - 3 - 2.

c) 1 - 3 - 2 - 3 - 1 - 2.

d) 1 - 3 - 1 - 3 - 2 - 2.

Embora o processador contenha registradores e cache que são voláteis, atribui-se a memória RAM a característica de ser volátil. Dispositivos de armazenamento não podem ser voláteis, pois devem manter os dados mesmo quando na ausência de energia. O processador é o cérebro do computador, ele é o responsável por processar as tarefas, de modo mais específico a ULA (Unidade Lógico e Aritmética) do processador é quem realiza os cálculos e comparações com os dados dos registradores, enquanto a UC (unidade de Controle) controla a ordem de execução dos processos. Dispositivos de armazenamento Magnéticos e elétricos (pendrives, SSDs e cartões de memória) podem ser particionados, dispositivos ópticos podem ser gravados em multissessão,

mas não particionados. Mesmo com o advento dos HDs SSDs NVMe de altíssima velocidade (até 3500MBps) as memórias principais ainda são mais rápidas.

GABARITO: C.

1476. **(CESPE – 2013 – TJ-DFT – TÉCNICO JUDICIÁRIO – ÁREA ADMINISTRATIVA)** Nobreak é um equipamento que mantém, durante determinado tempo, em caso de falta de energia elétrica na rede, o funcionamento de computadores que a ele estiverem conectados.

Certo ( ) Errado ( )

O nobreak, como o próprio nome já sugere, mantém os dispositivos ligados, porque possui baterias internas, diferentemente do estabilizador que tem por objetivo apenas manter a voltagem e a corrente elétrica em um valor mais estável.

GABARITO: CERTO.

1477. **(CESPE – 2013 – TJ-DFT – TÉCNICO JUDICIÁRIO – ÁREA ADMINISTRATIVA)** Diferentemente de um processador de 32 bits, que não suporta programas feitos para 64 bits, um processador de 64 bits é capaz de executar programas de 32 bits e de 64 bits.

Certo ( ) Errado ( )

Aqui aplica-se o princípio da evolução das tecnologias em que as mais novas conhecem as antigas, então, torna-se possível a mais nova reconhecer a anterior, contudo, a antiga não sabe como é a mais nova.

GABARITO: CERTO.

1478. **(CESPE – 2013 – TJ-DFT – Técnico Judiciário – Área Administrativa)** Um processador moderno de 32 bits pode ter mais de um núcleo por processador.

Certo ( ) Errado ( )

Os primeiros processadores dual core possuem tal característica, contudo, não podemos nos limitar apenas aos computadores pessoais, pois processadores são dispositivos encontrados em diversos equipamentos eletrônicos e, constantemente, existe uma variedade de modelos de processadores.

GABARITO: CERTO.

1479. (CESPE – 2013 – POLÍCIA FEDERAL – ESCRIVÃO DA POLÍCIA FEDERAL) Considerando a figura acima, que ilustra as propriedades de um dispositivo USB conectado a um computador com sistema operacional Windows 7, julgue o item a seguir.

As informações na figura mostrada permitem inferir que o dispositivo USB em questão usa o sistema de arquivo NTFS, porque o fabricante é Kingston.

Certo ( ) Errado ( )

Quer dizer então que só por ser da Kingston, o sistema de arquivos terá de ser o NTFS? Absurdo, até porque por padrão, os pendrives são formatados como FAT.

GABARITO: ERRADO.

1480. (AUTOR – 2020) Julgue a assertiva a seguir com base nos conceitos sobre Hardware. A velocidade de resposta do computador depende exclusivamente do hardware do equipamento em questão.

Certo ( ) Errado ( )

Podemos dizer que o Hardware é o principal componente em termos de desempenho, mas a regra da Cespe limitou (exclusivamente), nesse caso dificilmente esteja certa.

GABARITO: ERRADO.

1481. (AUTOR – 2020) Julgue a assertiva a seguir com base nos conceitos sobre Hardware. Suponha que na sua empresa haja um sistema que mantém um cadastro de clientes, contendo dados tais como CPF, nome, endereço, entre outros, de tal forma que cada registro ocupe em média 100 bytes. Um pendrive de 2GB é suficiente para guardar 5 milhões de registros.

Certo ( ) Errado ( )

Se cada registro possui 100 bytes, para armazenar 5 milhões de registros serão necessários no mínimo 5.000.000x100 Bytes = 500.000.000 Bytes. Um pendrive de 2GB consegue armazenar

2x1024x1024x1024 Bytes = 2.147.483.648 Bytes, ou seja, é plenamente capaz de armazenar os registros solicitados.

GABARITO: CERTO.

1482. **(AUTOR – 2020)** Julgue a assertiva a seguir com base nos conceitos sobre Hardware. Cada vez mais a qualidade dos monitores e televisores tem aumentado, atualmente estão no auge os dispositivos 4K, em que 4K refere-se à resolução de tela de 3840 x 2160 pixels, com o aumento da resolução da tela as janelas dos aplicativos ficam maiores.

Certo ( ) Errado ( )

Quanto maior a resolução, menor ficam as janelas, ou a área útil das janelas se tornam maiores, a exemplo, um navegador, as ferramentas e opção se tornam ligeiramente menores enquanto que a visualização da página abrange uma área maior.

GABARITO: ERRADO.

1483. **(AUTOR – 2020)** Julgue a assertiva a seguir, com base nos conceitos sobre Hardware. Um cluster integra os recursos de dois ou mais dispositivos de computação, que poderiam funcionar separadamente, para realizar tarefas mais complexas ou mais demoradas, usando o princípio de dividir para conquistar.

Certo ( ) Errado ( )

É possível montar um cluster com dispositivos que possuam diferentes configurações, embora o mais comum seja usar dispositivos idênticos por facilitar a configuração. Hoje existem até mesmo Clusters criados com playstations. Um cluster pode ser definido por um conjunto de dispositivos interligados e que processam os dados fornecidos a ele.

GABARITO: CERTO.

1484. **(FCC – 2014 – SABESP – ADVOGADO)** Correspondem, respectivamente, aos elementos placa de som, editor de texto, modem, editor de planilha e navegador de internet:

a) software, software, hardware, software e hardware.
b) hardware, software, software, software e hardware.
c) hardware, software, hardware, hardware e software.
d) software, hardware, hardware, software e software.
e) hardware, software, hardware,
f) software e software.

São dispositivos de hardware apenas a Placa de som e o modem.

GABARITO: E.

1485. **(FCC – 2014 – SEFAZ/RJ – Auditor Fiscal da Receita Estadual – Prova 1)** Considere:

Para que um computador comece a operar quando é ligado ou reiniciado, por exemplo, precisa dispor de um programa para executar sua inicialização, denominado ..I.. . Este programa normalmente é armazenado em memória do tipo ..II.. dentro do hardware do computador, conhecida pelo termo ..III.. . Este programa deve alocar e carregar na memória ..IV.. do computador, o ..V.. do sistema operacional.

Preenchem correta e respectivamente as lacunas I, II, III e IV e V:

a) POST – dinâmica – EEPROM – não volátil – BIOS.

b) firmware – cache – BIOS – volátil – core.

c) bootstrap – ROM – firmware – RAM – kernel.

d) kernel – volátil – cache – principal – núcleo.

e) boot.ini – estática – ROM – VRAM – boot.

Bootstrap é um sinônimo para Boot, que se entende pelo carregamento do sistema operacional. POST é apenas uma das etapas do boot, kernel é o núcleo do Sistema Operacional, ou seja, sua parte principal. Firmware é o nome dado aos softwares feitos para peças específicas que são instaladas no hardware ainda na sua fabricação.

GABARITO: C.

1486. **(IADES – 2015 – ELETROBRAS – MÉDICO DO TRABALHO)** Equipamentos de informática exigem cuidados especiais, principalmente no que se refere à correta instalação elétrica e lógica. Acerca desse tema, assinale a alternativa que indica a sequência mais adequada para o desligamento de um computador, considerando que o aparelho encontra-se ligado e em uso.

a) Desligar o estabilizador (ou nobreak), desligar o monitor e os demais periféricos, e desligar a fonte do gabinete.

b) Encerrar o sistema operacional, verificar o desligamento da CPU, desligar os periféricos, e desligar o estabilizador ou nobreak (se existir).

c) Encerrar o Windows, desligar o estabilizador e nobreak, desligar o monitor e os demais periféricos.

d) Retirar da tomada, desligar o estabilizador (se existir), desligar o monitor e o gabinete, e encerrar o Windows.

e) Desligar o estabilizador, encerrar o sistema operacional, desligar o monitor e a impressora, e desligar a fonte do gabinete.

Questão simples que aborda a sequência de desligamento de dispositivos, cortar a fonte de alimentação (no caso o nobreak) é sempre o último passo, após verificar que os demais equipamentos já estão completamente desligados, a fim de evitar danos.

GABARITO: B.

1487. **(IBFC – 2015 – EBSERH – TÉCNICO EM INFORMÁTICA)** Um usuário, que possui uma impressora laser, reclama que seus materiais estão sendo impressos, somente com qualidade, no lado direito do papel. Este é um problema comum para a troca:

a) do Sistema de placas da impressora.

b) do Sistema de Tração.

c) da Unidade Laser.

d) do Sistema de Transporte de papel.

e) do Cartucho de Toner.

A questão aborda um aspecto prático do dia a dia, quando o tonner de impressão está acabando, a impressão sai falhada ou mais clara. Já as impressoras à jato de tinta podem não imprimir (impedem a impressão) se não houver tinta, há também modelos que imprimem, mas alteram a cor da impressão.

GABARITO: E.

1488. (QUADRIX – 2015 – CFA – ANALISTA DE SISTEMAS) Nos computadores pessoais, a placa-mãe permite o tráfego de informação e alimenta alguns periféricos com a energia elétrica que recebe da fonte do gabinete, dentre outras funções. Em relação à placa-mãe, é correto afirmar que:

a) todas as placas-mãe são projetadas para suportarem overlock, que consiste em superalimentar de energia processadores e memórias, além de permitir mais de uma placa de vídeo funcionando em paralelo.

b) como não queimam, as placas-mãe são construídas com capacitores menos resistentes, que reduzem seu custo. Mas todas possuem grande profusão de dissipadores de calor para garantir que os chipsets funcionem.

c) as placas-mãe costumam ter portas de conexão Ethernet, WiFi e Bluetooth. Além dessas, portas de última geração como FIDMI2, LiFi e USB 5.0 estão se popularizando.

d) há uma padronização na forma, como os slots, conectores e chipsets estão distribuídos em placas-mãe, mesmo de fabricantes e modelos diferentes.

e) o soquete, em que é encaixado o processador, possui certa quantidade de pinos para encaixe. Tecnicamente chamado de pinagem, define qual família de processadores é suportada pela placa-mãe.

Overclock é uma técnica usada para aumentar a potência de um computador, acrescendo principalmente a velocidade, por consequência, a temperatura das peças atinge temperaturas mais elevadas, por isso a necessidade de melhorar significativamente a refrigeração, no entanto, nem todas as placas ou processadores suportam tal sobrecarga. Alguns modelos de placas e processadores já são fabricados pensando nesse nicho de mercado de usuários que buscam forçar as peças ao limite de suas capacidades. Qualquer peça do computador está sujeita a queimar.

Atualmente, as placas-mãe são dotadas de vários recursos OnBoard como placas de vídeo de bom desempenho, Rede Gigabit, Wi-Fi ac, Bluetooh 4.0, USB 3.0 entre outros, ainda estão em fase de entrada no mercado e aprovação como o padrão LiFi (sinal de rede por meio de luzes Led).

Apesar de algumas partes terem locais padronizados por conta dos gabinetes (como os slots de expansão), os fabricantes buscam novos arranjos a fim de desenvolver peças que superem os concorrentes, o que leva a diversificações.

GABARITO: E.

1489. (IF-TO – 2015 – IF/TO – ENFERMEIRO DO TRABALHO) Avalie as sentenças abaixo:

I. Todo computador necessita, para conectar-se à internet, de uma placa de rede com fio ou sem fio.

II. Memória cache de um computador é mais lenta que a memória RAM.

III. Os dados gravados na memória RAM são permanentes e não se apagam sem o usuário comandar.

IV. O drive de disquete é um periférico somente de entrada de dados.

Assinale quais as alternativas estão corretas:

a) I e II.

b) II e III.

c) I e IV.

d) Somente I.

e) Nenhuma.

De um modo geral e dentro do contexto do que é abordado pelas provas de concurso, podemos considerar que para conectar um computador à rede, ele precise do hardware específico para isso, todavia, devemos lembrar que o computador pode não possuir uma placa de rede e ainda assim podemos nos conectar à Internet, mas ainda dependemos de um hardware, como um Modem 3G que pode ser ligado diretamente à porta USB do computador. As memórias RAM e cache são ambas voláteis, ou seja, quando desligadas perdem as informações nelas presentes, as duas memórias utilizam-se da mesma tecnologia, contudo, a memória cache, normalmente, é desenvolvida com a tecnologia mais recente e, por consequência, mais cara que a usada na memória RAM. Uma vez mais tecnológica que a RAM, a cache é mais rápida, porém, seu custo e objetivo fazem-na de menor capacidade que a memória RAM. Quanto ao Drive de disquete: ele é o hardware em que se coloca o dispositivo de armazenamento magnético, logo, tal hardware tem capacidade de ler e escrever dados no disquete, o que lhe confere a característica de entrada e saída de dados. Já em relação aos Drives como CD, DVD e BlueRay, é necessário maior cuidado, pois existem aqueles que conseguem apenas ler os dados, os chamados drives ROM (Read Only), como também os que permitem ler e gravar dados.

GABARITO: D.

1490. (UFMT – 2015 – DETRAN/MT – ADMINISTRADOR) A respeito de periféricos, analise as afirmativas.

I. A tela de monitor LCD é formada por duas placas de vidro e, atrás de uma delas, encontra-se o tubo de raios catódicos, responsável por gerar a imagem.

II. Nas impressoras a jato de tinta, utiliza-se uma cabeça de impressão móvel, a qual se move horizontalmente pelo papel enquanto a tinta é espirrada por minúsculos esguichos.

III. Em mídias ópticas Blu-ray, utilizam-se células de memória flash para aumentar a capacidade de armazenamento em relação aos DVD e aos CD-ROM.

IV. Está correto o que se afirma em:

a) II, apenas.

b) II e III, apenas.

c) I, apenas.

d) I e III, apenas.

Os monitores do tipo CRT é que usam a tecnologia de raios catódicos, a mesma tecnologia dos televisores de tubo (tubo de raios catódicos), além de ocuparem bastante espaço sobre a mesa, ao exibir durante muito tempo a mesma imagem, ela "manchava" a tela, por isso da ferramenta

proteção de tela. Atualmente, com os monitores de Cristal Líquido (LCD – Liquid Cristal Display), esse problema não ocorre mais, mas mesmo assim a ferramenta proteção de tela continua a existir, porém agora ela tem caráter de segurança. Existem vários tipos de impressoras como: Matriciais (também chamadas de impressoras de impacto); Jato de Tinta; Jato de Cera; Laser; Plotter; e recentemente as impressoras 3D ganharam espaço considerável no mercado. Na impressora matricial há uma agulha que pressiona uma fita contra o papel para imprimir os pontos no papel. Nas impressoras jato de tinta, há uma cabeça de impressão que pode fazer parte do cartucho (comum nas HPs) ou não. Na impressora a laser, cada linha de impressão é magnetizada em um rolo sobre o qual passa o papel e é depositado o pó também eletrificado de forma a grudar apenas nos pontos de interesse da impressão. As mídias ópticas são assim chamadas por usar luz, enquanto que os dispositivos flash usam eletricidade.

GABARITO: A.

1491. **(CEPERJ – PREFEITURA DE SAQUAREMA/RJ – ASSISTENTE ADMINISTRATIVO)** Entre os dispositivos utilizados na configuração dos microcomputadores, dois exemplos operam exclusivamente na entrada de dados para processamento, conhecidos por:

a) scanner e laserjet.

b) laserjet e teclado.

c) teclado e mouse.

d) mouse e deskjet.

e) deskjet e scanner.

Dispositivos de entrada são aqueles que permitem capturar dados do mundo real para o mundo digital. Enquanto os dispositivos de saída são os que permitem apresentar uma resposta ao usuário. Os principais dispositivos de entrada são: teclado; mouse; scanner; joysticks; webcam; microfones entre outros sensores. Já os principais dispositivos de saída são: monitor; impressora; caixa de som. Contudo, é importante também lembrar dos dispositivos híbridos, ou seja, aqueles que possuem tanto a função de entrada como de saída, a exemplo: impressoras multifuncionais e telas sensíveis ao toque.

GABARITO: C.

1492. **(CEPERJ – 2015 – PREFEITURA DE SAQUAREMA/RJ – ASSISTENTE ADMINISTRATIVO)** Atualmente, um dos dispositivos de armazenamento de dados é o pendrive, tendo em vista a facilidade de uso, o baixo custo e a considerável capacidade de armazenamento, na faixa de 8, 16 ou 32 GBytes. Esse dispositivo é integrado à configuração dos microcomputadores, versão desktop e notebooks, por meio de uma conexão conhecida pela seguinte sigla:

a) PCI.

b) USB.

c) BNC.

d) ISA.

e) RCA.

Em um computador existem estruturas de conexões externas e internas, são exemplos de conexões externas: USB, cabo de rede (conector RJ45), cabo de telefone (conector RJ11 – no caso de placas fax modem), cabos de rede coaxial e fibra óptica, conexões de vídeo (super vídeo, DVI, VGA, HDMI, RCA), conexão FireWire (mais usada em MACs), conexão e-Sata (usada para conectar hds externos) além das conexões de áudio que utilizam plugs P2. Já as conexões internas são usadas para interligar as peças internas do computador, como os cabos para HDs e drives de CDs/DVDs (IDE e Sata), como também as conexões para as placas presentes na placa-mãe chamadas de Slots: slot de memória (onde se conectam os "pentes" de memória RAM); PCI e PCI-Express (atualmente os mais usados para conectar placas de expansão como vídeo); AGP também é um slot usado para conectar placas de expansão; ISA é uma conexão mais antiga que foi substituída pelos slots PCI.

GABARITO: B.

1493. **(MAKIYAMA – 2015 – BANESTES – TÉCNICO BANCÁRIO)** A seguir, assinale a alternativa que apresenta somente dois periféricos de entrada de dados em um computador ou dispositivo eletrônico:

a) Scanner e caixas de som.

b) Impressora multifuncional e mouse.

c) Teclado e microfone.

d) Caixas de som e webcam.

e) Mouse e pen-drive.

Dos dispositivos listados são classificados como de entrada: scanner, mouse, teclado, microfone e webcam. Apenas as caixas de som são dispositivos de saída. Impressora multifuncional é um dispositivo de entrada e saída, o pendrive também pode ser assim classificado, embora seja melhor definido como dispositivo de armazenamento.

GABARITO: C.

1494. **(PREFEITURA DO RIO DE JANEIRO –RJ – 2015 – PREFEITURA DE RIO DE JANEIRO/RJ – ASSISTENTE ADMINISTRATIVO)** A figura abaixo ilustra um pendrive e o conector que esse dispositivo utiliza na integração dos recursos de um microcomputador.

Uma capacidade de armazenamento bastante comum para os pendrives atuais e a sigla pelo qual é conhecido o conector indicado acima são, respectivamente:

a) 16 TBytes e HDMI.

b) 16 GBytes e USB.

c) 8 GBytes e HDMI.

d) 8 TBytes e USB.

Atualmente existem pendrives com capacidade para armazenar 256GB, mas mais populares comercialmente estão os de 32GB. A conexão usada por pendrives é a USB (Universal Serial Bus), a conexão HDMI é a princípio para vídeo, porém, também transporta dados como sinais de controle remoto.

GABARITO: B.

1495. **(REIS & REIS – 2015 – PREFEITURA DE SANTANA DO JACARÉ/MG – PSICÓLOGO)** Como é chamada a parte lógica dos programas?

a) Hardware;

b) Firmware;

c) Software;

d) Peopleware.

Software = programa; hardware = peça; firmware = software inerente a uma peça, que é desenvolvido especificamente para uma peça, também pode ser entendido como software interno a uma peça. O Android é um exemplo de Sistema Operacional e Firmware, pois ele é desenvolvido para cada modelo de celular e tem por função controlar o dispositivo, a fim de oferecer uma usabilidade mínima.

GABARITO: C.

1496. **(REIS & REIS – 2015 – PREFEITURA DE SANTANA DO JACARÉ/MG – PSICÓLOGO)** A operação básica de Entrada de Dados (input) é feita por intermédio dos dispositivos a seguir, exceto:

a) Teclado;

b) Mouse;

c) Webcam;

d) Caixas de som.

Dispositivos de entrada são aqueles que capturam dados do mundo real para o mundo digital, como teclado, mouse, webcam, scanner. Enquanto os dispositivos de saída são aqueles que produzem uma resposta do mundo digital para o mundo real, como monitor, impressora e caixas de texto.

GABARITO: D.

1497. **(AUTOR – 2018)** O DPF adquiriu novos computadores para serem utilizados pelos escrivães e delegados de polícia com a seguinte configuração: 6ª geração Intel® Core™ I5-6500 (Quad Core, 3,2 GHz com turbo expansível para até 3,6 GHz, 6 MB, Intel® HD Graphics 530); Windows 10 Pro, 64- bits; Placa de Vídeo integrada Intel® Graphics; 8 GB, 1600MHz, DDR3L (2 x 4 GB); 1 TB (7200 RPM). Acerca dos conceitos de hardware julgue o item a seguir.

A partir da descrição da configuração dos equipamentos dada é possível concluir que os computadores são dotados de placas de vídeo offboard.

Certo ( ) Errado ( )

A descrição apresenta apenas que o processador possui integrado à sua estrutura o processamento gráfico, bem como não é descrita qualquer outra informação a respeito da placa de vídeo. Assim, considera-se que o computador utilizará uma placa-mãe com conexão de vídeo integrada, ou seja, com placa de vídeo onboard.

GABARITO: ERRADO.

1498. **(AUTOR – 2018)** O DPF adquiriu novos computadores para serem utilizados pelos escrivães e delegados de polícia com a seguinte configuração: 6ª geração Intel® Core™ I5-6500 (Quad Core, 3,2 GHz com turbo expansível para até 3,6 GHz, 6 MB, Intel® HD Graphics 530); Windows 10 Pro, 64- bits; Placa de Vídeo integrada Intel® Graphics; 8 GB, 1600MHz, DDR3L (2 x 4 GB); 1 TB (7200 RPM). Acerca dos conceitos de hardware, julgue o item a seguir.

Considerando o sistema operacional que vem instalado no computador citado, é possível que o processador seja 32 bits.

Certo ( ) Errado ( )

Só é possível utilizar o sistema operacional 64 bits se o processador for 64 bits. Por outro lado, se o sistema operacional for 32 bits, não significa que o processador o seja.

GABARITO: ERRADO.

1499. **(AUTOR – 2018)**A respeito de conceitos básicos de software e de hardware e sobre licenças de software, julgue o item a seguir.

Shareware é o nome dado aos softwares que são embutidos em um hardware, para controlar o seu funcionamento interno.

Certo ( ) Errado ( )

Shareware é o termo usado para designar uma licença de software gratuita para testar. Firmware é o nome dado aos softwares embarcados aos hardwares.

GABARITO: ERRADO.

1500. **(AUTOR – 2018)** As licenças que acompanham software livre fazem uso da legislação de copyright para impedir utilização ou cópia não-autorizada.

Certo ( ) Errado ( )

O software livre, quando vinculado ao COPYLEFT, tem a garantia de permanecer livre e ser transformado em proprietário.

GABARITO: ERRADO.

1501. **(AUTOR – 2018)** A memória principal também chamada de memória SRAM é o tipo de memória volátil mais rápida em um computador.

Certo ( ) Errado ( )

A memória cache DRAM é a mais rápida, a SRAM é a memória principal, também pode ser citada como memória de trabalho. A memória SRAM tem capacidade na casa do GB, enquanto a DRAM na casa do KB e MB.

GABARITO: ERRADO.

1502. **(AUTOR – 2018)** Um processador é composto por uma Unidade de Controle, uma unidade Lógica, memória cache, registradores e uma unidade Aritmética.

Certo ( ) Errado ( )

A ULA é uma unidade única, ou seja, não existe uma unidade lógica e uma unidade aritmética.

GABARITO: ERRADO.

1503. **(AUTOR – 2018)** O RAID ou Conjunto Redundante de Discos Independentes é um meio de se criar um subsistema de armazenamento composto por vários discos individuais, com a finalidade de ganhar segurança e/ou desempenho, e pode ser implementado via software ou hardware.

Certo ( ) Errado ( )

Atualmente, as placas-mãe já vêm com suporte à criação de RAID pelo próprio BIOS, embora seja possível criar o RAID no nível no Sistema Operacional.

GABARITO: CERTO.

1504. **(CESPE – 2009 – POLÍCIA FEDERAL – ESCRIVÃO DE POLÍCIA)** Considere que um usuário tenha editado um arquivo em Word e deseje salvá-lo. Com relação a essa situação, julgue os itens seguintes.

Se o tamanho do arquivo for inferior a 1 MB, o usuário poderá salvá-lo na memória ROM do computador.

Certo ( ) Errado ( )

A memória ROM, normalmente tratada pelas questões de concursos, é uma pequena memória em que fica armazenado o BIOS, logo, não é um local indicado para salvar arquivos como DOC.

GABARITO: ERRADO.

1505. **(CESPE – 2009 – POLÍCIA FEDERAL – ESCRIVÃO DE POLÍCIA)** ROM é um tipo de memória não volátil, tal que os dados nela armazenados não são apagados quando há falha de energia ou quando a energia do computador é desligada.

Certo ( ) Errado ( )

Existem vários tipos de memória ROM, mas o fato de não ser volátil é uma característica de todas; já a memória RAM é uma memória volátil, assim, ao deixar de ser alimentada por energia, ela perde os dados presentes nela.

GABARITO: CERTO.

1506. **(CESPE – 2009 – POLÍCIA FEDERAL – AGENTE DE POLÍCIA FEDERAL)** Existem dispositivos do tipo pendrive que possuem capacidade de armazenamento de dados superior a 1 bilhão de bytes. Esses dispositivos podem comunicar-se com o computador por meio de porta USB.

Certo ( ) Errado ( )

1GB equivale à 1.073.741.824 Bytes, ou seja, um pendrive consegue armazenar tal quantidade de dados, até porque é comum encontrarmos pendrives de 32GB.

GABARITO: CERTO.

1507. **(CESPE – 2010 – ABIN – OFICIAL TÉCNICO DE INTELIGÊNCIA)** Os dispositivos de entrada e saída (E/S) são, normalmente, mais lentos do que o processador. Para que o processador não fique esperando pelos dispositivos de E/S, os sistemas operacionais fazem uso de interrupções, que são sinais enviados do dispositivo de E/S ao processador.

Certo ( ) Errado ( )

Enquanto "espera" pela entrada ou saída dos dados, o processador realiza as demais tarefas pendentes, quando ocorre uma entrada, o Sistema Operacional manda uma instrução de interrupção para avisar o processador, assim, ele pode processar o dado recebido.

GABARITO: CERTO.

SIMULADOS

Sumário

Simulados

Simulado 1

1. **(AUTOR – 2020)** O serviço de e-mail conhecido como Webmail é atualmente o mais utilizado para acessar aos e-mails recebidos, por ser mais prático que os Clientes de e-mail no aspecto mobilidade, no entanto uma de suas limitações é o espaço reservado para a caixa de correio, que é gerenciado pelo provedor de acesso.

Certo ( ) Errado ( )

2. **(AUTOR – 2020)** A funcionalidade da figura no Microsoft Office Excel 2010 é de impedir que dados inválidos sejam digitados em uma célula.

Certo ( ) Errado ( )

3. **(AUTOR – 2020)** A confidencialidade é o princípio de segurança que garante que uma informação esteja disponível somente a quem ela é destinada, para isso, pode ser utilizada uma criptografia de chave simétrica.

Certo ( ) Errado ( )

4. **(AUTOR – 2020)** Streaming (fluxo de mídia) é uma forma de distribuição de dados, geralmente de multimídia em uma rede por meio de pacotes. É frequentemente utilizada para distribuir conteúdo multimídia por meio da Internet.

Certo ( ) Errado ( )

5. **(AUTOR – 2020)**Na árvore de diretórios do Linux, o /lib contém os programas necessários à inicialização do sistema, e o /home contém os arquivos e diretórios dos usuários.

Certo ( ) Errado ( )

6. **(AUTOR – 2020)** Pharming é o termo atribuído ao ataque baseado na corrupção do sistema de nomes de domínio, por meio da qual o usuário é, normalmente, levado a acessar páginas falsas ou que contenham malwares.

Certo ( ) Errado ( )

7. **(AUTOR – 2020)**Acerca dos conceitos de redes de computadores, julgue o item a seguir.
Um servidor é um host que está executando um ou mais serviços ou programas que compartilham recursos com os clientes. Um cliente não compartilha qualquer de seus recursos, mas solicita um conteúdo ou função do servidor. Os clientes iniciam sessões de comunicação com os servidores que aguardam requisições de entrada.

Certo ( ) Errado ( )

8. **(AUTOR – 2020)**Um Worm é um programa semelhante aos vírus, com a diferença de esse ser autorreplicante, ou seja, ele cria cópias funcionais de si mesmo e infecta outros computadores. Tal infecção pode ocorrer por meio de conexões de rede locais, Internet ou anexos de e-mails. Alguns worms infectaram centenas de computadores por meio das redes sociais MySpace e Facebook.

Certo ( ) Errado ( )

9. **(AUTOR – 2020)** Acerca dos conceitos de sistemas operacionais Windows 7 e Linux, julgue o que se pede.

O FAT32 não possui a segurança oferecida pelo NTFS, por isso uma partição ou volume estiver no formato FAT32 no computador, qualquer usuário com acesso a esse computador poderá ler qualquer arquivo. O FAT32 também tem limitações de tamanho. Não é possível criar uma partição FAT32 maior do que 32GB nesta versão do Windows, e não pode armazenar arquivos maiores do que 4GB em uma partição FAT32.

Certo ( ) Errado ( )

10. **(AUTOR – 2020)** Quando se usa o protocolo HTTPS para se acessar página em uma intranet, o certificado apresentado é, normalmente, do tipo autoassinado com prazo de expiração ilimitado.

Certo ( ) Errado ( )

11. **(AUTOR – 2020)** Acerca dos conceitos de Internet, navegação e correio eletrônico, julgue o que se segue.

Uma das limitações no uso de webmail é o espaço reservado para a caixa de correio, que é gerenciado pelo provedor do serviço.

Certo ( ) Errado ( )

12. **(AUTOR – 2020)** Streaming (ou fluxo de mídia) é uma forma de distribuir informação multimídia numa rede por meio de pacotes. Ela é frequentemente utilizada para distribuir conteúdo multimídia por meio da Internet. Em streaming, as informações da mídia não são usualmente arquivadas pelo usuário que está recebendo a stream.

Certo ( ) Errado ( )

13. **(AUTOR – 2020)** O Microsoft One Drive é um editor de bloco de notas com inúmeros recursos como sincronização de áudio com texto, também possui grupos de conteúdos, assim configurando uma excelente ferramenta para ser utilizada por estudantes.

Certo ( ) Errado ( )

14. **(AUTOR – 2020)** As distribuições Linux utilizam diferentes núcleos, uma vez que possuem comportamentos diferentes.

Certo ( ) Errado ( )

15. **(AUTOR – 2020)** No Windows 7 é possível compartilhar uma pasta na rede por meio da janela "propriedades" da referida pasta, aberta ao se clicar com o botão direito sobre a pasta e escolher a opção propriedades.

Certo ( ) Errado ( )

16. **(AUTOR – 2020)** Para calcular a soma dos valores contidos nas células A1, A2, A3, B1, B2, B3, C1, C2 e C3 é possível inserir na célula C4 =SOMA(A1:C3) como também =SOMA(A1:A3;B1:B3;-C1:C3).

Certo ( ) Errado ( )

17. **(AUTOR – 2020)** Nas distribuições Linux, as principais bibliotecas de sistema e os arquivos de configuração e scripts de inicialização ficam armazenados nos seguintes diretórios: /lib e /home.

Certo ( ) Errado ( )

18. **(AUTOR – 2020)** No Word 2010, as opções de modificação de um estilo, por exemplo, o Normal, incluem alterações na formatação de fonte e de tabulação do texto.

Certo ( ) Errado ( )

19. **(AUTOR – 2020)** No LibreOffice Calc para inserir um gráfico é necessário selecionar previamente as células que contém os dados que serão utilizados para criá-lo.

Certo ( ) Errado ( )

20. **(AUTOR – 2020)** O sistema de arquivos FAT possui suporte para discos rígidos de maior capacidade do que o sistema de arquivos NTFS, no entanto não oferece mais segurança, pois não permite usar permissões e criptografia para restringir o acesso a determinados arquivos a usuários aprovados.

Certo ( ) Errado ( )

Simulado 2

Sobre os conceitos relativos à tecnologias e Internet, julgue o que se segue.

21. **(AUTOR – 2020)** O ActiveX é uma tecnologia proprietária da Microsoft e exclusivo do Internet Explorer desde as primeiras versões do navegador. O Internet Explorer 10 traz um filtro que desabilita a execução desses complementos, reforçando a segurança e estabilidade.

Certo ( ) Errado ( )

22. **(AUTOR – 2020)** No Windows 7, por padrão, sempre que executado, o Windows Explorer abre a pasta “Bibliotecas”.

Certo ( ) Errado ( )

23. **(AUTOR – 2020)** Sobre os conceitos de segurança da informação, julgue os itens a seguir.

O princípio da irrefutabilidade garante que um dado esteja protegido contra acesso por pessoas indevidas.

Certo ( ) Errado ( )

24. **(AUTOR – 2020)** Sniffer é um programa malicioso projetado para explorar uma vulnerabilidade existente em um software de computador.

Certo ( ) Errado ( )

25. **(AUTOR – 2020)** Entre as boas práticas, destacam-se o uso de senhas com pelo menos três tipos de caracteres e no mínimo de 8 dígitos.

Certo ( ) Errado ( )

26. **(AUTOR – 2020)** Acerca do Micorsoft Office 2010, julgue o que se segue.

No menu Inserir do Word 2010, as galerias incluem itens que são projetados para corresponder à aparência geral do documento. O usuário pode usar essas galerias para inserir tabelas,

cabeçalhos, rodapés, listas, folhas de rosto e outros blocos de construção do documento. Quando um usuário cria imagens, gráficos ou diagramas, esses elementos também são coordenados com a aparência atual do documento.

Certo ( ) Errado ( )

27. **(AUTOR – 2020)** O botão [ícone] encontrado na aba Correspondências ao ser acionado abre o cliente de e-mail padrão com o documento em edição em anexo a mensagem de e-mail.

Certo ( ) Errado ( )

28. **(AUTOR – 2020)** É possível visualizar duas áreas de uma planilha e bloquear linhas ou colunas em uma área congelando ou dividindo painéis. Ao congelar painéis, são selecionadas linhas ou colunas específicas que permanecem visíveis durante a rolagem da planilha.

Certo ( ) Errado ( )

29. **(AUTOR – 2020)** Para que um computador comece a operar quando é ligado ou reiniciado, por exemplo, precisa dispor de um programa para executar sua inicialização, denominado BIOS. Esse programa normalmente é armazenado em memória do tipo RAM dentro do hardware do computador. Esse programa deve alocar e carregar na memória ROM do computador, o kernel do sistema operacional.

Certo ( ) Errado ( )

30. **(AUTOR – 2020)** A fidedignidade de informações, sinalizando a conformidade dos dados armazenados com relação às inserções, alterações e processamentos autorizados efetuados. Sinalizam, ainda, a conformidade dos dados transmitidos pelo emissor com os recebidos pelo destinatário, garantindo a não violação dos dados com intuito de alteração, gravação ou exclusão, seja ela acidental ou proposital. O texto descreve as características do princípio da inviolabilidade.

Certo ( ) Errado ( )

31. **(AUTOR – 2020)** Acerca do editor de planilhas Microsoft Excel 2010, julgue o que se segue.

	A
1	AB
2	CD
3	=A2&$A1
4	
5	
6	
7	
8	

Tomando como referência a situação da figura anterior pode-se concluir que após selecionar a célula A3, utilizar a opção copiar, na sequencia selecionar as células A5 e A6 e utilizar a opção colar o resultado presente em A6 após as ações será CDABCDCDABCDABCD.

Certo ( ) Errado ( )

	A	B	C	D
1	**Material**	**ud**	**qtde**	**total**
2	MDF Blanche 15mm	R$ 160,00	4,0	R$ 640,00
3	MDF Noce Naturale 15mm	R$ 170,00	1,0	R$ 170,00
4	MDF Branco 6mm	R$ 77,00	2,0	R$ 154,00
5	Perfil MMO Barra Puxador 15mm	R$ 69,00	2,0	R$ 138,00
6	Dobradiças	R$ 3,50	20,0	R$ 70,00
7				

32. **(AUTOR – 2020)** Com base na figura anterior, julgue o que se pede. A opção Filtro, disponível na Aba Dados, pode ser aplicada em qualquer célula previamente selecionada no intervalo de dados A1:D6. Como resultado, o filtro será mostrado em cada célula da primeira linha da planilha (cabeçalho).

Certo ( ) Errado ( )

33. **(AUTOR – 2020)** O Filtro SmartScreen do Internet Explorer 9 é um recurso no Internet Explorer que ajuda a detectar sites de phishing. Pode ajudar também a protegê-lo contra o download ou a instalação de malware (software mal-intencionado).

Certo ( ) Errado ( )

34. **(AUTOR – 2020)** O Backup diferencial copia os arquivos criados ou alterados desde o último backup normal ou incremental.

Certo ( ) Errado ( )

35. **(AUTOR – 2020)** Na computação em nuvem, a comunicação entre os pares é possível somente se os sistemas operacionais instalados e os softwares em uso em cada um dos computadores forem os mesmos.

Certo ( ) Errado ( )

36. **(AUTOR – 2020)** Acerca do Microsoft Word 2010, julgue o que se segue. Para alterar a cor de um texto selecionado em uma página específica, um usuário do aplicativo MS Word 2010 deve formatar o parágrafo.

Certo ( ) Errado ( )

37. **(AUTOR – 2020)** O espaçamento entre as linhas de um parágrafo do MS Word, aumentado em 100% a partir do espaçamento simples, é definido apenas pela opção 1,5 Linha.

Certo ( ) Errado ( )

38. **(AUTOR – 2020)** A utilização de certificados digitais em correio eletrônico garante a autenticidade do cliente. Nesse processo, o cliente assina digitalmente a mensagem com sua chave privada, garantindo que a assinatura seja validada somente com sua chave pública.

Certo ( ) Errado ( )

39. **(AUTOR – 2020)** Julgue os itens seguintes, com relação ao sistema operacional Linux.

Os comandos no Linux e no Windows respectivamente, ls e dir são utilizados para listar arquivos e pastas existentes em um diretório atual.

Certo ( ) Errado ( )

40. **(AUTOR – 2020)** O Linux é um sistema operacional, portanto deve funcionar em conjunto com o sistema Microsoft Windows.

Certo ( ) Errado ( )

Simulado 3

Acerca dos conceitos de redes de computadores julgue o item a seguir.

41. **(AUTOR – 2020)** Protocolo é uma espécie de linguagem utilizada para que dois computadores consigam se comunicar. Pois, por mais que duas máquinas estejam conectadas à mesma rede, se não "falarem" a mesma língua, não há como estabelecer uma comunicação.

Certo ( ) Errado ( )

42. **(AUTOR – 2020)** Não é possível instalar o Linux em uma máquina em que já esteja instalado outro sistema operacional, pois isso gera incompatibilidade entre eles.

Certo ( ) Errado ( )

43. **(AUTOR – 2020)** O Google Cloud Print é uma nova tecnologia que conecta o usuário a suas impressoras na web. Ao usar o Google Cloud Print, é possível disponibilizar suas impressoras de casa e do trabalho para quem quiser, a partir dos aplicativos que utiliza normalmente. O Google Cloud Print funciona no celular, tablet, Chromebook, PC e qualquer outro dispositivo conectado à web do qual se deseje imprimir.

Certo ( ) Errado ( )

44. **(AUTOR – 2020)** Cada site pode enviar o seu próprio cookie para o computador do usuário, podendo acessar e ler, além dos cookies que ele já tenha enviado, aqueles enviados por outros sites.

Certo ( ) Errado ( )

45. **(AUTOR – 2020)** A cópia de segurança de documentos armazenados em computador, conhecida por backup, é um procedimento que deve ser realizado com frequência para evitar a perda de informações importantes para o usuário e para a empresa onde trabalha. O backup pode ser realizado de forma completa, com a cópia de todos os arquivos selecionados, ou de forma parcial, quando se copia apenas os arquivos que foram alterados desde a última cópia completa.

Certo ( ) Errado ( )

46. **(AUTOR – 2020)** No Windows 8, a nova versão do Windows Explorer apresenta uma nova aparência do menu superior da tela, nas quais todas as funcionalidades e opções de interação podem ser acessadas. Essa seção do gerenciador é mais comumente chamada de Ribbon.

Certo ( ) Errado ( )

47. **(AUTOR – 2020)** A Central de Ações lista mensagens importantes sobre configurações de segurança e manutenção que precisam da sua atenção. Os itens em vermelho na Central de Ações são rotulados como Importante e indicam problemas significativos que devem ser resolvidos logo, como um programa antivírus que precisa ser atualizado. Os itens em amarelo são tarefas sugeridas que você deve considerar executar, como tarefas de manutenção recomendadas.

Certo ( ) Errado ( )

48. **(AUTOR – 2020)** No Windows 7, para renomear uma pasta para o nome aux no Windows Explorer basta selecionar a referida pasta, clicar com o botão direito do mouse sobre ele, escolher a opção renomear e digitar aux e após teclar enter.

Certo ( ) Errado ( )

49. **(AUTOR – 2020)** Você pode criar um formulário no Microsoft Word começando com um modelo e adicionando controles de conteúdo, incluindo caixas de seleção, caixas de texto, selecionadores de data e listas suspensas. Outras pessoas podem usar o Word para preencher o formulário em seu computador. Em um cenário avançado, os controles de conteúdo que você adicionar a um formulário também podem ser vinculados a dados.

Certo ( ) Errado ( )

50. **(AUTOR – 2020)** A capacidade de analisar todos os dados em sua planilha pode ajudar a tomar decisões de negócios melhores. Porém, às vezes é difícil saber por onde começar, especialmente quando há muitos dados. O Excel pode ajudar recomendando e criando automaticamente Tabelas Dinâmicas, que são um excelente recurso para resumir, analisar, explorar e apresentar seus dados.

Certo ( ) Errado ( )

51. **(AUTOR – 2020)** Acerca das tecnologias, ferramentas e conceitos de Internet julgue o que se segue. O aplicativo Dropbox é um exemplo de aplicação da nuvem e que oferece o opcional de instalação de um programa local no computador que cria uma pasta na qual o usuário pode colocar seus arquivos. Assim, o programa mantém sincronizados os arquivos presentes na pasta com o serviço na Nuvem de tal modo que o usuário tem acesso a estes arquivos de qualquer dispositivo que possua acesso à Internet e um Browser, mesmo que o aplicativo Dropbox esteja instalado no dispositivo usado para o acesso.

Certo ( ) Errado ( )

52. **(AUTOR – 2020)** O Firewall, ao analisar o tráfego de rede, por vezes, necessita criptografar e decriptografar os dados para verificar sua integridade e autenticidade.

Certo ( ) Errado ( )

53. **(AUTOR – 2020)** A secretaria de segurança pública do DF necessitou criar uma ferramenta de compartilhamento de chamados e instruções, como também de comunicação interna para os agentes de polícia. Contudo, não pode criar tal ferramenta em sua Intranet, apesar de ser mais seguro, pois os protocolos desse ambiente não condizem com a aplicação, assim, a ferramenta terá de ser criada na Internet, o que a torna acessível por todos, mesmo não possuam usuário e senha.

Certo ( ) Errado ( )

54. **(AUTOR – 2020)** Um agente de polícia recebeu via e-mail uma pasta de trabalho no formato XLS, porém ele não possui instalado em seu computador o programa padrão deste formato ou mesmo outro programa equivalente, assim é impossível para o usuário abrir e editar tal documento sem instalar programas específicos.

Certo ( ) Errado ( )

55. **(AUTOR – 2020)** Julgue o que se segue sobre o Microsoft Office 2010. Por meio do Microsoft Excel 2010 é possível configurar para que os valores numéricos menores do que 0 (zero) sejam exibidos entre parênteses ou com o sinal de menos.

Certo ( ) Errado ( )

56. **(AUTOR – 2020)** O MS Word permite adicionar mais autores a um documento em edição, esses autores podem também editar o arquivo desde que ele esteja compartilhado.

Certo ( ) Errado ( )

57. **(AUTOR – 2020)** Ao mesclar as células A3, B3, C3, A4, B4 e C4 em uma planilha em edição no Microsoft Excel 2010, será exibido apenas o conteúdo de uma célula, essa por sua vez é identificada pelo endereço B3.

Certo ( ) Errado ( )

58. **(AUTOR – 2020)** A respeito dos conceitos de Redes e correio eletrônico, julgue os itens a seguir. O webmail Mozilla Thunderbird oferece mais recursos que o utilizado pelo Outlook Express, uma vez que o segundo é uma amostra grátis da Microsoft.

Certo ( ) Errado ( )

59. **(AUTOR – 2020)** Em um ambiente de rede qualquer usuário pode criar uma VPN com outra rede privada, independente de esta opção ser desbloqueada no firewall da rede.

Certo ( ) Errado ( )

60. **(AUTOR – 2020)** Considere as afirmativas sobre segurança da informação e julgue se corretas.

Um computador da delegacia foi contaminado com um programa malicioso, no entanto, ele só foi descoberto por relatos de agentes que (usando outros computadores) recebiam mensagens de e-mail, remetidas pelo usuário do computador infectado, contendo um executável e uma mensagem no e-mail que levava o destinatário a crer que aquele era um programa necessário de ser instalado no computador do usuário. Assim ao instalar tal executável os agentes perceberam que ele não abria como um programa convencional, e ainda, receberam relatos de que seus contatos de e-mail receberam a mesma mensagem com o mesmo executável proveniente do seu e-mail. Ao julgar pela característica do malware observado, o setor de manutenção de computadores relatou que tratava-se de um malware do tipo verme misturado a uma espécie de e-mail Cavalo de Tróia.

Certo ( ) Errado ( )

Simulado 4

61. **(AUTOR – 2020)** O uso de criptografia provém do surgimento da informática e da necessidade de esconder informações digitais dos usuários mal intencionados presentes nas redes de computadores.

Certo ( ) Errado ( )

62. **(AUTOR – 2020)** O princípio da irrefutabilidade é garantido quando um usuário utiliza certificado digital para assinar uma mensagem eletrônica.

63. **(AUTOR – 2020)** Acerca dos editores de texto, julgue o que se segue.

O Microsoft Word 2010 possui recursos de interação com a nuvem, tornando mais dinâmicas algumas ações, no entanto, para utilizar tais recursos, é necessário estar conectado à Internet.

Certo ( ) Errado ( )

64. **(AUTOR – 2020)** No BrOffice Writer é possível inserir uma nota de rodapé pelo menu ferramentas.

Certo ( ) Errado ( )

65. **(AUTOR – 2020)** No Microsoft Word 2010 é possível utilizar os temas para personalizar formas e textos com diversas cores e efeitos de luz. Assim, criar um retângulo com a aparência de um botão se torna mais simples.

Certo ( ) Errado ( )

66. **(AUTOR – 2020)** Sobre os conceitos de Internet e redes de computadores julgue os próximos itens.

A Internet é composta por várias Intranets que compartilham informações entre si, a fim de tornar mais rápida à comunicação entre os usuários da rede mundial de computadores.

Certo ( ) Errado ( )

67. **(AUTOR – 2020)** Uma VPN pode ser constituída sem o uso de criptografia, uma vez que é utilizada para ligar duas redes, possibilitando o tráfego de informações entre elas.

Certo ( ) Errado ( )

68. **(AUTOR – 2020)** Os clientes de e-mail como o Outlook.com possibilitam ao usuário optar entre usar os protocolos típicos de e-mail (SMTP, POP/IMAP) como também utilizar os protocolos HTTP ou HTTPS.

Certo ( ) Errado ( )

69. **(AUTOR – 2020)** Sobre segurança da informação, julgue o item que se segue.

Para garantir a autenticidade de uma informação, é necessário utilizar a criptografia de chave simétrica, uma vez que se possui o controle de quem é que possui a chave de criptografia usada.

Certo ( ) Errado ( )

70. **(AUTOR – 2020)** Um Worm utiliza-se de estruturas ilusórias para induzir o usuário a executar o arquivo contaminado com o malware. Na próxima vez que o sistema for iniciado, ele lota o HD com lixo e apaga os arquivos do usuário.

Certo ( ) Errado ( )

71. **(AUTOR – 2020)** Acerca de planilhas eletrônicas, analise a sentença a seguir.

No Excel 2010 é possível alterar a orientação do texto dentro de uma ou mais células de modo que fique na vertical ou diagonal, como também girar o texto por meio de opção encontrada no bloco alinhamento da Aba Página Inicial.

Certo ( ) Errado ( )

72. **(AUTOR – 2020)** No Excel 2010 não existe a opção Realce existente no Word 2010.

Certo ( ) Errado ( )

73. **(AUTOR – 2020)** Para ocultar uma ou mais células é necessário marcar tal opção pela janela de formatação de célula.

Certo ( ) Errado ( )

74. **(AUTOR – 2020)** A expressão =SOMA(=Média(A1:A5);B1;B5) ao ser inserida em uma célula do Excel 2010 calcula a soma do resultado da média de A1 até A5 com B1 e B5.

Certo ( ) Errado ( )

75. **(AUTOR – 2020)** Sobre os conceitos relacionados à Internet, julgue o que se segue.

Os cookies são informações que os navegadores armazenam sobre características e preferências de sites que o usuário acessa, tais informações são utilizadas para tornar a navegação mais dinâmica e rápida, pois evita a necessidade de requisitar novamente o conteúdo já recebido.

Certo ( ) Errado ( )

76. **(AUTOR – 2020)** Phishing e Pharming são malwares utilizados para a obtenção de dados pessoais e sigilosos, como senhas de acesso, por meio de estruturas falsas similares às originais, induzindo o usuário a acreditar que está em ambiente seguro e informar seus dados.

Certo ( ) Errado ( )

77. **(AUTOR – 2020)** Entre os procedimentos de segurança em navegação de páginas da Internet está o uso de criptografias que podem ser utilizadas com diferentes níveis de segurança, usando chaves de variados tamanhos. Tanto para promover a Autenticidade como a Confidencialidade dos dados transmitidos, no entanto, para garantir a autenticidade, é necessário possui um certificado digital.

Certo ( ) Errado ( )

78. **(AUTOR – 2020)** Acerca das ferramentas de edição de planilhas, julgue o que se segue.

No MS Excel 2010 é possível trabalhar com diversos tipos de minigráficos como de barra, linha, perdas/ganhos, pizza, colunas, dispersão e outros. Os dados podem ser inseridos na planilha antes ou após a criação do gráfico.

Certo ( ) Errado ( )

79. **(AUTOR – 2020)** Uma planilha em edição no MS Excel 2010 contém nas células A1, A2 e A3, respectivamente, os valores 1, 2 e 3. Se a célula C1 contiver a fórmula =A2^A3–A1/A2–A3*A1+A3, então o valor da célula C1 será 2.

Certo ( ) Errado ( )

80. **(AUTOR – 2020)** O uso do protocolo HTTPS no acesso a um conteúdo indica que este conteúdo é disponibilizado de forma restrita, logo implica que se trata de um conteúdo em uma intranet.

Certo ( ) Errado ( )

Comentários Simulados

Simulado 1

1.

Os clientes de e-mail podem ser configurados com o protocolo POP, assim as mensagens são movidas para o computador do usuário, com isso liberando espaço da caixa de entrada do servidor. No caso do Webmail, as mensagens residem no servidor, logo, ocupam espaço ofertado pelo serviço.

GABARITO: CERTO.

2.

O filtro exibe alças de listagem dentro das células de título das colunas (a direita), que permite classificar os dados e limitar a exibição para somente os dados que interessarem.

GABARITO: ERRADO.

3.

O princípio é o de sigilo que pode ser obtido tanto por criptografia Simétrica como Assimétrica, por intermédio do Certificado Digital.

GABARITO: CERTO.

4.

Essa tecnologia permite a transmissão de vídeos de melhor qualidade em tempo real pela rede, como também dificulta a cópia dos dados, uma vez que não realiza o processo de cache das informações.

GABARITO: CERTO.

5.

O /lib contém bibliotecas compartilhadas com frequência. O /boot contém arquivos de boot (inicialização; boot-loader; Grub); kernel do Linux.

GABARITO: ERRADO.

6.

A técnica é a evolução natural do Phishing que é a página falsa em si, mas como o Phishing pode ser identificado pela URL, o Pharming cumpre a missão de "falsificar" a URL.

GABARITO: CERTO.

7.

O texto da questão descreve a mecânica de funcionamento do atual paradigma de comunicação em redes: Cliente/Servidor.

GABARITO: CERTO.

8.

Infectar o computador não significa infiltrar-se em outros arquivos. Um Worm assim como um Vírus pode controlar o computador e, por vezes, causar danos, no entanto, essa característica é secundária e não utilizada para defini-lo.

GABARITO: CERTO.

9.

Os pendrives e cartões de memória vêm por padrão formatados como FAT 32, o Windows 7 formata como NTFS a unidade em que será instalado.

GABARITO: CERTO.

10.

Um certificado Digital possui prazo de validade. Mesmo quando se trata de uma intranet é possível e comum o uso de certificados digitais assinados por Autoridades Certificadoras.

GABARITO: ERRADO.

11.

Na verdade, mesmo usando o cliente de e-mail, tal limitação também se aplica, porém, quando usado o protocolo POP nos clientes de e-mail, a caixa de entrada no servidor é esvaziada, por padrão.

GABARITO: CERTO.

12.

Tal tecnologia utiliza-se do protocolo UDP, pois necessita de altas velocidades de transmissão. Outra característica é que não faz cache dos dados.

GABARITO: CERTO.

13.

One Drive é o novo nome para o SkyDrive, ou seja, um serviço de armazenamento na nuvem, enquanto que o One Note é a ferramenta que condiz com as características descritas pela questão.

GABARITO: ERRADO.

14.

Na verdade, o nome Linux ou Gnu/Linux é o nome do kernel do sistema, ou chamado sistema em si. Sobre ele são construídos interfaces e gerenciadores diferentes, chamados de distribuições.

GABARITO: ERRADO.

15.

Dentro da janela propriedades existe uma aba específica para tal ação de nome "compartilhamento", pela qual também é possível definir quais e quantos usuários podem acessar a pasta, bem como o nível de acesso, ou seja, se podem editar o conteúdo da pasta ou apenas ler.

GABARITO: CERTO.

16.

Lembre-se que o sinal de : indica um intervalo, logo, A1:A3 descreve o intervalo composto por A1, A2 e A3. E o sinal de ; indica uma união, ou seja, de A1 até A3 e B1 até B3 e C1 até C3, o que descreve o mesmo conjunto de células que A1 até C3.

GABARITO: CERTO.

17.

A pasta, ou diretório /home armazena as pastas dos usuários cadastrados no sistema operacional Linux, ela é similar à pasta \users do Windows 7.

GABARITO: ERRADO.

18.

Um estilo de formatação altera todas as propriedades de fonte e parágrafo de um texto selecionado, como a tabulação é uma propriedade de parágrafo, ela também é afetada.

GABARITO: CERTO.

19.

Nos editores de planilha, os dados podem ser selecionados antes ou depois de acionar a opção para inserir um gráfico, como também é possível alterar o conjunto de células, caso preciso.

GABARITO: ERRADO.

20.

: O sistema de arquivos FAT não suporta arquivos únicos maiores do que 4GB, já o NTFS suporta arquivos maiores, bem como possui recursos para recuperar alguns erros de disco automaticamente, além de oferecer suporte ao uso de permissões e criptografia não ofertados pelo sistema FAT.

GABARITO: ERRADO.

Simulado 2

21.

O ActiveX diz otimizar a reprodução de alguns conteúdos de páginas da web, no entanto só funciona no IE, por falhas de segurança não foi implantado nos demais navegadores.

GABARITO: CERTO.

22.

Apesar de ser possível alterar tal propriedade, toda vez que é aberto, o Windows Explorer abre com a exibição das bibliotecas.

GABARITO: CERTO.

23.

Irrefutabilidade é o mesmo que não repúdio, o princípio garantido por conta da autenticidade.

GABARITO: ERRADO.

24.

Um sniffer é um usuário/software que captura os dados trafegados na rede. Os Exploits são caracteristicamente construídos para explorar falhas, mas essa ação também é encontrada nos Vírus, Worms e Trojans.

GABARITO: ERRADO.

25.

Quanto maior a variabilidade e a quantidade de caracteres uma senha possuir, melhor ela é, também se deve levar em conta a não utilização de substantivos ou outras palavras que façam sentido.

GABARITO: CERTO.

26.

Abra o Word e digite =rand(1,3) e o texto da questão será exibido, ou altere os valores para ver mais dicas pelo próprio Word. A aba inserir oferece as opções que agregam algo ao documento como um todo.

GABARITO: CERTO.

27.

O botão apresentado é o botão envelope, o botão para enviar como e-mail é , encontrado no menu Arquivo junto às opções de enviar.

GABARITO: ERRADO.

28.

Tal recurso é encontrado na aba Exibição do programa.

GABARITO: CERTO.

29.

Os tipos de memória estão trocados.

GABARITO: ERRADO.

30.

O texto descreve a Integridade, ou seja, a não alteração.

GABARITO: ERRADO.

31.

As questões sobre planilha envolvem um nível maior de atenção, pois os detalhes fazem a diferença, como nessa questão. Observe que não fora utilizada a opção Alça de Preenchimento, mas sim a opção copiar e colar. Também atente ao fato de ter sido copiada a célula A3 e colado apenas em A5 e A6, ou seja, A4 continha vazia como a fórmula em A6 fica =A5&$A4 e em A5 =A4&$A3, o resultado de A6 depende dos valores de A5 e A4, já sabemos que A4 é vazia, resta avaliar A5 que contém a concatenação de A4 com A3, derivando em CDAB, que também é o valor resultante de A3.

GABARITO: ERRADO.

32.

A opção filtro apenas exibe a alça de listagem em cada célula da primeira linha, pois o editor de planilha entende que se trata do título da coluna, o mesmo não ocorre com títulos de linhas. Por meio da alça de cada coluna é possível filtrar o conjunto de dados, de forma que apenas os dados de interesse sejam exibidos e os demais ocultados, como também é possível classificar os dados.

GABARITO: CERTO.

33.

O Internet Explorer, assim como os outros navegadores, possui filtro antiphishing, mas no caso do IE esse recurso está embutido no filtro do SmartScreen que também associa a ferramenta antimalware.

GABARITO: CERTO.

34.

Questão delicada, pois junta os dois tipos de backup, o princípio é básico, a escolha de qual será o tipo de backup a ser usado é do usuário, logo, pode ser intercalado, ou seja, quando um backup incremental é realizado, não significa que o próximo backup também será incremental. Lembre-se, toda vez que um arquivo é criado ou alterado, ele recebe uma marcação que os backups Completo e Incremental removem após a sua execução, mas que o diferencial não remove. Assim, como os backups Diferencial e Incremental armazenam os arquivos marcados, se existirem arquivos marcados após ter feito o backup incremental, significa que eles foram alterados e podem ser incluídos no backup Diferencial.

GABARITO: CERTO.

35.

O fundamento da computação na nuvem aponta que não é necessário instalar programas no computador, mas que é preciso o básico: computador conectado à Internet com um Navegador instalado. Assim independe do sistema operacional ou mesmo do navegador em uso, pois trata-se de um serviço que é processado na Nuvem.

GABARITO: ERRADO.

Certo ( ) Errado ( )

36.

As formatações de texto relacionadas aos caracteres como cor, tamanho, negrito, itálico, sublinhado, tachado, efeitos de texto e cor da letra (cor da fonte) são propriedades de formatação de FONTE. Alinhamentos, sombreamento, espaçamento entre linhas e classificar são propriedades de PARÁGRAFO.

GABARITO: ERRADO.

37.

Questão matemática: aumentar em 100% significa o tamanha atual 100% mais 100% sobre o que se tem, logo, é o mesmo que ter 200% do tamanho atual, para isso usa-se o espaçamento Duplo ou múltiplo de 2.

GABARITO: ERRADO.

38.

Ao usar a chave privada de um usuário, somente a chave pública do mesmo usuário pode ser usada para decifrar a mensagem, além de que somente o dono do certificado digital tem acesso à chave privada, com isso, conclui-se que se fora utilizada a chave privada, só o dono dela poderia ter feito isso, e ao usar a chave pública confirma-se perante uma entidade confiável conhecida como Autoridade Certificadora a identidade.

GABARITO: CERTO.

39.

Também podemos utilizar o comando dir no Linux para obter os mesmos resultados, no entanto, o ls não funciona no Windows.

GABARITO: CERTO.

40.

Cuidado! Modelo de questão típico da Cespe em que se apresentam afirmativas corretas, mas a ligação entre elas incorreta. Windows e Linux são sistemas operacionais, OK. Mas funcionar em conjunto significa ao mesmo tempo, o que torna a questão errada. É possível ter os dois sistemas instalados no computador, a isso se dá o nome de dual boot, contudo, no momento da inicialização do computador, o usuário deverá escolher qual sistema deseja usar.

GABARITO: ERRADO.

Simulado 3

41.

O conjunto de protocolos padrão usado nas redes é o TCP/IP.

GABARITO: CERTO.

42.

É perfeitamente possível instalar múltiplos sistemas operacionais em um mesmo computador, no entanto, ao ser ligado, um deles deverá ser escolhido para uso.

GABARITO: ERRADO.

43.

O único problema dessa tecnologia é a necessidade de se manter o computador que está conectado à impressora ligado, já existem impressoras da HP que possuem a mesma função, mas diretamente com a impressora, sem depender de um computador.

GABARITO: CERTO.

44.

Um site não consegue e não deve poder acessar os cookies armazenados por outro site no navegador do usuário.

GABARITO: ERRADO.

45.

Em específico, o backup parcial citado é o backup Incremental.

GABARITO: CERTO.

46.

A UI (Interface do Usuário) Ribbon é a apresentada inicialmente pelo MS Office 2007, Wordpad e Paint do Windows 7 também já possuíam essa interface.

GABARITO: CERTO.

47.

A central de ações se chamava central de segurança no Windows XP, ela indica a ausência de antivírus, como se o sistema operacional está ou não atualizado.

GABARITO: CERTO.

48.

O nome aux é uma palavra reservada e não pode ser usada para nomear uma pasta. Você pode renomear os ícones da área de trabalho do sistema (por exemplo, Meu computador, Meus documentos, Internet Explorer e Ambiente de rede) usando caracteres inválidos. Os ícones são objetos de sistema e não seguem a mesma convenção de nomeação como arquivos, pastas e atalhos.

GABARITO: ERRADO.

49.

Além de permitir a criação de formulários com campos de seleção, é possível salvá-lo no formato pdf.

GABARITO: CERTO.

50.

Uma tabela dinâmica permite criar e trabalhar com cubos de dados, ou seja, informações cruzadas que apresentem seu significado.

GABARITO: CERTO.

51.

A questão descreve parte do funcionamento da ferramenta Dropbox. Outra observação típica é relacionada ao procedimento de Backup, desse e outros serviços de Cloud Storage, a princípio, é de responsabilidade do serviço realizar o backup dos dados, porém, também é relevante que o usuário realize periodicamente cópias de segurança dos dados.

GABARITO: CERTO.

52.

O Firewall tem por objetivo primário analisar se o conteúdo (dado) trafegado possui o mesmo formato que o protocolo responsável pela porta a qual o dado está endereçado.

GABARITO: ERRADO.

53.

Podemos criar as mesmas ferramentas tanto para internet como para intranet, uma vez que, a princípio, as duas possuem as mesmas características, diferenciando-se apenas pelo nível de acesso. Assim, a ferramenta poderia ser criada para a intranet sem problemas de protocolos.

GABARITO: ERRADO.

54.

O usuário pode fazer uso de ferramentas de computação na nuvem como Google Docs ou Microsoft WebApps, que não necessitam ser instaladas.

GABARITO: ERRADO.

55.

Tal procedimento pode ser realizado tanto pela opção formatar células como pela formatação condicional. Em ambos casos será aberta a janela de formatação de células pela qual é possível utilizar a opção personalizado para o formato da célula.

GABARITO: CERTO.

56.

O office 2010, de modo geral, possui diversas ferramentas de integração com a nuvem, como a tradução e a edição simultânea. A nuvem em questão é o Skydrive. Logo, assim como no Google Docs, é possível que várias pessoas editem o mesmo arquivo.

GABARITO: CERTO.

57.

No Excel, ao mesclar um conjunto de células, somente a célula superior esquerda é mantida e exibida, as demais têm seu conteúdo excluído. Logo, a célula superior esquerda do conjunto descrito é a célula A3.

GABARITO: ERRADO.

58.

Mozilla Thunderbird e Outlook Express são clientes de e-mail não webmail, como descreve a questão.

GABARITO: ERRADO.

59.

Por padrão, os administradores de rede bloqueiam as conexões do tipo VPN, para maior segurança do ambiente da Intranet, se necessário são abertas as exceções, mas de maneira controlada e limitada.

GABARITO: ERRADO.

60.

Um verme (Worm) é o malware que se espalha automaticamente, criando cópias de si mesmo, ou enviando cópias de si pela rede para outros usuários, uma das formas usada pela rede é utilizando os clientes de e-mail, enviando cópias para os contatos salvos no programa. Já o texto usado no e-mail aproxima-se de um Trojan Horse, pois induz o usuário a acreditar na veracidade e necessidade de instalação do aplicativo em anexo.

GABARITO: CERTO.

Simulado 4

61.

A criptografia é uma arte que existe desde muito antes da criação dos computadores, foi muito usada nas guerras para o envio de mensagens que, caso interceptadas pelo inimigo, não fossem compreendidas.

GABARITO: ERRADO.

62.

O princípio da irrefutabilidade, também conhecido por não repúdio, é o princípio que garante que um usuário que utilize um certificado digital não possa negar que tenha gerado o dado assinado por ele.

GABARITO: CERTO.

63.

Os recursos citados são: a tradução do documento ou parte dele, assim como a opção de ajuda do programa que é online.

GABARITO: CERTO.

64.

As opções para inserir as notas de rodapé e fim são encontradas no menu Inserir, apesar de no menu Ferramentas também existir a opção Notas de Fim/Rodapé, ela dá acesso à janela de configuração da ferramenta.

GABARITO: ERRADO.

65.

Os temas presentes no Word 2010 estão mais desenvolvidos do que no 2007, permitindo efeitos de luz como reflexo e relevo, assim é possível formatar um texto ou mesmo configurar com características similares a de um botão tanto pressionado como normal.

GABARITO: CERTO.

66.

Texto contraditório acerca dos conceitos, uma vez que a internet é a rede mundial de computadores cujo conteúdo é colocado de modo a ser "público", ou seja, acessível pelos demais dispositivos ligados a essa rede, enquanto que uma intranet é uma rede privada, em que há necessidade de se proteger informações e limitar o acesso aos dados, serviços e recursos.

GABARITO: ERRADO.

67.

Uma VPN é uma Virtual Private Network, ou seja, uma rede privada constituída de maneira virtual, a fim de uma medida mais prática e barata para interligar uma INTRANET por meio da INTERNET, contudo, deve ser mantido o princípio de restrição de acesso ao ambiente, logo, faz-se necessário utilizar criptografia.

GABARITO: ERRADO.

68.

Outlook.com é um site que permite acesso ao e-mail, assim, é um webmail. É possível possuir uma conta @outlook.com e acessar ao e-mail via clientes de e-mail. Possibilita optar entre os protocolos tradicionais e os protocolos HTTP/HTTPS.

69.

O princípio da autenticidade é garantido por meio do uso de certificado digital, logo, usa-se criptografia de chaves assimétricas.

GABARITO: ERRADO.

70.

O Worm executa automaticamente, ou seja, não depende de ação do usuário e busca ser discreto. Também usa da rede para criar cópias idênticas de si, mas não tem por objetivo causar danos.

GABARITO: ERRADO.

71.

A ferramenta orientação é a citada pela questão, também é possível utilizar configurações personalizadas, como o ângulo de inclinação do texto.

GABARITO: CERTO.

72.

A opção realce não é necessária no Excel, contudo, em ambos os programas existe a opção sombreamento.

GABARITO: CERTO.

73.

Além do que foi citado, a ação depende de acionar a opção proteger documento.

GABARITO: CERTO.

74.

A expressão apresentada possui um erro que, ao ser inserida, o programa exibe uma mensagem e mantém o texto para ser editado.

GABARITO: ERRADO.

75.

Os cookies são pequenas informações que alguns sites armazenam no computador do usuário, ou seja, não são armazenadas pelos navegadores, mas sim nos navegadores, são dados como senhas de acesso (criptografadas), perfis de usuário e suas preferências, no entanto, a cache é que tem por princípio evitar que o conteúdo recebido seja novamente requisitado.

GABARITO: ERRADO.

76.

Phinshing é uma página ou e-mail falso, não é um malware. Pharming é a técnica também conhecida como envenenamento de DNS, usada para apresentar ao usuário, no navegador, a URL "correta", mas que leva a um endereço IP diferente do da página desejada.

GABARITO: ERRADO.

77.

As criptografias de Chave assimétricas são métodos de codificação dos dados para o transporte de dados sigilosos como também para indicar o autor de uma informação de maneira confiável, para tanto, é necessária a aquisição de um par de chaves diante a uma Autoridade Certificadora.

GABARITO: CERTO.

78.

Somente existem 3 tipos de minigráficos: linha, coluna e perdas/ganhos; os demais tipos são gráficos normais, que são distintos, uma vez que os minigráficos ocupam o espaço de uma célula, na verdade são informações presentes no preenchimento dessa, possibilitando ainda a inserção de dados na mesma célula do minigráfico.

GABARITO: ERRADO.

79.

Para calcular a expressão, devemos resolver primeiro os operadores de maior precedência, nesse caso, começa-se pelo cálculo da potência, em seguida as divisões e multiplicações, por fim as somas e subtrações, o que resulta em 7,5.

GABARITO: ERRADO.

80.

O protocolo HTTPS é usado no acesso às páginas tanto da internet como da intranet, ele diferencia-se do protocolo HTTP por oferecer segurança por meio de criptografia.

GABARITO: ERRADO.

ANEXOS

Sumário

Teclas de Atalhos

Windows 10

Atalho	Ação
Windows + A	Abre o painel da Central de Ações e Notificações do Windows
Windows + B	Posiciona o cursor de teclado para navegar na Área de Notificações da Barra de Tarefas
Windows + D	Mostrar/Ocultar Área de Trabalho (minimiza todas janelas abertas, uso na sequência restaura todas janelas minimizadas pela primeira ação
Windows + E	Abre o Explorador de Arquivos
Windows + F	Abre o Windows Feed's (hub de comentários)
Windows + G	Abre a Barra de Jogos
Windows + I	Abre a Central de Configurações do Windows
Windows + K	Abre o painel lateral com a opção conectar, para conectar a dispositivos próximos como bluestooh
Windows + L	Bloquear área de trabalho/sessão de usuário
Windows + M	Minimizar tudo
Windows + Shift + M	Restaura tudo que foi minimizado pelo atalho anterior
Windows + N	Cria Nota usando o app notas
Windows + P	Abre o painel com o recurso Projetar, para gerenciar a exibição em mais de uma tela
Windows + Q	Abre o menu da Cortana
Windows + R	Abre a janela Executar
Windows + S	Abre o menu da Cortana
Windows + T	Posiciona o cursos do teclado sobre ícones dos programas fixados na barra de tarefas.
Windows + U	Abre as personalizações de tela da janela de Configurações do Windows
Windows + W	Abra espaço do Windows Ink
Windows + X	Equivale a clicar com o botão direito do mouse sobre o botão da Tela Inicial
Windows + . (ponto)	Abre painel de entrada de emoticons
Windows + Pause	Abre a janela propriedades do Sistema (do Painel de Controle)
Windows + 1..9	De 1 a 9, para abrir os programas fixados na barra de tarefas, a sequência numérica é da esquerda para a direita
Windows + TAB	Visão de Tarefas, exibe as múltiplas áreas de trabalho e a linha do tempo.
Windows + → (seta de navegação à direita)	Alterna para o espaço de trabalho à direita do atual (se houver)
Windows + ← (seta de navegação à esquerda)	Alterna para o espaço de trabalho à esquerda do atual (se houver)

Windows + ↑ (Seta de Navegação acima)	Maximiza a janela ativa
Windows + Home	Minimiza tudo menos a janela ativa (equivale ao aero shake)
Ctrl + Shift + ESC	Abre o gerenciador de tarefas
Ctrl + Alt + Delete	Gera interrupção de hardware e abre janela solicitando o que o usuário deseja.
Ctrl + ESC	O mesmo que apertar apenas a tecla Windows, Abre a tela inicial
ALT + TAB	Alterna entre as janelas dos programas abertos

Explorador de Arquivos

Atalho	Ação
F2	Renomear
ALT + Enter	Propriedades do Arquivo
Ctrl + Shift + N	Nova Pasta
Ctrl + A	Selecionar Tudo
ALT + P	Exibe/Oculta Painel de Visualização
ALT + Shift + P	Exibe/Oculta Painel de Detalhes

Word 2016

Atalho	Ação
ALT + Shift + I	Marcar entrada do Índice de Autoridades (citação)
ALT + Shift + O	Marcar entrada do Sumário
ALT + Shift + X	Marcar entranha do Índice
Alt+Ctrl+Shift+S	Abrir o painel de tarefas Estilos
Alt+Ctrl+Sinal de menos (no teclado numérico)	Inserir Travessão
Ctrl + "="	Formatar com subscrito (espaçamento automático)
Ctrl + Alt + . (ponto)	Inserir Reticências
Ctrl + Alt + C	Inserir O símbolo de copyright
Ctrl + Alt + D	Inserir nota de fim
Ctrl + Alt + F	Inserir nota de Rodapé
Ctrl + Alt + N	Alternar para o modo de exibição de rascunho
Ctrl + Alt + O	Alternar para o modo de exibição de estrutura de tópicos
Ctrl + Alt + P	Alterna para o modo de exibição Layout de Impressão
Ctrl + Alt + R	Inserir O símbolo de marca registrada
Ctrl + Alt + T	Inserir O símbolo de marca comercial

Ctrl + End	Posiciona o cursor de texto na última posição do documento
Ctrl + Enter	Inserir quebra de Página
Ctrl + Home	Posiciona o cursor de texto na primeira posição do documento
Ctrl + M	Recuar um parágrafo a partir da esquerda
Ctrl + P	Imprimir
Ctrl + Shift + * (asterisco no teclado numérico não funciona)	Exibir caracteres não imprimíveis
Ctrl + Shift + A	Formatar todas as letras como maiúsculas
Ctrl + Shift + C	Copia Formatação do texto selecionado
Ctrl + Shift + E	Ativa/desativa controle de alterações
Ctrl + Shift + Enter	Inserir quebra de Coluna
Ctrl + Shift + H	Aplicar formatação de texto oculto.
Ctrl + Shift + K	Formatar as letras com versalete.
Ctrl + Shift + M	Remover recuo do parágrafo a partir da esquerda
Ctrl + Shift + V	Cola Formatação no texto selecionado
Ctrl + Shift + W	Sublinhar as palavras, mas não os espaços.
Ctrl + Shift +D	Aplicar sublinhado duplo ao texto.
Ctrl+ Shift + +	Aplicar sobrescrito (espaçamento automático).
Ctrl + [	Diminuir o tamanho da fonte em 1 ponto
Ctrl +]	Aumentar o tamanho da fonte em 1 ponto
Ctrl + A	Abrir
Ctrl + B	Salvar
Ctrl + C	Copiar
Ctrl + D ou Ctrl + Shift + F	Abrir a caixa de diálogo Fonte para alterar a formatação de caracteres
Ctrl + E	Centralizar texto
Ctrl + I	Itálico
Ctrl + J	Justificar texto
Ctrl + K	Inserir/Editar Hiperlink
Ctrl + L	Abre painel Localizar
Ctrl + N	Negrito
Ctrl + O	Novo Documento em Branco
Ctrl + Q	Alinhar texto à esquerda
Ctrl + R	Alinhar texto à direita
Ctrl + S	Sublinhado
Ctrl + Shift + <	Diminuir o tamanho da fonte (pela lista)

Ctrl + Shift + >	Aumentar o tamanho da fonte (pela lista)
Ctrl + T	Selecionar tudo
Ctrl + U	Abre Janela Localizar e Substituir (guia substituir)
Ctrl + V	Colar
Ctrl + W	Fechar
Ctrl + X	Recortar
Ctrl+Y	Refazer
Ctrl+Z	Desfazer
Esc	Cancelar
F1	Ajuda
F12	Salvar Como
F4	Repetir a última ação
F5	Ir para
F7	Correção Ortográfica e Gramatical
F9	Atualizar Campos
Shift + Enter	Inserir quebra de Linha
Shift + F3	Alternar as letras entre maiúsculas e minúsculas.

Writer 5

Teclas de atalho	Ação
Alt+Enter	Insere um novo parágrafo sem numeração numa lista. Não funciona se o cursor estiver no fim da lista
Alt+Enter	Insere um novo parágrafo antes ou depois de uma seção ou antes de uma tabela
Ctrl + clique duplo ou Ctrl + Shift + F10	Utilize esta combinação para encaixar ou desencaixar rapidamente a janela do Navegador, a janela Estilos e Formatação ou outras janelas
Ctrl + tecla mais	Calcula o texto selecionado e copia o resultado para a área de transferência
Ctrl + 0 (zero)	Aplica o estilo de parágrafo Padrão
Ctrl + 1	Aplica o estilo de parágrafo Título 1
Ctrl + 2	Aplica o estilo de parágrafo Título 2
Ctrl + 3	Aplica o estilo de parágrafo Título 3
Ctrl + 4	Aplica o estilo de parágrafo Título 4
Ctrl + 5	Aplica o estilo de parágrafo Título 5
Ctrl + A	Selecionar tudo
Ctrl + Alt + Shift + V	Cola o conteúdo da área de transferência como texto sem formatação.

Ctrl + Backspace	Exclui o texto até o início da palavra Em uma lista: exclui um parágrafo vazio na frente do parágrafo atual
Ctrl + D	Sublinhado duplo
Ctrl + Delete	Exclui o texto até o fim da palavra
Ctrl + Delete + Shift	Exclui o texto até o fim da frase
Ctrl + E	Centralizado
Ctrl + End	Vai para o fim do documento
Ctrl + End + Shift	Vai e seleciona o texto até o fim do documento
Ctrl + Enter	Quebra manual de página
Ctrl + F10	Ativar/Desativar caracteres não imprimíveis
Ctrl + F11	Define o foco para a caixa Aplicar estilos
Ctrl + F12	Insere ou edita a tabela
Ctrl + F2	Insere campos
Ctrl + F3	Edita o autotexto
Ctrl + F7	Dicionário de sinônimos
Ctrl + F8	Ativar/Desativar sombreamentos de campos
Ctrl + F9	Mostra os campos
Ctrl + H	Localizar e substituir
Ctrl + Hífen(-)	Hifens personalizados; hifenização definida pelo usuário.
Ctrl + Home	Vai para o início do documento
Ctrl + Home + Shift	Vai e seleciona o texto até o início do documento
Ctrl + J	Justificar
Ctrl + L	Alinha à esquerda
Ctrl + PageDown	Alterna o cursor entre o texto e o rodapé
Ctrl + PageUp	Alterna o cursor entre o texto e o cabeçalho
Ctrl + R	Alinhar à direita
Ctrl + Seta para a direita	Vá para o início da próxima palavra
Ctrl + Seta para a esquerda	Vai para o início da palavra
Ctrl + Seta para baixo	Move o cursor para o começo do próximo parágrafo.
Ctrl + Seta para cima	Move o cursor para o começo do parágrafo anterior
Ctrl + Shift + B	Subscrito
Ctrl + Shift + Backspace	Exclui o texto até o início da frase
Ctrl + Shift + Enter	Quebra de coluna em textos com várias colunas
Ctrl + Shift + Espaço	Espaços incondicionais. Esses espaços não serão usados para hifenização nem serão expandidos se o texto estiver justificado.
Ctrl + Shift + F11	Atualiza o estilo

Ctrl + Shift + F12	Desativa Numeração / Marcadores
Ctrl + Shift + F5	Ativar Navegador, vai para número da página
Ctrl + Shift + F8	Modo de seleção por bloco
Ctrl + Shift + F9	Atualiza os campos e as listas de entrada
Ctrl + Shift + P	Sobrescrito
Ctrl + Shift + Seta para a direita	Seleciona à direita, uma palavra de cada vez
Ctrl + Shift + Seta para a esquerda	Seleciona à esquerda, uma palavra de cada vez
Ctrl + Shift + Seta para baixo	Seleciona até o fim do parágrafo. Ao repetir, estende a seleção até o fim do próximo parágrafo
Ctrl + Shift + Seta para cima	Seleciona até o começo do parágrafo. Ao repetir, estende a seleção até o início do parágrafo anterior
Ctrl + Shift + sinal de menos (-)	Traço incondicional (não utilizado na hifenização)
Ctrl + Shift + Tab	Utiliza a sugestão anterior com Completar palavra automaticamente
Ctrl + sinal de multiplicação * (somente no teclado numérico)	Executar campo de macro
Ctrl + Tab	Próxima sugestão com Completar palavra automaticamente
Ctrl + Y	Refaz a última ação
End	Vai até o fim da linha
End + Shift	Vai e seleciona até o fim da linha
F11	Ativar/Desativar janela Estilos e formatação
F12	Ativar numeração
F2	Barra de fórmulas
F3	Completa o autotexto
F4	Abre a exibição da fonte de dados
F5	Ativar/Desativar o Navegador
F7	Verificação ortográfica
F8	Modo de extensão
F9	Atualiza os campos
Home	Vai até o início da linha
Home+Shift	Vai e seleciona até o início de uma linha
Insert	Ativa / Desativa modo de inserção
PageDown	Move uma página da tela para baixo
PageUp	Move uma página da tela para cima
Seta para a direita	Move o cursor para a direita
Seta para a esquerda	Move o cursor para a esquerda

Seta para baixo	Move o cursor uma linha para baixo
Seta para cima	Move o cursor uma linha acima
Shift + Enter	Quebra de linha sem mudança de parágrafo
Shift + F11	Cria um estilo
Shift + F12	Ativa marcadores
Shift + F4	Seleciona o próximo quadro
Shift + F8	Modo de seleção adicional
Shift + F9	Calcula a tabela
Shift + PageDown	Move uma página da tela para baixo com seleção
Shift + PageUp	Move uma página da tela para cima com seleção
Shift + Seta para a direita	Move o cursor para a direita com seleção
Shift + Seta para a esquerda	Move o cursor para a esquerda com seleção
Shift + Seta para baixo	Seleciona linhas de cima para baixo
Shift + Seta para cima	Seleciona linhas de baixo para cima

Excel 2016

Atalho	Ação
Ctrl + ;	Insere a data atual
Ctrl + `	Alterna a exibição entre visualização de valores e fórmulas nas células
Ctrl + ´	Copia uma fórmula da célula acima para a célula atual ou barra de fórmulas
Ctrl + A	Seleciona a planilha inteira
Ctrl + B	Aplica ou remove formatação em negrito
Ctrl + C	Copia células selecionadas
Ctrl + D	Aciona o comando Preencher Abaixo, copiando o conteúdo selecionado para as células imediatamente.
Ctrl + F	Aciona o comando Localizar e Substituir
Ctrl + G	Aciona a caixa Ir Para
Ctrl + H	Exibe Localizar e Substituir com a guia Substituir selecionada
Ctrl + I	Aplica ou remove a formatação em itálico
Ctrl + K	Exibe a caixa de diálogo Insierir Hiperlink
Ctrl + L	Exibe a caixa de diálogo Criar Tabela
Ctrl + N	Cria nova pasta de trabalho
Ctrl + O	Exibe a caixa de diálogo para Abrir
Ctrl + P	Comando Imprimir
Ctrl + R	Aciona o comando Preencher à Direita

Ctrl + S	Salvar
Ctrl + T	Exibe a caixa Criar Tabela
Ctrl + U	Aplica ou remove sublinhado
Ctrl + V	Colar
Ctrl + W	Fecha a janela da pasta de trabalho selecionada
Ctrl + Y	Repete o último comando ou ação
Ctrl + X	Recortar
Ctrl + Z	Desfazer
Ctrl + Shift + (	Exibe novamente as linhas ocultas dentro da seleção
Ctrl + Shift + &	Aplica contorno às células selecionadas
Ctrl + Shift + _	Remove o contorno das células selecionadas
Ctrl + Shift + ~	Aplica o formato de número geral
Ctrl + Shift + $	Aplica o formato de moeda com duas casas decimais
Ctrl + Shift + %	Aplica o formato de porcentagem sem casas decimais
Ctrl + Shift + ^	Aplica o formato de número científico com duas casas decimais
Ctrl + Shift + #	Aplica o formato de data com dia, mês e ano
Ctrl + Shift + @	Aplica o formato de hora com hora e minutos, além de AM ou PM
Ctrl + Shift + !	Aplica o formato de número com duas casas decimais, separador de milhar e sinal de menos (-) para valores negativos
Ctrl + Shift + *	Seleciona região atual em torno da célula ativa. Em uma tabela dinâmica, seleciona o relatório inteiro
Ctrl + Shift +	Insere a hora atual
Ctrl + Shift + "	Copia o valor da célula acima para a célula ativa ou barra de fórmulas
Ctrl + Shift +	Permite inserção de novas células em branco
Ctrl + Shift + -	Permite excluir células selecionadas
Ctrl + PgUP	Alterna guias da planilha, da esquerda para a direita
Ctrl + PgDOWN	Alterna guias da planilha, da direita para a esquerda
Ctrl + End	Move para a última célula em uma planilha (observe que é a célula da última linha e última coluna que apresentam conteúdo)
Ctrl + Shift + End	Estende a seleção das células para a última célula utilizada na planilha (canto inferior direito)
Ctrl + Enter	Preenche o intervalo de células selecionado com a entrada atual
Ctrl + Home	Move para o início da planilha
Ctrl + Shift + Home	Estende a seleção de células até o início da planilha
Ctrl + 1	Exibe o diálogo Formatar Células
Ctrl + 2	Aplica ou remove formatação em negrito
Ctrl + 3	Aplica ou remove formatação em itálico

Ctrl + 4	Aplica ou remove sublinhado
Ctrl + 5	Aplica ou remove tachado
Ctrl + 6	Alterna entre ocultar e exibir objetos
Ctrl + 8	Exibe ou oculta símbolos de estruturas de tópicos
Ctrl + 9	Oculta linhas selecionadas
Ctrl + 0	Oculta colunas selecionadas
F1	Exibe a ajuda do Excel
Ctrl + F1	Exibe ou oculta a faixa
ALT + F1	Cria um gráfico inserido dos dados do intervalo atual
ALT + Shift + F1	Insere uma nova planilha
F2	Edita a célula ativa e posiciona o ponto de inserção no fim do conteúdo da célula
Shift + F2	Adiciona, ou edita, um comentário de célula
Ctrl + F2	Exibe a área de impressão da guia Impressão em modo de exibição Backstage
F3	Exibe a caixa de diálogo Colar Nome
Shift + F3	Exibe a caixa Inserir Função
F4	Repete o último comando ou ação
CRTL + F4	Fecha a janela da pasta de trabalho selecionada
ALT + F4	Fecha o Excel
F5	Exibe Ir Para
Ctrl + F5	Restaura o tamanho de janela da pasta de trabalho selecionada
F6	Alterna entre a planilha, a Faixa de Opções, o painel de tarefas e os controles de zoom
Shift + F6	Alterna entre a planilha, os controles de zoom, o painel de tarefas e a Faixa de Opções
Ctrl + F6	Alterna para a próxima janela da pasta de trabalho quando mais de uma janela da pasta de trabalho é aberta
F7	Exibe a caixa de diálogo Verificar Ortografia
Ctrl + F7	Executa o comando Mover na janela da pasta de trabalho quando ela não está maximizada
F8	Ativa ou desativa o modo estendido
Shift + F8	Permite adicionar uma célula não adjacente ou um intervalo a uma seleção de células, utilizando as teclas de direção
Ctrl + F8	Executa o comando Tamanho, quando uma pasta de trabalho não está maximizada
ALT + F8	Exibe a caixa de diálogo para criar e editar macros
F9	Calcula todas as planilhas em todas as pastas de trabalho abertas
Shift + F9	Calcula a planilha ativa

Ctrl + ALT + F9	Calcula todas as planilhas em todas as pastas de trabalho abertas, independente de terem sido ou não alteradas desde o último cálculo
Ctrl + ALT + Shift + F9	Verifica novamente as fórmulas dependentes e depois calcula todas as células nas pastas de trabalho abertas, inclusive as células que não estão marcadas para serem calculadas
Ctrl + F9	Minimiza a janela da pasta de trabalho para um ícone
F10	Ativa e desativa as dicas de tecla
Shift + F10	Exibe o menu de atalho para um item selecionado
Alt + Shift + F10	Exibe um menu ou mensagem para um botão Verificação de Erros
Ctrl + F10	Maximiza ou restaura a janela da pasta de trabalho selecionada
F11	Cria um gráfico dos dados no intervalo atual em uma folha de Gráfico separada
Shift + F11	Insere uma nova planilha
ALT + F11	Abre o editor do Microsoft Visual Basic para aplicativos
F12	Exibe Salvar Como
Ctrl + setas de direção	Move para a região da margem da planilha
Shift + setas	Estende a seleção das células em uma célula
Ctrl + Shift + setas	Estende a seleção de células à última célula preenchida na mesma coluna ou linha como a célula ativa ou, se a próxima célula estiver em branco, estende a seleção para a próxima célula preenchida
End	Ativa o modo de Término. No modo de Término você pode pressionar uma tecla de seta para mover para a próxima célula preenchida na mesma coluna ou linha como a célula ativa
ALT + Enter	Inicia uma nova linha ou célula
Shift + Enter	Conclui uma entrada de célula e seleciona a célula acima
ALT + PgDown	Move uma tela para a direita na planilha
ALT + PgUP	Move uma tela para a esquerda na planilha
ALT + espaço	Exibe a caixa de diálogo Controle
Ctrl + Shift + espaço	Seleociona a planilha toda
Shift + espaço	Seleciona a linha toda da planilha
Ctrl + espaço	Seleciona a coluna toda
Shift + TAB	Move para uma célula anterior ou opção anterior em caixas de diálogo
Ctrl + TAB	Alterna para a próxima guia na caixa de diálogo ativa
Ctrl + Shift + TAB	Alterna para a guia anterior na caixa de diálogo ativa

Calc 5

Atalho	Ação
Ctrl + Home	Move o cursor para a primeira célula na planilha (A1).

Ctrl + End	Move o cursor para a última célula que contém dados na planilha.
Home	Move o cursor para a primeira célula da linha atual.
End	Move o cursor para a última célula da linha atual.
Shift + Home	Seleciona todas as células desde a atual até a primeira célula da linha.
Shift + End	Seleciona todas as células desde a atual até a última célula da linha.
Shift + Page Up	Seleciona as células desde a atual até uma página acima na coluna ou estende a seleção existente uma página para cima.
Shift + Page Down	Seleciona as células desde a atual até uma página abaixo na coluna ou estende a seleção existente uma página para baixo.
Ctrl + Seta para a esquerda	Move o cursor para o canto esquerdo do intervalo de dados atual. Se a coluna à esquerda da célula que contém o cursor estiver vazia, o cursor se moverá para a esquerda da próxima coluna que contenha dados.
Ctrl + Seta para a direita	Move o cursor para o canto direito do intervalo de dados atual. Se a coluna à direita da célula que contém o cursor estiver vazia, o cursor se moverá para a direita da próxima coluna que contenha dados.
Ctrl + Seta para cima	Move o cursor para o canto superior do intervalo de dados atual. Se a linha acima da célula que contém o cursor estiver vazia, o cursor se moverá para cima da próxima linha que contenha dados.
Ctrl + Seta para cima	Move o cursor para o canto inferior do intervalo de dados atual. Se a linha abaixo da célula que contém o cursor estiver vazia, o cursor se moverá para baixo da próxima linha que contenha dados.
Ctrl + Shift + Seta	Seleciona todas as células contendo dados da célula atual até o fim do intervalo contínuo das células de dados, na direção da seta pressionada. Um intervalo de células retangular será selecionado se esse grupo de teclas for usado para selecionar linhas e colunas ao mesmo tempo.
Ctrl + Page Up	Move uma planilha para a esquerda. Na visualização de impressão: Move para a página de impressão anterior.
Ctrl + Page Down	Move uma planilha para a direita. Na visualização de impressão: Move para a página de impressão seguinte.
Alt + Page Up	Move uma tela para a esquerda.
Alt + Page Down	Move uma página de tela para a direita.
Shift + Ctrl + Page Up	Adiciona a planilha anterior à seleção de planilhas atual. Se todas as planilhas de um documento de planilha forem selecionadas, esta combinação de teclas de atalho somente selecionará a planilha anterior. Torna atual a planilha anterior.
Shift + Ctrl + Page Down	Adiciona a próxima planilha à seleção de planilhas atual. Se todas as planilhas de um documento de planilha forem selecionadas, esta combinação de teclas de atalho somente selecionará a próxima planilha. Torna atual a próxima planilha.

Ctrl + *	onde (*) é o sinal de multiplicação no teclado numérico Seleciona o intervalo de dados que contém o cursor. Um intervalo é um intervalo de células contíguas que contém dados e é Deleteimitado por linhas e colunas vazias.
Ctrl + /	onde (/) é o sinal de divisão no teclado numérico Seleciona o intervalo de fórmulas de matriz que contém o cursor.
Ctrl + tecla de adição	Insere células (como no menu Inserir - Células)
Ctrl + tecla de subtração	Exclui células (tal como no menu Editar - Excluir células)
Enter (num intervalo selecionado)	Move o cursor uma célula para baixo no intervalo selecionado. Para especificar a direção do movimento do cursor, selecione Ferramentas - Opções' - LibreOffice Calc - Geral'.
Ctrl + ` (consulte a nota abaixo desta tabela)	Exibe ou oculta as fórmulas em vez dos valores em todas as células.
Ctrl + F1	Exibe a anotação anexada na célula atual
F2	Troca para o modo de edição e posiciona o cursor no final do conteúdo da célula atual. Pressione novamente para sair do modo de edição. Se o cursor estiver em uma caixa de entrada de uma caixa de diálogo que possui o botão Encolher, a caixa de diálogo ficará oculta e a caixa de entrada permanecerá visível. Pressione F2 novamente para mostrar a caixa de diálogo inteira.
Ctrl + F2	Abre o Assistente de funções.
Shift + Ctrl + F2	Move o cursor para a Linha de entrada onde você pode inserir uma fórmula para a célula atual.
Ctrl + F3	Abre a caixa de diálogo Definir nomes.
Shift + Ctrl + F4	Mostra ou oculta o Explorador de Banco de dados.
F4	Reorganiza as referências relativas ou absolutas (por exemplo, A1, $A$1, $A1, A$1) no campo de entrada.
F5	Mostra ou oculta o Navegador.
Shift + F5	Rastreia dependentes.
Shift + F7	Rastreia precedentes.
Shift + Ctrl + F5	Move o cursor da Linha de entrada para a caixa Área da planilha.
F7	Verifica a ortografia na planilha atual.
Ctrl + F7	Abre o Dicionário de sinônimos se a célula atual contiver texto.
F8	Ativa ou desativa o modo de seleção adicional. Nesse modo, você pode usar as teclas de seta para estender a seleção. Você também pode clicar em outra célula para estender a seleção.
Ctrl + F8	Realça células que contém valores.
F9	Recalcula as fórmulas modificadas na planilha atual.

Ctrl + Shift + F9	Recalcula todas as fórmulas em todas as planilhas.
Ctrl + F9	Atualiza o gráfico selecionado.
F11	Abre a janela Estilos e formatação para você aplicar um estilo de formatação ao conteúdo da célula ou à planilha atual.
Shift + F11	Cria um moDeleteo de documento.
Shift + Ctrl + F11	Atualiza os moDeleteos.
F12	Agrupa o intervalo de dados selecionado.
Ctrl + F12	Desagrupa o intervalo de dados selecionado.
Alt + Seta para baixo	Aumenta a altura da linha atual (somente no Modo de compatibilidade legada do OpenOffice.org).
Alt + Seta para cima	Diminui a altura da linha atual (somente no Modo de compatibilidade legada do OpenOffice.org).
Alt + Seta para a direita	Aumenta a largura da coluna atual.
Alt + Seta para a esquerda	Diminui a largura da coluna atual.
Alt + Shift + Tecla de seta	Otimiza a largura da coluna ou o tamanho da linha com base na célula atual.
Ctrl + 1 (não use o teclado numérico)	Abre a caixa de diálogo Formatar células
Ctrl + Shift + 1 (não use o teclado numérico)	Duas casas decimais, separador de milhar
Ctrl + Shift + 2 (não use o teclado numérico)	Formato exponencial padrão
Ctrl + Shift + 3 (não use o teclado numérico)	Formato de data padrão
Ctrl + Shift + 4 (não use o teclado numérico)	Formato monetário padrão
Ctrl + Shift + 5 (não use o teclado numérico)	Formato de porcentagem padrão (duas casas decimais)
Ctrl + Shift + 6 (não use o teclado numérico)	Formato padrão

PowerPoint 2016

Atalho	Ação
Alt ou F10. Para mover para uma guia diferente, use as teclas de acesso ou as teclas de direção.	Selecionar a guia ativa da faixa de opções e ativar as teclas de acesso.
Alt + Shift + C	Copiar pincel de animação
Alt + Shift + V	Colar pincel de animação
Alt + W, Q	Alterar o zoom para o slide.

Backspace	Excluir um caractere à esquerda
Barra de espaços ou Enter	Ativar o comando ou controle selecionado na faixa de opções.
Barra de espaços ou Enter	Abrir o menu ou a galeria selecionada na faixa de opções.
Ctrl + [	Enviar o objeto uma posição para trás.
Ctrl +]	Enviar o objeto uma posição para a frente.
Ctrl + A (na guia Estrutura de Tópicos)	Selecionar todo o texto.
Ctrl + A (na guia Slides)	Selecionar todos os objetos.
Ctrl + A (no modo de exibição Classificação de Slides)	Selecionar todos os slides.
Ctrl + Alt + V	Abrir a caixa de diálogo Colar especial
Ctrl + Backspace	Excluir uma palavra à esquerda.
Ctrl + Barra de espaços	Reproduzir ou pausar mídia.
Ctrl + Barra de espaços	Remover a formatação manual de caracteres, tais como subscrito e sobrescrito.
Ctrl + C	Copiar o texto, objeto ou slide selecionado.
Ctrl + C	Copiar texto ou objeto selecionado.
Ctrl + Delete	Excluir uma palavra à direita. Observação: Para fazer isso, o cursor deve estar entre as palavras.
Ctrl + E	Centralizar um parágrafo.
Ctrl + F1	Expandir ou recolher a faixa de opções.
Ctrl + I	Aplicar itálico.
Ctrl + J	Justificar um parágrafo.
Ctrl + K	Inserir um hiperlink.
Ctrl + L	Alinhar um parágrafo à esquerda.
Ctrl + N	Colocar o texto selecionado em negrito.
Ctrl + N	Aplicar negrito.
Ctrl + O	Criar nova apresentação
Ctrl + R	Alinhar um parágrafo à direita.
Ctrl + S	Salve a apresentação.
Ctrl + S	Aplicar sublinhado.
Ctrl + Shift + >	Aumentar o tamanho da fonte.
Ctrl + Shift + [	Enviar o objeto para trás.
Ctrl + Shift +]	Enviar o objeto para a frente.
Ctrl + Shift + <	Diminuir o tamanho da fonte.
Ctrl + Shift + C	Copiar somente a formatação.

Ctrl + Shift + C	Copiar formatos.
Ctrl + Shift + F	Abrir a caixa de diálogo Fonte para alterar a fonte.
Ctrl + Shift + Seta para a direita	Selecionar até o final de uma palavra.
Ctrl + Shift + Seta para a esquerda	Selecionar até o início de uma palavra.
Ctrl + Shift + Sinal de mais (+)	Aplicar sobrescrito (espaçamento automático).
Ctrl + Shift + V	Colar somente a formatação.
Ctrl + Shift + V	Colar formatos.
Ctrl + Sinal de igual (=)	Aplicar subscrito (espaçamento automático).
Ctrl + T	Abrir a caixa de diálogo Fonte para alterar a formatação dos caracteres.
Ctrl + V	Colar o texto, objeto ou slide recortado ou copiado.
Ctrl + V	Colar o objeto ou texto recortado ou copiado.
Ctrl + X	Recortar o texto, objeto ou slide selecionado.
Ctrl + X	Recortar texto ou objeto selecionado.
Ctrl + Y	Refazer a última ação.
Ctrl + Z	Desfazer a última ação.
Ctrl + Z	Desfazer a última ação.
Delete	Excluir um caractere à direita.
Enter	Concluir a modificação de um valor em um controle na faixa de opções e mover o foco de volta ao documento.
Enter	Selecionar texto dentro de um objeto (com um objeto selecionado).
Esc	Encerrar a apresentação de slides.
Esc	Selecione um objeto (quando o texto dentro Deletee estiver selecionado).
F6	Colocar outro painel em destaque.
Page Down	Ir para o próximo slide.
Page Up	Ir para o slide anterior.
Seta para baixo	Abrir a lista selecionada na faixa de opções, como a lista de Fontes.
Seta para baixo, Seta para cima, Seta para a esquerda ou Seta para a direita	Mover para baixo, para cima, para a esquerda ou para a direita, respectivamente, entre os itens na faixa de opções.
Shift + F10	Exibir o menu de contexto do item selecionado.
Shift + F3	Alterar entre primeira letra da sentença em maiúscula, minúsculas ou maiúsculas.
Shift + Seta para a direita	Selecionar um caractere à direita.
Shift + Seta para a esquerda	Selecionar um caractere à esquerda.
Shift + Seta para baixo	Selecione uma linha para baixo (com o cursor no início de uma linha).

Shift + Seta para cima	Selecione uma linha para cima (com o cursor no início de uma linha).
Tab	Mover-se entre os itens em um menu ou galeria aberto.
Tab ou Shift + Tab até que o objeto desejado seja selecionado	Selecione outro objeto (quando um objeto estiver selecionado).
Tecla Tab ou Shift + Tab	Mover o destaque para os comandos na faixa de opções.
Tecla Tab ou Shift+Tab	Mover-se até o comando anterior ou seguinte na faixa de opções.
F5	Inicia apresentação a partir do 1º slide
Shift + F5	Inicia apresentação a partir do slide atualmente selecionado

Teclas de atalho no modo apresentação de Slides

Atalho	Ação
E Ou Ponto final	Escurecer a tela (exibe tela preta) até o próximo evento de tecla ou da roda do mouse
C Ou vírgula	Clarear a tela (exibe tela branca) até o próximo evento de tecla ou da roda do mouse
Home	Exibe o primeiro slide da apresentação
End	Exibe o último slide da apresentação
ESC	Finaliza a apresentação
N Enter PageDown Seta para Direita Seta para Baixo Barra de Espaço	Executar a próxima animação ou avançar para o próximo slide
P PageUp Seta para Esquerda Seta para cima Backspace	Executar a animação anterior ou voltar ao slide anterior.
Nº + Enter	Ir para o número do slide.

R	Parar ou reiniciar uma apresentação automática
D	Apagar anotações na tela.
V	Ir para o próximo slide, se ele estiver oculto.
Pressione e mantenha pressionado o botão esquerdo do mouse por vários segundos	Iniciar o apontador laser.
Ctrl + C	Alterar o ponteiro para uma caneta
Ctrl + A	Alterar o ponteiro para uma seta.
Ctrl + E	Alterar o ponteiro para uma borracha
Ctrl + M	Mostrar ou ocultar marcação à tinta
Ctrl + H	Ocultar imediatamente o ponteiro e o botão de navegação.
Ctrl + U	Ocultar o ponteiro e o botão de navegação em 15 segundos.
Ctrl + S	Exibir a caixa de diálogo Todos os slides
Ctrl + T	Exibir a barra de tarefas do computador
Shift + F10	Exibir o menu de atalho.
Tab	Vá para o próximo hiperlink (ou outro hotspot) no slide atual. "Hotspots" incluem: hiperlinks, gatilhos de animação, objetos de áudio e objetos de vídeo.
Shift + Tab	Ir para o último hiperlink ou o hiperlink anterior no slide atual.
Enter enquanto um hiperlink estiver selecionado	Executar um "clique do mouse" no hiperlink selecionado, isto é, seguir um hiperlink selecionado.

Impress 5

Teclas de atalho	Efeito
F2	Editar o texto.
F3	Entrar no grupo
Ctrl + F3	Sair do grupo
Shift + F3	Duplicar
F4	Posição e tamanho
F5	Exibir apresentação de slides.
Ctrl + Shift + F5	Navegador
F7	Verificação ortográfica
Ctrl + F7	Dicionário de sinônimos
F8	Editar pontos.
Ctrl + Shift + F8	Ajustar o texto ao quadro.
F11	Estilos e formatação
Ctrl + Hífen(-)	Hifens personalizados; hifenização definida pelo usuário.

Ctrl + Shift + Sinal de menos (-)	Traço incondicional (não utilizado na hifenização)
Ctrl + Shift + Barra de espaços	Espaços incondicionais. Os espaços incondicionais não são utilizados na hifenização e não se expandem se o texto estiver justificado.
Shift + Enter	Quebra de linha sem mudança de parágrafo
Seta para a esquerda	Move o cursor para a esquerda
Shift + Seta para esquerda	Mover cursor com seleção para a esquerda
Ctrl + Seta para a esquerda	Ir para o início da palavra
Ctrl + Shift + Seta para a esquerda	Selecionar palavra a palavra para a esquerda
Seta para a direita	Move o cursor para a direita
Shift + Seta para a direita	Move o cursor com seleção para a direita
Ctrl + Seta para a direita	Ir para o início da palavra seguinte
Ctrl + Shift + Seta para a direita	Seleciona palavra a palavra para a direita
Seta para cima	Move o cursor para cima uma linha
Shift + Seta para cima	Seleciona linhas para cima
Ctrl + Seta para cima	Move o cursor para o início do parágrafo anterior
Ctrl + Shift + Seta para cima	Seleciona até ao início do parágrafo. Ao repetir, estende a seleção até o início do parágrafo anterior
Seta para baixo	Move o cursor para baixo uma linha
Shift + Seta para baixo	Seleciona linhas para baixo
Ctrl + Seta para baixo	Move o cursor para o final do parágrafo. Ao repetir, move o cursor até ao final do parágrafo seguinte.
Ctrl + Shift + Seta para baixo	Seleciona até ao final do parágrafo. Ao repetir, estende a seleção até ao final do parágrafo seguinte
Home	Ir para o início da linha
Shift + Home	Ir e selecionar até o início de uma linha
End	Ir para o fim da linha
Shift + End	Ir e selecionar até ao final da linha
Ctrl + Home	Ir para o início do bloco de texto do slide
Ctrl + Shift + Home	Ir e selecionar até ao início do bloco de texto do slide
Ctrl + End	Ir para o final do bloco de texto do slide
Ctrl + Shift + End	Ir e selecionar até ao final do bloco de texto do slide
Ctrl + Delete	Exclui o texto até ao final da palavra
Ctrl + Backspace	Exclui o texto até o início da palavra Numa lista: exclui um parágrafo vazio na frente do parágrafo atual
Ctrl + Shift + Delete	Exclui o texto até ao final da frase
Ctrl + Shift + Backspace	Exclui o texto até o início da frase

Tecla de seta	Move o objeto selecionado ou a exibição da página na direção da seta.
Ctrl + tecla Seta	Mover pela exibição da página.
Shift + arrastar	Limita o movimento do objeto selecionado no sentido horizontal ou vertical.
Ctrl + arrastar (com a opção Copiar ao mover ativa)	Mantenha pressionada a tecla Ctrl e arraste um objeto para criar um cópia desse objeto.
Tecla Alt	Mantenha pressionada a tecla Alt para desenhar ou redimensionar objetos arrastando do centro do objeto para fora.
Tecla Alt + clique	Selecionar o objeto que está atrás do objeto atualmente selecionado.
Alt + Shift + clique	Selecionar o objeto que está na frente do objeto atualmente selecionado.
Shift + clique	Seleciona os itens adjacentes ou um trecho de texto. Clique no início de uma seleção, vá para o fim da seleção e mantenha pressionada a tecla Shift enquanto clica.
Shift + arrastar (ao redimensionar)	Mantenha pressionada a tecla Shift enquanto arrasta um objeto para redimensioná-lo mantendo suas proporções.
Tecla Tab	Selecionar os objetos na ordem em que foram criados.
Shift + Tab	Selecionar objetos na ordem inversa em que foram criados.
Escape	Sair do modo atual.
Enter	Ativa um objeto de espaço reservado em uma nova apresentação (somente se o quadro estiver selecionado).
Ctrl + Enter	Move para o próximo objeto de texto no slide. Se não houver objetos de texto no slide, ou se você chegou ao último objeto de texto, um novo slide será inserido após o slide atual. O novo slide usará o mesmo layout do atual.
PageUp	Alternar para o slide anterior. Sem função no primeiro slide.
PageDown	Alternar para o próximo slide. Sem função no último slide.

Teclas de atalho em apresentações de slides

Teclas de atalho	Efeito
Esc	Finalizar a apresentação.
Barra de espaço ou seta para direita ou seta para baixo ou Page Down ou Enter ou Return ou N	Reproduzir o próximo efeito (se houver, caso contrário ir para o próximo slide).
Alt+Page Down	Ir para o próximo slide sem reproduzir os efeitos.
[número] + Enter	Digite o número de um slide e pressione Enter para ir para o slide.

Seta para a esquerda ou seta para cima ou Page Up ou Backspace ou P	Reproduz o efeito anterior novamente. Se não houver efeito anterior nesse slide, exibir slide anterior.
Alt + Page Up	Ir para o slide anterior sem reproduzir os efeitos.
Home	Saltar para o último slide da apresentação.
End	Saltar para o último slide da apresentação.
Ctrl + Page Up	Ir para o slide anterior.
Ctrl + Page Down	Ir para o próximo slide.
B ou .	Exibir tela em preto até o próximo evento de tecla ou da roda do mouse.
W ou ,	Exibir tela em branco até o próximo evento de tecla ou da roda do mouse.

Navegadores

Google Chrome

Atalho	Ação
Ctrl + N	Abrir uma nova janela
Ctrl + Shift + N	Abrir uma nova janela no modo de navegação anônima
Ctrl + T	Abrir uma nova guia e acessá-la
Ctrl + Shift + T	Reabrir a última guia fechada e acessá-la
Ctrl + Tab ou Ctrl + PgDn	Acessar a próxima guia aberta
Ctrl + Shift + Tab ou Ctrl + PgUp	Acessar a guia aberta anterior
Ctrl + 1 a Ctrl + 8	Acessar uma guia específica
Ctrl + 9	Acessar a última guia
Alt + Home	Abrir a página inicial na guia atual
Alt + seta para a esquerda	Abrir a página anterior do histórico de navegação na página atual
Alt + seta para a direita	Abrir a próxima página do histórico de navegação na página atual
Ctrl + w ou Ctrl + F4	Fechar a guia atual
Ctrl + Shift + W	Fechar todas as guias abertas e o navegador
Alt + espaço + N	Minimizar a janela atual
Alt + espaço + X	Maximizar a janela atual
Alt + F4	Fechar a janela atual
Ctrl + Shift + Q	Sair do Google Chrome
Alt + f ou Alt + e ou F10	Abrir o menu do Google Chrome
Ctrl + Shift + B	Exibir ou ocultar a barra de favoritos
Ctrl + Shift + O	Abrir o Gerenciador de favoritos
Ctrl + H	Abrir a página do histórico em uma nova guia
Ctrl + J	Abrir a página de downloads em uma nova guia

Shift + Esc	Abrir o Gerenciador de tarefas do Chrome
Shift + Alt + T	Definir o foco no primeiro item na barra de ferramentas do Chrome
F6	Alternar foco para a caixa de diálogo sem foco (se exibida)
Ctrl + f ou F3	Abrir a barra Localizar para pesquisar na página atual
Ctrl + G	Ir para a próxima correspondência da pesquisa da barra "Localizar"
Ctrl + Shift + G	Ir para a correspondência anterior da pesquisa da barra "Localizar"
Ctrl + Shift + j ou F12	Abrir as ferramentas do desenvolvedor
Ctrl + Shift + Delete	Abrir as opções de "Limpar dados de navegação"
F1	Abrir a Central de Ajuda do Chrome em uma nova guia
Ctrl + Shift + M	Fazer login como um usuário diferente ou navegar como visitante
Alt + Shift + I	Abrir um formulário de feedback
Ctrl + P	Abrir opções para imprimir a página atual
Ctrl + S	Abrir opções para salvar a página atual
F5 ou Ctrl + R	Atualizar a página atual
Shift + F5 ou Ctrl + Shift + R	Atualizar a página atual, ignorando o conteúdo armazenado em cache
Esc	Interromper o carregamento da página
Tab	Navegar por itens clicáveis deslocando-se para a frente
Shift + Tab	Navegar por itens clicáveis deslocando-se para trás
Ctrl + o + selecionar um arquivo	Abrir um arquivo do computador no Chrome
Ctrl + U	Exibir o código fonte HTML não editável da página atual
Ctrl + D	Salvar a página da Web atual como um favorito
Ctrl + Shift + D	Salvar todas as guias abertas como favoritos em uma nova pasta
F11	Ativar ou desativar o modo de tela cheia
Ctrl e +	Aumentar tudo na página
Ctrl e -	Diminuir tudo na página
Ctrl + 0	Retornar tudo na página para o tamanho padrão
Espaço ou PgDn	Rolar para baixo em uma página da Web, uma tela por vez
Shift + espaço ou PgUp	Rolar para cima em uma página da Web, uma tela por vez
Home	Ir para a parte superior da página
Fim	Ir para a parte inferior da página
Shift + rolar o mouse	Rolar a página na horizontal
Ctrl + seta para a esquerda	Mover o cursor para o final da palavra anterior em um campo de texto
Ctrl + seta para a direita	Mover o cursor para o começo da próxima palavra em um campo de texto
Ctrl + Backspace	Excluir a palavra anterior em um campo de texto

Alt + n	Mover o foco para uma notificação
Alt + Shift + A	Conceder permissão dentro de uma notificação
Alt + Shift + D	Negar permissão dentro de uma notificação
Alt + Home	Abrir a página inicial na guia atual
Arrastar um link para uma guia	Abrir um link em uma guia atual (somente com o mouse)
Ctrl + clicar em um link	Abrir um link em uma nova guia em segundo plano
Ctrl + Shift + clicar em um link	Abrir um link e acessá-lo
Arrastar um link para uma área em branco na barra de guias	Abrir um link e acessá-lo (somente com o mouse)
Shift + clicar em um link	Abrir um link em uma nova janela
Arrastar a guia para fora da barra de guias	Abrir uma guia em uma nova janela (somente com o mouse)
Arrastar a guia para uma janela já existente	Mover uma guia para a janela atual (somente com o mouse)
Pressionar Esc ao arrastar	Retornar uma guia para a posição original
Arrastar o End ereço da Web para a barra de favoritos	Salvar a página da Web atual como um favorito
Alt + clicar em um link	Fazer o download do destino de um link
Clicar com o botão direito do mouse em Voltar Voltar ou Próxima Próxima, ou clicar e manter pressionada a opção Voltar Voltar ou Próxima Próxima	Exibir o histórico de navegação
Clicar duas vezes em uma área em branco da barra de guias	Alternar entre os modos maximizado e de janela
Ctrl + Rolar o mouse para cima	Aumentar tudo na página
Ctrl + rolar o mouse para baixo	Diminuir tudo na página

Esta é a lista dos atalhos de teclado mais comuns para o Mozilla Firefox, e seus equivalentes para o Internet Explorer e o Opera.

(Fonte: http://br.mozdev.org/firefox/ajuda/keyboard.html)

Comandos	Firefox	Internet Explorer	Opera
Aba anterior	Ctrl + Shift + Tab Ctrl + PageUp	Recurso Não Disponível	Ctrl + Shift + Tab Alt + Page Up Ctrl + Shift + F6 1
Abrir arquivo	Ctrl + O	Ctrl + O	Ctrl + O
Abrir End ereço em nova aba	Alt + Enter	Recurso Não Disponível	Shift + Enter
Adicionar página aos Favoritos	Ctrl + D	Ctrl + D	Ctrl + T

Ajuda	F1	F1	F1
Aumentar texto	Ctrl + +		0
Avançar	Shift + Backspace Windows Alt + Seta para direita	Shift + Backspace Alt + Seta para direita	Shift + Backspace Alt + Seta para direita Ctrl + Seta para direita X
Código-fonte	Ctrl + U	Ctrl + F3	Ctrl + F3
Colar	Ctrl + V	Ctrl + V	Ctrl + V
Completar End ereços .com	Ctrl + Enter	Ctrl + Enter	Enter
Completar End ereços .net	Shift + Enter	Recurso Não Disponível	Recurso Não Disponível
Completar End ereços .org	Ctrl + Shift + Enter	Recurso Não Disponível	Recurso Não Disponível
Copiar	Ctrl + C	Ctrl + C	Ctrl + C
Cursor de teclado	F7	Recurso Não Disponível	Recurso Não Disponível
Desfazer	Ctrl + Z	Ctrl + Z	Ctrl + Z
Diminuir texto	Ctrl + -		9
Downloads	Ctrl + J	Recurso Não Disponível	Ctrl + Alt + T Ctrl + 5
Excluir	Delete	Delete	Delete
Excuir entradas individuais (Auto-Completar formulário)	Shift + Delete	Delete	:
Favoritos	Ctrl + B Ctrl + I	Ctrl + I	F4 Ctrl + Alt + B Ctrl + 1
Fechar aba	Ctrl + W Ctrl + F4	Recurso Não Disponível	Ctrl + W Ctrl + F4
Fechar janela	Ctrl + Shift + W Alt + F4	Ctrl + W Alt + F4	Ctrl + W Alt + F4
Histórico	Ctrl + H	Ctrl + H	Ctrl + Alt + H Ctrl + 4
Imprimir	Ctrl + P	Ctrl + P	Ctrl + P
Localizar	Ctrl + F	Ctrl + F	Ctrl + F
Localizar anterior	Shift + F3		Shift + F3
Localizar próxima	F3 Ctrl + G		F3
Localizar link ao digitar	'	Recurso Não Disponível	' Shift + /
Localizar texto ao digitar	/	Recurso Não Disponível	/ .

Mover para frame anterior	Shift + F6		
Mover para o próximo frame	F6		
Nova aba	Ctrl + T	Recurso Não Disponível	Ctrl + N
Nova janela	Ctrl + N	Ctrl + N	Ctrl + Alt + N
Nova mensagem	Ctrl + M		
Parar	Esc	Esc	Esc
Pesquisar web1	Ctrl + E Ctrl + K Windows Ctrl + J Linux		Shift + F8
Propriedades da página	Ctrl + J Windows Ctrl + I Linux		Ctrl + 8
Próxima aba	Ctrl + Tab Ctrl + PageDown	Recurso Não Disponível	Ctrl + Tab Alt + Page Down Ctrl + F6 2
Recarregar	F5 Windows Ctrl + R	F5 Ctrl + R	F5 Ctrl + R
Recarregar (ignorar cache)	Ctrl + F5 Ctrl + Shift + R	Ctrl + F5	
Recortar	Ctrl + X	Ctrl + X	Ctrl + X
Refazer	Ctrl + Shift + Z Ctrl + Y	Ctrl + Y	Ctrl + Shift + Z Ctrl + Y
Remover marca final da linha (?)	Ctrl + K Linux		
Salvar como	Ctrl + S		Ctrl + S
Selecionar aba [1 a 9]	Ctrl + [1 to 9]	Recurso Não Disponível	
Selecionar mecanismo de busca anterior	Ctrl + Seta para cima		
Selecionar próximo mecanismo de busca	Ctrl + Seta para baixo		
Selecionar texto da barra de End ereços	Alt + D F6 Ctrl + L	Alt + D F6 F4 Ctrl + Tab	F8
Selecionar tudo	Ctrl + A	Ctrl + A	Ctrl + A
Tela inteira	F11	F11	F11
Texto em tamanho normal	Ctrl + 0		6

Voltar	Backspace Alt + Seta para esquerda	Backspace Alt + Seta para esquerda	Backspace Alt + Seta para esquerda Ctrl + Seta para esquerda Z

1: Pesquisar Web move o cursor para a barra de busca e funciona apenas se a barra de busca estiver visível. Se a barra de busca estiver este atalho de teclado estará indisponível.

Windows: Este atalho de teclado funciona apenas em Microsoft Windows.

Linux: Este atalho de teclado funciona apenas em Unix/Linux.

Principais Comandos Linux

ls: Lista todos os arquivos do diretório

df: Mostra a quantidade de espaço usada no disco rígido

top: Mostra o uso da memória

cd: Acessa uma determinada pasta (diretório)

mkdir: Cria um diretório

rm: Remove um arquivo/diretório

cat: Abre um arquivo

vi: Abre o editor vi para editar/criar arquivos

vim: Editor de texto full-screen melhorado (vi improved)

exit: encerrar a sessão de usuário, se for usuário normal logado fecha a janela do terminal, se estiver logado como admin, continua aberta a janela mas como usuário normal.

passwd: Mudar a password do nosso utilizador (usuário logado)

ssh: Sessão segura, vem de secure shell, e permite-nos logar num servidor remoto através do protocolo ssh

find: Localizar arquivos com base em suas propriedades, como por exemplo: **find . -name *.txt -print**

grep: Procura um arquivo que contenha o texto desejado.

info: Abre o explorador de informações

man: acessa o manual do comando indicado na sequência, por exemplo **man find**

cd: Mudar de diretório atual, como por exemplo cd diretório, cd .., cd /

chmod: Mudar a proteção de um arquivo ou diretório, como por exemplo chmod 777, parecido com o attrib do MS-DOS

chown: Mudar o dono ou grupo de um arquivo ou diretório, vem de change owner

chgrp: Mudar o grupo de um arquivo ou diretório

cmp: Compara dois arquivos

cp: Copia arquivos, como o copy do MS-DOS

diff: Compara o conteúdo de dois arquivos ASCII

file: Determina o tipo de arquivo

gzip: Comprime ou expande arquivo

ls: Lista o conteúdo de uma diretório, semelhante ao comando dir no MS-DOS

mkdir: Cria uma diretório, vem de make directory"

mv: Move ou renomeia arquivos ou diretórios

pwd: Mostra-nos o caminho do diretório em que o usuário se encontra.

quota: Mostra uso do disco e os limites

rm: Apaga arquivos, vem de remove, e é semelhante ao comando del no DOS,

rmdir: Apaga diretório, vem de remove directory

sort: Ordena, une ou compara texto, podendo ser usado para extrair informações dos arquivos de texto ou mesmo para ordenar dados de outros comandos como por exemplo listar arquivos ordenados pelo nome

tar: Cria ou extrai arquivos, muito usado como programa de backup ou compressão de arquivos

wc: Conta linhas, palavras e mesmo caracteres num arquivo

cat: Mostra o conteúdo de um arquivo, dentro do próprio terminal.

head: Mostra as primeiras linhas de um arquivo.

lpr: Imprime um arquivo

tail: Funciona de forma inversa ao comando head, mostra-nos as últimas linhas de um arquivo ou mesmo do output de outro comando, quando usado como filtro

xv: Serve para exibir, imprimir ou mesmo manipular imagens

ftp: Vem de file transfer protocol, e permite-nos, usando o protocolo de transferência de arquivos ftp, transferir arquivos entre vários hosts de uma rede, como a um servidor de ftp para enviar ou puxar arquivos

ifconfig: Visualizar os ips da nossa máquina, entre outras funções relacionadas com ips

ping: Pingar um determinado host, ou seja, enviar pacotes icmp para um determinado host e medir tempos de resposta, entre outras coisas

kill: Mata um processo, normalmente indicando seu PID

top: Lista os processos que mais cpu usam, útil para verificar que processos estão a provocar um uso excessivo de memória, e quanta percentagem decpu cada um usa em dado momento

date: Exibe a data e hora

df: Exibe um resumo do espaço livre em disco

du: Exibe um resumo do uso do espaço em disco

history: Lista os últimos comandos usados, muito útil para lembrar também de que comandos foram usados para fazer determinada acção no passado ou o que foi feito em dada altura

ps: Lista a lista de processos em execução, útil para saber o pid de um processo para o mandar abaixo com o comando kill, entre outras coisas

Dicionário de Informática

#

802.3

Veja Ethernet

802.11

Padrão de infraestrutura sem fio usando frequência de 2.4 GHz, atualmente também disponível em 5 GHz. Pode ser apresentado com as siglas 802.11 a/b/g/n/ac, sendo o padrão "ac" o mais atual.

A

ABNT

Associação Brasileira de Normas Técnicas. É o órgão responsável pela elaboração das Normas Brasileiras (ABNT NBR), elaboradas por Comitês Brasileiros (ABNT/CB), Organismos de Normalização Setorial (ABNT/ONS) e Comissões de Estudo Especiais (ABNT/CEE).

Access

Tradução: acesso.

Programa: aplicativo gerenciador de banco de dados presente na suíte Microsoft Office.

Access Point (AP)

Equipamento para conectar outros dispositivos usando padrão IEEE 802.11, como uma forma de Switch para redes sem fio.

Acesso Dedicado

É a forma de conexão usada entre cliente (usuário doméstico) e provedor de acesso à internet por meio de ligação direta, ou seja, sem a necessidade de um discador.

Acesso Discado (dial-up)

Também conhecido como conexão discada, é a forma de conexão que se utiliza de um discador para realizar a conexão ao provedor de acesso à internet. Numa conexão discada, a velocidade nominal máxima é de 56Kbps. Velocidades superiores a 56 Kbps são classificadas como "banda larga".

Ack (acknowledge)

Comando usado pelo protocolo TCP para confirmar o recebimento de uma mensagem, avisando ao emissor para enviar a próxima informação.

Acknowledge

Uma transmissão de um dado de controle em caráter de confirmação para outro dispositivo envolvido na comunicação.

Acrobat

Também conhecido como Acrobat Reader, é o mais popular dos produtos da Adobe Systems. O programa tem a finalidade de abrir e visualizar arquivos com extensão .PDF. **Acrobat Pro** é a versão do programa que permite criar/converter arquivos em formato PDF.

Active Directory (AD)

É um serviço de arquivos e gerenciador de usuários e suas permissões no qual estão todas as informações que permitem controlar o acesso à rede. Nele ficam registrados nomes e senhas de usuários, suas permissões de acesso a arquivos, impressoras e outros recursos da rede, computadores e horários que cada um pode utilizar etc. O AD é uma implementação do serviço/protocolo LDAP.

ActiveX

Tecnologia/Framework da Microsoft usada para criação de páginas web de modo a usar recursos/módulos do Windows no Cliente, a fim de otimizar o desempenho do site. Finalidade similar aos Applets Java, porém muito mais frágil em termos de segurança, pois pode ser usada para qualquer fim sem restrições de segurança, o que permite que um site execute operações como apagar dados do HD.

Seu uso é reconhecido apenas pelo Internet Explorer.

Add-on

Forma de complemento que oferece mais recursos e características a um programa, similar a um plugin. O Mozilla Firefox é um dos navegadores que contam com maior acervo de Add-ons.

Address

Tradução: endereço.

Em redes, cada dispositivo tem um endereço físico = MAC e lógico = IP.

Address Book

Tradução: livro de endereços/catálogo de endereços.

Recurso nos e-mails de clientes para armazenar os dados dos contatos.

Address Resolution Protocol (ARP)

Tradução: protocolo de resolução de endereço.

Protocolo do conjunto TCP/IP usado para associar o endereço físico ao endereço lógico dos dispositivos em rede.

Adobe

Empresa fundada em dezembro de 1982 por John Warnock e Charles Geschke. Tem como produtos mais conhecidos: Adobe Reader, Adobe Photoshop, Adobe Premiere, Adobe Ilustrator, Adobe Flash Player, Adobe Flash Professional, Adobe InDesign, Adobe Dreamweaver e Adobe Shockwave.

ADSL

Inglês: Asymmetric Digital Subscriber Line.

Tradução: linha digital assimétrica para assinante.

Também conhecida como conexão banda larga. Canal de conexão dedicado entre usuário e provedor de acesso.

Sua assimetria se dá na diferença entre as velocidades de download e upload, em que o primeiro é, cada vez mais, maior que o segundo.

Adware

Adversting software. Tradução: programa que apresenta propaganda.

Por definição, é um malware do tipo spyware.

Adwares são programas feitos para mostrar anúncios e propagandas de vários produtos. Em geral, são instalados no computador de forma injusta gravam dados do usuário para exibir propagandas direcionadas.

Existem adwares que não são malwares, porém costumam ser definidos assim.

AGP

Inglês: Acelerated Graphics Port.

É um Slot/Barramento usado para conectar placas de expansão, principalmente de vídeo. Pode ser apresentado como AGP 1X, AGP 2X, AGP 4X e AGP 8X, embora hoje em dia tenha dado lugar ao Slot PCI Express.

Alça de Preenchimento

Recurso presente nos editores de planilhas. Ao selecionar uma ou mais células numa planilha, no canto inferior direito, mantendo-se o clique ativo (manter pressionado) e arrastando-o, são produzidos resultados diferentes que dependem da quantidade de células selecionadas e de seu conteúdo.

Algoritmo

Inglês: Algorithm.

Um conjunto de instruções/passos para a execução de uma tarefa até chegar a um resultado, correto ou não. Em geral, um programa é composto por diversos algoritmos.

Na matemática, é descrito como uma sequência de passos para solucionar um problema.

Na informática, é frequente no que tange a conceitos de segurança e criptografia.

Alias

Tradução: apelido.

Além de ser usado como nome de um usuário ao associar uma conta, serve para consultas a banco de dados a fim de alterar o nome da coluna de resultado.

ALU (Arithmetic and Logic Unit)

Tradução: unidade lógica e aritmética.

Parte do processador responsável pela execução dos cálculos matemáticos e por comparações lógicas.

AMD (American Micro Devices)

Empresa.

Fabricante de peças de hardware, sobretudo processadores e placas de vídeo. É o principal concorrente da Intel na fabricação de processadores.

Ansi

Inglês: American National Standards Institute.

Responsável por estabelecer padrões como o de caracteres ASCII.

Android

É o sistema operacional desenvolvido pelo Google para plataformas mobile, como celulares, smartphones e tablets.

Apache

Serviço responsável pelo formato da web. Disponível originalmente apenas para Linux, foi um dos principais autores da popularização do Linux entre os usuários avançados, pois era necessário usá-lo para oferecer serviços acessíveis por meio de navegadores. Atualmente, está disponível para Windows, mesmo sendo distribuído sob a licença GNU.

API

Inglês: Application Programming Interface.

Tradução: interface de programas aplicativos.

É um recurso usado para integrar aplicativos diferentes que podem ter sido criados em linguagens de programação diferentes. Composto por um conjunto de rotinas, regras e instruções que podem receber dados específicos e apresentar uma resposta que será capturada pelo outro sistema. Por isso, pode ser dita como uma interface entre sistemas.

Aplicação Web

Uma aplicação web é um aplicativo executado no lado do servidor (no modelo cliente/servidor). Embora seja uma aplicação, o usuário acessa um site, ou seja, usa um serviço web que se parece com um programa, mas que não é instalado no computador.

Aplicativo

É um programa desenvolvido para atender a uma finalidade específica, como editar um texto, uma planilha, um desenho; trabalhar uma imagem etc. Normalmente é instalado no computador do usuário, embora alguns possam ser executados sem ser instalados.

Apple

Empresa.

Fundada por Steve Jobs, Steve Wozniak e Ronald Wayne em 1976. Principais produtos de hardware: Macintosh, iPod, iPhone, iPad, Apple TV e Apple Watch. Principais produtos de software: MacOS X, iTunes, iOS, Final Cut Studio, Safari, iLife, entre outros.

Applet

Um Applet é um programa de pequeno porte, similar a um gadget, porém mais usado por páginas web para oferecer um número maior de recursos. Os Applets mais conhecidos são os Applets Java, em geral usados por páginas de banco para oferecer recursos de segurança aos usuários.

Aprendizado de Máquina

Área de pesquisa da ciência da computação que evoluiu do estudo de reconhecimento de padrões da Inteligência Artificial. Busca métodos para que os sistemas possam automatizar suas tarefas e decisões, de modo cada vez mais próximos ao do homem, sem necessidade de intervenção humana.

Área de Transferência

Espaço temporário em memória RAM controlado pelo Sistema Operacional e compartilhado com os demais aplicativos. Ela armazena os dados copiados e recortados.

ARP

Veja: Address Resolution Protocol (ARP).

ArpaNet

Inglês: Advanced Research Project Agency.

Tradução: rede da agência para projetos de pesquisa avançada.

Projeto militar que deu origem à internet.

ASCII

Inglês: American National Standard Code for Information Interchange.

Tradução: Código Nacional Americano de Padrões para Intercâmbio de Informação.

Trata-se de um código que também pode ser descrito como uma lista ou tabela que identifica os caracteres e seus respectivos códigos binários de 1 Byte (8bits). Esse código permite representar 256 caracteres diferentes — uma quantidade pequena, por isso é mais comum o uso da codificação Unicode.

ASP

Inglês: Active Server Pages.

Linguagem de programação usada para criar páginas web que serão hospedadas em servidores Windows.

Assembly

Linguagem de programação de baixo nível, tem poucas funções se comparada às de alto nível, o que torna a tarefa mais árdua para o programador que precisa implementar todas as operações desejadas.

Assembler

Programa responsável por converter (compilar) o código escrito em Assembly para a linguagem de máquina.

Assinatura Digital

Processo que visa garantir a autenticidade e a integridade de um documento digital. Para assinar um documento de maneira digital, é necessário ter um certificado digital.

Assíncrono

Forma de comunicação em que os comunicantes não precisam estar conectados ao mesmo tempo para uma informação ser trocada entre eles. Assim, ao enviar uma mensagem, mesmo que o receptor esteja desconectado, este terá acesso à mensagem depois, ainda que o emissor já não esteja mais disponível.

Os principais serviços citados em provas que operam dessa forma são o correios eletrônicos (e-mail) e fóruns, embora existam inúmeros outros exemplos.

Atributo

Conceito usado em banco de dados. Um atributo é o nome dado a uma característica de uma entidade. Um atributo pode ser simples ou composto, monovalorado ou multivalorado, nulo e derivado.

Attachment

Opção para anexar um ou mais arquivos a um e-mail.

Autenticação

Processo usado para autenticar um usuário num sistema, ou seja, realizar sua entrada no sistema verificando se tem acesso a ele e em que nível.

Também pode ser encontrado como processo que usa um certificado digital com a intensão de garantir a autenticidade de uma informação.

Autenticidade

Princípio básico de segurança da informação que garante a autoria de uma informação, ou seja, que o autor é realmente quem diz ser.

AutoCAD

Programa proprietário usado para projetar e editar desenhos técnicos, de construções, móveis, ambientes, entre outros. Muito usado por engenheiros e arquitetos.

Autoexecutável

É um programa que tem a capacidade de se executar automaticamente sem interação/intervenção do usuário.

Autoridade Certificadora (AC)

Entidade competente responsável pela emissão de certificados digitais e pela disponibilização das chaves públicas por meio de um servidor.

Autoridade de Registro (AR)

Entidade que executa papel intermediário entre o usuário e uma autoridade certificadora, a fim de facilitar a aquisição de um certificado digital. Sua competência é conferir a documentação fornecida pelo usuário e encaminhar a solicitação de certificado digital à autoridade certificadora.

Uma autoridade de registro não emite certificados; apenas os vende.

Avatar

Personagem ou figura que representa o usuário no mundo digital, como em chats, jogos e fóruns.

AVI

Extensão de arquivo de vídeo compactado. Dentro de um arquivo AVI costuma haver dois arquivos básicos: o de vídeo e o de áudio. Também podem existir outros arquivos, como legenda. Os players de vídeo precisam ter o codec adequado instalado para conseguir reproduzir o arquivo AVI.

B

Backbone

Tradução: espinha dorsal.

Também conhecido como barramento vertical de uma rede.

É a principal parte da rede, ou seja, a que a sustenta como um todo. Se o backbone cair (for desligado), toda a rede cai.

Backdoor

Tradução: porta dos fundos.

É uma brecha criada por um software ou usuário mal-intencionado num computador ou numa rede para permitir seu acesso futuro não identificado/rastreado.

Também pode ser definido como um malware, propriamente dito, que tenha por finalidade abrir portas da rede/computador. Embora possa ser atribuído apenas como característica de um malware como vírus, cavalo de troia ou worm, um backdoor pode ser definido como malware.

Background

Tradução: plano de fundo ou segundo plano.

Pode ser o papel de parede da área de trabalho ou estar associado a um processo ou uma tarefa que seja executado em background. Isso quer dizer que, se outro processo for necessário, o que está em segundo plano aguarda para concluir suas tarefas depois.

Backup

Cópia de segurança. Define-se pelo processo de copiar um ou mais arquivos para um dispositivo de armazenamento diferente daquele em que está.

Balanceamento de Carga

É a técnica para dividir a carga de acesso aos servidores usada por sites de alta demanda, como Google e Facebook. O sistema é composto por inúmeros servidores com a mesma função. Assim, em vez de todos os usuários acessarem o mesmo servidor, as requisições são divididas.

Banco de Dados

É um conjunto de dados integrados que tem por objetivo atender aos usuários. Ele pode ter a forma de um único arquivo ou vários, dependendo do tamanho.

Bandwidth

Tradução: largura de banda.

Os dados, ao serem transmitidos, sobretudo por redes, utilizam faixas de frequências também conhecidas como canais. A largura de banda é a especificação do intervalo de frequências que corresponde a cada canal.

Banner

Tradução: faixa.

Hoje em dia, é muito comum encontrar páginas web que utilizam uma faixa, em geral na parte superior e em espaço de maior destaque, com imagens e propagandas. Trata-se de banners.

Barra de Rolagem

Recurso usado para navegar em páginas da web e arquivos a fim de visualizar seu conteúdo.

Bash

Inglês: Bourne Again Shell.

É um dos programas usados no terminal do Linux para interpretar os comandos de texto.

Baixo Nível

Em informática, o hardware é a parte do computador de mais baixo nível. Quando se fala em serviços, estruturas ou soluções, quanto mais próximas elas forem da linguagem do hardware, mais baixo nível têm.

BCC

Inglês: Blind Courtesy Copy.

Tradução: cópia de cortesia invisível.

Também conhecido como Cco (cópia carbono oculta/com cópia oculta).

Campo de e-mail usado para enviar mensagens a destinatários que se deseja manter em sigilo. Os destinos listados neste campo não serão vistos pelos demais, inclusive os presentes no mesmo campo.

Benchmark

É uma forma de análise de desempenho de hardware e software.

Big Data

Tradução: megadados.

É um grande volume de dados voláteis ou não que são armazenados de modo mais rápido do que um Data Warehouse.

No jargão popular, o Google é O Big Data.

Binário

Sistema de numeração que utiliza apenas dois valores numéricos (0 e 1). Esse sistema é a base da informática, que toma suas decisões pela lógica de Boole (verdadeiro ou falso).

Bios

Inglês: Basic Input/Output System.

Tradução: sistema básico de entrada/saída.

O Bios é um pequeno software armazenado num componente da placa-mãe responsável pelo boot do computador. O componente em questão é uma memória do tipo ROM.

Esse programa é responsável por definir a sequência de boot e realizar os testes de hardware iniciais.

Ao ligar o computador, é o primeiro contato com o software que temos.

Bit

O bit é a menor unidade de armazenamento de um computador e pode receber valor 0 (zero) ou 1 (um). Normalmente é representado pela letra b minúscula.

Bit-rate

Referência usada por arquivos de áudio e vídeo associada à qualidade. Por exemplo, um arquivo MP3 com bit-rate de 128Kbps indica que, para representar cada segundo de áudio, são usados 128Kb. Assim, se o áudio tiver dois minutos, terá 15.360Kbits = 1.920KiBytes, ou seja, menos de 2MiB.

Bitmap

Tradução: mapa de bits.

Formato de arquivo em que se utiliza uma tabela de cores. Em cada pixel, em vez de indicar-se a cor, indica-se o número da cor na tabela. Esse formato é uma compactação de imagens com perdas de qualidade, uma vez que a quantidade de cores usadas é reduzida.

Black Hat

Tradução: hacker de chapéu preto.

Similar a cracker.

É uma terminologia usada para identificar hackers que usam seus conhecimentos para fins mal-intencionados.

Blog

Significado: diário on-line.

Site em que as publicações têm a forma de postagens. A organização delas é da mais recente para a mais antiga, de modo que a última sempre se encontra no topo do site. Atualmente, o serviço de blog mais popular é o Blogspot, e o gerenciador mais popular, o Wordpress.

Bluetooth

Forma de conexão que constitui uma rede do tipo PAN (rede pessoal) utilizada para conexões de dispositivos como mouses, teclados, celulares, smartphones entre outros.

Utiliza sinais de rádio de alta frequência. Tem três classes, sendo a mais comum a que tem alcance de 1 a 10 metros. Essa tecnologia ganhou bastante espaço, mesmo concorrendo com o wi-fi, pois consome menos energia que o concorrente.

Bookmark

Veja Favoritos.

Boolean

Tradução: Booleano.

Álgebra matemática desenvolvida por George Boole.

Boot

Chama-se boot o processo de inicialização do computador e carregamento do sistema operacional.

Bot

Tradução: Robô.

(1) Por definição, um malware que executa controle remoto do computador do usuário, podendo executar tarefas em primeiro e segundo planos, de modo que o usuário não perceba suas ações.

(2) Automação de tarefas repetitivas, muito usada por jogadores, para elevar níveis de personagens de jogos multiplayer.

(3) Ferramenta dos motores de busca que visitam sites para indexá-los a palavras-chave em futuras pesquisas.

BPS

Bits por segundo. É uma taxa de bits para cada segundo de um arquivo, em geral usada em arquivos de áudio e vídeo.

Bridge

Tradução: Ponte.

(1) Em redes, é o dispositivo que conecta duas redes distintas. Normalmente é um roteador, mas pode ser um computador pessoal, um servidor ou mesmo um firewall.

(2) Em hardware, é o chip que conecta e gerencia os equipamentos. Veja North Bridge e South Bridge.

Brightness

Tradução: brilho.

É a opção presente em dispositivos móveis, agora também presente nos monitores LCD e, principalmente, LED. Usar um brilho adequado, além de economizar bateria do equipamento, diminui riscos de danos à visão.

Broadcast

Tradução: rádio difusão.

Em redes IPv4, é o sinal encaminhado a todos os dispositivos presentes na mesma rede. Esse tipo de sinal é bloqueado, por padrão, na internet. Em redes locais, é um sinal necessário para solicitar ao servidor DHCP um endereço IP ao dispositivo que acaba de se conectar à rede.

No IPv6 não se usa mais broadcast.

Browser

Veja Navegador.

Buffer

(1) Em hardware, é uma pequena memória ultrarrápida similar à cache, mas usada em HDs, gravadores de CDs, modems, entre outros.

(2) Em software, é um espaço de armazenamento temporário usado em navegadores e programas de streaming de áudio e vídeo para guardar pedaços do conteúdo que está em reprodução.

Bug

O termo bug ("inseto") é usado para definir defeitos inexplicáveis em engenharia e em informática. Softwares bugados costumam travar mais. Outros bugs podem fazer com que worms se propaguem pela internet.

Uma história conta que, em 1947, o computador Mark II estava com problemas no funcionamento causados por um inseto que estava dentro das placas. Trata-se de um caso de um "computador que não funcionava por um bug". Mas esse não é o primeiro registro histórico do uso do termo.

Burn

Tradução: queimar.

Termo usado por programas de gravação de CD e DVD para indicar o início do processo de gravação. A palavra é usada porque, ao gravar um disco óptico, sua superfície é literalmente queimada por luz.

Bus

Tradução: barramento.

Meio/canal de comunicação pelo qual trafegam os dados entre os diversos dispositivos conectados. Pode-se dizer que a placa-mãe é o barramento do computador como um todo, apesar de ter outras funções.

Byte

Unidade de medida de capacidade. Cada 8 bits equivalem a 1 Byte. O Byte normalmente é representado pela letra B maiúscula.

C

Cabeçalho

(1) Em protocolos, é a parte que apresenta as identificações e suas propriedades.

(2) Em arquivos, é a parte que apresenta estrutura, tipo e outras propriedades.

(3) Em documento de texto, é o espaço reservado no topo da página. Os dados ali inseridos são replicados em todas as páginas da mesma seção.

Cache

É um espaço de armazenamento temporário, com finalidade de fornecer um acesso mais rápido às informações.

Hoje em dia encontramos cache em navegadores de internet, redes, processadores e HDs. Veja Buffer.

No caso de processadores, é uma memória volátil.

Caixa de Diálogo

Janela que apresenta informações e parâmetros para a execução de determinada ação, aguardando que o usuário altere algo ou confirme a operação.

Calc

Programa editor de planilhas presente nas suítes de escritório LibreOffice, Apache OpenOffice, BrOffice, oriundo da suíte StarOffice.

Caps Lock

Tecla do teclado que tem por finalidade fixar o uso de caracteres em caixa-alta.

Caractere

Símbolo gráfico como letra, número ou símbolo, pode ser representado em diversos tipos de codificação. Veja ASCII e Unicode.

Case Sensitive

Tradução: sensível ao caso.

Característica que diferencia caracteres maiúsculos de minúsculos.

Cat 5

Padrão de categoria de cabeamento por cabos de par trançado, com quatro pares de fios. Usado em redes Ethernet 10/100.

Cat 5e

Evolução do cabo Cat 5, usado em redes Gibabit Ethernet.

Cavalo de Troia

Malware que lava o nome de uma das mais icônicas estratégias de guerra, pois se assemelha muito à sua ideia. Um cavalo de troia é um disfarce usado para induzir o usuário a executar/acessar um programa malicioso, como backdoors, vírus ou spywares sem que ele perceba.

CCO

Veja BCC.

CD

Inglês: Compact Disk.

Dispositivo óptico com capacidade de armazenamento de 700 MiB, ou aproximadamente 80 minutos de áudio em formato .cda

CD-R

É um CD virgem, ou seja, vazio, para ser gravado. Após gravar dados num CD-R, ele se torna um CD-ROM — desde que não tenha sido feita gravação em multisessão.

CD-ROM

É um CD com dados gravados. Pode ser dito como um CD somente de leitura.

CD-RW

É o CD regravável, ou seja, é possível apagar os dados gravados. No CD-RW, a forma usada para apagar os dados é a formatação. Já um CD+RW possibilita apagar apenas alguns dados de forma pontual, sem precisar apagar todos.

Cert

Inglês: Computer Emergency Response Team.

Entidade criada em 1988 para tratar de aspectos relacionados à segurança da internet.

Certificado Digital

Informação emitida por autoridade certificadora para garantir a autenticidade de documentos e comunicações digitais ou para garantir sigilo de comunicações. É amplamente usado por instituições como Receita Federal e tribunais, reconhecendo sua validade jurídica.

Entre seus dados, um certificado digital é composto por um par de chaves assimétricas: **chave p**ública e **chave privada**.

Outras informações presentes num certificado digital são: nome da autoridade certificadora que o emitiu, data de emissão, prazo de validade, para quem foi emitido, número de série e assinatura digital da autoridade certificadora para garantir a autenticidade das informações prestadas.

CGI

Sigla para Comitê Gestor da Internet no Brasil.

Entidade criada em 1995 com a finalidade de gerir, coordenar e integrar os serviços de internet no Brasil. É o responsável por gerenciar os nomes de domínio, por meio do registro.br, e de atribuir os endereços IP de internet, bem como de gerenciar as conexões entre os backbones nacionais.

Chat

Bate-papo em tempo real, por meio de programa mensageiro instantâneo ou serviço web. É comum o uso da expressão salas de bate-papo. Um chat é, por definição, um serviço de comunicação síncrono.

Chave Privada

É a chave que fica com o usuário para o qual foi emitido o certificado digital. Portanto, é de uso pessoal e intransferível.

Uma chave privada é um código que pode ser encontrado num cartão inteligente, similar a um cartão de crédito, ou mesmo um token, similar a um pendrive. É possível encontrar chaves privadas emitidas para uso em servidores que são o código propriamente dito ou geradas para usos mais emergenciais e que têm a forma de um aplicativo.

Ao criptografar uma informação com uma chave privada, tem-se por objetivo garantir a autenticidade do emissor.

Chave Pública

É a chave que fica disponível para os usuários num servidor de chaves públicas da autoridade certificadora.

Ao criptografar uma informação com uma chave pública — em geral, a do destino —, tem-se por objetivo garantir o sigilo da informação, ou seja, sua confidencialidade.

Checksum

Recurso que busca verificar a integridade de uma informação transmitido, é composto por um código obtido pela soma dos bits da informação enviada. O receptor, ao receber a informação, gera um código usando o mesmo método. Se os códigos forem iguais — enviado pelo emissor e gerado pelo receptor —, a mensagem não foi corrompida e chegou completa.

Chipset

É um chip presente na placa-mãe responsável por controlar recursos do barramento e o acesso à memória.

Nas placas-mãe modernas, é comum encontrar dois chipsets: o principal chamado de ponte norte e um secundário conhecido como ponte sul.

Chrome OS

Sistema operacional desenvolvido pelo Google a partir do Linux, ou seja, também é um software livre. A princípio, encontrado apenas em hardwares específicos conhecidos como Chromebooks.

Ele propõe uma plataforma baseada na nuvem, não instalando aplicativos localmente.

Ciberespaço

Mundo virtual.

Cliente

Nome dado ao dispositivo que, no modelo cliente/servidor, inicia uma comunicação realizando uma requisição.

Clip-art

Coleção de imagens categorizadas usada principalmente pelo Microsoft Office até a versão 2010.

Clipboard

Tradução: Prancheta.

Veja Área de Transferência.

Clock

É o pulso do relógio. Em outros termos, é um ciclo/pulso. Em termos de processador, diz respeito à frequência de operação. O clock do processador é medido em Hertz (Hz).

Cloud

Tradução: nuvem.

É a computação baseada em aplicações web, que os usuários acessam pelo navegador como um serviço.

Cloud Computing

Tradução: computação em nuvem.

Serviço baseado em nuvem que tem por objetivo atender ao processamento dos dados.

Cloud Storage

Tradução: armazenamento na nuvem.

Serviço que oferece espaço de armazenamento em servidores web. Os valores variam de acordo com a quantidade de espaço contratado e do fluxo de dados.

Cluster

(1) Conjunto de computadores iguais ou diferentes interligados com a finalidade de executar uma tarefa dividindo entre si a carga de processamento.

(2) Conjunto de blocos de um HD a fim de otimizar o acesso aos dados.

CMOS

Inglês: Complementary Metal Oxide Semiconductor.

Tradução: semicondutor óxido-metálico complementar.

Memória pequena e volátil alimentada por uma bateria. Nas placas-mãe, tem por finalidade armazenar as configurações realizadas na Bios, bem como as de data e hora do computador.

CMYK

Inglês: Cian, Magenta, Yellow and Black.

Padrão de cores formado pela composição das quatro bases, é usado sobretudo por impressoras.

Coaxial

Tipo de cabo composto por um condutor central principal e uma capa de blindagem e aterramento. Cabo usado para conectar antenas parabólicas à TV.

Usado antigamente em redes, ou seja, para ligar computadores a hubs. Hoje ainda é usado em redes, mas para oferecer acesso à internet. As empresas de TV por

assinatura que também oferecem acesso à internet utilizam o mesmo cabo coaxial para transmitir dados de TV, internet e telefonia.

Codec

Sigla para Codificador/Decodificador, também pode ser tomado como Compactador/ Decompactador.

É um programa ou algoritmo para comprimir e ler arquivos, em especial de áudio e vídeo. A grande maioria dos codecs é proprietário, e os mais populares são o MP3 (áudio) e o MP4 (vídeo).

Código Fonte

Conjunto de instruções escritos em linguagem de programação. O código fonte é como uma receita de bolo que descreve os passos do funcionamento de um programa. Na verdade, descreve o próprio programa. Podemos tomar a analogia da seguinte forma: o código fonte é a receita, enquanto o bolo é o programa.

Colisão de Pacotes

As comunicações de dados em rede são compostas por sinais elétricos e eletromagnéticos transmitidos em determinadas frequências. Numa rede, as estações (computadores) escutam a rede para verificar se há alguém transmitindo dados (falando). Caso não haja, elas enviam os dados que desejam comunicar. No entanto, outra estação pode ter enviado ao mesmo tempo dados diferentes. O problema é que, quando ondas se chocam, podem se anular ou causar interferência umas nas outras. Quando isso ocorre, o que se tem é uma colisão de pacotes de dados.

Concatenar

Processo ou ação de unir estruturas, como textos, arquivos ou mesmo conteúdo de células (em planilhas).

Compact Disk

Veja CD.

Compactador

Programa usado para compactar e descompactar arquivos e pastas num único arquivo. Principais programas do gênero são: Winrar, Winzip, 7zip e Brazip.

Compactar

Processo ou algoritmo usado para reduzir o tamanho de um conteúdo. Existem métodos de compactação sem perdas, bem como, métodos que apresentam perdas

de dados. O processor de converter arquivos de imagem, vídeo e áudio para formatos diferentes é uma forma de compactação.

Compilador

Programa que transforma códigos fonte escritos em linguagens de programação de alto nível em linguagem de máquina.

Compilar

Processo de transformar o código fonte em um programa, ou seja, transformar o código fonte no arquivo binário executável. Esse arquivo executável não pode ser alterado, pois é o produto final já concluído (mesmo que apresente erros).

Existem linguagens de programação que são interpretadas, com isso os códigos fonte escrito com elas não precisam ser compilados.

Comutador

Dispositivo que conecta vários outros dispositivos com a finalidade de criar a ligação entre eles. O Switch é um comutador.

Cookie

Um cookie é uma informação que pode ser armazenada no navegador se um website requisitar. A informação não pode ter um tamanho muito grande. Cookies possuem uma validade e, ao expirarem, são automaticamente deletados pelo navegador.

São usados para armazenar dados como perfil do usuário, senhas, carrinho de compras entre outros dados.

Computador

Equipamento capaz de receber ou capturar dados, armazená-los, processá-los e produzir resultados seguindo um conjunto de instruções.

Copyleft

Termo originado como um trocadilho para copyright, significa "direito de esquerda" ou "esquerdo de cópia".

Forma de licença que possibilita o livre direito de cópia, mas mantendo a proteção dos direitos autorias.

Copyright

Termo que refere ao direito autoral e intelectual de uma obra. No caso da informática, de um software ou mesmo de seu código fonte.

CorelDraw

Programa de edição de imagens vetoriais, é um software classificado como proprietário.

CPU

Inglês: Central Processing Unit.

Tradução: unidade central de processamento.

É o processador do computador, um chip composto por um ou mais núcleos, que, por sua vez, têm memória cache, processador lógico e aritmético (ULA) e registradores, além de um conjunto de instruções.

Cracker

Pessoas que usam seus conhecimentos de informática para fins maliciosos, como destruir computadores ou ganhar dinheiro, roubando e burlando sistemas bancários e de cartão de crédito.

A maioria das pessoas chama, erroneamente, os crackers de hackers.

Creative Commons

Organização não governamental que criou variações de licenças sob a filosofia copyleft que levam o nome de licenças Creative Commons.

Criptografia

Processo ou algoritmo, normalmente matemático, para transformar informações/mensagens de modo que possam ser decifradas apenas por quem conheça a chave necessário para tal. Assim, objetiva o sigilo das informações cifradas.

Por outro lado, também é possível usar a criptografia para garantir a autenticidade de uma informação.

Existem duas formas de criptografia básicas: a de chaves simétricas e a de chaves assimétricas.

Cross Over

Forma de arranjo de um cabo para permitir conexão direta entre dois dispositivos iguais sem a necessidade de usar um nó de rede. Hoje não é mais necessário o uso desse tipo de cabo, pois as placas de rede aceitam conexão direta mesmo que o cabo não seja cross over. Mas, antes de sair conectando computadores diretamente, é importante verificar se sua placa de rede suporta isso, ou ela pode queimar.

CRM

Inglês: Customer Relationship Management.

Consiste num sistema de gerenciamento de clientes e funcionários de uma empresa.

CRT

Inglês: Catodic Ray Tube.

Tradução: tubo de raios catódicos.

Termo relacionado aos tipos de monitores. Antigamente, a tecnologia usada nos monitores era o tubo de imagem, o mesmo usado em televisores. Além de um consumo de energia maior que os atuais monitores LCD ou LED, os CRTs apresentavam um problema: a tela poderia ser manchada caso uma mesma imagem ficasse em exibição por um longo período, característica muito percebida em telas de terminais de autoatendimento de bancos (caixas eletrônicos), em que mesmo após a troca de imagem era possível ver o "fantasma" da tela anterior.

Cursor

Ponto na forma de um símbolo/figura ou caractere que funciona como marca para indicar a localização na tela ou num ponto de um texto.

D

Dados

Conjunto de informações que possam ser criadas, obtidas, armazenadas, processadas e descartadas.

Daemon

Linux: termo usado para identificar processos que estão executando em segundo plano, ou seja, sem interação direta do usuário.

Daemon Tools:

Aplicativo desktop emulador de drives, como CD, DVD e BlueRay, para que o usuário possa abrir arquivos de imagem como .iso sem precisar gravar em mídia física.

Database

Veja Banco de Dados.

Dataflow

Tradução: fluxo de dados

É o termo usado para descrever o tipo de rota que uma mensagem segue desde o host de origem até seu destino.

Datagrama

Formato de pacote de dados usado em redes de comunicação.

Datagrama IP: usado em camada de Rede.

Pacote Datagrama: formato do pacote UDP.

Data Mining

Veja Mineração de Dados.

Data Warehouse

Tradução: armazém de dados.

Consiste nos dados armazenados, ao longo da história de uso de um sistema, utilizados para obter respostas como quantidade de itens vendidos por determinado vendedor. O objetivo de um data warehouse é dar sustentação à tomada de decisão com base nos dados.

DBA

Inglês: Data Base Administrator.

Profissional responsável por criar, gerenciar e otimizar bancos de dados ou o Sistema de Banco de Dados.

DDoS

Inglês: Distributed Denial of Service.

Tradução: ataque de negação de serviço distribuído.

É quando mais de um dispositivo é usado para realizar um ataque de negação de serviço. Em geral, um grande número de dispositivos é usado no ataque. Por vezes, os dispositivos que estão atacando nem sabem disso, pois podem ser computadores de usuários que foram contaminados por algum malware, como bots ou worms.

DDR

Sigla associada às memórias do tipo RAM indicando sua tecnologia base de acesso.

Debug

Processo ou programa usado para encontrar erros em outro programa.

Default

Tradução: padrão.

É uma configuração que já vem definida, aceitando-a como a mais escolhida pelos usuários.

Em termos de sistema operacional, é a opção em que o usuário associa quais serão os programas-padrão para os formatos de arquivo ou protocolos.

Delay

Tradução: atraso.

Diferença de tempo da realização de uma ação numa transmissão e sua visualização pelo usuário receptor.

DeMilitarized Zone (DMZ)

É uma área da rede, que pode ser vista pelos usuários da internet, onde são colocados os servidores de páginas web e de e-mail, entre outros serviços.

A DMZ separa os dispositivos que podem ser vistos pelos usuários da rede externa dos dispositivos da rede interna.

Demo

Termo reduzido para demonstration.

Tradução: demonstração.

Tipo de licença ou programa que apresenta parte de suas funções habilitadas com finalidade de demonstrar sua funcionalidade para despertar o interesse para a aquisição. Em geral, é usado em jogos que disponibilizam algumas fases gratuitamente e pelos quais, para ter acesso às demais, o usuário terá de pagar.

Desfragmentador

Programa que tem por finalidade reorganizar os dados dentro de um dispositivo de armazenamento com o objetivo de otimizar sua leitura nos próximos acessos.

Desktop

Tradução: área de trabalho.

Espaço principal dos sistemas operacionais. A área de trabalho é composta por ícones, barra de tarefas e menu/tela inicial. O papel de parede também pode ser incluído na lista.

DHCP

Inglês: Dynamic Host Configuration Protocol.

Tradução: protocolo de configuração dinâmica do hospedeiro.

Protocolo usado pelo servidor DHCP para fornecer o endereço IP a ser usado aos equipamentos quando são conectados à rede.

Caso não seja usado um serviço de DHCP, torna-se necessário configurar manualmente em cada host o endereço IP. Em redes pequenas até parece viável. Mas, quanto maior a rede, mais trabalhoso se torna esse gerenciamento manual.

Diagnose

Tradução: diagnosticar.

Procurar por falhas ou erros num sistema ou numa rede.

Dial-Up

Forma de acesso à internet usando conexão discada por meio de um fax-modem.

Digitalizar

Ato ou processo de gerar uma imagem digital a partir de uma foto ou um documento impresso, em geral utilizando um scanner, ainda que uma fotografia também seja uma forma de digitalizar imagens atualmente.

DIR

Comando do MS-DOS, mas que também é interpretado por terminal Linux. Ao executar o comando (usando letras minúsculas), são representados os nomes de todos os arquivos e pastas do diretório atual, ou seja, da pasta em que o usuário estiver dentro do terminal.

DirectX

Plataforma para a execução de jogos, seu uso é incentivado pela Microsoft, pois facilita a vida dos programadores com funções e recursos para renderizar os jogos.

Diretório

O termo "diretório" é usado para indicar uma pasta que contém outras. Assim, se uma pasta tiver apenas arquivos, não é um diretório.

Disco Rígido

Inglês: Hard Disk (HD).

Dispositivo de armazenamento de arquivos com grande capacidade. Os modelos tradicionais são baseados no uso de vários discos (cilindros) de superfícies metálicas magnetizáveis e agulhas para ler e gravar nessas superfícies.

Mesmo os HDs SSD não sendo magnéticos ainda são chamados de disco rígido.

Distribuição Linux

Por ser software livre, é possível criar cópias ou mesmo modificar o código fonte do Linux, o que permite inventar novas versões de sistemas operacionais, as quais são chamadas de distribuições Linux e são encontradas no site http://distrowatch.com.

DivX

Formato de compressão de vídeo.

DLL

Inglês: Dynamic Link Library.

Tradução: biblioteca de conexão dinâmica.

.dll é a extensão das bibliotecas do Windows.

Uma biblioteca armazena um conjunto de instruções e funções comuns, ou seja, vários programas podem utilizá-la. Elas existem para poupar esforço na programação, pois já estão prontas, bastando ao programador conhecê-las e usar suas funções.

DNS

Inglês: Domain Name System

Tradução: sistema de nomes de domínio.

Pode ser citado como protocolo, serviço ou mesmo servidores de DNS.

O DNS é o processo que resolve (traduz) o domínio de um site em seu respectivo endereço IP, de forma que quando se acessar www.joaopaulo.pro.br, o computador possa transformar isso no endereço IP do servidor de destino.

Domínio

É um endereço na internet. Por exemplo, joaopaulo.pro.br é um domínio, assim como wikicon.com.br ou alfaconcursos.com.br. No Brasil, o Registro.br gerencia os domínios. Os nomes de domínios são transformados para endereços IP por meio do DNS.

Download

Processo de receber/baixar um arquivo da rede para o computador pessoal.

DOS

É a sigla original para Sistema Operacional do Disco, porém se tornou sinônimo do sistema da Microsoft: o MS-DOS.

DoS

Inglês: Denial of Service.

Tradução: negação de serviço.

É um ataque que visa sobrecarregar um computador ou sistema ao ponto de ele não suportar mais atender a requisições de outros sistemas ou computadores. Pode levar o alvo a ser reiniciado.

No intuito de sobrecarregar um computador ou serviço, o atacante precisa de poder computacional igual ou superior ao atacado, do contrário terá mais dificuldades para sobrecarregar o outro.

DPI

Inglês: Dots Per Inch.

Tradução: pontos por polegada.

É a medida para indicar resolução. Quanto mais pontos por polegada quadrada, maior é a resolução. Ao aumentar a resolução da tela do computador, normalmente as janelas e seus textos diminuem de tamanho.

Dram

Inglês: Dynamic Random Access Memory, ou simplesmente Dynamic RAM.

Tradução: memória de acesso aleatório dinâmico.

É a memória volátil conhecida como RAM. Ela pode ser definida como memória de leitura e escrita.

Drive

Sinônimo de dispositivo, drive é uma peça.

Driver

São informações sobre o funcionamento das peças de hardware. Um driver é usado para que o sistema operacional se comunique com o hardware. Existem também drivers de para software. Por exemplo, a placa de vídeo precisa de um driver, assim como a placa de som e alguns monitores.

Dual Boot

Nome usado quando há mais de um sistema operacional instalado num mesmo computador. Assim, toda vez que o computador for ligado/iniciado, faz-se necessário um gerenciador de boot para selecionar o sistema operacional usado.

DVD

Dispositivo óptico de armazenamento de dados com capacidade de 4,7 GB.

DVD-DL

Dispositivo óptico de armazenamento de dados com dupla camada com capacidade de 8,5 GB.

DVD-R

É um DVD virgem, ou seja, vazio, para ser gravado. Após gravar dados num DVD-R, ele se torna um DVD-ROM, desde que não tenha sido feita gravação em multisessão.

DVD-ROM

Um DVD com dados gravados, pode ser chamado de DVD somente leitura.

DVD-RW

É o DVD regravável, ou seja, podem-se apagar os dados gravados. No DVD-RW, a forma usada para apagar os dados é a formatação.

DVI

Padrão de conector de vídeo com qualidade digital e superior à do VGA. Um DVI suporta transmissão de imagens de 2560 x 1600 pixels, quantidade inferior ao HDMI 1.4 ou Displayport.

E

Edge

Nome do novo navegador web da Microsoft, presente no Windows 10 como padrão. O Microsoft Edge é produto do projeto Spartan.

Uma das características mais importantes desse navegador é a possibilidade de realizar anotações nos sites e compartilhar as anotações com outros usuários além de salvá-las.

E-mail

Correio eletrônico. É um serviço de natureza assíncrona para troca de mensagens eletrônicas. Seu uso pode ser feito mediante interface web webmail ou programas específicos conhecidos como clientes de e-mail.

Embedded

Tradução: embutido/incorporado.

Termo usado para definir recursos que podem ser incorporados em programas diferentes, como colocar uma planilha num documento de texto.

Emoticon

Símbolos gráficos que expressam sentimentos do usuário. Os mais populares são os smileys.

Emulador

Dispositivo ou software que simula outro equipamento. Os emuladores de videogames são os mais populares. Outro emulador interessante é o de Android, para testar aplicações desenvolvidas para esse sistema e um computador tradicional.

Encapsular

Criar uma forma de estrutura externa a outra. O termo "encapsulamento" é muito usado em redes, pois é o processo em que o protocolo de uma camada mais baixa encapsula os dados provenientes da camada superior a ele.

Endereço IP

Um endereço IP é um endereço lógico usado para identificar um host conectado a uma rede.

Engenharia Reversa

Técnica que consiste em analisar o funcionamento de um software, serviço ou dispositivo, a fim de recriar ou criar algo similar baseado nas entradas e nas saídas obtidas.

Engenharia Social

Técnica em que um indivíduo se utiliza de artimanhas, fornecendo falsas informações e até se passando por outras pessoas com o intuito de obter informações sensíveis que possa utilizar a seu favor. De modo geral, é o ponto em que a segurança é mais vulnerável (os usuários).

Ethernet

Padrão de infraestrutura de redes cabeadas. Atualmente, é comum encontrar redes Gigabit Ethernet.

Eudora

Programa de correio eletrônico disponível para Windows, Linux e MacOS.

Excel

Programa para edição de planilhas e gráficos pertencente à suíte de aplicativos Microsoft Office.

Exabyte

Equivale a mil Petabytes, 1 milhão Terabytes, 1 bilhão Gigabytes, 1 trilhão Megabytes, 10^{15} Kilobytes ou 10^{18} Bytes.

Exbibyte

Equivale a 1.024 Pebibytes, 1,04 milhão Tebibytes, 1,07 bilhão Gibibytes, e assim por diante.

Executável

Arquivo compilado a partir de um código fonte e que pode ser executado, pois já está em linguagem de máquina. No Windows, existem outras extensões de arquivos ditas executáveis além do popular .exe, como .com, .bat e o .bin, no Linux.

Exploit

Malware que possibilita a descoberta e a exploração de uma falha de segurança de uma rede ou sistema. Por isso é importante sempre manter o firewall ativo e, principalmente, os programas atualizados.

Explorador de Arquivos

Nome do Gerenciador de Arquivos do Windows 8 e versões posteriores.

Exportar

Gerar um arquivo ou uma informação em formato diferente do que aquele em que o programa em uso trabalha. Assim, o produto resultante da exportação é aberto por outro programa diferente daquele que o gerou.

EXT

Sistema de arquivos usado pelo Linux, tem várias versões, EXT2, EXT3, sendo o EXT4 o mais comum hoje em dia.

Extensão

É o conjunto de letras presente ao fim do nome de um arquivo, com o objetivo de identificar o tipo.

Extranet

Parte de uma intranet compartilhada/acessível pela Internet.

F

Facebook

Site de relacionamento pessoal criado por Mark Zuckerberg, Eduardo Saverin, Dustin Moskovitz e Chris Hughes em 2004.

É, por definição, uma ferramenta, ou seja, uma mídia social, usada para conectar milhões de usuários que criam dentro do site milhões de redes sociais.

Embora não seja efetivamente uma rede social, as bancas de concurso aceitam-no como uma rede.

FAQ

Inglês: Frequently Asked Questions.

Tradução: perguntas feitas com frequência.

Recurso muito usado em serviços de atendimento ao consumidor, com o intuito de auxiliar mais rapidamente os clientes a solucionar dúvidas e problemas comuns.

Fast Ethernet

Padrão de infraestrutura de rede que opera na casa dos 100 Megabits. Para tanto, necessita do uso de cabos da categoria 5 ou superior (CAT 5).

FAT

Inglês: File Allocation Table.

Tradução: tabela de alocação de arquivos.

Sistema de arquivos que organiza os dados a partir de uma tabela de localização. Para oferecer maior segurança à recuperação dos dados, ele tem uma cópia dessa tabela. Assim, o sistema FAT funciona como um índice para os arquivos.

É o sistema de arquivos em geral usado em dispositivos removíveis, como pendrives, disquetes e HDs externos, por ser facilmente reconhecível por equipamentos como televisores, players de áudio, entre outros.

Apresenta, contudo, algumas limitações, como não conseguir endereçar arquivos maiores que 4GiB, não reconhecer dispositivos maiores que 2TB e não proporcionar suporte à criptografia em nível de hardware.

Favoritos

Recurso/ferramenta muito comum nos navegadores que permite ao usuário salvar os endereços de páginas, de modo que não necessite memorizá-los.

Fdisk

Aplicativo para o gerenciamento de partições usado sobretudo pelo MS DOS até o Windows 98, não está incluído nas versões posteriores ao Windows Vista, pois o não suporta o sistema de arquivos NTFS.

Feedback

Tradução: retroalimentação/resposta.

Recurso cada vez mais presente em softwares que permite ao usuário expressar sua opinião ou realizar sugestões sobre um recurso ou ferramenta. O Windows 10 tem recurso nativo para feedback do usuário.

Feed RSS

Contração de feedback relacionada ao alimentador RSS.

Um feed RSS pode ser comparado a uma notícia, ou seja, o conteúdo que é disparado por uma central de notícias (RSS).

File

Tradução: arquivo.

File System

Veja Sistema de Arquivos.

Firewall

Tradução: parede de fogo, barreira de proteção.

Pode ser um software ou um hardware usado como ferramenta de segurança de redes.

O firewall monitora o tráfego de entrada e saída de dados de uma rede, analisando as conexões feitas pelo computador para garantir que nenhum recurso esteja sendo usado indevidamente.

O firewall do Windows é um exemplo de software, também chamado de firewall de host. Já um firewall de rede na forma de um servidor pode ser descrito como de hardware.

O Iptables (Linux) é o firewall de rede mais conhecido.

São úteis na prevenção contra usuários e malwares como worms, vírus, trojans e outros que tentem explorar comunicações de rede de forma maliciosa.

Firmware

É um software inerente a um hardware, ou seja, um software específico para um dispositivo que é gravado/instalado ainda quando este está em processo de fabricação. Hoje em dia, os firmwares podem ser facilmente atualizados.

O Bios é o principal firmware cobrado em provas, mas vale observar que o Android é um sistema operacional para plataformas móveis e também é um firmware.

Flock

Navegador web desenvolvido em 2006 e descontinuado em 2011.

Fonte

(1) Dispositivo de alimentação elétrica que force energia digital ao computador.

(2) Origem da qual determinada informação foi extraída.

(3) Nome dado às características gráficas dos caracteres em programas editores de textos e similares.

Formatar

Processo de atribuir novo formato a um dispositivo de armazenamento, alterando ou não seu tamanho e sistema de arquivos. A formatação tradicional apaga apenas as relações entre os dados, ao passo que a formatação com zeros, além de apagar os dados, preenche o dispositivo de armazenamento com zeros para evitar recuperação dos dados.

Fragmentação

Ao salvar arquivos no HD, por questões de desempenho no momento da execução, o sistema operacional os salva nos espaços vazios que encontra, porém esses espaços podem não ser sequenciais, o que torna mais lenta a leitura desses dados quando o arquivo for aberto. Ao salvar pedaços de forma não contínua, diz-se que o arquivo foi fragmentado. Veja mais em Desfragmentador.

Freeware

É um software gratuito, em geral proprietário, que pode ser usado sem custos. Não se deve confundir com software de domínio público ou livre.

FSB

Conexão/barramento entre processador e memória RAM, pode ser dito como velocidade externa do processado. A velocidade efetiva depende da tecnologia do processador e da memória, bem como da placa-mãe, que é o meio físico que os conecta.

FTP

Inglês: File Transfer Protocol.

Tradução: protocolo de transferência de arquivos.

É o protocolo usado em conexões FTP, em geral para transporte de arquivos de grande porte.

Os clientes FTP mais populares são o WinFTP e o FireFTP.

Com a ascensão da computação em nuvem, sobretudo do armazenamento, se torna cada vez menor o uso de servidores FTP.

FTP Anônimo

Forma de disponibilizar arquivos usando o protocolo FTP sem que o cliente precise de uma senha de acesso.

FTP Server

Servidor de arquivos que pode ser acessado por um navegador, embora seja mais comum uma conexão por meio de programas específicos conhecidos como clientes FTP.

Full-Duplex

Canal de comunicação pelo qual os dados fluem nas duas direções simultaneamente, sem choque.

G

Gadgets

Miniaplicativos que se popularizaram com o Windows Vista, porém estão mais presentes nos celulares.

Gateway

Nome usado para descrever o equipamento que conecta duas redes distintas ou que usem protocolos diferentes. De modo geral, o roteador é o gateway de rede, mas pode ser um computador pessoal, um servidor, um firewall ou proxy.

GB

Sigla para Gigabyte.

Equivale a mil MB, 1 milhão KB ou 1 bilhão Bytes.

GiB

Sigla para Gibibyte.

Equivale a 1,02 mil MiB, 1,04 milhão KiB ou 1.07 bilhão Bytes.

Geek

Indivíduo fascinado por tecnologias da informática, animes e histórias em quadrinhos como Universo Marvel ou DC.

Gerenciador de Arquivos

Programa responsável por oferecer a navegação entre as pastas do usuário e operar com seus arquivos e pastas.

Exemplos: Windows Explorer (até Windows 7), Explorador de Arquivos (Windows 8 em diante), Konqueror (distribuições Linux com KDE), Nautilus, Dolphin, entre outros.

GIF

Inglês: Graphics Interchange Format.

Tradução: formato de troca de gráficos.

Formato de arquivo de imagem com canal de transparência e que aceita "movimento". Em outros termos, o arquivo é composto por um conjunto de imagens que ficam se alternando, o que proporciona noção de movimento. Contudo, a qualidade das imagens GIF costuma ser baixa.

Gigabit Ethernet

Padrão de infraestrutura de rede cabeada, baseada no modelo Ethernet e que alcança velocidades de transmissão gigabit por segundo.

Gimp

Inglês: GNU Image Manipulation Program.

Programa software livre para edição de imagens similar ao Photoshop da Adobe. Tem versões para Linux e Windows.

Gnome

Gerenciador de interface gráfica usada no Linux. É uma das GUIs mais populares no universo Linux e nas provas.

GNU

Licença criada pela Free Software Fundation. É a licença de software livre propriamente dita, que prevê acesso ao código fonte de um programa, possibilidade de estudá-lo, adaptá-lo às necessidades do usuário, copiá-lo exatamente como foi criado, realizar modificações com o intuito de contribuir com a sociedade e distribuir essas mudanças.

GNU/Linux

Nome no núcleo/kernel do sistema operacional Linux. Apesar da redundância, o correto é dizer que as distribuições Linux, também chamadas de versões Linux, é que são sistemas operacionais e que o GNU/Linux é seu núcleo. Assim, podem-se classificar as distribuições como sistemas operacionais baseados em Linux.

Google

Empresa fundada em 1998. Seu principal produto é o motor de buscas, embora atualmente a empresa tenha um acervo de produtos e serviços considerável.

Google Chrome

Navegador de internet desenvolvido pelo Google a partir do código fonte de uma das versões do Mozilla Firefox, embora sua estrutura interna já tenha sido completamente refeita.

Google Drive

Serviço de cloud storage, ou seja, de armazenamento de dados, do Google.

Google Street View

Tradução: visão da rua do Google.

Serviço embutido no Google Maps que permite ao usuário se posicionar em meio à rua como se fosse um carro e ver fotos tiradas pelo Google. Tal recurso está disponível para as grandes cidades e cidades turísticas. Se o usuário desejar conhecer as cidades mais famosas sem sair de casa, basta um passeio pelo Google usando a visão da rua. Para tanto, basta arrastar o boneco laranja até o meio da rua na posição desejada.

GPU

Inglês: Graphics Processing Unit.

Tradução: unidade de processamento gráfico.

Nome dado aos processadores presentes nas placas de vídeos. Hoje, existem placas de vídeo com GPUs com mais de 2,5 mil núcleos.

Grub

Gerenciador de boot inserido ao instalar determinadas distribuições Linux. Sua finalidade básica é listar os sistemas operacionais instalados no computador do usuário toda vez que a máquina é ligada.

GUI

Inglês: Graphic User Interface.

Tradução: interface gráfica do usuário.

Nome genérico que descreve o gerenciador de interface gráfica, ou seja, o recurso responsável pelo gerenciamento das características visuais de um sistema operacional.

H

Hacker

O termo hacker descreve um indivíduo com vasto e profundo conhecimento em determinada área. Embora possa ser aplicado a várias especialidades, ficou vinculado ao universo da tecnologia.

Não devemos confundir hacker com craker. Apesar de ambos serem indivíduos com grande conhecimento, o termo cracker é usado para descrever aqueles que usam esse conhecimento de modo ilícito ou mal-intencionado, ao passo que hacker é relacionado aos que utilizam seus conhecimentos para desenvolver soluções.

Half-Duplex

Forma de comunicação de rede em que os dados trafegam apenas num sentido por vez, ou seja, um dispositivo envia informações ou escuta, não conseguindo realizar as duas tarefas ao mesmo tempo. É similar à usada em rádios amadores ou walkie talks.

Hash

Trata-se de uma sequência de letras/números geradas por um algoritmo de hashing que busca identificar somente um arquivo ou informação. Hashs podem ser usados para saber se os arquivos que se baixa da internet são idênticos aos distribuídos pelo desenvolvedor.

A sequência do hash é limitada — dificilmente passa dos 512 bytes.

Exemplos mais conhecidos: MD5, SHA1, SHA2 e SHA3.

Hard Disk

Tradução: disco rígido.

Nome dado aos dispositivos de armazenamento interno dos computadores que vieram após os disquetes removíveis.

Hexadecimal

Sistema numérico com dezesseis dígitos: 0, 1, 2, 3, 4, 5, 6, 7, 8, 9, A, B, C, D, E e F. Um número hexadecimal é representado por quatro bits. A base hexadecimal é muito usada na informática, pois, para cada conjunto de oito bits, ou seja, para cada byte, são representados dois caracteres hexadecimais.

Hijacker

Malware que captura o navegador alterando informações com o intuito, sobretudo, de fixar páginas iniciais, de modo que, mesmo o usuário as removendo, elas reaparecem.

Hipermídia

Termo que une o aspecto de hipertexto com multimídia, faz alusão ao conteúdo multimídia acessado por navegadores.

Hipertexto

Formato de arquivo e conteúdo que utiliza tags (marcações) da linguagem HTML para criar conteúdo multimídia. Os navegadores leem arquivos hipertexto e os interpretam representando o conteúdo na forma visual com que temos contato como usuários.

HyperThreading

Tecnologia presente nos processadores que possibilita a execução de várias tarefas num mesmo ciclo do processador (clock), aumentando consideravelmente seu desempenho.

Hiperlink

Também chamado apenas de link, é uma ligação ou atalho para outra informação, como um site ou arquivo da web, bem como do próprio computador.

Home Page

Tradução: página inicial.

(1) Em navegadores, é a página inicial, ou seja, aquela que o usuário configura para ser aberta toda vez que o navegador for carregado.

(2) Em sites, é a página principal de um site, em geral associada ao domínio do site.

Honneypot

Tradução: pote de mel.

Recurso de segurança usado em redes como armadilha. Normalmente, é um servidor que simula ser importante numa rede ou mesmo a própria rede, de modo a levar o invasor a acreditar estar invadindo a rede quando, na verdade, está sendo monitorado e rastreado.

Host

Nome dado a um dispositivo quando conectado a uma rede.

HTML

Inglês: Hipertext Markup Language.

Tradução: linguagem de marcação de hipertexto.

É a linguagem padrão para criação de páginas web e a extensão de arquivo hipertexto.

HTTP

Sigla para HyperText Transfer Protocol.

Tradução: protocolo de transferência de hipertexto.

Foi criado para que navegadores e servidores web pudessem se comunicar de forma padronizada. É um dos protocolos mais comuns da web.

Hub

Dispositivo que interliga outros dispositivos de rede. Um hub é conhecido como dispositivo burro, pois tem apenas uma única rota de colisão.

Hz

Inglês: Hertz.

Unidade de medida de frequência por segundo.

I

Icann

Inglês: Internet Corporation for Assigned and Numbers.

Entidade sediada nos Estados Unidos responsável por gerenciar e distribuir nomes de domínios e endereços IP.

ICMP

Inglês: Internet Control Message Protocol.

Tradução: protocolo de mensagem de controle da internet.

Protocolo de controle usado para testar a conectividade com outro dispositivo numa rede.

Ícone

Imagem que representa um programa, arquivo, recurso ou ferramenta.

ICQ

Programa mensageiro instantâneo.

ID

Contração de Identificação, conceito muito usado em banco de dados para representar o identificador.

IEEE

Inglês: Institute of Electricial and Eletronic Engineers.

Tradução: Instituto de Engenheiros Elétricos e Eletrônicos.

É a entidade responsável por criar os padrões para dispositivos elétricos e eletrônicos, sendo encarregada de vários padrões técnicos e normas usados em informática.

Imap

Inglês: Internet Mail Access Protocol.

Tradução: protocolo de acesso ao correio da internet.

Protocolo de recebimento pelo qual é realizado acesso aos e-mails que estão e permanecem no servidor do serviço de correio eletrônico. Sua principal vantagem é a chamada dupla sincronia, uma vez que as mensagens permanecem no servidor a despeito da forma como são acessadas, se por webmail ou cliente de e-mail.

Impress

Programa editor de apresentação de slides da suíte de escritório LibreOffice. O formato padrão salvo pelo programa é o ODP.

Impressora Matricial

Modelo de impressora também conhecido como de impacto, pois utiliza agulhas de impressão que são batidas contra uma fita no papel. É bastante popular pela lentidão e pelo barulho.

Apesar de antigo, ainda é encontrado no mercado. Por um período, era necessária para a impressão de notas fiscais em várias vias carbonadas.

Intel

Empresa que tem como principal produto os processadores.

Inteligência Artificial

Segundo Turing, um sistema atingirá a inteligência quando um interlocutor humano não souber diferenciar se está interagindo com uma máquina ou uma pessoa.

De modo geral, a IA é a ciência que estuda formas de um sistema aprender por conta própria, apesar de, na prática, ser mais relacionada à quantidade de conhecimento e tratamentos que o programador consegue programar no sistema.

Interface

Meio pelo qual há interação, seja com o usuário, seja com outros recursos do próprio sistema ou hardware. O mouse e o teclado são exemplos de interface de hardware.

Interface Gráfica

Parte visual de um software, ou seja, aquela com a qual o usuário tem contato visual.

Internet

Rede mundial de computadores, é baseada no modelo de comunicação cliente/servidor e usa o conjunto de protocolos TCP/IP, operando de modo descentralizado. Não tem dono.

Internet 2

Rede de altíssima velocidade que conecta universidades destinadas à pesquisa. No Brasil, trata-se da RNP.

Internet Explorer

Navegador de internet padrão do Windows até o Windows 8.1.

Internet Service Provider

Tradução: provedor de serviço de internet.

Também citado em provas como ISP, é a empresa ou o conjunto de empresas que conectam os usuários à rede mundial de computadores. Os ISPs têm vários níveis. Assim, há ISPs que prestam serviços a outros.

Intranet

Rede privada de computadores, que pertence a um indivíduo ou a uma empresa específica, em que há controle de acesso. Uma LAN é uma intranet.

Intrusion Detection

Tradução: detecção de invasão.

É composto por um conjunto de políticas, ferramentas, programas e recursos para identificar quando e se ocorreram invasões.

I/O

Inglês: Input/Output.

Tradução: entrada/saída.

Em geral, está associada aos dispositivos.

IP

Inglês: Internet Protocol.

Tradução: protocolo de internet.

Apesar do nome, o protocolo IP é responsável pelo endereçamento lógico dos dispositivos em rede, seja internet, seja intranet.

IPv4

Na versão 4, um endereço IP tem a estrutura formada por quatro octetos binários. Assim, cada um desses octetos forma um grupo que, em números decimais, pode assumir de 0 a 255.

Exemplo: 200.201.88.30 é um endereço IPv4.

O IPv4 possibilita 256^4 combinações de endereços, ou seja, exatas 4.294.976.296 combinações.

Nessa versão, cada endereço tem 32 bits.

O endereço 127.0.0.1 é o de localhost.

IPv6

O IPv6 é formado por oito grupos de quatro dígitos hexadecimais, ou seja, composto por oito grupos de dezesseis bits. Assim, um endereço IPv6 tem tamanho de 128 bits.

Exemplo: 2800:3F0:4001:812::200E.

A expressão :: é uma abreviação de grupos em que todos os dígitos são zero.

Outro exemplo é o endereço ::1, que é IPv6 do localhost.

IRC

O Internet Relay Chat é um sistema para bate-papo muito conhecido na internet.

ISA

Barramento ou tipo de slot de conexão usado antigamente para conectar placas de expansão, como placas de vídeo.

ISO

Inglês: International Standards Organization.

Tradução: Organização de Padrões Internacionais.

Entidade responsável por desenvolver e normatizar diversos padrões, como os de segurança e qualidade.

ISP

Veja Internet Service Provider.

J

Java

Linguagem de programação para criar programas que serão executados numa máquina virtual java, o que viabiliza que o software desenvolvido seja executado

em diferentes sistemas operacionais, conferindo a tal software a característica de ser multiplataforma.

O LibreOffice é um exemplo de software desenvolvido em java.

Java Script

Linguagem de programação para sites, mas que é executada ao lado do cliente. É a responsável pela verificação de campos de formulários e regras de comportamento. Hoje em dia, também desempenha papel fundamental nos efeitos visuais e nas cores dos sites.

Journaling

Recurso presente em alguns sistemas de arquivos, como EXT3, a fim de controlar alterações de modo a evitar perdas de dados diante de operações não concluídas com os dados no HD.

JPG

Extensão de arquivo de imagem. Dependendo do algoritmo de compactação usado, pode haver perda na qualidade da imagem.

K

KB/s

Sigla usada para indicar a quantidade de Kilobytes trafegados por segundo.

Kbps

Sigla usada para indicar a velocidade de Kilobits por segundo.

KDE

Nome de um dos gerenciadores de interface gráfica mais conhecidos e usados em distribuições Linux. Uma peculiaridade dessa GUI é que muitos dos aplicativos desenvolvidos com base nela têm o nome iniciado pela letra "k", como Kcalc (calculadora), kedit (editor de texto similar ao bloco de notas), koffice (suíte de escritório), entre outros. O gerenciador de arquivos padrão dessa interface é o konqueror.

Kerberos

Protocolo de rede desenvolvido pelo MIT (Massachusetts Institute of Technology) para permitir o tráfego de dados com segurança, em especial quando se trafega por redes não seguras.

O protocolo é baseado no modelo cliente/servidor e permite autenticação dupla, ou seja, tanto do cliente quanto do servidor. Para isso, é usado criptografia simétrica.

O nome é inspirado no cão de três cabeças de Hades que guarda os portões do inferno da mitologia grega.

Kernel

Nome dado ao núcleo de um sistema operacional, é o responsável por controlar o computador como um todo e torná-lo usável.

Entre os recursos gerenciados por ele, estão entrada e saída, memória, processador e drivers de dispositivos.

Keyboard

Tradução: teclado.

Dispositivo de entrada que, mesmo diante da ascensão das telas sensíveis ao toque, se mantém necessário. Existem vários layouts de teclados diferentes. Os modelos brasileiros mais comuns são ABNT e ABNT2, embora haja dispositivos, em particular notebooks, com o layout inglês internacional.

Keylogger

Etimologia: key de keyboard, pode significar chave, e log de "registro de ações".

Malware que captura as teclas digitas no computador. Hoje em dia, o termo foi expandido para incluir vários softwares de monitoração completa do sistema, como o Perfect Keylogger (BPK).

Knowledge Base

Tradução: base de conhecimento.

Bases de conhecimento são usadas por sistemas especialistas e de Inteligência Artificial.

L

LAN

Inglês: Local Area Network.

Termo usado para descrever uma rede de curto alcance. Alguns autores apresentam distâncias para a classificação, ainda que haja redes locais com mais de mil metros quadrados.

Assim, podemos definir uma rede local como aquela que busca atender a uma residência, universidade ou empresa.

Laptop

Tradução: computador de colo.

Modelo de computadores pessoais portáteis, como notebooks e netbooks.

Largura de Banda

Veja Bandwidth.

Layout

Organização ou disposição de elementos de uma estrutura, pode ser associado a janelas ou à estrutura de documentos. É muito comum em editores de apresentação de slides.

LCD

Inglês: Liquid Cristal Display.

Tradução: display de cristal líquido.

Tecnologia que substituiu a CRT.

Enquanto o CRT usava um tubo de raios catódicos que precisavam circular por toda a tela, a tecnologia LCD é composta por uma tela em que os pixels são pontos com cristal na forma líquida e, dependendo da polarização, permitem a passagem de determinadas componentes da luz.

A principal diferença entre um monitor LCD e outro LED é a iluminação por trás da tela de cristal líquido, pois o LED é composto por uma única lâmpada.

LDAP

Inglês: Lightweight Directory Access Protocol.

Tradução: protocolo de acesso a diretório de "pouco peso".

Protocolo usado por servidores LDAP para autenticação e controle de usuários de uma rede e para estabelecer que recursos cada usuário ou grupo pode acessar.

Leiaute

O mesmo que layout.

Lei de Moore

Gordon E. Moore foi o presidente da Intel que afirmou que o número de transistores dos chips como processadores dobraria num período médio de dezoito meses. Até o fim de 2015, a profecia se mantinha: menos de dois anos após uma inovação de chip, sempre era lançado uma nova, pelo mesmo custo.

Lei de Murphy

Edward A. Murphy foi um engenheiro aeroespacial que certa vez comentou que qualquer coisa que possa dar errado, dará errado no pior momento possível. Com base nesse pensamento, muitos projetos foram testados esperando o pior, para que, quando isso ocorresse, já estivesse tudo preparado e previsto.

Na prática, é conhecida pela sua forma contraída "se algo pode dar errado, dará".

LGPL

Versão criada a partir da licença GPL para possibilitar que partes de um código sejam proprietárias, com o intuito de proteger informações como lógica de negócio e segredos empresariais.

Lilo

Nome de um gerenciador do boot instalado pelo Linux no computador.

Linguagem de Alto Nível

São ditas linguagens de alto nível as linguagens de programação que utilizam sintaxe e comandos mais próximos aos da forma humana de se comunicar.

Linguagem de Baixo Nível

São ditas linguagens de baixo nível as linguagens que se aproximam mais às da forma de a máquina se comunicar, ou seja, por comandos mais básicos.

Linguagem de Máquina

Linguagem de baixo nível compreendida pelo hardware. É formada por conjunto de instruções, endereços de memórias e registradores, além de códigos binários.

Linguagem de Programação

Conjunto de comandos que podem ser utilizados para desenvolver um programa de computador. Existem inúmeras linguagens de programação, que vão desde aquelas de baixo nível até as de alto nível.

Linguagem Script

Linguagem de programação que, em vez de ser compilada, será interpretada e executada diretamente.

Link

Atalho, caminho ou ligação com outro elemento. Sua importância para a web é fundamental, pois é por meio dos links que temos a noção de navegação.

LinkedIn

Rede social de caráter profissional adquirida pela Microsoft em 2016.

Linux

De modo geral, é conhecido e tratado como um sistema operacional que leva a bandeira do software livre.

De modo mais específico, o nome GNU/Linux mais completo é de kernel. Com isso, as distribuições/versões Linux é que, na verdade, seriam os sistemas operacionais baseados num núcleo comum.

Load

Tradução: Carregar.

Processo de abrir um arquivo ou programa. Consiste em carregá-lo para a memória RAM.

Log

Um log (to log – registrar) é um arquivo que guarda informações passadas (registros). Existem registros/logs de erros, páginas visitadas ("histórico"), entre outros, que podem ajudar na identificação e na solução de problemas.

Login

Pode ser descrito como o procedimento de autenticar-se utilizando um usuário e uma senha, bem como pode ser atrelado à criação de uma conta de usuário.

Logon

O mesmo que login.

Logoff

Processo de encerramento de uma sessão de usuário.

Logout

O mesmo que logoff.

Loop

Tradução: laço ou repetição.

Termo muito usado em programação para identificar que uma mesma tarefa deve ser executada repetidas vezes.

LPT

Sigla que faz referência às portas paralelas de conexão usadas sobretudo para conectar impressoras.

Perdeu espaço para as conexões USBs, uma vez que gerenciar as portas paralelas é mais complexo do que comunicações seriais.

M

Mac

Contração para Macintosh Computer.

Um dos primeiros computadores para uso doméstico desenvolvido pela Apple.

Mac (endereço)

Inglês: Media Access Control.

Endereço físico gravado nas placas de rede, deve ser único no mundo. Se placas com mesmo endereço forem conectadas a uma mesma rede física, ambas não funcionarão corretamente.

Um endereço MAC tem 48 bits, ou seja, é composto por doze dígitos hexadecimais.

Machine Learning

Veja Aprendizado de Máquina (tradução).

MacOS

Sistema operacional usado no Macintosh.

Macro

Recurso que automatiza tarefas repetitivas por meio de regras, programação ou gravação dos passos. As macros estão presentes em vários programas, como Photoshop, e principalmente nas suítes de escritório (Microsoft Office e Libre Office)

Mainframe

Um mainframe é um supercomputador. Antigamente, era muito usado como centro nervoso de ambiente coorporativo, em que os usuários utilizam terminais burros em

vez de desktops completos.

Hoje, os mainframes são usados para gerenciar grandes bancos de dados.

Mala Direta

Recurso para automatizar a geração de etiquetas e dados de destinatários para ser impresso em envelopes.

Malware

Etimologia: Malicius Foftware.

É um software que tem objetivos maliciosos, ou seja, que de algum modo causará danos ao usuário.

Em malwares se incluem todos os trojans, vírus e spywares.

Mailing List

Lista de e-mails composta por um grupo e "assinantes", de modo que toda mensagem enviada para a lista é recebida por todos os presentes.

MAN

Inglês: Metropolitan Area Network.

Uma rede metropolitan é aquela que abrange as dimensões de uma cidade ou metrópole.

Máscara de subrede

Informação necessária para configurar uma rede, pois identifica qual conjunto de endereços IPs faz parte da mesma rede.

MB/s

Sigla para indicar uma taxa de transferência de Megabytes por segundo, em geral vista pelo usuário ao copiar ou recortar dados de um dispositivo de armazenamento para outro.

Mbps

Sigla para Megabits por segundo, taxas de transferência medidas em bits por segundo costumam estar associadas a transmissões por rede. Por exemplo, a descrição 10/100 presente nos dispositivos Fast Ethernet, que indica que podem alcançar velocidades de 100 Mbps.

MBR

Inglês: Master Boot Record.

Também conhecida como trilha zero, é a parte do HD em que são armazenadas informações sobre os sistemas operacionais e os gerenciadores de boot como Grub e Lilo.

Menu

Conjunto de opções ou ferramentas para uso por parte do usuário.

Menu Dropdown

Menu apresentado, na forma de lista vertical, após ser acessada determinada opção.

Memória de Vídeo

Memória presente nas placas de vídeo. Hoje em dia, existem placas de vídeo com capacidade maior do que 4GB.

Memória Virtual

É um artifício usado sobretudo pelos sistemas operacionais para suprir a falta de espaço em memória RAM.

A memória virtual no Windows é chamada de memória de paginação, enquanto no Linux é chamada de Swap.

O processo consiste em mover um conjunto de informações menos usadas, ou de aplicativos em segundo plano, que estejam em memória RAM, para o HD, assim liberando o espaço na memória RAM para ser usado pelos aplicativos de que necessitam. Conforme o espaço da memória RAM é liberado, o sistema repõe as informações que foram movidas para o HD.

Mesa Limpa

Política de segurança que trata das recomendações e dos padrões mínimos de segurança quanto a informações e documentos que possam ser acessados por terceiros, como aqueles que não estão sendo utilizados, permitindo que outros visualizem seu conteúdo sem perceber, enviar documentos para impressoras e esquecer ou demorar para pegá-los, entre outras.

Metadata

Também conhecido como metafile, é um conjunto de informações sobre os arquivos. De igual modo, podem ser vistos como propriedades de um arquivo, como data de criação, tamanho, autor, entre inúmeros outros.

Microprocessador

Veja CPU.

Microsoft

Empresa fundada por Bill Gates e Paul Allen em 1975, tem como produtos mais conhecidos Microsoft Windows, Microsoft Office, Internet Explorer, Skype, Xbox e Lumia (antigo Motorola).

Microsoft Office

Suíte de aplicativos para escritório licenciada como software proprietário. Os principais programas que compõem a suíte são: Word, Excel, PowerPoint, OneNote e Outlook, a despeito de vários outros serem parte de versões mais completas do Microsoft Office.

Microsoft Silverlight

Recurso desenvolvido pela Microsoft para concorrer com o Adobe Flash como plug-in de reprodução de vídeos.

Microsoft Windows

Sistema operacional desenvolvido pela Microsoft.

Mídia

Termo usado para se referir aos dispositivos de armazenamento de dados como HD, pendrive, CD, DVD e BlueRay.

MIME

Inglês: Multipurpose Internet Mail Extension.

Tradução: extensão de correio de multipropósitos via internet.

Regra que define o formato de arquivos de e-mail.

Mineração de dados

Conjunto de ferramentas e técnicas usadas para extrair conhecimento de base de dados, em particular de Data Warehouse.

Modem

Contração de modulador/demodulador.

Dispositivo responsável por converter sinais de dados. Um modem adsl converte os sinais elétricos analógicos do canal de telefonia em sinais digitais para a rede. Também existem modems que convertem sinal óptico das fibras em sinal de rede

Ethernet e aqueles que convertem sinais de cabos coaxiais das TVs por assinatura em sinais Ethernet.

Mosaic

Primeiro navegador web desenvolvido. Cada recurso acessado era aberto numa janela distinta. Assim, o texto era visualizado numa janela; formulários, numa segunda; e imagens, em outras.

Mozilla

Navegador criado pela Mozilla Fundation sob o código fonte do Netscape Navigador. O nome "Mozilla" tem origem na expressão "Mosaic Killer".

Mozilla Funtation

Organização sem fins lucrativos criada em 2003. Seus principais projetos são Mozilla Firefox e Mozilla Thunderbird.

Mozilla Firefox

Navegador web registrado como software livre, é multiplataforma e um dos mais usados no mundo.

Mozilla Thunderbird

Programa cliente de e-mail, é um software livre desenvolvido pela Fundação Mozilla. Além de ser um aplicativo para envio e recebimento de e-mails, conta com recursos como agenda de contatos, agenda de tarefas e eventos num calendário, bem como um leitor de RSS.

MP3

Extensão de arquivo de áudio compactado. A qualidade, também chamada de bitrate (taxa de bits), é medida em kbps. Quanto maior a quantidade de bits para representar cada segundo do áudio, melhor será a qualidade e maior será o arquivo.

A compressão realizada para MP3 gera perda de dados, em relação à qualidade do áudio de CDs, quase imperceptíveis ao ouvido humano. Arquivos com baixo bitrate serão mais perceptíveis. Para ouvir músicas com um fone de ouvido, por exemplo, a taxa de bits do arquivo pode ser baixa. Já para tocar numa festa, uma taxa baixa apresentará vários ruídos e estalos graças à falta de informações.

A taxa mais comum é de 128Kbps, ao passo que para reprodução em aparelhos de maior potência é comum o uso de um bitrate de 320Kbps.

MP4

Extensão de arquivo de vídeo compactado usando a versão 4 do MPEG.

MPEG

A sigla é usada para fazer menção ao grupo responsável pela criação de vários padrões de compressão de áudio e vídeo que usamos hoje e ao algoritmo de compactação usado para criar os arquivos nos formatos MPEG1, MPEG2 e MP4.

MS-DOS

Sistema operacional lançado em 1981 para computadores IBM-PC, é o precursor do Windows. Atualmente, não é mais usado como sistema operacional, porém é possível encontrá-lo no Windows como um terminal denominado de prompt de comando.

Multimídia

Termo usado para descrever o conjunto de informações e tipos de dados como vídeos, áudio, imagens, textos e animações.

Multitarefa

Capacidade de executar mais de uma tarefa simultaneamente, sejam programas, sejam instruções. Hoje, a maioria dos processadores é multitarefa real, haja vista terem mais de um núcleo físico e o fato de cada um poder executar tarefas distintas ao mesmo tempo.

MySQL

Sistema de Gerenciamento de Banco de Dados (SGBD), é um programa para gerenciar informações armazenadas em tabelas relacionais. Desenvolvido inicialmente como ferramenta livre, foi adquirido pela Oracle, que, ao acrescentar novos recursos, tornou proprietárias suas versões mais recentes.

N

Napster

Programa de compartilhamento de músicas pela Internet.

NAS

Inglês: Network Attached Storage.

Estrutura ou equipamento de rede que concentra o armazenamento de arquivos. Útil em redes de empresas nas quais uma grande quantidade de arquivos é compartilhada a todo momento e editado por seus usuários. Muitas vezes, é conhecido como "storage da rede".

NAT

Inglês: Network Address Translation.

Recurso cuja finalidade é sobrescrever os endereços IPs de uma rede interna com o endereço IP da rede externa, e vice-versa, a fim de que seja possível a comunicação entre as duas.

O NAT é usado, sobretudo em redes IPv4, para resolver o problema da falta de endereços IPs. No caso do IPv6, apesar de ser possível utilizá-lo, não é necessário, dado o grande volume de endereços IPs disponíveis para uso.

Navegador

Programa cuja finalidade é navegar pelo conteúdo multimídia da internet. Os navegadores mais conhecidos são: Microsoft Internet Explorer, Mozilla Firefox, Google Chrome, Opera, Safari e Iceweasel, entre outros.

Nerd

Assim como hacker, o termo nerd ficou mais vinculado no universo da informática, não obstante seja usado para descrever qualquer pessoa isolada, pouco comunicativa, não sofisticada ou mesmo ineficaz.

Muitas vezes, é usado erroneamente como sinônimo de "CDF".

Network

Tradução: rede de computadores.

Conjunto de dispositivos conectados entre si com o intuito de trocar ou compartilhar informações.

Newsletters

Serviço no qual o usuário se cadastra para receber notificações por e-mail sobre algo de seu interesse. É bastante comum em sites do tipo blog e comércio. Um aspecto importante é que qualquer serviço dessa natureza deve oferecer condições para que o usuário cancele o recebimento de tais e-mails quando desejar.

Nickname

Nome usado para identificar o usuário em salas de bate-papo.

Nobreak

Tradução: não pare.

Equipamento de hardware composto por um conjunto de baterias no qual são conectados dispositivos como computadores, com a finalidade de evitar que estes desliguem caso haja queda de energia.

Podem ser considerados recursos vinculados à segurança da informação.

Northbridge

Tradução: ponte norte.

Também conhecido como chipset, é o principal aparelho da placa-mãe, responsável por conectar e gerenciar a comunicação entre os dispositivos mais rápidos do computador, como processador, memória RAM, placas de vídeo e outras conectadas aos slots AGP e PCI, bem como a rede gigabit.

NT

Nome do kernel do sistema operacional Windows.

NTFS

Inglês: NT File System.

Tradução: sistema de arquivos NT.

Sistema de arquivos da Microsoft utilizado como padrão a partir do Windows Vista, pois suporta arquivos únicos maiores do que 4GB, além de oferecer suporte à criptografia, entre outros recursos.

O

OCR

Inglês: Optica Character Recognition.

Tradução: reconhecimento óptico de caracteres.

Técnica de identificar textos de imagens transformando-os em texto editável.

OEM

Inglês: Original Equipment Manufacturer.

Tradução: fabricante original de equipamento.

A sigla OEM é encontrada em especial nos tipos de licenças. Ao adquirir um computador que já vem de fábrica com o Windows instalado, a licença usada é do tipo OEM, ou seja, uma licença especial que a Microsoft disponibiliza para fabricantes de microcomputadores.

Offboard

Tradução: fora da placa.

Termo usado para referenciar recursos de hardware que não estão integrados à placa-mãe. Assim, é necessário usar placas de expansão.

Off-line

Estar desconectado do ambiente de rede.

Ogg Vorbs

Formato de arquivo de áudio open source, concorrente ao proprietário MP3.

Onboard

Tradução: a bordo.

Termo usado para descrever os recursos que já estão embutidos na placa-mãe. A maioria delas, hoje em dia, tem quase todos os recursos básicos onboard, como som, vídeo, USB e rede.

OneDrive

Serviço de cloud storage da Microsoft que tem vinculado a si as versões on-line de Word, Excel, PowerPoint e OneNote. Pode ser usado gratuitamente, com espaço de armazenamento reduzido, como forma de teste.

Open Code

Igual a open source.

Open Source

Tradução: código aberto.

Quando o código fonte de um software é divulgado, permitindo que possa ser estudado e melhorado.

O fato de um software ou hardware ser open source não o torna de domínio público, mantendo o direito de propriedade ao autor.

OS

Inglês: Operational System.

Veja Sistema Operacional.

OSI

Inglês: Open System Interconnection.

Tradução: interconexão de sistemas aberto.

Modelo de comunicação, também conhecido como pilha de protocolos, é organizado em sete camadas e usado mais como referência para a criação de novos protocolos, pois na prática o modelo usado é o TCP/IP.

Outlook

(1) Programa cliente de e-mail da Microsoft.

(2) Serviço de e-mail da Microsoft criado como sucessor do Hotmail.

Overclock

Processo ou técnica em que as frequências (velocidades) das peças do computador são aumentadas além de sua capacidade nominal. Hoje, muitas placas-mãe oferecem suporte nativo ao overclock, tanto o barramento da própria placa quanto recursos para auxiliar o overclock da memória e do processador.

Overflow

Tradução: estouro, extrapolar o limite, sobrecarga.

Usado para indicar quando uma operação perde informação por falta de espaço ou memória a fim de tratá-la.

Owner

Tradução: dono, proprietário.

P

Paint

Editor de desenhos em bitmap presente no Windows como acessório.

PAN

Inglês: Personal Area Network.

Rede de curto alcance — em média, de 10 metros — usada para conectar equipamentos de pequeno porte. As conexões bluetooth são redes de curso alcance.

Password

Tradução: senha.

Uma senha, para ser considerada minimamente segura, deve ter no mínimo oito caracteres, entre os quais devem ser usados pelo menos três diferentes tipos.

As senhas são de uso pessoal e intrasferível.

Patch

Um path é uma pequena correção ou mudança realizada num software, muitas vezes para corrigir falhas existentes.

Path

Tradução: caminho.

Termo usado para definir o caminho de arquivos e pastas, ou seja, sua localização na hierarquia de pasta.

PC

Inglês: Personal Computer.

Tradução: computador pessoal.

São os computadores de uso pessoal, como desktops e notebooks.

PCI

É um slot para conectar placas de expansão, servindo como substituto para os slots ISA.

PCI Express

Slot de conexão sucessor do PCI, é o tipo de barramento mais usado hoje para conectar placas de expansão, em particular de vídeo.

PDF

Inglês: Portable Document Format.

Tradução: formato de documento portátil.

É o formato de arquivo da Adobe Acrobat criado para ser um arquivo portável, leve e prático de ser aberto em qualquer computador, bastando para tanto dispor de um programa leitor de PDF. O arquivo é, por definição, apenas para leitura, ou seja, não é editável.

Periférico

Um periférico é um componente externo ao gabinete do computador que agrega funcionalidades à máquina. Como exemplos, temos mouse, tecla, caixa de som, scanner, microfone, entre outros.

Pebibyte

Equivalente a 1,02 mil Tebibytes, a 1,04 milhão Gibibytes, e assim por diante.

Petabyte

Equivalente a mil Terabytes, a 1 milhão Gigabytes, a 1 bilhão Megabytes, e assim por diante.

Pharming

Também conhecido como envenenamento de DNS ou sequestro de DNS, é um ataque realizado a servidores de DNS com o intuito de fraudar o serviço para enviar aos usuários endereços IPs diferentes dos corretos.

Phishing

Páginas ou e-mails falsos que tentam induzir o usuário a informar seus dados pessoais e confidenciais, como senhas.

Photoshop

Programa proprietário para edição de imagens.

Ping

Comando usado no terminal para checar a conectividade de rede com outros equipamentos.

Pixel

Um pixel é o menor ponto visível numa tela e a cada dia diminui, dificultando a distinção entre os demais. Assim, as imagens adquirem maior qualidade e se tornam menos quadriculadas. Um pixel conta com três componentes luminosas RGB: red, green e blue (vermelho, verde e azul).

Placa de Expansão

Placas que adicionam recursos ao computador e conectadas a slots como ISA, AGP, PCI e PCI Express.

Plug-In

Complemento usado em navegadores para que este execute tarefas e ações que não poderia originalmente, como a reprodução de vídeos em Flash.

Placa de Vídeo 3D

São placas de expansão que tem por objetivo melhorar o desempenho para o processamento gráfico, seja de vídeos, seja de jogos, reduzindo com isso a carga do processador.

Plataforma

Termo usado para se referir ao sistema operacional como base sobre a qual são instalados os aplicativos, ainda que também sirva para fazer menção aos diferentes tipos de dispositivos, como tablets, smartphones e computadores.

Plug & Play

Tradução: plugar e usar.

Característica presente nos sistemas operacionais modernos, que têm a capacidade de procurar e instalar automaticamente os drivers de novos dispositivos conectados ao computador.

PNG

Extensão de arquivo de imagem, é uma forma de evolução dos gifs, pois proporciona melhor qualidade de imagens, às vezes até superior aos formatos JPG. O PNG também conta com um canal alfa. Apesar de permitir o uso de animações de forma similar ao gif, esse recurso é pouco usado no PNG, pois os arquivos ficam muito grandes.

PnP

Abreviação de Plug and Play.

Podcast

Arquivos de áudio, normalmente publicados em série de episódios, utilizando tecnologia RSS.

Ponte Norte

Veja Northbridge.

Ponto de Acesso

Um dispositivo de ponto de acesso é uma forma de switch para redes sem fio que possibilita conectar vários dispositivos a ele.

POP

Inglês: Post Office Protocol.

Protocolo de recebimento de mensagens de e-mail. Ao conectar o cliente de e-mail ao servidor usando o protocolo POP, as mensagens são baixadas do servidor para o computador do usuário e, conforme salvas no PC, são apagadas do servidor. Há também a opção de não as apagar do servidor após baixá-las.

O problema do protocolo POP é que ele não sincroniza as mensagens de e-mail que foram lidas com o servidor.

Pop-up

Janelas abertas automaticamente, em geral contendo propagandas. Elas são abertas ao passar o mouse sobre determinadas áreas de um site ou clicar em algum link. Por padrão, os navegadores têm recursos que bloqueiam pop-ups ativos.

Porta de Conexão

O protocolo TCP/IP define 65.536 "portas" lógicas para a conexão para TCP e outras 65.536 para o UDP.

As portas são apenas um recurso criado pelo protocolo para facilitar a conexão entre dois computadores que ainda não têm uma conexão ativa.

Várias portas apresentam tarefas padrão. A porta 80, por exemplo, é responsável por conexões do HTTP, que é o protocolo utilizado pela maioria dos sites na web.

Portal

O mesmo que site ou página web.

Post

Inglês: Power on Self-Test.

Tradução: teste automático de ligação.

Nome dado à segunda etapa do Bios, em que são realizados testes de compatibilidade e confiabilidade dos dispositivos, além de integridade do computador como um todo.

PowerPoint

Programa proprietário para a edição de apresentação de slides que compõe suíte e aplicativos Microsoft Office.

Prompt de Comando

Aplicativo responsável por interpretar os comandos de texto no Windows.

Protocolo

Protocolos são regras que definem o modo pelo qual diferentes sistemas se comunicam. Seu navegador e o servidor webs precisam entender um ao outro, por isso os dois se utilizam do HTTP para interpretar as informações que recebem e formular as mensagens que mandarão.

Provedor de Acesso

Veja Internet Service Provider.

Proxy

Servidor de rede que tem como principal finalidade realizar cache. Um servidor proxy também pode ser usado como um servidor de autenticação e, cada vez mais, como servidor de controle de acesso, ou seja, como firewall de conteúdo.

PS/2

Porta de conexão serial usada por mouses e teclados antigos — conectores roxo e verde água.

PSD

Formato de arquivo padrão do Photoshop.

R

Raid

Inglês: Redundant Array of Independent Drives.

Tradução: conjunto redundante de discos independentes.

Tecnologia que permite associar HDs para obter melhor desempenho desses dispositivos, mais segurança na recuperação dos dados, ou ambos.

O Raid 0 é para desempenho, pois são salvos apenas partes dos arquivos em cada HD do arranjo, assim reduzindo o tempo para gravação e leitura.

O Raid 1 é o de espelhamento. Assim, todos os dados são salvos de igual modo nos dispositivos do arranjo. Com isso, caso algum venha a apresentar problemas, basta recuperar as informações de outro.

O Raid 10 é uma junção das duas técnicas, o que acaba exigindo pelo menos quatro HDs.

Outro Raid bastante usado é o 5, que faz armazenamento de paridade, técnica que permite recuperar os dados caso até dois discos falhem.

RAM

Inglês: Random Acces Memory.

Tradução: memória de acesso randômico (Aleatório).

Também conhecida como memória principal ou de trabalho, é volátil e expansível.

Abrir um programa, um arquivo, ou executar o sistema operacional consiste em ler seus dados, comandos e instruções para a memória RAM.

Red Hat

Distribuição Linux bastante usada em servidores, pois foi uma das primeiras a utilizar o servidor Apache.

Rede

Conjunto de dispositivos interligados entre si com o objetivo de compartilhar recursos como dados e serviços.

Rede Ponto a Ponto

Modelo de comunicação de rede em que não há o elemento central de um servidor, já que todos os dispositivos exercem o mesmo papel.

Rede Social

Conjunto de indivíduos relacionados sobre um interesse comum. Facebook, Twitter e LinkedIn são exemplos de sites que facilitam a criação de redes sociais.

Redundância

Consiste em gravar os dados duas vezes, ou seja, fazer backups, e pode ser o reenvio de uma mensagem a fim de garantir que o destinatário a recebeu.

Refurbished

Termo encontrado em equipamentos de hardware, indica que o aparelho passou por uma manutenção, motivo pelo qual é mais barato que o normal.

ReiserFS

Sistema de arquivos usado no ambiente Linux que tem suporte ao Journaling.

Remoto

Recurso que está distante, mas acessível por algum meio. Um computador remoto, por exemplo, é um dispositivo acessível pela rede.

Resolução

Não podemos confundir resolução com dimensão de uma imagem. A resolução expressa qualidade por meio da densidade de pixels por polegada DPI (dots per inch). Quanto maior a quantidade de pontos por polegada quadrada, maior a resolução da imagem e, por consequência, sua qualidade.

RGB

Inglês: Red, Green e Blue.

Sistema baseado na adição de componentes de cores. Monitores e televisores utilizam esse modelo.

RJ-11

Usado em fios de telefone para conectá-lo aos aparelhos e ao modem. Cada conector suporta dois pares de fios.

RJ-45

Conector de rede padrão Ethernet. Cada conector suporta quatro pares de fios.

ROM

Inglês: Read Only Memory.

Tradução: memória apenas para leitura.

Pode representar uma classe de memórias ou (ROM, Prom, Eprom e Eeprom) a memória ROM especificamente.

As memórias ROM, em geral, são pequenas, entre KB e MB, e não expansíveis.

Root

Nome do principal usuário do Linux. Recomenda-se usá-lo apenas em caso de necessidade, por conta dos privilégios de que dispõe.

Roteador

Dispositivo de rede que pode ser usado para conectar vários dispositivos, bem como para conectar e configurar redes distintas.

Também é o equipamento responsável por encontrar as melhores rotas dentro da rede a fim de transmitir os dados.

RSS

Central de notícias que o usuário pode cadastrar em seu navegador ou cliente de e-mail para receber informações sobre atualizações e conteúdo nos sites sem ter de acessá-los a todo momento.

S

Safari

Navegador web padrão do MacOS.

Samba

Recurso criado para estabelecer compatibilidade de computadores com Windows e Linux para a realização de compartilhamento de arquivos e impressão. O samba é um uso do protocolo SMB.

Scam

Fraudes que buscam estritamente ganhos financeiros. Nas fraudes do tipo scam, ao contrário do phishing, o usuário contrata um serviço, mas nunca o recebe. Existem outros scams em que o usuário é induzido a realizar um pagamento para a transferência de valores, mas a transação nunca é efetuada, fazendo com que a vítima perca o dinheiro. Podemos assimilar esse tipo de ataque ao golpe do bilhete premiado.

Scanner

Dispositivo periférico que tem por finalidade digitalizar imagens e documentos.

Script

São “roteiros” utilizados sobretudo para automatizar tarefas administrativas. Também conhecidos como arquivos de lotes.

Script Kid

Usuários com pouco conhecimento que usam programas maliciosos desenvolvidos por outros para realizar ataques e invasões a redes.

SCSI

Inglês: Small Computer System Interface.

Barramento usado para conectar principalmente HDs, pois oferece taxas de transmissão superior ao barramento IDE.

Sdram

Inglês: Synchronous Dynamic Random Access Memory.

Memória de acesso aleatório, porém com capacidade de sincronizar com o barramento, ou seja, sincroniza com o clock da placa-mãe.

Search

Tradução: pesquisar.

Search Engine

Tradução: motor de busca.

É uma ferramenta de busca. O Google, também chamado de Google Search, é o motor de busca mais conhecido. Outros são Bing, Yahoo e Baidu.

Seção

Parte de alguma estrutura. No caso dos editores de texto, é uma divisão num documento.

Segurança

Estudo de técnicas e práticas que visam auxiliar na proteção dos dados, a fim de evitar acessos indevidos ou vazamento de informações, assim como oferecer garantias aos usuários.

Senha

Veja Password.

Serial

Forma de comunicação em que os dados são trafegados em série.

Serial ATA

Padrão de conexão usada nos HDs, também podem ser representados como Sata. Atualmente, o Sata 3 oferece taxas de transmissão na casa dos 6Gbps.

Server

Tradução: servidor.

Server Farm

Tradução: fazenda de servidores.

Conjunto de servidores organizados para que a carga de tarefas seja dividida entres si.

Service Pack

Pacote com inúmeras correções e atualizações para um sistema operacional.

Servidor

A internet funciona com uma base de servidor-cliente.

Os servidores costumam esperar para atender um cliente — como um caixa no banco (servidor), que atende as pessoas (clientes) que usam os serviços da instituição. Invasões só ocorrem quando o computador da vítima tiver um servidor para que o cliente (o atacante) possa se conectar.

Servidor de Arquivos

É o servidor responsável por disponibilizar arquivos pela rede para os usuários e controlar o acesso, bem como o acesso concorrente.

Servidor DHCP

Dispositivo de rede com IP automático responsável por atribuir endereço IP aos dispositivos ao serem conectados à rede.

Servidor DNS

Servidor responsável por realizar a resolução de nomes de domínio.

Servidor de Impressão

A fim de disponibilizar um serviço de impressão em rede — conectar a impressora numa rede de médio e grande porte —, é recomendado, por vezes necessário, definir um servidor de impressão para gerenciar a fila de solicitações de impressão de arquivos.

Servidor Web

Servidor responsável por disponibilizar conteúdo multimídia para ser acessado via navegador.

Sessão

De modo geral, diz respeito ao período em que um usuário utiliza um serviço, assim como uma sessão no sistema operacional indica um usuário logado por um período de tempo.

Nos navegadores, ao acessar um site, o usuário estabelece uma sessão. Para usar outra conta no mesmo site simultaneamente, é necessário abrir uma janela privativa, pois as do navegador compartilham da mesma sessão. O Google Chrome possibilita o uso de perfis e o Internet Explorer tem a opção "nova sessão", para que uma nova seja aberta sem usar a janela privada.

Setting

Tradução: configurar.

Nome em inglês da opção para acessar as configurações de um programa.

Setup

Tradução: configuração.

SGBD

Sigla para Sistema Gerenciador de Banco de Dados.

O Microsoft Office e o Libre Office são exemplos de gerenciadores de banco de dados mais simples, se comparados aos usados em servidores como MySQL, PostgreSQL, Oracle, entre outros.

Shareware

Nome dado aos softwares que são gratuitos para testar.

Shell

Nome do aplicativo para o terminal do Linux para a execução de comandos de texto.

Também pode ser tomado como interface de texto do Linux.

Shell Script

Linguagem que permite criar scripts para realizar tarefas e automatizar alguns processos.

Shiira

É um navegador web para MacOS, concorrente do Safari, porém considerado melhor, além de ser software livre.

Shockwave

Forma de plug-in para a execução de conteúdo web que utilize recursos da Macromedia, como o Flash.

Shortcut

Tradução: atalho.

(1) Atalho de teclado: combinações de teclas cuja finalidade é executar uma operação sem ter de procurar a opção em algum menu ou janela, resultado em ganho de produtividade.

(2) Atalho para arquivo, pasta ou programa: um arquivo de atalho tem o tamanho de 1KB. No Windows, os atalhos são representados por um quadrado branco com uma seta curva para cima, localizado no canto inferior esquerdo do ícone.

Sistema de Arquivos

É uma camada entre o sistema operacional e o HD, responsável por determinar a forma das estruturas de armazenamento de dados no disco. São exemplos de sistemas de arquivos: FAT32, FAT16, NTFS, ExFAT, EXT3, EXT4, entre outros.

Sistema Operacional

Um Sistema Operacional é um software especial que faz um trabalho muito importante: gerencia o hardware. O sistema operacional também tem uma interface para que os programadores possam desenvolver programas que serão úteis, como editores de texto, calculadoras ou navegadores web. O sistema operacional não é útil por si só, mas os programas que rodam nele são.

SLI

Inglês: Scalable Link Interface.

Possibilita conectar duas ou mais placas de vídeo iguais no intuito de aumentar o desempenho de processamento de vídeo do computador.

Slide

Tela de um conjunto que compõe uma apresentação.

Slot de Expansão

Conexão na placa-mãe na qual pode ser conectado uma placa que ofereça mais recursos, como captura de vídeo, captura e reprodução de som, placas de rede, placas com mais conexões USB, entre outros.

SMB

Protocolo que possibilita a computadores com Linux acessar e compartilhar arquivos em redes Windows de forma transparente ao usuário.

SMTP

O Simple Mail Transfer Protocol é um protocolo de envio de mensagens de correio eletrônico associado aos clientes de e-mail e serve também para a troca de mensagens entre os servidores de e-mail.

Smartphone

Telefones Inteligentes.

Snapchat

Rede social de compartilhamento de vídeos e fotos apagadas após 24 horas após a publicação.

Snapshot

Termo comumente usado como sinônimo para capturar uma foto da tela.

Sniffer

Tradução: farejador.

Aplicativo que possibilita monitorar o tráfego de rede, pode ser usado como ferramenta de segurança para identificar problemas de conexão e também por invasores de uma rede.

Sockets

(1) Em hardware, é o nome da conexão presente na placa-mãe em que se conecta o processado.

(2) Em redes Linux, é um recurso que interliga os aplicativos aos protocolos.

Software

É a parte lógica do computador, aquela que não se pode ver nem tocar, mas que opera constantemente.

Solaris

Sistema operacional baseado em Unix usado principalmente em servidores Sun.

Spam

Mensagem não solicitada enviada em massa. Em geral, contém propagandas, boatos (hoax), lendas urbanas, correntes ou conteúdo de apelo filantrópico.

Spoofing

Tradução: enganador.

Referente ao que é forjado/falsificado. Um ataque de "IP Spoof" é aquele em que o endereço IP do remetente é forjado. Um e-mail spoofed é aquele no qual o cabeçalho da mensagem (De ou From) foi falsificado.

Para falsificar o endereço de remetente, são alterados os cabeçalhos dos protocolos TCP/IP.

Spyware

São programas espiões que capturam os dados do usuário ao fazer uso de algum serviço específico, como acessar determinado site ou programa.

Os spywares podem ser classificados em: keyloggers, que capturam as teclas digitadas; screenloggers, que capturam fotos da tela a cada clique; adwares, que monitoram o perfil do usuário gravando suas preferências.

SQL

Inglês: Structured Query Language.

Tradução: linguagem de consulta estruturada.

É a linguagem básica para consultas em banco de dados. Os diferentes bancos de dados compreendem as cláusulas SQL padrão.

SSD

Inglês: Solid State Disk.

Tradução: disco de estado sólido.

É a nova geração de dispositivos de armazenamento baseados na tecnologia Flash. Uma vez que são dispositivos não mecânicos, o tempo de acesso aos dados é reduzido. Os HDs SSDs são mais rápidos do que os tradicionais HDs magnéticos.

SSH

Inglês: Secure Shell.

Protocolo para acesso remoto utilizando o terminal Shell como base. Ao contrário do Telnet, o SSH oferece segurança, como a própria sigla sugere.

SSL

Inglês: Secure Sockets Layer.

Protocolo responsável por realizar a criptografia de dados trafegados por rede, a fim de conferir sigilo à comunicação.

Storage

Tradução: armazenamento.

Dispositivo ou servidor responsável por concentrar o armazenamento de arquivos e dados gerais de uma rede ou usuário.

Stream

Tradução: fluxo de mídia.

Tecnologia usada para realizar transmissões de áudio e vídeo pela rede.

Steaming

Transmissão de conteúdo pela rede usando stream. A transmissão preza pelo desempenho, e não pela qualidade. Assim, para obter melhor qualidade, é necessário melhorar a conexão.

Swap

É a área de troca que o Linux usa no HD para mover informações da memória RAM a fim de liberar espaço e permitir que outros aplicativos a utilizem. Depois disso, os dados movidos para o HD são repostos.

Switch

Dispositivo de rede usado para conectar outros dispositivos. A diferença entre ele e um hub é que o switch consegue escolher para qual porta enviar um sinal, possibilitando, assim, vários domínios ou rotas de colisão de dados.

T

Tag

Termo que se refere a uma marcação usada na linguagem HTML. Os navegadores são responsáveis por interpretar as marcações e, então, produzir o resultado.

Por exemplo, num arquivo HTML, podemos encontrar a seguinte descrição: <p><b>Texto:</b> de um mesmo parágrafo com partes em <b> negrito</b> e <u>sublinhado</u></p>.

Esse texto será apresentado:

Texto: de um mesmo parágrafo com partes em **negrito** e sublinhado.

TCP/IP

Inglês: Transmission Control Protocol/Internet Protocol.

Tradução: protocolo de controle de transmissão/protocolo de internet.

O TCP/IP é uma suíte que inclui vários protocolos, como IP, TCP e UDP. Ele é chamado de TCP/IP porque o TCP e o IP são os dois protocolos mais importantes incluídos nessa suíte.

Teclas de Aderência

São teclas de atalho que, em geral, se teclam simultaneamente com outras para realizar uma ação, com o objetivo de facilitar a pessoas com dificuldades motoras. Ao ativar as teclas de aderência, não é mais necessário pressionar as teclas juntas; basta usá-las em sequência.

Teclas de Alternância

Permitem ativar ou desativar um recurso ou uma funcionalidade, como caracteres em caixa-alta (caps lock), teclado numérico (num lock) e barra de rolagem (scroll lock).

Telnet

Protocolo de acesso remoto usado principalmente pelo Windows. Cada vez mais sede espaço ao ssh, que é um protocolo para o mesmo fim, porém com suporte à criptografia, tornando-se mais seguro.

Tebibyte

Equivalente a 1,02 mil GiB, a 1,04 milhão MiB, e assim por diante.

Terabyte

Equivalente a mil GB, a 1 milhão MB, a 1 bilhão KB ou a 1 trilhão Bytes.

Terminal Burro

Nome dado aos dispositivos mais simples que tem por finalidade apenas ser um ponto para o usuário inserir informações que serão enviadas a um servidor, normalmente um mainframe, para que ele processe os dados e envie a resposta (resultado) ao terminal.

A maioria dos thin clients não tem processador ou HD, e alguns modelos têm memória para auxiliar no gerenciamento dos dados. Assim, o hardware de um terminal burro é mínimo o suficiente para exibir informações no monitor e transmitir pela rede os dados inseridos por tecla e mouse.

Texto sem formatação

Também chamado de texto puro, o bloco de notas é um editor de textos que salva por padrão no formato de texto puro. Apesar do nome, algumas formatações são possíveis, como tipo e tamanho da fonte, negrito e itálico. Porém, todo o texto deve ter a mesma formatação; não é possível formatar uma palavra em negrito e o resto não.

A extensão de um arquivo somente texto é TXT.

Thin Client

Veja Terminal Burro.

Througput

(1) Velocidade com a qual os dados são transmitidos, seja em rede, seja em outro tipo de conexão, como USB.

(2) Volume de dados processados pelo processador num período.

Thunderbird

Cliente de e-mail desenvolvido pela Mozilla Fundation. É um software livre.

O Thunderbird é o principal concorrente do Microsoft Outlook.

TI

TI é a abreviação de Tecnologia da Informação, à qual se refere tudo que tenha um processador e consiga processar informação.

TIFF

Formato de imagem bitmap sem compressão.

Time-out

Tradução: fim do tempo.

Quando o tempo de espera da confirmação de recebimento ultrapassa o TTL, ocorre um time-out.

Token

Dispositivo de segurança que exibe um código de uso único. Ele deve estar sempre em posse do usuário.

Seu uso consiste em gerar um código de tempos em tempos, o qual só pode ser usado uma vez, como forma de evitar seja capturado por algum spyware, afinal não terá serventia para quem capturou.

Topologia de rede

É o modo como os hosts estão dispostos em rede. Algumas topologias de rede são: barramento, anel, anel duplo, estrela, estrela estendida e malha.

A rede mundial de computadores é o principal ambiente de rede que usa a topologia de malha. Já redes privadas, em geral, são organizadas em topologias de estrela ou estrela estendida.

Touch Screen

Tradução: tela sensível ao toque.

É classificado como um dispositivo de entrada e saída de dados. As tecnologias mais usadas são de tela resistiva e capacitiva.

Traffic

Tradução: tráfego.

Diz respeito às informações que transitam numa rede.

Tracert

Comando usado no terminal Windows para rastrear as rotas de um pacote que transita pela rede, também pode auxiliar na identificação de nós de rede não alcançáveis

Trojan Horse

Tradução: cavalo de troia.

Malware usado como disfarce para contaminar o computador do usuário com outros malwares.

Entre suas características, pode-se destacar a necessidade de execução do trojan por parte do usuário e o fato de o cavalo de troia conter outros malwares. De modo geral, trojan faz as ações que aparenta fazer como forma de distrair o usuário enquanto outros malwares são instalados no computador.

TTL

Inglês: Time to Live.

Tradução: tempo de vida.

É o tempo de espera aguardado para enviar novamente uma informação. Caso ocorra time-out, a informação é reenviada.

Tunelamento

Consiste num túnel virtual criado a partir da criptografia por servidores, de modo que os dados trafegados entre as pontas sejam mantidas em sigilo.

Tupla

Nome dado a uma linha única de uma tabela de um banco de dados.

U

Ubuntu

Uma das distribuições Linux mais usadas por usuários domésticos.

Unix

Sistema operacional, o Unix foi a inspiração para a criação de vários outros sistemas, como o Linux e o MacOS.

UDP

UDP (User Datagram Protocol) é um protocolo mais simples que o TCP e sem muitos recursos. De igual modo, não tem a garantia de que os pacotes cheguem ao destino. É utilizado por alguns serviços muito importantes, como o DNS.

Por ser mais simples, pode algumas vezes ser mais rápido.

Unicode

Um código, que também pode ser descrito como uma lista ou tabela que identifica os caracteres e seus respectivos códigos binários de 2 Bytes (16 bits). Esse código permite representar mais de 65 mil caracteres diferentes, o que possibilita representar caracteres do japonês e do chinês.

Update

Tradução: atualização.

Uma ou mais atualizações de pequeno porte.

Upgrade

Atualização de maior porte. No contexto do Linux, atualiza a versão do sistema operacional.

Atualiza um programa para sua versão mais nova.

URL

Inglês: Uniform Resorce Locator.

Tradução: localizador de recurso uniforme.

Recurso padrão para endereçamento de conteúdo multimídia.

USB

Inglês: Universal Serial Bus.

Tradução: barramento universal em série.

Forma de conexão desenvolvida em conjunto pelas grandes empresas de TI para facilitar e simplificar a conexão e dispositivos ao computador. Atualmente, a versão mais recente é o USB 3.1, que possibilita altas taxas de transferência, além de ser um conector reversível, ou seja, tanto faz o lado de encaixe.

User

Tradução: usuário.

V

VGA

Inglês: Video Graphics Adapter.

Padrão de conector e transmissão de sinal de vídeo.

Vírus

Vírus, na definição clássica, é todo programa de computador que funciona como parasita, infectando os arquivos.

Por esse motivo, trojans não são vírus, e sim malwares. Worms também não são vírus, pois apenas usam a rede para se espalhar e não infectam arquivos no disco rígido.

Visual Basic

Linguagem de programação da Microsoft que pode ser usada na suíte de aplicativos Microsoft Office para a criação de macros.

Também pode ser chamada de VB Script.

VMware

Aplicativo que cria máquinas virtuais, simulando um hardware de acordo com as especificações do usuário e as limitações da máquina real.

Voz sobre IP

Protocolo usado em videoconferências e, sobretudo, para realizar ligações do computador (rede) para telefones celulares ou fixos, e vice-versa.

VPN

Inglês: Virtual Private Network.

Tradução: rede privada virtual.

Conexão criptografada entre dois gateways de rede. O objetivo é criar uma conexão por dentro da internet, a fim de simular um cabo, uma vez que passar um cabo entre os pontos que se deseja conectar não é viável financeiramente.

X Window

W

Wallpaper

Tradução: papel de parede.

Imagem ou conjunto de imagens em slide show associado como plano de fundo para a área de trabalho.

WAN

Inglês: Wide Area Network.

Tradução: rede mundial de computadores.

É a própria internet.

WAP

Inglês: Wireless Application Protocol.

Tradução: protocolo de aplicação sem fio.

Protocolo usado para conectar os celulares à Internet.

WAV

Extensão de arquivo de áudio.

Web

Parte navegável da internet por meio dos browsers.

Webcam

Dispositivo de entrada de dados.

Webmail

Forma de acesso ao serviço de correio eletrônico pela qual se utiliza um navegador para acessar o site do serviço de e-mail. Portanto, as mensagens residem/permanecem no servidor; o usuário apenas interage com um site que lhe mostra as mensagens.

Webquest

Questionário ou entrevistas realizadas pela Internet.

WEP

Inglês: Wired Equivalente Privacy.

Protocolo usado em redes sem fio para a criptografia dos dados. Atualmente, não se recomenda mais usar o protocolo WEP, pois sua criptografia pode ser quebrada em doze minutos.

WLAN

Inglês: Wireless Local Area Network.

Tradução: rede local sem fio.

WhatsApp

Rede social de comunicação instantânea.

Wi-Fi

Inglês: Wireless Fidelity.

É o principal modelo de comunicação sem fio, com alcance máximo média de 100 metros.

Wiki

Ferramenta de uso colaborativa em que qualquer usuário pode editar o conteúdo, que pode ou não ser avaliado antes de disponibilizado para outros usuários.

O maior exemplo de ferramenta Wiki é a Wikipédia, mas também há a www.wikicon.com.br, com conteúdo específico e voltado para concursos.

WinAmp

Player de áudio e vídeo.

Wine

Inglês: Wine is not Emulator.

Como o nome sugere, apesar de parecer, o Wine não é um emulador, e sim um programa que torna o Linux compatível com a estrutura Windows para poder executar programas do Windows no Linux.

Windows

Sistema operacional desenvolvido pela Microsoft.

Windows Media Player

Player de áudio e vídeo nativo do Sistema Operacional Windows.

WinRar

Programa compactador de arquivos para formatos RAR e ZIP, é um exemplo de software proprietário shareware.

WinZip

Programa compactador de arquivos para formato ZIP, é um exemplo de software proprietário shareware.

Wireless

Tradução: sem fio.

Termo usado para qualquer conexão que não use fios.

Word

Editor de textos. Software proprietário que pertence à suíte de escritório Microsoft Office. Seu formato de arquivo padrão é o DOCX.

Workstation

Tradução: estação de trabalho.

Dispositivo do tipo PC ou terminal burro utilizado por um usuário.

Worms

Tipo de malware que usa a rede para se espalhar. Worms são muito famosos por infectar um grande número de computadores em pouco tempo, usando anexos de e-mail e forjando e-mails aparentemente legítimos.

Outros worms usam a rede local para ser instalados em diferentes computadores.

Entre suas principais características, está a de criar cópias de si mesmo automaticamente.

Writer

Editor de textos. Software livre pertencente à suíte de aplicativos LibreOffice. Seu formato de arquivo padrão é o ODT.

WWW

Inglês: World Wide Web.

Tradução: teia de alcance mundial.

É a própria internet.

WYSIWYG

Inglês: What You See Is Whatt You Get.

Tradução: o que você vê é o que obtém.

Nome dado aos editores de texto ou conteúdo web que permitem editar na forma mais parecida com o resultado final.

X

X86

Arquitetura de processadores com capacidade para processar instruções de até 32 bits de comprimento.

XML

Sigla para "Extensão de arquivo" que utiliza a linguagem de marcação para diversas finalidades de uso.

É também conhecido como arquivos que armazena características, ou seja, metadados.

Z

Zip

Formato de arquivo que pode conter pastas e arquivos, é considerado um pacote que pode ou não estar compactado.

Zip Drive

Dispositivo ou mídia de armazenamento magnético capaz de armazenar 100MB de dados. Sua forma lembra muito um disquete de 3,5 polegadas.

Zoom

Recurso para aumentar ou diminuir a proximidade de um recurso como texto ou imagem.

Bibliografia consultada

Batisti, J. **Minidicionário de Informática**: de A a Z. disponível em http://juliobattisti.com.br/tutoriais/lista-categoria.asp?cat=0018&ast=0001. Acesso em: julho 2016.

Morimoto, C. E. **Dicionário de termos t**écnicos de **informática**. 3ª ed. E-book.

Pelegrina, J. A. Disposível em: http://www.dicweb.com/. Acesso em: jul. 2016.

Sawaya, M. R. **Dicionário de Informática & Internet**. São Paulo: Nobel, 1999.

App AlfaCon Notes

O **AlfaCon Notes** é um aplicativo perfeito para registrar suas **anotações de leitura**, deixando seu estudo **mais prático.** Viva a experiência Alfacon Notes. Para instalar, acesse o Google Play ou a Apple Store.

Se liga no **vídeo!**

Cada tópico de seu livro contém **um Código QR** ao lado.

Escolha o tópico e faça a leitura do Código QR utilizando o aplicativo AlfaCon Notes para registrar sua anotação.

Pronto para essa **nova experiência?** Então, baixe o App **AlfaCon Notes** e crie suas anotações.

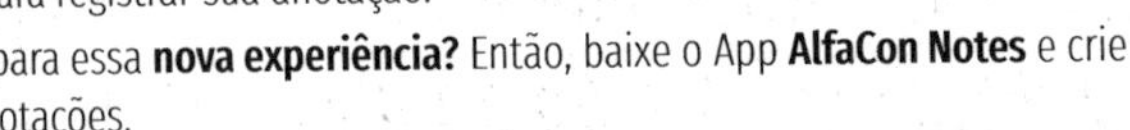

Acesse seu material complementar:

1 Acesso o site **www.alfaconcursos.com.br** para se cadastrar **gratuitamente** ou para efetuar seu login.

2 Na aba **Resgatar código**, digite o código abaixo, que estará disponível por 120 dias a partir do primeiro acesso.

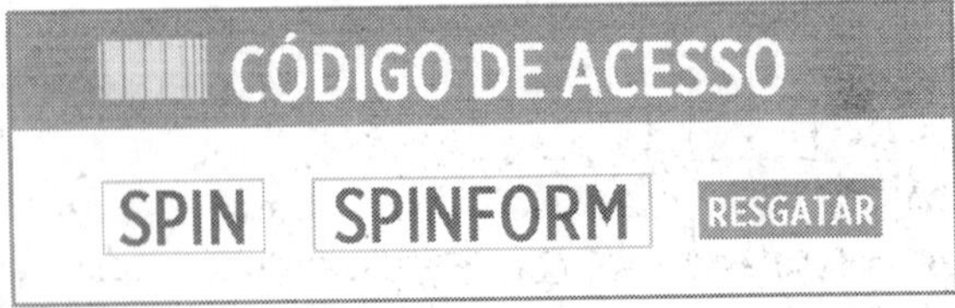

3 Após a validação do código, você será redirecionado para a página em que constam seus materiais (atualizações, material complementar e erratas). Todo esse conteúdo está disponível gratuitamente.

Mais que um livro, é uma experiência!